现行有效交通法规汇编

（2008）

公路分册

中华人民共和国交通运输部　编

人民交通出版社

内 容 提 要

本汇编收集了截止到2007年12月现行有效的公路建设与运输方面的主要的交通法律、行政法规、规章及部分综合性常用规章,共104件。内容按照下列分类顺序编排:规划投资管理、公路建设养护管理、运输管理、规费征收及运价管理、人事财务审计、交通法制、综合、附则。

图书在版编目(CIP)数据

现行有效交通法规汇编. 公路分册/中华人民共和国交通运输部编. —北京:人民交通出版社,2008.5

ISBN 978-7-114-07136-2

Ⅰ.现… Ⅱ.中… Ⅲ.①交通运输管理-法规-汇编-中国②公路运输-交通运输管理-法规-汇编-中国 Ⅳ.D922.149

中国版本图书馆CIP数据核字(2008)第059127号

书　　名:现行有效交通法规汇编(2008) **公路分册**
著 作 者:中华人民共和国交通运输部
责任编辑:钱悦良
出版发行:人民交通出版社
地　　址:(100011)北京市朝阳区安定门外外馆斜街3号
网　　址:http://www.ccpress.com.cn
销售电话:(010)85285838,85285995
总 经 销:北京中交盛世书刊有限公司
经　　销:各地新华书店
印　　刷:北京市密东印刷有限公司
开　　本:850×1168 1/32
印　　张:35
字　　数:939千
版　　次:2008年6月第1版
印　　次:2008年6月第1次印刷
书　　号:ISBN 978-7-114-07136-2
印　　数:0001—2000册
定　　价:60.00元

编辑说明

一、本卷汇编是国家出版的公路交通专业性法律、法规、规章汇编正式版本。

二、本卷汇编收集了现行有效的公路交通法律、行政法规、规章，共104件。内容包括：全部现行有效公路方面的法律、行政法规；部分现行有效的公路方面的部颁规章。

三、本汇编的内容，按下列分类顺序编排：规划投资管理、公路建设养护管理、运输管理、规费征收及运价管理、人事财务审计、交通法制、综合、附则。

中华人民共和国交通运输部

2008年4月

目　录

规划投资管理

公路建设养护管理

运 输 管 理

规费征收及运价管理

人事财务审计

交通法制

综　合

附　则

中华人民共和国公路法

（中华人民共和国主席令(97)第86号　2004.08.28修正）

第一章　总　　则

第一条　为了加强公路的建设和管理，促进公路事业的发展，适应社会主义现代化建设和人民生活的需要，制定本法。

第二条　在中华人民共和国境内从事公路的规划、建设、养护、经营、使用和管理，适用本法。

本法所称公路，包括公路桥梁、公路隧道和公路渡口

第三条　公路的发展应当遵循全面规划、合理布局、确保质量、保障畅通、保护环境、建设改造与养护并重的原则。

第四条　各级人民政府应当采取有力措施，扶持、促进公路建设。公路建设应当纳入国民经济和社会发展计划。

国家鼓励、引导国内外经济组织依法投资建设、经营公路。

第五条　国家帮助和扶持少数民族地区、边远地区和贫困地区发展公路建设。

第六条　公路按其在公路路网中的地位分为国道、省道、县道和乡道，并按技术等级分为高速公路、一级公路、二级公路、三级公路和四级公路。具体划分标准由国务院交通主管部门规定。

新建公路应当符合技术等级的要求。原有不符合最低技术等级要求的等外公路，应当采取措施，逐步改造为符合技术等级要求的公路。

第七条　公路受国家保护，任何单位和个人不得破坏、损坏或者非法占用公路、公路用地及公路附属设施。

任何单位和个人都有爱护公路、公路用地及公路附属设施的

义务，有权检举和控告破坏、损坏公路、公路用地、公路附属设施和影响公路安全的行为。

第八条 国务院交通主管部门主管全国公路工作。

县级以上地方人民政府交通主管部门主管本行政区域内的公路工作；但是，县级以上地方人民政府交通主管部门对国道、省道的管理、监督职责，由省、自治区、直辖市人民政府确定。

乡、民族乡、镇人民政府负责本行政区域内的乡道的建设和养护工作。

县级以上地方人民政府交通主管部门可以决定由公路管理机构依照本法规定行使公路行政管理职责。

第九条 禁止任何单位和个人在公路上非法设卡、收费、罚款和拦截车辆。

第十条 国家鼓励公路工作方面的科学技术研究，对在公路科学技术研究和应用方面作出显著成绩的单位和个人给予奖励。

第十一条 本法对专用公路有规定的，适用于专用公路。

专用公路是指由企业或者其他单位建设、养护、管理，专为或者主要为本企业或者本单位提供运输服务的道路。

第二章 公路规划

第十二条 公路规划应当根据国民经济和社会发展以及国防建设的需要编制，与城市建设发展规划和其他方式的交通运输发展规划相协调。

第十三条 公路建设用地规划应当符合土地利用总体规划，当年建设用地应当纳入年度建设用地计划。

第十四条 国道规划由国务院交通主管部门会同国务院有关部门并商国道沿线省、自治区、直辖市人民政府编制，报国务院批准。

省道规划由省、自治区、直辖市人民政府交通主管部门会同同级有关部门并商省道沿线下一级人民政府编制，报省、自治区、直辖市人民政府批准，并报国务院交通主管部门备案。

县道规划由县级人民政府交通主管部门会同同级有关部门编制，经本级人民政府审定后，报上一级人民政府批准。

乡道规划由县级人民政府交通主管部门协助乡、民族乡、镇人民政府编制，报县级人民政府批准。

依照第三款、第四款规定批准的县道、乡道规划，应当报批准机关的上一级人民政府交通主管部门备案。

省道规划应当与国道规划相协调。县道规划应当与省道规划相协调。乡道规划应当与县道规划相协调。

第十五条 专用公路规划由专用公路的主管单位编制，经其上级主管部门审定后，报县级以上人民政府交通主管部门审核。

专用公路规划应当与公路规划相协调。县级以上人民政府交通主管部门发现专用公路规划与国道、省道、县道、乡道规划有不协调的地方，应当提出修改意见，专用公路主管部门和单位应当作出相应的修改。

第十六条 国道规划的局部调整由原编制机关决定。国道规划需要作重大修改的，由原编制机关提出修改方案，报国务院批准。

经批准的省道、县道、乡道公路规划需要修改的，由原编制机关提出修改方案，报原批准机关批准。

第十七条 国道的命名和编号，由国务院交通主管部门确定；省道、县道、乡道的命名和编号，由省、自治区、直辖市人民政府交通主管部门按照国务院交通主管部门的有关规定确定。

第十八条 规划和新建村镇、开发区，应当与公路保持规定的距离并避免在公路两侧对应进行，防止造成公路街道化，影响公路的运行安全与畅通。

第十九条 国家鼓励专用公路用于社会公共运输。专用公路主要用于社会公共运输时，由专用公路的主管单位申请，或者由有关方面申请，专用公路的主管单位同意，并经省、自治区、直辖市人民政府交通主管部门批准，可以改划为省道、县道或者乡道。

第三章 公路建设

第二十条 县级以上人民政府交通主管部门应当依据职责维护公路建设秩序,加强对公路建设的监督管理。

第二十一条 筹集公路建设资金,除各级人民政府的财政拨款,包括依法征税筹集的公路建设专项资金转为的财政拨款外,可以依法向国内外金融机构或外国政府贷款。

国家鼓励国内外经济组织对公路建设进行投资。开发、经营公路的公司可以依照法律、行政法规的规定发行股票、公司债券筹集资金。

依照本法规定出让公路收费权的收入必须用于公路建设。

向企业和个人集资建设公路,必须根据需要与可能,坚持自愿原则,不得强行摊派,并符合国务院的有关规定。

公路建设资金还可以采取符合法律或者国务院规定的其他方式筹集。

第二十二条 公路建设应当按照国家规定的基本建设程序和有关规定进行。

第二十三条 公路建设项目应当按照国家有关规定实行法人负责制度、招标投标制度和工程监理制度。

第二十四条 公路建设单位应当根据公路建设工程的特点和技术要点,选择具有相应资格的勘察设计单位、施工单位和工程监理单位,并依照有关法律、法规、规章的规定和公路工程技术标准的要求,分别签订合同,明确双方的权利义务。

承担公路建设项目的可行性研究单位、勘察设计单位、施工单位和工程监理单位,必须持有国家规定的资质证书。

第二十五条 公路建设项目的施工,须按国务院交通主管部门的规定报请县级以上地方人民政府交通主管部门批准。

第二十六条 公路建设必须符合公路工程技术标准。

承担公路建设项目的设计单位、施工单位和工程监理单位,应当按照国家有关规定建立健全质量保证体系,落实岗位责任制,并依照有关法律、法规、规章以及公路工程技术标准的要求和合同约定进行设计、施工和监理,保证公路工程质量。

第二十七条 公路建设使用土地依照有关法律、行政法规的规定办理。

公路建设应当贯彻切实保护耕地、节约用地的原则。

第二十八条 公路建设需要使用国有荒山、荒地或者需要在国有荒山、荒地、河滩、滩涂上挖砂、采石、取土的,依照有关法律、行政法规的规定办理后任何单位和个人不得阻挠或者非法收取费用。

第二十九条 地方各级人民政府对公路建设依法使用土地和搬迁居民,应当给予支持和协助。

第三十条 公路建设项目的设计和施工,应当符合依法保护环境、保护文物古迹和防止水土流失的要求。

公路规划中贯彻国防要求的公路建设项目,应当严格按照规划进行建设,以保证国防交通的需要。

第三十一条 因建设公路影响铁路、水利、电力、邮电设施和其他设施正常使用时,公路建设单位应当事先征得有关部门的同意;因公路建设对有关设施造成损坏的,公路建设单位应当按照不低于该设施原有的技术标准予以修复,或者给予相应的经济补偿。

第三十二条 改建公路时,施工单位应当在施工路段两端设置明显的施工标志、安全标志。需要车辆绕行的,应当在绕行路口设置标志;不能绕行的,必须修建临时道路,保证车辆和行人通行。

第三十三条 公路建设项目和公路修复项目竣工后,应当按照国家有关规定进行验收;未经验收或者验收不合格的,不得交付使用。

建成的公路,应当按照国务院交通主管部门的规定设置明显的标志、标线。

第三十四条 县级以上地方人民政府应当确定公路两侧边沟(截水沟、坡脚护坡道,下同)外缘起不少于一米的公路用地。

第四章 公路养护

第三十五条 公路管理机构应当按照国务院交通主管部门规定的技术规范和操作规程对公路进行养护,保证公路经常处于良好的技术状态。

第三十六条 国家采用依法征税的办法筹集公路养护资金,具体实施办法和步骤由国务院规定。

依法征税筹集的公路养护资金,必须专项用于公路的养护和改建。

第三十七条 县、乡级人民政府对公路养护需要的挖砂、采石、取土以及取水,应当给予支持和协助。

第三十八条 县、乡级人民政府应当在农村义务工的范围内,按照国家有关规定组织公路两侧的农村居民履行为公路建设和养护提供劳务的义务。

第三十九条 为保障公路养护人员的人身安全,公路养护人员进行养护作业时,应当穿着统一的安全标志服;利用车辆进行养护作业时,应当在公路作业车辆上设置明显的作业标志。

公路养护车辆进行作业时,在不影响过往车辆通行的前提下,其行驶路线和方向不受公路标志、标志限制;过往车辆对公路养护车辆和人员应当注意避让。

公路养护工程施工影响车辆、行人通行时,施工单位应当依照本法第三十二条的规定办理。

第四十条 因严重自然灾害致使国道、省道交通中断,公路管理机构应当及时修复;公路管理机构难以及时修复时,县级以上地方人民政府应当及时组织当地机关、团体、企业事业单位、城乡居民进行抢修,并可以请求当地驻军支援,尽快恢复交通。

第四十一条 公路用地范围内的山坡、荒地,由公路管理机构负责水土保持。

第四十二条 公路绿化工作,由公路管理机构按照公路工程技术标准组织实施。

公路用地上的树木，不得任意砍伐；需要更新砍伐的，应当经县级以上地方人民政府交通主管部门同意后，依照《中华人民共和国森林法》的规定办理审批手续，并完成更新补种任务。

第五章 路政管理

第四十三条 各级地方人民政府应当采取措施，加强对公路的保护。

县级以上地方人民政府交通主管部门应当认真履行职责，依法做好公路保护工作，并努力采用科学的管理方法和先进的技术手段，提高公路管理水平，逐步完善公路服务设施，保障公路的完好、安全和畅通。

第四十四条 任何单位和个人不得擅自占用、挖掘公路。

因修建铁路、机场、电站、通信设施、水利工程和进行其他建设工程需要占用、挖掘公路或者使公路改线的，建设单位应当事先征得有关交通主管部门的同意；影响交通安全的，还须征得有关公安机关的同意。占用、挖掘公路或者使公路改线的，建设单位应当按照不低于该段公路原有的技术标准予以修复、改建或者给予相应的经济补偿。

第四十五条 跨越、穿越公路修建桥梁、渡槽或者架设、埋设管线等设施的，以及在公路用地范围内架设、埋设管线、电缆等设施的，应当事先经有关交通主管部门同意，影响交通安全的，还须征得有关公安机关的同意；所修建、架设或者埋设的设施应当符合公路工程技术标准的要求。对公路造成损坏的，应当按照损坏程度给予补偿。

第四十六条 任何单位和个人不得在公路上及公路用地范围内摆摊设点、堆放物品、倾倒垃圾、设置障碍、挖沟引水、利用公路边沟排放污物或者进行其他损坏、污染公路和影响公路畅通的活动。

第四十七条　在大中型公路桥梁和渡口周围二百米、公路隧道上方和洞口外一百米范围内，以及在公路两侧一定距离内，不得挖砂、采石、取土、倾倒废物，不得进行爆破作业及其他危及公路、公路桥梁、公路隧道、公路渡口安全的活动。

在前款范围内因抢险、防汛需要修筑堤坝、压缩或者拓宽河床的，应当事先报经省、自治区、直辖市人民政府交通主管部门会同水行政主管部门批准，并采取有效地保护有关的公路、公路桥梁、公路隧道、公路渡口安全的措施。

第四十八条　除农业机械因当地田间作业需要在公路上短距离行驶外，铁轮车、履带车和其他可能损害公路路面的机具，不得在公路上行驶。确需行驶的必须经县级以上地方人民政府交通主管部门同意，采取有效的防护措施，并按照公安机关指定的时间、路线行驶。对公路造成损坏的，应当按照损坏程度给予补偿。

第四十九条　在公路上行驶的车辆的轴载质量应当符合公路工程技术标准要求。

第五十条　超过公路、公路桥梁、公路隧道或者汽车渡船的限载、限高、限宽、限长标准的车辆，不得在有限定标准的公路、公路桥梁上或者公路隧道内行驶，不得使用汽车渡船。超过公路或者公路桥梁限载标准确需行驶的，必须经县级以上地方人民政府交通主管部门批准，并按要求采取有效的防护措施；影响交通安全的，还应当经同级公安机关批准；运载不可解体的超限物品的，应当按照指定的时间、路线、时速行驶，并悬挂明显标志。

运输单位不能按照前款规定采取防护措施的，由交通主管部门帮助其采取防护措施，所需费用由运输单位承担。

第五十一条　机动车制造厂和其他单位不得将公路作为检验机动车制动性能的试车场地。

第五十二条　任何单位和个人不得损坏、擅自移动、涂改公路附属设施。

前款公路附属设施，是指为保护、养护公路和保障公路安全畅通所设置的公路防护、排水、养护、管理、服务、交通安全、渡运、监控、通信、收费等设施、设备以及专用建筑物、构筑物等。

第五十三条 造成公路损坏的,责任者应当及时报告公路管理机构,并接受公路管理机构的现场调查。

第五十四条 任何单位和个人未经县级以上地方人民政府交通主管部门批准,不得在公路用地范围内设置公路标志以外的其他标志。

第五十五条 在公路上增设平面交叉道口,必须按照国家有关规定经过批准,并按照国家规定的技术标准建设。

第五十六条 除公路防护、养护需要的以外,禁止在公路两侧的建筑控制区内修建建筑物和地面构筑物;需要在建筑控制区内埋设管线、电缆等设施的,应当事先经县级以上地方人民政府交通主管部门批准。

前款规定的建筑控制区的范围,由县级以上地方人民政府按照保障公路运行安全和节约用地的原则,依照国务院的规定划定。

建筑控制区范围经县级以上地方人民政府依照前款规定划定后,由县级以上地方人民政府交通主管部门设置标桩、界桩。任何单位和个人不得损坏、擅自挪动该标桩、界桩。

第五十七条 除本法第四十七条第二款的规定外,本章规定由交通主管部门行驶的路政管理职责,可以依照本法第八条第四款的规定,由公路管理机构行使。

第六章 收费公路

第五十八条 国家允许依法设立收费公路,同时对收费公路的数量进行控制。

除本法第五十九条规定可以收取车辆通行费的公路外,禁止任何公路收取车辆通行费。

第五十九条 符合国务院交通主管部门规定的技术等级和规

模的下列公路，可以依法收取车辆通行费：

(一)由县级以上地方人民政府交通主管部门利用贷款或者向企业、个人集资建成的公路；

(二)由国内外经济组织依法受让公路收费权的公路；

(三)由国内外经济组织依法投资建成的公路。

第六十条 县级以上地方人民政府交通主管部门利用贷款或者集资建成的收费公路的收费期限，按照收费偿还贷款、集资款的原则，由省、自治区、直辖市人民政府依照国务院交通主管部门的规定确定。

有偿转让公路收费权的公路，收费权转让后，由受让方收费经营。收费权的转让期限由出让、受让双方约定并报转让收费权的审批机关审查批准，但最长不得超过国务院规定的年限。

国内外经济组织投资建设公路，必须按照国家有关规定办理审批手续；公路建成后，由投资者收费经营。收费经营期限按照收回投资并有合理回报的原则，由有关交通主管部门与投资者约定并按照国家有关规定办理审批手续，但最长不得超过国务院规定的年限。

第六十一条 本法第五十九条第一款第一项规定的公路中的国道收费权的转让，必须经国务院交通主管部门批准；国道以外的其他公路收费权的转让，必须经省、自治区、直辖市人民政府批准，并报国务院交通主管部门备案。

前款规定的公路收费权出让的最低成交价，以国有资产评估机构评估的价值为依据确定。

第六十二条 受让公路收费权和投资建设公路的国内外经济组织应当依法成立开发、经营公路的企业(以下简称公路经营企业)。

第六十三条 收费公路车辆通行费的收费标准，由公路收费单位提出方案，报省、自治区、直辖市人民政府交通主管部门会同同级物价行政主管部门审查批准。

第六十四条 收费公路设置车辆通行费的收费站，应当报经省、自治区、直辖市人民政府审查批准。跨省、自治区、直辖市的收费公路设置车辆通行费的收费站，由有关省、自治区、直辖市人民政府协商确定；协商不成的，由国务院交通主管部门决定。同一收费公路由不同的交通主管部门组织建设或者由不同的公路经营企业经营的，应当按照“统一收费、按比例分成”的原则，统筹规划，合理设置收费站。

两个收费站之间的距离，不得小于国务院交通主管部门规定的标准。

第六十五条 有偿转让公路收费权的公路，转让收费权合同约定的期限届满，收费权由出让方收回。

由国内外经济组织依照本法规定投资建成并经营的收费公路，约定的经营期限届满，该公路由国家无偿收回，由有关交通主管部门管理。

第六十六条 依照本法第五十九条规定受让收费权或者由国内外经济组织投资建成经营的公路的养护工作，由各该公路经营企业负责。各该公路经营企业在经营期间应当按照国务院交通主管部门规定的技术规范和操作规程做好对公路的养护工作。在受让收费权的期限届满，或者经营期限届满时，公路应当处于良好的技术状态。

前款规定的公路的绿化和公路用地范围内的水土保持工作，由各该公路经营企业负责。

第一款规定的公路的路政管理，适用本法第五章的规定。该公路路政管理的职责由县级以上地方人民政府交通主管部门或者公路管理机构的派出机构、人员行驶。

第六十七条 在收费公路上从事本法第四十四条第二款、第四十五条、第四十八条、第五十条所列活动的，除依照各该条的规定办理外，给公路经营企业造成损失的，应当给予相应的补偿。

第六十八条 收费公路的具体管理办法，由国务院依照本法制定。

第七章　监督检查

第六十九条　交通主管部门、公路管理机构依法对有关公路的法律、法规执行情况进行监督检查。

第七十条　交通主管部门、公路管理机构负有管理和保护公路的责任，有权检查、制止各种侵占、损坏公路、公路用地、公路附属设施及其他违反本法规定的行为。

第七十一条　公路监督检查人员依法在公路、建筑控制区、车辆停放场所、车辆所属单位等进行监督检查时，任何单位和个人不得阻挠。

公路经营者、使用者和其他有关单位、个人，应当接受公路监督检查人员依法实施的监督检查，并为其提供方便。

公路监督检查人员执行公务，应当佩戴标志，持证上岗。

第七十二条　交通主管部门、公路管理机构应当加强对所属公路监督检查人员的管理和教育，要求公路监督检查人员熟悉国家有关法律和规定，公正廉洁、热情服务，秉公执法，对公路监督检查人员的执法行为应当加强监督检查，对其违法行为应当及时纠正，依法处理。

第七十三条　用于公路监督检查的专用车辆，应当设置统一的标志和示警灯。

第八章　法律责任

第七十四条　违反法律或者国务院有关规定，擅自在公路上设卡、收费的，由交通主管部门责令停止违法行为，没收违法所得，可以处违法所得 3 倍以下的罚款，没有违法所得的，可以处 2 万元以下的罚款；对负有直接责任的主管人员和其他直接责任人员，依法给予行政处分。

第七十五条　违反本法第二十五条规定，未经有关交通主管部门批准擅自施工的，交通主管部门可以责令停止施工，并可以处5万元以下的罚款。

第七十六条 有下列违法行为之一的，由交通主管部门责令停止违法行为，可以处3万元以下的罚款：

（一）违反本法第四十四条第一款规定，擅自占用、挖掘公路的；

（二）违反本法第四十五条规定，未经同意或者未按照公路工程技术标准的要求修建桥梁、渡槽或者架设、埋设管线、电缆等设施的；

（三）违反本法第四十七条规定，从事危及公路安全的作业的；

（四）违反本法第四十八条规定，铁轮车、履带车和其他可能损害路面的机具擅自在公路上行驶的；

（五）违反本法第五十条规定，车辆超限使用汽车渡船或者在公路上擅自超限行驶的；

（六）违反本法第五十二条、第五十六条规定，损坏、移动、涂改公路附属设施或者损坏、挪动建筑控制区的标桩、界桩，可能危及公路安全的。

第七十七条 违反本法第四十六条的规定，造成公路路面损坏、污染或者影响公路畅通的，或者违反本法第五十一条规定，将公路作为试车场地的，由交通主管部门责令停止违法行为，可以处5000元以下的罚款。

第七十八条 违反本法第五十三条规定，造成公路损坏，未报告的，由交通主管部门处以1000元以下的罚款。

第七十九条 违反本法第五十四条规定，在公路用地范围内设置公路标志以外的其他标志的，由交通主管部门责令限期拆除可以处2万元以下的罚款；逾期不拆除的，由交通主管部门拆除，有关费用由设置者负担。

第八十条 违反本法第五十五条规定，未经批准在公路上增设平面交叉道口的，由交通主管部门责令恢复原状，处5万元以下的罚款。

第八十一条　违反本法第五十六条规定，在公路建筑控制区内修建建筑物、地面构筑物或者擅自埋设管线、电缆等设施的，由交通主管部门责令限期拆除，并可以处5万元以下的罚款。逾期不拆除的，由交通主管部门拆除，有关费用由建筑者、构筑者承担。

第八十二条　除本法第七十四条、第七十五条的规定外，本章规定由交通主管部门行使的行政处罚权和行政措施，可以依照本法第八条第四款的规定由公路管理机构行使。

第八十三条　阻碍公路建设或者公路抢修，致使公路建设或者抢修不能正常进行，尚未造成严重损失的，依照治安管理处罚条例第十九条的规定处罚。

损毁公路或者擅自移动公路标志，可能影响交通安全，尚不够刑事处罚的，依照治安管理处罚条例第二十条的规定处罚。

拒绝、阻碍公路监督检查人员依法执行职务未使用暴力、威胁方法的，依照治安管理处罚条例第十九条的规定处罚。

第八十四条　违反本法有关规定，构成犯罪的，依法追究刑事责任。

第八十五条　违反本法有关规定，对公路造成损害的，应当依法承担民事责任。

对公路造成较大损害的车辆，必须立即停车，保护现场，报告公告管理机构，接受公路管理机构的调查、处理后方得驶离。

第八十六条　交通主管部门、公路管理机构的工作人员玩忽职守、徇私舞弊、滥用职权，构成犯罪的，依法追究刑事责任；尚不构成犯罪的，依法给予行政处分。

第九章　附　则

第八十七条　本法自1998年1月1日起施行。

中华人民共和国公路管理条例

（国务院国发[1987]92号　1987.10.13）

第一章　总　　则

第一条　为加强公路的建设和管理，发挥公路在国民经济、国防和人民生活中的作用，适应社会主义现代化建设的需要，特制定本条例。

第二条　本条例适用于中华人民共和国境内的国家干线公路（以下简称国道），省、自治区、直辖市干线公路（以下简称省道），县公路（以下简称县道），乡公路（以下简称乡道）。

本条例对专用公路有规定的，适用于专用公路。

第三条　中华人民共和国交通部主管全国公路事业。

第四条　公路管理工作实行统一领导、分级管理的原则。

国道、省道由省、自治区、直辖市公路主管部门负责修建、养护和管理。

国道中跨省、自治区、直辖市的高速公路，由交通部批准的专门机构负责修建、养护和管理。

县道由县（市）公路主管部门负责修建、养护和管理。

乡道由乡（镇）人民政府负责修建、养护和管理。

专用公路由专用单位负责修建、养护和管理。

第五条　公路、公路用地和公路设施受国家法律保护，任何单位和个人均不得侵占和破坏。

第二章　公路建设

第六条　公路发展规划应当以国民经济、国防建设和人民生活的需要为依据，并与铁路、水路、航空、管道运输的发展规划相协调，与城市建设发展规划相配合。

第七条 国道发展规划由交通部编制，报国务院审批。

省道发展规划由省、自治区、直辖市公路主管部门编制，报省、自治区、直辖市人民政府审批，并报交通部备案。

县道发展规划由地级市（或相当于地级市的机构）的公路主管部门编制，报省、自治区、直辖市人民政府或其派出机构审批。

乡道发展规划由县公路主管部门编制，报县人民政府审批。

专用公路的建设计划，由专用单位编制，报上级主管部门审批，并报当地公路主管部门备案。

第八条 国家鼓励专用公路用于社会运输。专用公路主要用于社会运输时，经省、自治区、直辖市公路主管部门批准，可以改划为省道或者县道。

第九条 公路建设资金可以采取以下方式筹集：国家和地方投资、专用单位投资、中外合资、社会集资、贷款、车辆购置附加费和部分养路费。

公路建设还可以采取民工建勤、民办公助和以工代赈的办法。

第十条 公路主管部门对利用集资、贷款修建的高速公路、一级公路、二级公路和大型的公路桥梁、隧道、轮渡码头，可以向过往车辆收取通行费，用于偿还集资和贷款。

通行费的征收办法由交通部会同财政部和国家物价局制定。

第十一条 公路建设用地，按照《中华人民共和国土地管理法》的规定办理。

第十二条 根据公路发展规划，确定新建公路或者扩宽原有公路路基、增建其他公路设施需要的土地，由当地人民政府纳入其土地利用总体规划。

第十三条 修建公路影响铁路、管道、水利、电力、邮电等设施正常使用时，建设单位应当事先征得有关部门的同意。

第十四条 公路主管部门负责对公路建设工程的质量进行监督和检验。未按国家有关规定验收合格的公路，不得交付使用。

第十五条 修建公路,应当同时修建公路的防护、养护、环境保护等配套设施。公路建成后,应当按规定设置各种交通标志。

第三章 公路养护

第十六条 公路主管部门应当加强公路养护工作,保持公路完好、平整、畅通,提高公路的耐久性和抗灾能力。

进行公路维修应当规定修复期限。施工期间,应当采取措施,保证车辆通行。临时不能通行的,应当通过公安交通管理机关事先发布通告。

第十七条 公路养护实行专业养护与民工建勤养护相结合的制度。

民工建勤的用工、用车数额不得超过国家规定的标准。

第十八条 拥有车辆的单位和个人,必须按照国家规定,向公路养护部门缴纳养路费。

第十九条 养路费应当在国家规定的范围内专款专用。任何单位和个人不得平调、挪用、滥用、截留、拖欠养路费

第二十条 公路交通遇严重灾害受阻时,当地县级以上人民政府应当立即动员和组织附近驻军、机关、团体、学校、企业事业单位、城乡居民协助公路主管部门限期修复。

第二十一条 因公路修建、养护需要,在空地、荒山、河流、滩涂取土采石,应当征得县(市)人民政府同意。

在上述地点取土采石不得影响附近建筑物和水利、电力、通讯设施以及农田水土保持。

在县(市)人民政府核准的公路料场取土采石,任何单位和个人不得借故阻挠或者索取价款。

第二十二条 公路绿化工作,由公路主管部门统筹规划并组织实施。

公路绿化必须按照公路技术标准进行。

公路两侧林木不得任意砍伐,需要更新砍伐的,必须经公路主

管部门批准。

第四章 路政管理

第二十三条 公路主管部门负责管理和保护公路、公路用地及公路设施，有权依法检查、制止、处理各种侵占、破坏公路、公路用地及公路设施的行为。

第二十四条 禁止在公路及公路用地上构筑设施、种植作物。禁止任意利用公路边沟进行灌溉或者排放污水。

第二十五条 在公路两侧开山、伐木、施工作业，不得危及公路及公路设施的安全。

第二十六条 不得在大型公路桥梁和公路渡口的上、下游各二百米范围内采挖沙石、修筑堤坝、倾倒垃圾、压缩或者扩宽河床、进行爆破作业。不得在公路隧道上方和洞口外一百米范围内任意取土、采石、伐木。

第二十七条 通过公路渡口的车辆和人员，必须遵守渡口管理规章。

第二十八条 未经公路主管部门批准，履带车和铁轮车不得在铺有路面的公路上行驶，超过桥梁限载标准的车辆、物件不得过桥。在特殊情况下，必须通过公路、桥梁时，应当采取有效的技术保护措施。

第二十九条 兴建铁路、机场、电站、水库、水渠，铺设管线或者进行其他建设工程，需要挖掘公路，挖掘、占用、利用公路用地及公路设施时，建设单位必须事先取得公路主管部门同意，影响车辆通行的，还须征得公安交通管理机关同意。工程完成后，建设单位应当按照原有技术标准，或者经协商按照规划标准修复或者改建公路。

第三十条 修建跨越公路的桥梁、渡槽、架设管线等，应当考虑公路的远景发展，符合公路的技术标准，并事先征得当地公路主管部门和公安交通管理机关同意。

第三十一条 在公路两侧修建永久性工程设施,其建筑物边缘与公路边沟外缘的间距为:国道不少于 20 米,省道不少于 15 米,县道不少于 10 米,乡道不少于 5 米。

第三十二条 在公路上设置交叉道口,必须经公路主管部门和公安交通管理机关批准。

设计、修建交叉道口,必须符合国家规定的技术标准。

第三十三条 经省、自治区、直辖市人民政府批准,公路主管部门可以在必要的公路路口、桥头、渡口、隧道口设立收取车辆通行费的站卡及公路征费稽查站卡。

第五章 法律责任

第三十四条 对违反本条例规定的单位和个人,公路主管部门可以分别情况,责令其返还原物、恢复原状、赔偿损失、没收非法所得并处以罚款。

第三十五条 不按照国家规定缴纳养路费、通行费或者违反本条例养路费使用规定的,公路主管部门可以分别情况,责令其补交或者返还费款并处以罚款。

第三十六条 当事人对公路主管部门给予的处罚不服的,可以向上级公路主管部门提出申诉;对上级公路主管部门的处理决定不服的,可以在接到处理决定书之日起 15 日内向人民法院起诉;期满不起诉又不履行的,公路主管部门可以申请人民法院强制执行。

第三十七条 公路管理人员违反本条例的,由公路主管部门给予行政处分或经济处罚。

第三十八条 违反本条例应当受治安管理处罚的,由公安机关处理;构成犯罪的,由司法机关依法追究刑事责任。

第六章 附 则

第三十九条 本条例下列用语的含义是:

"公路"是指经公路主管部门验收认定的城间、城乡间、乡间能行驶汽车的公共道路。公路包括公路的路基、路面、桥梁、涵洞、隧道。

"公路用地"是指公路两侧边沟(或者截水沟)及边沟(或者截水沟)以外不少于一米范围的土地。公路用地的具体范围由县级以上人民政府确定。"公路设施"是指公路的排水设备、防护构造物、交叉道口、界碑、测桩、安全设施、通讯设施、检测及监控设施、养护设施、服务设施、渡口码头、花草林木、专用房屋等。

第四十条 本条例由交通部负责解释,交通部可以根据本条例制定实施细则。

第四十一条 本条例自 1988 年 1 月 1 日起施行。

中华人民共和国道路运输条例

（中华人民共和国国务院令第406号　2004.04.30）

第一章　总　　则

第一条　为了维护道路运输市场秩序，保障道路运输安全，保护道路运输有关各方当事人的合法权益，促进道路运输业的健康发展，制定本条例。

第二条　从事道路运输经营以及道路运输相关业务的，应当遵守本条例。

前款所称道路运输经营包括道路旅客运输经营（以下简称客运经营）和道路货物运输经营（以下简称货运经营）；道路运输相关业务包括站（场）经营、机动车维修经营、机动车驾驶员培训。

第三条　从事道路运输经营以及道路运输相关业务，应当依法经营，诚实信用，公平竞争。

第四条　道路运输管理，应当公平、公正、公开和便民。

第五条　国家鼓励发展乡村道路运输，并采取必要的措施提高乡镇和行政村的通班车率，满足广大农民的生活和生产需要。

第六条　国家鼓励道路运输企业实行规模化、集约化经营。任何单位和个人不得封锁或者垄断道路运输市场。

第七条　国务院交通主管部门主管全国道路运输管理工作。

县级以上地方人民政府交通主管部门负责组织领导本行政区域的道路运输管理工作。

县级以上道路运输管理机构负责具体实施道路运输管理工作。

第二章　道路运输经营

第一节　客　运

第八条　申请从事客运经营的,应当具备下列条件:

(一)有与其经营业务相适应并经检测合格的车辆;

(二)有符合本条例第九条规定条件的驾驶人员;

(三)有健全的安全生产管理制度。

申请从事班线客运经营的,还应当有明确的线路和站点方案。

第九条　从事客运经营的驾驶人员,应当符合下列条件:

(一)取得相应的机动车驾驶证;

(二)年龄不超过60周岁;

(三)3年内无重大以上交通责任事故记录;

(四)经设区的市级道路运输管理机构对有关客运法律法规、机动车维修和旅客急救基本知识考试合格。

第十条　申请从事客运经营的,应当按照下列规定提出申请并提交符合本条例第八条规定条件的相关材料:

(一)从事县级行政区域内客运经营的,向县级道路运输管理机构提出申请;

(二)从事省、自治区、直辖市行政区域内跨2个县级以上行政区域客运经营的,向其共同的上一级道路运输管理机构提出申请;

(三)从事跨省、自治区、直辖市行政区域客运经营的,向所在地的省、自治区、直辖市道路运输管理机构提出申请。

依照前款规定收到申请的道路运输管理机构,应当自受理申请之日起20日内审查完毕,作出许可或者不予许可的决定。予以许可的,向申请人颁发道路运输经营许可证,并向申请人投入运输的车辆配发车辆营运证;不予许可的,应当书面通知申请人并说明理由。

对从事跨省、自治区、直辖市行政区域客运经营的申请，有关省、自治区、直辖市道路运输管理机构依照本条第二款规定颁发道路运输经营许可证前，应当与运输线路目的地的省、自治区、直辖市道路运输管理机构协商；协商不成的，应当报国务院交通主管部门决定。

客运经营者应当持道路运输经营许可证依法向工商行政管理机关办理有关登记手续。

第十一条 取得道路运输经营许可证的客运经营者，需要增加客运班线的，应当依照本条例第十条的规定办理有关手续。

第十二条 县级以上道路运输管理机构在审查客运申请时，应当考虑客运市场的供求状况、普遍服务和方便群众等因素。

同一线路有3个以上申请人时，可以通过招标的形式作出许可决定。

第十三条 县级以上道路运输管理机构应当定期公布客运市场供求状况。

第十四条 客运班线的经营期限为4年到8年。经营期限届满需要延续客运班线经营许可的，应当重新提出申请。

第十五条 客运经营者需要终止客运经营的，应当在终止前30日内告知原许可机关。

第十六条 客运经营者应当为旅客提供良好的乘车环境，保持车辆清洁、卫生，并采取必要的措施防止在运输过程中发生侵害旅客人身、财产安全的违法行为。

第十七条 旅客应当持有效客票乘车，遵守乘车秩序，讲究文明卫生，不得携带国家规定的危险物品及其他禁止携带的物品乘车。

第十八条 班线客运经营者取得道路运输经营许可证后，应当向公众连续提供运输服务，不得擅自暂停、终止或者转让班线运输。

第十九条 从事包车客运的，应当按照约定的起始地、目的地和线路运输。

从事旅游客运的，应当在旅游区域按照旅游线路运输。

第二十条 客运经营者不得强迫旅客乘车，不得甩客、敲诈旅客；不得擅自更换运输车辆。

第二十一条 客运经营者在运输过程中造成旅客人身伤亡，行李毁损、灭失，当事人对赔偿数额有约定的，依照其约定；没有约定的，参照国家有关港口间海上旅客运输和铁路旅客运输赔偿责任限额的规定办理。

第二节 货 运

第二十二条 申请从事货运经营的，应当具备下列条件：

（一）有与其经营业务相适应并经检测合格的车辆；

（二）有符合本条例第二十三条规定条件的驾驶人员；

（三）有健全的安全生产管理制度。

第二十三条 从事货运经营的驾驶人员，应当符合下列条件：

（一）取得相应的机动车驾驶证；

（二）年龄不超过60周岁；

（三）经设区的市级道路运输管理机构对有关货运法律法规、机动车维修和货物装载保管基本知识考试合格。

第二十四条 申请从事危险货物运输经营的，还应当具备下列条件：

（一）有5辆以上经检测合格的危险货物运输专用车辆、设备；

（二）有经所在地设区的市级人民政府交通主管部门考试合格，取得上岗资格证的驾驶人员、装卸管理人员、押运人员；

（三）危险货物运输专用车辆配有必要的通讯工具；

（四）有健全的安全生产管理制度。

第二十五条 申请从事货运经营的，应当按照下列规定提出申请并分别提交符合本条例第二十二条、第二十四条规定条件的相关材料：

（一）从事危险货物运输经营以外的货运经营的，向县级道路运输管理机构提出申请；

（二）从事危险货物运输经营的，向设区的市级道路运输管理机构提出申请。

依照前款规定收到申请的道路运输管理机构，应当自受理申请之日起20日内审查完毕，作出许可或者不予许可的决定。予以许可的，向申请人颁发道路运输经营许可证，并向申请人投入运输的车辆配发车辆营运证；不予许可的，应当书面通知申请人并说明理由。

货运经营者应当持道路运输经营许可证依法向工商行政管理机关办理有关登记手续。

第二十六条 货运经营者不得运输法律、行政法规禁止运输的货物。

法律、行政法规规定必须办理有关手续后方可运输的货物，货运经营者应当查验有关手续。

第二十七条 国家鼓励货运经营者实行封闭式运输，保证环境卫生和货物运输安全。

货运经营者应当采取必要措施，防止货物脱落、扬撒等。

运输危险货物应当采取必要措施，防止危险货物燃烧、爆炸、辐射、泄漏等。

第二十八条 运输危险货物应当配备必要的押运人员，保证危险货物处于押运人员的监管之下，并悬挂明显的危险货物运输标志。

托运危险货物的，应当向货运经营者说明危险货物的品名、性质、应急处置方法等情况，并严格按照国家有关规定包装，设置明显标志。

第三节　客运和货运的共同规定

第二十九条 客运经营者、货运经营者应当加强对从业人员的安全教育、职业道德教育，确保道路运输安全。

道路运输从业人员应当遵守道路运输操作规程，不得违章作业。驾驶人员连续驾驶时间不得超过4个小时。

第三十条　生产(改装)客运车辆、货运车辆的企业应当按照国家规定标定车辆的核定人数或者载重量,严禁多标或者少标车辆的核定人数或者载重量。

客运经营者、货运经营者应当使用符合国家规定标准的车辆从事道路运输经营。

第三十一条　客运经营者、货运经营者应当加强对车辆的维护和检测,确保车辆符合国家规定的技术标准;不得使用报废的、擅自改装的和其他不符合国家规定的车辆从事道路运输经营。

第三十二条　客运经营者、货运经营者应当制定有关交通事故、自然灾害以及其他突发事件的道路运输应急预案。应急预案应当包括报告程序、应急指挥、应急车辆和设备的储备以及处置措施等内容。

第三十三条　发生交通事故、自然灾害以及其他突发事件,客运经营者和货运经营者应当服从县级以上人民政府或者有关部门的统一调度、指挥。

第三十四条　道路运输车辆应当随车携带车辆营运证,不得转让、出租。

第三十五条　道路运输车辆运输旅客的,不得超过核定的人数,不得违反规定载货;运输货物的,不得运输旅客,运输的货物应当符合核定的载重量,严禁超载;载物的长、宽、高不得违反装载要求。

违反前款规定的,由公安机关交通管理部门依照《中华人民共和国道路交通安全法》的有关规定进行处罚。

第三十六条　客运经营者、危险货物运输经营者应当分别为旅客或者危险货物投保承运人责任险。

第三章　道路运输相关业务

第三十七条　申请从事道路运输站(场)经营的,应当具备下列条件：

（一）有经验收合格的运输站（场）；

（二）有相应的专业人员和管理人员；

（三）有相应的设备、设施；

（四）有健全的业务操作规程和安全管理制度。

第三十八条 申请从事机动车维修经营的，应当具备下列条件：

（一）有相应的机动车维修场地；

（二）有必要的设备、设施和技术人员；

（三）有健全的机动车维修管理制度；

（四）有必要的环境保护措施。

第三十九条 申请从事机动车驾驶员培训的，应当具备下列条件：

（一）有健全的培训机构和管理制度；

（二）有与培训业务相适应的教学人员、管理人员；

（三）有必要的教学车辆和其他教学设施、设备、场地。

第四十条 申请从事道路运输站（场）经营、机动车维修经营和机动车驾驶员培训业务的，应当向所在地县级道路运输管理机构提出申请，并分别附送符合本条例第三十七条、第三十八条、第三十九条规定条件的相关材料。县级道路运输管理机构应当自受理申请之日起15日内审查完毕，作出许可或者不予许可的决定，并书面通知申请人。

道路运输站（场）经营者、机动车维修经营者和机动车驾驶员培训机构，应当持许可证明依法向工商行政管理机关办理有关登记手续。

第四十一条 道路运输站（场）经营者应当对出站的车辆进行安全检查，禁止无证经营的车辆进站从事经营活动，防止超载车辆或者未经安全检查的车辆出站。

道路运输站（场）经营者应当公平对待使用站（场）的客运经营者和货运经营者，无正当理由不得拒绝道路运输车辆进站从事经营活动。

道路运输站(场)经营者应当向旅客和货主提供安全、便捷、优质的服务;保持站(场)卫生、清洁;不得随意改变站(场)用途和服务功能。

第四十二条 道路旅客运输站(场)经营者应当为客运经营者合理安排班次,公布其运输线路、起止经停站点、运输班次、始发时间、票价,调度车辆进站、发车,疏导旅客,维持上下车秩序。

道路旅客运输站(场)经营者应当设置旅客购票、候车、行李寄存和托运等服务设施,按照车辆核定载客限额售票,并采取措施防止携带危险品的人员进站乘车。

第四十三条 道路货物运输站(场)经营者应当按照国务院交通主管部门规定的业务操作规程装卸、储存、保管货物。

第四十四条 机动车维修经营者应当按照国家有关技术规范对机动车进行维修,保证维修质量,不得使用假冒伪劣配件维修机动车。

机动车维修经营者应当公布机动车维修工时定额和收费标准,合理收取费用。

第四十五条 机动车维修经营者对机动车进行二级维护、总成修理或者整车修理的,应当进行维修质量检验。检验合格的,维修质量检验人员应当签发机动车维修合格证。

机动车维修实行质量保证期制度。质量保证期内因维修质量原因造成机动车无法正常使用的,机动车维修经营者应当无偿返修。

机动车维修质量保证期制度的具体办法,由国务院交通主管部门制定。

第四十六条 机动车维修经营者不得承修已报废的机动车,不得擅自改装机动车。

第四十七条 机动车驾驶员培训机构应当按照国务院交通主管部门规定的教学大纲进行培训,确保培训质量。培训结业的,应当向参加培训的人员颁发培训结业证书。

第四章 国际道路运输

第四十八条 国务院交通主管部门应当及时向社会公布中国政府与有关国家政府签署的双边或者多边道路运输协定确定的国际道路运输线路。

第四十九条 申请从事国际道路运输经营的,应当具备下列条件:

(一)依照本条例第十条、第二十五条规定取得道路运输经营许可证的企业法人;

(二)在国内从事道路运输经营满 3 年,且未发生重大以上道路交通责任事故。

第五十条 申请从事国际道路运输的,应当向省、自治区、直辖市道路运输管理机构提出申请并提交符合本条例第四十九条规定条件的相关材料。省、自治区、直辖市道路运输管理机构应当自受理申请之日起 20 日内审查完毕,作出批准或者不予批准的决定。予以批准的,应当向国务院交通主管部门备案;不予批准的,应当向当事人说明理由。

国际道路运输经营者应当持批准文件依法向有关部门办理相关手续。

第五十一条 中国国际道路运输经营者应当在其投入运输车辆的显著位置,标明中国国籍识别标志。

外国国际道路运输经营者的车辆在中国境内运输,应当标明本国国籍识别标志,并按照规定的运输线路行驶;不得擅自改变运输线路,不得从事起止地都在中国境内的道路运输经营。

第五十二条 在口岸设立的国际道路运输管理机构应当加强对出入口岸的国际道路运输的监督管理。

第五十三条 外国国际道路运输经营者经国务院交通主管部门批准,可以依法在中国境内设立常驻代表机构。常驻代表机构不得从事经营活动。

第五章 执法监督

第五十四条 县级以上人民政府交通主管部门应当加强对道路运输管理机构实施道路运输管理工作的指导监督。

第五十五条 道路运输管理机构应当加强执法队伍建设,提高其工作人员的法制、业务素质。

道路运输管理机构的工作人员应当接受法制和道路运输管理业务培训、考核,考核不合格的,不得上岗执行职务。

第五十六条 上级道路运输管理机构应当对下级道路运输管理机构的执法活动进行监督。

道路运输管理机构应当建立健全内部监督制度,对其工作人员执法情况进行监督检查。

第五十七条 道路运输管理机构及其工作人员执行职务时,应当自觉接受社会和公民的监督。

第五十八条 道路运输管理机构应当建立道路运输举报制度,公开举报电话号码、通信地址或者电子邮件信箱。

任何单位和个人都有权对道路运输管理机构的工作人员滥用职权、徇私舞弊的行为进行举报。交通主管部门、道路运输管理机构及其他有关部门收到举报后,应当依法及时查处。

第五十九条 道路运输管理机构的工作人员应当严格按照职责权限和程序进行监督检查,不得乱设卡、乱收费、乱罚款。

道路运输管理机构的工作人员应当重点在道路运输及相关业务经营场所、客货集散地进行监督检查。

道路运输管理机构的工作人员在公路路口进行监督检查时,不得随意拦截正常行驶的道路运输车辆。

第六十条 道路运输管理机构的工作人员实施监督检查时,应当有 2 名以上人员参加,并向当事人出示执法证件。

第六十一条 道路运输管理机构的工作人员实施监督检查时,可以向有关单位和个人了解情况,查阅、复制有关资料。但是,应当保守被调查单位和个人的商业秘密。

被监督检查的单位和个人应当接受依法实施的监督检查，如实提供有关资料或者情况。

第六十二条 道路运输管理机构的工作人员在实施道路运输监督检查过程中，发现车辆超载行为的，应当立即予以制止，并采取相应措施安排旅客改乘或者强制卸货。

第六十三条 道路运输管理机构的工作人员在实施道路运输监督检查过程中，对没有车辆营运证又无法当场提供其他有效证明的车辆予以暂扣的，应当妥善保管，不得使用，不得收取或者变相收取保管费用。

第六章 法律责任

第六十四条 违反本条例的规定，未取得道路运输经营许可，擅自从事道路运输经营的，由县级以上道路运输管理机构责令停止经营；有违法所得的，没收违法所得，处违法所得2倍以上10倍以下的罚款；没有违法所得或者违法所得不足2万元的，处3万元以上10万元以下的罚款；构成犯罪的，依法追究刑事责任。

第六十五条 不符合本条例第九条、第二十三条规定条件的人员驾驶道路运输经营车辆的，由县级以上道路运输管理机构责令改正，处200元以上2000元以下的罚款；构成犯罪的，依法追究刑事责任。

第六十六条 违反本条例的规定，未经许可擅自从事道路运输站(场)经营、机动车维修经营、机动车驾驶员培训的，由县级以上道路运输管理机构责令停止经营；有违法所得的，没收违法所得，处违法所得2倍以上10倍以下的罚款；没有违法所得或者违法所得不足1万元的，处2万元以上5万元以下的罚款；构成犯罪的，依法追究刑事责任。

第六十七条 违反本条例的规定，客运经营者、货运经营者、道路运输相关业务经营者非法转让、出租道路运输许可证件的，由县级以上道路运输管理机构责令停止违法行为,收缴有关证件,处2000元以上1万元以下的罚款;有违法所得的,没收违法所得。

第六十八条 违反本条例的规定,客运经营者、危险货物运输经营者未按规定投保承运人责任险的,由县级以上道路运输管理机构责令限期投保;拒不投保的,由原许可机关吊销道路运输经营许可证。

第六十九条 违反本条例的规定,客运经营者、货运经营者不按照规定携带车辆营运证的,由县级以上道路运输管理机构责令改正,处警告或者20元以上200元以下的罚款。

第七十条 违反本条例的规定,客运经营者、货运经营者有下列情形之一的,由县级以上道路运输管理机构责令改正,处1000元以上3000元以下的罚款;情节严重的,由原许可机关吊销道路运输经营许可证:

(一)不按批准的客运站点停靠或者不按规定的线路、公布的班次行驶的;

(二)强行招揽旅客、货物的;

(三)在旅客运输途中擅自变更运输车辆或者将旅客移交他人运输的;

(四)未报告原许可机关,擅自终止客运经营的;

(五)没有采取必要措施防止货物脱落、扬撒等的。

第七十一条 违反本条例的规定,客运经营者、货运经营者不按规定维护和检测运输车辆的,由县级以上道路运输管理机构责令改正,处1000元以上5000元以下的罚款。

违反本条例的规定,客运经营者、货运经营者擅自改装已取得车辆营运证的车辆的,由县级以上道路运输管理机构责令改正,处5000元以上2万元以下的罚款。

第七十二条 违反本条例的规定,道路运输站(场)经营者允许无证经营的车辆进站从事经营活动以及超载车辆、未经安全检查的车辆出站或者无正当理由拒绝道路运输车辆进站从事经营活动的,由县级以上道路运输管理机构责令改正,处1万元以上3万元以下的罚款。

违反本条例的规定，道路运输站（场）经营者擅自改变道路运输站（场）的用途和服务功能，或者不公布运输线路、起止经停站点、运输班次、始发时间、票价的，由县级以上道路运输管理机构责令改正；拒不改正的，处3000元的罚款；有违法所得的，没收违法所得。

第七十三条　违反本条例的规定，机动车维修经营者使用假冒伪劣配件维修机动车，承修已报废的机动车或者擅自改装机动车的，由县级以上道路运输管理机构责令改正；有违法所得的，没收违法所得，处违法所得2倍以上10倍以下的罚款；没有违法所得或者违法所得不足1万元的，处2万元以上5万元以下的罚款，没收假冒伪劣配件及报废车辆；情节严重的，由原许可机关吊销其经营许可；构成犯罪的，依法追究刑事责任。

第七十四条　违反本条例的规定，机动车维修经营者签发虚假的机动车维修合格证，由县级以上道路运输管理机构责令改正；有违法所得的，没收违法所得，处违法所得2倍以上10倍以下的罚款；没有违法所得或者违法所得不足3000元的，处5000元以上2万元以下的罚款；情节严重的，由原许可机关吊销其经营许可；构成犯罪的，依法追究刑事责任。

第七十五条　违反本条例的规定，机动车驾驶员培训机构不严格按照规定进行培训或者在培训结业证书发放时弄虚作假的，由县级以上道路运输管理机构责令改正；拒不改正的，由原许可机关吊销其经营许可。

第七十六条　违反本条例的规定，外国国际道路运输经营者未按照规定的线路运输，擅自从事中国境内道路运输或者未标明国籍识别标志的，由省、自治区、直辖市道路运输管理机构责令停止运输；有违法所得的，没收违法所得，处违法所得2倍以上10倍以下的罚款；没有违法所得或者违法所得不足1万元的，处3万元以上6万元以下的罚款。

第七十七条　违反本条例的规定，道路运输管理机构的工作

人员有下列情形之一的,依法给予行政处分;构成犯罪的,依法追究刑事责任:

(一)不依照本条例规定的条件、程序和期限实施行政许可的;

(二)参与或者变相参与道路运输经营以及道路运输相关业务的;

(三)发现违法行为不及时查处的;

(四)违反规定拦截、检查正常行驶的道路运输车辆的;

(五)违法扣留运输车辆、车辆营运证的;

(六)索取、收受他人财物,或者谋取其他利益的;

(七)其他违法行为。

第七章　附　则

第七十八条　内地与香港特别行政区、澳门特别行政区之间的道路运输,参照本条例的有关规定执行。

第七十九条　外商可以依照有关法律、行政法规和国家有关规定,在中华人民共和国境内采用中外合资、中外合作、独资形式投资有关的道路运输经营以及道路运输相关业务。

第八十条　从事非经营性危险货物运输的,应当遵守本条例有关规定。

第八十一条　道路运输管理机构依照本条例发放经营许可证件和车辆营运证,可以收取工本费。工本费的具体收费标准由省、自治区、直辖市人民政府财政部门、价格主管部门会同同级交通主管部门核定。

第八十二条　出租车客运和城市公共汽车客运的管理办法由国务院另行规定。

第八十三条　本条例自2004年7月1日起施行。

中华人民共和国收费公路管理条例

（中华人民共和国国务院令第417号　2004.09.13）

第一章　总　　则

第一条　为了加强对收费公路的管理，规范公路收费行为，维护收费公路的经营管理者和使用者的合法权益，促进公路事业的发展，根据《中华人民共和国公路法》（以下简称公路法），制定本条例。

第二条　本条例所称收费公路，是指符合公路法和本条例规定，经批准依法收取车辆通行费的公路（含桥梁和隧道）。

第三条　各级人民政府应当采取积极措施，支持、促进公路事业的发展。公路发展应当坚持非收费公路为主，适当发展收费公路。

第四条　全部由政府投资或者社会组织、个人捐资建设的公路，不得收取车辆通行费。

第五条　任何单位或者个人不得违反公路法和本条例的规定，在公路上设站（卡）收取车辆通行费。

第六条　对在公路上非法设立收费站（卡）收取车辆通行费的，任何单位和个人都有权拒绝交纳。

任何单位或者个人对在公路上非法设立收费站（卡）、非法收取或者使用车辆通行费、非法转让收费公路权益或者非法延长收费期限等行为，都有权向交通、价格、财政等部门举报。收到举报的部门应当按照职责分工依法及时查处；无权查处的，应当及时移送有权查处的部门。受理的部门必须自收到举报或者移送材料之日起10日内进行查处。

第七条　收费公路的经营管理者，经依法批准有权向通行收费公路的车辆收取车辆通行费。

军队车辆、武警部队车辆，公安机关在辖区内收费公路上处理交通事故、执行正常巡逻任务和处置突发事件的统一标志的制式警车，以及经国务院交通主管部门或者省、自治区、直辖市人民政府批准执行抢险救灾任务的车辆，免交车辆通行费。

进行跨区作业的联合收割机、运输联合收割机（包括插秧机）的车辆，免交车辆通行费。联合收割机不得在高速公路上通行。

第八条　任何单位或者个人不得以任何形式非法干预收费公路的经营管理，挤占、挪用收费公路经营管理者依法收取的车辆通行费。

第二章　收费公路建设和收费站的设置

第九条　建设收费公路，应当符合国家和省、自治区、直辖市公路发展规划，符合本条例规定的收费公路的技术等级和规模。

第十条　县级以上地方人民政府交通主管部门利用贷款或者向企业、个人有偿集资建设的公路（以下简称政府还贷公路），国内外经济组织投资建设或者依照公路法的规定受让政府还贷公路收费权的公路（以下简称经营性公路），经依法批准后，方可收取车辆通行费。

第十一条　建设和管理政府还贷公路，应当按照政事分开的原则，依法设立专门的不以营利为目的的法人组织。

省、自治区、直辖市人民政府交通主管部门对本行政区域内的政府还贷公路，可以实行统一管理、统一贷款、统一还款。

经营性公路建设项目应当向社会公布，采用招标投标方式选择投资者。

经营性公路由依法成立的公路企业法人建设、经营和管理。

第十二条　收费公路收费站的设置，由省、自治区、直辖市人民政府按照下列规定审查批准：

（一）高速公路以及其他封闭式的收费公路，除两端出入口外，不得在主线上设置收费站。但是，省、自治区、直辖市之间确需设置收费站的除外；

（二）非封闭式的收费公路的同一主线上，相邻收费站的间距不得少于50公里。

第十三条 高速公路以及其他封闭式的收费公路，应当实行计算机联网收费，减少收费站点，提高通行效率。联网收费的具体办法由国务院交通主管部门会同国务院有关部门制定。

第十四条 收费公路的收费期限，由省、自治区、直辖市人民政府按照下列标准审查批准：

（一）政府还贷公路的收费期限，按照用收费偿还贷款、偿还有偿集资款的原则确定，最长不得超过15年。国家确定的中西部省、自治区、直辖市的政府还贷公路收费期限，最长不得超过20年；

（二）经营性公路的收费期限，按照收回投资并有合理回报的原则确定，最长不得超过25年。国家确定的中西部省、自治区、直辖市的经营性公路收费期限，最长不得超过30年。

第十五条 车辆通行费的收费标准，应当依照价格法律、行政法规的规定进行听证，并按照下列程序审查批准：

（一）政府还贷公路的收费标准，由省、自治区、直辖市人民政府交通主管部门会同同级价格主管部门、财政部门审核后，报本级人民政府审查批准；

（二）经营性公路的收费标准，由省、自治区、直辖市人民政府交通主管部门会同同级价格主管部门审核后，报本级人民政府审查批准。

第十六条 车辆通行费的收费标准，应当根据公路的技术等级、投资总额、当地物价指数、偿还贷款或者有偿集资款的期限和收回投资的期限以及交通量等因素计算确定。对在国家规定的绿色通道上运输鲜活农产品的车辆，可以适当降低车辆通行费的收费标准或者免交车辆通行费。

修建与收费公路经营管理无关的设施、超标准修建的收费公路经营管理设施和服务设施，其费用不得作为确定收费标准的因素。

车辆通行费的收费标准需要调整的，应当依照本条例第十五条规定的程序办理。

第十七条 依照本条例规定的程序审查批准的收费公路收费站、收费期限、车辆通行费收费标准或者收费标准的调整方案，审批机关应当自审查批准之日起10日内将有关文件向国务院交通主管部门和国务院价格主管部门备案；其中属于政府还贷公路的，还应当自审查批准之日起10日内向国务院财政部门备案。

第十八条 建设收费公路，应当符合下列技术等级和规模：

（一）高速公路连续里程30公里以上。但是，城市市区至本地机场的高速公路除外；

（二）一级公路连续里程50公里以上；

（三）二车道的独立桥梁、隧道，长度800米以上；四车道的独立桥梁、隧道，长度500米以上。

技术等级为二级以下（含二级）的公路不得收费。但是，在国家确定的中西部省、自治区、直辖市建设的二级公路，其连续里程60公里以上的，经依法批准，可以收取车辆通行费。

第三章 收费公路权益的转让

第十九条 依照本条例的规定转让收费公路权益的，应当向社会公布，采用招标投标的方式，公平、公正、公开地选择经营管理者，并依法订立转让协议。

第二十条 收费公路的权益，包括收费权、广告经营权、服务设施经营权。

转让收费公路权益的，应当依法保护投资者的合法利益。

第二十一条 转让政府还贷公路权益中的收费权，可以申请延长收费期限,但延长的期限不得超过5年。

转让经营性公路权益中的收费权,不得延长收费期限。

第二十二条 有下列情形之一的,收费公路权益中的收费权不得转让:

(一)长度小于1000米的二车道独立桥梁和隧道;

(二)二级公路;

(三)收费时间已超过批准收费期限2/3。

第二十三条 转让政府还贷公路权益的收入,必须缴入国库,除用于偿还贷款和有偿集资款外,必须用于公路建设。

第二十四条 收费公路权益转让的具体办法,由国务院交通主管部门会同国务院发展改革部门和财政部门制定。

第四章 收费公路的经营管理

第二十五条 收费公路建成后,应当按照国家有关规定进行验收;验收合格的,方可收取车辆通行费。

收费公路不得边建设边收费。

第二十六条 收费公路经营管理者应当按照国家规定的标准和规范,对收费公路及沿线设施进行日常检查、维护,保证收费公路处于良好的技术状态,为通行车辆及人员提供优质服务。

收费公路的养护应当严格按照工期施工、竣工,不得拖延工期,不得影响车辆安全通行。

第二十七条 收费公路经营管理者应当在收费站的显著位置,设置载有收费站名称、审批机关、收费单位、收费标准、收费起止年限和监督电话等内容的公告牌,接受社会监督。

第二十八条 收费公路经营管理者应当按照国家规定的标准,结合公路交通状况、沿线设施等情况,设置交通标志、标线。

交通标志、标线必须清晰、准确、易于识别。重要的通行信息应当重复提示。

第二十九条 收费道口的设置,应当符合车辆行驶安全的要求;收费道口的数量,应当符合车辆快速通过的需要,不得造成车辆堵塞。

第三十条 收费站工作人员的配备,应当与收费道口的数量、车流量相适应,不得随意增加人员。

收费公路经营管理者应当加强对收费站工作人员的业务培训和职业道德教育,收费人员应当做到文明礼貌,规范服务。

第三十一条 遇有公路损坏、施工或者发生交通事故等影响车辆正常安全行驶的情形时,收费公路经营管理者应当在现场设置安全防护设施,并在收费公路出入口进行限速、警示提示,或者利用收费公路沿线可变信息板等设施予以公告;造成交通堵塞时,应当及时报告有关部门并协助疏导交通。

遇有公路严重损毁、恶劣气象条件或者重大交通事故等严重影响车辆安全通行的情形时,公安机关应当根据情况,依法采取限速通行、关闭公路等交通管制措施。收费公路经营管理者应当积极配合公安机关,及时将有关交通管制的信息向通行车辆进行提示。

第三十二条 收费公路经营管理者收取车辆通行费,必须向收费公路使用者开具收费票据。政府还贷公路的收费票据,由省、自治区、直辖市人民政府财政部门统一印(监)制。经营性公路的收费票据,由省、自治区、直辖市人民政府税务部门统一印(监)制。

第三十三条 收费公路经营管理者对依法应当交纳而拒交、逃交、少交车辆通行费的车辆,有权拒绝其通行,并要求其补交应交纳的车辆通行费。

任何人不得为拒交、逃交、少交车辆通行费而故意堵塞收费道口、强行冲卡、殴打收费公路管理人员、破坏收费设施或者从事其他扰乱收费公路经营管理秩序的活动。

发生前款规定的扰乱收费公路经营管理秩序行为时,收费公路经营管理者应当及时报告公安机关,由公安机关依法予以处理。

第三十四条 在收费公路上行驶的车辆不得超载。

发现车辆超载时,收费公路经营管理者应当及时报告公安机关,由公安机关依法予以处理。

第三十五条 收费公路经营管理者不得有下列行为:

(一)擅自提高车辆通行费收费标准;

(二)在车辆通行费收费标准之外加收或者代收任何其他费用;

(三)强行收取或者以其他不正当手段按车辆收取某一期间的车辆通行费;

(四)不开具收费票据,开具未经省、自治区、直辖市人民政府财政、税务部门统一印(监)制的收费票据或者开具已经过期失效的收费票据。

有前款所列行为之一的,通行车辆有权拒绝交纳车辆通行费。

第三十六条 政府还贷公路的管理者收取的车辆通行费收入,应当全部存入财政专户,严格实行收支两条线管理。

政府还贷公路的车辆通行费,除必要的管理、养护费用从财政部门批准的车辆通行费预算中列支外,必须全部用于偿还贷款和有偿集资款,不得挪作他用。

第三十七条 收费公路的收费期限届满,必须终止收费。

政府还贷公路在批准的收费期限届满前已经还清贷款、还清有偿集资款的,必须终止收费。

依照本条前两款的规定,收费公路终止收费的,有关省、自治区、直辖市人民政府应当向社会公告,明确规定终止收费的日期,接受社会监督。

第三十八条 收费公路终止收费前6个月,省、自治区、直辖市人民政府交通主管部门应当对收费公路进行鉴定和验收。经鉴定和验收,公路符合取得收费公路权益时核定的技术等级和标准的,收费公路经营管理者方可按照国家有关规定向交通主管部门办理公路移交手续;不符合取得收费公路权益时核定的技术等级和标准的,收费公路经营管理者应当在交通主管部门确定的期限内进行养护,达到要求后,方可按照规定办理公路移交手续。

第三十九条 收费公路终止收费后，收费公路经营管理者应当自终止收费之日起 15 日内拆除收费设施。

第四十条 任何单位或者个人不得通过封堵非收费公路或者在非收费公路上设卡收费等方式，强迫车辆通行收费公路。

第四十一条 收费公路经营管理者应当按照国务院交通主管部门和省、自治区、直辖市人民政府交通主管部门的要求，及时提供统计资料和有关情况。

第四十二条 收费公路的养护、绿化和公路用地范围内的水土保持及路政管理，依照公路法的有关规定执行。

第四十三条 国务院交通主管部门和省、自治区、直辖市人民政府交通主管部门应当对收费公路实施监督检查，督促收费公路经营管理者依法履行公路养护、绿化和公路用地范围内的水土保持义务。

第四十四条 审计机关应当依法加强收费公路的审计监督，对违法行为依法进行查处。

第四十五条 行政执法机关依法对收费公路实施监督检查时，不得向收费公路经营管理者收取任何费用。

第四十六条 省、自治区、直辖市人民政府应当将本行政区域内收费公路及收费站名称、收费单位、收费标准、收费期限等信息向社会公布，接受社会监督。

第五章 法律责任

第四十七条 违反本条例的规定，擅自批准收费公路建设、收费站、收费期限、车辆通行费收费标准或者收费公路权益转让的，由省、自治区、直辖市人民政府责令改正；对负有责任的主管人员和其他直接责任人员依法给予记大过直至开除的行政处分；构成犯罪的，依法追究刑事责任。

第四十八条 违反本条例的规定，地方人民政府或者有关部门及其工作人员非法干预收费公路经营管理，或者挤占、挪用收费公路经营管理者收取的车辆通行费的,由上级人民政府或者有关部门责令停止非法干预,退回挤占、挪用的车辆通行费;对负有责任的主管人员和其他直接责任人员依法给予记大过直至开除的行政处分;构成犯罪的,依法追究刑事责任。

第四十九条 违反本条例的规定,擅自在公路上设立收费站(卡)收取车辆通行费或者应当终止收费而不终止的,由国务院交通主管部门或者省、自治区、直辖市人民政府交通主管部门依据职权,责令改正,强制拆除收费设施;有违法所得的,没收违法所得,并处违法所得2倍以上5倍以下的罚款;没有违法所得的,处1万元以上5万元以下的罚款;负有责任的主管人员和其他直接责任人员属于国家工作人员的,依法给予记大过直至开除的行政处分。

第五十条 违反本条例的规定,有下列情形之一的,由国务院交通主管部门或者省、自治区、直辖市人民政府交通主管部门依据职权,责令改正,并根据情节轻重,处5万元以上20万元以下的罚款:

(一)收费站的设置不符合标准或者擅自变更收费站位置的;

(二)未按照国家规定的标准和规范对收费公路及沿线设施进行日常检查、维护的;

(三)未按照国家有关规定合理设置交通标志、标线的;

(四)道口设置不符合车辆行驶安全要求或者道口数量不符合车辆快速通过需要的;

(五)遇有公路损坏、施工或者发生交通事故等影响车辆正常安全行驶的情形,未按照规定设置安全防护设施或者未进行提示、公告,或者遇有交通堵塞不及时疏导交通的;

(六)应当公布有关限速通行或者关闭收费公路的信息而未及时公布的。

第五十一条 违反本条例的规定,收费公路经营管理者收费时不开具票据,开具未经省、自治区、直辖市人民政府财政、税务部门统一印(监)制的票据,或者开具已经过期失效的票据的,由财政部门或者税务部门责令改正,并根据情节轻重,处10万元以上

50万元以下的罚款;负有责任的主管人员和其他直接责任人员属于国家工作人员的,依法给予记大过直至开除的行政处分;构成犯罪的,依法追究刑事责任。

第五十二条 违反本条例的规定,政府还贷公路的管理者未将车辆通行费足额存入财政专户或者未将转让政府还贷公路权益的收入全额缴入国库的,由财政部门予以追缴、补齐;对负有责任的主管人员和其他直接责任人员,依法给予记过直至开除的行政处分。

违反本条例的规定,财政部门未将政府还贷公路的车辆通行费或者转让政府还贷公路权益的收入用于偿还贷款、偿还有偿集资款,或者将车辆通行费、转让政府还贷公路权益的收入挪作他用的,由本级人民政府责令偿还贷款、偿还有偿集资款,或者责令退还挪用的车辆通行费和转让政府还贷公路权益的收入;对负有责任的主管人员和其他直接责任人员,依法给予记过直至开除的行政处分;构成犯罪的,依法追究刑事责任。

第五十三条 违反本条例的规定,收费公路终止收费后,收费公路经营管理者不及时拆除收费设施的,由省、自治区、直辖市人民政府交通主管部门责令限期拆除;逾期不拆除的,强制拆除,拆除费用由原收费公路经营管理者承担。

第五十四条 违反本条例的规定,收费公路经营管理者未按照国务院交通主管部门规定的技术规范和操作规程进行收费公路养护的,由省、自治区、直辖市人民政府交通主管部门责令改正;拒不改正的,责令停止收费。责令停止收费后30日内仍未履行公路养护义务的,由省、自治区、直辖市人民政府交通主管部门指定其他单位进行养护,养护费用由原收费公路经营管理者承担。拒不承担的,由省、自治区、直辖市人民政府交通主管部门申请人民法院强制执行。

第五十五条 违反本条例的规定,收费公路经营管理者未履行公路绿化和水土保持义务的,由省、自治区、直辖市人民政府交通主管部门责令改正,并可以对原收费公路经营管理者处履行绿化、水土保持义务所需费用1倍至2倍的罚款。

第五十六条 国务院价格主管部门或者县级以上地方人民政府价格主管部门对违反本条例的价格违法行为，应当依据价格管理的法律、法规和规章的规定予以处罚。

第五十七条 违反本条例的规定，为拒交、逃交、少交车辆通行费而故意堵塞收费道口、强行冲卡、殴打收费公路管理人员、破坏收费设施或者从事其他扰乱收费公路经营管理秩序活动，构成违反治安管理行为的，由公安机关依法予以处罚；构成犯罪的，依法追究刑事责任；给收费公路经营管理者造成损失或者造成人身损害的，依法承担民事赔偿责任。

第五十八条 违反本条例的规定，假冒军队车辆、武警部队车辆、公安机关统一标志的制式警车和抢险救灾车辆逃交车辆通行费的，由有关机关依法予以处理。

第六章 附 则

第五十九条 本条例施行前在建的和已投入运行的收费公路，由国务院交通主管部门会同国务院发展改革部门和财政部门依照本条例规定的原则进行规范。具体办法由国务院交通主管部门制定。

第六十条 本条例自2004年11月1日起施行。

规划投资管理

公路网规划编制办法

（交通部　(90)交计字225号　1990.04.21）

第一条　为了加强公路建设的行业管理和宏观控制，健全公路建设的科学管理机制，提高社会经济效益，使公路网规划工作步入程序化、规范化、科学化的轨道，在总结近十年公路建设前期工作经验的基础上，吸取了国内外公路网规划的科学理论和有益经验，结合当前公路发展中的实际问题，特制订本办法。

第二条　公路网规划是公路建设科学管理大系统中决策系统的重要环节，是国土规划、综合运输网规划的重要组成部分，属于公路建设的前期工作。

公路网规划属于长远发展有布局规划，是制订公路建设中长期规划、编制五年建设计划，选择建设项目的主要依据；是确保公路建设合理布局，有秩序地协调发展，防止建设决策、建设布局随意性、盲目性的重要手段。

第三条　编制公路网规划必须坚决贯彻党和国家确定的战略方针和目标，充分体现国民经济"持续、稳定、协调发展"和"发展以综合运输体系为主轴的交通业"的方针，牢固树立全国一盘棋的思想观念，使公路网发展布局服从于社会经济发展的总战略、总目标，服从于生产力分布的大格局，服从于国家的综合运输网规划，正确处理省际、地区间以及各种运输方式间路网的衔接，使公路网规划寓于社会经济发展之中，寓于综合运输体系之中；必须坚持实事求是，讲究科学，讲究经济效益的原则，从国情、本地区特点出发，既要有长远战略思想，又要从实际出发做好安排；要严格执行国家颁布的有关法规、制度，严格执行公路工程的技术规范、标准。

第四条 公路网规划的主要任务是:通过深入的调查,必要的勘测和科学的定量分析,在剖析、评价现有公路状况,揭示其内在矛盾的基础上,根据客货流分布特点、发展态势及交通量、运输量的生成变化特征,提出规划期公路发展的总目标和大布局;划分不同路线性质、功能及技术等级,拟定主要路线的走向和主要控制点,列出分期实施的建设序列,提出确保实现规划目标的政策与措施,科学地预测发展需求,细致地研究合理布局。

第五条 公路网规划报告的主要内容应包括:公路网的现状及其综合评价。全面分析公路发展与社会经济发展的关系。通过多种方法科学预测客货运输量、交通量的发展水平,分析发展特点,提出发展目标。

论证公路网发展的总体布局方案,要研究不同路线、路段的技术等级、性质与功能,干线的覆盖程度、吸引范围及其相应配套设施,优选出建设重点,推荐最佳建设序列。

针对公路网规划总目标提出实施规划存在的问题和需要采取的对策和措施。

附有反映规划内容的图纸和表格(详见“公路网规划文本格式及内容要求”)。

第六条 公路网规划要以全国综合运输网、全国公路网规划和交通发展战略为依据,在认真做好社会经济调查、交通量调查、公路网现状调查的基础上,积极采用国内外行之有效的规划方法和科学的分析计算方法,做好发展预测和方案论证工作;要建立健全数据库,充分利用历史资料,重视数据采集、整理、运用的科学性,做到定性分析和定量计算相结合;要采用多种分析计算方法,做好多方案比选以验证工作成果,使分析论证和规划方案建立在扎实可靠的基础上。

第七条 公路网规划分别按国家、省(自治区、直辖市)、地(市)、县行政区划,由各级交通主管部门负责组织编制。

国道主干线、国道网规划由交通部负责组织编制;

省道规划由各省(自治区、直辖市)交通厅(局)负责编制;

县道规划由地(市)交通部门负责组织编制;

乡道规划由县交通部门负责组织编制;

部门专用公路规划(包括农场、牧场、林场、矿山、油田及国家边防公路)由专用部门负责组织编制,纳入各省和全国公路网规划中。

计划单列市的公路网规划纳入所属省、自治区的公路网规划中。

编制不同层次公路网规划时,下一层次公路网应服从上一层次公路网布局,跨行政区划的公路网,需在上一级交通主管部门指导协调下进行,避免公路网规划出现断头路。

各级交通部门应设置规划机构,以确保规划质量和规划工作不间断地深入开展。没有专门规划机构的,可委托持有设计证书的公路规划设计单位承担。

第八条 各级公路网规划编就后,由各级交通部门主持初审,征求各方意见,公路网中连接两个行政区划的公路需征求相邻省、自治区、直辖市交通部门的意见,并由上一级交通部门协调一致,经补充修改后报同级人民政府审批,并报上一级交通主管部门备案。

国道主干线系统和国家干线公路网规划编就后,由交通部组织各省、自治区、直辖市及各方面专家进行审查,经修改报国务院审批后组织实施。

批准后的公路网规划即成为公路建设的指导性文件,未经原审批部门批准不得任意修改。执行中如遇特殊原因确需修改时,必须经过科学论证,由原规划编制单位提出修改报告,由原规划审批机关审查批准。

第九条 公路网规划由三部分文件组成,即公路网规划报告、图表、主要附件。规划报告外形尺寸按A4(210mm×297mm)装帧,图表与规划报告合并装订。上报文件要求铅印,封皮为白色软皮,审批后的规划文件封皮为湖蓝色。

第十条 编制公路网规划所需经费一律由各级交通部门的建

设前期工作基金开支。

第十一条 本办法适用于各地区各级公路网规划的编制。

第十二条 本办法由交通部负责解释。

第十三条 本办法自 1990 年 5 月 1 日起施行。

附件

公路网规划
文本格式及内容要求

I. 封面格式

×××公路网规划

（编报单位）

年　月

II. 扉页格式

×××公路网规划

编制单位		（盖章）
单位负责人	（职务或职称）	（签章）
总工程师	（职务或职称）	（签章）
项目负责人	（职务或职称）	（签章）
专题负责人	（职务或职称）	（签章）
参加人员	（职务或职称）	
参加单位		（盖章）
单位负责人	（职务或职称）	（签章）
主办人	（职务或职称）	（签章）
参加人员	（职务或职称）	（签章）

III. 目录

目　录

IV. 文本格式及内容要求

第一章　概　　述

1. 任务依据(包括主要参考文件)
2. 规划目标、原则、方法
3. 规划期限
4. 主要结论

第二章　公路网现状及综合评价

第一节　地理位置及自然条件

概述公路网的地理位置、自然条件、行政区划及交通概况。

第二节　社会经济状况

在充分调查研究的基础上,全面地概述公路网范围内(包括邻近区域)的社会经济特点、状况,资源及其开发状况和有关的环境特点。

第三节　交通运输现状

概述当前各种运输方式(公路、铁路、水运、民航、管道和邮电通信)在区域内的布局、线路长度、技术标准、能力等基本情况及其近期变化特点,追述的时间应从上个五年计划至规划前一年。

第四节　综 合 评 价

通过对地理位置、社会经济和交通运输现状的分析,综合评价公路网在国民经济和所在区域经济发展中的地位、作用及发展条件,在各种运输方式中的作用,指出公路网的发展优势、存在的问题和应注意研究的重大变化。

第三章　社会经济发展趋势

分析社会、经济发展的特点和趋势,预测规划期内社会、经济发展水平,研究国家现有或未来可能采取的政策对未来公路建设的影响，阐明对交通运输方式需求的特点。主要内容可分为：

第一节　社会经济发展特点分析

重点对资源与生产力布局，城镇和人口分布，经济结构，产品结构，消费水平等进行相关分析，并将与运输有关的特点抽象出来。

第二节　发展预测及运输形势分析

要采用多种方法预测社会经济发展的大趋势和规划区域内可能发生的新变化和新特点及其对公路的影响。

第三节　对运输方式需求特点的分析

根据社会经济发展的特点，分析规划期内的运输形势及客流、物流可能产生的变化。

第四章　公路交通量预测

提出规划期内综合运输量的预测水平，通过建立运输方式分配模型预测公路运输量，做出路线分配交通量预测。

第一节　综合运输量预测

依据社会经济发展进行综合运输量发展预测，主要包括：全社会客、货运量和周转量，旅客流量流向，大宗运输货物的流量、流向及其货类构成，各种运输方式的经济运距。详细论证报告作为附件。

第二节　公路运输量预测

分析各种运输方式占全社会客、货运量的比重和发展趋势，预测公路运输量发展水平。详细论证报告作为附件。

第三节　公路交通量预测

根据客、货流特点进行科学的分析，结合运输工具构成情况，做出路线分析交通量预测，提出不同交通量的路线和路段的技术等级。路线分析交通量是考察各条路线重要程度的手段，要通过多种方法，反复论证，使其尽量接近实际。路线分析交通量应进行方案比较，详细论证报告作为附件。

第五章　公路网规划

公路规划在各个布局方案基础上优选确定。公路网布局方案根据基本公路网的状况和战略目标要求,确定规划期末公路建设应达到的布局、密度、路线等级,配套设施,提出路线具体走向和重要控制点。公路网发展布局及多方案比较的详细论证作为附件。

第一节　公路网布局规划的原则

根据发展预测,当前交通基本状况,概述公路网规划方案所遵循的原则和主要的发展方针。

第二节　公路网布局的论证

概括叙述规划期路网布局、密度、线路等级确定的主要论点和依据;阐明确定不同线路性质、功能的论据。

第三节　主要线路、主要控制点规划

重点反映规划中主要线路走向、控制点及技术标准,吸引范围,线路作用等。

第六章　公路网规划的分期实施

规划的分期实施,要在多方案比选基础上优选确定。公路网建设实施方案要将已确定的公路网布局规划中的各条路线、路段按其重要程度安排实施顺序,以达到总体最大效益。路网实施方案的拟订及多方案比较的详细论证报告作为附件。

第一节　建设序列的定量分析

重点反映不同线路、路段交通量发展态势及其适应状况,并以客观需求为依据,做出各规划线路建设序列排队序号,借以指导未来发展并为前期工作提供依据。

第二节　近期发展重点分析

根据建设序列,研究提出近期(五至十年)不同技术等级不同线路的发展重点和分期实施的措施。

第七章　公路网规划的综合评价

对公路网规划进行综合评价的内容包括:技术评价、经济评价以及对规划实施后可能产生的社会效果、国防安全效果和环境影响的说明。提出综合评价中存在的问题和建议。

第八章　实施公路网规划拟采取的政策与措施

主要反映公路网规划中,有关建设资金、主要材料和设备等政策问题,以及有待进一步科研、论证的重大技术问题、管理体制问题和需要上级主管部门解决的重大问题,并针对问题提出对策与措施。

附图、附表

一、现状图表

1. 规划区域地理位置图

2. 规划区域经济状况表

3. 规划区域交通运输状况表

4. 规划区域交通基础设施状况图

(1)公路网(2)铁路网(3)航道网(4)机场(5)管道(6)邮电通信

5. 各种运输方式客、货流量流向图表

二、预测图表

1. 社会经济指标表

2. 交通运输量预测表

3. 公路交通量分布图表

4. 公路网规划方案图表

5. 实施方案项目表

6. 其他图表

专 题 报 告

1. 社会经济交通运输调查报告

2. 社会经济发展预测报告

3. 交通运输发展预测报告

4. 公路交通量预测报告

5. 公路网规划报告

6. 公路网规划分期实施报告

7. 其他专题报告

部属单位小型和限额以下固定资产投资建设项目管理办法

（交通部(90)交工字76号　1990.02.13）

第一章　总　则

第一条　为了加强小型和限超以下固定资产投资建设项目的管理工作，发挥投资效益，制定本办法。

第二条　除港口、内河航道、公路建设大、中型项目按有关规定执行外，其余小型基建项目和限超以下技术改造项目（以下统简称建设项目），均按此办法执行。

第三条　建设项目必须严格遵守国家有关基本建设的规定，维护计划的严肃性，严禁搞计划外项目。对搞计划外项目的，有关部门应及时制止，停止拨款、拨料，并追究有关领导和当事人的责任。

第四条　建设项目按投资规模划分为三类：

（一）生产性及教学、科研、安全、救捞等用房建设项目投资在1000万元以上（含1000万元）。

非生产性建设项目投资在500万元以上（含500万元）。

（二）生产性及教学、科研、安全、救捞等用房建设项目投资在300万元至1000万元（含300万元，不含1000万元）。

非生产性建设项目投资在100万元至500万元（含100万元，不含500万元）。

（三）生产性及教学、科研、安全、救捞等用房建设项目投资在300万元（不含300万元）以下。

非生产性建设项目投资在100万元（不含100万元）以下。

第五条 第一、二类建设项目必须具备批准的设计任务书，第三类建设项目可依据部下达的年度计划或批准的设计任务书。

第六条 建设项目一般应按下列程序执行：

（一）根据批准的设计任务书（或部下达的年度计划）进行初步设计。

（二）根据批准的初步设计进行施工图设计，编制招标文件。

（三）与上级主管部门签订建设项目投资包干合同。

（四）组织招标、评标和定标工作。

（五）向部工程管理司报送申请开工报告。

（六）与承包厂商签订工程施工承包合同和设备采购合同。

（七）工程实施及组织（或委托）监理。

（八）验收及交付使用，并进行总结。

选用定型设计及投资在 30 万元以下非定型设计的建设项目，其初步设计和施工图设计阶段可合并为一个阶段进行。

第二章 初步设计的审批

第七条 报送初步设计文件必须完整、齐全，内容必须包括：

（一）设计说明；

（二）设计图纸；

（三）主要设备和材料表；

（四）总用水量、用电量；

（五）主要工程量；

（六）工程概算（包括征地拆迁、主要设备及外部水、电、暖、路等工程投资费用）；

（七）三材用量。

初步设计完成后，项目建设单位应首先进行初审，在报送初步设计文件（报送四份）的同时，将初审意见一并报送。

第八条 审批权限的划分：

（一）部工程管理司负责审批第一类建设项目。

（二）中国远洋运输总公司、中国汽车运输总公司、交通部长江航务管理局、交通部黑龙江航运管理局、交通部长江轮船总公司、交通部上海海运管理局、交通部广州海运管理局、中国港湾建设总公司，中国公路建设总公司、秦皇岛港务局负责审批所属二级单位的第二类建设项目（需要报部者除外），并报部工程管理司核备。公司（局）本部的第二类建设项目报部工程管理司审批。其他单位的第二类建设项目由部工程管理司审批。

（三）部属一级企业负责审批第三类建设项目（需要报部审批者除外），并报部工程管理司核备。

（四）教育、安监、救捞、卫生、规划等单位建设项目的初步设计，在报部工程管理司的同时，抄报主管司（局），按部工程管理司与有关司（局）商定的分工办理审批手续。

科研单位建设项目的初步设计。在报部工程管理司的同时，抄报交通部科学研究院和部科技司，按部工程管理司与交科院商定的分工办理审批手续。

（五）以地方管理为主的港口的审批权限按港口体制改革时的协议执行。

第九条 初步设计必须按基建程序报批，对已批准的初步设计不得任意修改。重大的设计修改和概算调整、应由建设单位会同设计单位报原审批单位审批。

第十条 建设项目的设计由建设单位委托经资格认证的勘察设计单位承担。设计方案必须进行多方案比选。为了提高设计技术水平，节约工程投资，增加经济效益，可进行设计方案招标。其具体办法按 1986 年 7 月 5 日国家计委（1986）1085 号《关于加强工程设计招标工作的通知》执行。

第十一条 审查初步设计应以批准的设计任务书为依据，不得任意改变建设内容，扩大建设规模和提高标准。初步设计应技术相对先进，可靠、适用、经济合理，效益较高，符合国家有关技术规范和标准。总概算原则上不得超过设计任务书的投资控制额，如超出投资控制额或经审查认为有必要修改设计任务书时，应重报设计任务书。

第三章　施工图设计的审定与招标

第十二条　施工图应由设计单位负责根据批准的初步设计进行编制，做到适合国情，技术相对先进，计算正确，工程量准确，结构合理，详图清晰，预算准确合理，作为招标和施工的依据。

第十三条　施工图由建设单位负责审定但不能改变已批准的初步设计标准和规模，施工图预算不能超过已批准的概算。

第十四条　建设项目实行投资包干责任制。由建设单位与其上级主管部门按 1984 年 9 月 29 日国家计委、城乡建设环境保护部、劳动人事部、中国人民建设银行计基（1984）2008 号《关于印发基本建设项目投资包干责任制办法的通知》签订投资包干合同。

第十五条　建设项目应按 1984 年 11 月 20 日国家计委、城乡建设环境保护部计施(1984)2410 号《关于印发建设工程招标投标暂行规定的通知》或省(自治区)、市颁发的招标投标办法实行招标、投标。

第十六条　凡利用外资或留成外汇由国外采购设备、材料，均应进行国际招标(经批准不招标者除外)。其招标文件应经部工程管理司审查；评标报告报工程管理司审批定标。其出国团组的审批手续，由部工程管理司归口办理。

第十七条　建设项目开工前，建设单位必须向部工程管理司报送申请开工报告，待批准后，方可开工。

第十八条　申请开工必须具备的条件：

(一)已与上级主管部门签订了投资包干合同。

(二)征地拆迁已办妥，现场已具备三通一平(路、水、电通，施工场地平)或四通一平(路、水、电、通讯通，施工场地平)。

(三)已经选定了施工单位。

(四)已经组织建立或委托了施工质量监理或监督。

第四章　施工阶段管理

第十九条　建设项目开工前,一般由施工单位做出施工组织设计或施工方案,报建设单位及现场施工监理审查同意。

第二十条　施工中应严格执行质量监理或监督。隐蔽工程必须经工程监理人员签字验收。在工程监理中发现施工质量不合格时,均应遵照有关质量监理或监督条例或规定进行处理。

第二十一条　施工中如发生重大安全、质量事故,或甲乙方发生争议需进行仲裁时,均应及时报告部工程管理司。

第二十二条　在施工阶段如需使用材料设备差价、预备费则应由建设单位报原初步设计审批单位批准(包干合同一次包死者除外)。

第二十三条　建设项目实施计划必须严格按部下达的年度计划执行,遇有特殊情况必须改变时,应预先征得部计划司、工程管理司和有关主管部门的同意。

第二十四条　基建投资完成情况月报(交统基 8 表),按资金来源分的固定资产投资及财务拨款月报(交统基 9 表)上报部计划司的同时,应抄报工程管理司及主管司(局)。

第二十五条　一、三季度应将工程进展情况,存在问题及处理结果按(89)工基字 134 号《关于请按时报送小型基建项目有关资料的通知》写成书面简报,报部工程管理司。

第二十六条　每半年应进行工作小结,将工程形象进度,没有完成计划的原因,准备采取的措施,以及存在问题,处理意见等按(89)工基字 134 号《关于请按时报送小型基建项目有关资料的通知》写成书面报告,报部工程管理司并抄报主管司(局)。

第二十七条　工程完工后,建设单位应及时向部工程管理司提出申请竣工验收报告,除由部工程管理司主持验收者外,其余建设项目验收后,应报部工程管理司备案。

第二十八条　参加验收单位应包括设计、施工、使用单位及当地环保、消防、建行等有关部门,并在工程验收证书上签字。

第二十九条 验收时,应资料齐全,验收文件及时归档。

第三十条 验收文件应包括:

(一)竣工图纸;

(二)工程决算;

(三)重大工程事故处理文件;

(四)中间验收及质量监督、监理文件;

(五)隐蔽工程验收文件;

(六)材料检验及试验报告;

(七)工程验收证书(验收证书格式见附件)。

第三十一条 建设项目投产使用一年后,建设单位应会同设计,施工部门进行回访,及时总结经验教训。

第五章 附 则

第三十二条 本办法由交通部负责解释。

第三十三条 本办法自 1990 年 3 月 1 日起试行。

附件

竣工验收证书

××工程验收小组

年　　月　　日

工程名称			
工程地点			
建设依据			
建设规模			
开工日期		竣工日期	
工程概算		工程决算	
工程建设 主要内容			
建设完成 情况说明			
质量评定			
验收鉴定 意　　见			

工程交接单位		签字
建设单位		
设计单位		
施工单位		
使用单位		

公路、水运基本建设利用国外贷款项目管理暂行办法

（交通部　(91)交计字399号　1991.06.13）

第一章　总　　则

第一条　为加强公路、水运基本建设利用国外贷款项目的管理,更有效地使用外资,制定本办法。

第二条　公路、港口、内河等大中型基本建设利用国外贷款的项目(以下简称贷款项目),其项目前期工作、实施、后评价和还本付息等均按本办法进行管理。

第三条　本办法所称国外贷款系指世界银行、亚洲开发银行、日本海外经济协力基金以及其他外国政府或国际金融组织(以下简称贷款机构)向我国公路、水运建设项目所提供的贷款。现阶段国家统一对外借款的机构是:

世界银行贷款为财政部;

亚洲开发银行贷款为中国人民银行;

日本海外经济协力基金以及其他外国政府贷款为对外经济贸易部。

第四条　公路、水运建设项目利用上述贷款,除经国家批准实行统借统还外,一律实行统借自还,对内实行转贷。

第五条　贷款项目实行行业归口、分级管理的原则。交通部负责对贷款项目的行业归口管理,各省、自治区、直辖市、计划单列市交通厅(局、委、办)、港务局、航务局等(以下简称项目单位)应成立专门机构,在交通部的指导、组织下负责贷款项目的实施和管理。

第二章　贷款项目申请的原则

第六条　公路、港口、内河等基础设施建设项目均可申请国外贷款。申请国外贷款的项目必须具备以下条件：

(一)已列入行业规划或五年建设计划；

(二)配套资金基本落实；

(三)具备还贷能力或还贷资金落实；

(四)有较好的经济、社会和财务效益。

第七条　申请国外贷款渠道应根据项目性质、规模、采购方式以及贷款机构的贷款条件、原则、规模等因素综合考虑。

第三章　贷款项目的前期工作

第八条　贷款项目的前期工作必须遵循国家规定的基本建设程序，并应符合贷款机构的贷款程序要求。

第九条　申请利用国外贷款的单位，在编制五年建设计划时，应提出拟利用国外贷款的项目，按计划渠道逐级平衡上报。交通部经过筛选和综合平衡，提出公路、水运利用国外贷款项目计划，报国家计委，申请列为备选项目。

第十条　项目单位应按计划管理体制上报项目建议书。凡国内已批准项目建议书而未考虑国外贷款的项目，若需利用国外贷款，项目单位应提出利用国外贷款的申请报告。

贷款项目的可行性研究除执行交通部颁发的《水运、公路建设项目可行性研究报告编制办法》的规定外，还应包括贷款额度、贷款渠道的建议、贷款使用方案及还贷方案等内容。

第十一条　贷款项目必须向国家计委出具还贷担保，作为审批贷款项目的必要条件。还贷担保由项目单位所在省、市、自治区人民政府或计划委员会出具。交通部直属单位贷款项目的还贷担保按国家计委的要求办理。

第十二条 贷款项目的工程可行性研究报告的报批程序同项目建议书。工程可行性研究报告批准后,项目单位应根据有关保密规定,编制可行性研究报告对外本,经上级主管部门及保密部门审查后,报交通部审核,统一对外提供,为据此开展贷款项目的预评估工作。

第十三条 贷款机构对贷款项目的正式评估(事前调查)一般在初步设计批准后进行。正式评估的内容包括项目的规模、工程设计、贷款额度、贷款的使用、采购方式(包括土建和设备、材料)、贷款支付等。正式评估的结果如与原批准的工程可行性研究报告的主要内容有重大出入,应报原批准单位进行复审。

第十四条 贷款项目经正式评估并与贷款机构取得基本一致意见后,项目单位应按计划管理体制或项目管理的隶属关系向国家计委上报利用外资方案。利用外资方案不仅包括已批准的工程可行性研究报告的主要内容,还应提出需用贷款采购的设备、材料的详细清单(附主要技术参数)、采购方式、技术合作和人员培训计划以及研究课题等具体内容。批复后的利用外资方案作为贷款谈判和项目执行的重要依据。

第十五条 贷款的谈判与签约由统一对外借款机构组织和负责。交通部组织项目单位准备贷款谈判的资料,协助有关统一对外借款机构修改和完善贷款协议文本、参与贷款谈判等有关工作。

第四章 贷款项目的实施

第十六条 项目单位应按国家有关规定和贷款协议的要求,做好贷款项目的工程设计与施工、设备采购与安装、工程验收、生产准备以及完成贷款协议规定的有关内容,并对工程质量、费用和工期实行有效的控制,保证贷款项目的顺利实施。

第十七条 贷款项目实施阶段的各项准备工作,包括施工图设计、招标文件和施工现场准备等应和贷款项目评估或现场调查阶段的工作交叉进行,以保证贷款协议生效后工程及时开工、尽早用款。

第十八条 贷款项目的土建和水工工程及设备、材料的采购方式应根据国家有关规定和贷款协议的要求办理。所有对外采购,须按国家有关规定委托合格的外贸公司代理。

采用国际竞争性招标方式采购的土建和水工工程及设备、材料,项目单位负责组织编写土建工程的有关招标文件和设备、材料的技术规格书;采用询价比价方式采购的机电设备,项目单位负责组织编制直接采购设备清单。土建和水工工程招标文件内容及设备、材料的技术规格书或直接采购设备清单中的技术性能、参数、数量等必须符合已批准的初步设计的要求和贷款协议的有关规定,并报交通部或按项目管理的隶属关系报上级主管部门进行审查。

拟进口机电设备的审批,应按国务院机电设备进口审查办公室《利用国外贷款项目进口机电设备审查实施办法》的规定执行。

第十九条 评估必须根据招标文件的要求进行,交通部组织、参与初评工作或审查初评结果。所有评标结果须由国家评标委员会审定后,方可提交贷款机构。项目单位应根据国家评标委员会审定的评标结果办理有关手续。

第二十条 贷款项目的土建和水工工程实行工程监理制度。项目单位应按照国家有关规定和国际惯例,组建监理工程师机构,选聘中方或外方监理咨询专家,工程质量的控制和监督由独立的施工监督理机构负责。

贷款项目的设备采购,项目单位应严格按照合同文件和技术规范对设备的制造和安装进行监督。

第二十一条 贷款项目实施过程中,不得改变国家审定和贷款协议认可的工程规模和主要内容。如确需改变的,项目单位应按有关规定报原审批单位,经批准后提交贷款机构认可。

第二十二条 项目单位在编制年度计划的同时应编制贷款项目外资使用年度计划,报送项目主管部门。

第二十三条 项目单位应根据贷款协议有关研究课题和培训的内容及要求,按年度编制考察或培训计划(附详细大纲),报交通部审批。项目单位应严格执行经批准的计划,并在交通部的统一组织或协调下具体实施。培训及考察完成后应及时编报总结材料。

第二十四条 贷款项目在实施过程中,交通部和贷款机构将对项目执行情况进行检查。项目单位应按有关规定向交通部、上级有关部门和贷款机构报送项目执行进度报告。

第二十五条 贷款项目竣工后,由政府主管部门按国家有关规定组织工程验收。项目竣工半年内,项目单位就按贷款机构推荐的格式,并在国内竣工文件的基础上编制对外提供的项目竣工总结报告,报交通部审查后送交贷款机构。

第五章 贷款项目的支付和还本付息

第二十六条 贷款协议签署以后,由相应的统一对外借款的机构与国内借款单位签订转贷协议。项目单位应严格按照转贷协议规定的内容和条款履行其责任和义务。

第二十七条 项目单位应在贷款协议签署后,按国家有关规定办理外债登记手续,如贷款协议要求开列贷款项目的外汇特别账户的,可开列特别账户,并及时办理首次提款手续。

第二十八条 项目单位应建立完整的会计核算体系,做好支付预测和分析,定期向交通部报送贷款支付进度报告,并按贷款协议和转贷协议的要求,按期还本付息。

第六章 组织机构、项目后评价及其他

第二十九条 贷款项目立项后,项目单位应组织成立专门的贷款项目管理机构,负责贷款项目的全过程管理。贷款项目管理机构成立后,应及时报交通部备案。参加贷款项目管理机构的人

员应保持相对稳定。

第三十条 项目单位应整理保存原始资料、报告和各种文件，以备对贷款项目的检查、审计及后评价。

第三十一条 贷款项目的后评价，除执行交通部颁发的有关建设项目后评价报告编制办法外，还应对利用贷款的管理工作提出评价和总结，并配合贷款机构做好贷款项目的后评价工作。

第三十二条 使用技术合作费聘用咨询公司（专家）的，项目单位应根据国家有关规定和贷款机构聘用咨询专家指南的要求进行。咨询公司的选定，原则上应按照短名单方式进行比选，经主管部门同意后报贷款机构认可。

第七章 附 则

第三十三条 本办法的实施细则将按不同的贷款渠道另行制定。

第三十四条 本办法由交通部负责解释。

第三十五条 本办法自 1991 年 7 月 1 日起施行。

公路、水路运输全行业统计工作规定

（交通部、国家统计局令1992年第36号　1992.07.21）

第一条　为科学、有效地组织公路、水路运输全行业统计，完善运输行业管理基础工作，加强对全国公路、水路运输经济的宏观调控，依据《中华人民共和国统计法》、《中华人民共和国统计法实施细则》和有关运输管理法规，制定本规定。

第二条　根据国家关于加强运输统计工作的要求，公路、水路运输全行业统计工作应在各级政府统计部门统一协调下，由各级交通运输主管部门负责组织实施。有条件的地区可建立交通行业统计联合组织协调领导小组。

第三条　凡在中华人民共和国注册从事公路、水路营业性客、货运输或在中华人民共和国境内从事非营业性客、货运输的单位、私人（包括个体联户），不论其隶属关系、所有制形式如何，均应纳入统计范围。军事部门从事营业性运输的，也应按本规定进行统计。

第四条　实施公路、水路运输全行业统计，以全面调查和非全面调查两种方式进行。

实行全面调查的调查对象原则上为从事营业性运输的独立核算的公路、水路运输单位及个体（联户）。上述单位和个体（联户）应执行交通行业统计报表制度，定期向当地公路、水路运输行业管理机构报送统计资料。

实行非全面调查的调查对象原则上为从事营业性运输非独立核算的单位和从事非营业性运输的单位、私人，以抽样调查为主进行。上述单位和私人应按要求向公路、水路运输行业管理机构提供统计资料。

各省、自治区、直辖市行业统计主管部门对本辖区的行业统计资料审核汇总后，应上报交通部，并报送同级政府统计部门。

第五条 公路、水路运输全行业统计调查，应按国家统计局和交通部联合颁发的报表制度、抽样调查方案进行统计，以保证调查资料的规范化。

第六条 各省、自治区、直辖市开展公路、水路运输全行业统计，应由交通主管部门与政府统计部门及有关部门根据工作的需要，采取灵活多样的组织形式，加强领导组织协调工作，成立联合领导组（小组），领导和协调所辖地区的公路、水路运输全行业统计工作。其主要任务是：

（一）贯彻公路、水路运输全行业统计调查制度，制定实施工作计划；

（二）组织、协调本辖区公路、水路运输全行业统计调查工作；

（三）搜集、整理和准确及时地提供本辖区的统计调查资料；

（四）对本辖区公路、水路运输全行业统计工作计划执行情况，进行统计分析，实行统计监督；

（五）建立和开发公路、水路运输全行业统计信息系统；

（六）指导地（州、市）、县（区）、乡（镇）开展公路、水路运输全行业统计工作。

第七条 各省、自治区、直辖市公路、水路运输管理部门负责实施公路、水路运输全行业统计工作。其主要任务是：

（一）承担本辖区公路、水路运输全行业统计调查任务；

（二）执行公路、水路运输全行业统计报表制度，组织有关单位认真填报；

（三）布置公路、水路运输全行业统计抽样调查工作，培训人员，采集、审查、汇总统计数据，提供统计调查资料，进行统计分析；

（四）建立和开发公路、水路运输全行业统计抽样调查数据处理系统。

第八条 有关机构和人员，应遵守国家有关保密规定，未经政府统计部门和交通运输主管部门批准同意，不得随意对外提供统计调查资料。

第九条 各省、自治区、直辖市公路、水路运输全行业统计机构,应配备必要的计算机和通信设备。在统一规划下,逐步建立和完善适合公路、水路运输全行业统计需要的统计信息系统,以实现运输全行业统计手段的现代化。

第十条 开展和实施公路、水路运输全行业统计工作的日常费用,列入交通部门行政事业费预算,如有困难,不足部分在各级公路、水路运输管理部门征收的公路、水路运输管理费中开支。

第十一条 公路、水路运输全行业统计调查工作,应贯彻执行统计人员资格考试制度,对从事公路、水路运输全行业统计调查和计算机操作的人员,有计划地进行岗位培训,做到合格上岗,以保证统计工作质量。

第十二条 对能够准确、及时、全面提供统计资料和统计分析并作出显著成绩的单位和个人,予以表彰和奖励。

第十三条 有下列违章行为之一的,根据其情节轻重,由各级公路、水路运输管理部门会同当地政府统计部门,按国家有关规定予以处罚。

(一)拒报或屡次迟报公路、水路运输全行业统计调查表者;

(二)虚报、瞒报及伪造、篡改统计资料者;

(三)妨碍或侵犯公路、水路运输全行业统计调查人员执行本规定职权者;

(四)未经核定和批准、自行公布和泄露统计调查资料者。

第十四条 为公路、水路交通运输服务和配套的其他经济活动的统计调查制度另行制定。

第十五条 各省、自治区、直辖市交通厅(局)可依据本规定制定实施细则,报国家统计局和交通部备案。

第十六条 本规定由交通部负责解释。

第十七条 本规定自1992年10月1日起施行。1986年交通部颁发的《公路、水路运输全行业统计试行方案》同时废止。

部属单位小型及限额以下固定资产投资建设项目初步设计文件编制和审批办法

（交通部　交基发[1994]854号　1994.09.01）

第一章　总　　则

第一条　为了加强部属单位小型和限额以下基建项目的初步设计文件编制和审批的管理，保证初步设计质量，特制定本办法。

第二条　本办法适用于部属教育、科研、安监、救捞、卫生系统和运输、建设总公司等使用非经营基金、专用资金、自筹资金的建设项目。运输和建设总公司使用经营基金的建设项目参照本办法执行。

第三条　初步设计工作是基本建设程序中的重要阶段之一。在编制设计文件中必须贯彻执行国家有关工程建设的政策和法令，应符合国家现行的工程建设标准和设计规范，并遵守设计工作程序。

第四条　初步设计工作必须由经过资格认证，获得相应工程勘察设计证书的勘察设计单位承担。

第五条　初步设计必须以批准的工可报告（或年度计划）为依据。不得任意修改、变更建设内容、扩大建设规模和提高建设标准。初步设计工程总概算原则上不得突破已批准的工可报告书（或年度计划）的投资控制额。

第六条　初步设计应积极采用可靠的先进技术。对有特殊要求的工程，应有切实有效的技术措施。

第七条　初步设计应满足消防、环保、劳保抗震等要求。

第八条 初步设计文件应完整、齐全，应包含以下内容：

一、设计说明书（工程总说明和各专业说明）。

二、设计图纸。

三、主要设备、材料表。

四、总用水量、总耗电量表。

五、工程总概算表（包括征地拆迁、政策性收费、设备及外部水、电、暖、道路及构筑物等工程投资费用）。

六、主要工程量及三材用量。

第九条 初步设计文件应达到以下要求：

一、初步设计应进行两个以上的方案比选、技术论证和技术经济分析比较，并提出推荐方案。

二、车间、试验室、机房等需要有工艺设计的建设项目，应包括完整的工艺设计篇章和图纸。

三、单项建设项目水、电、暖、道路、绿化等外部配套设施的设计与投资应齐全，保证项目竣工后能交付使用。

四、确定占地面积。

五、确定工程总造价。

六、主要设备规格性能和材料品种及数量明确。

七、可据此进行施工图设计和施工准备工作。

第二章 初步设计文件的内容和深度要求

第十条 土建工程

一、设计总说明书

（一）设计说明书由设计总说明和各专业的说明书组成。

（二）初步设计总说明应对整个土建工程设计作总体方面的文字叙述。一般包括以下内容：

1. 工程设计的主要依据（批准的工可报告文号有关的内容摘录）。

2. 建设单位委托书。

3. 工程所在地区的位置、气象、地理环境、水文地质、地震烈度等自然条件、水、电、气、燃料等能源情况，交通运输条件，有关用地、环保、消防、抗震、劳动安全的要求和根据；有关的使用要求和生产工程资料。

4. 工程设计的指导思想和设计特点，设计采用的定额、指标和标准。

5. 工程设计的规模和范围。

6. 各项指标（包括总用地面积、总建筑面积、总建筑占地面积，工程总概算）。

7. 存在问题。

（三）总平面布置说明。

（四）主要技术经济指标和工程量。

二、设计图纸

（一）区域位置图（本图视工程规模情况可与总平面布置图合并）。

（二）总平面布置图。

（三）管道综合平面图。

（四）建筑平、立、剖面图。

（五）给、排水管道总平面图。

（六）供电总平面图。

（七）暖、通管道总平面图。

（八）其他有关的图纸。

（九）设计图纸的内容和范围均应满足有关规定。

三、建筑

（一）设计说明书应包含以下内容：

1. 根据城市要求并按使用性质和生产类别等阐述建筑物对噪声控制、采光、通风、日照、温湿度、净化等或其他特殊要求。

2. 简要说明经方案比选后确定的设计方案特点。

3. 根据使用功能和生产工艺要求所确定的建筑平面布置、层数和层高，对室内和其他环境条件所采取技术措施。所采用的装修标准。

4. 建筑物的立面造型及其与周围环境空间的关系。

5. 在节能、人防、三废治理等方面采取的技术措施。

6. 建筑的组成、建筑面积、使用面积、平面系数和其他建筑技术指标的说明以及必要的建筑特征表。

7. 对分期建设或有扩建计划的工程,说明分期建设内容,和对以后续建或扩建的处理原则和意见。

8. 需提请在设计审批时解决或确定的问题。

(二)大型民用建筑工程或其他重要工程,在方案过程中,根据需要应绘制透视图、鸟瞰图或制造模型。

四、结构

(一)设计说明书应包含以下内容:

1. 重点阐述结构设计主要内容的方案比较和确定:

①结构选型;②地基处理及基础型式;③伸缩缝、沉降缝和抗震缝的设置;④为满足特殊使用要求的结构处理;⑤新技术、新结构、新材料的采用;⑥主要结构材料的选用;⑦特殊构造、标准图集的采用等。

2. 需提请在设计审批时解决或确定的主要问题。

(二)在初步设计阶段,结构专业一般是以说明书作为对外交付的文件(特殊情况除外),少数需要概略图表示的,可提供有关资料,由建筑专业在建筑图上表示。

五、给水排水

(一)设计说明书应包含以下内容:

1. 设计依据和设计范围。

2. 室外给水:

①水源;②用水量(如自建水源,应说明水质、水量、取水方式,取水点位置,输水管线、管材、接口、敷设方式和安全保证措施,净化水处理工艺流程,采用的各种构筑物的设计数据、型式和占地面积);③给水系统应说明供水方式中的生活、生产、消防系统的组合情况;分质分压供水的必要性和可能性;主干管管径、管材、敷

设方式及接口材料；正常供水、消防供水时压力要求以及当水量、水压不足时，所采取的措施；主要设备选择的依据；并说明调节设施容量、高度；④如系扩建工程，应对现有给水系统写出简介和必要说明；⑤节能措施。如采用循环供水和重复使用给水时应加以说明。

3. 室外排水：

①现有排水系统简介，排水能力及扩建发展的可能性。排入城市或其他外部管沟及明渠时，应加以阐述；②说明生活、生产污水来源及各系统的排放量，说明各类生产污水成分；③说明雨水排水采用的计算公式和各种数据；④排水系统中应说明生产、生活污水、雨水排放系统、排入条件部门的要求。

4. 室内给、排水：

①建筑物对水量、水质、水压和消防的要求，列出总用水量表；②说明采用给水系统方式和水池、水箱的设备选型等；③说明采用消防措施、供水方式以及控制方法；④热水及开水的供应方式和供应系统及有关说明；⑤说明生活和生产污水量排放条件、排放方式是否符合环保要求及其处理措施，并提供有关数据；⑥屋面雨水排放方式和采用的数据及计算公式。

5. 需提请在设计审批时解决或确定的主要问题。

（二）主要设备、材料表。

六、电气

（一）设计说明书应包含以下内容：

1. 设计依据和设计范围。

2. 供电设计：

①供电电源及电压、供电来源与设计工程的关系（方位、距离）、供电可靠性程度等及其他需要说明的问题；②说明和电负荷性质、负荷等级、工作班制、总电力供应主要指标等；③叙述供电系统型式、正常电源与备用电源的切换、变压器低压侧之间的联络方式及容量，对供电安全所采取的措施等；④叙述变、配电所的总电力负荷分配情况及计算结果，给出总设备容量等；⑤继电保护与计

量;⑥控制与信号;⑦功率因数补偿方法;⑧全区供电线路和户外照明;⑨过电压及接地保护的基本原则。

3. 电力设计:

①电源、电压和配电系统;②环境特征和配电设备的选择;③说明导线选择和线路敷设方式;④接地和接零、说明防止触电危险所采取的安全措施。

4. 电气照明设计:

①说明照明电源、电压、容量、照度选择及配电系统型式;②说明光源和照明灯具的选择;③导线的选择及线路敷设方式;④工作、事故、检修证明控制原则及事故照明电源切换方式等;⑤需要避雷设计的工程应有避雷的有关说明。

(二)主要设备、材料表。

七、采暖通风

(一)设计说明书应包含以下内容:

1. 设计依据、设计范围。

2. 采暖:

①简述采暖系统的形式及组成,管道敷设方式;②采暖媒质及采暖入口的确定;③采暖耗热量的计算;④采暖设备和管道保温材料的选择;⑤说明采暖节能措施。

3. 通风与除尘:

①叙述除尘、局部通风、防排烟全面送排风、自然通风等方案、系统划分及组成,选择的补充方法,补风量及气流组织形式,各系统风量、耗热量、耗水量的确定;②通风及除尘系统的设备选择。

4. 空气调节及制冷:

①系统风量、冷量、热量的确定,气流组织的选择;②空调及冷冻设备的选择;③空调、制冷及自动控制方案比选;系统划分及组成确定;④保温及防腐材料的确定、防潮、防水的措施。

5. 列出本专业主要的设计指标汇总表。

6. 需提请在设计审批时解决或确定的主要问题。

(二)主要设备、材料表。

第十一条　修船厂工程

一、设计说明书

（一）设计依据与设计原则：

1. 已批准的工程可报告的批准文号及有关的文字摘录；

2. 工程可行性研究报告及审查意见；

3. 建设单位委托书。

（二）生产纲领：

1. 修理船型；

2. 船舶性质及吨位；

3. 年产量；

4. 年生产总值。

（三）工厂规模（建设规模、车间组成、人员编制等。如果是老厂改、扩建，则应对现有状况加以说明）。

（四）厂址概况：

1. 地理位置、交通概况；

2. 厂区地形、地貌；

3. 厂区所处河段的河床、河势或海岸演变和分析；

4. 工程地质情况；

5. 水文、气象、设计地震烈度；

6. 厂址现状及选址概况说明。

（五）厂区平面布置说明。

（六）厂内、外运输量、运输方式及运输组织。

（七）工厂管理、生活及辅助设施的组成和数量，住宅区人数，建筑面积及占地面积。

（八）根据生产纲领，分析全厂工时消耗量及物料消耗量。

（九）水工工艺：

1. 设计代表船型；

2. 修船船台、船坞、码头等修理周期；

3. 设计水位及高程资料等。

（十）车间工艺：

1. 各车间任务、面积；

2. 设备选型；

3. 工艺原则及工艺流程说明、车间工艺布置等。

（十一）土建工程。

（十二）公用工程（包括供氧站、乙炔站、空压站、锅炉房、运输动力管理系统等项目的原则、工艺、类别和协作范围）。

（十三）供电及照明。

（十四）给、排水。

（十五）消防。

（十六）通信：

1. 有线通信；

2. 无线通信；

3. 调度电话；

4. 厂内广播系统；

5. 工业电视监视系统。

（十七）采暖、通风。

（十八）环境保护：

1. 环境现状；

2. 工程对环境的影响。

（十九）节能：

1. 能源消耗预测；

2. 节能分析和措施；

3. 环保措施。

（二十）劳动保护。

（二十一）工厂主要技术经济指标，国民经济效益评价，财务效益评价。

（二十二）存在问题。

二、设计图纸

（一）总平面布置图。

（二）厂区总平面图。

（三）生活区规划平面图。

（四）船台、滑道、船坞、码头及其他升船设施工艺布置图。

（五）各车间、站、房、室工艺布置图。

（六）水工建筑平、立、剖面及基础图。

（七）土建工程的平、立、剖面图及基础设计方案。

（八）全厂动力、照明布置图。

（九）动力供应包括各站、房平面布置图。

（十）动力管线布置图。

（十一）给、排水管道平面布置图及系统图，消防设施布置图、给、排水工程建筑物平面布置图、工艺图。

（十二）通信系统布置图。

三、主要设备、材料表

第十二条　码头工程

一、设计说明书

（一）设计依据与设计原则：

1. 已批准的工程可报告批准文号及有关的文字摘录；

2. 工程可行性研究报告及审查意见；

3. 建设单位委托书。

（二）设计条件：

1. 自然条件：

①码头地理位置；②码头所在地区河床、河势或海岸演变和分析；③工程地质分析；④水文；⑤气象；⑥地震基本烈度。

2. 泊位等级，按有关规定选择合理的船型、列出其尺度。

（三）总平面布置说明：

1. 码头布置与相邻单位的关系；

2. 在工程可行性报告的基础上进一步确认或明确码头应与有关用地、交通、环保、消防、防汛等要求相适应；

3. 水域布置（码头及护岸等建筑物等级、设计水位，施工水位，泊稳条件、高程资料、掉头区尺度及锚地位置和面积等）；

4. 陆域布置。

（四）水工建筑物：

1. 设计水位、设计波浪要素、抗震设计烈度及采用的土壤物理力学指标；

2. 船舶撞击力，系缆力、波浪力等外力；

3. 结构型式（结构选型，施工方法和顺序）；

4. 结构计算：

①荷载计算和组合；②主要结构计算原则、方法和结果；③沉降计算；④稳定计算方法和结果；⑤基础处理；⑥特殊结构处理；⑦抗震计算及抗震措施；⑧试验结果和建议。

（五）陆域形成和道路：

1. 陆域形成的原则、填挖方平衡情况，填料来源和对填料的要求，填筑的方法，地基和填筑场地加固处理方案说明；

2. 道路基础处理方案说明及面层结构的确定。

（六）码头附属土建工程。

（七）供电及照明。

（八）给、排水。

（九）通信：

1. 有线通信；

2. 无线通信。

（十）消防。

（十一）环境保护：

1. 环境现状；

2. 工程对环境的影响；

3. 环保措施。

（十二）存在问题。

二、设计图纸

（一）码头位置图。

（二）码头平面布置图、港池、掉头水域、航道平面布置图。

（三）岩面等高线图或地质剖面图。

（四）风、浪玫瑰图及流场图，水域等深线图。

（五）码头剖面图和立面图。

（六）码头基础处理图。

（七）陆域形成平面位置图、高程图。

（八）道路基础平面布置图、基础结构及基础处理图。

（九）码头附属土建工程平、立、剖面图。

（十）高、低压动力、照明布置图。

（十一）给、排水管道平面图，消防设施布置图。

（十二）给、排水工程建筑物平面布置图、工艺图。

（十三）通信系统布置图。

三、主要设备、材料表

第十三条 通信、导航工程

一、设计说明书

（一）设计依据与设计原则。

1. 已批准的工可报告的批准文号及有关的文字摘录。

2. 研究报告和审查意见。

3. 建设单位委托书。

4. 建设目的建设内容和建设规模。

（二）设计条件：

1. 工程所在地区地形、地貌、气象、水文等自然条件。

2. 业务量统计资料。

（三）通信系统方案设计说明：

1. 通信制式：①通信方式；②频率配置；③设备制式。

2. 进网方式。

3. 中继方式。

4. 信令要求（附信令表）。

5. 网络组织。

6. 电路分配。

7. 路由。

8. 天线型式。

9. 监控系统。

10. 电路计算。

11. 传输设计。

12. 质量指标论证。

(四)导航雷达系统方案说明:

1. 船舶密度。

2. 航行安全及交通管理要求。

3. 雷达天线、最大覆盖监视范围及最小盲区半径。

4. 检测能力。

5. 工作频率。

6. 其他需要说明的问题。

(五)工艺设计原则:

1. 通信机房、导航雷达机房的工艺流程布置和要求。

2. 工艺对土建的要求。

3. 工艺对环境、电源的要求。

(六)设备选型:

1. 容量计算。

2. 对设备的要求。

3. 设备选择及有关说明。

(七)供电系统:

1. 用电类别、耗电负荷。

2. 输电线路设计,交、直流供电方式、电源设备和主要材料选用及计算要求。

3. 地阻要求、地线型式和地线材料等。

(八)通信、导航站台的站址选择和建筑结构形式:

1. 总平面布置说明。

2. 土建工程各专业有关说明。

3. 抗震设防要求。

(九)施工条件及方法,对施工进度和质量的要求,以及需要特殊关注问题。

(十)存在问题。

二、设计图纸

(一)工程区域位置;

(二)网络组织图;

(三)站区平面位置图;

(四)天线与设备配合图;

(五)导航雷达工艺设计图;

(六)监控系统图;

(七)通信范围及方位图;

(八)通信系统结构图;

(九)中继方式图;

(十)电路分配图;

(十一)路电图;

(十二)主要建筑平、立、剖面图及基础设计方案;

(十三)机房设备布置图;

(十四)供电及照明设计图;

(十五)地线系统图;

(十六)给、排水平面及系统图;

(十七)暖、通平面及系统图。

三、主要设备及材料

第十四条　航标工程

一、设计说明书

(一)设计依据与设计原则:

1. 已批准的工程可报告的批准文号及有关的文字摘录。

2. 工程可行性研究报告及审查意见。

3. 建设单位委托书。

4. 建设目的和特殊要求。

(二)设计条件:

1. 河道、海岸基本情况(①河道、海岸概况②航道及航运现状和发展趋势)。

2. 河道沿岸、海岸地形、地貌、地质情况。

3. 水下电缆(管道)及其他碍航物情况。

4. 气象、水文资料说明。

5. 周围环境。

(三)航标的布置与设计说明:

1. 航标布设依据。

2. 航道等级、设标范围。

3. 航标配布原则和配布类别(①配布原则;②浅滩航道、淤砂航道、急湾(急流)段、跨河建筑物的航标配布;③信号台的配布)。

4. 航标设计:(①航标选型;②平面布置(水上、陆上))。

5. 灯器及能源选择:(①灯器及能源选择依据;②灯器设计;③电路设计及计算成果等)。

(四)灯塔总平面布置说明。

(五)灯塔土建设计说明:(①塔身高度、塔身直径(周长);②结构型式、地基处理及基础型式;③特殊要求和处理)。

(六)灯塔附属生产、生活区土建工程各专业设计说明。

(七)工程区域道路、给排水、暖通、电气、照明、及构筑物设计说明。

(八)施工条件、方法、进度、质量、安全等。

(九)存在问题。

二、设计图纸

(一)航标配布图。

(二)航标型式及外形尺寸图表。

(三)标志船的设计图。

(四)灯器电路图。

(五)区域总平面布置图。

(六)灯塔平、立、剖面图及地基设计方案。

(七)各类设备专业管道平面综合布置图。

(八)构筑物图。

三、主要设备及材料

第十五条　技术经济与概算

一、工程设计概算是控制和确定工程造价的依据。设计概算经批准后，就成为编制固定资产投资计划，签订建设项目承包合同和贷款合同的依据，也是控制基本建设投资和施工图预算以及考核设计经济合理性的依据。

二、设计概算是初步设计文件的重要组成部分，设计概算必须完整地反映工程初步设计的内容，严格执行国家有关的方针、政策和规定，实事求是地根据工程所在地的建设条件（包括自然条件，施工条件等可能影响造价的各种因素），正确地按有关的依据性资料进行编制。不得“高估冒算”和故意压低工程造价。

三、设计概算包括以下内容：

（一）概算编制说明：

1. 说明工程概况及其建设规模和建设范围，明确总概算所包括的工程项目和费用。

2. 说明编制依据和方法，编制时所采用的定额、价格和取费标准等。

3. 投资分析和费用构成分析等。

4. 其他有关问题的说明。

（二）总概算：

总概算是确定一个工程（新建、改建、扩建）项目的全部建设费用的总文件，包括从筹建到竣工验收交付使用的全部建设费用。总概算的项目分为两个部分：

1. 工程项目费用。

2. 其他项目费用。

（三）单项工程综合概算。

（四）单位工程概算。

（五）主要材料表。

（注：本章中第二、三、四、五条内涉及建筑、结构、给排水、电气、暖通等内容按第一条相应规定执行）。

第三章　初步设计文件的质量要求和审批

第十六条　设计文件的质量要求

（一）设计单位应对初步设计的质量全面负责。

（二）设计文件应正确贯彻党和国家的方针、政策，符合国家和部颁现行技术规范、标准和规定。

（三）设计文件应达到本办法第二章所要求的内容和深度。

（四）文字说明全面完整、清楚端正、简明扼要、语法通顺。

（五）设计图纸齐全、比例合适、图面清晰、字体标准、无“错、漏、缺、碰”。设计、制图、校审和其他签名齐全、有效。

（六）设计文件要加盖设计单位的公章和行政、技术总负责人的印章，并附参加设计工作人员名册及设计证书等级编号。

（七）设计要不断创新并使用经过鉴定和推广的新技术、新材料。

第十七条　初步设计文件的审批

（一）设计文件的审批权限和范围应按交通部关于［(90)交工字 76 号］《部属单位小型和限额以下固定资产投资建设项目管理办法》中第一章第四条、第二章第八条的有关规定执行。

（二）设计文件出版齐全后，由设计单位将全套文件和工程地质勘察报告报送项目建设单位。

（三）设计文件应先由建设单位进行认真的初审，并在上报设计文件时附有初审意见或修改建议。

（四）设计审查，应首先对设计单位的资质进行审查。

（五）可根据需要和具体情况邀请工程建设所在地的城建、规划、国土、建设单位、建设银行、环保消防、卫生检疫、电力、自来水、劳动安全、通信、海监等部门以及有关专家参加初步设计审查。

（六）审查初步设计，应以已批准的工可报告（或年度计划）为依据，总概算超过批准的工可报告（或年度计划）投资控制数的10%或必须修改工可报告时，应向原审批单位重报工可报告（或年度计划)。

(七)审批初步设计时,设计单位应负责解释工程情况和设计中的问题。

(八)初步设计审批文件,必须对建设规模、建设标准、主体结构及基础型式、占地面积、总投资、三材用量等有明确批复,并附有概算表及主要设备规格性能表等附件。

(九)对于已批准的初步设计的总平面布置,建设规模和建设标准,主要建筑物结构等不得任意修改。必须修改时,应由设计单位修改并经建设单位初审后报设计原批准单位审批。

(十)对于不符合要求的初步设计文件,审批单位不予审查。

第四章　附　　则

第十八条　本办法由交通部基建管理司负责解释。

第十九条　本办法自 1995 年 1 月 1 日起执行。

关于交通行业基本建设和技术改造项目工程可行性研究报告增列“节能篇(章)”暂行规定

(交通部　交体法发[1995]607 号　1995.07.13)

第一章　总　　则

第一条　为保证交通工程建设项目符合合理利用能源和节约能源的要求,根据国家有关规定,结合交通部门实际,特制订本规定。

第二条　本规定适用于以下工程项目

(一)交通部门按规定要报批的基本建设及技术改造项目(下称‘工程项目’)。

(二)主机功率在 500kW 以上的各类新建及购置船舶。

第三条　《节能篇(章)》的审核、监督实施工作实行分级管理,报交通部审批的工程项目由交通部能源管理办公室负责。省、市审批的工程项目由省(市)交通厅(局)能源管理部门负责,企业审批的工程项目由企业节能主管部门负责。

第四条　经交通部授权的行业能源利用监测机构具有承担《节能篇(章)》评估、检测的资质。

第五条　《节能篇(章)》的编制应认真贯彻国家产业、行业政策和设计规范,在工程项目设计中要积极采用节能新技术、新材料和新的工艺装备,要以国内外先进的能耗标准作为编制依据。

第二章　《节能篇(章)》的编制及评审

第六条　本规定第二条规定的工程项目的工程可行性研究报

告中必须有《节能篇(章)》。

第七条 工程项目《节能篇(章)》的编制工作由工程可行性研究报告编制单位组织专人负责编写或委托其他咨询机构编写。

第八条 工程项目《节能篇(章)》中应对本项目的能源消费系统、主要耗能工艺设备(常用工况及参数)进行阐述,计算出单位产品、产值的能耗、主要工艺的单耗及各种能源实物消耗量,分析能源利用的合理性、能耗水平的先进性及经济效益,列举所采用的节能措施及其可行性。

第九条 《节能篇(章)》是工程可行性研究报告组成部分,其审批程序与工程可行性研究报告同时进行。工程可行性研究报告审批单位组织同级节能主管部门参与审查。

第十条 年能耗量在2000吨标准煤及其以上的工程项目为交通重点能耗工程项目,在报批以前,须经节能评估;评估单位必须在建设单位上报工程可行性研究报告前提出评估报告。对可行性研究阶段以后耗能设备选型变化较大的项目,经主管部门同意,亦可将节能评估跟踪到初步设计阶段。评估单位应对工程项目能源利用合理性、能耗水平先进性及节能措施的可行性作出科学公正的评价,提出节能评估报告。

第十一条 工程项目工程可行性研究报告无《节能篇(章)》或未按规定提交节能评估报告的,审批单位不予审批并责成报送单位补办。

第十二条 新建及购置主机功率在500kW以上的各类船舶的设计任务书或购置合同(下称新建或购船文件)中必须有节能要求,提出全船能耗控制指标,主机、发电机及其他耗能设备的最低设备效率和最高能耗限额,需要采用的节能新技术和新装备。用船单位须组织本单位节能主管部门参与新建或购船文件中有关节能要求的编制。无节能要求的新建或购船文件的,负责审批的单位不予审批。

第三章 《节能篇(章)》实施的监督检查

第十三条 工程项目初步设计须单列相应《节能篇(章)》,节能评估、审核单位亦应参与初步设计的审查,设计不符合《节能篇(章)》要求的项目,可专门组织进行《节能篇(章)》的评审。

第十四条 工程项目竣工后,应对《节能篇(章)》的实施结果进行评价。经节能评估的重点能耗工程项目,须经行业能源利用监测机构进行节能检测,达不到节能指标和要求的工程项目,要进行整改。

第十五条 船舶设计单位的设计(包括初步设计、技术设计)报告书必须增列《节能篇(章)》,设计单位要组织专人负责编制,《节能篇(章)》的内容包括:全船能量利用系统及节能措施,耗能设备选型依据及性能指标、船舶能耗水平及经济效益分析。

第十六条 船舶设计《节能篇(章)》的审核由船舶建造审批单位节能主管部门负责。

第十七条 主机功率在2000kW以上的船舶设计必须经水运行业能源利用监测机构对其《节能篇(章)》进行评估,评估单位应对《节能篇(章)》进行综合评价,并提出节能评估报告。

第十八条 船舶设计的审查,应有节能主管部门参与,船舶设计报告无《节能篇(章)》,未按本规定进行《节能篇(章)》评估、审核的船舶设计,主持设计审查单位均不予审理。

第十九条 主机功率2000kW以上新建及购置的船舶,须经水运行业能源利用监测机构进行节能检测。经检测,能耗指标未达规定要求的,船舶购置单位须制定节能措施,限期进行节能技术改造。监测机构提供的新建船舶检测报告为船舶验收的必要依据。

第二十条 未按本规定编制"节能篇(章)"的,"节能篇(章)"未经审查或审查未被通过就进行施工、购入船舶的,按有关节能法的规定给予工程项目用能单位处罚。

第四章　附　　则

第二十一条　编制节能篇(章)及评估、检测所需费用在工程项目预研费或工程建设费中支付。

第二十二条　本规定暂不适用公路、桥梁、航道工程。

第二十三条　本规定由交通部负责解释。

第二十四条　本规定自 1996 年 1 月 1 日起施行。

《关于交通行业基本建设和技术改造项目工程可行性研究报告增列“节能篇(章)”暂行规定》实施细则

(交通部　交体法发[1996]354号　1996.04.18)

第一章　总　　则

第一条　根据交通部《关于交通行业基本建设和技术改造项目工程可行性研究报告增列“节能篇(章)”暂行规定》(下称暂行规定),为规范“节能篇(章)”的编制及审核程序,制定本实施细则。

第二条　本细则适用于水运工程基建项目和主机功率500kW以上的各类新建及购置船舶,交通行业的工业与民用建筑项目可参照执行。

第三条　“节能篇(章)”的编制应认真贯彻国家节能方针、政策和《水运工程设计节能技术规定》、《新建及购置船舶节能技术规定》等相关节能技术标准规范。

第二章　建设工程“节能篇(章)”的编制及审核

第四条　建设工程“节能篇(章)”由工程可行性研究报告编制单位组织专人负责编写或委托咨询机构编写,其主要内容应包括:

1. 工程项目能源消耗概述:主要耗能工序及设备;年耗能总量;供能规模及来源;

2. 工程项目能耗水平分析:计算出单位产品(产值)能耗及主

要工序能耗指标;新建工程依工程情况与同行业国内先进水平相对比;改、扩建工程应有工程进行前后能耗指标的分析比较;

3. 节能技术及可行性分析:耗能设备选型依据;主要工序流程采取的节能技术、新工艺及其可行性分析;

4. 主要节能措施及社会、经济效益分析。

第五条 年耗能量在2000吨标准煤及其以上(下同)的工程项目须经交通部授权的行业能源利用监测机构进行节能评估。建设单位应向评估机构提供工程可行性研究报告。

第六条 评估机构应以《水运工程设计节能技术规定》及相关的节能标准和规范为依据,对所评估的工程项目能源利用和耗能设备选型的合理性、先进性及节能措施的可行性作出科学公正的评价。评估机构应在收到齐全的评估资料后20天内向建设单位提交评估报告。

第七条 建设单位须向可行性研究报告审批机构的同级节能主管部门报送如下文件:

1. 工程可行性研究报告(年耗能2000吨标准煤以上的工程项目须附节能评估报告);

2. "建设工程节能篇(章)审核表"(附表一)。

第八条 "节能篇(章)"的审查在工程可行性研究报告审查的同时进行。节能主管部门参加工程可行性研究报告的审查。

第三章 新建船舶节能篇(章)编制及审核

第九条 新建船舶增列节能篇(章),指在设计任务书中必须增列节能篇(章),对新建船舶提出节能要求。新建单位(船东)负责节能篇(章)的编写。

第十条 建船单位要按设计任务书的要求参与设计阶段节能篇(章)的编写,其主要内容包括:

1. 设计工况下的主机燃油消耗量额定值,海军系数额定值;

2. 船体及轮机部分的节能新技术,新材料及节能监测仪表;

3. 耗能设备效率、功率储备系数、电网负载率、功率因数、电压变化率、频率变化率等控制指标；

4. 其他节能措施要求。

第十一条 新建主机功率在 2000kW 及其以上船舶应进行节能评估。建船单位应委托交通部授权的行业能源利用监测机构对船舶设计文件进行节能评估。

第十二条 评估机构应对船舶设计文件的节能技术措施进行科学公正的评价，评估机构应在收到齐全评估资料后 20 天内向委托单位提出“船舶设计节能评估报告”。评估报告可在技术设计阶段提出，亦可在初步设计阶段提出。评估报告主要内容：

1. 是否符合设计任务书中节能篇的要求；

2. 是否符合《建设及购置船舶节能技术规定》及有关法规和节能技术标准要求；

3. 对船舶能源利用的合理性、先进性以及节能措施可行性评价；

4. 关于节能篇的意见及建议。

第十三条 建船单位节能主管部门负责组织船舶设计“节能篇（章）”的审核，其内容包括：

1. 是否符合设计任务书中的“节能篇（章）”的技术要求和有关规定；

2. 负责与评估单位的联系并处理有关评估意见和建议；

3. 填写“船舶设计节能篇（章）审核表”（附表二）。

第十四条 “船舶设计节能篇（章）审核表”及评估报告应列入船舶设计审查内容。在设计审查时，应由建船单位节能主管部门和评估机构的代表参与审查。

第四章 购置船舶“节能篇（章）”的编写及审核

第十五条 购置船舶“节能篇（章）”指在船舶购买审批文件增列“节能篇（章）”，对购置船舶提出节能要求。

第十六条 购置船舶“节能篇(章)”主要内容包括：

1. 船舶在正常营运状态下的主机燃油消耗量及能耗水平分析；

2. 船体节能装置及轮机耗能设备耗能指标及水平；

3. 高耗能设备节能技术改造措施及可行性分析；

4. 其他节能措施要求。

第十七条 购船“节能篇(章)”须经买船单位节能主管部门进行节能审核，并填写“购置船舶节能篇(章)审核表”(附表三)。

第五章 实施节能篇的考核与奖罚

第十八条 实施节能篇的考核与奖罚由交通部能源管理办公室监督执行。

第十九条 经节能评估的重点耗能工程项目，在工程竣工验收时，须经交通部授权的行业能源利用监测机构进行节能检测，达不到节能指标和要求的要进行节能改造。

第二十条 新建及购置主机功率在 2000kW 及其以上的船舶，要进行能源利用监测。新建船舶的监测可与出厂试验同时进行，也可单独进行。购置船舶的监测可在接船后的一年以内进行。检测试验大纲由监测机构和船东共同制定。

检测完成后，监测机构应向船东提出“船舶节能检测试验报告”。新建船舶的检测试验报告船舶验收的必要依据，购买船舶的检测试验报告为制定节能技术改造计划的依据。

第二十一条 未按本《细则》编制“节能篇(章)”，节能篇未经审查或审查未通过就进行工程施工、建船或买船舶的单位，按《暂行规定》第二十条给予处罚。

第二十二条 经节能检测和实际应用证明，节能效果和经济效益显著者，交通部能源管理办公室组织交流推广，对有关单位给予表彰。并以节能篇实施效果好的船舶作为评选优秀船型的依据。

第六章　附　　则

第二十三条　节能评估、监测所需费用在工程项目预研费（建设费）或在船舶建造（购置）费中支付。节能评估、监测机构应按物价部门规定的收费标准合理收费。

第二十四条　本细则由交通部能源管理办公室负责解释。

第二十五条　本细则自公布之日起实施。

附表：一、建设工程节能篇（章）审核表（略）

二、船舶设计节能篇（章）审核表（略）

三、购置船舶节能篇（章）审核表（略）

公路基本建设工程投资估算编制办法

（交通部　交公路发[1996]611 号　1996.06.27）

第一章　一般规定

一、本办法适用于新建和改建的公路基本建设项目。

二、投资估算是项目建议书和可行性研究报告的重要组成部分，是建设项目经济评价中支出费用的关键部分。投资估算应根据项目建议书和可行性研究报告的工作深度，核实工程项目及其数量，根据工程所在地的建设条件，按《公路工程估算指标》（以下简称《指标》）和本办法和规定编制。

三、投资估算编制必须严格执行国家的方针、政策和有关制度，符合公路工程技术标准、设计施工技术规范。估算文件应达到的质量要求是：符合规定、结合实际、经济合理提交及时、不重不漏、计算正确、字迹清晰、装订整齐完整。

四、估算编制人员要了解业主对建设项目中有关资金筹措、实施计划、水电供应、配套工程（如路、桥及水路管理设施等）、土地拆迁赔偿、工程监理等安排意见。

五、估算编制人员要掌握设计方案的具体工程数量和设计实施方案，参与实地调查研究，搜集工程所在地有关估算编制的基础资料，包括人工工资、材料供应和价格、运输条件和运价、施工条件以及各种赔偿单价等。

六、公路建设项目的投资包括：第一部分建筑安装工程费；第二部分设备、工具器具购置费；第三部分工程建设其他费用；以及预留费。编制投资估算应按本办法规定的计算程序和计算方法逐项进行。

七、估算指标中以人民币绝对值“元”表示的消耗量，如其他材料费、机械使用费，在投资中占有一定和比例，编制投资估算时应按年价格上涨率予以调整。该部分的消耗量是按1996年价格计算的，年价格上涨率一般可按5%估列，以1996年为基期，按下列公式调整：

$$A = B(1 + C)^{n-1}$$

式中：A——投资估算编制年指标消耗量；

B——指标中消耗量（青海、新疆、西藏的机械使用费为乘以1.15系数后的数值）；

C——年价格上涨率；

n——1996年至投资估算编制年的年数。

例：某建设项目投资估算在1997年编制，则：

$$n = 1997 - 1996 + 1 = 2$$

第二章 项目建议书投资估算编制

项目建议书是基本建设程序中最初的前期工作阶段，是能否立项的重要依据，投资估算应按《指标》中的“综合指标”和本办法编制。

第一节 项目建议书估算文件组成

项目建议书投资估算文件由封面、目录、估算编制说明及全部估算计算表格组成。

一、封面及目录

估算文件的封面和扉页应按《公路工程基本建设项目设计文件编制办法》中有规定制作，扉页的次页应有建设项目名称，编制单位，编制、复核人员姓名并加盖资格印章，编制日期及第几册共几册等内容。目录应按估算表的表号顺序编排。

二、估算编制说明

估算编制完成后，应写出编制说明，文字力求简明扼要。应叙述的内容一般有：

1. 项目建议书的依据及有关文号，依据的资料及比选方案等。

2. 采用的估算指标、费用标准及人工、材料单价的依据或来源，补充指标及编制依据的详细说明。

3. 与估算有关的委托书、协议书、会谈纪要的主要内容（或将抄件附后）。

4. 总估算金额，人工、钢材、水泥、木料、沥青的总需要量情况，各建设方案的经济比较以及编制中存在的问题。

5. 其他与估算有关但不能在表格中反映的事项。

三、估算表格

项目建设书投资估算应按统一的估算表格计算。

封面及表格式样见附表。

四、估算文件

项目建议书投资估算文件是项目建议书的组成部分，应按《公路建设项目可行性研究报告编制办法》关于文件报送份数的规定报送。

项目建议书投资估算文件包括的内容如下：

1. 项目建议书投资估算编制说明；

2. 项目建议书总估算汇总表；

3. 项目建议书总估算表；

4. 项目建议书人工、主要材料数量汇总表；

5. 项目建议书设备、工具、器具购置费与工程建设其他费用计算表；

6. 项目建议书工程估算表；

7. 项目建议书人工及主要材料价格计算表。

第二节　项目建议书投资估算项目

项目建议书投资估算项目应按项目表的序列及内容编制，如实际不发生某部分费用时，第一、二、三部分的序号应保留不变，如第二部分设备、工具、器具购置费在该项目中不发生，工程建设其他费用仍为第三部分。估算应按一个建设项目(如一条路线或一座独立大、中桥)进行编制。当一个建设项目需要分段估算投资时,应分别是编制总估算表,但必须汇总编制“总估算汇总表”。

项目建议书投资估算项目分为路线工程估算项目和独立桥梁工程估算项目。项目表中的单位是总估算表中数量栏的单位,也是技术经济指标的单位。

一、项目建议书路线工程项目表

项	目	节	工程或费用名称	单 位	备 注
			第一部分 建筑安装工程费	公路公里	
一			路线工程	公路公里	按照路段分目
	1		……		
二			桥长1000m以上(含1000m)特大桥工程	m/座	按照桥名分目
	2		……		
三			附属工程	公路公里	按照项目分目
	1				
	2		支线工程	km	
	3		……	km	
四			综合利税费	公路公里	
			第二部分 设备、工具、器具购置费	公路公里	
			第三部分 工程建设其他费用	公路公里	
一			征用土地费	市亩	
二			拆迁赔偿费	公路公里	
三			建设单位管理费	公路公里	
	1		建设单位管理费	公路公里	
	2		工程质量监督费	公路公里	
	3		工程监理费	公路公里	
	4		定额编制管理费	公路公里	
	5		设计文件审查费	公路公里	

续上表

项	目	节	工程或费用名称	单 位	备 注
四			研究试验费	公路公里	
五			勘察设计费	公路公里	
六			供电贴费	公路公里	
七			大型专用机械设备购置费	公路公里	
八			固定资产投资方向调节税	公路公里	
九			建设期贷款利息	公路公里	
			第一、二、三部分费用合计	公路公里	
			预留费用	公路公里	
			1. 工程造价增涨预留费	公路公里	
			2. 预备费	公路公里	
			投资估算总金额	公路公里	
			平均每公路公里造价	万元	

二、项目建议书独立桥梁工程项目表

项	目	节	工程或费用名称	单 位	备 注
			第一部分　建筑安装工程费	桥长米	
一			引道工程		按照结构形式分节
	1		……		
二			大桥工程		按照桥名分目
	2		……		
三			附属工程		按照项目分目
	1		辅道工程	km	
	2		支线工程	km	
	3		……	km	
四			综合利税费	公路公里	
			第二部分　设备、工具、器具购置费	公路公里	
			第三部分　工程建设其他费用	公路公里	
一			征用土地费	市亩	

续上表

项	目	节	工程或费用名称	单 位	备 注
二			拆迁赔偿费	公路公里	
三			建设单位管理费	公路公里	
	1		建设单位管理费	公路公里	
	2		工程质量监督费	公路公里	
	3		工程监理费	公路公里	
	4		定额编制管理费	公路公里	
	5		设计文件审查费	公路公里	
四			研究试验费	公路公里	
五			勘察设计费	公路公里	
六			供电贴费	公路公里	
七			大型专用机械设备购置费	公路公里	
八			固定资产投资方向调节税	公路公里	
九			建设期贷款利息	公路公里	
			第一、二、三部分费用合计	公路公里	
			预留费用	公路公里	
			1. 工程造价增涨预留费	公路公里	
			2. 预备费	公路公里	
			投资估算总金额	公路公里	
			平均每公路公里造价	公路公里	

第三节　估算费用组成

估算费用组成如下：

<table>
<tr><td rowspan="17">估
算
总
金
额</td><td rowspan="6">建筑安装工费</td><td rowspan="3">直接费</td><td>人工费</td></tr>
<tr><td>材料费</td></tr>
<tr><td>机械使用费</td></tr>
<tr><td colspan="2">其他工程费</td></tr>
<tr><td colspan="2">其他直接费、现场经费与间接费综合费用</td></tr>
<tr><td colspan="2">综合利税费</td></tr>
<tr><td>设备、工具、
器具购置费</td><td colspan="2"></td></tr>
<tr><td rowspan="8">工程建设
其他费用</td><td colspan="2">征用土地费</td></tr>
<tr><td colspan="2">拆迁赔偿费</td></tr>
<tr><td colspan="2">建设单位管理费</td></tr>
<tr><td colspan="2">研究试验费</td></tr>
<tr><td colspan="2">勘察设计费</td></tr>
<tr><td colspan="2">供电贴费</td></tr>
<tr><td colspan="2">大型专用机械设备购置费</td></tr>
<tr><td colspan="2">固定资产投资方向调节税</td></tr>
<tr><td></td><td colspan="2">建设期贷款利息</td></tr>
<tr><td rowspan="2">预留费用</td><td colspan="2">工程造价增涨预留费</td></tr>
<tr><td></td><td colspan="2">预备费</td></tr>
</table>

第四节　估算费用标准及计算方法

一、建筑安装工程费

建筑安装工程费包括主要工程费、其他工程费、其他直接费、现场经费、间接费、综合利税费。

1. 直接费即主要工程的工、料、机费，由人工费、材料费、机械使用费组成。人工费、材料费以综合指标的人工工日数及各种材料数量乘以工程所在地的人工费单价、材料预算单价计算。

工程所在地的人工费单价和材料预算单价按《公路基本建设工程概算、预算编制办法》的规定计算，并根据《指标》附录二“材料预算价格的规格取定表"计算指标材料综合价格。

其他材料费、机械使用费应按本办法第一章第七条的规定调整。青海、新疆、西藏三省(区),可将指标内"机械使用费"乘以1.15系数后再按上述规定调整。

2. 其他工程费以直接费为基数按《指标》附录一规定的百分率计算。

3. 其他直接费、现场经费与间接费综合费用按本办法附录规定的费率计算,路线工程项目中的1000m以上(含1000m)的特大桥工程按独立桥梁工程的费率计算。附录中未列北京市、天津市、上海市的费率,北京市、天津市、上海市可采用邻近省份的费率计算。其他直接费、现场经费与间接费综合费用的计算公式如下:

综合费用 = 指标直接费 ×(1 + 其他工程费率)× 其他直接费、现场经费与间接费综合费率

综合费率是以省会地点和省、自治区、直辖市直属施工企业施工为对象测算的,如与建设项目实际有较大出入时,可以进行调整。

4. 综合利税费指施工技术装备费、计划利润和税金之和,以直接费、其他工程费、其他直接费、现场经费与间接费综合费用之和为基数,按综合利税率10%计算。

二、设备、工具、器具购置费及工程建设其他费用

路线工程和独立桥梁工程的设备、工具、器具购置费以及工程建设其他费用中的拆迁赔偿费、研究试验费、勘察设计费、供电贴费按本办法附录规定的费率,以第一部分建筑安装工程费总为基数计算。建设单位管理费(含工程质量监督费、工程监理费、定额编制管理费、设计文件审查费)按《公路基本建设工程概算、预算编制办法》的规定费率均以"指标建筑安装工程费"总额为基数计算。征用土地费按附录规定的亩数以工程所在地的价格计算,如建设项目的亩数有较大出入可以更换。大型专用机械设备购置费、固定资产投资方向调节税、建设期贷款利息均按《公路基本建设工程概算、预算编制办法》的规定计算。路线工程项目中的

1000m 以上(含 1000m)的特大桥工程按独立桥梁工程的数值和费率计算。

附录中未列北京市、天津市、上海市的数值和费率,北京市、天津市、上海市可采用邻近省份和费率计算。

三、预留费用

预备费以第一二、三部分费用之和(扣除大型专用机械设备购置费、固定资产投资方向调节税、建设期贷款利息)的 11%计算。

工程造价增涨预留费按《公路基本建设工程概算、预算编制办法》的规定计算。

四、计算程序及计算方式

项目建议书估算的计算程序及计算方式:

代号	项　目	计　算　式
一	指标直接费	指估算指标的基价
二	直接费	指估算编制年工程所在地的人工费、材料费、机械使用费之和
三	其他工程费	(二)×《指标》规定的其他工程费率
四	其他直接费、现场经费与间接费综合费用	[(一)+(三)]×综合费率
五	综合利税费	[(二)+(三)+(四)]×综合利税费率
六	指标建筑安装工程费	(一)+(三)+(四)+(五)
七	建筑安装工程费	(二)+(三)+(四)+(五)
八	设备、工具、器具购置费	按本办法附录或有关规定计算
九	工程建设其他费用	
	征用土地费	按本办法附录或有关规定计算
	拆迁赔偿费	按本办法附录或有关规定计算
	建设单位管理费	(六)×费率
	工程质量监督费	(六)×费率

续上表

代号	项　目	计 算 式
十	工程监理费	(六)×费率
	定额编制管理费	(六)×费率
	设计文件审查费	(六)×费率
十一	研究试验费	按本办法附录或有关规定计算
	勘察设计费	按本办法附录或有关规定计算
	供电贴费	按本办法附录或有关规定计算
	大型专用机械设备购置费	按需购置的清单估算
	固定资产投资方向调节税	按有关规定计算
	建设期贷款利息	按实际贷款数及利息计算
	预留费用	包括工程造价增涨预留费和预备费两项
	工程造价增涨预留费	以(七)为基数按规定的计算式计算
	预备费	[(七)+(八)+(九)-大型专用机械设备购置费固定资产投资方向调节税-建设期贷款利息]×费率
	建设项目投资估算总金额	(七)+(八)+(九)+(十)

第三章　可行性研究报告投资估算编制

可行性研究报告是基本建设程序中决策的前期工作阶段，是建设项目是否可行的重要论证依据。投资估算应按《指标》中的“分项指标”和本办法编制。

投资估算编制前，估算编制人员应配合设计人员深入现场调查研究，掌握有关估算编制基础资料，并了解设计方案的工程项目和工程量情况，合理选用估算指标和各种费率。估算编制后，应通过经济分析,论证设计方案在经济方面的合理性。

第一节 可行性研究报告估算文件组成

可行性研究报告投资估算文件由封面、目录、估算编制说明及全部估算计算表格组成。

一、封面及目录

估算文件的封面和扉页应按《公路工程基本建设项目设计文件编制办法》中的规定制作,扉页的次页应有建设项目名称,编制单位,编制、复核人员姓名并加盖资格印章,编制日期及第几册共几册等内容。目录应按估算表的表号顺序编排。

二、估算编制说明

估算编制完成后,应写出编制说明,文字求简明扼要。应叙述的内容一般有:

1. 可行性研究报告的依据及有关文号,依据的资料及比选方案等。

2. 采用的估算指标、费用标准及人我、材料单价的依据或来源,补充指标及编制依据的详细说明。

3. 与估算有关的委托书、协议书、会谈纪要的主要内容(或将抄件附后)。

4. 总估算金额,人工、钢材、水泥、木料、沥青的总需要量情况,各建设方案的经济比较以及编制中存在的问题。

5. 其他与估算有关但不能在表格中反映的事项。

三、估算表格

可行性研究报告投资估算应按统一估算表格计算。

四、估算文件

可行性研究报告投资估算文件是可行性研究报告的组成部分,应按《公路建设项目可行性研究报告编制办法》关于文件报送份数的规定报送。

可行性研究报告投资估算文件包括的内容如下:

1. 可行性研究报告投资估算编制说明;

2. 可行性研究报告总估算汇总表；

3. 可行性研究报告总估算表；

4. 可行性研究报告人工、主要材料数量汇总表；

5. 可行性研究报告设备、工具、器具购置费计算表；

6. 可行性研究报告工程建设其他费用计算表；

7. 可行性研究报告分项工程估算表；

8. 可行性研究报告其他直接费、现场经费及间接费综合费率计算表；

9. 可行性研究报告报告材料预算价格计算表。

第二节　可行性研究报告投资估算项目

可行性研究报告投资估算项目应按项目表的序列及内容编制，如实际不发生某部分费用时，第一、二、三部分的序号应保留不变，如第二部分设备、工具、器具购置费在该项目中不发生，工程建设其他费用仍为第三部分。估算应按一个建设项目（如一条路线或一座独立大、中桥）进行编制。当一个建设项目需要分段估算投资时，应分别是编制总估算表，但必须汇总编制"总估算汇总表"。

可行性研究报告投资估算项目分为路线工程估算项目和独立桥梁工程估算项目。项目表中的单位是总估算表中数量栏的单位，也是技术经济指标的单位。

可行性研究报告路线工程项目表

项	目	节	工程或费用名称	单　位	备　注
			第一部分　建筑安装工程费	公路公里	
一			路基	公路公里	
	1		土方	m^3	
	2		石方	m^3	
	3		排水防护工程	m^3	
	4		特殊路基处理	km	

续上表

项	目	节	工程或费用名称	单 位	备 注
二			路面	公路公里	
三			桥梁涵洞	公路公里	
	1		涵洞	道	
	2		小桥及标准跨径 <20m 中桥	m/座	
	3		标准跨径 >20m 中桥及大桥	m/座	按结构类型分节
		1	预应力混凝土 T 形梁桥	m/座	
		2	……	m/座	
四			隧道	公路公里	
	1		土质隧道	m/座	
	2		石质隧道	m/座	
五			交叉工程及沿线设施	公路公里	
	1		交叉工程	处	
		1	互通式立体交叉	处	
		2	分离式立体交叉	处	
		3	平面交叉	处	
	2		安全设施	公路公里	
	3		服务设施	公路公里	
	4		辅道工程	km	
	5		支线工程	km	
六			施工技术装备费	公路公里	
七			计划利润	公路公里	
八			税金	公路公里	
			第二部分　设备、工具、器具购置费	公路公里	
一			设备购置	公路公里	
二			工具、器具购置	公路公里	
三			办公及生活用家具购置	公路公里	
			第三部分　工程建设其他费用	公路公里	

续上表

项	目	节	工程或费用名称	单 位	备 注
一			土地、青苗等补偿费和安置补助费	公路公里	
二			建设单位管理费	公路公里	
	1		建设单位管理费	公路公里	
	2		工程质量监督费	公路公里	
	3		工程监理费	公路公里	
	4		定额编制管理费	公路公里	
	5		设计文件审查费	公路公里	
三			勘察设计费	公路公里	
四			研究试验费	公路公里	
五			施工机构迁移费	公路公里	
六			供电贴费	公路公里	
七			大型专用机械设备购置费	公路公里	
八			固定资产投资方向调节税	公路公里	
九			建设期贷款利息	公路公里	
			第一、二三部分费用合计	公路公里	
			预留费用	公路公里	
			1. 工程造价增涨预留费	公路公里	
			2. 预备费	公路公里	
			投资估算总金额	公路公里	
			平均每公路公里造价	元	

可行性研究报告独立桥梁工程项目表

项	目	节	工程或费用名称	单 位	备 注
			第一部分　建筑安装工程费	桥长米	
一			桥头引道	桥长米	
	1		路基		
		1	土方		
		2	……		

续上表

项	目	节	工程或费用名称	单位	备注
	2		路面		
	3		桥梁涵洞		
		1	涵洞		
		2	……		
	4		……		
二			大桥		
	1		主桥		
	2		引桥		
	3		调治构造物		
		1	导流坝		
		2	驳岸		
		3	……		
	4		……		
三			施工技术装备费		
四			计划利润		
五			税金		
			第二部分　设备、工具、器具购置费		
一			设备购置		
二			工具、器具购置		
三			办公及生活用家具购置		

续上表

项	目	节	工程或费用名称	单　位	备　注
			第三部分　工程建设其他费用		
一			土地、青苗等补偿费和安置补助费		
二			建设单位管理费		
	1		建设单位管理费		
	2		工程质量监督费		
	3		工程监理费		
	4		定额编制管理费		
	5		设计文件审查费		
三			勘察设计费		
四			研究试验费		
五			施工机构迁移费		
六			供电贴费		
七			大型专用机械设备购置费		
八			固定资产投资方向调节税		
九			建设期贷款利息		
			第一、二、三部分费用合计		
			预留费用		
			1. 工程造价增涨预留费		
			2. 预备费		
			投资估算总金额		
			平均每桥长米造价		
			平均每平方米桥面造价		

第三节 估算费用组成

<table>
<tr><td rowspan="19">估算总金额</td><td rowspan="19">建筑安装工程费</td><td rowspan="17">直接工程费</td><td rowspan="3">直接费</td><td>人工费</td><td></td><td></td></tr>
<tr><td>材料费</td><td></td><td></td></tr>
<tr><td>施工机械使用费</td><td></td><td></td></tr>
<tr><td>其他工程费</td><td></td><td></td><td></td></tr>
<tr><td rowspan="7">其他直接费</td><td>冬季施工增加费</td><td></td><td></td></tr>
<tr><td>雨季施工增加费</td><td></td><td></td></tr>
<tr><td>夜间施工增加费</td><td></td><td></td></tr>
<tr><td>高原地区施工增加费</td><td></td><td></td></tr>
<tr><td>沿海地区施工增加费</td><td></td><td></td></tr>
<tr><td>行车干扰工程施工增加费</td><td></td><td></td></tr>
<tr><td>施工辅助费</td><td></td><td></td></tr>
<tr><td rowspan="6">现场经费</td><td>临时设施费</td><td></td><td></td></tr>
<tr><td rowspan="5">现场管理费</td><td>基本费用定额</td><td></td></tr>
<tr><td rowspan="4">其他单项费用定额</td><td>职工探亲路费</td></tr>
<tr><td>职工取暖补贴</td></tr>
<tr><td>工地转移费</td></tr>
<tr><td>主副食运费补贴</td></tr>
<tr><td rowspan="2">间接费</td><td>企业管理费</td><td></td><td></td><td></td></tr>
<tr><td>财务费用</td><td></td><td></td><td></td></tr>
</table>

续上表

估算总金额	建筑安装工程费	施工技术装备费				
		计划利润				
		税金				
	设备工具器具及家具购置费	设备、工具、器具购置费				
		办公及生活用家具购置费				
	工程建设其他费用	土地、青苗等补偿费和安置补助费				
		建设单位管理费				
		研究试验费				
		勘察设计费				
		供电贴费				
		大型专用机械设备购置费				
		固定资产投资方向调节税				
		建设期贷款利息				
	预留费用	工程造价增涨预留费				
		预备费				

第四节　估算费用标准及计算方法

一、建筑安装工程费

建筑安装工程费由直接工程费、间接费、施工技术装备费、计划利润、税金五部分组成。直接工程费由主要工程的直接费(即工、料、机费)、其他工程费、其他直接费和现场经费四部分组成。

为了使以百分率计算的费用不受材料价格波动的影响,这些费用以指标基价为计算基数。

1. 指标直接费指分项指标中所列指标基价。

2. 直接费即工、料、机费,指以分项指标的工、料数量按工程所在地的人工、材料预算单价计算的人工费、材料费与指标所列机械使用费的合计数。

工程所在地的人工费单价和材料预算单价,根据《指标》附录二“材料预算价格的规格取定表”综合的材料规格,按《公路基本建设工程概算、预算编制办法》的规定计算。

其他材料费、机械使用费应按本办法第一章第七条的规定调整。青海、新疆、西藏三省(区),可将指标内“机械使用费”乘以 1.15 系数后再按上述规定调整。

3. 其他工程费以直接费为基数按《指标》附录一规定的百分率计算。

4. 其他直接费 = 指标直接费 ×(1 + 其他工程费率) × 其他直接费综合费率。

5. 现场经费 = 指标基价 ×(1 + 其他工程费率) × 现场经费综合费率。

6. 直接工程费 = 直接费 + 其他工程费 + 其他直接费 + 现场经费。

7. 指标直接工程费 = 直接费 + 其他工程费 + 其他直接费 + 现场经费。

8. 间接费 = 指标直接工程费 × 间接费率。

9. 施工技术装备费、计划利润分别以指标直接工程费与间接费之和为基数按规定的费率计算，税金以直接工程费、间接费及计划利润之和为基数按规定的费率计算。

10.其他直接费综合费率、现场经费综合费率、间接费综合费率、施工技术装备费率、计划利润率、税金的综合税率均按《公路基本建设工程概算、预算编制办法》的规定计算。税金的综合税率按3.41%计算。

二、设备、工具、器具购置费

设备、工具、器具购置费应列出计划购置清单，按《公路基本建设工程概算、预算编制办法》中规定的公式计算。

办公和生活用家具购置费按《公路基本建设工程概算、预算编制办法》中规定的标准计算。

三、工程建设其他费用

工程建设其他费用中的土地、青苗等补偿费和安置补助费、建设单位管理费、工程质量监督费、工程监理费、定额编制管理费、设计文件审查费、研究试验费、勘察设计费、施工机构迁移费、供电贴费、大型专用机械设备购置费、固定资产投资方向调节税、建设期贷款利息等均应按《公路基本建设工程概算、预算编制办法》中规定的内容和要求计算。

四、预留费用

预备费以第一、二、三部分费用之和(扣除大型专用机械设备购置费、固定资产投资方向调节税、建设期贷款利息)的9%计算。

工程造价增涨预留费按《公路基本建设工程概算、预算编制办法》的规定计算。

五、计算程序及计算方式

可行性研究报告估算的计算程序及计算方式：

代号	项　目	说 明 及 计 算 式
一	指标直接费	指公路工程估算指标基价
二	直接费(即工、料、机费)	按估算编制年工程所在地的预算价格计算
三	其他工程费	(二)×其他工程费率

续上表

代号	项　目	说明及计算式
四	其他直接费	[(一)+(三)]×其他直接费综合费率
五	现场经费	[(一)+(三)]×现场经费综合费率
六	指标直接工程费	(一)+(三)+(四)+(五)
七	直接工程费	(二)+(三)+(四)+(五)
八	间接费	(六)+间接费综合费率
九	施工技术装备费	[(六)+(八)]×施工技术装备费率
十	计划利润	[(六)+(八)]×计划利润率
十一	税金	[(七)+(八)+(十)]×税金综合税率
十二	指标建筑安装工程费	(六)+(八)+(九)+(十)+(十一)
十三	建筑安装工程费	(六)+(八)+(九)+(十)+(十一)
十四	设备、工具、器具购置费 办公和生活用家具购置费	∑(设备、工具、器具购置数量×单价+运杂费)×(1+采购保管费率) 按有关规定计算
十五	工程建设其他费用	
	土地补偿费和安置补助费	按有关规定计算
	建设单位管理费	(十二)×费率
	工程质量监督费	(十二)×费率
	工程监理费	(十二)×费率
	定额编制管理费	(十二)×费率
	设计文件审查费	(十二)×费率
	研究试验费	按批准的计划编制
	勘察设计费	按有关规定计算
	施工机构迁移费	按有关规定计算
	供电贴费	按有关规定计算
	大型专用机械设备购置费	按需购置的清单编制

续上表

代号	项　目	说明及计算式
	固定资产投资方向调节税	按有关规定计算
	建设期贷款利息	按实际贷款数及利息计算
十六	预留费用	
	工程造价增涨预留费	以(十三)为基数按规定公式计算
	预备费	[(13)+(14)+(15)-大型专用机械设备购置费-固定资产投资方向调节税-建设期贷款利息]×费率
十七	投资估算总金额	(13)+(14)+(15)+(16)

公路经营权有偿转让管理办法

（交通部令1996年第9号　1996.10.09）

第一章　总　　则

第一条　为加快公路建设步伐，开辟公路建设资金渠道，规范公路经营权有偿转让（简称转让，下同）行为，保护转、受让双方投资者的合法权益，按照国家现行的法律、法规及国家有关规定，特制定《公路经营权有偿转让管理办法》（简称《办法》，下同）。

第二条　本《办法》适用于全国各级交通主管部门组织建设和管理的公路（不含关系到“国家或区域政治、军事”的公路，下同）经营权的转让活动。

第三条　公路经营权转让，必须符合我国现行的产业政策和有利于我国公路网建设以及实现公路建设规划精神，并在遵守我国现行法律、法规及有关规定的前提条件下，本着适度发展和优先国内投资者的原则进行。

第四条　交通部负责全国公路经营权转让工作的监督管理。各省、自治区、直辖市人民政府交通厅（局、委、办）（简称“省级交通主管部门”，下同）负责管辖范围内公路经营权转让工作的监督管理。

第二章　公路经营权的界定

第五条　公路经营权是依托在公路实物资产上的无形资产，是指经省级以上人民政府批准，对已建成通车公路设施允许收取车辆通行费的收费权和由交通部门投资建成的公路沿线规定区域内服务设施的经营权。

第六条 转让公路经营权是由省级交通主管部门授权所属的公路经营公司(简称“转让方”,下同),将经批准的规定范围内的全部或部分公路经营权,在一定期限内转让给具有法人资格的境内、外单位经营的一种特许行为。

第三章 转让公路经营权的组织管理

第七条 对含有中央车辆购置附加费或中央财政性资金投资建成的公路及国道公路经营权的转让,由省级交通主管部门报交通部审批;全部由地方规费或地方财政性资金投资及自筹资金等建成的省道以下公路经营权的转让,由省级交通主管部门报省级人民政府审批,并负责办理向交通部报备事宜。

第八条 交通部负责由部批准公路经营权转让中所涉及到国务院有关部门的协调工作;省级交通主管部门负责由交通部和省级人民政府批准范围内的公路经营权转让中涉及到省内有关部门的协调工作。

第四章 公路经营权转让范围

第九条 公路经营权转让范围的具体内容为:40 公里四车道以上的公路路段及 500 米四车道以上独立的大型桥梁、隧道等公路设施车辆通行费的收费权和公路沿线规定区域内的饮食、加油、车辆维修、商店、广告等服务设施的经营权。

公路经营权中的车辆通行收费权和服务设施的经营权可整体转让,也可以只转让车辆通行收费权。

第十条 向外商转让含尚未还清使用国际金融组织贷款或外国政府贷款建成公路的经营权,应报原批准利用外资贷款的部门同意,并经对外“窗口”部门,商境外贷款机构认可后,方可按本《办法》办理公路经营权转让事宜。

第十一条 转让公路经营权中的车辆通行收费权,应坚持以投资预测回收期加上合理年限盈利期(合理年限盈利期一般不得超过投资预测回收期的50%)为基准的原则,最多不得超过30年;转让公路经营权中的服务设施的经营权应按国家的有关规定办理。

第五章 公路经营权资产价值的评估

第十二条 转让含有中央车辆购置附加费或中央财政性资金投资建成的公路和国道公路的经营权,应按国务院《国有资产评估管理办法》,由转让方通过省级交通主管部门向交通部提出资产评估立项申请,由国家国有资产管理局批准立项并确认评估结果。

第十三条 转让全部由地方规费或地方财政性资金投资及自筹资金建成省道以下公路的经营权,应由转让方按国务院《国有资产评估管理办法》向省级国有资产管理局提出评估立项申请,由省级国有资产管理局批准立项并确认评估结果。

第十四条 承担公路经营权资产价值评估的单位,必须是取得经省级以上国有资产管理局(简称"国有资产管理部门",下同)认可资格的评估机构。鉴于公路经营权的特殊属性,转让方应对承担公路经营权评估的机构进行从业能力审查。必要时,由省级以上的交通主管部门指定评估机构。

第十五条 申请对公路经营权进行资产评估的报告,应由转让方提出。评估所发生的费用应由委托资产评估方承担。

第十六条 确定公路经营权资产的重置全价,应参照国际通用的评估方法,即:采用收益现值法与重置成本法相结合的方法进行。

第十七条 被转让经营权的公路竣工决算属商业秘密,不得向受让方透露。经国有资产管理部门确认的公路经营权资产的评估价值,应作为公路经营权转让成交价格作价的依据。转让公路经营权的实际成交价不得低于评估确认价值。

第六章　转让公路经营权的审批程序

第十八条　申报公路经营权转让时,应由转让方提供以下文件、资料及相关证明:

1. 转让公路经营权可行性研究报告;

2. 受让方从业实力的情况说明;

3. 转让、受让双方签订的公路经营权转让的协议书;

4. 经国有资产管理部门核准的公路经营权资产价值评估确认结果通知书;

5. 金融机构或会计师事务所等中介机构提供的受让方资金信用证明;

6. 受让方法人执照副本;

7. 其他相关文件、资料。

第十九条　转让方通过省级交通主管部门,对申报公路经营权转让所报材料进行审查后,按本《办法》第七条规定的审批权限,分别报交通部和省级人民政府审查批准。

第二十条　转让、受让双方应按照转让公路经营权的批准文件,签订转让公路经营权的合同,并将合同副本分别送交通部和省级人民政府备案。

第二十一条　转让公路经营权的受让方如系外商,在获得批准转让的文件后,还应按我国规定的外商投资企业审批权限和程序,在中华人民共和国境内设立外商投资企业。

第二十二条　未经批准,任何单位和部门不得转让公路经营权。

第七章　公路经营权收益的使用

第二十三条　转让方获得的转让公路经营权收入,首先用于偿还被转让公路经营权的公路建设贷款和开发新的公路建设项目。任何单位不得将转让公路经营权的收益用于与公路建设无关的其他项目。

第二十四条 鼓励受让方,将获得的公路经营权的收益,直接投资我国新的公路建设项目。

第二十五条 凡含有中央车辆购置附加费或中央财政性资金投资建成的公路转让经营权后,原中央投资及按投资额分得的收入,仍属中央的权益,由交通部委托相应的投资机构持有。经交通部同意继续用于该地区的公路建设,或由交通部统筹安排其他公路建设项目。

第八章 附 则

第二十六条 公路经营权转让以后,转让方在转让期内不得收回公路经营权;受让方不得以任何理由再将公路经营权转让给第三方。

第二十七条 未经省级以上人民政府批准,不得在被转让经营权的公路上,另行设置车辆通行费收费站。

第二十八条 受让方不得以任何理由收取正在执行紧急任务设有固定装置的消防车、医院救护车、公安部门的警备车、抢险救灾的运输车等车辆的通行费。

挂有中国人民解放军行车牌照车辆通行费的收取,按国家有关规定办理。

第二十九条 国家各级交通主管部门,有权监督和制止公路经营权转让期间各种侵占、损坏公路及其附属设施的行为。

第三十条 批准转让经营权的公路,其路政管理,由省级以下交通主管部门派出机构或者人员行使,所需经费由经营公路经营权的机构,按当地政府规定的标准支付。

第三十一条 受让方应按照交通部发布的有关公路养护规范和标准进行有效的养护,以保证公路设施处于良好的技术状态。

经营期满后将完好的公路设施无偿交还转让方。

第三十二条 过去有关公路经营权转让的规定，凡与本《办法》不符的，按本《办法》执行。

第三十三条 本《办法》由交通部负责解释。

外商投资道路运输业管理规定

（交通部、对外贸易经济合作部令2001年第9号　2001.11.20）

第一条　为促进道路运输业的对外开放和健康发展，规范外商投资道路运输业的审批管理，根据《中华人民共和国中外合资经营企业法》、《中华人民共和国中外合作经营企业法》、《中华人民共和国外资企业法》以及有关法律、行政法规的规定，制定本规定。

第二条　外商在中华人民共和国境内投资道路运输业适用本规定。

本规定所称道路运输业包括道路旅客运输、道路货物运输、道路货物搬运装卸、道路货物仓储和其他与道路运输相关的辅助性服务及车辆维修。

第三条　允许外商采用以下形式投资经营道路运输业：

（一）采用中外合资形式投资经营道路旅客运输；

（二）采用中外合资、中外合作形式投资经营道路货物运输、道路货物搬运装卸、道路货物仓储和其他与道路运输相关的辅助性服务及车辆维修；

（三）采用独资形式投资经营道路货物运输、道路货物搬运装卸、道路货物仓储和其他与道路运输相关的辅助性服务及车辆维修。

本条第（三）项所列道路运输业务对外开放时间由国务院对外贸易经济主管部门和交通主管部门另行公布。

第四条　外商投资道路运输业的立项及相关事项应当经国务院交通主管部门批准。

外商投资设立道路运输企业的合同和章程应当经国务院对外

贸易经济主管部门批准。

第五条　外商投资道路运输业应当符合国务院交通主管部门制定的道路运输发展政策和企业资质条件，并符合拟设立外商投资道路运输企业所在地的交通主管部门制定的道路运输业发展规划的要求。

投资各方应当以自有资产投资并具有良好的信誉。

第六条　外商投资从事道路旅客运输业务，还应当符合以下条件：

（一）主要投资者中至少一方必须是在中国境内从事5年以上道路旅客运输业务的企业；

（二）外资股份比例不得多于49%；

（三）企业注册资本的50%用于客运基础设施的建设与改造；

（四）投放的车辆应当是中级及以上的客车。

第七条　设立外商投资道路运输企业，应当向拟设企业所在地的市（设区的市，下同）级交通主管部门提出立项申请，并提交以下材料：

（一）申请书，内容包括投资总额、注册资本和经营范围、规模、期限等；

（二）项目建议书；

（三）投资者的法律证明文件；

（四）投资者资信证明；

（五）投资者以土地使用权、设施和设备等投资的，应提供有效的资产评估证明；

（六）审批机关要求的其他材料。

拟设立中外合资、中外合作企业，除应当提交上述材料以外，还应当提交合作意向书。

提交的外文资料须同时附中文翻译件。

第八条　外商投资企业扩大经营范围从事道路运输业，外商投资道路运输企业扩大经营范围或者扩大经营规模超出原核定标准的，外商投资道路运输企业拟合并、分立、迁移和变更投资主体、

注册资本、投资股比,应由该企业向其所在地的市级交通主管部门提出变更申请并提交以下材料:

(一)申请书;

(二)企业法人营业执照复印件;

(三)外商投资企业批准证书复印件;

(四)外商投资企业立项批件复印件;

(五)资信证明。

第九条 交通主管部门按下列程序对外商投资道路运输业立项和变更申请进行审核和审批:

(一)市级交通主管部门自收到申请材料之日起15个工作日内,依据本规定提出初审意见,并将初审意见和申请材料报省级交通主管部门;

(二)省级交通主管部门自收到上报材料之日起15个工作日内,依据本规定提出审核意见,并将审核意见和申请材料报国务院交通主管部门审批;

(三)国务院交通主管部门自收到前项材料之日起30个工作日内,对申请材料进行审核。符合规定的,颁发立项批件或者变更批件;不符合规定的,退回申请,书面通知申请人并说明理由。

第十条 申请人收到批件后,应当在30日内持批件和以下材料向省级对外贸易经济主管部门申请颁发或者变更外商投资企业批准证书:

(一)申请书;

(二)可行性研究报告;

(三)合同、章程(外商独资道路运输企业只需提供章程);

(四)董事会成员及主要管理人员名单及简历;

(五)工商行政管理部门出具的企业名称预核准通知书;

(六)投资者所在国或地区的法律证明文件及资信证明文件;

(七)审批机关要求的其他材料。

第十一条 省级对外贸易经济主管部门对上述材料初审后,将申请材料和初审意见报国务院对外贸易经济主管部门或者其授权部门。国务院对外贸易经济主管部门或者其授权部门收到申请材料后，在45日内作出是否批准的书面决定，符合规定的，颁发或者变更外商投资企业批准证书；不符合规定的，退回申请，书面通知申请人并说明理由。

第十二条 申请人在收到外商投资企业批准证书后，应当在30日内持立项批件和批准证书向拟设立企业所在地省级交通主管部门申请领取道路运输经营许可证，并依法办理工商登记后，方可按核定的经营范围从事道路运输经营活动。

第十三条 申请人收到变更的外商投资企业批准证书后，应当在30日内持变更批件、变更的外商投资企业批准证书和其他相关的申请材料向省级交通主管部门和工商行政管理部门办理相应的变更手续。

第十四条 申请人在办理完有关手续后，应将企业法人营业执照、外商投资企业批准证书以及道路运输经营许可证影印件报国务院交通主管部门备案。

第十五条 取得外商投资道路运输业立项批件后18个月内未完成工商注册登记手续的，立项批件自行失效。

第十六条 外商投资道路运输企业的经营期限一般不超过12年。但投资额中有50%以上的资金用于客货运输站场基础设施建设的，经营期限可为20年。

经营业务符合道路运输产业政策和发展规划，并且经营资质（质量信誉）考核合格的外商投资道路运输企业，经原审批机关批准，可以申请延长经营期限，每次延长的经营期限不超过20年。

第十七条 申请延长经营期限的外商投资道路运输企业，应当在经营期满6个月前向企业所在地的省级交通主管部门提出申请，并上报企业经营资质（质量信誉）考核记录等有关材料，由省级交通主管部门审核后，报国务院交通主管部门，由国务院交通主管部门商对外贸易经济主管部门后批复。

第十八条 外商投资道路运输企业停业、歇业或终止，应当及时到国务院交通主管部门、对外贸易经济主管部门或其授权部门和工商行政管理部门办理相关手续。

第十九条 香港特别行政区、澳门特别行政区和台湾省的投资者以及海外华侨在中国内地投资道路运输业参照适用本规定。

第二十条 本规定自公布之日起施行。交通部1993年颁布的《中华人民共和国交通部外商投资道路运输业立项审批暂行规定》(交运发[1993]1178号)同时废止。

关于《外商投资道路运输业管理规定》的补充规定

（交通部、商务部令2003年第12号　2003.12.31）

为了促进香港、澳门与内地建立更紧密的经贸关系，鼓励香港服务提供者和澳门服务提供者在内地设立从事道路运输业务的企业，根据国务院批准的《内地与香港关于建立更紧密经贸关系的安排》和《内地与澳门关于建立更紧密经贸关系的安排》，现对《外商投资道路运输业管理规定》（交通部、对外贸易经济合作部，2001年第9号令）作出如下补充规定：

一、自2004年1月1日起，允许香港服务提供者和澳门服务提供者在内地西部地区设立独资企业经营道路客运业务。

二、自2004年1月1日起，允许香港服务提供者和澳门服务提供者在内地设立独资企业经营道路货运业务。

三、自2004年1月1日起，允许香港服务提供者和澳门服务提供者经营香港、澳门至内地各省、市、自治区的货运“直通车”业务。

四、香港服务提供者和澳门服务提供者在内地从事货运“直通车”业务须在内地设立独资、合资或合作企业，并取得道路运输经营许可。

五、本规定中的香港服务提供者和澳门服务提供者应分别符合《内地与香港关于建立更紧密经贸关系的安排》和《内地与澳门关于建立更紧密经贸关系的安排》中关于“服务提供者”定义及相关规定的要求。

六、除上述条款外，其他事项按照《外商投资道路运输业管理规定》执行。

七、本补充规定由交通部会同商务部负责解释。

八、本补充规定自2004年1月1日起施行。

经营性公路建设项目投资人招标投标管理规定

（交通部令2007年第8号　2007.10.16）

第一章　总　　则

第一条　为规范经营性公路建设项目投资人招标投标活动，根据《中华人民共和国公路法》、《中华人民共和国招标投标法》和《收费公路管理条例》，制定本规定。

第二条　在中华人民共和国境内的经营性公路建设项目投资人招标投标活动，适用本规定。

本规定所称经营性公路是指符合《收费公路管理条例》的规定，由国内外经济组织投资建设，经批准依法收取车辆通行费的公路（含桥梁和隧道）。

第三条　经营性公路建设项目投资人招标投标活动应当遵循公开、公平、公正、诚信、择优的原则。

任何单位和个人不得非法干涉招标投标活动。

第四条　国务院交通主管部门负责全国经营性公路建设项目投资人招标投标活动的监督管理工作。主要职责是：

（一）根据有关法律、行政法规，制定相关规章和制度，规范和指导全国经营性公路建设项目投资人招标投标活动；

（二）监督全国经营性公路建设项目投资人招标投标活动，依法受理举报和投诉，查处招标投标活动中的违法行为；

（三）对全国经营性公路建设项目投资人进行动态管理，定期公布投资人信用情况。

第五条　省级人民政府交通主管部门负责本行政区域内经营

性公路建设项目投资人招标投标活动的监督管理工作。主要职责是：

（一）贯彻执行有关法律、行政法规、规章，结合本行政区域内的实际情况，制定具体管理制度；

（二）确定下级人民政府交通主管部门对经营性公路建设项目投资人招标投标活动的监督管理职责；

（三）发布本行政区域内经营性公路建设项目投资人招标信息；

（四）负责组织对列入国家高速公路网规划和省级人民政府确定的重点经营性公路建设项目的投资人招标工作；

（五）指导和监督本行政区域内的经营性公路建设项目投资人招标投标活动，依法受理举报和投诉，查处招标投标活动中的违法行为。

第六条 省级以下人民政府交通主管部门的主要职责是：

（一）贯彻执行有关法律、行政法规、规章和相关制度；

（二）负责组织本行政区域内除第五条第（四）项规定以外的经营性公路建设项目投资人招标工作；

（三）按照省级人民政府交通主管部门的规定，对本行政区域内的经营性公路建设项目投资人招标投标活动进行监督管理。

第二章 招 标

第七条 需要进行投资人招标的经营性公路建设项目应当符合下列条件：

（一）符合国家和省、自治区、直辖市公路发展规划；

（二）符合《收费公路管理条例》第十八条规定的技术等级和规模；

（三）已经编制项目可行性研究报告。

第八条 招标人是依照本规定提出经营性公路建设项目、组织投资人招标工作的交通主管部门。

招标人可以自行组织招标或委托具有相应资格的招标代理机构代理有关招标事宜。

第九条 经营性公路建设项目投资人招标应当采用公开招标方式。

第十条 经营性公路建设项目投资人招标实行资格审查制度。资格审查方式采取资格预审或资格后审。

资格预审，是指招标人在投标前对潜在投标人进行资格审查。

资格后审，是指招标人在开标后对投标人进行资格审查。

实行资格预审的，一般不再进行资格后审，但招标文件另有规定的除外。

第十一条 资格审查的基本内容应当包括投标人的财务状况、注册资本、净资产、投融资能力、初步融资方案、从业经验和商业信誉等情况。

第十二条 经营性公路建设项目招标工作应当按照以下程序进行：

（一）发布招标公告；

（二）潜在投标人提出投资意向；

（三）招标人向提出投资意向的潜在投标人推介投资项目；

（四）潜在投标人提出投资申请；

（五）招标人向提出投资申请的潜在投标人详细介绍项目情况，可以组织潜在投标人踏勘项目现场并解答有关问题；

（六）实行资格预审的，由招标人向提出投资申请的潜在投标人发售资格预审文件；实行资格后审的，由招标人向提出投资申请的投标人发售招标文件；

（七）实行资格预审的，潜在投标人编制资格预审申请文件，并递交招标人；招标人应当对递交资格预审申请文件的潜在投标人进行资格审查，并向资格预审合格的潜在投标人发售招标文件；

（八）投标人编制投标文件，并提交招标人；

（九）招标人组织开标，组建评标委员会；

（十）实行资格后审的，评标委员会应当在开标后首先对投标人进行资格审查；

（十一）评标委员会进行评标，推荐中标候选人；

（十二）招标人确定中标人，并发出中标通知书；

（十三）招标人与中标人签订投资协议。

第十三条 招标人应通过国家指定的全国性报刊、信息网络等媒介发布招标公告。

采用国际招标的，应通过相关国际媒介发布招标公告。

第十四条 招标人应当参照国务院交通主管部门制定的经营性公路建设项目投资人招标资格预审文件范本编制资格预审文件，并结合项目特点和需要确定资格审查标准。

招标人应当组建资格预审委员会对递交资格预审申请文件的潜在投标人进行资格审查。资格预审委员会由招标人代表和公路、财务、金融等方面的专家组成，成员人数为7人以上单数。

第十五条 招标人应当参照国务院交通主管部门制定的经营性公路建设项目投资人招标文件范本，并结合项目特点和需要编制招标文件。

招标人编制招标文件时，应当充分考虑项目投资回收能力和预期收益的不确定性，合理分配项目的各类风险，并对特许权内容、最长收费期限、相关政策等予以说明。招标人编制的可行性研究报告应当作为招标文件的组成部分。

第十六条 招标人应当合理确定资格预审申请文件和投标文件的编制时间。

编制资格预审申请文件时间，自资格预审文件开始发售之日起至潜在投标人提交资格预审申请文件截止之日止，不得少于30个工作日。

编制投标文件的时间，自招标文件开始发售之日起至投标人提交投标文件截止之日止，不得少于45个工作日。

第十七条 列入国家高速公路网规划和需经国务院投资主管部门核准的经营性公路建设项目投资人招标投标活动，应当按照招标工作程序，及时将招标文件、资格预审结果、评标报告报国务院交通主管部门备案。国务院交通主管部门应当在收到备案文件7个工作日内,对不符合法律、法规规定的内容提出处理意见,及时行使监督职责。

其他经营性公路建设项目投资人招标投标活动的备案工作按照省级人民政府交通主管部门的有关规定执行。

第三章 投 标

第十八条 投标人是响应招标、参加投标竞争的国内外经济组织。

采用资格预审方式招标的,潜在投标人通过资格预审后,方可参加投标。

第十九条 投标人应当具备以下基本条件:

(一)注册资本1亿元人民币以上,总资产6亿元人民币以上,净资产2.5亿元人民币以上;

(二)最近连续3年每年均为盈利,且年度财务报告应当经具有法定资格的中介机构审计;

(三)具有不低于项目估算的投融资能力,其中净资产不低于项目估算投资的百分之三十五;

(四)商业信誉良好,无重大违法行为。

招标人可以根据招标项目的实际情况,提高对投标人的条件要求。

第二十条 两个以上的国内外经济组织可以组成一个联合体,以一个投标人的身份共同投标。联合体各方均应符合招标人对投标人的资格审查标准。

以联合体形式参加投标的,应提交联合体各方签订的共同投标协议。共同投标协议应当明确约定联合体各方的出资比例、相互关系、拟承担的工作和责任。联合体中标的,联合体各方应当共同与招标人签订项目投资协议,并向招标人承担连带责任。

联合体的控股方为联合体主办人。

第二十一条 投标人应当按照招标文件的要求编制投标文件，投标文件应当对招标文件提出的实质性要求和条件作出响应。

第二十二条 招标文件明确要求提交投标担保的，投标人应按照招标文件要求的额度、期限和形式提交投标担保。投标人未按照招标文件的要求提交投标担保的，其提交的投标文件为废标。

投标担保的额度一般为项目投资的千分之三，但最高不得超过500万元人民币。

第二十三条 投标人参加投标，不得弄虚作假，不得与其他投标人串通投标，不得采取商业贿赂以及其他不正当手段谋取中标，不得妨碍其他投标人投标。

第四章 开标与评标

第二十四条 开标应当在招标文件确定的提交投标文件截止时间的同一时间公开进行。

开标由招标人主持，邀请所有投标人代表参加。招标人对开标过程应当记录，并存档备查。

第二十五条 评标由招标人依法组建的评标委员会负责。评标委员会由招标人代表和公路、财务、金融等方面的专家组成，成员人数为7人以上单数。招标人代表的人数不得超过评标委员会总人数的三分之一。

与投标人有利害关系以及其他可能影响公正评标的人员不得进入相关项目的评标委员会，已经进入的应当更换。

评标委员会成员的名单在中标结果确定前应当保密。

第二十六条 评标委员会可以直接或者通过招标人以书面方式要求投标人对投标文件中含义不明确、对同类问题表述不一致或者有明显文字错误的内容作出必要的澄清或者说明，但是澄清或者说明不得超出或者改变投标文件的范围或者改变投标文件的实质性内容。

第二十七条 经营性公路建设项目投资人招标的评标办法应

当采用综合评估法或者最短收费期限法。

采用综合评估法的，应当在招标文件中载明对收费期限、融资能力、资金筹措方案、融资经验、项目建设方案、项目运营、移交方案等评价内容的评分权重，根据综合得分由高到低推荐中标候选人。

采用最短收费期限法的，应当在投标人实质性响应招标文件的前提下，推荐经评审的收费期限最短的投标人为中标候选人，但收费期限不得违反国家有关法规的规定。

第二十八条 评标委员会完成评标后，应当向招标人提出书面评标报告，推荐一至三名中标候选人，并标明排名顺序。

评标报告需要由评标委员会全体成员签字。

第五章 中标与协议的签订

第二十九条 招标人应当确定排名第一的中标候选人为中标人。招标人也可以授权评标委员会直接确定中标人。

排名第一的中标候选人有下列情形之一的，招标人可以确定排名第二的中标候选人为中标人：

（一）自动放弃中标；

（二）因不可抗力提出不能履行合同；

（三）不能按照招标文件要求提交履约保证金；

（四）存在违法行为被有关部门依法查处，且其违法行为影响中标结果的。

如果排名第二的中标候选人存在上述情形之一，招标人可以确定排名第三的中标候选人为中标人。

三个中标候选人都存在本条第二款所列情形的，招标人应当依法重新招标。

招标人不得在评标委员会推荐的中标候选人之外确定中标人。

第三十条 提交投标文件的投标人少于3个或者因其他原因

导致招标失败的,招标人应当依法重新招标。重新招标前,应当根据前次的招标情况,对招标文件进行适当调整。

第三十一条 招标人确定中标人后,应当在15个工作日内向中标人发出中标通知书,同时通知所有未中标的投标人。

第三十二条 招标文件要求中标人提供履约担保的,中标人应当提供。担保的金额一般为项目资本金出资额的百分之十。

履约保证金应当在中标人履行项目投资协议后30日内予以退还。其他形式的履约担保,应当在中标人履行项目投资协议后30日内予以撤销。

第三十三条 招标人和中标人应当自中标通知书发出之日起30个工作日内按照招标文件和中标人的投标文件订立书面投资协议。投资协议应包括以下内容:

(一)招标人与中标人的权利义务;

(二)履约担保的有关要求;

(三)违约责任;

(四)免责事由;

(五)争议的解决方式;

(六)双方认为应当规定的其他事项。

招标人应当在与中标人签订投资协议后5个工作日内向所有投标人退回投标担保。

第三十四条 中标人应在签订项目投资协议后90日内到工商行政管理部门办理项目法人的工商登记手续,完成项目法人组建。

第三十五条 招标人与项目法人应当在完成项目核准手续后签订项目特许权协议。特许权协议应当参照国务院交通主管部门制定的特许权协议示范文本并结合项目的特点和需要制定。特许权协议应当包括以下内容:

(一)特许权的内容及期限;

(二)双方的权利及义务;

(三)项目建设要求;

（四）项目运营管理要求；

（五）有关担保要求；

（六）特许权益转让要求；

（七）违约责任；

（八）协议的终止；

（九）争议的解决；

（十）双方认为应规定的其他事项。

第六章　附　　则

第三十六条　对招投标活动中的违法行为，应当按照国家有关法律、法规的规定予以处罚。

第三十七条　招标人违反本办法规定，以不合理的条件限制或者排斥潜在投标人，对潜在投标人实行歧视待遇的，由上级交通主管部门责令改正。

第三十八条　本规定自 2008 年 1 月 1 日起施行。

公路建设养护管理

县乡公路建设和养护管理办法

(交通部 (87)交公路字309号 1987.05.11)

第一章 总 则

第一条 县乡公路是我国国民经济发展的一项重要交通基础设施,是国家公路网的组成部分,对开发地区经济,活跃农村商品市场,沟通城乡物资交流,促进两个文明建设具有重要意义。为加强县乡公路的建设和养护管理工作,逐步适应农村经济发展的需要,根据我国县乡公路建设和养护的现行政策,结合各地情况,特制定本办法。

第二条 县乡公路按其性质和作用分为:

县公路——具有全县政治、经济、文化意义和运输量较大、经济效益较高的公路。

乡公路——主要为乡内经济、文化、行政服务,并与外部联系的公路。

县乡公路的建设和养护要贯彻统一领导、分级管理的原则,即县公路由地(市、州)规划,报省(自治区、直辖市、计划单列市)公路管理部门平衡审批,县组织实施;乡公路由县规划,报地(市、州)公路部门平衡审批,乡(区)政府组织实施。

第三条 县乡公路的建设和养护是一项地方性、群众性、政策性很强的工作,各级政府要切实加强领导,统筹规划,动员各方面力量,做好县乡公路的建设和养护工作。

第四条 县乡公路的建设应坚持开拓交通、方便群众、发展经济、治穷致富的指导思想。

县乡公路建设要做到发展有规划、实施有计划。地(市、州)

县应在区域经济发展总体规划的基础上，综合考虑交通流量，客、货运量，路网布局，小城镇分布，资源开发，人口增长等因素，统筹安排，并根据需要与可能编制出较适合当地经济发展的公路交通建设长远规划和近期计划方案。

第五条 县乡公路的建设和养护，执行“民工建勤”、“民办公助”的政策，其资金来源，除征收的手扶拖拉机、畜力车养路费，地方财政附加收入外，还应采取多方集资，群众投劳等多种形式，广开资金渠道。贫困地区的公路建、养投资不足部分，由省（自治区、直辖市、计划单列市）用养路费给予适当补贴。要注意把多方筹集的有限资金（包括国家“以工代赈”的有限实物）用到对发展本地区经济、改变交通状况具有重要意义的路线上，坚持根据规划分别轻重缓急，突出重点，分期实施，有计划地安排公路的新建、改建工程任务，做到修一条，成一条，管养一条。

第六条 工厂、矿区、林区等专用公路，贯彻自建自养的原则，但应纳入县的统一规划。

第二章 计 划 管 理

第七条 县乡公路建设、养护年度计划，由县公路部门根据批准的公路发展规划及资金来源进行编制，县公路经地（市、州）公路部门审查后，报省（自治区、直辖市、计划单列市）公路管理部门平衡下达；乡公路由地（市、州）公路部门平衡安排，同时汇总报省（自治区、直辖市、计划单列市）公路管理部门备案。

年度计划内容包括：资金收支计划、养护计划、公路工程项目计划、民工建勤计划、主要材料计划、公路绿化计划。

列入年度计划的公路工程项目，应有设计文件。县公路部门在编报计划前，应组织力量做好前期准备工作。

第八条 各县级公路部门要设专职或兼职统计人员，按规定内容完善、准确、及时地报送统计报表，统计报表分为月报、季报、年报。月报报送地（市、州）公路部门，季报由地（市、州）汇总报送省(自治区、直辖市、计划单列市)公路管理部门,年报由省(自治区、直辖市、计划单列市)公路管理部门汇总,连同年终情况总结一并报部公路局。

第三章　技术管理

第九条　县乡公路建设、养护要加强技术管理工作,以保证工程质量,提高投资效果。要加强县级公路技术队伍建设,有计划地培养和培训技术人员,建立技术负责制,充分发挥技术人员的作用,使技术人员有职、有责、有权。

第十条　县乡公路建设标准,执行交通部1981年颁发的《公路工程技术标准》,选定技术标准要进行技术经济论证,并考虑远景发展。新建工程一般不低于四级公路技术标准。凡纳入计划的县乡公路建设工程设计文件要参照交通部颁发的《公路工程技术标准》及设计文件编制办法进行勘测,一般可简化设计文件,即包括:1.路线平纵面图;2.桥隧设计图;3.特殊构造物设计图;4.路基设计表;5.桥涵构造物一览表;6.设计说明书;7.概算。

县乡公路设计文件,由县公路部门编制,报地(市、州)公路部门审批。大桥和技术复杂工程由省(自治区、直辖市、计划单列市)公路管理部门审批。若变更设计,应报原审批部门批准。

第十一条　县乡公路建设应由政府部门牵头,建立施工指挥机构领导施工,处理占地拆迁,协调各方面关系。

要依据批准的设计文件组织施工,严格执行施工规范规程。要加强工程质量管理,建立质量检查制度,明确工程监理人员。施工过程中要进行工序质量检查和验收。

每项工程都要配施工技术负责人,并在有条件的地方实行概算包干。

施工中必须注意安全生产,加强安全生产教育,建立健全安全生产管理制度,严格遵守操作规程。

第十二条　县乡公路工程竣工后,要编制竣工图表、工程决算、工程总结、技术鉴定,办理竣工验收申请报告。并参照交通部颁发的《公路工程竣工验收办法(试行)》由审批单位主持进行工程验收。验收鉴定书一式三份,地(市、州)、县公路部门和省(自治区、直辖市、计划单列市)公路管理部门各一份存档。对不合格的工程要责成施工单位限期修正。

第四章 养护管理

第十三条 凡经验收符合四级以上(含四级)标准的县乡公路,经省(自治区、直辖市、计划单列市)公路管理部门审定后,列入公路统计里程,并根据当地情况列入县乡公路养护年度计划。

第十四条 凡列入养护的县乡公路,应根据各地具体情况和交通量大小,分别采用经常性、季节性、突击性的养护。管理人员应相对稳定。要加强对养路员工的培训工作,以提高他们的思想和业务素质。

第十五条 为了统一考核养护质量标准,凡列入管养的县公路,均应执行交通部颁发的《公路养护质量检查评定暂行办法》评定路况。乡公路,要参照上述办法,制定质量考核指标,保证公路完好,正常通行。

第十六条 县乡公路养护可实行经济承包,联产计酬的方式,开展创好、创优活动和劳动竞赛活动,加强科学管理,进行技术革新,改进落后的养护方式,不断提高好路率。各省(自治区、直辖市、计划单列市)公路管理部门应根据情况,对县乡公路组织定期或不定期的检查评比,总结交流经验,表彰先进。

第十七条 县乡公路建设和养护用地、砂石料场等,由县乡政府妥善解决。

县乡公路的路政管理,按国家和省、地、县各级政府的有关规定执行。

第十八条 县乡公路沿线绿化,纳入县、乡政府的绿化计划,贯彻国家的《森林法》规定,执行“谁种、谁管、谁收”的原则,路树更新时，必须经县公路部门核准，任何人不得随意砍伐。

第十九条 县乡公路养护管理的其他问题仍按交通部一九七五年《公路养护管理暂行规定》办理。

第五章 附 则

第二十条 各省、自治区、直辖市、计划单列市可根据本办法制定实施细则。

第二十一条 本办法从下发之日起施行。

中华人民共和国公路管理条例实施细则

（交通部令1988年第1号　1988.06.28）

第一章　总　　则

第一条　根据《中华人民共和国公路管理条例》（以下简称《条例》）第四十条的规定，制定本实施细则（以下简称《细则》）。

第二条　本《细则》所称“公路”是指在中华人民共和国境内，按照国家规定的公路工程技术标准修建，并经公路主管部门验收认定的城间、城乡间、乡间可供汽车行驶的公共道路。

第三条　公路分为国家干线公路（以下简称国道），省、自治区、直辖市干线公路（以下简称省道），县公路（以下简称县道），乡公路（以下简称乡道）和专用公路五个行政等级。

国道是指具有全国性政治、经济意义的主要干线公路，包括重要的国际公路，国防公路，联结首都与各省、自治区首府和直辖市的公路，联结各大经济中心、港站枢纽、商品生产基地和战略要地的公路。

省道是指具有全省（自治区、直辖市）政治、经济意义，联结省内中心城市和主要经济区的公路，以及不属于国道的省际间的重要公路。

县道是指具有全县（旗、县级市）政治、经济意义，联结县城和县内主要乡（镇）、主要商品生产和集散地的公路，以及不属于国道、省道的县际间的公路。

乡道是指主要为乡（镇）内部经济、文化、行政服务的公路，以及不属于县道以上公路的乡与乡之间及乡与外部联络的公路。

专用公路是指专供或主要供厂矿、林区、油田、农场、旅游区、军事要地等与外部联络的公路。

第四条 公路与城市道路的划分,应以是否形成街道或近期城市发展规划区域为界限,由省级公路主管部门与当地城建部门共同商定,并随城市建设区域的发展变化进行合理调整。

第五条 当专用公路的专用性质改变时,经专用单位申请,省级公路主管部门批准,可改划为省道或县道。

公路如因改线等情况变化,个别路线(段)失去原有作用,经上一级公路主管部门核准并办理有关手续,可改作其他用途。

第六条 各级人民政府有责任加强对公路建设、养护和管理工作的领导;要把公路的建设和发展纳入本地国民经济发展计划统筹安排并认真组织实施;对一切违章利用、侵占和破坏公路、公路用地和公路设施的行为,要及时加以制止,确保公路完好畅通。

第七条 公民有遵守公路法规,爱护公路、公路用地和公路设施的义务;有权检举、揭发违章利用、侵占、破坏公路、公路用地和公路设施的行为。有车单位和个人,有按国家规定缴纳各项公路规费的义务。公路沿线有劳动能力的农民和车船等运输工具,有按国家规定履行公路建勤的义务。

第二章 机构与职责

第八条 中华人民共和国交通部主管全国公路事业,地方各级人民政府的公路主管部门主管本地区的公路事业。

第九条 各级公路主管部门可根据实际情况设置公路管理机构。公路管理机构依据公路主管部门的授权,负责公路管理工作。

第十条 各级公路主管部门和其授权的公路管理机构应当认真履行下列各项管理职责:

一、贯彻执行国家关于公路建设、养护、管理工作的方针、政策、法规,负责《中华人民共和国公路管理条例》及本《细则》的实施。

二、编制公路建设、养护计划并组织实施；协调解决计划执行中发生的问题；负责公路建设、养护工作的检查和奖惩，采取措施提高路况，保证畅通。

三、负责路政管理，处理违章，保护路产，维护公路养护施工的正常秩序。

四、组织公路现代化养护、现代化管理技术的开发，负责交通情况调查和路况登记，培训公路专业人员，改善技术装备，交流先进经验，提高公路管理水平。

五、调查研究和统计上报公路情况。

六、负责公路养路费、通行费、过渡费等规费的征收和使用管理等。

第三章 公路建设

第十一条 公路发展规划必须遵循远近期结合、新建与改建结合、平时建设与战时需要结合、需要与可能结合的原则，全面规划，统筹安排，从整体上提高公路网络的使用效果。

第十二条 各个行政等级的公路发展规划，按《条例》规定的原则和管理权限分别制定和审批。年度计划应与规划相衔接。凡经批准的规划有改变时，必须经原审批单位同意。

第十三条 新建公路、改建原有公路，由各级公路主管部门在各级人民政府的统一领导下组织实施。

公路新建、改建工程，应符合国家规定的公路工程技术标准、规范、规程的要求。

第十四条 公路建设资金，根据《条例》第九条的规定筹集。

国道和重要省道的新建、改建，由国家和地方共同投资或用车辆购置附加费和养路费给予补助。

县道建设主要依靠地方投资与民工建勤的办法实施，可用养路费给予补助。

乡道的建设主要由乡（镇）自办，或者以乡（镇）为主，由地方财政给予补助。

边远、贫困地区的县道、乡道建设,可实行以工代赈的办法。

边防、国防公路建设资金,另由国家专项投资解决。

第十五条 凡属新建的公路基本建设项目和改建的大中型项目,均应按国家《公路工程基本建设管理办法》中规定的基本建设程序办理。

在符合审批制度的前提下,各项程序可根据具体情况进行合理的交叉;小型项目和乡道也可适当裁并一些程序。

第十六条 公路勘察设计任务必须由持有公路勘察设计证书的单位和法人承担。

重大公路建设项目的设计,采取招标办法,鼓励竞争,提高设计质量。

第十七条 大中型公路建设项目的施工实行招标制。

凡纳入国家或地方财政投资的公路建设项目,实行国内公开招标。

凡利用外资和国际间贷款的公路建设项目,可实行国际招标,但必须履行规定的批准手续。

特殊公路建设工程或不具备招标条件的公路建设项目,可采取议标、邀标或投资包干方式组织施工。

第十八条 公路主管部门应当加强公路建筑市场管理、定额管理和工程质量监理。

承担公路工程施工任务的建筑单位必须取得经公路主管部门考核合格发给的施工证书,以及工商行政管理部门核发的施工营业执照。

第十九条 公路新建、改建工程按批准的设计文件修建完成后,应及时按国家《公路工程竣工验收办法》的规定组织验收,办理交接手续。不符合设计要求以及公路产权资料不完备的公路工程,不得支付使用,建设单位和施工单位应采取补救措施或者重新返工。

第二十条 现有国道、省道穿过县级市和县城的路段改建时,可按“靠城不进城”的原则，避开城区另辟新线。新线工程由当地政府负责做好协调工作，公路主管部门负责组织实施。

凡根据县级市和县城建设规划进行公路扩建的，由公路主管部门承担与现有公路技术标准相吻合部分所需的建设费用。提高公路技术标准和扩大工程规模而增加的费用，由提出或确定提高标准和扩大规模的部门承担。

第二十一条 地级市及其以上的大中城市出入口道路与干线公路连接处，已划为城市规划范围，但尚未形成街道的路段，其建设规划、计划及其实施以当地城建主管部门为主，公路主管部门配合协助。

第二十二条 公路建设用地，应本着节省土地、少占良田的原则，做到“全面规划，充分利用，合理安排”。

新建、改建国道、省道、县道需要征用、拨用土地的，按照《中华人民共和国土地管理法》的规定办理，具体征用、拨用标准按“社会公益设施”的实际情况，由各省、自治区、直辖市人民政府规定。

新建、改建乡道需用的土地，由乡（镇）人民政府规划、审核，报县级人民政府批准划拨。

第二十三条 根据公路发展规划，新建公路或拓宽原有公路、增建公路设施等需要预留土地的，由公路主管部门根据《条例》规定精神提出申请，经当地人民政府批准后纳入土地利用总体规划，并造册登记，立案存档。

第二十四条 公路设计、施工应尽量适应地形变化，并采取必要措施，减少对自然地貌的破坏，防止水土流失和环境污染。

通过名胜古迹和自然保护区的公路，应注意与周围环境、天然景观的协调。严禁损坏历史文物。

修建公路如可能影响铁路、管道、水利、电力、邮电、军事等设施的正常使用，以及公路与铁路立交所涉及的建设原则、交接管理等事项，按国家有关规定办理。

第二十五条 新建、改建公路应当按照国务院确定的分工，同时修建公路防护、排水、养护、绿化、交通工程、环境保护等设施,高速公路还应当同时修建监控、营运、服务、救护等设施。

第四章 公路养护

第二十六条 公路养护以预防为主,防治结合,经常保持公路完好、平整、畅通、整洁、美观,及时修复损坏部分,周期性地进行大中修,逐步改善技术状况,提高公路使用质量和抗灾能力。

第二十七条 公路养护采取下列组织形式:

国道、省道主要由固定(合同制)专业工人养护,适当利用民工建勤采备砂石材料。

县道以建勤轮换工养护为主,但每个养护道班应至少配一名固定(合同制)养路专业工人。

乡道由乡(镇)人民政府组织群众养护。

公路养护道班一般按每10至15公里设立一个,也可根据养路机械化程度、路面等级和养护难易程度的变化,设置大道班(或养护工区)延长其管养里程。人烟稀少和边远地区的公路,也可实行机械化养护队定期巡回养护。

第二十八条 各级公路管理机构应加强对公路路基、路面、桥涵等构造物、排水设备、防护设施、绿化带,以及有关交通工程设施的日常巡视和检查。实施综合治理和全面养护,减少水毁损失。

公路、公路桥梁及其他构造物发生损坏、承载力不足或出现险情时,公路管理机构除及时通知当地公安交通管理机关采取减速行驶、单向行驶、限载行驶或封闭绕行的交通措施外,应尽快落实维修、加固、修复的工程措施。

第二十九条 进行公路养护或施工作业,应当采取措施维持交通;当影响车辆正常通行时,应在作业处或施工路段两端设置明显的施工标志;影响行车安全的,夜间还需设置红灯警视信号。

在交通流量大的公路上进行大中修养护或改建施工,可能造成交通堵塞时,公路管理机构应函告当地公安交通管理部门,共同疏导交通;需中断交通的,应与当地公安交通管理机关事先共同发布通告。

在高等级公路或交通流量大的公路上从事养护作业的人员,应着统一的安全标志服。

第三十条 各级公路主管部门应本着珍惜民力的原则,做好民工建勤工作。公路沿线农村成年劳动力每年每人不得超过 3 个建勤工日,车船运输工具每年每台件不得超过两个建勤工日。

第三十一条 公路遇有大量雪阻、塌方、水毁、泥石流、沙埋、地震等自然灾害致使交通受阻时,公路主管部门可及时报请当地政府动员附近驻军、机关、学校、企事业单位和城乡居民进行紧急抢救,尽快恢复通车。

当国道中断交通两天以上时,应将阻、通情况及时报告交通部和省、直辖市、自治区和人民政府。省道、县道、乡道中断交通的报告程序由省级公路主管部门规定。

第三十二条 在公路沿线设置公路养护专用砂石料场和施工取土场地,应事先征得当地县(市)人民政府土地管理部门同意,并按社会公益事业需要办理长期或临时拨用手续。

在县(市)人民政府核准、土地管理部门划拨的公路料场取土(砂)采石,任何单位和个人均不得借故阻挠或索取价款。

公路养护工程取土采石不得影响附近建筑物和水利、电力、管道、通讯、军事等设施的安全以及农田水土保持。

第三十三条 公路管理机构应充分利用公路用地、边坡、分隔带,本着因路制宜、稳固路基、防护边坡、保障安全、美化路容、改善环境的原则实施公路绿化。

对公路花草树木,只许作抚育和更新性质的修饰或采伐。需要更新砍伐公路树木的,国道、省道须经省级公路主管部门批准;县道须经地(州、市)公路主管部门批准;乡道须经县(旗、市)公路主管部门批准。

第五章　路政管理

第三十四条　公路主管部门和其授权的公路管理机构负责管理和保护公路、公路用地和公路设施(以下简称路产),依法查处各种违章利用、侵占、污染、毁坏路产的行为,控制公路两侧建筑红线,审理跨越公路的其他设施建筑事宜,核批公路的特殊利用、占用和超限运输,维持公路渡口和公路养护施工作业的正常秩序,保护公路管理机构及其工作人员的合法权益等。

第三十五条　公路路政管理人员在执行公务时,按国家规定着装、佩戴[中国公路路政]胸徽,并持有"中华人民共和国路政管理证"及指挥旗(灯)。路政巡查车辆须装有"路政管理"标牌和标志灯饰。

第三十六条　在公路、公路用地范围内禁止:

一、设置电杆、变压器、地下管线及其他类似设施。

二、设置棚屋、摊点、维修场及其他类似临时设施。

三、堆放垃圾、建筑材料及其他类似堆积物。

四、挖掘、采矿、取土、引水灌溉、排放污水、种植作物、烧窑、制坯、沤肥及其他类似作业。

五、任何违章利用、侵占、损坏路产的行为。

第三十七条　在公路大中型桥梁和渡口上下游各200米、公路隧道上方和洞口外一百米范围内不得。

一、采挖砂石、淘金开矿、修筑堤坝、压缩或扩宽河床、烧荒、刷坡、爆破、取土、伐木或进行其他类似作业。

二、倾倒垃圾、污物,堆放或倒运货物,停泊船只、排筏或进行其他类似活动。

三、有任何妨碍公路桥梁、渡口、隧道安全和畅通的行为。

第三十八条　在公路两侧从事开山、采矿、伐木和施工作业,不得危及公路、公路设施的安全;如有危及的可能时,从事作业的单位或个人应在作业前报告当地公路管理机构,同时采取必要的防护措施;已发生危及路产安全的,须立即停止作业,听候处理。

第三十九条 超过公路和公路桥梁、隧道、渡船限载、限高、限宽、限长标准的车辆不得任意通行;必须通行的,须经公路管理机构批准,妨碍交通的,还须经公安交通管理机关批准,并由超限运输单位承担公路管理机构为此采取技术保护措施和修复损坏部分所发生的费用。

履带车、铁轮车,以及类似可能损害路面的其他运输机具,不得在铺有路面的公路上行驶;必须通行的,按本条上款规定办理。

机动车辆制造、修理厂家不得擅自在公路上试车;必须试车的,应事先征得当地公路管理机构的同意、签订协议,悬挂公安交通管理机关核发的试车号牌,指定路段,设置试车标志,并明确由厂方向路方缴纳公路损坏补偿费。

第四十条 兴建铁路、机场、电站、水库、水渠、地下管线或其他建设工程,需要挖掘公路或占用、利用公路、公路用地和公路设施时,建设单位和个人必须事先征得公路主管部门同意,签订协议,并承担按原公路技术标准修复或商定按规划标准改建公路的费用;影响交通的,还须征得公安交通管理部门的同意。

第四十一条 修建跨越公路的各种桥梁、渡槽、管线等设施,必须考虑公路的远景发展规划、满足公路工程技术标准规定的各项几何尺寸及净空的要求;因施工造成公路及公路设施损坏的,按本《细则》第三十九条规定的原则办理。

第四十二条 在公路两侧修建永久性构造物或设施,其建筑设施边缘与公路边沟(坡脚护坡道、坡顶截水沟)外缘的最小间距必须符合《条例》的以下规定:

国道不少于 20 米、省道不少于 15 米、县道不少于 10 米、乡道不少于 5 米。公路弯道内侧及平交道口附近须满足公路长远发展规划标准的行车视距或改作立体交叉的要求。

第四十三条 在公路上增设交叉道口,需经公路主管部门和公安交通管理机关审核批准,并按公路工程技术标准的要求设计、修建。

第四十四条 通过公路渡口的一切车辆和人员,必须服从渡口和路政管理人员的调度及指挥,遵守渡口管理规章。

第四十五条 对违反《条例》及本细则,侵犯公路合法权宜、造成路产损坏或严重危及路产安全的单位、个人或车辆,公路路政管理人员有权对当事者和案发现场进行拍照取证和查处,并按《条例》规定,责令赔偿损失;对驾车逃逸者可通知公安交通管理人员或赶赴交通检查站会同检查人员共同拦截,查处其违章行为。

第六章 公路规费征收和使用管理

第四十六条 各级公路主管部门应当加强对公路养路费、通行费、过渡费,以及其他规费征收和使用管理工作的领导。任何单位和个人不得以任何名义平调、挪用、滥用、截留、挤占公路规费。

第四十七条 各项公路规费征收标准和管理办法,由交通部会同国务院有关部门制定;各省(自治区、直辖市)公路主管部门可制定实施细则,报省级人民政府批准后施行。

第四十八条 凡领有牌证的车辆均应按规定缴纳公路养路费(属国家规定暂免征收的除外)。

凡利用贷款和需要偿还的集资修建的高等级公路和大型公路桥梁、隧道,以及经省级人民政府批准收费的公路渡口,所有车辆通过时都要按规定缴纳通行费和过渡费(属国家规定免征的除外)。

凡购买国内生产、组装及国外进口的各种机动车辆都要缴纳车辆购置附加费(属国家规定暂免征收的除外)。

第四十九条 省级公路主管部门和其授权的公路管理机构按“收管用一体,统收统支,收支两条线,严格核查”的原则,负责公路养路费、通行费、过渡费的征收和使用管理工作。

车辆购置附加费由交通部负责征收和使用管理。各级公路主管部门和其授权的公路管理机构应将所代征的车辆购置附加费费款及时存入当地中国工商银行开设的交通部车辆购置附加费专户，由各地工商银行负责划转，任何代征、代管单位不得动支。

第五十条 根据《条例》第三十三条规定，经省级人民政府批准，公路主管部门和其授权的公路管理机构，可以在必要的公路路口、桥头、渡口、隧道口设立收取车辆通行费的站卡及公路征费稽查站卡，任何部门、单位和个人不得干预阻挠其征费和征费检查工作，也不得拒绝接受检查。

第五十一条 公路征费人员执行公务按国家规定着装，佩戴[中国公路征费]胸章，持"中华人民共和国公路征费检查证"和指挥旗（灯）。公路征费车辆须装有"公路征费"字样的标牌和专用标志灯饰。

公路规费征收人员必须严格执行国家征费政策，遵守各项公路征费管理规章，秉公办事，不得乱设卡、滥收费、乱罚款和徇私舞弊。

第五十二条 各种公路规费征收票证和处罚单据，由省级公路主管部门统一印制核发。

第五十三条 公路养路费的使用应严格按照国家《公路养路费使用管理规定》办理。

收取的车辆通行费，除用于收费公路或桥梁、隧道的养护及收费人员、设施等正常开支外，只能用于偿还贷款和需要偿还的集资。

对收取的过渡费的使用视同养路费，除以渡养渡的必要支出外，主要用作改渡为桥的建设资金。

征收的车辆购置附加费的使用按国家有关规定办理。主要用于国道、特大公路桥梁、隧道、重要立体交叉枢纽工程，以及具有重要经济意义的省道的建设。

第七章　法律责任

第五十四条 公路主管部门和其授权的公路管理机构有权对违反《条例》和本《细则》规定的单位和个人，分别情况，责令其归还原物，恢复原状，赔偿损失，没收非法所得并处以罚款。

第五十五条 对违反《条例》第二十四条及本《细则》第三十六条规定的单位和个人，应分别情况给予处罚。

一、对尚未造成路产损失的，责令限期移出，同时恢复原状并处以罚款。

二、对造成路产损失的，应责令限期拆除、修复路产、赔偿损失并处以罚款。

第五十六条 对违反《条例》第二十五条、第二十六条及本《细则》第三十七条、第三十八条规定的单位和个人，按本条以下规定给予处罚：

一、警告，责令暂停施工，待完善防护措施后复工；限期迁出规定范围。

二、罚款。

三、对已造成公路及公路设施损失的，责令停止施工作业，赔偿公路损失；情节严重的，另处以不超过公路损失赔偿费 20% 的罚款。

第五十七条 对违反《条例》第二十七条、第二十八条及本《细则》第三十九条、第四十四条规定或对公路路产造成损坏的当事者和其单位，应分别情况给予处罚。

一、对违反规定利用公路试车、行驶履带车、铁轮车或进行超限运输的，责令立即停驶，补办有关手续并酌情处以罚款。

二、对违反规定行车，造成公路及其设施损坏的，限期缴纳路产损失赔偿费，并处以不超过路产损失赔偿费 100% 的罚款。

三、对违反公路渡口管理规章的，按该规章规定处理。

第五十八条 对违反《条例》第二十九条、第三十条、第三十一条及本《细则》第四十条、第四十一条、第四十二条规定的单位和个人，按以下规定处罚：

一、对擅自动工的，责令停工，补办手续，并酌情处以罚款。

二、对已造成公路路产损失的，责令赔偿损失并处以罚款。

三、对违反《条例》第三十一条及本《细则》第四十二条规定的，立即责令停工，限期拆除。

第五十九条 对违反《条例》第三十二条及本《细则》第四十三条规定的单位，参照本《细则》第五十八条的规定予以处罚。

第六十条 对违反《条例》第二十二条及本《细则》第三十三条规定，乱砍滥伐或毁坏公路花草林木的单位和个人，按照《中华人民共和国森林法实施细则》第二十二条、第二十三条、第二十五条、第二十六条的有关规定办理。

第六十一条 对违反《条例》第十八条及本《细则》第四十八条、第四十九条规定的单位和个人，根据以下规定处罚：

一、对拖欠、逃缴公路规费的，责令限期补缴，并课以滞纳金；对情节严重、倒换车牌或伪造、涂改征费凭证的，还应处以相当所欠费款一至五倍的罚款。

二、对非公路主管部门或其授权的公路管理机构的任何其他部门、单位和个人擅自征收公路养路费、通行费、过渡费、车辆购置附加费的，应没收全部非法所得，并处以不超过全部非法所得两倍的罚款，同时对当事者及其单位主要负责人处以相当其本人3个月工资的罚款。

第六十二条 违反《条例》和本《细则》规定的当事者对公路主管部门或其授权的公路管理机构给予的处罚不服的，在接到处罚通知单之日起7日内向上一级公路主管部门或其授权的公路管理机构提出申诉；对上一级公路主管部门或其授权的公路管理机构的处理决定还不服的，可在接到处理决定书之日起15日内向人民法院起诉；期满不起诉又不履行处理决定的，公路主管部门或其授权的公路管理机构可以报请人民法院强制执行。

第六十三条 对违反《条例》第十九条及本《细则》第四十六条、第五十一条规定，属于公路征费人员的，由公路主管部门或其授权的公路管理机构负责查处；属于公路主管部门或其授权的公路管理机构的，由上一级公路主管部门或有关主管部门查处。

对超出国家规定使用范围，挪用公路规费于其他建设和开支的，银行有权拒付，审计、财政部门有权追查、索赔，并按国家有关规定给予处罚。

第六十四条 各级公路管理人员违反《条例》及本《细则》规定的，由各级公路主管部门或其授权的公路管理机构给予行政处分或经济处罚。

公路管理人员受本单位或上级单位负责人指使、纵容而违反《条例》和本《细则》规定的，除追究其本人责任外，并应追究有关单位及其负责人的责任。

第六十五条 违反《条例》及本《细则》规定应当受治安管理处罚的，由公安机关处理；构成犯罪的，由司法机关依法追究刑事责任。

第八章 附 则

第六十六条 本《细则》的解释权属交通部。各省、自治区、直辖市公路主管部门可根据《条例》及本《细则》规定制定具体实施办法。

第六十七条 本《细则》自1988年8月1日起施行。

公路渡口管理规定

（交通部令1990年第11号　1990.03.07）

第一条　为加强公路渡口管理，确保安全畅通，依据《中华人民共和国公路管理条例》及其实施细则和《中华人民共和国内河交通安全管理条件》，制定本规定。

第二条　本规定所称公路渡口，是指由公路主管部站管理、连通水域两岸的公路，专供运送机动车辆（包括同时搭载人员）的渡船停靠的人工构造物及相应设施，包括渡口的引道、码头、安全设施及其附属设施。

第三条　公路渡口管理工作实行统一领导，分级管理的原则。

国道、省道上的公路渡口，由省、自治区、直辖市公路主管部门负责修建、养护和管理。

县道上的公路渡口，由县（市）公路主管部门负责修建、养护和管理。

乡道上的公路渡口，由县（市）公路主管部门负责修建、养护和管理。

乡道上的公路渡口，由乡（镇）人民政府负责修建、养护和管理。

公路主管部门可授权公路管理机构管理公路渡口。

第四条　新建、改建国道、省道，在一般情况下不宜设置渡口；县道、乡道上设置或迁移渡口，应征求省级公路管理机构，水上安全监督机构和航道部的意见后，报县以上人民政府批准。

跨省、自治区、直辖市渡口的设置或迁移，由所跨省、自治区、直辖市公路主管部门共同商定。

第五条　公路渡口应根据其规模、形式和渡运量，设置相应的管理单位,配备必要的管理人员,并可根据管理需要,报请当地人民政府批准,设立渡口公安派出所。

第六条 公路渡口应根据其形式、渡运量、水域情况和车辆过渡要求,合理设置码头、引道和配备渡船,设置必要的标志、助航导航设施、通信设施、安全消防设施、救生等设施。

渡口引道的宽度、纵坡和码头的设置,应符合《公路工程技术标准》以及其他有关的标准。

第七条 公路渡口受国家法律保护,任何单位和个人均不得侵占和破坏。

第八条 公路渡口应设立明显的“渡口管理区”标志,并设置由省级公路主管部门制定《渡口守则》或《过渡须知》标牌。渡口管理人员应当向过往人员宣传安全渡运知识。

第九条 公路渡口的渡船,必须经港航监督部门登记和经船舶检验部门检验,持有合格证书或文件的,才能投入渡运。未经登记或检验不合格的,不准渡运。

第十条 公路渡口应建立健全船舶维修、航前检查、定期检查、安全航行、交接班和奖惩等各项规章制度,并认真贯彻执行,保证渡船处于适航状态。

第十一条 公路渡口渡船的驾驶、轮机人员,须经港航监督部门考试,取得相应等级的适任证书后,才能上船工作。

第十二条 公路渡口的安全管理工作,应接受港航监督部门的监督和指导。

渡船及船上人员应接受港航监督部门的监督。

第十三条 公路渡口管理人员应加强对渡口的养护。冬季应及时消除引道、码头和渡船上的冰雪;汛期或潮汛退水后应及时消除淤积泥砂、杂物和其他碍航物。

第十四条 公路渡口管理人员应科学地组织渡运,合理安排运力,提高渡运效率,尽量缩短车辆和人员待渡时间。

第十五条 车辆和人员过渡,必须服从渡口管理人员的指挥。车辆在渡口管理区域内应低速行驶,根据渡口管理人员的安排在指定地点候渡。执行紧急任务的消防车、救护车、警备车、工程抢险车、救助指挥车、运钞车等特种车辆以及客运班车,可在渡口管理人员的指挥下优先过渡,其他车辆按抵达的先后次序过渡。任何车辆均不得争道抢渡。

机动车驾驶员不得将制动、转向系统不良和有其他故障影响安全行车的车辆驶上渡船。

第十六条 装载物超长、超宽、超高的车辆或重型车辆过渡,须事先征得渡口管理单位和当地公路管理机构的同意,采取有效技术保护措施后,才准过渡。

第十七条 当载有易燃、易爆、易挥发、易污染及其他阶段危险品的车辆过渡时,应尽量远离其他车辆停放。车辆驾驶人员须向渡口管理人员出示主管部门签发的"危险品运输许可证",渡口管理人员应视情况在采取必要的安全措施后安排渡运。装载危险品的车辆不得与客车同时过渡;严禁任何人隐瞒、伪装、偷运各种危险品过渡。

第十八条 公路渡口的渡船应严格按照船舶检验部门核定的载重装载,并配备足够的救生设备。严禁船舶吃水超过核定载重水线。渡口管理人员应严格控制荷载分布,保持装载平衡,确保渡运安全。

第十九条 车辆通过公路渡口,随车人员应下车过渡。人员下车后,车辆才能驶上渡船。车辆驶离渡船后,人员才能上车。上船时先车辆后人员,下船时无人员后车辆。每轮次客、货车辆应保持合理比例,并使船舶甲板留有足够的位置供人员安全站立。车辆驶上渡船后,驾驶人员不得擅离岗位,待渡船到达对面码头并安全停靠后,再依次驶离渡口区域。

第二十条 公路渡口一经开渡,不得随意停渡。但遇浓雾、大风、暴雨、洪水、急流以及河床变迁等情况,危及渡运安全时,公路渡口管理单位有权发布公告停渡。任何单位或个人不得强迫渡运或徇情渡运。

第二十一条 在通航河流上,公路渡口的渡船和其他航经渡口的船舶均应加强瞭望，谨慎操作，严格遵守避碰规则，防止碰撞事故的发生。未经允许，其他船舶不得随意在渡口码头停靠。

第二十二条 当渡口发生交通事故时，渡口管理单位应立即组织抢救。在引道、码头上发生的事故，须报请公安交通管理机关处理。在渡船及其跳板上发生的事故，须报请港航监督部门处理。

第二十三条 公路渡口渡政管理是公路路政管理的一部分。公路管理机构和渡口管理人员有权依法检查，制止、处理各种破坏公路渡口设施和危害渡运安全的行为。

第二十四条 公路渡口的管理实行以渡养渡的管理制度。经省级人民政府批准，公路管理机构可对过往渡口的车辆征收过渡费。过渡费视同公路养路费进行使用和管理。过渡费票证由省级公路主管部门商税务部门后统一印制、核发。征费人员应严格按核定标准收费，不得索取额外报酬。

第二十五条 在公路渡口码头、引道两侧修建永久性设施，其建筑物边缘与码头、引道边沟外缘的间距规定为：国道不少于 20 米；省道不少于 15 米；县道不少于 10 米；乡道不少于 5 米。

第二十六条 公路渡口上下游各 200 米范围内不得采挖砂石、修筑导流坝、倾倒垃圾和随意压缩或扩宽河床，也不得进行爆破作业。在渡口管理区域内埋设水下电缆、管道、从事其他有碍渡口设施和渡运安全的活动，须经公路管理机构批准。

第二十七条 禁止在公路渡口的码头、引道上摆摊设点、装卸货物、设置障碍。禁止随船叫卖和在渡船上摆摊。

第二十八条 对不服从管理和调度指挥，造成渡口管理区严重交通阻塞的人员和车辆，公路管理机构和渡口管理人员应暂停其过渡。

第二十九条 公路管理机构依据公路主管部门的授权，对违反本规定的单位和个人，可依法分别情况给予批评教育、罚款、责令恢复原状、责令赔偿损失、没收非法所得等处罚。

第三十条 公路管理机构的人员和渡口管理人员违反本规定，由公路管理机构给予行政处分或经济处罚。

第三十一条 违反本规定应受治安管理处罚的，由公安机关处理；构成犯罪的，由司法机关依法追究刑事责任。

第三十二条 各省、自治区、直辖市公路主管部门可根据本规定制定实施办法，并报交通部备案。

第三十三条 本规定由交通部负责解释。

第三十四条 本规定自 1990 年 4 月 1 日起施行。1962 年 1 月交通部发布的《公路渡口管理暂行办法》同时废止。

公路工程施工监理办法

(交通部 交工发[1992]378号 1992.05.16)

第一章 总 则

第一条 为加强公路工程质量管理、控制工期和造价,提高投资效益及施工管理水平,完善施工监理制度,制定本办法。

第二条 列入公路基本建设计划的大中型公路工程项目,均应按本办法实行施工监理。

外资贷款的公路工程项目,除执行专门规定外,也应执行本办法的规定。

其他公路工程项目的施工监理,可参照本办法执行。

第三条 施工监理是指已取得交通部颁发的公路工程施工监理资格证书的监理单位,受建设单位的委托或指定,对施工的工程合同、质量、工期、造价等进行全面的监督与管理。

第四条 施工监理业务的依据,是根据国家法律和有关技术、经济法规和技术标准而订立的施工合同文件。

第五条 交通部和各省、自治区、直辖市交通厅(局)按统一领导,分工负责原则管理公路工程施工监理工作。各级交通主管部门必须确保监理单位独立、公正地行使监理职权。

第六条 实行施工监理的公路工程项目,施工单位应服从监理单位的监督管理,配合监理单位搞好监理工作;建立和加强自身的质量保证体系,建立各级质量管理责任制度,配备专职质量自检人员。

第七条 监理单位和监理人员应本着"严格监理、热情服务、秉公办事、一丝不苟"的原则,认真制定、执行有关施工监理业务服务守则，搞好施工监理工作。

第二章 监理组织

第八条 承担公路工程施工监理业务的单位，必须是经交通主管部门审批，取得公路工程施工监理资格证书、具有法人资格的监理组织，按批准的资质等级承担相应的施工监理业务。

第九条 监理单位承担监理业务应与建设单位签订监理服务合同。根据工程规模、难易程度、合同工期、现场条件等因素，建立现场监理机构，配备相应的人员和设备；按照施工合同文件，独立、公正、有效地开展施工监理业务。

第十条 现场监理人员的构成，应根据被监理工程的类别，规模和能对施工监理进行有效控制的原则，按下列规定进行配备。

（一）现场监理人员包括：监理总负责人（称总监）、总监代表、高级驻地监理工程师、专业监理工程师（以上统称为监理工程师）；测量、试验操作人员和现场旁站人员（以上统称监理员）以及必要的文书、行政人员。

（二）项目监理总负责人（总监）、总监代表、高级驻地监理工程师，一般应具有高级工程师或高级经济师技术职称并应取得交通部颁发的监理工程师证书。

（三）专业监理工程师应具有工程师或经济师技术职称并应取得交通部颁发的监理工程师证书；分别有路基、路面、结构、机械、材料、试验、测量、计划及合同管理等方面的专业人员。

（四）测量、试验及现场旁站等监理员必须具有初级技术职称或经过专业技术培训。

第十一条 监理人员的数量应根据工程的规模、投资、工期、复杂程度、自然条件、设计深度、施工方法等因素确定。按年计划完成投资配备时，暂按每百万元为：路线0.4~1.0人、独立大桥和隧道0.3~0.6人；按公路里程配备时，施工路段每公里0.5~1.2人。

第十二条 承担施工监理的单位应配备有测量、通信、交通等工具及现场办公、住宿等设施，并有一个独立的中心试验室及主要检验设备，其规模和数量根据实际需要确定。上述设备和设施，可以根据监理服务合同由建设单位提供或监理单位自备。其费用由建设单位承担并列入工程量清单。

第十三条 监理服务费，应根据工程规模、难易程度、工期以及建设单位为监理人员提供设备、生活设施等因素，由建设单位和监理单位在所签订的监理服务合同中确定。

第三章 职责与权限

第十四条 监理工程师的职责权限与义务应在建设单位和施工单位签订的施工合同文件以及建设单位和监理单位签订的监理服务合同中明确。

第十五条 监理工程师在计划管理方面的职责是：

（一）审批施工单位在开工之前提交的总施工进度计划、现金流动计划和总说明以及在施工阶段提交的各种详细计划和变更计划。

（二）审批施工单位根据总施工进度计划编制的年度计划。

（三）在施工过程中检查和监督计划的实施。当工程未能按计划进行时，可以要求施工单位调整或修改计划，并通知施工单位采取必要的措施加快施工进度，以使实际施工进度符合施工合同的要求。

（四）定期向建设单位报告工程进度情况。当施工进度可能导致合同工期严重延误时，有责任提出中止执行施工合同的详细报告，供建设单位采取措施或做出决定。

第十六条 监理工程师在质量控制方面的职责是：

（一）向施工单位书面提供原始基准点、基准线和基准标高等资料，进行现场交验并验收施工放样。

（二）在开工前和施工过程中，检查用于工程的材料、设备，对于不符合合同要求的，有权拒绝使用。

（三）签发各项工程的开工通知书，必要时通知施工单位暂时停止整个工程或任何部分工程的施工。

（四）对施工单位的检验测试工作进行全面监督；有权利用施工单位或自备的测试设备，对工程质量进行检验，采取数字控制。

（五）按施工程序跟班检查，对每道工序、每个部位进行质量检查和现场监督，对质量符合施工合同规定的部分和全部工程予以签认；对不符合质量要求的工程，有权要求施工单位返工或采取其他补救措施，以达到合同规定的技术要求。

（六）检查施工方法，审查试验路段施工方案和工艺，批准特殊技术处理措施和特殊操作工艺。

（七）审核竣工的部分永久工程或竣工的全部工程的交工验收申请报告，向建设单位转报并提交相关报告；参加建设单位或其上级主管部门主持的交、竣工验收工作。

第十七条 监理工程师在计量与支付方面的职责是：

（一）按施工合同的规定，现场计量核实合同工程量清单所规定的任何已完工程的数量和价值。

（二）按合同规定和建设单位授权，审查、签发期中支付证书及合同终止后任何款项的支付证书。对不符合技术规范和合同文件要求的工程项目和施工活动，有权暂拒支付，直至上述项目和活动达到要求。

（三）除非施工合同文件另有规定，对合同执行期间，由于国家或省（自治区、直辖市）颁布的法律、法令、法规等致使工程费用发生的增减和人工、材料或影响工程费用的任何其他事项的价格涨落，而引起的工程费用的变化，监理工程师在与建设单位和施工单位协商后，经计算合理确定新的合同价格或调整幅度予以支付。

第十八条 监理工程师在合同管理方面的职责是：

（一）主持开工前的第一次工地会议和施工阶段的常规工地会议，并签发会议纪要；有权参加施工单位为实施合同组织的有关会议。

（二）根据工程实际情况，监理工程师有权按施工合同文件规定的变更范围，对工程或其任何部分的形式、质量、数量及任何工程施工程序做出变更的决定，确定变更工程的单价和价格，并下达变更令。对施工合同中规定的较大变更，由监理工程师审查后报建设单位核批。

（三）对施工单位提出的竣工期的延长或费用索赔，有责任就其申述的理由，查清全部情况，并根据合同条款审定延长的工期或索赔的款额，经建设单位批准后发出通知。

（四）监理工程师必须认真审查施工单位的任何分包人的资格和分包工程的类型、数量，提出建议报建设单位核准。

（五）监督施工单位主要技术、管理人员的构成、数量与合同所列名单是否相符；对不称职的主要技术、管理人员，监理工程师有权提出更换要求。

（六）对施工单位进场的主要机械设备的数量、规格、性能按合同要求进行监督、检查。由于机械设备的原因影响工程的工期、质量的，监理工程师有权提出更换或停止支付费用。

（七）督促建设单位及时妥善完成合同规定的责任事项和法定承诺。

第四章　政府监督及纠纷处理

第十九条　监理单位必须严格履行施工合同及监理服务合同，接受交通主管部门和各级公路工程质量监督部门的管理。

第二十条　建设单位与施工单位在执行施工合同中发生合同争端，应按照施工合同及有关法律法规的规定，提交监理工程师协调解决。如协调不成，可由建设单位的上级主管部门予以调解。调解不成时，可申请当地经济合同中规定的仲裁机关仲裁。也可直接向法院起诉。

第二十一条　监理单位或人员营私舞弊，损害建设单位、施工单位利益或因监理人员失职造成重大事故和经济损失的，除按法律规定承担其法律责任外，其行政、资质主管机关可视情节轻重，分别给予扣减监理服务费、责令停业整顿、警告、降低资质等级、吊销监理资格证书的处罚。

第五章 附 则

第二十二条 本办法由交通部负责解释。

第二十三条 本办法自 1992 年 6 月 1 日起施行。交通部 1985 年发布的《公路工程质量监理暂行办法》和交通部工程管理司印发的《公路工程施工监理暂行办法》同时废止。

关于在公路上设置通行费收费站(点)的规定

(交通部、国家计委、财政部
交公路发[1994]686号 1994.07.18)

第一条 为加快公路交通事业的发展,确保国家"贷款修路、收费还贷"政策得以长期、稳定、健康、规范地执行,防止乱设卡、乱收费、乱罚款,特制定本规定。

第二条 凡利用贷款(包括需偿还的集资和实行股份制经营,以下同)建成的公路(包括桥梁、隧道,以下同),并符合下列条件之一的工程项目,按交通部、财政部、国家物价局(88)交公路字28号文件规定的程序报批后,可设置站(点)收取车辆通行费:

(一)封闭(包括部分封闭)型的汽车专用公路。平原微丘区超过40千米和山岭重丘区超过20千米的一般二级公路。

(二)长度超过300米的公路桥梁。改渡为桥的,可适当放宽到桥长超过200米。长度超过500米的公路隧道。

上述公路收费的具体标准由省级物价部门会同财政部门制定。

收取车辆通行费,应使用省级以上财政部门监制的专用收费票据。

拟定批准的收费公路项目,严禁先收费后修建。

第三条 公路收费站(点)的设置,由省级交通部门统一布局,为车辆创造良好的运行条件。实行"开放式"收费的公路,在同一条公路主线上,相邻收费站(点)的间距,平原微丘区不得小于40千米,山岭重丘区不得小于20千米。对采用"封闭式"收费的汽车专用公路,除两端出入口外,禁止在主线上设置收费站(点)。省际间交界处收费站(点)的设置,须由相邻两省的省级交通部门相互协调,联合设置,对通行车辆一次完成通行费的收缴和票证发放工作。

不准设立旨在实行内部票据监督的停车验票站(点)。

在国道上设置收费站(点),须报交通部备案,并向社会公布。

第四条 公路收费站(点)的设施应与该路的交通量大小相适应。交通量大的,提倡设置自动收费和检票系统,以减少停车交费时间,保证车辆顺利通行。

第五条 凡符合规定设立的公路通行费收费站(点),需醒目悬挂由省级交通部门统一制发的"收费站"标牌。标牌尺寸为60 厘米×40 厘米(长×宽)。

第六条 公路通行费收费站(点)的设置,必须做到审批机关公开、收费用途公开、收费标准公开、收费单位公开。收费人员要做到挂牌上岗、文明执勤、依法收费、礼貌服务、按章处罚,不断提高工作质量,自觉接受社会监督。

第七条 在经批准的收费公路上,对不按规定交纳公路通行费的车辆,收费站(点)稽查工作人员有权责令其停车,补交通行费,并视情节轻重处以不超过应交费额 5 倍以下的罚款。对违反治安管理条例的,应交由公安机关处理。

第八条 凡在本规定发布之日前,已按交通部、财政部、国家物价局(88)交公路字 28 号文件规定确定的车辆通行费收费站(点),由各省级交通部门按本规定进行调整规范,并于 1995 年6 月底前与本规定接轨。因特殊情况,难于按期接轨的,报经省级人民政府批准,限期撤并。对不符合上述规定设置的收费站(点)由省级交通部门授权的公路路政管理机构予以查处和纠正。

第九条 本规定所述收费公路项目管理及其收费站(点)设置的有关规定,同样适用于中外合资、合作和外资独资建设或经营管理的收费公路。

第十条 本规定由交通部、国家计委、财政部负责解释。

本规定与交通部、财政部、国家物价局(88)交公路字 28 号文规定不符的,以本规定为准。

第十一条 本规定自发布之日起施行。

公路工程基本建设项目设计文件编制办法

（交通部　交公路发[1995]1036号　1995.11.06）

第一章　总　　则

第1.0.1条　本办法适用于新建和改建的公路工程基本建设项目。对于公路养护的大、中修工程，可参照使用。

第1.0.2条　公路工程设计文件是安排建设项目、控制投资、编制招标文件、组织施工和竣工验收的重要依据。

第1.0.3条　设计必须贯彻勤俭建国和因地制宜、就地取材的原则；结合我国经济、技术条件，吸取国内外先进经验，积极采取新技术、新材料、新设备、新工艺；节约用地，重视环境保护，注意与农田水利及其他建设工程的协调和综合利用，使设计的工程建设项目取得经济、社会和环境的综合效益。

第1.0.4条　初步设计中必须充分进行方案比选，确定合理的设计方案。对难以取舍及投资有较大影响的路线、桥梁、互通式立体交叉、隧道、高速公路和一级公路的交通工程及沿线设施等方案，应以同等深度进行比较。

第1.0.5条　公路基本建设项目进行分期修建时，应做好前期工程与后期工程的总体配套设计，即一次设计、分期实施并处理好前、后期工程相互衔接及用地的预留问题。

第1.0.6条　设计文件的编制，必须贯彻国家有关方针政策，按照基本建设程序和有关标准、规范，精心设计，保证设计文件的质量。设计单位应对设计质量负责。设计文件经批准后，如需变更设计，应按交通部现行的有关规定办理。

第1.0.7条 工程定额的采用和概、预算的编制，应根据设计阶段的不同要求和交通部现行的《公路工程概算定额》、《公路工程预算定额》和《公路基本建设工程概、预算编制办法》的规定办理。

第1.0.8条 高速公路和一级公路应进行总体设计。一个建设项目由两个或两个以上单位设计时，建设单位或委托单位应指定一个设计单位，负责总体设计，协调统一文件的编制，编写总说明和汇编总概(预)算。

第1.0.9条 公路工程基本建设项目的设计文件，必须由具有相应等级的交通行业公路工程勘察、设计证书的单位编制。

第二章 设计阶段

第2.0.1条 公路工程基本建设项目一般采用两阶段设计，即初步设计和施工图设计。对于技术简单、方案明确的小型建设项目，可采用一阶段设计，即一阶段施工图设计；技术上复杂、基础资料缺乏和不足的建设项目或建设项目中的特大桥、互通式立体交叉、隧道、高速公路和一级公路的交通工程及沿线设计中的机电设备等，必要时采用三阶段设计，即初步设计、技术设计和施工图设计。

第2.0.2条 初步设计应根据批复的可行性研究报告、测设合同和初测、初勘或定测、详勘资料编制。

一阶段施工图设计应根据批复的可行性研究报告、测设合同和定测、详勘资料编制。

两阶段设计时，施工图设计应根据批复的初步设计、测设合同和定测、详勘(含补充定测、详勘)资料编制。

三阶段设计时，技术设计应根据批复的初步设计、测设合同和定测、详勘资料编制；施工图设计应根据批复的技术设计、测设合同和补充定测、补充详勘资料编制。

第 2.0.3 条 采用一阶段设计的建设项目,编制施工图预算。

采用两阶段设计的建设项目,初步设计编制设计概算;施工图设计编制施工图预算。

采用三阶段设计的建设项目,初步设计编制设计概算;技术设计编制修正概算;施工图设计编制施工图预算。

第三章 初步设计

第一节 目的与要求

第 3.1.1 条 初步设计阶段的目的是确定设计方案。必须根据批复的可行性研究报告、测设合同的要求,拟定修建原则,选定设计方案,计算工程数量及主要材料数量,提出施工方案的意见,编制设计概算,提供文字说明及图表资料。初步设计文件经审查批复后,则为订购主要材料、机具、设备,安排重大科研试验项目,联系征用土地、拆迁,进行施工准备,编制施工图设计文件和控制建设项目投资等的依据。

采用三阶段设计时,经审查批复的初步设计亦为编制技术设计文件的依据。

第 3.1.2 条 初步设计在选定方案时,应对路线的走向、控制点和方案进行现场核查,征求沿线地方政府和建设单位意见,基本落实路线布置方案,一般应进行纸上定线,赴实地核对,落实并放出必要的控制线位桩。对复杂困难地段的路线、互通式立体交叉、隧道、特大桥、大桥的位置等,一般应选择两个或两个以上的方案进行同深度、同精度的测设工作和方案比选,提出推荐方案。

第 3.1.3 条 初步设计应:

一、选定路线设计方案,基本确定路线位置;

二、基本查明沿线地质、水文、气候、地震等情况;

三、基本查明沿线筑路材料的质量、储量、供应量及运输,并进行原材料、混合料的试验;

四、基本确定排水系统与防护工程的位置、路段长度、结构形式和尺寸；

五、基本确定路基标准横断面和特殊路基横断面的设计方案及沿线路基取土、弃土方案，计算路基土石方数量并进行调配；

六、基本确定路面设计方案、路面结构类型及主要尺寸；

七、基本确定特大、大、中桥桥位，设计方案、结构类型及主要尺寸；

八、基本确定小桥、涵洞、漫水桥及过水路面等的位置、结构类型及主要尺寸；

九、基本确定隧道位置、设计方案、结构类型及主要尺寸；

十、基本确定路线交叉的位置、形式、结构类型及主要尺寸；

十一、基本确定通道和人行天桥的位置、形式、结构类型及主要尺寸；

十二、基本确定交通工程及沿线设施各项工程的位置、类型及主要尺寸；

十三、基本确定环境保护的内容、措施及方案；

十四、基本确定渡口码头的位置、结构形式及主要尺寸；

十五、基本确定占用土地、拆迁建筑物及电力、电讯等设施的数量；

十六、提出需要试验、研究的项目；

十七、初步拟订施工方案；

十八、计算各项工程数量；

十九、计算人工及主要材料、机具、设备的数量；

二十、编制设计概算；

二十一、经论证确定分期修建的工程实施方案（含交通工程及沿线设施）。

第二节　组成与内容

第 3.2.1 条　初步设计文件由下列十三篇和附件所组成。

第一篇　总说明书

第二篇　总 体 设 计★[1]

第三篇　路线

第四篇　路基、路面及排水

第五篇　桥梁、涵洞

第六篇　隧道

第七篇　路线交叉

第八篇　交通工程及沿线设施

第九篇　环境保护

第十篇　渡口码头及其他工程

第十一篇　筑路材料

第十二篇　施工方案

第十三篇　设计概算

附　件　基础资料

第一篇　总 说 明 书

一、路线地理位置图示出路线在交通网络中的关系及沿线主要城镇、工矿区等的概略位置。

二、说明书

(一)概述

1. 任务依据。

2. 设计标准。

3. 对可行性研究报告批复意见的执行情况。如标准、规模有重大变更,应予以论证并履行报批手续。

4. 测设简况、设计方案拟定及推荐方案的确定。

5. 路线起讫点、中间控制点、全长、所经主要河流、垭口及城镇等。

6. 占用土地情况。

7. 新技术采用及计算机的运用情况。

[1] 注:凡标有★号的用于高速公路、一级公路。

8. 下一阶段需要进行试验、研究的项目。

9. 省、自治区、直辖市及有关部门对重大问题的意见，当地人民群众的要求和采纳情况。

10. 需要说明的其他事项。

(二)沿线自然地理概况

1. 地形、地貌。

2. 区域地质稳定性评价。

3. 不良地质路段情况及工程设计应采取的主要对策。

4. 工程地质评价。

5. 水文地质评价。

6. 地震基本烈度采用及大型工程构造物区域地震基本烈度鉴定情况。

7. 气温、降雨、日照、蒸发量、主导风向风速、冻深等。

(三)总体设计★

1. 公路区间交通分布图 示出设计起讫点间各互通式立体交叉转向交通量及互通式立体交叉区间主线交通量。

2. 交通量分布状况、公路功能、服务水平及总体设计原则的确定。

3. 技术标准与技术指标的总体运用情况。

4. 设计路段长度的划分、衔接及其衔接前后路段的技术指标运用及协调情况。

5. 路线起讫点与其他公路(含规划公路)的衔接方式。

6. 采用分期修建方案时，近期的实施方案及远期的设计方案。

7. 公路一般路段及特殊路段(如分离式断面、桥梁、隧道、爬坡车道等)横断面方案(组成、宽度、构造及设施)的设置情况。

8. 沿线各种交叉的设置规模、数量、密度及其沿线各交通流的交通需求与其他交通方式的协调，以及与人民群众生产和生活需要的适应等情况。

9. 交通工程及沿线设施的设置原则、设置位置、规模及其与公路主体工程设计、服务水平、环境等的适应情况。

10. 收费公路收费制式、收费方式、站点布置的论证。

11. 沿线大型桥梁、隧道、立体交叉、大型服务区、汽车停靠站的设置位置、相互之间的间距及其与公路总体设计的协调情况。

12. 公路与沿线环境协调情况及环境保护对策的说明。

13. 根据交通量发展、投资及投资效益所拟订的分期修建方案及其比选情况。

14. 各种工程结构、设施的选型及新技术、新工艺、新材料等的采用,总体上是否协调、配套,符合因地制宜的原则及其相互设计之间的协调处理措施。

(四)路线

1. 路线布设及主要技术指标采用情况。

2. 可行性研究报告所定路线方案的采用及重大变更的论证。

3. 方案布置(包括各比较方案)及方案比选的论证。根据综合比较结果(附方案比较表)提出推荐方案。论述时应就方案的提出理由、方案的工程实施条件、方案的技术经济合理性等考虑以下几方面:

(1)地形、地物、不良地质、社会经济发展规划、文物及环保等对路线方案布置和设计的影响;

(2)各方案的选择和布置情况(控制点间距、路线与桥梁、隧道、互通式立体交叉位置的协调及其位置的确定);

(3)各方案平、纵指标的连续、均衡和协调情况及通行能力、服务水平的分析和评价及其满足所定服务水平程度的比较;

(4)征地、拆迁情况及与铁路、原有公路、农田水利、电力、重要管线(道)等的干扰(包括施工)情况;

(5)结合该地区社会经济发展、城镇规划、路网结构论证路线布局的合理性及对沿线社会效益和经济效益的影响;

(6)各方案路线对沿线环境保护的影响评价和比较;

(7)各方案主要工程数量、造价(可根据方案情况采用估价、基价或概算)及运营效益的比较;

(8)其他评价和比较(包括政府有关部门对路线方案的意见

和评价)。

4. 下一阶段应解决的问题及注意事项。

(五)路基、路面及排水

1. 一般路基的设计原则、依据及方案比选论证。

2. 路基土工、路面结构材料及混合材料试验成果表。

3. 不良地质地段及特殊路基设计原则及方案比选论证。

4. 路基防护工程设计情况。

5. 取土、弃土方案及节约用地的措施。

6. 路面设计原则、依据及结构类型的比选论证。

7. 路基、路面排水设计原则及设计情况。

8. 需要进行科研试验项目的说明。

9. 下一阶段应解决的问题及注意事项。

(六)桥梁、涵洞

1. 桥涵设计标准的采用情况。

2. 沿线桥梁涵洞的分布情况。

3. 沿线水系及水文概况、特征,农田水利设施与桥涵设置位置及孔径选择的关系。

4. 沿线工程地质及筑路材料与桥涵(含跨线构造物)结构类型选择的关系。

5. 逐座说明特大桥、大桥和复杂中桥的流域及河段特征,桥位处地质、水文情况,通航要求,桥位比选与路线协调情况,水文计算及孔径确定,桥型方案比选的论证以及防护工程、抗震措施、施工方案等。

中桥可简述比选论证情况或列表说明结构类型的选择、水文计算及孔径确定等。

6. 小桥涵结构类型的选择,孔径计算的依据,漫水桥、过水路面的设置理由。

7. 桥涵设计与路基、路面及沿线设施设计的协调配合情况。

8. 下一阶段应解决的问题及注意事项。

(七)隧道

1. 设计原则及净空标准。

2. 逐处说明隧道（包括明洞）的位置、长度、设置理由与路线协调情况，各方案（包括隧道与明线方案）比选论证情况。

3. 逐处说明隧道的地质、地震情况，结构类型（包括衬砌、路面、装修）及洞门形式（进出口）的确定，防、排水措施（洞内、外及洞外路基、路面排水的协调配合），竖井、斜井、施工便道、渣场、抗震措施设计情况以及长 250 米以上的隧道施工方案等。

4. 隧道通风、供电、照明、监控、通讯、消防、救援、标志等的设置原则、规模、标准及方案的论证情况。

5. 长及特长隧道尚应说明管理机构的设置规模、标准、人员配置及所需房屋建筑、设施的总体设计情况。★

6. 废气的排放，洞口绿化、美化设计等。

7. 下一阶段应解决的问题及注意事项。

（八）路线交叉

1. 路线交叉（互通式立体交叉、分离式立体交叉、平面交叉、通道、人行天桥等）的分布及设置概况。

2. 逐处说明互通式立体交叉的位置及其在路网中的地位、作用，设置理由，集散交通量（现状、预测及分配）、地质、地形、地物情况，形式及排水措施等方案的比选与论证比较表，技术指标的选用，匝道车道数的确定，平交处通行能力的分析，收费口的设计交通量及收费车道数设置的论证，以及跨线构造物的几何标准等。

3. 分离式立体交叉的位置、设计标准、排水设施、跨线构造物的类型（上跨、下穿）及方案比选等情况。

4. 平面交叉的设计原则、采用的类型及其比选情况。

5. 乡村公路现状、通道和人行天桥的设置原则、设计标准、路线平纵与当地人民群众生产、生活需要的适应情况，通道排水措施等。

6. 重要管线、管道交叉设计情况。

7. 下一阶段应解决的问题及注意事项。

（九）交通工程及沿线设施

1. 可行性研究报告批复意见的执行情况。

2. 公路几何设计、交通量、公路功能、服务水平及社会、经济和环境等对各项设施的设置要求。

3. 根据总体设计方案，说明管理养护机构的组成形式、设置规模、位置及人员配备等。

4. 分项说明各类安全设施的设计原则、依据、方案的比选论证情况及推荐意见，分期实施计划。

5. 监控设施的设计原则及系统目标，方案比选论证及推荐意见，系统构成及功能和实施计划等。

6. 通信设施的设计原则，通信传输方式的选择，通信网构成及功能，管线设计和实施计划等。

7. 收费设施的设计原则，收费制式和收费方式的选择，收费站点的布设，收费系统构成及功能和实施计划等。

8. 分项说明服务设施的设置原则、标准及技术要求。逐处说明服务区大型停车区的布设位置、功能、建设规模、方案比选论证情况及实施方案等。

9. 分项说明供电照明设施的设计原则、标准及技术要求，并根据供电情况和供电类别说明每处供电所、照明区段的布设位置、功能、建筑规模和与供电部门的初步协商情况等。

10. 分项说明房屋建筑设计的主要依据、规模、设计范围、设计指导思想及特点，技术经济指标及分析等。

11. 各相应专业的概算编制。

12. 下一阶段应解决的问题及注意事项。

（十）环境保护

1. 公路工程建设项目环境影响评价结论及建议。

2. 公路建设项目可能对生态平衡自然景观、周围环境产生的影响评价以及应采取的对策。

3. 具体阐述在路线布置、路基、路面、桥梁、隧道、收费站、排水、料场布设、废方处理等中已考虑的环保措施。

4. 环境保护设计的依据、指导思想和设计原则。

5. 各项环境保护设施的布设位置、类型、功能及其方案比选情况。

6. 与环保、文物及当地政府有关部门的协商情况。

7. 下一阶段应解决的问题及注意事项。

（十一）渡口码头及其他工程

1. 渡口码头及其他工程沿线分布情况。

2. 逐处说明渡口码头的地形、地质、其他情况及其布置原则和方案。

3. 逐处说明悬出路台、防雪走廊等其他工程的设置理由及设计原则。

4. 下一阶段应解决的问题及注意事项。

（十二）筑路材料

1. 沿线筑路材料（包括工业废渣）种类、质量、储量、供应量（包括外购材料）、运输条件与运距。

2. 主要料场分布情况。

3. 有关采、购、运输方式及与地方签订的有关协议或意向情况。

4. 下一阶段应解决的问题及注意事项。

（十三）施工方案

1. 施工组织、施工力量的设想和施工期限的安排，关键工程项目的施工方案比较、论证情况。

2. 主要工程、控制工期的工程和特殊工程的施工方案。

3. 主要材料的供应，机具、设备的配备及临时工程的安排。

4. 下一阶段应解决的问题及注意事项。

（十四）设计概算

1. 概算的编制原则、依据、编制范围和总概算额。

2. 进行各工程方案比较时的造价计算说明。

3. 对下一阶段调查和设计的建议，应解决的问题及注意事项。

三、路线平、纵面缩图

平面缩图应示出路线（包括比较方案）起讫点、5 公里（或 10

公里）标、控制点、地形、主要城镇、与其他交通路线的关系以及县以上境界。简明示出特大桥、大桥、中桥、隧道、主要路线交叉、主要沿线设施等的位置和形式。比例尺用1:50000～1:200000。

纵断面缩图绘于平面缩图之下，简明示出主要地面、垭口、河流、特大桥、大桥、中桥、隧道及主要路线交叉等的位置、名称与高程，分段注明地质概况。水平比例尺与平面缩图相同或与其长度相适应，垂直比例尺用1:1000～1:20000。

四、主要技术经济指标表

五、附件　可行性研究报告批复意见、测设合同、有关部门的批文以及协议、纪要等复印件。

第二篇　总体设计★

一、公路平面总体方案布置图　示出路线推荐方案与各比较方案的平面位置（包括工可方案）及5公里或10公里标，特大桥、大桥、隧道的位置、孔数及孔径，互通式立体交叉的位置、交叉形式及相交道路，管理养护区、服务区等的设置位置，以及影响和制约路线、特大桥、大桥、隧道、互通式立体交叉、服务区等位置选定的不良地质、滞洪区、地物（含文物和古迹）、风景区等的分布范围，并以简要文字说明其性质和对各方案的制约程度。必要时可着色醒目地示出其分布。推荐方案上示出设计分段区间。比例尺一般用1:10000～1:50000地形图或航片图绘制，亦可与路线平、纵面缩图合并绘制。

二、公路平面总体设计图　示出地形、地物、坐标网格、路线位置、桩号、桥涵、隧道、路线交叉、沿线排水系统、服务区、管理养护区、沿线取（弃）土场、路（梁）改移等的布设位置。路线位置应标出中心线、路基边线、公里桩、百米桩及曲线主要桩位。必要时应示出有关景观和环保设计的平面位置。比例尺用1:1000或1:2000。

比较方案的平面总体设计图应单独绘制。

三、公路典型横断面图　示出主线一般路段的典型横断面及护栏、隔离栅等的安设位置。比例尺用1:200。

四、公路全景透视图或复合透视图　为检验路线平、纵组合设计以及公路在特大桥、隧道、互通式立体交叉等路段的设计情况,可根据需要绘制全景透视图或复合透视图,并进行评价。

五、公路分期修建方案设计图　对分期修建的公路,应根据总体设计及分期实施计划,参照上述平面总体设计和公路典型横断面图的要求,分别绘出前期及后期工程的平面总体设计及其横断面,包括各种构造物、交通工程及沿线设施的分期实施总体设计方案。

路线比较方案设计图可单独绘制亦可在平面总体设计图中示意。

第三篇　路　　线

一、路面平面图　示出地形、地物、三角点、导线点、水准点,路中心线及平曲线交点,公里桩、百米桩及平曲线主要桩位,断链位置及前后桩号,大型构造物的位置以及县以上境界等,标出指北图式,列出平曲线要素表。高速公路、一级公路还应示出坐标网格,互通式立体交叉平面布置形式,跨线桥(包括分离式立体交叉桥)位置及交叉方式,复杂平面交叉位置及形式。比例尺用1:2000,平原微丘地区比例尺可用1:5000。

路线平面图也可用影像地形图绘制。

比较方案如远离推荐方案时,可单独绘制(注明上承下接关系)。

二、路线纵断面图　示出地面高程、地面线、设计线、断链、竖曲线及其要素,桥涵与立体交叉(含通道、人行天桥)的位置及其结构类型、孔数与孔径,设计水位,隧道位置等。图的下部各栏示出地质概况、坡度及坡长(包括变坡点桩号、高程)、桩号、直线及平曲线(包括缓和曲线及其参数)。水平比例尺与平面图一致,垂直比例尺相应地用1:200或1:500。

比较方案的纵断面图可单独绘制。

三、路线透视图　对路线平、纵组合设计受限制的路段应绘制路线透视图检验并进行评价。

四、工程地质平面图　示出地层年代符号、地层分界线，地震基本烈度分界线、工程地质区划界线及地质构造，主要构造物、村镇地名、路线、比较线位置及桩号(5 公里或 10 公里桩)，沿线不良地质地段及桩号等。比例尺用1∶10000～1∶20000。不良地质地段应另绘比例尺为1∶2000～1∶10000的工程地质平面图。三、四级公路也可只绘不良地质地段的工程地质平面图。

五、工程地质纵断面图　示出地面高程线，试坑、钻孔编号、孔深、岩土类型界限及地质构造等。图的下部各栏示出地质概况，地貌类型，试坑与钻孔的地面标高及桩号等。水平比例尺用1∶2000～1∶200000，垂直比例尺相应地用 1∶200～1∶20000。不良地质地段应另绘水平比例尺为 1∶2000～1∶10000，垂直比例尺相应地为 1∶200～1∶1000 的工程地质纵断面图。三、四级公路也可只绘不良地质地段的工程地质纵断面图。

六、直线、曲线、转角表　列出交点号、交点坐标、偏角、曲线各要素数值、平曲线主要桩位、直线长、计算方位角或方向角等。

七、纵坡、竖曲线表　列出变坡点桩号、变坡点间距离、竖曲线要素值、直坡段长等。

八、公路用地表　列出用地起讫桩号、长度、所属县、乡、土地类别等。

九、公路用地图　示出路线用地界线(变宽点处注明前后用地宽度及里程桩号)，土地类别，分界桩号及地表附着物，土地所属县、乡等。比例尺用 1∶500～1∶2000。

十、赔偿树木、青苗数量表　列出其桩号、位置、所有者、树木青苗类别及数量等。

十一、拆迁建筑物表　列出建筑物所在桩号、距路中心线距离(左、右)、所属单位或个人、建筑物种类及数量等。

十二、拆迁电力、电讯及其他管线设施表　列出其桩号、交叉角度、所属单位、用途、拆迁长度、设备种类和数量等。

十三、不良地质地段表　列出桩号、长度、类型、不良状况、处理措施等。对软基还应列出对应段落的物理力学指标。

第四篇　路基、路面及排水

一、路基标准横断面图　示出路中心线、行车道、拦水缘石、土路肩、路拱横坡、边坡、护坡道、边沟、碎落台、截水沟、用地界碑等各部分组成及其尺寸，路面宽度及概略厚度。高速公路、一级公路按整体式路基、分离式路基分别绘制，还应示出中央分隔带、缘石、左侧路缘带、硬路肩（含右侧路缘带）、护栏、隔离栅、预埋管道等设置位置。比例尺用1:100~1:200。

二、路基一般设计图　绘出一般路堤、路堑、半填半挖路基，高填方路堤，深挖路基，水田内路堤及沿河（江）及水塘（库）等不同形式的代表性路基设计图，并应分别示出路基、边沟、碎落台、截水沟、护坡道、排水沟、边坡率、护脚墙、护肩、护坡、挡土墙等防护加固结构形式和标注主要尺寸。比例尺用1:200。

三、特殊路基设计工程数量表　分别列出软土地基等不良和病害地段地质起讫桩号、长度、宽度、处理措施、工程数量。

四、特殊路基设计图　软弱地基等不良地质及病害地段应绘路基处理方案一般设计图。列出方案比较表。比例尺用1:100~1:200。

五、路基每公里土石方数量表　列出起讫桩号、长度、挖方（按总体积、土类、石类计列）、填方（填土、填石分压实方、自然方计列）、本段利用方（按土方、石方计列）、远运利用方（按土方、石方平均运距计列）、借方（按土方平均运距计列）、弃方（按土方、石方平均运距计列）。

六、取土坑（场）、弃土堆（场）一览表　列出中心桩号、位置（分左、右）、运距、数量（分取土、弃土）、占地（永久占地与临时占地）、临时工程（便道、便桥）、供应或弃方起讫桩号。

七、取土坑（场）、弃土堆（场）平面图　大型取土坑（场）、弃土堆（场）应绘制本图。示出地形、地物、位置、范围、运输道路等。比例尺用1:500~1:2000。

八、路基防护工程数量表　列出起讫桩号、工程名称、主要尺寸及说明、单位、数量(左、右)、工程数量(包括挡土墙、护墙、边坡加固、驳岸、护岸、防水堤坝等)。

九、路基防护工程设计图　绘出主要防护工程一般设计图。比例尺用1:50~1:200。按不同高度、坡率等列出每延米工程、材料数量表。

十、路面工程数量表　列出起讫桩号、长度、宽度、结构类型、各结构层名称、厚度、数量(分行车道、路肩加固计列,高速公路、一级公路分行车道及路缘带、爬坡车道、中央分隔带(缘石、填土等)、硬路肩计列)、镶边石、培路肩、挖路槽等。

十一、路面结构方案图　示出自然区划、设计参数,并分别示出行车道、路肩加固(高速公路、一级公路分别示出主线行车道及路缘带、爬坡车道、硬路肩、匝道、被交公路)推荐方案和比较方案的路面结构与厚度,绘出路面边部构造大样图,列出路面结构方案经济比较表。

十二、路基、路面排水工程数量表　列出起讫桩号、工程名称、结构说明、单位、数量、工程数量等(包括边沟、跌水井、排水沟、截水沟、盲沟、急流槽,高速公路、一级公路中间带的纵向排水沟、集水井、横向排水管、拦水带等)。

十三、路基、路面排水工程设计图　绘出主要排水工程一般设计图。比例尺用1:50~1:200。列出每延米(或处)工程数量表、急流槽设置间距表、集水井、横向排水管设置间距表。

第五篇　桥梁、涵洞

一、沿线水系分布示意图　示出江河(溪)位置、流向、主要地名,路线的推荐线、比较线及其桩号,桥梁位置等。

二、特大、大、中桥表　列出中心桩号、河流名称或桥名、河床地质情况、桥面净宽、最大桥高、孔数及孔径、交角、全长、结构类型(分上、下部结构)、通航水位、设计水位、设计流速、设计流量等。

三、特大、大、中桥主要工程数量表　列出中心桩号、桥型、孔数及孔径、全长、按上、下部构造、护栏及搭板等分别列出工程材料数量。

四、特大、大、中桥设计图

（一）桥位平面图　特大、大桥及复杂中桥应绘制本图。示出地形、桥梁位置及调治构造物、防护工程等。高速公路，一级公路桥头接线还应示出路中心线、路基边线、公里及百米桩、直线或平曲线半径和缓和曲线参数，桥梁示出桥长、桥宽、锥坡、标出桩号和交角。比例尺用1∶500～1∶2000。

桥位平面图也可用影像地形图或相片平面图绘制。

比较桥位与推荐桥位除相距过远者外，一般应绘在同一张图上。

（二）桥位工程地质平面图　地质特殊复杂的特大桥应绘本图。比例尺用1∶500～1∶2000。

（三）桥位工程地质纵断面图　特大桥、大桥及复杂中桥应绘制本图。水平比例尺用1∶200～1∶5000，垂直比例尺相应地用1∶20～1∶500。一般与桥型布置图合并绘制。

（四）桥型布置图　绘出推荐桥型方案（包括主要调治构造物和防护工程）的立面（或纵断面）、平面、横断面和各部构造尺寸等。示出河床断面、地质分界线、特殊水位、冲刷深度、墩台高度及基础埋置深度、桥面纵坡等。当为弯桥或斜桥时，还应示出桥轴半径、水流方向及斜交角度。特大桥、大桥还应在图的下部各栏示出里程桩号、设计高程、坡度、坡长、竖曲线要素、平曲线等。列出主要工程、材料数量总表。比例尺用1∶200～1∶2000。

（五）桥梁一般构造推荐方案图　一般桥梁或有标准图者不绘本图，复杂桥型应绘出本图。绘出桥梁上部构造、桥墩桥台及基础的各部尺寸，分上、下部列出材料数量表，并绘出施工方案示意图或施工方案的描述。

（六）桥型及一般构造比较方案图　特大桥、大桥及复杂中桥应绘制本图。内容与桥型布置图相同。但除弯桥或斜桥外，不绘平面。复杂桥型比较方案，应绘制一般构造图要求同（五）桥梁一般构造推荐方案图。列出比较方案的主要工程、材料数量总表。

比例尺用1∶200～1∶2000。

五、小桥表　列出中心桩号、河名或地名、孔数及孔径、交角、桥长、结构类型（分上、下部结构）、设计流量、主要工程、材料数量。

六、涵洞表　列出中心桩号、结构类型、交角、填土高度、孔数及孔径、长度、进出口形式、设计流量及主要工程、材料数量。

七、过水路面表　列出起讫桩号、结构类型、长度、基础（宽度、厚度、数量）、面层（高度、厚度、数量）及其他工程。

第六篇　隧　　道

一、隧道表　列出隧道名称、起讫桩号、长度、净空、洞内路线线形（纵坡及坡长）、平曲线半径及平曲线长度、工程地质说明、围岩类别及衬砌长度（含明洞）、洞门形式（进口、出口）、照明、通风方式等。高速公路、一级公路按上行线、下行线分列。

二、隧道工程数量表　列出洞身工程（开挖、初期支护、二次衬砌）、洞口工程（洞门、明洞、截水沟等）、防排水工程（洞身防水、洞身排水、路面排水）、横洞、预留洞室、路面等的工程、材料数量。高速公路、一级公路按上行线、下行线分别列制。

三、隧道设计图

（一）隧道（地质）平面图　示出地形、地物、导线点、坐标网格、路线线形等，绘出隧道洞口、洞身、斜井、竖井、避车洞，标出钻孔、物探测线等位置及编号。高速公路、一级公路还应示出人行横洞、车行横洞、紧急停车带的位置等。比例尺用1∶1000～1∶2000。

（二）隧道（地质）纵断面图　示出地面线，钻孔柱状图式，物探测线位置、岩脉、岩性及界面线，绘出隧道进口位置及桩号、洞身、斜井、竖井、避车洞及消防等设施预留洞等。图的下部各栏示出工程地质、水文地质、坡度及坡长、地面高程、设计高程、里程桩号、围岩类别、衬砌形式及长度。高速公路、一级公路还应示出人行横洞、车行横洞、紧急电话洞室、电缆沟位置等。水平比例尺用1∶500～1∶2000，垂直比例尺相应地用1∶50～1∶200。

(三)隧道(横洞)净空横断面图　按不同类型分别绘制。比例尺用1∶100～1∶200。

(四)隧道进、出口一般设计图　按不同形式绘出洞门立面、纵断面、横断面设计图。比例尺用1∶100～1∶200。

(五)隧道衬砌断面图　示出明洞衬砌的断面、防水层、开挖与回填、电缆沟、路面结构、排水管(沟)等,复合式衬砌的断面、初期支护、防水层、二次衬砌、电缆沟、路面结构、排水管(沟)等。比例尺用1∶100～1∶200。列出各类围岩衬砌设计参数表。

(六)隧道方案比较图　比较方案应绘制本图。内容、要求同上,并列出各方案的主要工程、材料数量。

四、隧道附属设施图和表　参照第3.2.1条第八篇交通工程及沿线设施的要求编制,并应根据公路等级及隧道长度等不同情况增加下列内容:

(一)隧道管理养护机构构成框图方案。

(二)入口引导和控制设施的方案设计。

(三)安全信号设施的方案设计。

(四)紧急救援和疏导设施的方案设计。

(五)通风和环境卫生检测设施的方案设计。

(六)电视监视及控制报警设施的方案设计。

(七)无线、有线广播和其他通告设施的方案设计。

(八)照明设施及洞口灯光过渡的方案设计。

(九)供电及其保障设施的方案设计。

(十)消防及其保障设施的方案设计。

第七篇　路 线 交 叉

一、互通式立体交叉一览表　列出全线各互通式立体交叉的名称、中心桩号、起讫桩号、地名、互通形式、交叉方式、被交叉公路名称及等级,分别按主线、匝道、被交叉公路列出设计速度、最小平曲线半径、最大纵坡、全长,路面结构类型及厚度,跨线桥、匝道桥结构类型及数量(米/座),以及桥涵、通道等。

二、互通式立体交叉工程数量表　列出每座互通式立体交叉区内除交通工程及沿线设施外的所有工程与材料数量。其内容应与其他各篇(如路基、路面及排水、桥涵等)的要求一致。

三、互通式立体交叉设计图

(一)互通式立体交叉方案比较表　逐座编制此表。列出各方案平面示意图,交叉桩号、地名、交叉方式,被交公路名称及等级,占地面积,拆迁数量,被交公路、匝道主要技术指标、附属工程的种类、结构类型、数量,路面结构类型、厚度、面积(分行车道、硬路肩、收费站),桥梁按跨线桥、匝道桥等分别列出交角、设计荷载、净空、上部结构类型、孔数及孔径、墩台形式、高度、基础类型,各方案总造价和推荐意见。

(二)互通式立体交叉交通量分布图　示出主线、匝道、被交公路设计年限日平均交通量、设计小时交通量及平交处转向交通量。

(三)互通式立体交叉平面图　示出主线、匝道、变速车道、被交公路位置(中心线、路基边线、标出平曲线半径、缓和曲线参数及平曲线主要桩位),匝道起终点、加减速车道长度、匝道编号、跨线桥位置及交角、导线点、坐标网格、收费站、桥涵、通道及其他工程的位置。并绘出主线、被交公路、匝道的代表性横断面等。比例尺用1:500~1:2000。比较方案单位绘制平面图。

(四)互通式立体交叉纵断面图 分别绘出主线、被交叉公路和匝道的纵断面。其内容和路线纵断面图相同。水平比例尺用1:2000,垂直比例尺用1:200。比较方案单独绘制纵断面图。

(五)互通式立体交叉横断面图　参照第四篇路基标准横断面图、路面结构图的内容和要求,分别绘出主线、被交叉公路和匝道的路基、路面横断面图。

(六)互通式立体交叉透视图　大型复杂立体交叉、位于城郊附近及风景名胜附近立体交叉可绘制此图。比较方案单独绘制透视图。

（七）互通式立体交叉区内路基、路面及排水设计图表　参照第四篇路基标准横断面图、路基一般设计图、路面结构图、排水设计图等内容和要求绘制立体交叉区（包括收费站、被交叉公路、匝道）内的所有路基、路面及排水、防护设计图表。

（八）主线（或被交叉公路）跨线桥推荐方案桥型布置图　参照第五篇大、中桥桥型布置图的内容和要求绘制，并列出主要工程、材料数量。

（九）主线（或被交叉公路）跨线桥推荐方案一般构造图　参照第五篇大、中桥一般构造图的内容及要求绘制。一般桥型或利用通用图的桥梁可不绘此图。

（十）主线（或被交叉公路）跨线桥比较方案桥型布置图及一般构造图内容及要求同推荐方案。方案明确或全线统一时可不绘此图。

（十一）匝道跨线桥推荐方案和比较方案桥型布置图及一般构造图内容及要求同主线（或被交公路）跨线桥。

（十二）涵洞、通道典型设计图 绘出互通式立体交叉区内涵洞、通道的典型布置图。比例尺用1∶50～1∶200。若与交叉区外路上的涵洞、通道类型一致时，可不绘此图。

（十三）互通式立体交叉区内其他工程一般设计图　示出其他工程的结构类型、构造、各部尺寸，主要工程、材料数量等。

四、分离式立体交叉一览表　列出各分离式立体交叉的中心桩号及地名，被交公路名称及等级，交叉方式及与主线交角、设计荷载、孔数与孔径、桥面净宽，桥梁总长度，上部构造、下部构造，被交公路改建长度、最大纵坡等。

五、分离式立体交叉工程数量表　列出分离式立体交叉区内除交通工程及沿线设施外的所有工程的工程、材料数量。

六、分离式立体交叉设计图

（一）分离式立体交叉平面图　参照互通式立体交叉平面图内容及要求绘制，并示出被交叉公路、铁路、跨线桥及其交角、桩号和平曲线要素等。

（二）分离式立体交叉纵断面图　参照互通式立体交叉纵断面图内容及要求绘制，可与平面图合并绘制。

（三）分离式立体交叉横断面图　绘出被交叉公路路基，路面结构等。其内容及要求参照第四篇路基标准横断面图及路面结构图绘制。

（四）分离式立体交叉桥型布置图　参照第五篇大、中桥桥型布置图内容及要求绘制。有比较方案时，应加绘比较方案图。

（五）分离式立体交叉区其他工程一般设计图　参照互通式立体交叉区内其他工程一般设计图内容及要求绘制。

七、通道、人行天桥一览表　列出通道及人行天桥的中心桩号、地名、工程名称、被交叉公路种类、交角，结构类型，孔数及孔径、全长、净宽、净高，被交叉公路改建长度及纵坡、路面类型及厚度等。

八、通道、人行天桥工程数量表　列出通道、人行天桥及有关工程的工程、材料数量。

九、通道一般布置图　按不同类型分别绘出。比例尺用1:50～1:200。

十、人行天桥一般布置图　按不同类型分别绘出。比例尺用1:50～1:200。

十一、平面交叉设置及工程数量一览表　列出沿线各平面交叉的桩号、起讫点桩号、被交叉公路、铁路、乡村道路名称及等级、交叉形式、交角，被交叉道路改建长度，引道纵坡及除沿线设施外平面交叉范围内的所有工程的工程、材料数量（包括该范围内的主线工程、材料数量）。

十二、平面交叉布置图　复杂的平面交叉（如环形、渠化等）应绘本图。示出地形、地物、路线、被交公路或铁路、交通岛、辅助车道的纵、横断面。比例尺用1:500～1:2000。

十三、管线交叉设置及工程数量一览表　列出各管线交叉的桩号、地名、被交叉管线类别、交角、管线交叉方式（上跨或下穿）、净空或埋深及工程、材料数量。

十四、管线交叉布置图　典型及复杂的交叉管线应绘本图。比例尺用1∶500～1∶2000。

第八篇　交通工程及沿线设施

一、平面布置总图　在路线平面缩图上重点示出安全、监控、收费、通信、服务等各类设施的布置位置、数量、形式等，并示明分期实施的项目。

二、横断面布置图　在路基标准横断面图上示出护栏、防眩板（网或树）、通信管道（电缆沟（槽）、标志、植树、隔离栅等的布置位置。比例尺与路基标准横断面图一致。

三、管理机构及养护设施

（一）管理养护机构构成图　示出各级管理养护机构的体制，业务科室的构成及相互的关系。本图也可用表格表示。

（二）管理养护机构业务人员编制表　按不同业务系统分别编制或一并编制。

（三）养护设备机具一览表　按业务需要分别列制。

四、安全设施

（一）安全设施一览表　列出序号、名称、桩号、数量（长度）等，并列出各种安全设施的总数量。

（二）标志一览表　列出序号、标志名称、板面编号（国标编号）、桩号、板面尺寸、反光要求、支撑结构形式、数量等。

（三）主要工程数量表　列出序号、名称、规格（型号）、数量等。

（四）一般构造设计图　按不同结构类型分别绘出护栏、缓冲设施、隔离栅、防眩设施、标志、视线诱导标和混凝土护柱等安全设施的一般构造设计图。示出结构类型及主要尺寸，列出主要材料数量表。比例尺用1∶5～1∶100。推荐方案和比较方案分别绘制。

（五）标线布置图　绘制标准路段标线、突起路标布置图。比例尺用1∶100～1∶1000。

五、监控设施

（一）监控设施一览表　列出序号、名称、桩号、数量等。推荐方案和比较方案分别列出。

（二）主要设备材料数量表　列出序号、名称、规格（型号）、数量等。

（三）监视控制系统构成图　示出中心控制室与沿线可变标志、可变情报板、检测器、闭路电视和紧急电话等设施的系统构成。

（四）监视控制系统软件框图　示出系统软件功能、构成等。

（五）监视控制系统外场设备布置图　示出沿线监视控制外场设备的布置位置、数量等。

（六）监视控制中心设备构成图　示出控制中心、分中心设备的构成。推荐方案和比较方案分别绘制。

（七）特殊区段（互通式立体交叉、长及特长隧道和桥梁等）监视控制设施布置示意图。

（八）一般构造设计图　分别绘制可变标志、可变情报板等设施的一般构造设计图。示出结构类型及主要尺寸，列出主要材料数量表。比例尺用1∶5～1∶100。

（九）监控系统供电、接地系统工艺图　示出供电位置、接地方式，并列出容量估算表等。

六、通信设施

（一）通信设施一览表　列出序号、名称、桩号、机房面积、供电要求、人员配置等。推荐方案和比较方案分别列出。

（二）主要设备材料数量表　列出序号、名称、规格（型号）、数量等。

（三）路由及设站线路示意图

（四）通路组织图

（五）通信系统传输网络构成图

（六）PABX 网络构成图

（七）PABX 中继方式图

（八）路侧紧急电话系统构成图

（九）光缆线路传输系统配置图

(十)移动通信网络构成图

(十一)数据终端设备传输网络构成图

(十二)通信电源交、直流供电方式图

(十三)通信机房平面布设图

(十四)通信机房土建工艺设计图

(十五)其他图表

七、收费设施

(一)收费设施一览表　列出序号、名称、收费站类型、桩号、收费车道数(入、出口)等。推荐方案和比较方案分别列出。

(二)主要设备数量表　列出序号、名称、规格(型号)、数量等。

(三)收费站站点布置图　示出收费站类型、桩号、里程(收费站相互间距)和主线、辅道及其他联络道路和路网关系等。推荐方案和比较方案分别绘制。

(四)收费系统构成总框图　示出系统结构、系统相互之间数据通信模式,各收费站配备的收费车道设备数量等。

(五)收费中心、分中心计算机系统框图　示出系统计算机配置、接口关系等。

(六)收费站计算机系统及其设施框图　示出收费站计算机系统配置、接口关系,以及对讲系统、闭路电视系统等的配置。

(七)收费系统软件总框图　示出系统软件功能、构成、数据传输等。

(八)收费站设备配电、接地系统图　示出收费系统、设备所需用电等级、容量、功率因数、接地方式及配电位置等。

八、服务设施

(一)服务设施一览表　列出序号、名称、桩号、占地面积等。有比较方案时也应列出。

(二)服务设施平面布置图　绘出服务设施区内各类设施的平面布置、联络道路及其与公路主体的相互关系等。比例尺用

1:200 ~ 1:1000。推荐方案和比较方案分别绘制。

（三）服务设施区内公路设计图表　按照第3.2.1条有关篇的要求编制，包括变速车道、连接匝道、连接公路等的平、纵面设计图，以及服务设施用地范围内的地质、征地、拆迁、路基、路面、排水、桥涵等的设计图表。

九、供电、照明设施

（一）供电设施

1. 供电设施一览表　列出序号、名称、负荷容量、桩号、数量等。有比较方案时也应列出。

2. 主要设备材料数量表　列出序号、名称、规格（型号）、数量等。

3. 供电系统构成图　示出供电变电所与电力网的相互关系，电力输送线路方案及其比较方案、输送距离等。

4. 变电所平面布置图　示出变电所的平面布置、设备布置、电缆管线进出方式、主要尺寸和房建要求等。比例尺用1:20 ~ 1:100。

5. 变电所变配电系统图

（二）照明设施

1. 照明设施一览表　列出序号、布置区段位置（桩号）、负荷量等。有比较方案时也应列出。

2. 主要设备材料数量表　列出序号、名称、规格（型号）、数量等。

3. 照明布置图　示出照明区段的灯柱、电缆管道等布置形式。比例尺用1:500 ~ 1:2000。

4. 一般构造设计图　绘出照明灯柱、灯具等的一般构造设计图，标出主要尺寸。比例尺用1:5 ~ 1:100。推荐方案和比较方案分别绘制。

十、房屋建筑

（一）总体工艺设计

1. 建筑规模方案表　列出设计范围内各类管理养护房屋（如

管理中心、分中心、服务区、停车区、养护工区、救援站、收费站等)的设置位置(桩号)、用地面积、建筑面积、房建技术要求、建筑标准等。各类设施一并列制或分别列制。

2. 建筑场地总平面布置图　管理中心、分中心、服务区、停车区、养护工区等分别绘制。示出各建筑场地与主线(或公路网)的相互关系,区域内公路网规划及各功能小区的位置、主要尺寸等。有比较方案时另行绘制。

3. 监控、通信、房建及设备平面布置图　管理中心、分中心等分别绘制。示出管线进出方式及对供配电、消防、通风、空调等的工艺技术要求和建筑材料的技术要求。

4. 收费站房平面布置图　示出收费站监控室、机房、配电室、票房及配件室等业务用房的位置、外形、主要尺寸及其相互关系,设备及电缆进线大致位置等。

5. 收费广场布置图　分别以立面、平面及侧面图示出各收费站、收费广场、收费岛、收费亭及其通用换气装置、收费天棚、地下电缆及上下水等管道和收费站房的位置、主要尺寸、用地界线等。

(二)建筑设计

根据总体工艺设计和建设部有关初步设计的要求编制。包括总平面、建筑、结构、给排水、供暖、电气和消防等设计图表。

第九篇　环境保护

一、环境敏感区一览表　列出公路工程沿线环境敏感区(如水源、文物保护单位、居民区、医院、学校等)的位置(桩号)、重要影响因素、影响范围和采取的工程措施等。

二、环境保护工程一览表　列出序号、工程名称、位置(桩号)、单位、数量等。

三、美化绿化设计图　绘出互通式立体交叉及其他典型公路区段的绿化设计图。比例尺用1:50~1:2000。

四、声屏障设计图　绘出声屏障的结构类型、主要尺寸等。

比例尺用1:5～1:100。

五、污水处理设计图　绘出服务区、管理区、养护工区等区的污水处理设计图。比例尺用1:20～1:500。

六、其他设计图

第十篇　渡口码头及其他工程

一、渡口码头表　列出桩号、地名或河名、河流宽度、工程或设备名称、主要工程数量等。

二、渡口码头平面布置图　示出渡口码头区内地形、地物、管理机构位置、停车场位置、防护工程位置、码头护岸、水流方向及斜交角度。比例尺用1:500～1:2000。

三、渡口码头纵断面图　示出引道纵坡、水位、边坡加固等。列出主要工程、材料数量。水平比例尺用1:500～1:2000,垂直比例尺用1:50～1:200。

四、其他工程表　列出桩号、工程名称(改移河道、悬出路台、防雪走廊等)、数量等。

五、其他工程一般布置图　比例尺根据需要确定。

第十一篇　筑路材料

一、沿线筑路材料料场表　列出材料名称、料场编号、位置、桩号、上路桩号及运距、材料及料场状况、材料品质(指满足工程设计需要情况)、储藏量、供应量、覆盖层种类及面积与厚度、成料率、开采运输方式,所需便道、便桥长度等。

二、材料试验资料表　分别列出砂、土、石、水、石灰、粉煤灰等不同原材料的物理力学性质(必要时包括化学性质)及其在路基、路面、桥梁、防护、隧道等工程设计中所需的混合料的试验结果,并列出各种材料的料场或产地、取样地点。试验项目应根据设计所需而定。

三、沿线筑路材料供应示意图　示出路线的桩号、主要工程和按施工组织方案布置的路面混凝土和粒料集中加工场及路线两侧主要料场的位置，材料（包括外购材料）上路桩号及距离。特大桥、大桥、隧道、互通式立体交叉等重点工程及施工场地应各自分别计算运距；路面及其他构造物等可全线或分段计算筑路材料平均运距。

第十二篇　施工方案

一、人工、主要材料及机具、设备安排表　列出名称、单位、数量、需要量（可分上半年、下半年）编列。

二、工程概略进度图　根据劳动力、施工期限、施工条件以及施工方案按年和季度进行概略安排。列出工程项目单位、数量，按年和季度示出各项工程施工起止时间、浮动时间、衔接时间。

三、临时工程一览表　列出工程名称（便桥、便道、预制场、钢梁、电力及电讯线等）、地点或桩号、工程项目及数量等。

四、公路临时用地表　列出位置或桩号、工程名称、隶属（县、乡、个人）长度、宽度、土地类别及数量等。

第十三篇　设计概算

设计概算应按交通部现行《公路工程概算定额》和《公路基本建设工程概、预算编制办法》的规定编制。

交通工程及沿线设施中收费、监控、通信供配电和房建等项目的第一和第二部分费用按相关行业的有关规定编制，第三部分和预留费用按交通部有关规定编制。其概算按交通部的要求汇总，列入公路工程的概算汇总表。

附件　基础资料

一、平面控制测量、高程控制测量资料。

二、综合地质勘察（遥感航片、物探、工程地质勘察）和地震烈度复核等资料。

三、水文调查与计算资料。

第三节　改建公路工程

第 3.3.1 条　改建公路的初步设计文件除按第 3.2.1 条的规定编制外，尚应增加下列内容：

一、原有公路的等级、历史和现状，现有交通量及其组成，交通量增长率和适应情况，以及存在问题等的简要说明；

二、原有公路现状表　列出公路路基、路面现状和不符合改建技术标准路段的最小平曲线半径、最大纵坡及坡长等；

三、原有公路构造物现状表　列出构造物位置（桩号和地名等）、构造物名称、结构类型、设计标准及各主要尺寸、修建年月、是否利用等，并附简要说明；

四、改建的设计原则、技术标准和利用原有公路的情况；

五、对原有桥梁等重要构造物应进行技术鉴定或荷载试验。根据鉴定结果确定利用（包括加固、加宽）或改建，并按实际需要增加必要的图表和简要说明。

第四章　技 术 设 计

第一节　目的与要求

第 4.1.1 条　技术设计应根据初步设计批复意见、测设合同的要求，对重大、复杂的技术问题通过科学试验、专题研究，加深勘探调查及分析比较，解决初步设计中未解决的问题，落实技术方案，计算工程数量，提出修正的施工方案，修正设计概算。批准后则为编制施工图设计的依据。

第 4.1.2 条　技术设计应根据初步设计批复意见、测设合同和需要解决的技术问题，满足下列有关要求：

一、对初步设计所订方案详加研究，进一步补充和修改。

二、补充必要的地质、水文、气候、地震和地质钻探资料，以及土工、材料、结构或模型试验成果。

三、提出科学试验成果、专题报告。

四、提出修正的施工方案。

五、编制修正概算。

第二节 组成与内容

第4.2.1条 公路工程建设项目技术设计文件,应根据技术设计的目的与要求以及工程需要解决的技术问题,参照第3.2.1条、第3.3.1条和第5.2.1条有关规定编制。

第4.2.2条 对于公路工程建设项目中的特大桥、互通式立体交叉、隧道、交通工程及沿线设施的技术设计文件,除按第4.2.1条的规定编制外,还必须对整个建设项目的总说明书和总概算加以修正。

第五章 施工图设计

第一节 目的与要求

第5.1.1条 两阶段(或三阶段)施工图设计应根据初步设计(或技术设计)批复意见、测设合同,进一步对所审定的修建原则、设计方案、技术决定加以具体和深化,最终确定各项工程数量,提出文字说明和适应施工需要的图表资料以及施工组织计划,并编制施工图预算。

第5.1.2条 一阶段施工图设计应根据可行性研究报告批复意见、测设合同的要求,拟订修建原则,确定设计方案和工程数量,提出文字说明和图表资料以及施工组织计划,编制施工图预算,满足审批的要求,适应施工的需要。

第5.1.3条 施工图设计应:

一、确定路线具体位置;

二、确定路基标准横断面和特殊路基横断面,绘制路基超高、加宽设计图;计算土石方数量并进行调配;确定路基取土、弃土的

位置,绘制取土坑纵、横断面图;

三、确定路基路面排水系统和防护工程的结构类型及尺寸,绘制相应布置图和结构设计图;

四、确定特殊路基设计的结构类型及尺寸,绘制特殊路基设计图;

五、确定各路段的路面结构类型及尺寸,绘制路面结构图;

六、确定特大、大、中桥的位置、孔数及孔径、结构类型及各部尺寸,绘制结构设计图;

七、确定小桥、涵洞、漫水桥、过水路面等位置、孔数及孔径、结构类型及各部尺寸,绘制布置图。特殊设计的,应绘制特殊设计详图;

八、确定隧道及其附属设施的形式及尺寸,绘制布置图和设计详图;

九、确定路线交叉形式、结构类型及各部尺寸,绘制布置图及设计详图;

十、确定交通工程及沿线设施的各项工程的位置、类型及各部尺寸,绘制布置图和设计详图;

十一、确定环境保护设施的位置、类型及数量,绘制布置图和设计详图;

十二、确定渡口码头及其他工程的位置、结构形式及尺寸,绘制相应的布置图和设计详图;

十三、落实沿线筑路材料的质量、储藏量、供应量及运距,绘制筑路材料运输示意图;

十四、确定征用土地、拆迁建筑物以及电力、电讯等的数量;

十五、计算各项工程数量;

十六、提出施工组织计划;

十七、提出人工数量及主要材料、机具、设备的规格及数量;

十八、编制施工图预算。

第二节　组成与内容

第5.2.1条　两阶段(或三阶段)施工图设计文件由下列十三篇及附件所组成。

第一篇　总说明书

第二篇　总体设计★

第三篇　路线

第四篇　路基、路面及排水

第五篇　桥梁、涵洞

第六篇　隧道

第七篇　路线交叉

第八篇　交通工程及沿线设施

第九篇　环境保护

第十篇　渡口码头及其他工程

第十一篇　筑路材料

第十二篇　施工组织计划

第十三篇　施工图预算

附　件　基础资料

一阶段施工图设计文件的组成和内容与两阶段(或三阶段)施工图设计文件基本相同,但总说明及分篇说明应参照本办法第3.2.1条有关初步设计说明书的内容编写并补充必要的比较方案图表资料。报送审批的设计文件可不报结构设计图和设计详图。

第一篇　总说明书

一、地理位置图　示出路线在交通网络中的关系及沿线主要城镇、工矿区等的概略位置。

二、说明书

(一)扼要说明任务依据及测设经过。

(二)路线起讫点、中间控制点、全长、所经主要河流、垭口、城镇及工程概况。

（三）沿线地形、地质、地震、气候、水文等自然地理特征及其与公路建设的关系。

（四）沿线筑路材料、水、电等建设条件及与公路建设的关系。

（五）与周围环境和自然景观相协调情况。

（六）批复意见执行情况。对初步设计（或技术设计）所拟订的修建原则、设计方案、技术决定等如有变更时应说明其变更理由或依据。

（七）新技术、新材料、新设备、新工艺的采用和计算机应用等情况。

（八）与有关部门协商情况。

三、路线平、纵面缩图　与初步设计要求相同，但不绘路线比较方案。

四、主要技术经济指标表

五、附件　初步设计（或技术设计）批复意见、测设合同、有关指示、协议和纪要等复印件。

第二篇　总 体 设 计★

一、说明

（一）初步设计（或技术设计）批复意见执行情况。

（二）公路平面总体设计的说明。

（三）分期修建工程分期实施设计的说明和对工程实施的建议。

（四）各项工程施工的总体实施步骤的建议及有关工序衔接等技术问题的说明以及有关注意事项。

二、公路平面总体设计图　示出地形、地物、导线点、坐标网格、路线位置（桩号、断链、路中心线、中央分隔带、路基边线、坡脚（或坡顶）线、示坡线曲线主要桩位）与其他交通路线的关系、沿线排水系统、改移河道（沟渠）及道路、县以上境界、用地界等，标出桥梁、涵洞、隧道、路线交叉及防护工程的位置（桥梁按孔数及孔径、长度标绘，注明桥名、结构类型、孔数及孔径、中心桩号；隧道按长度标绘,注明名称、长度、桩号;互通式立体交叉绘出平面布置形式,注明跨线桥名称、结构类型、孔数及孔径、交叉方式;平面交叉示出平面形式;涵洞与通道按孔数标绘,示出结构类型、孔数及孔径,通道还应注明类别;防护工程注明类型),示出服务区、停车场、收费站。图中列出导线坐标表。比例尺用1:1000或1:2000。

第三篇　路　　线

一、说明

(一)初步设计(或技术设计)批复意见执行情况。

(二)路线平面、纵断面线形设计说明。

(三)施工注意事项。

二、路线平面图　示出地形、地物、路线(不绘比较方案)位置及桩号、断链、平曲线主要桩位与其他交通路线的关系以及县以上境界等,标注水准点、导线点及坐标网格或指北图式,示出特大、大、中桥、隧道、路线交叉(标明交叉方式和形式)位置等。图中列出平曲线要素表。比例尺用1:2000~1:5000。

三、路线纵断面图　示出高程、地面线、设计线、竖曲线及其要素、桥涵、隧道、路线交叉的位置(桥梁按桥型、孔数及孔径标绘,注明桥名、结构类型、中心桩号、设计水位;跨线桥示出交叉方式;隧道按长度、高度标绘,注明名称;涵洞与通道按桩号及底高绘出,注明孔数及孔径、结构类型)、水准点(位置、编号、高程)及断链等。水平比例尺与平面图一致,垂直比例尺相应地用1:200或1:500。图的下部各栏示出地质概况、地面高程、设计高程、坡长及坡度、直线及平曲线(包括缓和曲线)、超高桩号。

四、直线、曲线及转角表　列出交点号、交点桩号、交点坐标、偏角、曲线各要素数值、曲线控制桩号、直线长、计算方位角或方向角、断链等。

五、导线点成果表　列出导线点编号、点名、坐标、边长、方位角及高程等。

六、路线逐桩坐标表★　高速公路、一级公路编制本表。列出桩号,纵、横坐标等。

七、征用土地表　列出用地起讫点桩号、长度、宽度、所属县、乡、村,土地类别及数量等。

八、赔偿树木、青苗表　列出桩号、位置、所有者、树木、青苗类别及数量等。

九、拆迁建筑物表　列出建筑物所在路线的桩号、距路中心线的距离(左右),所属单位或个人、建筑物种类及数量等。

十、拆迁电力、电讯及其他管线设施表　列出各项设施所在桩号、交叉角度、所属单位、用途、拆迁长度、设备种类和数量等。

十一、砍树挖根数量表　列出桩号、长度、宽度,以及除草、砍灌木林、砍树挖根、挖竹根的数量等。

十二、挖淤泥排水数量表　列出挖淤泥桩号、长度、宽度、淤泥厚度、水深、挖淤泥及排水数量等。

十三、耕地填前夯(压)实数量表　列出夯(压)实桩号、长度、夯实面积等。

十四、总里程及断链桩号表　列出总里程、测量桩号、断链桩号、断链(增长、减短)、断链累计(长链、短链)、换算连续里程等。

十五、水准点表*　列出水准点编号、高程、位置等。[1]

十六、路线固定表*　列出固定桩号,固定情况叙述简图等。

十七、纸上移线图*　在编制三、四级公路施工图设计文件时,如发现路线有局部修改需作纸上移线的应绘本图。

十八、公路用地图　示出路线用地界线(变宽点处注明前后用地宽度及里程桩号),土地类型、分界桩号及地表附着物,土地所属县、乡等。高速公路、一级公路在用地范围以外还应标出建筑红线。比例尺用1:500~1:2000。

---

[1] 凡标有*的图表只交付施工部门,不报送批复单位。

第四篇　路基、路面及排水

一、说明

(一)初步设计(或技术设计)批复意见执行情况。

(二)路基横断面布置及加宽、超高方案的说明。

(三)路基设计(包括特殊设计)说明。

(四)路基压实标准与压实度的说明。

(五)路基、路面排水系统及防护工程设计说明。

(六)取土、弃土设计方案、环保及节约用地措施。

(七)路面设计(包括行车道、路缘带、爬坡车道、硬路肩、紧急停车带等)及土路肩加固形式的说明。

(八)施工方法及注意事项。

二、路基设计表* 列出平曲线要素、纵坡(坡高、坡长、变坡点桩号及高程)、竖曲线要素、桩号、地面高程、设计高程、填挖高度、路基宽度(原宽、加宽、加宽后总宽)、缓和长度、超高值(左、右)、路基边缘与设计高之差(左、右)等。边沟(排水沟)需特殊设计时还应列出沟底纵坡设计资料、形状及尺寸、沟底高程(左、右)。

高速公路、一级公路应列出平曲线要素、纵坡(坡高、坡长、变坡点桩号及高程)、竖曲线要素、桩号、地面高程、设计高程、填挖高度、路基宽度(中央分隔带、左右幅分别按行车带及路缘带、硬路肩、土路肩计列)、各点与设计高之差(左右幅分别按左侧路缘外缘、硬路肩外缘、土路肩外缘各点填列),并说明加宽、超高情况。

三、边沟(排水沟)设计表★　列出桩号、地面高程、设计高程,按左右侧分别列出边沟或排水沟形式及尺寸、沟中心至中桩距离、沟底纵坡(设计资料、沟底高程、说明等)。

四、路基标准横断面图　要求同初步设计。

五、路基一般设计图　要求同初步设计。

六、路基横断面设计图＊　绘出所有整桩、加桩的横断面图,示出加宽、超高、边坡、边沟、截水沟、碎落台、护坡道、路侧取土坑、开挖台阶及视距台等，注明用地界。挡土墙、护面墙、护脚、护肩、护岸、边坡加固、边沟（排水沟）及截水沟加固等均绘在本图上，并注明起讫桩号、圬工种类及断面尺寸（另绘有防护工程设计图的只绘出示意图，注明起讫桩号和设计图编号）。高速公路、一级公路还应标出设计高程，路基边缘高程，边沟（排水沟）底设计高程。比例尺用1:200。

七、超高方式图　分类型绘出超高纵断面、缓和段代表性超高横断面，注出主要尺寸、超高渐变率、横坡及超高值。

八、特殊路基设计工程数量表　分别列出软土地基等不良地质和病害地段路基起讫桩号、位置、长度、宽度、地质说明、处理方式或措施、工程及材料数量等。

九、特殊路基设计图　绘出软土地基等不良地质和病害地段处理设计图（平面、立面、断面）、加固及构造物等结构设计图，示出工程地质情况。比例尺用1:50～1:200。列出每延米或每处（段）工程及材料数量表，软土地基处理应列出地基处理、填土、预压设计表。必要时应绘出工程地质平、纵面图，比例尺根据情况确定。

十、中间带设计图★　绘出中央分隔带平面、断面设计图及路缘石大样图，示出预埋管道及轮廓尺寸等。列出每延米工程及材料数量表。比例尺根据需要确定。

十一、中央分隔带开口设计图★　按类型分别绘出平面布置图；中央分隔带渐变段断面图、开口处路面结构图、缘石大样图。比例尺用1:20～1:200。列出中央分隔带开口一览表、一个开口工程及材料数量表。

十二、路基土石方数量表＊　列出桩号、断面积、平均断面积、挖方（总体积、土类、石类）、填方（总体积、填土及填石分压实方和自然方）、本桩利用方、余方、欠方、远运利用方、调配示意、运量、借方（分土类、石类、运距、运量）弃方（土、石、运距、运量）等。

十三、路基每公里土石方数量表　列出起讫桩号、长度、挖方

(总体积、土类、石类)、填方(总体积、填土及填石分压实方和自然方、本桩利用方、远运利用方、借方)、弃方、总运量、计价土石方总数等。

十四、路基土石方运量统计表　列出起讫桩号、施工方法(人工施工土方、推土机施工土方、铲运机施工土方、挖土机配自卸汽车施工土方、人工施工石方、机械施工石方(人工清运)、机械施工石方(机械清运)等)、数量、平均运距。

十五、取土坑(场)、弃土堆(场)一览表　列出取土或弃土地段起讫桩号、取土或弃土位置(上下路桩号、支线长度、运距)、取土坑(范围、土名、土类、最大挖深、可取量、计划用量)、占用土地(永久或临时)、开挖方式及运输条件、弃土堆(土石方数量、运距)、临时工程(便道、便桥等)。

十六、弃土堆(场)设计图＊　大型取土坑(场)应绘制本图。绘出取土坑(场)或弃土堆(场)平面布置图(示出地形、地物,道路等,沿线取土坑或弃土堆可绘在路线平面总体设计图上)、纵、横断面及排水系统、绿化等设计图,并说明施工注意事项。比例尺根据需要确定。

十七、路基防护工程数量表　列出起讫桩号、工程名称、主要尺寸及说明、单位、数量(左、右)、工程及材料数量等(包括挡土墙、护墙、护脚、护肩、边坡加固、驳岸、护岸、防水堤坝等)。

十八、路基防护工程设计图　绘出各项防护工程立面、平面、断面及结构设计图。比例尺用1:50～1:500。按不同情况列出每延米或每处工程及材料数量表。

十九、路面工程数量表　列出起讫桩号、长度、结构类型、各结构层次名称及厚度(分行车道、路肩加固计列,高速公路、一级公路分行车道、路缘带、硬路肩、中央分隔带(缘石、填土等)计列)、培路肩、挖路槽等。

二十、路面结构图　示出自然区划、设计参数、并分别示出行车道、路肩加固结构与厚度(高速公路、一级公路分行车道、路缘带、硬路肩、紧急停车带等),绘出路面边缘大样图,列出单位

($1000m^2$)工程及材料数量表。水泥混凝土路面还应绘出水泥混凝土路面分块布置、接缝构造和补强设计图等。

二十一、平曲线上路面加宽表＊　列出平曲线交点(交点号、桩号)、半径、加宽宽度、圆曲线长度、缓和长度、加宽长度及面积等。

二十二、路基、路面排水系统布置图　一般公路排水系统困难地段应绘制本图。比例尺根据需要确定。高速公路、一级公路绘在路线平面总体设计图内。

二十三、路基、路面排水工程数量表　列出起讫桩号、工程名称、主要尺寸及说明、单位、工程及材料数量(包括边沟、跌水井、排水沟、截水沟、盲沟、急流槽以及高速公路、一级公路中间带的纵向排水沟、集水井、横向排水管、拦水带等)。

二十四、路基、路面排水工程设计图＊　绘出各项排水工程平面布置、纵面、断面及结构设计图和有关大样图。比例尺用1∶20～1∶200。列出急流槽间距表、集水井与横向排水管间距表、各项工程每延米或每处工程及材料数量表。

第五篇　桥梁、涵洞

一、说明

(一)初步设计(或技术设计)批复意见执行情况。

(二)特大、大、中桥桥位,桥型及墩台基础埋置深度等修正以及特大、大桥和复杂的中桥的结构设计说明。

(三)一般中桥、小桥、涵洞、漫水桥、过水路面设计说明。

(四)采用新技术的说明。

(五)施工方法及注意事项。

二、特大、大、中桥工程数量表　列出中心桩号、河名或桥名、交角、孔数及孔径、长度、结构类型、采用标准图编号、上、下部构造、工程及材料数量(包括交通工程及沿线设施通过桥梁的预埋件)等。

三、特大、大、中桥设计图

(一)桥位平面图　要求与初步设计同。但一般中桥也应绘制,高速公路、一级公路应增绘中央分隔带、坡脚线,地质钻孔在平面上的位置和编号。

(二)桥型布置图　绘出立面(或纵断面)、平面、横断面、示出河床断面、地质分界线、钻孔位置及编号、特征水位、冲刷深度、墩台高度及基础埋置深度、桥面纵坡以及各部尺寸和高程。弯桥或斜桥尚应示出桥轴半径、水流方向和斜交角度。特大、大桥图的下部各栏列出里程桩号、设计高程、坡度、坡长、竖曲线要素、平曲线等。比例尺用1:200~1:2000。

(三)结构设计图　绘出上下部结构、基础及其他细部结构设计图。比例尺用1:50~1:200,细部结构用1:5~1:50。当采用标准图时,本图可不绘,但应在桥型布置图中注明标准图的名称及编号。

(四)调治构造物设计图　绘出平面、横断面,必要时增绘立面。比例尺用1:50~1:500。

四、小桥工程数量表　列出中心桩号、河名或桥名、交角、孔数及孔径、桥长、结构类型(上、下部构造、墩台基础)、进出口形式、采用标准图编号、上、下部构造、墩台基础的工程、材料数量等。

五、小桥设计图

(一)布置图　绘出立面(或纵断面)、平面、横断面。示出河床断面,注明水位、地质概况、各部尺寸、高程和里程。比例尺用1:50~1:200。

(二)结构设计图　采用标准图的,在布置图内注明标准图的名称及编号,不再绘本图。特殊设计的,应绘本图。比例尺用1:50~1:200。

六、涵洞工程数量表　列出中心桩号、交角、孔数及孔径、涵长、结构类型、进出口形式,采用标准图编号、工程及材料数量(包括交通工程及沿线设施通过明涵的预埋件)等。

七、涵洞设计图 *

(一)布置图　绘出设置涵洞处原地面线及涵洞纵向布置,斜涵尚应绘出平面和进出口的立面。示出地基土质情况,各部尺寸和高程。比例尺用1:50~1:200。

（二）结构设计图　采用标准图的，在布置图内注明标准图的名称及编号，不再绘本图。特殊设计的（包括进出口式样特殊或铺砌复杂的），应绘本图。比例尺用1∶50～1∶200。

八、对于高速公路和一级公路的特大、大、中、小桥及明涵结构设计图（包括采用标准图时），应绘制交通工程及沿线设施所需要的预埋件、预留孔及其位置。

九、过水路面工程数量表　列出起讫桩号、长度、宽度、结构类型、说明、采用标准图编号、工程及材料数量等。

十、过水路面设计图　绘出立面（或纵断面）、平面、横断面。比例尺用1∶50～1∶500。对于混合式过水路面中的涵洞，应注明所采用标准图的名称及编号，可不另绘设计图。

第六篇　隧　道

一、说明

（一）初步设计（或技术设计）批复意见执行情况。

（二）隧道设计（包括工程地质、水文地质、衬砌类型、防、排水及抗震措施、特殊结构设计等）的说明。

（三）附属设施设计（包括监控、通讯、标志、消防及救援设施、通风、照明、供电等）的说明。

（四）施工方法及注意事项。

二、隧道工程数量表　要求与初步设计同。但工程、材料数量应包括附属设施的预埋件。

三、隧道设计图

（一）隧道（地质）平面图　要求与初步设计同。

（二）隧道（地质）纵断面图　要求与初步设计同。

（三）隧道（横洞）净空横断面图　要求与初步设计同。

（四）隧道一般设计图按不同形式绘出洞口、洞门、洞身立、纵、平面的一般设计图，标注各部尺寸。比例尺用1∶100～1∶200。

（五）隧道结构设计图　绘出洞口及洞门、洞身及衬砌（明洞衬砌、复合式衬砌等）、斜井、竖井、防水与排水、避车洞等图。比例尺 1∶5 ~ 1∶200。高速公路、一级公路还应绘出人行横洞、车行横洞、紧急电话洞室、电缆管(沟)等。

四、隧道附属设施　参照本章第八篇交通工程及沿线设施的要求编制,并应根据公路等级及隧道的长度等不同情况增加下列内容:

(一)入口设施设计图　绘出入口前方的预告标志、引导设施、隧道关闭及其他控制设施等的结构设施图和布置图。

(二)安全信号设计图　绘出正常和紧急情况下的安全导向信号、车道关闭和转换信号、闪烁灯光等设施的结构设施图和布置图。

(三)紧急救援设计图　绘出紧急状态下(如事故、火灾等)救援、疏散、引导等系统的结构设计图和布置图。

(四)通风设施设计图　绘出正常和紧急状态下的通风换气设施、环境卫生检测设施(如 CO、NO 的浓度检测等)的结构设计图和布置图。

(五)监视控制报警设计图　绘出闭路电视、紧急电视、报警器、交通量检测器和信息通告牌等设施系统的设计图和布置图。

(六)通信设施设计图　绘出无线及有线广播等向用户发布信息及指令设施系统的设计图和布置图。

(七)供电设计图　绘出强电不间断电源、备用电源及其自动切换系统的设计图和布置图。

(八)照明设计图　绘出洞内各种状态下的照明及调节控制、洞口灯光过渡等设施的系统设计图和布置图。

(九)消防设计图　绘出火情自动报警器、消防龙头、太平门、自动喷洒系统、灭火器及消防车辆等的系统设计图和布置图。

第七篇　路线交叉

一、说明

(一)初步设计(或技术设计)批复意见执行情况。

(二)路线交叉(包括互通式立体交叉、分离式立体交叉、人行天桥、通道、平面交叉及管线交叉)设计的说明。

（三）施工方法及注意事项。

二、互通式立体交叉一览表　参照第三章第七篇互通式立体交叉一览表列制。

三、互通式立体交叉工程数量表　列出除交通工程及沿线设施外互通式立体交叉范围内的所有工程、材料数量。

四、互通式立体交叉设计图

（一）互通式立体交叉平面图　参照路线平面图绘制。绘出被交叉公路、匝道、变速车道、跨线桥及其交角。示出互通式立体交叉区综合排水系统。比例尺用1:1000或1:2000。

（二）互通式立体交叉线位图　绘出坐标网格并标注坐标，示出主线、被交叉公路及匝道（含变速车道）中心线，桩号（公里桩、百米桩、平曲线主要桩位）、平曲线要素等。列出交点、平曲线控制点坐标表。比例尺用1:1000或1:2000。

（三）互通式立体交叉纵断面图　参照路线纵断面图绘制绘出主线、被交叉公路、匝道的纵断面。

（四）匝道连接部设计图　示出互通式立体交叉简图及连接部位置，绘出匝道与主线、匝道与被交叉道路、匝道与收费站、匝道与匝道等连接部分设计图（包括中心线、行车道、路缘带、路肩、鼻端边线，不绘地形），示出桩号、各部分宽度等。比例尺一般为1:200。并绘出缘石平面图和断面图。比例尺用1:20。

（五）匝道连接部标高数据图　示出互通式立体交叉简图及连接部位置，绘出连接细部平面（包括中心线、中央分隔带、路缘带、行车道、硬路肩、土路肩、鼻端边线，不绘地形），示出各断面桩号、路拱横坡和断面中心线以及各部分宽度。比例尺一般用1:200。

（六）互通式立体交叉区内路基、路面及排水设计图表　参照本章第四篇中路基标准横断面图、路基横断面设计图、路面结构图及排水工程设计图等图表绘制，并根据需要绘制必要的设计图表。

（七）主线及匝道跨线桥桥型布置图表　参照本章第五篇大、中桥桥型布置图表绘制。

(八)主线及匝道跨线桥结构设计图表　参照本章第五篇大、中桥结构设计图表绘制。

(九)通道设计图表　参照本章第五篇小桥设计图表绘制。

(十)涵洞设计图表　参照本章第五篇涵洞设计图表绘制。

(十一)管线设计图　比例尺根据需要定。

(十二)附属设施设计图　示出其他各项工程(包括挡土墙、交通工程及沿线设施预埋管道、阶梯、绿化等)的位置、形式,并视需要绘制设计图。比例尺根据需要定。

五、分离式立体交叉一览表　参照第三章第七篇分离式立体交叉一览表列制。

六、分离式立体交叉工程数量表　列出除交通工程及沿线设施外引道及主体的所有工程、材料数量。

七、分离式立体交叉设计图

(一)分离式立体交叉平面图　参照路线平面图绘制。其范围应包括桥梁两端的全部引道在内。图中示出主线、被交叉公路或铁路、跨线桥及其交角、里程桩号和平曲线要素,护栏、防护网、管线及排水设施的位置等。比例尺用1∶1000或1∶2000。

(二)分离式立体交叉纵断面图　参照路线纵断面图绘制。可与平面图合并绘制。

(三)被交叉公路横断面图和路基、路面设计图　参照本章第四篇的要求绘制。

(四)分离式立体交叉桥桥型布置图　参照本章第五篇大、中桥桥型布置图绘制。

(五)分离式立体交叉桥结构设计图　参照本章第五篇大、中桥梁结构设计图绘制。

(六)其他构造物设计图＊　当被交叉公路内有挡土墙、涵洞、管线等其他构造物时,参照本章相应项目要求绘制设计图。

八、人行天桥工程数量表　除交通工程及沿线设施外列出人行天桥的所有工程、材料数量。

九、人行天桥设计图　参照本章第五篇桥梁设计图绘制。

十、通道工程数量表　除交通工程及沿线设施外列出通道范围内所有工程、材料数量。

十一、通道设计图

（一）通道布置图　绘出全部引道在内的平面、纵断面、横断面。示出地质断面、地下水位等。比例尺用1∶50～1∶200。

（二）通道结构设计图＊　参照本章第五篇小桥及涵洞结构设计图绘制。

十二、平面交叉工程数量表　除交通工程及沿线设施外列出平面交叉区内（包括交叉区内主线）的所有工程、材料数量。

十三、平面交叉设计图

（一）平面交叉布置图　绘出地形、地物、主线、被交叉公路或铁路、交通岛。注出交叉点桩号及交角、水准点、位置及其编号和高程、管线及排水设施等的位置。比例尺用1∶500～1∶2000。

（二）平面交叉设计图　绘出环形和渠化交叉的平面、纵断面和横断面及标高数据图。平面设计图比例尺用1∶500～1∶2000；纵断面图水平比例尺用1∶500～1∶2000，垂直比例尺相应地用1∶50～1∶200；横断面比例尺用1∶100～1∶200。

十四、管线交叉工程数量表　列出管线交叉桩号、地名、交叉方式、交角、被交叉的管线长度及管线类型、管线上跨或下穿、净空或埋深及工程、材料数量。

十五、管线交叉设计图 管线交叉需修建人工构造物时应绘本图。比例尺用1∶50～1∶200，细部结构用1∶5～1∶50。

第八篇　交通工程及沿线设施

一、说明

（一）扼要说明设计任务依据和设计调查过程。

（二）公路交通特点。

（三）初步设计（或技术设计）批复意见执行情况。对初步设计（或技术设计）所拟订的设计原则、方案和系统构成、功能等如有变更时，应说明变更理由及报批情况。

(四)管理养护机构设置说明。

(五)新材料、新技术、新设备、新工艺的采用情况。

(六)施工图预算与批准的设计概算(或修正概算)的比较情况。

(七)与有关部门的协调情况。

(八)主要技术经济指标一览表。

(九)施工方法及注意事项。

二、平面布置总图　要求与初步设计同。

三、横断面布置图　要求与初步设计同。

四、管理机构及养护设施

(一)管理养护机构构成图　要求与初步设计同。

(二)养护设备机具一览表按业务需要分别列制。

五、安全设施

(一)安全设施一览表　列出序号、名称、规格(型号)、布置位置、桩号、数量(长度)等,并列出各种安全设施的总数量。

(二)标志一览表　列出序号、标志名称、布置位置、桩号、板面图式、尺寸及编号(图标编号),反光要求,支撑结构形式、数量等。

(三)安全设计材料数量表　分别列出各种安全设施序号、名称、规格(型号)、单位重量、数量等。

(四)护栏设计图　分别绘出路侧护栏、中央分隔带护栏的结构设计图和护栏端部、过渡段、防撞垫、活动护栏、混凝土基础等设计图。比例尺用1:5~1:100。列出单位材料数量表。

(五)防眩设计图　绘出结构设计图及各部件设计图。比例尺用1:5~1:100。列出单位材料数量表。

(六)隔离栅设计图　分别绘制结构设计图,斜坡路段、端部及拐角结构处理图,跨沟渠、通道、桥梁、互通式立体交叉等围封处理图和开口处大门设计图。比例尺用1:5~1:200。列出单位材料数量表。

(七)桥上防护网设计图　绘出结构设计图及各部件设计图。比例尺用1:5~1:100。列出单位材料数量表。

（八）混凝土护柱设计图

（九）混凝土导流块设计图

（十）里程碑、百米桩、公路界碑设计图

（十一）标志结构设计图　按不同类型分别绘出结构设计图、连接件及锚固大样图、基础结构及其配筋图、板面布置图等。比例尺用1:1～1:100。列出单位材料数量表。

（十二）标线设计图　分别绘出标准路段标线设计大样图及出入口标线、导流标线、收费广场标线、平交路口渠化标线、车行道宽度渐变段标线、导向箭头、路面文字标记、立面标记、突起路标等的设计图。比例尺用1:10～1:500。列出单位材料数量表。

（十三）视线诱导标结构设计图　比例尺用1:5～1:200。列出单位材料数量表。

（十四）安全设施布置图　绘出各互通式立体交叉区域、服务区、收费广场及公路交通条件比较复杂、安全设施相对较集中路段的布置图。

六、监控设施

（一）监控工程数量表　列出序号、工程名称、布置位置、桩号、数量等。

（二）监控设施材料数量表　列出序号、名称、规格（型号）、单位重量、数量等。

（三）设备安装一览表　列出序号、设备名称、规格（型号）、安装位置、桩号、数量等。

（四）外场设备沿线布置图

（五）外场设备平面设计图

（六）外场设备横断面设计图

（七）监控系统设备配线图　绘出控制中心、分中心、外场设备等的配线图。

（八）外场设备接地装置图　绘出控制中心、分中心、外场设备等的接地装置图。

（九）监控系统配电施工图　绘出控制中心、分中心、外场设备等的配电施工图。

（十）监控系统软件流程及软件模块详细框图

（十一）外场设备支撑结构设计图　绘出结构设计图、连接件及锚固件大样图、工作平台和基础结构及其配筋图等。比例尺用1:1～1:100。列出单位材料数量表。可变标志也按上述要求绘制。

七、通信设施

（一）通信工程数量表　列出序号、工程名称、设置位置（桩号）、数量等。

（二）通信设施材料数量表　列出序号、名称、规格（型号）、单位重量、数量、重量等。

（三）设备安装一览表　列出序号、设备名称、规格（型号）、安装位置（桩号）、数量等。

（四）人孔布设一览表　列出序号、人孔桩号、人孔类型、出孔方向等。

（五）光缆线路路由图

（六）光缆线路传输系统配置图

（七）通路组织图

（八）光缆缆芯及保护层结构断面图

（九）光缆接头盒及保护罩图

（十）人孔光缆接头安装方式图

（十一）进站光缆安装方式图

（十二）光缆进站封堵和保护图

（十三）光缆配线架的运用、排列、配线图

（十四）PABX 的中继方式图

（十五）主配线架的电缆运用、排列、配线图

（十六）数字配线架的电缆运用、排列、配线图

（十七）室内走线架（槽）布置及电缆运用、排列安装图

（十八）各类机房设备的布置、安装图

（十九）紧急电话控制台设备连接图

(二十)PABX 话务台、网管设备、计费终端设备的排列连接图

(二十一)用户终端设备安装图

(二十二)数字传输、图像传输、移动通信等各分系统控制、管理设备的排列连接图

(二十三)移动通信天线系统的安装连接图

(二十四)通信机房交、直流供电设备配置图

(二十五)通信站接地系统图

(二十六)通信站接地装置安装图

(二十七)通信管道施工图　包括各类人(手)孔,过桥管箱,进沿线管理站房、收费站、服务区等的横穿管线,标准件及非标准件设计图。

(二十八)路侧紧急电话平台设计图

(二十九)路侧紧急电话机安装图

(三十)其他图表

八、收费设施

(一)收费工程数量表　列出序号、工程名称、设置位置、桩号、收费入口及出口数量等。

(二)收费设施材料数量表　列出序号、名称、规格(型号)、单位重量、数量等。

(三)设备安装一览表　列出序号、设备名称、规格(型号)、安装位置、桩号、数量等。

(四)收费站、收费分中心、收费中心设备安装、配线图表　包括计算机、不中断电源、对讲机控制台、闭路电视控制台、监视器等设备的安装方法和配线等。

(五)收费车道设备安装、配线图　包括在车道安装的车辆检测器探头等。

(六)其他设备安装、配线图。

(七)收费广场通信电缆芯分配图　包括数据传输、对讲系统等通信电缆。

(八)收费广场设备配电、接地系统配线施工图

（九）收费设备基础、支撑件施工设计图

（十）收费车道、收费站、收费分中心、收费中心各级计算机数据流程图

（十一）各种软件模块详细框图

（十二）其他图表

九、服务设施

（一）服务设施一览表　列出序号、桩号、名称、规格（型号）、布置位置、数量等。

（二）服务设施平面布置图　要求与初步设计同。

（三）服务设施区域内公路设计图表　按照第5.2.1条有关篇的要求编制。编制范围与初步设计同。

十、供电、照明设施

（一）供电设施

1. 供电设施一览表　列出序号、名称、负荷容量、桩号、数量等。

2. 供电设施主要设备材料数量表　要求与初步设计同。

3. 供电系统构成图　要求与初步设计同。

4. 变电所电力系统图

5. 变电所机房布置及设备安装图

6. 备用电源（柴油发电机组）切换原理图

7. 低压配电盘系统及设备图

8. 电力电缆敷设图

9. 电力电缆管道及电力井施工设备图

10. 防雷接地系统图

11. 配电设备接地设计图

12. 其他图表

（二）照明设施

1. 照明设施一览表　列出序号、工程名称、设置区段、桩号、负荷量等。

2. 照明设施材料数量表　列出序号、名称、规格（型号）、单位重量、数量等。

3. 照明系统图

4. 照明平面布置图　绘出照明区段的灯柱、电缆管道等设施的平面布置形式。比例尺用 1∶200 ~ 1∶1000。各照明区段分别绘制。

5. 照明配电箱线路图

6. 照明设施结构设计图　绘出照明灯柱（高杆灯柱）、灯具等的结构设计图（包括基础及其配筋图等）。按不同类型分别绘制。高杆灯柱还应绘制防雷接地设计图。比例尺用 1∶5 ~1∶100。

十一、房屋建筑

（一）总体工艺设计

1. 建筑规模一览表　分别列制或一并列制。列出各类管理养护房屋（管理中心、分中心、服务区、停车区、养护工区、救援站、收费站等）的设置位置（桩号）、用地面积、建筑面积、房建技术要求、建筑标准等。

2. 建筑场地总体平面布置图　分别绘制管理中心、分中心、服务区、停车区、养护工区等的建筑场地与主线（或周围公路网）的相互关系、区域内各功能小区和公路网的平面设计图等。

3. 监控通信房建及设备布置图　分别绘出管理中心、分中心等的管线进出方式图、工艺沟槽和孔洞位置及其结构图、设备布置位置图，并提出对供配电、消防、通风、空调等的工艺技术要求和建筑材料的规格要求。

4. 收费站房平面布置图　绘出收费站房各层平面，示出监控室、机房、配电室、票房、配件室等的位置及相互关系，设备布置图及电缆沟槽和孔洞等的位置图及其结构图。

5. 收费广场房建工艺图　分别绘出收费广场、收费岛、收费亭及其通风换气装置、收费天棚、地下通道等的工艺设计图。标出电缆管线、上下水的工艺处理。

（二）建筑设计

根据总体工艺设计和建设部有关施工图设计的要求编制，包括总平面、建筑、结构、给排水，供暖、电气和消防等设计图表。

第九篇 环境保护

一、说明

（一）初步设计（或技术设计）批复意见执行情况。

（二）公路工程及设施与沿线自然环境的协调情况及采取的措施等。

（三）环境保护设施结构设计及布置说明。

（四）施工方法及注意事项。

二、环境保护工程一览表 要求与初步设计同。

三、环境保护工程设备材料数量表 列出序号、工程名称、设备材料名称、规格、单位、数量等。

四、美化绿化设计图 绘出重点景区环境美化设计图，如互通式立体交叉和大型服务区等。

五、声屏障结构设计图 绘出声屏障的结构设计图及其大样图。比例尺用1∶5～1∶200。列出单位材料数量表。

六、污水处理设计图 绘出服务区、管理区、养护工区等区域的污水处理平面布置总图、构造详图。列出单位设备、材料数量表。

第十篇 渡口码头及其他工程

一、说明

（一）初步设计（或技术设计）批复意见执行情况。

（二）渡口码头及其他工程的说明。

（三）施工方法及注意事项。

二、渡口码头数量表 列出桩号、河名或地名、河流宽度、工程和设备名称、单位数量、采用图纸编号、工程或设备数量。

三、渡口码头设计图 示出渡口码头平面位置、渡口管理机构面平位置、码头停车场位置、引道纵坡和有关结构图及各部尺寸、河流方向、水位。平面图比例尺用1∶500～1∶2000；垂直比例尺相应地用1∶50～1∶200；结构图比例尺用1∶5～1∶200。

四、其他工程数量表 列出改移公路、辅道、支线及分离式立体交叉桥与通道端的接线、改移河道、悬出路台、防雪走廊等的桩号、数量等。

五、其他工程设计图　按不同工程分别绘制。比例尺根据需要确定。

第十一篇　筑 路 材 料

一、说明

(一)初步设计(或技术设计)批复意见执行情况。

(二)沿线筑路材料质量、储量及采运条件的说明。

(三)大型料场及带形料场的说明。

(四)与地方政府就料场开采、运输的意向协议等。

二、沿线筑路材料料场表　列出料场编号、材料名称、料场位置(距路线距离、上路桩号)、料场说明、储藏量、计划用量(路面、特大桥、大桥、中桥、其他构造物)、覆盖层(种类、厚度、面积)、开采时间、运输方式、通往料场的道路情况及所需便道、便桥长度等。

三、沿线筑路材料试验资料表　要求与初步设计同。

四、沿线筑路材料供应示意图　示出路线的桩号、特大桥、大桥、中桥、隧道、互通式立体交叉、分离式立体交叉、大型挡土墙及两侧主要料场的位置,材料上路桩号及距离。特大桥、大桥、隧道、互通式立体交叉应分别计算运距。中桥和分离式立体交叉及大型挡土墙也可分别计算运距。路面及其他构造物等可全线分段计算平均运距。计算运距时可根据施工组织设计及招标段落划分情况,考虑集中预制、集中拌和因素,计算各项工程原材料、成品及半成品的运距。

第十二篇　施工组织计划

一、说明

(一)初步设计(或技术设计)批复意见执行情况。

(二)施工组织、施工期限、主要工程的施工方法、工期、进度及措施。

(三)劳动力计划及主要施工机具的使用安排。

(四)主要材料供应、运输方案及临时工程的安排。

(五)对缺水、风沙、高原、严寒等地区以及冬季、雨季施工所采取的措施。

(六)对高速公路和一级公路的交通工程及沿线设施施工协调和分期实施有关问题的说明。

(七)施工准备工作的意见(如拆迁、用地、修便道、便桥、临时房屋、架设临时电力、电讯设施等)。

二、工程进度图　列出工程项目名称、单位、数量、劳力等,按年、月分别绘出各工程项目施工延续工期并标出其月计划工日,绘出劳动力安排示意图等。

三、主要材料计划表　列出材料名称及规格、单位、数量、来源、运输方式、年、季计划用量等。

四、主要施工机具、设备计划表　列出机具名称及规格、数量(台班、台数)、使用期限(开始、完成)、年、季计划用量等。

五、临时工程数量表　包括便道、便桥、预制场、施工场地、电力及电讯线等。列出地点或桩号、工程名称、工程说明、工程数量等。

六、公路临时用地表　列出位置或桩号、工程名称、隶属(县、乡、个人)、长度、宽度、土地类别及数量。

第十三篇　施工组织计划

施工图预算应按交通部现行《公路工程预算定额》和《公路基本建设工程概算、预算编制办法》的规定编制。

交通工程及沿线设施中收费、监控、通信、供配电和房建等项目的第一和第二部分费用按相关行业的有关规定编制,第三部分和预留费用按交通部有关规定编制。其预算按交通部的要求汇总,列入公路工程的预算汇总表。

附件　基础资料

1. 补充地质勘探资料。

2. 补充水文调查、计算资料,流速、流量模型试验资料等。

第三节　改建公路工程

第5.3.1条　改建公路工程的施工图设计文件除按第5.2.1条的规定编制外，尚应增加下列内容：

一、说明利用和废弃原有公路的情况；

二、废弃拆毁原有桥涵及其他构造物表；

三、原有路基、路面、桥涵及其他构造物的利用、加固、加宽、接长等，应在有关图表中反映，并予以说明。

第5.3.2条　改建公路工程采用一阶段施工图设计时，其设计文件除应按第5.3.1条的规定编制外，还应增加第3.3.1条规定的有关内容。

第六章　其　他

第6.0.1条　各阶段的设计文件幅面尺寸应采用297mm×420mm（横式）和210mm×297mm（立式）。设计文件应装订成册，每册不宜过厚或过薄，以便于使用和保管。

各种设计图纸的幅面尺寸一般采用297mm×420mm。必要时可增大幅面，其尺寸应符合国家现行《道路工程制图标准》的规定，送审的图纸应按297mm×420mm折叠，也可按210mm×297mm折叠；但必须按210mm×297mm折叠归档；交付施工的图纸可不折叠。

第6.0.2条　设计文件每册封面上一般应列出公路路段或建设项目名称（或工程代号）及里程全长、设计阶段及设计文件名称、册数（第××册共××册）、测设单位名称。

设计文件每册扉页的内容应包括公路路段或建设项目名称（或工程代号）及里程全长、设计阶段及设计文件名称、册篇组成、主办单位、勘察设计证书等级及编号、各级负责人签署、参加测设人员（技术员以上）姓名职务及工作项目或内容、设计文件编制年月。

设计文件每册应有总目录。

设计文件中的图表均应经设计人员签署。

送审的设计文件封面颜色为:初步设计为淡豆绿色,技术设计为粉红色,施工图设计为奶油白色或象牙白色。

第6.0.3条 路线平纵面缩图、路线平面图、路线纵断面图等的起讫方向均应从左到右,里程桩号由小到大,标注的字头向上,但地形图上的标注仍按测绘标注不变。

第6.0.4条 设计文件中的计量单位应采用《中华人民共和国法定计量单位》;公路工程名词应采用《公路工程技术标准》、《公路工程名词术语》、《道路工程术语标准》及有关技术规范、规程所规定的名词,无规定的可采用习惯使用的名词。

第6.0.5条 所有重要的有价值的试验资料、设计计算资料,以及按保密法划分为密级以上的原始资料均不附入文件中,但应整理归档备查。

第6.0.6条 设计文件报送主管部门或委托单位的份数为:两阶段(或三阶段)初步设计10份,技术设计10份,施工图设计8份;一阶段施工图设计14份。如需要增加份数可与设计单位协商解决。

第6.0.7条 设计文件常用符号规定如表6.0.7。

第6.0.8条 交通工程及沿线设施设计文件用代号见表6.0.8。

设计文件常用符号 表6.0.7

名　称	英文符号	汉语拼音或国际通用符号	备　注
交点	I. P.	JD	(交点)
转点	T. P.	ZD	(转点)
导线点	R. P.	DD	(导点)
圆曲线起点	B. C.	ZY	(直圆)
圆曲线中点	M. C.	QZ	(曲中)
圆曲线终点	E. C.	YZ	(圆直)
复曲线公切点	P. C. C.	GQ	(公切)
第一缓和曲线起点	T. S.	ZH	(直缓)
第一缓和曲线终点	S. C.	HY	(缓圆)
第二缓和曲线终点	C. S.	YH	(圆缓)
第二缓和曲线起点	S. T.	HZ	(缓直)

续上表

名　称	英文符号	汉语拼音或国际通用符号	备　注
反向平曲线点	P. R. C.	FGQ	（反拐曲）
变坡点	P. V. I.	SJD	（竖交点）
竖曲线起点	B. V. C.	SZY	（竖直圆）
竖曲线终点	E. V. C.	SYZ	（竖圆直）
竖曲线公切点	P. C. V. C.	SGQ	（竖公切）
反向竖曲线点	P. R. V. C.	FSGQ	（反竖拐曲）
比较线标记	A、B、C…	A、B、C…	冠在比较线里程桩号前和 B. M. 点号后
改线、改移、差错改正	R	G	冠在里程桩号前
公里标	K	K	符号书写在里程桩号前
转角		Δ	
左转角		Δ_L	
右转角		Δ_R	
缓和曲线角		β	
缓和曲线参数	A	A	
平、竖曲线半径	R	R	
曲线长（包括缓和曲线长）	L	L	
圆曲线长	L_c	L_y	（L 圆）
缓和曲线长	L_s	L_b	
平、竖曲线切线长（包括设置缓和曲线所增切线长）	T	T	
平曲线外距（包括设置缓和曲线所增外距）、竖曲线外距	E	E	
校正值（两切线与曲线长度的差值，包括设置缓和曲线所引起的变动）	D	J	（校）

续上表

名　　称	英文符号	汉语拼音或国际通用符号	备　　注
超高值	hs(或 e)	hc	
超高缓和长度	lr	lc	
加宽缓和长度	lw	lj	
横坐标	X	K	
纵坐标	Y	Y	
方位角		θ	
计算方位角		θ_c	
方向角	Z	φ	
计算方向角	Zc	φj	
水准点	B. M.	B. M.	
高程	EL.	EL.	
设计高程	D. EL.	D. EL.	
路基宽度	B	B	
用地界	R/W(或 R. O. W)	YDJ	(用地界)
路面宽度	b	b	
路基加宽度	Bw	Bj	
路面加宽度	bw	bj	
流量	Q	Q	
流速、计算行车速度	V	V	
设计水位	D. W. L.	SW	(设位)
历年最高洪水位	H. W. L.	GW	(高位)
多年平均洪水位	M. F. L.	PW	(平位)
历史最高流冰水位	H. I. W. L.	BW	(冰位)
历史最高潮水位	H. T. W. L.	CW	(潮位)
通航水位	N. W. L.	HW	(航位)
普通水位	O. W. L.	TW	(通位)
测量时水位	S. W. L.	LW	(量位)
地下水位	U. W. L.	DW	(地位)
东	E	E	

续上表

名　称	英文符号	汉语拼音或国际通用符号	备　注
南	S	S	
西	W	W	
北	N	N	
左	L	Z	（左）
右	R	Y	（右）
面积	A	A	
填高	F	T	（填）
挖深	C	W	（挖）
填面积	A_F	A_T	
挖面积	A_C	A_W	
体积	V	V	
长	L,I	L	
宽	B,b	B,b	
高	H,h	H,h	
厚	d,δ	d,δ	
直径	D,d	D,φ	
半径	R,r	R,r	
录音机	AR		
放大单元	AU		
大屏幕	BS		
大屏幕投影仪	BSP		
大屏幕投影系统	BSPS		

续上表

名　称	英文符号	汉语拼音或国际通用符号	备　注
中央通信控制单元	CCCU		
闭路电视	CCTV		
闭路电视摄像机	CCTVC		
闭路电视控制单元	CCTVCU		
闭路电视监视器	CCTVM		
通信控制单元	CCU		
彩色图形计算机	CGC		
彩色图形监视器	CGM		
彩色图形控制单元	CGU		
通信接口	CI		
控制键盘	CK		
可变情报板	CMS		
一氧化碳检测器	CO		
通信系统	CS		
可变标志计算机	CSC		
可变限速标志	CSLS		
本地控制器	CTR		
控制单元	CU		
中文显示终端	CVDU		
驱动单元	DRU		
检测单元	DU		
紧急电话	ET		
紧急电话控制单元	ETCU		
紧急电话控制台	ETCO		
外场设备控制器	FEC		
综合控制台	GCD		
光盘	LD		
激光打印机	LPT		
车道控制标志	LS		
调制解调器	M		

续上表

名　　称	英文符号	汉语拼音或国际通用符号	备　　注
手动单元	MU		
打印机	PT		
处理单元	PU		
遥控键盘	RCK		
扫描仪	SC		
自控单元	SCU		
存贮单元	SU		
收费计算机	TC		
交通信息计算机	TIC		
交通信号灯	TRS		
收费系统	TS		
交通监控中心	TSCC		
交通监控单元	TSCU		
交通控制系统	TSCS		
不中断电源	UPS		
车辆检测器	VD		
地图板	WM		
气象检测器	WS		
初步设计标记		C	冠于各种图号、表和里程桩号前
施工图设计标记		S	
技术设计标记		J	

交通工程及沿线设施设计文件用代号表　　表 6.0.8

一、设置于公路路基上的护栏代号，由护栏构造形式代号、防撞等级代号、埋设条件代号三部分组成。各种代号规定如下：

（一）构造形式代号

Gr——波形梁护栏

Grb——有防阻块的波形梁护栏

Grd——组合型波形梁护栏

Gc——缆索护栏

Gw——混凝土护栏

Gwb——基本型混凝土护栏

Gwm——改进型混凝土护栏

（二）防撞等级代号

A——路侧 A 级

S——路侧 S 级

Am——中央带分隔 A 级

Sm——中央带分隔 S 级

（三）埋设条件代号

E——埋设于土中

Em——中央带混凝土护栏嵌锁在基层中

E1——路侧混凝土护栏埋置在基层中

E2——路侧混凝土护栏与下部构造物连接

B——埋设于混凝土基础中

R——混凝土护栏通过传力钢筋与基础连接

（四）标注方法

1. 通式：

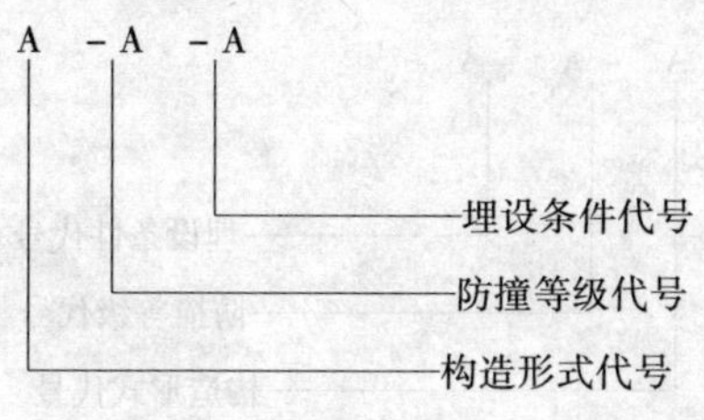

续上表

2. 示例：

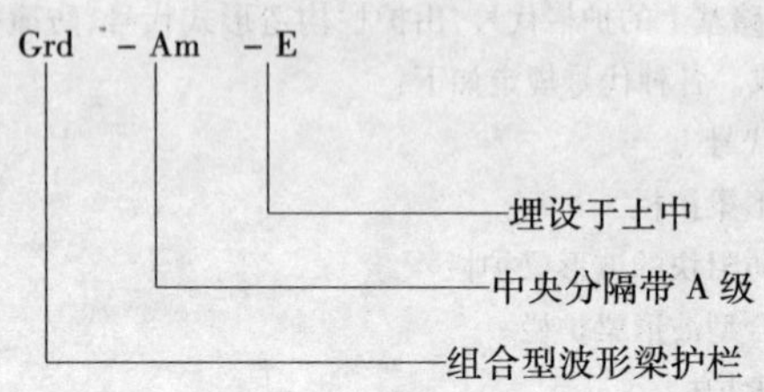

二、设置于桥梁上的护栏代号，由护栏构造形式代号、防撞等级代号、埋设条件代号三部分组成。各种代号规定如下：

（一）构造形式代号

Bp——梁柱式护栏

Rcw——钢筋混凝土墙式护栏

Cm——组合式护栏

（二）防撞等级代号

PL1——一级

PL2——二级

PL3——三级

（三）埋设条件代号

B——埋设于混凝土基础中

Fp——桥梁护栏通过法兰盘与桥面板连接

R——混凝土桥梁护栏通过传力钢筋与桥面板整体连接

（四）标注方法

1. 通式：

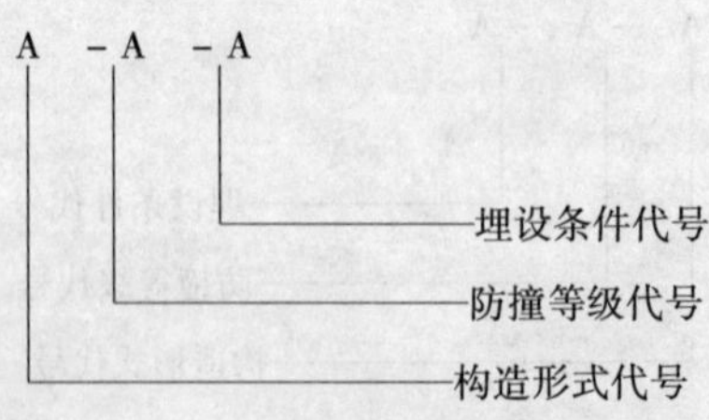

续上表

2. 示例:

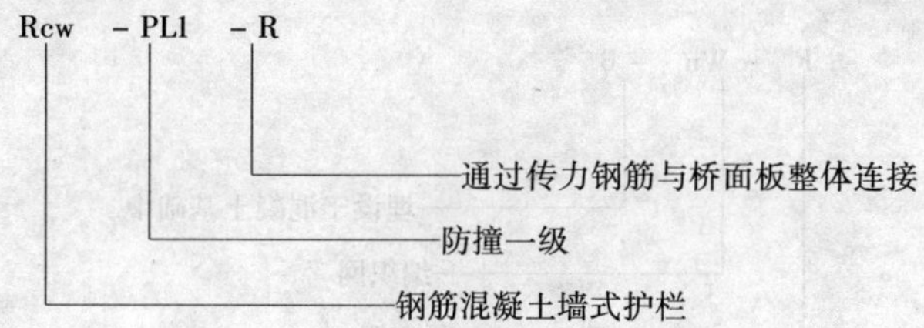

三、隔离设施的代号由隔离栅代号、构造形式代号、埋设条件代号三部分组成。各种代号规定如下:

(一)隔离栅代号

F——隔离栅

(二)构造形式代号

Wn——编织网

Ww——焊接网

Hw——拧花网

CL——拔花网

Em——钢板网

Bw——刺铁丝

(三)埋设条件代号

E——埋设于土中

B——埋设于混凝土基础中

(四)标注方法

1. 通式:

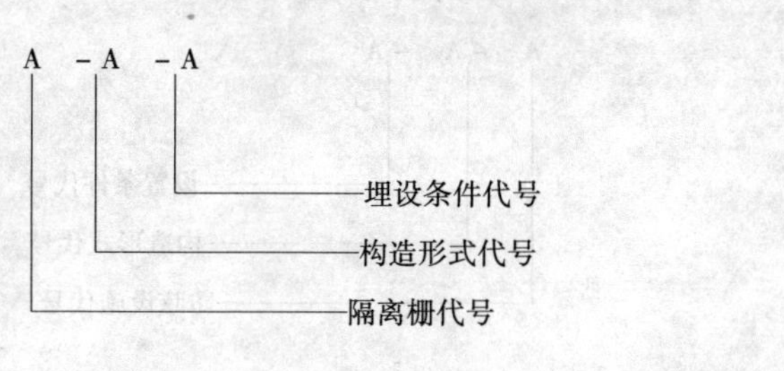

续上表

2. 示例：

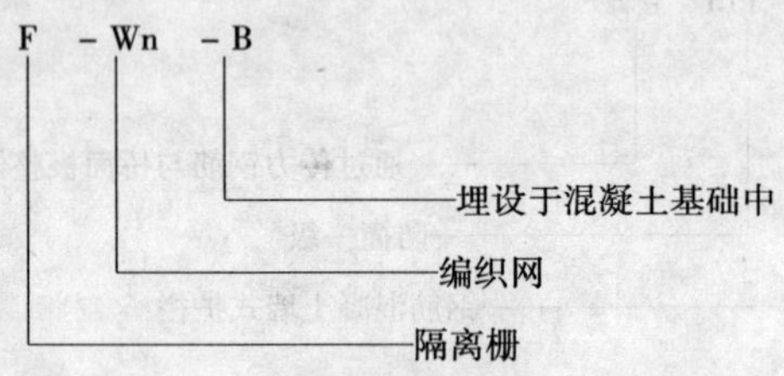

四、防眩设施的代号由防眩设施代号、构造形式代号、设置条件代号三部分组成。各种代号规定如下：

（一）防眩设施代号

Gs——防眩设施

（二）构造形式代号

P——防眩板

N——防眩网

（三）设置条件代号

E——埋设于土中

B——埋设于混凝土基础中

Gw——设置在混凝土护栏上

Gr——设置在波形梁护栏上

（四）标注方法

1. 通式：

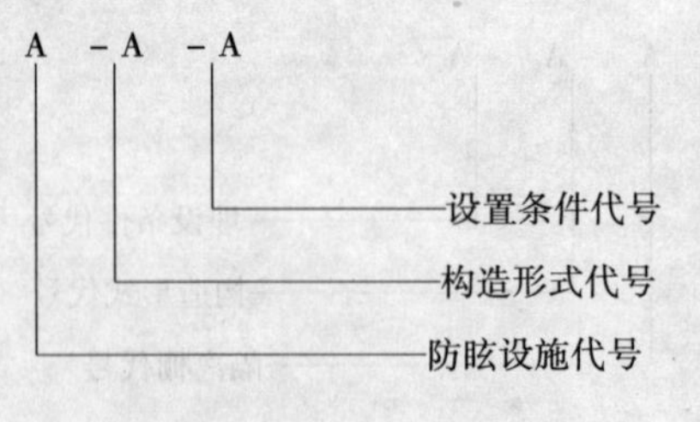

续上表

2. 示例：

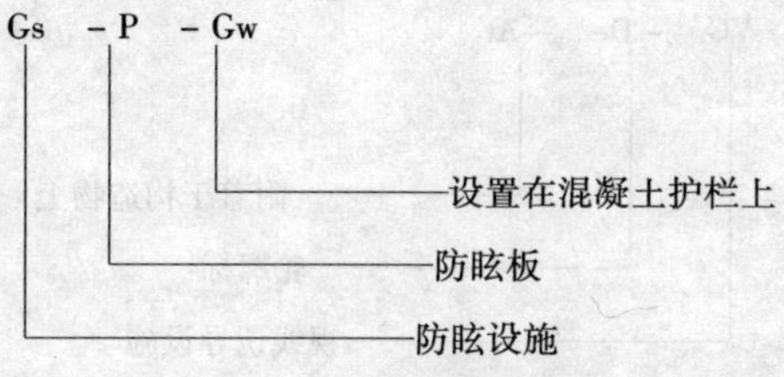

五、视线诱导设施代号由视线诱导设施代号、构造形式代号、设置条件代号三部分组成。各种代号规定如下：

（一）视线诱导设施代号

VG——视线诱导设施

（二）构造形式代号

De——轮廓标

Dv——分流诱导标

Cv——合流诱导标

Gca——线形诱导标（指标性）

Wca——线形诱导标（警告性）

（三）设置条件代号

E——设置于土中

At——附着于构造物上

B——设置于混凝土基础中

（四）标注方法

1. 通式：

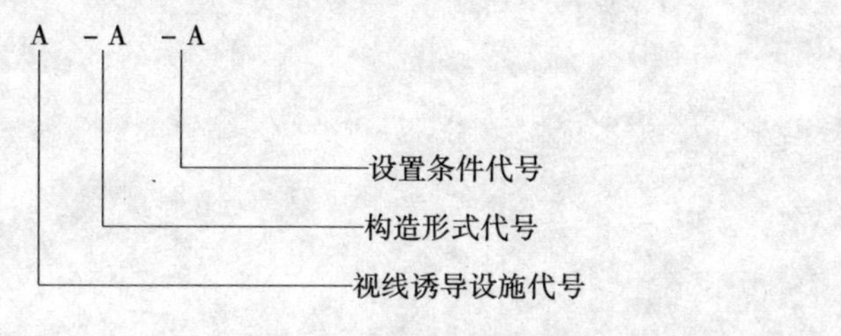

续上表

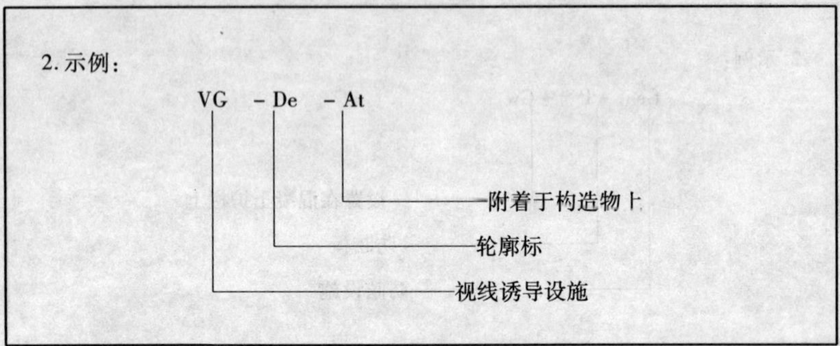

附件

有关问题的说明

1. 适用范围

本《办法》主要适用于新建和改建的公路工程基本建设项目。公路养护的大、中修工程虽不属基本建设，但为保证其设计质量故仍规定参照使用。

2. 设计文件与可行性研究的关系

本《办法》对设计阶段的划分，系由批准的可行性研究报告后开始的。在此之前的可行性研究不属本《办法》的范围。鉴于工程建设项目可行性研究是基本建设程序中的组成部分，是编制设计文件的科学依据，因此，测设单位在勘测设计和编制设计文件之前，应认真研究该项目可行性研究报告，了解工程建设意图和有关情况，使所编制的设计文件与可行性研究报告紧密衔接。

3. 关于分期修建和分期实施的问题

根据 1991 年 9 月 20 日至 23 日交通部工程管理司召开的关于"高速公路分期修建及交通工程设施分期实施"座谈会的主要精神：

"关于高速公路分期修建的问题，考虑到我国公路交通发展和公路建设资金的实际情况，高速公路采取纵向（即分段实施、逐步推进）、横向（即先修半幅，在适当时间再修另半幅）以及对某些工程项目分期实施等多种方式。采取什么方式分期修建，应当根据各自的社会经济、交通量、自然条件以及建设资金等方面的具体情况，在可行性研究时通过技术经济论证予以确定。"……"高速公路实施分期修建时，应做好前期期工程与后期工程的总体配套设计，处理好两期工程相互衔接问题及用地预留问题。"

关于"高速公路和一级公路的交通工程设施以交通量为主要决策指标……，分期实施，可根据不同情况逐步完善。分期实施应做好全路段的总体设计，采用一次设计分期实施的办法。”

为此本《办法》在总则中增加了 1.0.5 条的要求，即“公路工程基本建设项目进行分期修建时，应做好前期工程与后期工程的总体配套设计，即一次设计、分期实施并处理好前、后期工程相互衔接及用地预留问题”。公路工程基本建设项目内含交通工程设施，其分期实施要求相同，不另作规定。

4. 关于变更设计问题

交通部 1983 年 2 月(83)交公路字 262 号文颁发的《公路工程基本建设管理办法》中第十条规定：“对不增大总概算，不降低技术标准的一般性修改，经设计单位同意，并经该项工程施工技术负责人审查后即可修改。如设计方案和技术标准等有原则变动和总概算有增加时，必须报经设计文件批准机关批准，方可修改”。交通部又于 1992 年 5 月 16 日交工发(1992)378 号文件发布的《公路工程施工监理办法》中第十八条(2)根据工程实际情况，监理工程师有权按照施工文件变更范围对工程或其任何部分的形式、质量、数量及任何工程施工程序做出变更的决定，确定变更工程的单价和价格并下达变更令，对施工合同中规定的较大变更，由监理工程师审查后报建设单位批准。

鉴于上述故在总则中只作原则规定，即“设计文件经批准后，不得任意变更，如确需变更，应按交通部现行的有关规定办理”。

5. 关于概、预算的编制

鉴于概、预算文件组成内容已在《公路基本建设工程概、预算编制办法》中具体规定；同时考虑到概、预算定额和概、预算编制办法的修订周期和本《办法》的修订周期不可能同步，故本《办法》规定“设计文件中工程定额的采用和概、预算应根据交通部现行的《公路工程概算定额》、《公路工程预算定额》和《公路基本建设工程概、预算编制办法》的规定编制”。交通工程及沿线设施中收费、监控、通信、供配电和房建等项目的第一和第二部分费用按相关行业的有关规定编制，第三部分和预留费用按交通部有关规定编制。其概、预算按交通部的要求汇总，列入整个公路工程的概、预算汇总表。

6. 关于公路勘察设计资格

为了加强对工程勘察、设计单位的管理，保证勘察、设计质量，使勘察、设计单位提交的文件和工作成果能够达到国家或专业部门规定的深度和质量要求，1991 年交通部工程管理司编制的《交通行业资格分级标准》（送审稿）规定了各等级的勘察设计单位所允许承担的勘察设计工作，未取得勘察设计证书的单位，包括技术咨询单位，均不得承担勘察设计任务。为此，本《办法》在总则中将第 1.0.9 条修改为“公路工程基本建设项目的设计文件，必须由具有相应等级的交通行业勘察设计证书的单位编制”，以确保设计质量。

7. 关于技术设计阶段

随着公路建设事业的发展，汽车专用公路、特大桥、隧道、互通式立体交叉、交通工程及沿线设施以及新的工程结构已经修建。考虑到这些投资大的工程往往技术上复杂，有的缺乏经验，有的缺乏基础资料，若采用两阶段设计，可能有些技术问题在初步设计阶段难以解决。为此，根据国家建委（78）建发设字第 410 号文件“对于技术复杂而缺乏设计经验的项目，经主管部门指定可增加技术设计阶段”的规定，本《办法》在初步设计与施工图设计两个设计阶段之间，增加技术设计阶段，以便技术复杂而缺乏经验的工程建设项目采用。

本《办法》第 2.0.1 条中关于采用三阶段设计的规定，有两种情况；一种是建设项目中的路线，由于地质复杂以及基础资料缺乏和不足，需增加技术设计以利于更合理地修改方案；另一种是建设项目中的特大桥、隧道、互通式立体交叉、交通工程以及新的工程结构等，由于技术复杂而缺乏经验，以及新技术发展较快需论证设备选型，或尚需进一步专题研究试验的个别工程，增加技术设计阶段。这样既可合理地确定技术方案，又可减少勘察设计的工作量。

8. 三阶段设计文件的编制

采用三阶段设计时，其初步设计的组成与内容和两阶段初步设计的要求相同,即根据可行性研究报告批复意见,测设合同,以及初测、初勘或定测、详勘资料编制。

由于技术设计是着重于解决初步设计阶段未能解决的重大技术问题或落实工程技术方案,需通过科学试验、专题研究,加深勘探调查等手段,补充完善基础资料,才能解决或落实。而这些技术问题、技术方案随工程的不同而异,因而其试验的项目、研究的专题以及勘探调查的内容及深度等,亦都随工程的不同而各不相同,所以在本《办法》第四章技术设计中,只规定其目的与要求及技术设计文件编制应达到的深度。根据近期公路建设项目的设计经验以及本《办法》对初步设计的加深,对整个路线方案或较长路段方案的变动,及其连锁反应需变动的问题,已在初步设计中基本确定,至于个别路段需进行技术设计仅是为补充基础资料而作局部修改。故本《办法》将第4.1.2条中需要解决的技术问题如原《办法》中基本确定路线具体位置,以及所影响范围的项目作了删减,保留了条文中所列的一至五项。对文件的组成与内容,则应根据要解决的技术问题或技术方案的具体情况,参照本《办法》中有关章节进行编制。

关于技术设计文件的深度,均应在定测和详勘资料的基础上进行编制。这样,搜集的资料比较完整,提供的工程数量比较可靠,有利于达到进一步控制投资的目的。

三阶段设计中施工图设计文件的编制,由于定测和详勘已在技术设计阶段进行,在施工图设计阶段则应对某些不能满足施工需要和漏测之处,进行补充详勘和补充定测,然后编制施工图设计文件。

因此,本《办法》第2.0.2条中规定“三阶段设计时,技术设计应根据批复的初步设计、测设合同和定测、详勘资料编制;施工图设计应根据批复的技术设计、测设合同和补充定测、补充详勘资料编制”。

9.一阶段设计的适用条件

对于小型项目,考虑到大、中、小型是按建设项目的规模大小和投资多少作为划分标准的，而不是以技术复杂程度、方案是否明确来衡量的。由于小型建设项目并非都是技术简单、方案明确的，因此，也不宜以此作为选择设计阶段的依据。对于大、中型建设项目，考虑到工程大、投资多，尽管可能属于技术简单、方案明确，仍以采用两阶段设计为宜。故本《办法》规定“技术简单、方案明确的小型建设项目，可采用一阶段设计”。

10. 初步设计的深度

本《办法》在初步设计阶段为了选定合理的方案和达到工程数量基本正确，并考虑到编制招标文件所需要的设计资料，在原《办法》的基础上作了进一步的加深。

初步设计文件是在经批复审查后的可行性研究报告的基础上进行编制的。由于前期工作，工程数量大多是预估的，往往采用某一个方案作初步设计是不足为据的。为使最终方案的选定比较经济、合理，本《办法》增加了第 3. 1. 2 条的内容，强调了对路线走向、控制点和方案要求进行现场核查、落实路线布置方案，一般应在纸上进行方案比较，赴实地放出必要的控制线位桩后定线。对复杂困难地段的路线、互通式立体交叉、隧道、特大桥、大桥的位置等，一般应选择两个或两个以上的方案作同深度、同精度的测设工作和方案比选，提出推荐方案。对投资影响较大的工程，将初步确定（或选定）修改为基本确定（或选定），以满足工程数量基本正确和照顾到招标文件所需的设计资料。

11. 关于汽车专用公路

原《办法》发布执行几年来，我国已修建了十几条高速公路和一级公路，经过这些公路的修建，经验日趋成熟，正在逐步纳入规范。本《办法》的修改，主要是增加汽车专用公路的交通工程及沿线设施设计文件编制的内容。为满足高速公路和一级公路设计文件编制的需要，对路线、路基、路面、路线交叉和隧道等的内容和要求都作了增加和补充。

12. 关于总体设计★

10 多年来高速公路和一级公路的修建有了迅速发展，使我国公路结构发生了巨大变化，与原有一般公路相比，不但主体的平纵线形指标很高，而且相应增加了路线的互通式立体交叉、分离式立体交叉，复杂的平面交叉及交通工程设施等诸多工程项目。这些工程项目无论设计和施工都较一般公路的工程项目复杂得多，所以从技术上必须加强这些工程的总体设计。对于线位与各控制点、路线平纵线形与地形及各项构造物、路线交叉、各项设施的设置位置、间距等的衔接、协调与横断面之间的关系等，以及公路工程对自然环境的保护和协调、分期修建的总体布局及实施方案等，应在统筹布局的指导下系统地作好各项设计。目的是使设计成为配套的整体，克服现有工程设计中的连不上、不协调、布局不合理等的弊端，以保证公路总体布局和设计的经济合理，使高速公路和一级公路的设计水平得到不断的提高。为此在本《办法》中增加了总体设计的内容。

13. 关于公路用地图

在初步设计路线篇中增加了公路用地图一项。这一方面是考虑招标需要；另一方面在目前的公路建设中用地已越来越重要，征用土地费用已占工程造价相当比重，尤其是高速公路和一级公路占用土地数量比较多，所以必须认真调查清楚，绘于图中。

有了用地图以后，可以更好地调查征地、拆迁的对象和数量，做好有关协调工作，使初步设计阶段方案的比选确定的线位及占地数量更为可靠，避免因某些构造物不能拆迁或其他缘故，在施工图阶段对线位进行较大改动。

14. 关于路基、路面及排水

原《办法》第三篇路基、路面及其设计图表编制的规定比较笼统。本《办法》将路基、路面改为路基、路面及排水，列为第四篇。这是由于路基、路面遭受破坏，绝大部分是因排水不良而造成的，问题较多，故本篇将排水与路基、路面并列，并充实、加深了图表的内容。

在初步设计阶段增加了“路基一般设计图”、“特殊路基设计工程数量表”、“取土坑（场）弃土堆（场）平面图”、“路面工程数量表”和路基、路面排水工程数量表及设计图等。增列这些图表后，使路基、路面及排水的图表配套完善，内容充实，加深了初步设计。

关于“路基一般设计图”与特殊路基设计图、表的关系，这两者的基本内容是相对应的。若有特殊地区（段）的路基，包括黄土、冰冻、涎流水、岩溶……等地区的路基，需特殊设计或处理，应编列特殊路基设计图表，表内的工程数量主要根据概算定额要求编制。若对特殊地区的路基无需作特殊处理，其挖方、填方、借方、弃方均在“路基每公里土石方数量表”内计列。

关于“路基每公里土石方数量表”，近几年来，特别是实行投标、招标制以来，承包单位与建设单位为土石成分、土石方数量、运距、费用等争议较大，客观上也要求类别分细和基本准确（包括费用）。本《办法》结合概算定额要求，参照有关单位几条高速公路的初步设计文件，也考虑到路基每公里土石方数量采用微机计算成表（包括分段调配），对本表项目（内容）编排做了较大的修改。

15.关于路线交叉的设计文件组成

路线交叉不论是互通式立体交叉、分离式立体交叉，还是平面交叉、通道、人行天桥，在其交叉区的范围内都有路基、路面、防护、排水、桥梁、涵洞、交通工程及沿线设施等诸多工程项目。每处交叉均自成系统，单独设计，所以其文件内容应包括在其范围内（包括主线）的所有工程项目。但交通工程及沿线设施是全线自成体系，所以其文件组成应将交通工程及沿线设施的设计及数量除外，但是在各构造物中的预埋管道和预埋件的设计内容和材料数量应包括在路线交叉设计图表之中。路线交叉设计范围的划分如下：

互通式立体交叉为匝道与主线连接的起终点及被交叉路改建的起终点范围。如互通式立体交叉区内设有收费站，则收费广场属其设计范围，广场路面以上的各项设施及管理机构等均属交通工程及沿线设施设计范围。

对于分离式立体交叉，当被交叉公路上跨主线时，为被交叉公路改建的起终点范围。当为主线上跨被交叉公路时，为主线跨线桥起终点及被交叉公路改建的起终点范围。

通道和人行天桥设计范围的界线与分离式立体交叉相同。

对于平面交叉，其设计范围为平面交叉匝道与主线相交的起终点及连接道起点或其匝道与被交叉公路相接的起终点，或被交叉公路改建的起终点范围。计算工程数量时，凡交叉设计范围内的工程(包括主线及被交叉公路，不包括交通工程及沿线设施)均应计入路线交叉工程和材料数量之内。

16. 关于交通工程及沿线设施

在原《办法》的基础上，增加交通工程设施编制的内容，以适应目前我国公路建设的发展需要，本《办法》定义的交通工程及沿线设施包含管理养护机构、安全、监控、通信、收费、供电、照明、房建、服务等内容，即除了路桥主体工程外，其他一切公路附属工程均可视为交通工程及沿线设施的范畴，并将此设计内容全部纳入第八篇，定名为“交通工程及沿线设施”。

(1)关于管理养护

管理养护机构如何设置，是关系到管好、养好公路，特别是汽车专用公路，充分发挥其效益的重要问题，交通工程及沿线设施的设计与公路管理机构的设置紧密相连，其设计内容决定着管理养护机构各业务部门的构成。由于公路管理养护机构的设置涉及到国家的管理体制，建设单位及其主管部门的规划要求，人员编制的控制和各地方的具体情况等多方因素，许多因素都是设计单位难以确定的，不是一般的技术问题，而受到社会各方面复杂因素的制约。故本《办法》规定设计单位应从交通工程及沿线设施的设计内容出发，提出管理养护机构业务技术部门的设置要求，作为总体工艺设计文件的一部分，为与配套的房建设计提供基础资料。

(2)关于安全设施

本《办法》定义的安全设施，是标志、标线、防撞护栏、隔离栅、防眩板(网)、桥上防护网、视线诱导标、导流块、护柱、石砌护栏等保证行车和行人安全的一切设施的统称。

(3)关于监控、通信、收费、供电设施

根据国内已建成的汽车专用公路和国外的建设经验，对于监控、通信、收费、供电四大系统一般包含总体工艺设计，土建设计和设备安装调试等几部分工作内容。总体工艺设计即系统设计，其工作主要在于进行系统的构成、规模和设备选型，提出整个系统的技术要求。土建设计主要指预埋管道、电缆沟(槽)，预埋基础等的设计。设备安装调试则是实现总体工艺设计的过程。目前均把这四大系统的设备安装调试纳入所谓的"机电合同"范围。

这四大系统的设计单位，在初步设计(或技术设计)阶段应进行总体工艺和土建的设计工作，然后在公路开通(或设备安装)前二年左右根据批复的初步设计(或技术设计)文件编制招标文件，最后由中标的承包商根据其设备的实际情况编制设备安装施工图设计文件，进行设备的安装调试。

本《办法》有关这四大系统的文件编制要求，均是按上述构思提出的。

(4)关于服务设施

本《办法》所指的服务设施，系指综合性的服务区、停车区、加油站和公路客车停靠站等几类。综合性的服务区是指具有一定建筑规模，能为公路使用者提供停车、加油、休息、食宿、汽车维修、出售简单物品及电讯等综合性服务的功能区域，包括停车场、加油站、车辆维修所、食堂(餐厅)、小卖部、住宿部、休息区、变电所、厕所及其他附属设施。停车区一般主要系指为道路使用者提供停车场所，进行短暂停留、休息等服务的功能小区，包括停车场、休息区、食堂、厕所及其他附属设施。加油站则是为公路使用者提供车辆加油，并稍加休息等服务的功能小区，主要包括加油站、休息区、厕所等附属设施。

服务设施的设计，可划分为总体工艺设计，公路设计和房屋建筑设计三大部分。总体工艺设计即从总体设计的观点出发，确定全线服务设施的布局指具体设置地点、建设规模及标准，划定征用土地面积及进行区域内各小区的布置，提出工艺技术要求等。公路设计则指服务区域内变速车道、连接匝道及与外部连接公路等的设计。房屋建筑设计则是在总体工艺设计的要求下，进行区域内各类房屋、广场、区内道路及其他附属设施的设计。对于汽车专用公路来说，总体工艺设计可由交通工程及沿线设施及设计单位承担，公路设计一般由公路主线设计单位承担，房建部门承担房建设计，各方应根据总体设计的要求，处理好结合部位的设计工作，尤其是区域的排水问题，应予高度重视。

(5)关于房屋建筑设计

汽车专用公路的专用房屋建筑，如管理中心、分中心(管理处)、服务区、停车区、养护工区、收费站房等，是根据公路的交通工程及沿线设施和管理养护机构设置内容确定的。这部分建筑工程，可划分为总体工艺设计和具体的房建设计两部分。总体工艺设计一般由交通工程及沿线设施设计单位承担，并根据交通工程及沿线设施总体设计的要求，结合管理养护机构的设置内容，确定各类公路专用房屋设置位置、用地范围、建筑面积及标准，提出机房及设备的平面布置，建筑造型，电缆管线的进出方式，及对供配电、消防、通风、空调等方面的工艺技术要求和建筑材料的技术要求。房建设计单位则在上述要求、内容等的基础上，结合建设部门对文件编制深度的规定进行具体的房建设计。

汽车专用公路的建设，由于增加了交通工程及沿线设施的内容，使得公路工程的设计变成了多专业的交叉作业，因而除了要从系统工程的观点做好总体设计外，也应处理好各专业设计界限的划分问题，以保证设计不漏项，提高设计文件的编制质量。

17. 关于环境保护

根据国务院环保委、国家计委、国家经委联合颁布的(86)国环字第003号《关于建设项目环境保护管理办法》和1990年部颁《交通建设项目环境保护管理办法》“对环境有影响的交通行业大中型建设项目，必须执行环境影响报告书(表)审批制度和防治污染及其他公害的设施与主体工程同时设计、同时施工、同时投产的“三同时”制度；改(扩)建和进行技术改造的工程建设项目，在改(扩)建和技术改造的同时，必须对原有的污染进行综合治理”的规定。考虑到我国公路工程基本建设的发展，汽车专用公路的新建，以及对初步设计的加深等因素，对公路设计来说，在路线、桥位选择时，应注意对自然环境和社会环境的保护，尽量防止或减轻对环境的污染和生态的破坏。所谓保护自然环境主要包括因地制宜合理使用土地，增加植被，防止水土流失等；所谓防治污染主要包括防止噪声、震动、有害物质和污水等。在原《办法》中已制定了编制的基本内容。这次修改，又增补了防治污染等有关环境保护的设计，如美化绿化设计和污水处理设计等。

18. 关于施工方案和施工组织计划

根据1989年10月1日部颁《公路工程施工招标投标管理办法》中规定"凡列入国家和地方计划的公路基本建设项目，除……个别不宜公开招标的项目外"，都应实行招标、投标。但是在编制设计文件时，尚未进行招、投标工作，一般均不能明确施工单位。由于施工方案和施工组织计划是设计文件编制必不可少的组成部分，又是编制概、预算不可缺少的重要依据。因此，修订本《办法》时仍将编制施工方案和施工组织计划列为设计文件的组成部分。从设计角度出发，对施工方案和施工组织计划提出最为合理的意见，概、预算的编制亦以此意见为依据。进行编制施工方案和施工组织计划时不需过繁、过细，尽量简化，主要是起控制投资的目的。待施工单位确定后，由于施工单位编制修订施工方案或施工组织计划，必要时由设计单位配合进行编制。

19. 关于独立工程不单列出的问题

原《办法》在第三章初步设计的第三节和第五章施工图设计的第三节中列出"独立工程"及其条文。本《办法》未予列出。因为无论特大桥、大型互通式立体交叉、隧道等均属基本建设项目，若需单独列项核算，仍按照基本建设项目程序进行设计。其设计文件编制的组成、内容和要求，均按本《办法》有关部分规定办理，不作特殊规定。

20. 关于改建公路工程

改建公路与新建公路的设计图表内容和深度，主要区别在于改建公路还需要反映原有公路工程状况及改建或处理的原则论证与措施。

本《办法》规定改建公路的初步设计和施工图设计除应按新建公路的有关规定办理外，还应增加必要的图表及有关内容，列于第三章和第五章的第三节内。为了在设计文件中能更全面地反映出原有公路的利用和废弃情况，并以充分的科学试验论证资料说明对原有构造物利用（加固、加宽）或改建的理由，本《办法》在第3.3.1条又增加了对原有桥梁等重要构造物按改建标准的要求进行技术鉴定或荷载试验，根据鉴定结果以确定利用（加固、加宽）或改建等的规定。

21. 设计中采用标准图的问题

本《办法》中规定，"当采用标准图时，本图可不绘制"。但其图纸仍应按交付施工单位的份数复制附入文件中，或单独交付施工单位。对于高速公路和一级公路所设交通工程及沿线设施的预留孔、预埋件构造图等应绘制施工图，以相同的方式交付施工单位。

22. 关于增列附件"基础资料"的问题

随着我国各项制度的改革和建立，公路测设手段逐步向高科技发展，很多基础资料经电算分析，其计算过程使资料太多、太厚无法保存。目前比较突出的问题是由于档案制度的改革，对原始测设资料和电算资料均不归档。这样，使一些有价值的测设基础资料失散，乃至工程中出现错误和问题时无从查询。本《办法》在第十三篇后增列了附件"基础资料"。其要求和内容是指在原始资料基础上（含电算资料）经整理精练后，对设计项目具有使用价值且原用于设计中的基础资料，列入附件，以便审查和查找。

本《办法》在初步设计阶段要求附平面、高程控制测量、综合地质勘察（遥感航片、物探、工程地质勘察）和地震烈度复核资料、水文调查与计算资料。在施工图设计阶段附补充基础资料等。

23. 其他问题

（1）设计文件中的图纸比例尺除本《办法》有明确规定者外，可根据图纸的具体情况自拟。

(2)设计文件和图表的幅面尺寸,本办法规定采用297mm×420mm(横式)和210mm×297mm(立式)。采用立式是根据中华人民共和国国家标准GB/T 11822—89《科学技术档案构成的一般要求》7.3.2 案卷内封面、卷内目录、卷内备考表的规格统一为297mm×210mm 和交通部交办发(1992)100 号文发布的《交通文件材料立卷归档办法》第二十二条……交通档案的蓝图按297mm×210mm 折叠,……的要求加以规定的。

(3)原《办法》第三章第五章中的沿线设施及其他工程。由于汽车专用公路的发展,考虑到今后交通工程及沿线设施的项目及工程量逐渐增加,故本《办法》将其单列成篇,列为第八篇,对渡口码头及其他工程另列一篇,列为第十篇。

(4)根据近几年的实践经验,特大桥、大桥和互通式立体交叉的设计图表、工程数量和概、预算大多单独编制和计算,但特大桥、大桥的平、纵面及立体交叉中主线的平、纵面仍应在第三篇内全线贯通绘制。在计算平均每公里土、石方数量时,应包括特大桥、大桥和互通式立体交叉部分的土、石方数量,其长度应按正线公路公里计算。

(5)路线平面图及路线平面设计图中的桩号,系指路线的里程桩、百米桩、曲线控制桩以及桥梁、隧道、主要路线交叉、主要交通工程及沿线设施等桩位的里程桩号。

(6)关于设计文件报送建设单位或委托单位份数的规定,仅为提供报送的基数。自实行招标投标以来,要求提供使用的份数各不相同,难于统一规定,故条文还规定:如需要增加份数者,可与设计单位协商解决。

公路工程造价人员资格认证管理办法

（交通部　交公路发[1995]1235号　1995.12.20）

第一章　总　　则

第一条　为加强公路建设市场管理，规范公路工程计价行为，提高公路工程造价人员的素质，保证公路工程造价工作质量，合理确定和有效控制工程造价，制定本办法。

第二条　凡从事公路工程造价计价（包括估算、概算、预算的编审），经济评价，编制招标标底、投标报价，造价监理，招标代理，办理工程结算、决算，承担工程造价咨询和调解工程造价纠纷等工程造价业务的专业人员，必须按本办法规定，经交通部统一资格考试合格，通过资格认证，取得资格证书，持证上岗。否则，不得独立承担公路工程造价业务。

第三条　资格证书分甲、乙两个资格等级。

持有甲级资格证书的公路工程造价人员可以在全国范围内从事高速公路及以下各等级公路和独立特大桥梁、长大隧道建设项目的工程造价业务。

持有乙级资格证书的公路工程造价人员可以在本省、自治区、直辖市范围内从事一般二级公路及以下各等级公路和独立大桥建设项目的工程造价业务。

第四条　《公路工程造价资格证书》由交通部统一印制。

第二章　管　　理

第五条　交通部公路管理司主管公路工程造价人员的资格认证管理工作，设立全国公路工程造价人员资格认证领导小组，统一规划和管理全国公路工程造价人员资格认证工作。交通部公路工程定额站为全国公路工程造价人员资格认证的日常办事机构。

第六条 公路工程造价文件须有持证人员的签名,并注明资格证书编号才能生效。否则,审核部门不予受理。

第七条 资格证书每2年复查检验一次,未经复查检验的资格证书为无效证书。

第三章 考试及申请条件

第八条 凡申请资格证书的公路工程造价人员,均应参加资格考试。公路工程造价人员资格考试,在全国公路工程造价人员资格认证领导小组的统一组织指导下进行,实行全国统一考试大纲,统一命题,统一组织考试制度,每年举行2次。

第九条 凡具有助理工程师(助理经济师)及以上职称、从事公路工程造价工作连续3年以上的现职在岗人员均可申请参加乙级资格证书的资格考试。

第十条 凡具有工程师(经济师)及以上职称、从事公路工程造价工作连续5年以上的现职在岗人员均可申请参加甲级资格证书的资格考试。

第十一条 凡参加公路工程造价人员资格考试者,由所在单位向本省、自治区、直辖市公路(交通)工程定额站提出书面申请报告(见附件),经审查合格后,方可参加考试。

第十二条 公路工程造价人员资格考试合格者,经资格认证管理部门评审通过,核发资格证书。

第十三条 根据目前全国公路工程造价人员的状况,在本办法发布施行之后将进行一次考核资格认证工作。凡具备下列条件之一者,可免于资格考试。

一、具有高级工程师(高级经济师)职称,从事公路工程造价工作连续八年以上(含8年),有显著业绩;

二、具有工程师(经济师)职称,从事公路工程造价工作连续10年以上(含10年),有显著业绩。

符合免试条件者,由本人提出申请,并填写申请报告(见附件),经所在单位及本省、自治区、直辖市公路(交通)工程定额站初审和推荐,报部公路工程定额站,经全国公路工作造价人员资格认证领导小组评审通过,核发资格证书。

第四章 罚 则

第十四条 违反本办法,有下列行为之一的,由公路工程造价人员资格认证管理部门根据情节轻重,分别给予通报批评、警告、降级、直至吊销资格证书。

一、以不正当手段取得资格证书的;

二、持有乙级资格证书,越级从事应由甲级资格证书范围内业务的;

三、在公路工程造价编制或审查工作中,出现重大失误的;

四、未按规定期限办理复查检验的;

五、涂改资格证书,允许他人借用或冒别人名义执行业务的;

六、违背职业道德,有意识作弊、弄虚作假的;

七、其他违法乱纪行为。

第五章 附 则

第十五条 资格证书是从事公路工程造价业务的资格证明,不能视同于技术职称或职务证明。

第十六条 本办法由交通部公路管理司负责解释。

第十七条 本办法中资格认证工作自1996年1月1日起施行。“持证上岗”制度从1996年7月1日起施行。

附件

公路工程造价资格证书申请报告

公路工程造价资格证书

（甲　　　级）

申 请 报 告

申请人姓名＿＿＿＿＿＿＿＿＿＿＿
所在单位＿＿＿＿＿＿＿＿＿＿＿＿＿

一九九　　年　　月　　日
中华人民共和国交通部印制

填写说明

表一：主要工作经历应按年代顺序填写。

表二：本表应按申请人主持或参加的工程填写，参加的只填分工承担的部分。

1."工程造价"包括估算、概算、预算、标底、投标报价等工程造价业务；

2.桥型结构指独立大桥主桥的桥型结构；

3.路线长度或桥长及工程造价，按本人承担的长度及造价填写；

4.主持或参加，指本人在该工程中的作用；担任审查的在备注栏说明。

表三：有关证明材料指提交的材料清单，如职称证书等。

表四：工作总结内容应包括从事工程造价业务时间，主要承担业务的重点（编制概算或只审不编），主要业绩，业务能力的自我评价，对工程造价业务的看法、体会和建议。不必罗列、重复表二的内容。

表五：各级组织对申请人的业绩、能力给予公正的评价，并表明是否符合条件，不要只写"同意"或"不同意"。

表一：

<table>
<tr><td>姓名</td><td></td><td>性别</td><td></td><td colspan="2" rowspan="2">照片</td></tr>
<tr><td>出生年月</td><td></td><td>学历</td><td></td></tr>
<tr><td colspan="2">毕业院校、专业、时间</td><td colspan="2"></td><td colspan="2"></td></tr>
<tr><td>参加工作年限</td><td>从事工程造价工作年限</td><td></td><td>政治面貌</td><td></td><td></td></tr>
<tr><td>现任职务</td><td></td><td>技术 职称</td><td></td><td>职称评定时间</td><td></td></tr>
<tr><td colspan="2">工作单位、通信地址邮政编码及电话号码</td><td colspan="4"></td></tr>
<tr><td>申请人主要工作经历</td><td colspan="5"></td></tr>
</table>

曾参加过公路工程造价业务工作概况

表二：

序号	日期	工程名称及建设地点	公路等级或桥型　结构	路线长度或桥长	工程造价（万元）	批准单位及日期	主持或参加	备注

表三：

<table>
<tr><td rowspan="3">参加培训情况</td><td>主办单位</td><td></td><td>起讫日期</td><td></td></tr>
<tr><td>培训内容</td><td colspan="3"></td></tr>
<tr><td>结业成绩</td><td colspan="3"></td></tr>
<tr><td>有关证明材料</td><td colspan="4"></td></tr>
</table>

表四：

从事公路工程造价业务总结

表五：

所在单位意见	（盖 章） 年　　月　　日
省、自治区直辖市公路（交通）工程定额站审查意见	（盖 章） 年　　月　　日
省、自治区直辖市交通厅（局）审查意见	（盖 章） 年　　月　　日
部公路工程造价资格认证领导小组 审定 意见	组 长　　　（签字） 年　　月　　日
岗位证书编号	交公（工程造价）证字 甲　　号
备 注	

公路工程造价资格证书

（乙　　级）

申 请 报 告

申请人姓名________________________

所在单位________________________

一九九　　年　　月　　日

中华人民共和国交通部印制

填 写 说 明

表一:主要工作经历应按年代顺序填写。

表二:本表应按申请人主持或参加的工程填写,参加的只填分工承担的部分。

1."工程造价"包括估算、概算、预算、标底、投标报价等工程造价业务;

2.桥型结构指独立大桥主桥的桥型结构;

3.路线长度或桥长及工程造价,按本人承担的长度及造价填写;

4.主持或参加,指本人在该工程中的作用;担任审查的在备注栏说明。

表三:有关证明材料指提交的材料清单,如职称证书等。

表四:工作总结内容应包括从事工程造价业务时间,主要承担业务的重点(编制概算或只审不编),主要业绩,业务能力的自我评价,对工程造价业务的看法、体会和建议。不必罗列、重复表二的内容。

表五:各级组织对申请人的业绩、能力给予公正的评价,并表明是否符合条件,不要只写"同意"或"不同意"。

表一：

<table>
<tr><td>姓名</td><td></td><td>性别</td><td></td><td colspan="2" rowspan="3">照片</td></tr>
<tr><td>出生年月</td><td></td><td>学历</td><td></td></tr>
<tr><td colspan="2">毕业院校、专业、时间</td><td colspan="2"></td></tr>
<tr><td>参加工作年限</td><td></td><td>从事工程造价工作年限</td><td></td><td>政治面貌</td><td></td></tr>
<tr><td>现任职务</td><td></td><td>技术职称</td><td></td><td>职称评定时间</td><td></td></tr>
<tr><td colspan="2">工作单位、通信地址邮政编码及电话号码</td><td colspan="4"></td></tr>
<tr><td>申请人主要工作经历</td><td colspan="5"></td></tr>
</table>

曾参加过公路工程造价业务工作概况

表二：

序号	日期	工程名称及建设地点	公路等级或桥型结构	路线长度或桥长	工程造价（万元）	批准单位及日期	主持或参加	备注

表三：

参加培训情况有关证明材料	主办单位		起讫日期	
	培训内容			
	结业成绩			

表四：

从事公路工程造价业务总结

表五：

所在单位意见	（盖 章） 年 月 日
省、自治区直辖市公路（交通）工程定额站审查意见	（盖 章） 年 月 日
省、自治区直辖市交通厅（局）审查意见	（盖 章） 年 月 日
岗位证书编号	交公（工程造价）证字 乙 号
备注	

公路、水运工程监理工程师资质管理办法

（交通部　交基发[1996]29号　1996.01.04）

第一章　总　　则

第一条　为加强公路、水运工程监理工程师资质管理，做好监理工程师的资格审批工作，制定本办法。

第二条　本办法所称监理工程师是指经交通行政主管部门批准资格，取得相应的资格证书，按核定的监理业务范围从事监理工作的人员。

第三条　监理工程师按批准资格分为监理工程师资格和专业监理工程师资格。其中，专业监理工程师按分级管理原则分为：交通部批准的专业监理工程师资格和各地区、部门交通行政主管部门批准的专业监理工程师资格。

第四条　监理工程师资格和专业监理工程师资格均系执业资格。

具有监理工程师资格者，经聘任可在交通基本建设项目中担任总监理工程师、总监理工程师代表、高级驻地监理工程师、驻地监理工程师、专业监理工程师等岗位职务。

具有交通部批准的专业监理工程师资格者，经聘任可在交通基本建设项目中担任专业监理工程师岗位职务。

具有各地区交通行政主管部门批准的专业监理工程师资格者，经聘任可在本地区二级公路以下（含二级公路）或小型水运基本建设项目中担任专业监理工程师岗位职务。

第五条　监理业务范围是指监理工程师经批准可从事的监理行业和监理专业。

监理行业划分为公路工程和水运工程两类。

公路工程监理行业包括：道路与桥梁工程、隧道工程、交通工程、试验检测等工程系列监理专业和工程经济与合同管理等经济系列监理专业。

水运工程监理行业包括：港口与航道工程、道路与堆场工程、房建工程、机电工程、铁路工程、试验检测等工程系列监理专业和工程经济与合同管理等经济系列监理专业。

第六条 交通行政主管部门对批准具有监理工程师资格者颁发《监理工程师资格证书》，对批准具有专业监理工程师资格者颁发《专业监理工程师资格证书》。

第七条 监理工程师资质实行分级管理。

交通部是全国公路、水运工程监理工程师资质管理的交通行政主管部门，具体负责监理工程师的资格和各等级（类型）交通基本建设项目专业监理工程师资格的审批、颁证和复查工作。

各省、自治区、直辖市交通厅（局）和部属、双重领导港务局、航务（运）管理局是本地区、本部门监理工程师资格和专业监理工程师资格的审查、申报部门，并负责本地区二级公路以下（含二级公路）或小型水运基本建设项目专业监理工程师资格的审批、颁证和复查工作。

部其他直属单位为本单位监理工程师资格和专业监理工程师资格的审查、申报部门。

第八条 交通部成立监理工程师评审委员会，负责监理工程师的资格审定工作。

交通部基本建设质量监督总站为交通部公路、水运工程监理工程师资质管理工作的办事机构。

各省、自治区、直辖市交通厅（局）和部属、双重领导港务局、航务（运）管理局工程质量监督站为本地区、本部门公路、水运工程监理工程师资质管理工作的办事机构。

第二章　申报条件

第九条　申请监理工程师资格者，需同时具备：

（一）应为长期从事公路或水运工程设计、施工、建设管理工作的专业技术人员；

（二）热爱中华人民共和国，拥护社会主义制度，遵纪守法，遵守监理工作职业道德；

（三）男性年龄在65岁以下（含65岁），女性在60岁以下（含60岁），且身体健康，能胜任现场监理工作；

（四）具有高级专业任职资格；或取得中级专业任职资格后，有5年以上工程设计、施工、建设管理实践经历；

（五）已取得交通部颁发的《交通部工程监理业务培训结业证书》或《交通部工程监理资格考试合格证书》；

（六）同时具有一种工程系列监理专业和工程经济与合同管理监理专业至少各1年的监理工作经历。

第十条　申请专业监理工程师资格者，应同时具备：

（一）应为长期从事公路或水运工程设计、施工、建设管理工作的专业技术人员；

（二）热爱中华人民共和国，拥护社会主义制度，遵纪守法，遵守监理工作职业道德；

（三）男性年龄在65岁以下（含65岁），女性在60岁以下（含60岁），且身体健康，能胜任现场监理工作；

（四）具有高级专业任职资格；或取得中级专业任职资格后，有两年以上工程设计、施工、建设管理实践经历；

（五）已取得交通部颁发的《交通部工程监理业务培训结业证书》或《交通部工程监理资格考试合格证书》；

（六）具有一种监理专业至少1年的监理工作经历。

第三章 监理业务范围的变更

第十一条 变更监理业务范围是指由交通行政主管部门批准对已获公路、水运工程监理工程师资格或专业监理工程师资格者，所具有的监理专业进行增补或对其监理资格进行变更。

第十二条 拟申请增补监理专业者，需同时具备：

（一）获监理工程师资格或专业监理工程师资格已满2年或前次变更监理业务范围满1年；

（二）历次监理资质复查均合格；

（三）每申请增补一个监理专业，须有1年以上相应专业的监理工作经历。

第十三条 已获交通部批准的专业监理工程师资格、拟申请监理工程师资格者，需同时具备：

（一）获专业监理工程师资格已满2年或前次变更监理业务范围满1年；

（二）历次监理资质复查均合格；

（三）符合本办法第九条有关要求。

第四章 申报与审批

第十四条 交通部对公路、水运工程监理工程师、专业监理工程师资格审批工作，原则上每年第二季度进行1次。

第十五条 申请者填妥《公路、水运工程监理工程师资格申请报告》（式样略），由所在单位报相应的公路、水运工程监理工程师审查、申报部门审查后，报交通部审批。

第十六条 交通部基本建设质量监督总站负责对申报材料进行初审，提出推荐意见，报交通部监理工程师评审委员会审定，再报交通部审批。

第十七条 已获公路、水运工程监理工程师资格或专业管理工程师资格，需变更监理业务范围者，应填妥《公路、水运工程监理工程师资格申请补充报告》（式样略），并按照监理工程师申报程序，逐级上报。

第五章 复 查

第十八条 交通部将每3年对监理工程师资格和部批专业监理工程师资格者进行复查。

第十九条 待复查人员应根据本办法的要求，填写《监理工程师复查申请报告》（式样略），并按照监理工程师申报程序报交通部。

第二十条 复查的主要内容包括：

（一）是否符合所具有的监理资质要求；

（二）能否胜任现场监理工作；

（三）能否遵守监理工程师职业道德，有无违法乱纪行为；

（四）监理工作实效。

第二十一条 交通部对复查合格者，将在其《监理工程师资格证书》或《专业监理工程师资格证书》上，进行确认登记、加盖印章。

第六章 证书管理

第二十二条《监理工程师资格证书》或《专业监理工程师资格证书》由交通部统一印制。

第二十三条 申请变更监理业务范围者，在填报《公路、水运工程监理工程师资格申请补充报告》的同时，须交回《监理工程师资格证书》和《专业监理工程师资格证书》。

第二十四条 凡申请复查人员，在填报《公路、水运工程监理工程师复查申请报告》的同时，须交回《监理工程师资格证书》或《专业监理工程师资格证书》。

(一)对复查合格者,将在其证书上进行确认登记后,退回证书。

(二)对复查不合格者,将取消监理资格并收回证书。

第二十五条 凡遗失《监理工程师资格证书》或《专业监理工程师资格证书》者,需由相应的公路、水运工程监理工程师资质管理工作的办事机构(或部其他直属单位)向所批准资格的交通行政主管部门申请补发。

第二十六条 获《监理工程师资格证书》、《专业监理工程师资格证书》者,不得将证书撕毁、污损、转借、出让给他人或在证书上涂改。

第七章 罚 则

第二十七条 对出现下列情况之一者,将根据情节,分别给予通报批评、停止执业、取消监理资格并收缴证书及限期5年内不得再申报监理工程师的处罚:

(一)不能自觉遵守监理工程师职业道德,缺乏监理工作责任心,造成不良影响者。

(二)监理工作失误,造成工程质量事故或经济损失者。

(三)未经注册,以驻地监理工程师以上名义从事监理工作者。

(四)以监理工程师个人名义承接工程监理业务的。

(五)以虚假或不正当手段获得《监理工程师资格证书》或《专业监理工程师资格证书》者。

第二十八条 监理工程师丧失职业道理,贪污、索受贿赂;玩忽职守或因监理工作失误,造成重大工程质量事故和严重经济损失并构成犯罪的,除取消监理资格并收缴证书外,还将由司法机关追究其刑事责任。

第八章 附 则

第二十九条 各省、自治区、直辖市交通厅(局)和部属、双重领导的港务局、航务(运)管理局可根据本办法制定实施细则,并报交通部备案。

各地区二级公路以下(含二级公路)或小型水运基本建设项目专业监理工程师资格的审批、复查结果,报交通部核备。

第三十条 本办法由交通部负责解释。

第三十一条 本办法自 1996 年 7 月 1 日起施行,交通部以交工发[1992]66 号文发布的《公路、水运工程监理工程师注册办法》同时废止。

公路建设项目后评价报告编制办法

（交通部　交计发[1996]1130号　1996.12.31）

第一条　为使后评价报告编制工作规范化、科学化，特制定本办法。

第二条　公路建设项目后评价报告是在公路通车运营2至3年后，用系统工程的方法，对建设项目决策、设计、施工和运营各阶段工作及其变化的成因，进行全面的跟踪、调查、分析和评价。

第三条　编制公路建设项目后评价报告的目的是通过全面总结，为不断提高决策、设计、施工、管理水平，合理利用资金，提高投资效益，改进管理，制定相关政策等提供科学依据。

第四条　公路建设项目后评价报告的主要内容包括：

一、建设项目的过程评价：依据国家现行的有关法令、制度和规定，分析和评价项目前期工作、建设实施、运营管理等执行过程，从中找出变化原因，总结经验教训。

二、建设项目的效益评价：根据实际发生的数据和后评价时国家颁布的参数进行国民经济评价和财务评价，并与前期工作阶段按预测数据进行的评价相比较，分析其差别和成因。

三、建设项目的影响评价：分析、评价对影响区域的经济、社会、文化以及自然环境等方面所产生的影响。评价一般可分为社会经济影响评价和环境影响评价。

四、建设项目目标持续性评价：根据对建设项目的公路网状况、配套设施建设、管理体制、方针政策等外部条件和运行机制、内部管理、运营状况、公路收费、服务情况等的内部条件分析，评价项目目标（服务交通量、社会经济效益、财务效益、环境保护等）的持续性，并提出相应的解决措施和建议。

第五条 公路建设项目后评价报告由主报告及附件两部分组成。主报告应按《公路建设项目后评价报告文本格式及内容要求》编制。附件的内容应包括各种专题报告及建设项目管理卡。建设项目管理卡应按《公路建设项目管理卡内容要求及填表说明》编制。

第六条 编制建设项目后评价报告必须以项目各阶段的正式文件和项目建成通车2~3年内进行的各种调查及重要运行参数的测试数据为依据。

项目通车后需要进行的调查主要有:交通量调查、车辆运行特征调查、车辆运输费用调查、工程质量调查、项目财务状况调查、社会经济效果调查、环境调查等。

项目各阶段的正式文件主要包括:项目建议书、可行性研究报告、初步设计、施工图设计及其审查意见、批复文件;施工阶段重大问题的请示及批复;工程竣工报告;工程验收报告和审计后的工程竣工决算及主要图纸等。

第七条 公路建设项目后评价的方法应采用综合比较法,即根据项目各阶段所预定的目标,从项目作用与影响、效果与效果、实施与管理、运营与服务等方面追踪对比,分析评价。前期工作的评价技术原则上可用于项目的后评价。

第八条 公路建设项目后评价报告编制必须客观、公正、科学,不应受项目各阶段文件结论的束缚。

第九条 公路建设项目后评价报告及附件文本统一采用297毫米×210毫米(A4)装订,封面采用紫红色。

第十条 本办法由交通部负责解释。

第十一条 本办法自颁布之日起实行。1990年颁发的《公路建设项目后评价报告编制办法(试行)》即行废止。

公路建设项目后评价工作管理办法

（交通部　交计发[1996]1130号　1996.12.31）

第一条　项目后评价是基本建设程序的重要组成部分。为规范公路项目后评价管理工作，特制定本办法。

第二条　后评价工作的重点是国家重点公路建设项目或符合下列条件之一的公路建设项目：

1.40公里以上的国道主干线项目或100公里以上的国道及省道高等级公路项目；

2.利用外资的公路项目；

3.特大型独立公路桥隧项目；

4.上级主管部门指定的项目。

第三条　进行项目后评价的必备条件为：

1.根据预定目标已全部建成并通过竣工验收；

2.至少经过2至3年的通车运营实践。

第四条　后评价管理工作实行“统一领导，分级管理”，进行后评价的项目分为地方、部、国家三个管理层次。

地方管理的后评价项目，由各省、自治区、直辖市、计划单列市交通行政主管部门根据本办法第二条及第三条的规定按年度下达计划。编制后评价报告以项目法人或建设单位为主，组织承担本项目可行性研究、设计、施工、监理、运营、管理、审计等有关部门、单位以及地方政府的有关人员参加，共同开展工作。后评价报告应按照《公路建设项目后评价报告编制办法》编制。

交通部根据本办法第二条及第三条的规定，一般选择四分之一的后评价项目进行部管理，按年度下达计划。

国家管理的后评价项目由国家计委确定。

第五条 地方管理的项目,其后评价报告由项目法人或建设单位报省、自治区、直辖市、计划单列市交通行政主管部门,由省、自治区、直辖市、计划单列市交通行政主管部门组织审查,并将修改后的报告连同审查意见报交通部综合计划司备案。

部管理的项目,其后评价报告一般先由省、自治区、直辖市、计划单列市交通行政主管部门进行初审,初审通过后,再由省、自治区、直辖市、计划单列市交通行政主管部门报部,由部组织有关部门进行正式审查,并写出《建设项目后评价审查报告》,报国家计委备案。

国家计委确定的后评价项目,按国家计委有关规定组织审查。

第六条 项目后评价审查应坚持客观、公正、科学的原则。

第七条 凡属于第二条规定的项目,项目法人或建设单位应指定专人建立项目的跟踪管理系统和定期检查制度,并按规定逐步完善各阶段的管理机制,自建设项目立项(即项目建议书批准)开始即填写“公路建设项目管理卡”,并建立决策、设计、施工、运营各阶段的技术经济档案,为项目后评价工作积累完整的技术经济资料和数据。

第八条 建设项目的各有关部门和单位要认真对待后评价成果,从中吸取经验教训,并采取相应的对策、措施,进一步完善已建项目,改进在建项目,指导待建项目。

第九条 建设项目后评价报告的编制、审核、审查费用由项目法人或建设单位自行解决,可列入项目投资概算,在建设单位管理费中列支。

第十条 本办法由交通部负责解释。

第十一条 各省、自治区、直辖市、计划单列市交通行政主管部门可根据本办法制定实施细则,报交通部备案。

第十二条 本办法自颁布之日起施行。

公路工程质量管理办法

（交通部　交公路发[1999]90号　1999.02.24）

第一章　总　　则

第一条　为加强公路工程质量管理，确保公路工程质量，根据《中华人民共和国公路法》，制定本办法。

第二条　凡在中华人民共和国境内从事公路工程建设活动的建设、设计、施工、监理单位和个人，必须遵守本办法。

第三条　本办法所称公路工程，是指由各级人民政府财政拨款、国家投资、中央和地方合资、地方投资、国内外经济组织投资、贷款以及其他投资方式建设的公路，包括路基、路面、公路桥涵和隧道，公路渡口及公路防护、排水和附属设施等。

第四条　本办法所称公路工程质量，是指有关公路工程建设的法律、法规、规章、技术标准以及批准的设计文件和工程合同对建设公路工程的安全、适用、经济、美观等特性的综合要求。

第五条　国务院交通主管部门主管全国公路工程质量管理工作。

县级以上人民政府交通主管部门负责本行政区域内公路工程质量管理工作；但是，大中型公路建设项目的质量管理工作，由省、自治区、直辖市人民政府交通主管部门负责。

县级以上人民政府交通主管部门设置的公路工程质量监督机构（以下简称质监机构）根据交通主管部门委托的权限，代表交通主管部门行使行政执法职能，具体负责公路工程质量监督工作。

第六条　公路工程质量实行建设单位或项目法人（以下统称

建设单位)全面负责,监理单位控制,设计、施工单位保证和政府监督相结合的质量管理体制。

公路工程建设各方必须按有关规定向质监机构报告公路工程质量情况,提供有关资料;任何单位和个人对公路工程的质量事故、质量缺陷和影响工程质量的行为有权向交通主管部门或质监机构进行检举、控告和投诉。

第七条 公路工程建设项目的主管部门、建设、设计、施工、监理单位负责人,对本单位的质量工作负领导责任;各单位的工程项目负责人,对本单位工程项目现场的质量工作负直接领导责任;各单位的工程技术负责人,对质量工作负工程技术方面责任;具体工作人员为直接责任人。

公路工程在设计使用年限内实行质量终身负责制。

第八条 公路工程建设项目必须建立"政府监督、社会监理、企业自检"三级质量保证体系,建立年度工程质量检查制度。

各级交通主管部门应当认真组织公路工程质量检查工作,公布检查结果,对在公路工程质量工作中做出显著成绩和突出贡献的单位和个人给予奖励。

第九条 严禁设计、施工、监理单位将承接的公路工程建设项目转包,严格控制公路工程的分包,工程分包单位必须具有相应的资质等级,且不得二次分包。设计和监理合同分包必须经建设单位同意;施工合同分包必须经监理单位审查,建设单位批准。

分包单位必须按照分包合同的约定,对工程质量向总承包单位负责,接受总承包单位的质量管理;总承包单位按照总承包合同的约定,对全部工程质量向建设单位负责,对分包工程的质量与分包单位承担连带责任。

第十条 从事公路工程建设活动的专业技术人员,应当按照有关公路工程建设的法律、法规、规章的规定取得相应资格证书,并在资格证书许可的范围内从事公路工程建设活动。

第二章　建设单位质量管理

第十一条　建设单位应根据国家和交通主管部门有关规定设立,并应当按照国家规定建立健全质量保证体系,建立质量管理制度,落实质量岗位责任制。

第十二条　建设单位应严格履行基本建设程序,根据公路工程特点和技术要求,确定合理标段、合理工期、合理造价,并按国务院交通主管部门规定通过项目招投标选择具有相应资格的勘测设计、施工和监理单位,并应分别签订合同,实行合同管理。

公路工程的合同文件,必须有工程质量条款,明确各项工程和材料的质量标准和合同双方的质量责任。

第十三条　承担工程项目同一合同段的施工和监理单位不得隶属于同一管理单位,设计单位不得承担本单位设计工程项目的监理任务,招标代理机构不得参加工程投标。

第十四条　建设单位应主动接受质监机构对其质量保证体系的监督检查。工程开工前,应按规定向质监机构办理工程质量监督手续;工程施工过程中,应主动接受质监机构对工程质量的监督检查;工程完工后,应由质监机构对工程质量进行鉴定。

第十五条　建设单位应依照有关公路工程建设的法律、法规、规章、技术标准、规范和合同文件,组织进行设计、施工和监理。开工前应组织施工图设计审查和设计交底;施工中应对工程质量进行检查;工程完工后应及时组织交工验收,并作好竣工验收的准备工作。

第十六条　建设单位应加强档案管理,所有建设项目都要按照《中华人民共和国档案法》的有关规定,建立健全项目档案。从项目筹划到工程竣工验收各环节的文件资料,都要严格按照规定收集、整理、归档。

第三章　设计单位质量管理

第十七条　设计单位必须按资质等级及业务范围承担相应的勘测设计(含优化设计)任务,主动接受质监机构对其承担设计工作的资格和质量保证体系的监督检查。

第十八条　设计单位必须建立健全设计质量保证体系,加强设计全过程的质量控制,建立完整的设计文件的编制、复核、审核、会签和批准制度,明确各阶段的责任人,并对公路工程设计质量负责。

第十九条　设计文件必须符合下列要求:

(一)设计文件的编制应该符合有关公路工程建设法律、法规、规章、标准、规程和合同的要求;

(二)设计依据的基本资料应完整、准确、可靠,设计方案论证充分,计算成果可靠,并符合结构安全要求;

(三)设计文件的深度应满足相应设计阶段的有关规定要求,并符合相关规范的要求;

(四)设计文件必须保证公路工程质量和安全的要求,符合安全、适用、经济、美观的综合要求。

(五)设计文件选用的材料、配件和设备,应当注明其性能及技术标准,其质量要求必须符合国家规定的标准,但不得指定生产厂、供应商。

第二十条　设计单位应按合同规定及时提供设计文件及施工图纸;开工前作好设计文件的交底工作;对大中型和有特殊要求的公路工程项目,设计单位应在施工现场设立代表处或派驻设计代表,随时掌握施工现场情况,解决设计的有关问题。

设计单位应对工程质量是否满足设计要求提出评价意见。

第四章　施工单位质量管理

第二十一条　施工单位必须按资质、资信等级确定的业务范围参加投标，承揽工程施工任务，并接受质监机构对其资质和质量保证体系的监督检查。

第二十二条 施工单位必须依据有关公路工程建设的法律、法规、规章、技术标准和规范的规定，按照设计文件、施工合同和施工工艺要求组织施工，并对其施工的工程质量负责。

第二十三条 施工单位必须建立施工质量保证体系，推行全面质量管理，制定和完善岗位质量规范、质量责任及考核办法。建立工地试验室，加强施工过程中的自检、互检和交接检工作。对交付监理签认的工程，要落实质量责任制。

第二十四条 工程发生质量事故，施工单位必须按规定向监理单位、建设单位及有关部门报告，并保护现场接受调查，认真进行事故处理。

第二十五条 竣工的公路工程项目必须符合有关公路工程标准及设计文件要求，并按规定向建设单位提交完整的技术档案、试验成果及有关资料。

第五章 监理单位质量管理

第二十六条 监理单位必须是经工商注册并持有交通主管部门核发的资质证书或资信登记的专职监理企业，依照核定的监理业务范围，承担相应公路工程的监理业务。

监理单位必须接受质监机构对其监理资格、监理质量控制体系及监理工作质量的监督检查。

第二十七条 监理单位必须严格执行有关公路工程建设的法律、法规、规章、技术标准和规范。严格履行监理合同，监督工程施工承包合同的实施。

第二十八条 监理单位应根据所承担监理任务和监理合同的要求，向工程施工现场派驻相应的监理机构、人员和设备。

监理工程师上岗必须持有交通主管部门核发的监理工程师证书，其他监理人员上岗，必须经过岗前培训，具有公正、有效开展监理业务的能力和责任。

第二十九条 监理单位应认真审查施工组织设计和技术措施;审查试验工程施工工艺,批准特殊技术措施和特殊工艺;监督合同中有关质量标准、要求的实施;纠正不符合工程设计要求、施工技术标准和承包合同的工程和施工行为;提出或审查设计变更;进行工程质量检测,参加工程质量事故处理和工程验收。

第六章 材料、设备采购单位质量管理

第三十条 材料和设备的采购单位,承担相应的材料和设备质量责任,其所采购的材料和设备,必须符合有关公路工程现行技术标准的规定,并全部符合设计对材料、设备的要求。

凡用于公路工程项目的材料和设备,均应按规定进行检查。经检验不合格的产品,不得进入施工现场。

第三十一条 工程材料和设备的采购单位,具有按合同规定自主采购的权利,任何单位和个人不得干预正常采购工作。

第三十二条 由建设单位按合同规定指定采购的材料和设备,施工单位和监理单位应按规定进行检查。对检验不合格的产品,施工单位有权拒绝使用。检验意见不一致时,由质监机构仲裁。

第三十三条 在材料、设备的采购和使用过程中,应严格计量标准,按照有关施工技术规范进行。

第七章 工程质量监督机构管理

第三十四条 公路工程质量实行政府监督管理制度。凡新建、改建的公路工程项目,均应由质监机构实施质量监督管理。

第三十五条 质监机构必须建立健全质量监督工作机制,完善监督手段,增强质量监督的公正性、权威性和有效性。

第三十六条 质监机构负责检查、监督建设、设计、施工、监理

单位建立健全质量保证体系;负责对建设项目的招投标活动进行监督检查;负责监督设计、施工和监理单位在资质允许范围内从事的公路工程建设的质量工作;负责对施工现场影响工程质量的行为进行监督检查。

第三十七条 质监机构实施以抽查为主的监督方式,并运用法律和行政手段,制止和纠正影响公路工程质量的建设行为。

公路工程交、竣工验收,质监机构应按公路工程检验评定标准对工程质量等级进行鉴定。未经鉴定或鉴定不合格的工程,不得组织验收和交付使用。

第三十八条 质监机构应具有相应的监督、检测条件和能力。根据需要,可以委托具备相应资质的试验检测单位,对公路工程项目进行检测。

国务院交通主管部门质监机构出具的检测数据,是全国最终检测数据;各省级质监机构出具的检测数据,是本行政区域内公路行业的最终检测数据。

第八章　罚　则

第三十九条 对在工程质量检查中发现问题和公路工程发生重大工程质量事故的,应严肃处理。

对责任单位予以警告、罚款或对设计、施工单位停止 1 ~ 2 年资信登记,对监理单位降低资质等级或吊销资质证书。

对责任人给予行政处分;构成犯罪的,依法追究刑事责任。

对建设项目分别给予限期整改(整改期间暂停拨付建设资金)、扣减中央对当年公路建设计划投资的 5% ~10% 的处罚。

第四十条 建设单位有下列行为之一的,由交通主管部门予以警告、罚款,并应追究有关主管人员的失职、渎职责任。

(一)造成工程质量低劣或发生质量事故的;

(二)未按规定选择相应资质等级的设计、施工和监理单位从事工程建设的;

（三）未按规定办理工程质量监督手续的；

（四）未按规定进行交工验收而将工程交付使用的；

（五）发生重大质量事故，未按有关规定和时间向有关部门报告的。

第四十一条 勘测设计、施工、监理单位有下列行为之一的，视情节轻重，予以警告、罚款、停止资信登记 1～2 年的处罚，构成犯罪的，依法追究刑事责任。

（一）无证或超越资质等级承接任务的；

（二）不接受质监机构监督的；

（三）设计文件不符合规定要求的；

（四）未按设计要求和合同规定施工的；

（五）未按合同规定实行质量保修的；

（六）使用不合格材料和设备，或在工程施工中不执行工艺要求，粗制滥造，偷工减料，伪造记录的；

（七）发生工程质量事故或隐蔽工程缺陷不及时报告的；

（八）经质监机构认定工程质量不合格的。

第四十二条 检测单位伪造检验报告或伪造检验结论的，视情节轻重，予以通报批评，吊销检测资质。

第四十三条 对不认真履行监督职责的质监机构，由授权的交通主管部门或上一级质监机构，给予通报批评，撤销授权并进行改组。

从事公路工程质量监督工作人员玩忽职守、徇私舞弊、滥用职权、贪污受贿，由其所在单位的上级交通主管部门给予行政处分；构成犯罪的，依法追究刑事责任。

第四十四条 因公路工程质量事故，造成人身伤亡及财产损失的，责任单位应按有关规定或裁决，给予受损方经济赔偿。

第四十五条 违反本办法规定给予罚款的，罚款限额按国家有关规定执行。

本办法规定的处罚由县级以上人民政府交通主管部门或其委托的质监机构实施。

第九章　附　　则

第四十六条　公路建设质量管理实行质量举报和事故报告制度。《公路工程质量事故等级划分和报告制度》见附件。

第四十七条　各省、自治区、直辖市交通厅(局)可根据实际情况制定实施细则。

第四十八条　本规定由国务院交通主管部门负责解释。

第四十九条　本规定自发布之日起施行。

附件:

公路工程质量事故等级划分和报告制度

第一条　工程质量事故,系指由于勘测、设计、施工、监理、试验检测等责任过失而使工程在下述时限内遭受损毁或产生不可弥补的本质缺陷,因构造物倒塌造成人身伤亡或财产损失以及需加固、补强、返工处理的事故。

1. 道路工程:现场监理鉴认至工程项目通车后两年内;

2. 结构工程:施工过程中和设计使用年限内。

第二条　公路工程质量事故的分类及其分级标准:

公路工程质量事故分质量问题、一般质量事故及重大质量事故三类。

(一)质量问题:质量较差、造成直接经济损失(包括修复费用)在20万元以下。

(二)一般质量事故:质量低劣或达不到合格标准,需加固补强,直接经济损失(包括修复费用)在20万~300万元之间的事故。一般质量事故分三个等级:

1. 一级一般质量事故:直接经济损失在150万~300万元之间;

2. 二级一般质量事故:直接经济损失在50万~150万元之间;

3. 三级一般质量事故:直接经济损失在20万~50万元之间。

(三)重大质量事故:由于责任过失造成工程倒塌、报废和造

成人身伤亡或者重大经济损失的事故。重大质量事故分为三个等级:

1. 具备下列条件之一者为一级重大质量事故:

(1)死亡 30 人以上;

(2)直接经济损失 1000 万元以上;

(3)特大型桥梁主体结构垮塌。

2. 具备下列条件之一者为二级重大质量事故:

(1)死亡 10 人以上,29 人以下;

(2)直接经济损失 500 万元以上,不满 1000 万元;

(3)大型桥梁主体结构垮塌。

3. 具备下列条件之一者为三级重大质量事故:

(1)死亡 1 人以上,9 人以下;

(2)直接经济损失 300 万元以上,不满 500 万元;

(3)中小型桥梁主体结构垮塌。

第三条 国务院交通主管部门归口管理全国公路工程质量事故,省级交通主管部门归口管理本辖区内的公路工程质量事故。质量事故的调查处理实行统一领导、分级负责的原则。重大质量事故由国务院交通主管部门会同省级交通主管部门负责调查处理;一般质量事故由省级交通主管部门负责调查处理;质量问题原则上由建设单位或企业负责调查处理。

第四条 任何单位和个人均有权力和义务将工程质量事故的情况及时报告有关部门。公路工程在建项目,施工单位为事故报告单位;交付使用的工程,接养单位为事故报告单位。

第五条 质量事故发生后,事故发生单位必须以最快的方式,将事故的简要情况同时向建设单位、监理单位、质量监督站报告。在质量监督站初步确定质量事故的类别性质后,再按下述要求进行报告:

1. 质量问题:问题发生单位应在 2 天内书面上报建设单位、监理单位、质量监督站。

2. 一般质量事故:事故发生单位应在 3 天内书面上报质量监

督站，同时报企业上级主管部门、建设单位、监理单位和省级质量监督站。

3. 重大质量事故：事故发生单位必须在2小时内速报省级交通主管部门和国务院交通主管部门，同时报告省级质量监督站和部质监总站（传真号：010－65261138），并在12小时内报出《公路工程重大质量事故快报》（附表一）。

第六条 质量事故书面报告内容：

一、工程项目名称，事故发生的时间、地点，建设、设计、施工、监理等单位名称。

二、事故发生的简要经过、造成工程损伤状况、伤亡人数和直接经济损失的初步估计。

三、事故发生原因的初步判断。

四、事故发生后采取的措施及事故控制情况。

五、事故报告单位。

第七条 发生重大质量事故的现场保护措施：

事故发生后，事故发生单位和该工程的建设、施工、监理等单位，应严格保护事故现场，采取有效措施抢救人员和财产，防止事故扩大。

因抢救人员、疏导交通等原因，需要移动现场物件时，应当做出标志，绘制现场简图并做出书面记录，妥善保存现场重要痕迹、物证，并应采取拍照或录像等直录方式反映现场原状。

第八条 质量事故处理实行"三不放过"原则：事故原因不清不放过；事故责任者和群众没有受到教育不放过；没有防范措施不放过。

第九条 公路工程质量事故建立定期报告制度。各级质量监督站每季末将《公路工程质量事故情况季报》（附表二）报上一级交通主管部门和质量监督站。

第十条 质量事故发生后事故发生单位隐瞒不报、谎报、故意拖延报告期限的，故意破坏现场的，阻碍调查工作正常进行的，拒绝提供与事故有关情况、资料的，提供伪证的，由上级主管部门按有关规定给予行政处分。构成犯罪的,由司法机关依法追究刑事责任。

第十一条　公路工程同时接受社会监督,交通部设工程质量举报电话,电话:010－65292737,010－65292769。

附表一

公路工程重大质量事故快报

工程名称		发生时间	
发生地点		实物工作量	
结构类型		伤亡情况	
直接经济损失	万元	建设单位	
设计单位名称及资质等级		施工单位名称及资质等级	
监理单位名称及资质等级		监督单位名称	
事故经过及初步原因分析			
采取措施			

填报单位(盖章)　　报告人:　　　　　　　　　　　　　年　月　日

超限运输车辆行驶公路管理规定

（交通部令2000年第2号　2000.02.13）

第一章　总　　则

第一条　为加强对超限运输车辆行驶公路的管理，维护公路完好，保障公路安全畅通，根据《中华人民共和国公路法》及有关法规，制定本规定。

第二条　在中华人民共和国境内公路上进行超限运输的单位和个人（以下简称"承运人"），均应遵守本规定。

第三条　本规定所称超限运输车辆是指在公路上行驶的、有下列情形之一的运输车辆：

（一）车货总高度从地面算起4米以上（集装箱车货总高度从地面算起4.2米以上）；

（二）车货总长18米以上；

（三）车货总宽度2.5米以上；

（四）单车、半挂列车、全挂列车车货总质量40000千克以上；集装箱半挂列车车货总质量46000千克以上；

（五）车辆轴载质量在下列规定值以上：

单轴（每侧单轮胎）载质量6000千克；

单轴（每侧双轮胎）载质量10000千克；

双联轴（每侧单轮胎）载质量10000千克；

双联轴（每侧各一单轮胎、双轮胎）载质量14000千克；

双联轴（每侧双轮胎）载质量18000千克；

三联轴（每侧单轮胎）载质量12000千克；

三联轴（每侧双轮胎）载质量22000千克。

第四条 超限运输车辆行驶公路的管理工作实行“统一管理、分级负责、方便运输、保障畅通”的原则。

国务院交通主管部门主管全国超限运输车辆行驶公路的管理工作。

县级以上地方人民政府交通主管部门主管本行政区域内超限运输车辆行驶公路的管理工作。

超限运输车辆行驶公路的具体行政管理工作,由县级以上地方人民政府交通主管部门设置的公路管理机构负责。

第五条 在公路上行驶的车辆的轴载质量应当符合《公路工程技术标准》的要求。但对有限定荷载要求的公路和桥梁,超限运输车辆不得行驶。

第二章 申请与审批

第六条 超限运输车辆行驶公路前,其承运人应按下列规定向公路管理机构提出书面申请:

(一)跨省(自治区、直辖市)行政区域进行超限运输的,由途经公路沿线省级公路管理机构分别负责审批,必要时可转报国务院交通主管部门统一进行协调。

(二)跨地(市)行政区域进行超限运输的,由省级公路管理机构负责审批。

(三)在本地(市)行政区域内进行超限运输的,由地(市)级公路管理机构负责审批。

第七条 承运人向公路管理机构申请超限运输车辆行驶公路时,除提交书面申请外,还应提供下列资料和证件:

(一)货物名称、重量、外廓尺寸及必要的总体轮廓图;

(二)运输车辆的厂牌型号、自载质量、轴载质量、轴距、轮数、轮胎单位压力、载货时总的外廓尺寸等有关资料;

(三)货物运输的起讫点、拟经过的路线和运输时间;

(四)车辆行驶证。

第八条　超限运输车辆行驶公路前，其承运人应根据具体情况分别依照下列规定的期限提出申请：

（一）对于车货总质量在40000千克以下，但其车货总高度、长度及宽度超过第三条第（一）、（二）、（三）项规定的超限运输，承运人应在起运前15日提出书面申请；

（二）对于车货总质量在40000千克以上（不含40000千克）、集装箱车货总质量在46000千克以上（含46000千克），100000千克以下的超限运输，承运人应在起运前1个月提出书面申请；

（三）对于车货总重在100000千克（不含100000千克）以上的超限运输，承运人应在起运前3个月提出书面申请。

第九条　公路管理机构在接到承运人的书面申请后，应在15日内进行审查并提出书面答复意见。

公路管理机构在审批超限运输时，应根据实际情况，对需经路线进行勘测，选定运输路线，计算公路、桥梁承载能力，制定通行与加固方案，并与承运人签订有关协议。

第十条　公路管理机构应根据制定的通行与加固方案以及签订的有关协议，对运输路线、桥涵等进行加固和改建，保障超限运输车辆安全行驶公路。

第十一条　公路管理机构进行的勘测、方案论证、加固、改造、护送等措施及修复损坏部分所需的费用，由承运人承担。

第十二条　公路管理机构对批准超限运输车辆行驶公路的，应签发《超限运输车辆通行证》（以下简称《通行证》）。

《通行证》式样由国务院交通主管部门统一制定，省级公路管理机构负责统一印制和管理。

第三章　通行管理

第十三条　超限运输车辆未经公路管理机构批准，不得在公路上行驶。

第十四条　承运人必须持有效《通行证》，并悬挂明显标志，按公路管理机构核定的时间、路线和时速行驶公路。

第十五条 承运人不得涂改、伪造、租借、转让《通行证》。

第十六条 超限运输车辆的型号及运载的物品必须与签发的《通行证》所要求的规格保持一致。

第十七条 超限运输车辆通过桥梁时,时速不得超过5公里,且应匀速居中行驶,严禁在桥上制动或变速。

第十八条 四级公路、等外公路和技术状况低于三类的桥梁,不得进行超限运输。

第十九条 公路管理机构应在公路桥梁、隧道及渡口设置限载、限宽、限高标志。

第二十条 公路管理机构可根据需要在公路上设置运输车辆轴载质量及车货总质量的检测装置,对超限运输车辆进行检测。对超过本规定第三条第(四)、(五)项限值标准且未办理超限运输手续的超限运输车辆,应责令承运人自行卸去超限的部分物品,并补办有关手续。

第二十一条 公路管理机构应加强对超限运输车辆行驶公路的现场管理,并可根据实际情况派员护送。

第二十二条 在公路上进行超限运输的承运人,应当接受公路管理人员依法实施的监督检查,并为其提供方便。

第四章 法律责任

第二十三条 违反本规定第十三条、第十四条规定,在公路上擅自超限运输的,县级以上交通主管部门或其授权委托的公路管理机构应当责令承运人停止违法行为,接受调查、处理,并可处以30000元以下的罚款。

对公路造成损害的,还应按公路赔(补)偿标准给予赔(补)偿。

第二十四条 违反本规定第十五条、第十六条规定的,按擅自超限行驶公路论,县级以上交通主管部门或其授权委托的公路管理机构应当责令承运人停止违法行为，并可处以5000元以下的罚款。

第二十五条 承运人拒绝、阻碍公路管理人员依法执行职务未使用暴力、威胁方法的，依照治安管理处罚条例十九条的规定处罚；构成犯罪的，依法追究刑事责任。

第二十六条 交通主管部门或公路管理机构的工作人员玩忽职守、徇私舞弊、滥用职权，构成犯罪的，依法追究刑事责任；尚不构成犯罪的，由所在单位或上级主管部门依法给予行政处分。

第五章　附　　则

第二十七条 各省(自治区、直辖市)交通主管部门可根据本规定制定实施办法，并报国务院交通主管部门备案。

第二十八条 超限运输车辆行驶公路赔(补)偿费标准由各省(自治区、直辖市)人民政府交通主管部门会同同级财政、物价主管部门制定。

第二十九条 本规定第三条第(五)项中，经国家批准生产的单轴轴载质量大于10000千克、小于13000千克(含13000千克)的车辆，暂以国家核定的轴载质量视同轴载限值标准。

第三十条 本规定由交通部负责解释。

第三十一条 本规定自2000年4月1日起施行。

公路工程勘察设计招标投标管理办法

(交通部令 2001 年第 6 号　2001.08.21)

第一章　总　　则

第一条　为规范公路建设市场秩序,提高公路工程勘察设计水平和公路建设投资效益,确保工程质量,根据《中华人民共和国公路法》、《中华人民共和国招标投标法》和国家有关规定,制定本办法。

第二条　公路建设项目的勘察、设计单项合同估算价在 50 万元人民币以上,或者建设项目总投资额在 3000 万元人民币以上的,必须进行勘察设计招标。

第三条　公路建设项目符合下列条件之一的,按项目管理权限报交通部或者省级人民政府交通主管部门批准,可以不进行勘察设计招标:

(一)涉及国家安全、国家秘密、抢险救灾的;

(二)勘察、设计采用特定专利、专有技术的;

(三)对建筑艺术造型有特殊要求的。

第四条　公路工程勘察设计招标投标活动应当遵循公开、公平、公正、诚实信用的原则。

第五条　公路工程勘察设计招标投标活动不受地区或者部门的限制,任何单位和个人不得以任何方式干预正当的招标投标活动;不得将必须进行招标的项目化整为零或者以其他任何方式规避招标。

第六条　公路工程勘察设计招标投标活动的监督管理实行统一领导、分级管理。

交通部负责全国公路建设项目勘察设计招标投标活动的监督管理工作。

省级人民政府交通主管部门负责本行政区域内公路建设项目勘察设计招标投标活动的监督管理工作。

县级以上人民政府交通主管部门按照项目管理权限,依法查处公路建设项目勘察设计招标投标活动中的违法行为。

第二章　招　　标

第七条　公路工程勘察设计招标是指招标人按照国家基本建设程序,依据批准的可行性研究报告,对公路工程初步设计、施工图设计通过招标活动选定勘察设计单位。

公路工程勘察设计招标可以实行一次性招标、分阶段招标,有特殊要求的关键工程可以进行方案招标。

第八条　招标人是符合公路建设市场准入条件,依照本办法规定提出公路工程勘察设计招标项目、进行招标的项目法人。

第九条　招标人具有与招标项目规模相适应的工程技术、管理人员,具备组织编制勘察设计招标文件和组织评标能力的,可以自行办理招标事宜。

招标人不具备前款规定条件的,应当委托符合公路建设市场准入条件、具有相应资格的招标代理机构办理招标事宜。招标代理机构应当在招标人委托的代理范围内办理招标事宜。

任何单位和个人不得以任何方式为招标人指定招标代理机构。

第十条　招标人自行办理招标事宜的,应当在发布招标公告或者发出投标邀请书15日前,按项目管理权限报交通部或者省级人民政府交通主管部门核备;招标人委托招标代理机构办理招标事宜的,应当在委托合同签订后15日内,按项目管理权限报交通部或者省级人民政府交通主管部门核备。

第十一条　公路工程勘察设计招标分为公开招标和邀请

招标。

公开招标是招标人通过国家指定的报刊、信息网络或者其他媒体发布招标公告,邀请不特定的法人或者组织投标。

邀请招标是招标人以投标邀请书的方式,邀请三个以上具有相应资质、具备承担招标项目勘察设计能力的、资信良好的特定法人或者组织投标。

招标公告或者投标邀请书应当载明招标人的名称和地址、招标项目的基本概况、投标人的资质要求以及获取资格预审文件、招标文件的办法等事项。

第十二条 公路工程勘察设计招标应当实行公开招标。

国务院发展计划部门确定的国家重点项目和省级人民政府确定的地方重点项目不适宜公开招标的,经国务院发展计划部门或者省级人民政府批准,可以进行邀请招标。

其他公路建设项目符合下列条件之一不适宜公开招标的,按项目管理权限经交通部或者省级人民政府交通主管部门批准,可以进行邀请招标:

(一)投标人少于3个的;

(二)长大桥梁或者隧道工程有特殊要求的;

(三)涉及专利权保护或者受特殊条件限制的;

(四)实行以工代赈、民工建勤、民办公助和利用扶贫资金的。

第十三条 公路工程勘察设计招标实行资格审查制度。公开招标的,实行资格预审;邀请招标的,实行资格后审。

资格预审是招标人在发布招标公告后,发出投标邀请书前对潜在投标人的资质、信誉、业绩和能力的审查。招标人只向资格预审合格的潜在投标人发出投标邀请书、发售招标文件。

资格后审是招标人在收到被邀请投标人的投标文件后,对投标人的资质、信誉、业绩和能力的审查。

第十四条 公路工程勘察设计招标按下列程序进行:

(一)编制资格预审文件和招标文件;

(二)发布招标公告或者发出投标邀请书;

（三）对潜在投标人进行资格审查；

（四）向合格的潜在投标人发售招标文件；

（五）组织潜在投标人勘察现场，召开标前会；

（六）接受投标人的投标文件，公开开标；

（七）组建评标委员会评标，推荐中标候选人；

（八）确定中标人，发出中标通知书；

（九）与中标人签订合同。

公路工程勘察设计招标实行邀请招标的，在编制招标文件后，按上述程序的（四）至（九）项要求进行。

第十五条 资格预审文件应当要求潜在投标人提供下列基本材料：

（一）营业执照、资质等级证书、资信证明和勘察设计收费证书；

（二）近五年完成的主要公路工程勘察设计项目和获奖情况以及社会信誉；

（三）正在承担的和即将承担的勘察设计项目情况；

（四）拟安排的项目负责人、主要技术人员和技术设备、应用软件投入情况；

（五）上两个会计年度的财务决算审计情况；

（六）以联合体形式投标的，联合体成员各方共同签订的投标协议和联合体各方的资质证明材料；

（七）有分包计划的，提交分包计划和拟分包单位的资质要求。

第十六条 招标文件应当按照交通部或者省级人民政府交通主管部门颁布的公路工程勘察设计招标文件范本，结合招标项目的特点和实际需要进行编制。招标文件应当包括以下内容：

（一）投标邀请书；

（二）投标须知；

（三）勘察设计合同通用条款和专用条款；

（四）勘察设计标准规范；

（五）勘察设计原始资料；

（六）勘察设计协议书格式；

（七）投标文件格式；

（八）评标标准和方法。

第十七条 招标人对已发出的招标文件进行必要的补遗或者修正时，应当在提交投标文件截止日期15日前，书面通知所有招标文件收受人。该补遗或者修正的内容为招标文件的组成部分。

第十八条 公路工程勘察设计招标资格预审结果和招标文件的审批工作由省级人民政府交通主管部门负责。其中，国道主干线、国家、部重点公路建设项目的资格预审结果和招标文件由省级人民政府交通主管部门审批后，报交通部核备。

第十九条 招标人应当合理确定资格预审申请文件和投标文件的编制时间。自招标公告发布之日起至潜在投标人递交资格预审文件截止时间，不得少于14日；自招标文件发售截止之日至投标人递交投标文件截止时间，不得少于21日。

第三章 投　标

第二十条 投标人是符合公路建设市场准入条件，具备规定资格，响应招标、参加投标竞争的法人或者组织。

第二十一条 两个以上法人或者组织可以组成联合体，以一个投标人身份共同投标。由同一专业的法人或者组织组成的联合体资质按联合体成员内资质等级低的确定。

联合体成员各方应当签订共同投标协议，明确联合体主办人和成员各方拟承担的工作和责任，并将共同投标协议连同投标文件一并提交招标人。

招标人不得强制投标人组成联合体共同投标，不得限制投标人之间的竞争。

第二十二条 投标人拟将部分非主体、非关键工作进行分包的，必须向招标人提交分包计划，并在投标文件中载明。分包单位的资质应当与其承担的工程规模标准相适应。

第二十三条 投标人应当按照招标文件要求编制投标文件，投标文件应当对招标文件提出的实质性要求和条件作出响应。

第二十四条 投标文件由商务文件、技术文件和报价清单组成。

商务文件包括下列基本内容：

（一）投标书；

（二）授权书；

（三）项目负责人及主要技术人员基本情况；

（四）勘察设计工作大纲。

技术文件包括下列基本内容：

（一）对招标项目的理解；

（二）对招标项目特点、难点、重点等的技术分析和处理措施；

（三）拟进行的科研课题；

（四）工程造价初步测算。

报价清单包括下列基本内容：

（一）勘察设计费报价；

（二）勘察设计费计算清单。

第二十五条 投标文件中的商务文件应当包括资格预审文件规定的主要内容以及通过资格预审后的更新材料，勘察设计工作大纲应当包括勘察设计周期、进度和质量保证措施、后续服务措施。

第二十六条 投标文件的报价清单中，对勘察设计取费应当按照现行公路工程勘察设计费收费标准进行计算。

第二十七条 投标文件应当采用双信封密封，第一个信封内为商务文件和技术文件，第二个信封内为报价清单。上述两个信封应当密封于同一信封中为一份投标文件。

投标人应当在招标文件要求截止日期前，将投标文件送达指定地点。投标文件及任何说明函件应当经投标人盖章或者其法定代表人或者其授权代理人签字。

第二十八条　投标人在招标文件要求的截止日期前，可以补充、修改或者撤回已递交的投标文件，并书面通知招标人。补充、修改的内容应当使用与投标书相同的密封方式投递，并作为投标文件的组成部分。

第二十九条　招标人在收到投标文件后，应当签收保存，不得开启。对在投标截止日期后送达的任何函件，招标人均不得接受。投标人少于三个的，招标人应当按照本办法规定重新招标。

第三十条　投标人在投标过程中不得串通作弊，不得妨碍其他投标人的公平竞争，不得以行贿、弄虚作假等手段骗取中标。

第四章　开标、评标、中标

第三十一条　开标应当在招标文件确定的提交投标文件截止日期的同一时间公开进行。开标地点应当为招标文件预先确定的地点。

第三十二条　开标由招标人主持，邀请所有投标人参加。进行公证的，应当有公证员出席。

第三十三条　开标时，由投标人或者其推选的代表检查投标文件的密封情况，也可以由招标人委托的公证机构检查并公证；经确认无误后，当众拆封投标文件的第一个信封，宣读投标人名称、投标文件签署情况及商务文件标前页的主要内容。投标文件中的第二个信封不予拆封，并妥善保存。

开标过程应当记录，并存档备查。

第三十四条　属于下列情况之一的，应当作为废标处理：

（一）投标文件未按要求密封；

（二）投标文件未加盖投标人公章或者未经法定代表人或者其授权代理人签字；

（三）投标文件字迹潦草、模糊，无法辨认；

（四）投标人对同一招标项目递交两份或者多份内容不同的

投标文件，未书面声明哪一个有效；

（五）投标文件不符合招标文件实质性要求。

第三十五条 评标由招标人依法组建的评标委员会负责，评标工作按照交通部制定的公路工程勘察设计招标评标有关规定和招标文件的有关要求进行。

评标委员会成员由招标人的代表及有关技术、经济等方面的专家组成，人数为5人以上单数，其中专家人数不得少于成员总数的三分之二。与投标人有利害关系的人员不得进入评标委员会。

交通部和省级人民政府交通主管部门应当分别设立评标专家库。国道主干线和国家、部重点公路建设项目的评标委员会专家，从交通部设立的评标专家库中确定，或者由交通部授权从省级人民政府交通主管部门设立的评标专家库中确定。其他公路建设项目的评标委员会专家从省级人民政府交通主管部门设立的评标专家库中确定。

评标委员会成员名单在中标结果确定前应当保密。

第三十六条 评标委员会可以要求投标人对投标文件中含义不明确的内容作必要的澄清或者说明，但是澄清或者说明不得超出投标文件的实质性内容。

第三十七条 评标委员会应当按照招标文件确定的评标标准，采用综合评价方法对投标人的信誉和经验，项目负责人的资格和能力，对项目的技术建议，勘察设计周期及进度计划、质量保证措施，后续服务和报价进行分别打分评议。

评标委员会对投标人的第一个信封评审打分后，在监督机构到场的情况下，拆封投标人的第二个信封，对第二个信封进行评审打分。经综合评审，依据对投标人综合得分结果的排序高低推荐三名中标候选人，并向招标人提出书面评标报告。

招标人根据评标委员会提出的书面评标报告和推荐的合格中标候选人确定中标人。招标人也可以授权评标委员会确定中标人。

第三十八条 评标委员会经评审,认为所有投标都不满足招标文件要求的,可以否决所有投标。出现下列情况之一的,招标人应当依照本办法重新招标:

(一)所有的投标文件均未通过商务文件、技术文件符合性审查;

(二)所有的投标文件均不能满足招标文件要求。

第三十九条 评标委员会成员应当客观、公正地履行职责,遵守职业道德,对所提出的评审意见承担个人责任。

评标委员会成员不得私下接触投标人,不得收受投标人的财物或者其他好处,不得透露对投标文件的评审、中标候选人的推荐情况以及与评标有关的其他情况。

第四十条 中标人确定后,招标人应当在7日内向中标人发出中标通知书,并同时将中标结果通知所有未中标的投标人;在15日之内,按项目管理权限将评标报告向交通部或者省级人民政府交通主管部门核备。

第四十一条 在中标通知书发出之日起30日内,招标人和中标人应当按照招标文件和投标文件签订合同。招标人和中标人不得再行订立背离合同实质性内容的其他协议。

招标文件要求中标人提交履约保证金的,中标人应当提供。

第四十二条 中标人应当按照合同约定履行义务,完成中标项目。

联合体中标的,联合体各方应当共同与招标人签订合同,就中标项目向招标人承担连带责任。

中标人将中标项目的部分非主体、非关键性工作分包给他人完成的,中标人应当就分包项目向招标人负责,分包人就分包项目承担连带责任。

第四十三条 进行方案招标的,招标人、中标人使用未中标人的专利、专有技术的投标方案,应当征得未中标人的同意,并给予合理的经济补偿。

第五章 法律责任

第四十四条 必须进行公路工程勘察设计招标的项目，招标人自行组织或者委托招标代理机构办理招标事宜，未在规定时间内按项目管理权限报交通主管部门核备的，给予警告，责令停止招标活动。

第四十五条 违反本办法规定，必须进行招标的项目而不招标的，将必须进行招标的项目化整为零，或者以其他任何方式规避招标的，责令限期改正，可以处以项目合同金额千分之五以上千分之十以下的罚款；对全部或者部分使用国有资金的项目，可以暂停项目执行或者暂停资金拨付，对单位直接负责的主管人员和其他直接责任人员依法给予行政处分。

第四十六条 招标代理机构违反本办法规定，泄露应当保密的与招标投标活动有关的情况和资料的，或者与招标人、投标人串通损害国家利益、社会公共利益或者他人合法权益的，处5万元以上25万元以下的罚款，对单位直接负责的主管人员和其他直接责任人员处单位罚款数额百分之五以上百分之十以下的罚款；有违法所得的，并处没收违法所得；情节严重的，暂停直至取消招标代理资格。

第四十七条 投标人违反本办法，相互串通投标或者与招标人串通投标，投标人以向招标人或者评标委员会成员行贿的手段谋取中标的，中标无效，处中标项目金额千分之五以上千分之十以下的罚款；有违法所得的，并处没收违法所得；情节严重的，取消其1年至2年内参加依法必须进行招标的项目的投标资格并予以公告。

第四十八条 评标委员会成员收受投标人的财物或者其他好处的，评标委员会成员或者参加评标的有关工作人员向他人透露对投标文件的评审和比较、中标候选人的推荐以及与评标有关的其他情况的，给予警告，没收收受财物，可以并处3000元以上5万元以下的罚款，对违法的评标委员会成员取消其评标委员会专家资格，建议所在单位按有关规定给予行政处分。

第四十九条 招标人在评标委员会推荐的中标候选人以外确定中标人的，所有投标被评标委员会否决后自行确定中标人的，中标无效，责令改正，可以处中标项目金额千分之五以上千分之十以下的罚款；对单位直接负责的主管人员和其他直接责任人员依法给予处分。

第五十条 中标人将中标项目转让给他人的，将中标项目肢解后分别转让给他人的，违反本办法规定将中标项目的部分主体、关键性工作分包给他人的，或者分包人再次分包的，转让、分包无效，处转让、分包项目金额千分之五以上千分之十以下的罚款，对单位直接负责的主管人员和其他直接责任人员依法给予处分。

第五十一条 任何单位违反本办法规定，限制或者排斥本地区、本系统以外的潜在投标人参加投标的，为招标人指定招标代理机构的，强制招标人委托招标代理机构办理招标事宜的，或者以其他方式干涉招标投标活动的，责令改正；对单位直接负责的主管人员和其他直接责任人员依法给予处分。

第五十二条 交通主管部门的工作人员徇私舞弊、滥用职权、索贿、行贿、受贿、干预正常招标投标活动的，视情况由交通主管部门会同有关部门依法给予行政处分，构成犯罪的，依法追究刑事责任。

第六章 附 则

第五十三条 使用国际组织或者外国政府贷款、援助资金的项目进行招标，贷款方、资金提供方对招标投标有特殊规定的，可以适用其规定，但违背中华人民共和国的社会公共利益的除外。

第五十四条 本办法由交通部负责解释。

第五十五条 本办法自2002年1月1日起施行。

公路监督检查专用车辆管理办法

（交通部令2002年第6号　2002.11.16）

第一条　为加强公路监督检查专用车辆的管理，规范公路监督检查专用车辆的车型、标志和示警灯，根据《中华人民共和国公路法》的有关规定，制定本办法。

第二条　公路监督检查专用车辆是县级以上地方人民政府交通主管部门及其所属的管理机构依法进行公路监督检查时使用的专用车辆，其标志包括车辆颜色和文字标识，示警灯包括顶灯和发声器。

第三条　公路监督检查专用车辆的车型、标志和示警灯由交通部统一规范。

公路监督检查专用车辆的管理工作由省、自治区、直辖市人民政府交通主管部门负责。

第四条　任何单位和个人不得违反本办法擅自喷印、安装、使用公路监督检查专用车辆的标志和示警灯。

第五条　公路监督检查专用车辆的车型包括轿车、越野车和轻型客车三类。

第六条　公路监督检查专用车辆的基本色为白色，沿车辆前保险杆水平环绕车身以下部分为橙黄色；车身两侧统一喷印“中国公路”文字标识，字体为黑体，文字颜色为黑色（式样见附件一）。

第七条　公路监督检查专用车辆的示警灯为红、黄、蓝三色固定式排灯，安装在车顶前部。

示警灯排灯中间装备圆形红底白色公路路徽（式样见附件一）；排灯颜色左右两侧对称分布，每侧从里向外依次为黄色、红色和蓝色。其中,红色占排灯单侧长度的二分之一,蓝色、黄色各占排灯单侧长度的四分之一。

公路监督检查专用车辆的示警灯采用相同的呼话、音调、灯光、选择自动转换等技术功能的电子发声器。

第八条 凡安装示警灯的公路监督检查专用车辆,必须持有省、自治区、直辖市人民政府交通主管部门颁发的《公路监督检查专用车辆示警灯使用证》,并随车携带。

《公路监督检查专用车辆示警灯使用证》由交通部统一制式(式样见附件二)。

任何单位和个人不得伪造、涂改、转让和转借《公路监督检查专用车辆示警灯使用证》。

第九条 公路监督检查专用车辆在执行以下公务时方可使用示警灯:

(一)查处逃缴交通规费和通行费的车辆;

(二)查处损坏公路的车辆;

(三)依法采取公路行政强制措施;

(四)执行其他紧急任务。

第十条 公路监督检查专用车辆、示警灯不得转借他人,也不得从事与公路监督检查无关的其他活动。

第十一条 省、自治区、直辖市人民政府交通主管部门应当加强对公路监督检查专用车辆使用情况的监督检查。

《公路监督检查专用车辆示警灯使用证》由省、自治区、直辖市人民政府交通主管部门定期审验。

第十二条 公路监督检查专用车辆转让、报废或者改变用途的,原使用单位应当拆除示警灯,清除本办法规定的文字标识,并将《公路监督检查专用车辆示警灯使用证》交回省、自治区、直辖市人民政府交通主管部门。

第十三条 违反本办法喷印、安装、使用公路监督检查专用车辆标志和示警灯的,违反本办法转让、转借《公路监督检查专用车辆示警灯使用证》的,省、自治区、直辖市人民政府交通主管部门应当责令其改正或者收缴公路监督检查专用车辆的示警灯、销毁相关标志和证件，并对车辆所属单位予以通报批评，车辆所属单位应对责任人予以相应行政处分。

第十四条 违反本办法伪造、假冒使用公路监督检查专用车辆、标志、示警灯和《公路监督检查专用车辆示警灯使用证》的，由省、自治区、直辖市人民政府交通主管部门责令其拆除示警灯、销毁相关标志和证件，并处1万元罚款。

第十五条 公路监督检查专用车辆的配备标准与数量由省、自治区、直辖市人民政府交通主管部门会同同级财政部门根据各地实际需要确定。

第十六条 本办法自2003年1月1日起施行。

附件一

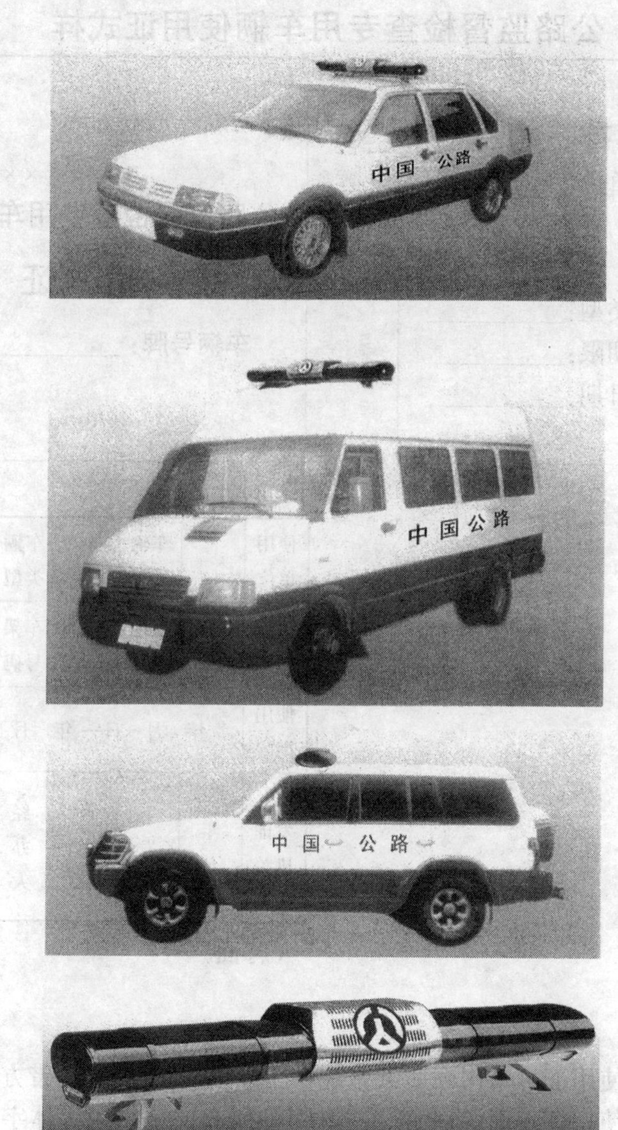

附件二

公路监督检查专用车辆使用证式样

存 根

使用单位:__________

编　　号:__________

车 牌 号:__________

车辆类型:__________

使用期限:__________

发证日期:__________

No. ××××××

公路监督检查专用车辆

使 用 证

车辆号牌:__________

(正面)

使用单位		车辆牌号		车辆类型	
厂牌型号		发动机号		车架号码	
使用期限	年 月 日—年 月 日				
发证机关	(盖章)年 月 日	签发人	年 月 日	经办人	年 月 日

(背面)

说明:

1. 使用证可采用硬质纸张统一印制,以便使用者携带方便;

2. 使用证正面(存根部分除外)的所有文字均为黑体字,颜色为黑色,右上角部分的编号颜色为红色。

路政管理规定

（交通部令2003年第2号　2003.01.27）

第一章　总　　则

第一条　为加强公路管理，提高路政管理水平，保障公路的完好、安全和畅通，根据《中华人民共和国公路法》（以下简称《公路法》）及其他有关法律、行政法规，制定本规定。

第二条　本规定适用于中华人民共和国境内的国道、省道、县道、乡道的路政管理。

本规定所称路政管理，是指县级以上人民政府交通主管部门或者其设置的公路管理机构，为维护公路管理者、经营者、使用者的合法权益，根据《公路法》及其他有关法律、法规和规章的规定，实施保护公路、公路用地及公路附属设施（以下统称"路产"）的行政管理。

第三条　路政管理工作应当遵循"统一管理、分级负责、依法行政"的原则。

第四条　交通部根据《公路法》及其他有关法律、行政法规的规定主管全国路政管理工作。

县级以上地方人民政府交通主管部门根据《公路法》及其他有关法律、法规、规章的规定主管本行政区域内路政管理工作。

县级以上地方人民政府交通主管部门设置的公路管理机构根据《公路法》的规定或者根据县级以上地方人民政府交通主管部门的委托负责路政管理的具体工作。

第五条　县级以上地方人民政府交通主管部门或者其设置的公路管理机构的路政管理职责如下：

（一）宣传、贯彻执行公路管理的法律、法规和规章；

（二）保护路产；

（三）实施路政巡查；

（四）管理公路两侧建筑控制区；

（五）维持公路养护作业现场秩序；

（六）参与公路工程交工、竣工验收；

（七）依法查处各种违反路政管理法律、法规、规章的案件；

（八）法律、法规规定的其他职责。

第六条 依照《公路法》的有关规定，受让公路收费权或者由国内外经济组织投资建成的收费公路的路政管理工作，由县级以上地方人民政府交通主管部门或者其设置的公路管理机构的派出机构、人员负责。

第七条 任何单位和个人不得破坏、损坏或者非法占用路产。

任何单位和个人都有爱护路产的义务，有检举破坏、损坏路产和影响公路安全行为的权利。

第二章 路政管理许可

第八条 除公路防护、养护外，占用、利用或者挖掘公路、公路用地、公路两侧建筑控制区，以及更新、砍伐公路用地上的树木，应当根据《公路法》和本规定，事先报经交通主管部门或者其设置的公路管理机构批准、同意。

第九条 因修建铁路、机场、电站、通信设施、水利工程和进行其他建设工程需要占用、挖掘公路或者使公路改线的，建设单位应当按照《公路法》第四十四条第二款的规定，事先向交通主管部门或者其设置的公路管理机构提交申请书和设计图。

本条前款规定的申请书包括以下主要内容：

（一）主要理由；

（二）地点（公路名称、桩号及与公路边坡外缘或者公路界桩

的距离);

(三)安全保障措施;

(四)施工期限;

(五)修复、改建公路的措施或者补偿数额。

第十条 跨越、穿越公路,修建桥梁、渡槽或者架设、埋设管线等设施,以及在公路用地范围内架设、埋设管(杆)线、电缆等设施,应当按照《公路法》第四十五条的规定,事先向交通主管部门或者其设置的公路管理机构提交申请书和设计图。

本条前款规定的申请书包括以下主要内容:

(一)主要理由;

(二)地点(公路名称、桩号及与公路边坡外缘或者公路界桩的距离);

(三)安全保障措施;

(四)施工期限;

(五)修复、改建公路的措施或者补偿数额。

第十一条 因抢险、防汛需要在大中型公路桥梁和渡口周围二百米范围内修筑堤坝、压缩或者拓宽河床,应当按照《公路法》第四十七条第二款的规定,事先向交通主管部门提交申请书和设计图。

本条前款规定的申请书包括以下主要内容:

(一)主要理由;

(二)地点(公路名称、桩号及与公路边坡外缘或者公路界桩的距离);

(三)安全保障措施;

(四)施工期限。

第十二条 铁轮车、履带车和其他可能损害公路路面的机具需要在公路上行驶的,应当按照《公路法》第四十八条的规定,事先向交通主管部门或者其设置的公路管理机构提交申请书和车辆或者机具的行驶证件。

本条前款规定的申请书包括以下主要内容:

（一）主要理由；

（二）行驶路线及时间；

（三）行驶采取的防护措施；

（四）补偿数额。

第十三条　超过公路、公路桥梁、公路隧道或者汽车渡船的限载、限高、限宽、限长标准的车辆，确需在公路上行驶的，按照《公路法》第五十条和交通部制定的《超限运输车辆行驶公路管理规定》的规定办理。

第十四条　在公路用地范围内设置公路标志以外的其他标志，应当按照《公路法》第五十四条的规定，事先向交通主管部门或者其设置的公路管理机构提交申请书和设计图。

本条前款规定的申请书包括以下主要内容：

（一）主要理由；

（二）标志的内容；

（三）标志的颜色、外廓尺寸及结构；

（四）标志设置地点（公路名称、桩号）；

（五）标志设置时间及保持期限。

第十五条　在公路上增设平面交叉道口，应当按照《公路法》第五十五条的规定，事先向交通主管部门或者其设置的公路管理机构提交申请书和设计图或者平面布置图。

本条前款规定的申请书包括以下主要内容：

（一）主要理由；

（二）地点（公路名称、桩号）；

（三）施工期限；

（四）安全保障措施。

第十六条　在公路两侧的建筑控制区内埋设管（杆）线、电缆等设施，应当按照《公路法》第五十六条第一款的规定，事先向交通主管部门或者其设置的公路管理机构提交申请书和设计图。

本条前款规定的申请书包括以下主要内容：

（一）主要理由；

（二）地点（公路名称、桩号及与公路边坡外缘或公路界桩的距离）；

（三）安全保障措施；

（四）施工期限。

第十七条 更新砍伐公路用地上的树木，应当依照《公路法》第四十二条第二款的规定，事先向交通主管部门或者其设置的公路管理机构提交申请书。

本条前款规定的申请书包括以下主要内容：

（一）主要理由；

（二）地点（公路名称、桩号）；

（三）树木的种类和数量；

（四）安全保障措施；

（五）时间；

（六）补种措施。

第十八条 除省级人民政府根据《公路法》第八条第二款就国道、省道管理、监督职责作出决定外，路政管理许可的权限如下：

（一）属于国道、省道的，由省级人民政府交通主管部门或者其设置的公路管理机构办理；

（二）属于县道的，由市（设区的市）级人民政府交通主管部门或者其设置的公路管理机构办理；

（三）属于乡道的，由县级人民政府交通主管部门或者其设置的公路管理机构办理。

路政管理许可事项涉及有关部门职责的，应当经交通主管部门或者其设置的公路管理机构批准或者同意后，依照有关法律、法规的规定，办理相关手续。其中，本规定第十一条规定的事项，由省级人民政府交通主管部门会同省级水行政主管部门办理。

第十九条 交通主管部门或者其设置的公路管理机构自接到申请书之日起15日内应当作出决定。作出批准或者同意的决定的，应当签发相应的许可证；作出不批准或者不同意的决定的，应当书面告知，并说明理由。

第三章　路政案件管辖

第二十条　路政案件由案件发生地的县级人民政府交通主管部门或者其设置的公路管理机构管辖。

第二十一条　对管辖发生争议的,报请共同的上一级人民政府交通主管部门或者其设置的公路管理机构指定管辖。

下级人民政府交通主管部门或者其设置的公路管理机构对属于其管辖的案件,认为需要由上级人民政府交通主管部门或者其设置的公路管理机构处理的,可以报请上一级人民政府交通主管部门或者其设置的公路管理机构决定。

上一级人民政府交通主管部门或者其设置的公路管理机构认为必要的,可以直接处理属于下级人民政府交通主管部门或者其设置的公路管理机构管辖的案件。

第二十二条　报请上级人民政府交通主管部门或者其设置的公路管理机构处理的案件以及上级人民政府交通主管部门或者其设置的公路管理机构决定直接处理的案件,案件发生地的县级人民政府交通主管部门或者其设置的公路管理机构应当首先制止违法行为,并做好保护现场等工作,上级人民政府交通主管部门或者其设置的公路管理机构应当及时确定管辖权。

第四章　行政处罚

第二十三条　有下列违法行为之一的,依照《公路法》第七十六条的规定,责令停止违法行为,可处3万元以下的罚款:

(一)违反《公路法》第四十四条第一款规定,擅自占用、挖掘公路的;

(二)违反《公路法》第四十五条规定,未经同意或者未按照公路工程技术标准的要求修建跨越、穿越公路的桥梁、渡槽或者架设、埋设管线、电缆等设施的;

（三）违反《公路法》第四十七条规定，未经批准从事危及公路安全作业的；

（四）违反《公路法》第四十八条规定，铁轮车、履带车和其他可能损害路面的机具擅自在公路上超限行驶的；

（五）违反《公路法》第五十条规定，车辆超限使用汽车渡船或者在公路上擅自超限行驶的；

（六）违反《公路法》第五十二条、第五十六规定，损坏、移动、涂改公路附属设施或者损坏、挪动建筑控制区的标桩、界桩，可能危及公路安全的。

第二十四条 有下列违法行为之一的，依照《公路法》第七十七条的规定，责令停止违法行为，可处 5000 元以下罚款：

（一）违反《公路法》第四十六条规定，造成公路路面损坏、污染或者影响公路畅通的；

（二）违反《公路法》第五十一条规定，将公路作为检验机动车辆制动性能的试车场地的。

第二十五条 违反《公路法》第五十三条规定，造成公路损坏，未报告的，依照《公路法》第七十八条的规定，处以 1000 元以下罚款。

第二十六条 违反《公路法》第五十四条规定，在公路用地范围内设置公路标志以外的其他标志的，依照《公路法》第七十九条的规定，责令限期拆除，可处 2 万元以下罚款。

第二十七条 违反《公路法》第五十五条规定，未经批准在公路上设置平面交叉道口的，依照《公路法》第八十条的规定，责令恢复原状，处 5 万元以下罚款。

第二十八条 违反《公路法》第五十六条规定，在公路建筑控制区内修建建筑物、地面构筑物或者擅自埋设管线、电缆等设施的，依照《公路法》第八十一条的规定，责令限期拆除，并可处 5 万元以下罚款。

第二十九条 《公路法》第八章及本规定规定的行政处罚，由县级以上地方人民政府交通主管部门或者其设置的公路管理机构依照《公路法》有关规定实施。

第三十条 实施路政处罚的程序，按照《交通行政处罚程序规定》办理。

第五章 公路赔偿和补偿

第三十一条 公民、法人或者其他组织造成路产损坏的，应向公路管理机构缴纳路产损坏赔（补）偿费。

第三十二条 根据《公路法》第四十四条第二款，经批准占用、利用、挖掘公路或者使公路改线的，建设单位应当按照不低于该段公路原有技术标准予以修复、改建或者给予相应的补偿。

第三十三条 路产损坏事实清楚，证据确凿充分，赔偿数额较小，且当事人无争议的，可以当场处理。

当场处理公路赔（补）偿案件，应当制作、送达《公路赔（补）偿通知书》收取公路赔（补）偿费，出具收费凭证。

第三十四条 除本规定第三十三条规定可以当场处理的公路赔（补）偿案件外，处理公路赔（补）偿案件应当按照下列程序进行：

（一）立案；

（二）调查取证；

（三）听取当事人陈述和申辩或听证；

（四）制作并送达《公路赔（补）偿通知书》；

（五）收取公路赔（补）偿费；

（六）出具收费凭证；

（七）结案。

调查取证应当询问当事人及证人，制作调查笔录；需要进行现场勘验或者鉴定的，还应当制作现场勘验报告或者鉴定报告。

第三十五条 本规定对公路赔（补）偿案件处理程序的具体事项未作规定的，参照《交通行政处罚程序规定》办理。

办理公路赔（补）偿案件涉及路政处罚的，可以一并进行调查取证,分别进行处理。

第三十六条 当事人对《公路赔(补)偿通知书》认定的事实和赔(补)偿费数额有疑义的,可以向公路管理机构申请复核。

公路管理机构应当自收到公路赔(补)偿复核申请之日起15日内完成复核,并将复核结果书面通知当事人。

本条规定不影响当事人依法向人民法院提起民事诉讼的法定权利。

第三十七条 公路赔(补)偿费应当用于受损公路的修复,不得挪作他用。

第六章 行政强制措施

第三十八条 对公路造成较大损害、当场不能处理完毕的车辆,公路管理机构应当依据《公路法》第八十五条第二款的规定,签发《责令车辆停驶通知书》,责令该车辆停驶并停放于指定场所。调查、处理完毕后,应当立即放行车辆,有关费用由车辆所有人或者使用人承担。

第三十九条 违反《公路法》第五十四条规定,在公路用地范围内设置公路标志以外的其他标志,依法责令限期拆除,而设置者逾期不拆除的,依照《公路法》第七十九条的规定强行拆除。

第四十条 违反《公路法》第五十六条规定,在公路建筑控制区内修建建筑物、地面构筑物或者擅自埋设管(杆)线、电缆等设施,依法责令限期拆除,而建筑者、构筑者逾期不拆除的,依照《公路法》第八十一条的规定强行拆除。

第四十一条 依法实施强行拆除所发生的有关费用,由设置者、建筑者、构筑者负担。

第四十二条 依法实施路政强行措施,应当遵守下列程序:

(一)制作并送达路政强制措施告诫书,告知当事人作出拆除非法标志或者设施决定的事实、理由及依据,拆除非法标志或者设施的期限,不拆除非法标志或者设施的法律后果,并告知当事人依法享有的权利；

（二）听取当事人陈述和申辩；

（三）复核当事人提出的事实、理由和依据；

（四）经督促告诫，当事人逾期不拆除非法标志或者设施的，制作并送达路政强制措施决定书；

（五）实施路政强制措施；

（六）制作路政强制措施笔录。

实施强行拆除涉及路政处罚的，可以一并进行调查取证，分别进行处理。

第四十三条 有下列情形之一的，可依法申请人民法院强制执行：

（一）当事人拒不履行公路行政处罚决定；

（二）依法强行拆除受到阻挠。

第四十四条 《公路法》第八章及本规定规定的行政强制措施，由县级以上地方人民政府交通主管部门或者其设置的公路管理机构依照《公路法》有关规定实施。

第七章 监督检查

第四十五条 交通主管部门、公路管理机构应当依法对有关公路管理的法律、法规、规章执行情况进行监督检查。

第四十六条 交通主管部门、公路管理机构应当加强路政巡查，认真查处各种侵占、损坏路产及其他违反公路管理法律、法规和本规定的行为。

第四十七条 路政管理人员依法在公路、建筑控制区、车辆停放场所、车辆所属单位等进行监督检查时，任何单位和个人不得阻挠。

第四十八条 公路养护人员发现破坏、损坏或者非法占用路产和影响公路安全的行为应当予以制止，并及时向公路管理机构报告，协助路政管理人员实施日常路政管理。

第四十九条 公路经营者、使用者和其他有关单位、个人，应当接受路政管理人员依法实施的监督检查，并为其提供方便。

第五十条 对公路造成较大损害的车辆，必须立即停车，保护现场，并向公路管理机构报告。

第五十一条 交通主管部门、公路管理机构应当对路政管理人员的执法行为加强监督检查，对其违法行为应当及时纠正，依法处理。

第八章 人员与装备

第五十二条 公路管理机构应当配备相应的专职路政管理人员，具体负责路政管理工作。

第五十三条 路政管理人员的配备标准由省级人民政府交通主管部门会同有关部门按照"精干高效"的原则，根据本辖区公路的行政等级、技术等级和当地经济发展水平等实际情况综合确定。

第五十四条 路政管理人员录用应具备以下条件：

（一）年龄在20周岁以上，但一线路政执法人员的年龄不得超过45岁；

（二）身体健康；

（三）大专毕业以上文化程度；

（四）持有符合交通部规定的岗位培训考试合格证书。

第五十五条 路政管理人员实行公开录用、竞争上岗，由市（设区的市）级公路管理机构组织实施，省级公路管理机构批准。

第五十六条 路政管理人员执行公务时，必须按规定统一着装，佩戴标志，持证上岗。

第五十七条 路政管理人员必须爱岗敬业，恪尽职守，熟悉业务，清正廉洁，文明服务，秉公执法。

第五十八条 交通主管部门、公路管理机构应当加强路政管理队伍建设，提高路政管理执法水平。

第五十九条 路政管理人员玩忽职守、徇私舞弊、滥用职权，依法给予行政处分；构成犯罪的，依法追究刑事责任。

第六十条 公路管理机构应当配备专门用于路政管理的交通、通信及其他必要的装备。

用于路政管理的交通、通讯及其他装备不得用于非路政管理活动。

第六十一条 用于路政管理的专用车辆，应当按照《公路法》第七十三条和交通部制定的《公路监督检查专用车辆管理办法》的规定，设置统一的标志和示警灯。

第九章 内务管理

第六十二条 公路管理机构应当建立健全路政内务管理制度，加强各项内务管理工作。

第六十三条 路政内务管理制度如下：

(一)路政管理人员岗位职责；

(二)路政管理人员行为规范；

(三)路政管理人员执法考核、评议制度；

(四)路政执法与办案程序；

(五)路政巡查制度；

(六)路政管理统计制度；

(七)路政档案管理制度；

(八)其他路政内务管理制度。

第六十四条 公路管理机构应当公开办事制度，自觉接受社会监督。

第十章 附则

第六十五条 公路赔(补)偿费标准，由省、自治区、直辖市人民政府交通主管部门会同同级财政、价格主管部门制定。

第六十六条 路政管理文书的格式,由交通部统一制定。

第六十七条 本规定由交通部负责解释。

第六十八条 本规定自 2003 年 4 月 1 日起施行。1990 年 9 月24 日交通部发布的《公路路政管理规定(试行)》同时废止。

公路工程竣(交)工验收办法

(交通部令2004年第3号　2004.03.31)

第一章　总　　则

第一条　为规范公路工程竣(交)工验收工作,保障公路安全有效运营,根据《中华人民共和国公路法》,制定本办法。

第二条　本办法适用于中华人民共和国境内新建和改建的公路工程竣(交)工验收活动。

第三条　公路工程应按本办法进行竣(交)工验收,未经验收或者验收不合格的,不得交付使用。

第四条　公路工程验收分为交工验收和竣工验收两个阶段。

交工验收是检查施工合同的执行情况,评价工程质量是否符合技术标准及设计要求,是否可以移交下一阶段施工或者是否满足通车要求,对各参建单位工作进行初步评价。

竣工验收是综合评价工程建设成果,对工程质量、参建单位和建设项目进行综合评价。

第五条　公路工程竣(交)工验收的依据是:

(一)批准的工程可行性研究报告;

(二)批准的工程初步设计、施工图设计及变更设计文件;

(三)批准的招标文件及合同文本;

(四)行政主管部门的有关批复、批示文件;

(五)交通部颁布的公路工程技术标准、规范、规程及国家有关部门的相关规定。

第六条　交工验收由项目法人负责。

竣工验收由交通主管部门按项目管理权限负责。交通部负责国家、部重点公路工程项目中100公里以上的高速公路、独立特大型桥梁和特长隧道工程的竣工验收工作；其他公路工程建设项目，由省级人民政府交通主管部门确定的相应交通主管部门负责竣工验收工作。

第七条 公路工程竣(交)工验收工作应当做到公正、真实和科学。

第二章 交工验收

第八条 公路工程(合同段)进行交工验收应具备以下条件：

(一)合同约定的各项内容已完成；

(二)施工单位按交通部制定的《公路工程质量检验评定标准》及相关规定的要求对工程质量自检合格；

(三)监理工程师对工程质量的评定合格；

(四)质量监督机构按交通部规定的公路工程质量鉴定办法对工程质量进行检测(必要时可委托有相应资质的检测机构承担检测任务)，并出具检测意见；

(五)竣工文件已按交通部规定的内容编制完成；

(六)施工单位、监理单位已完成本合同段的工作总结。

第九条 公路工程各合同段符合交工验收条件后，经监理工程师同意，由施工单位向项目法人提出申请，项目法人应及时组织对该合同段进行交工验收。

第十条 交工验收的主要工作内容是：

(一)检查合同执行情况；

(二)检查施工自检报告、施工总结报告及施工资料；

(三)检查监理单位独立抽检资料、监理工作报告及质量评定资料；

(四)检查工程实体，审查有关资料，包括主要产品质量的抽(检)测报告；

(五)核查工程完工数量是否与批准的设计文件相符，是否与工程计量数量一致；

（六）对合同是否全面执行、工程质量是否合格作出结论，按交通主管部门规定的格式签署合同段交工验收证书；

（七）按交通部规定的办法对设计单位、监理单位、施工单位的工作进行初步评价。

第十一条 项目法人负责组织公路工程各合同段的设计、监理、施工等单位参加交工验收。拟交付使用的工程，应邀请运营、养护管理单位参加。参加验收单位的主要职责是：

项目法人负责组织各合同段参建单位完成交工验收工作的各项内容，总结合同执行过程中的经验，对工程质量是否合格作出结论。

设计单位负责检查已完成的工程是否与设计相符，是否满足设计要求。

监理单位负责完成监理资料的汇总、整理，协助项目法人检查施工单位的合同执行情况，核对工程数量，科学公正地对工程质量进行评定。

施工单位负责提交竣工资料，完成交工验收准备工作。

第十二条 项目法人组织监理单位按《公路工程质量检验评定标准》的要求对各合同段的工程质量进行评定。

监理单位根据独立抽检资料对工程质量进行评定，当监理按规定完成的独立抽检资料不能满足评定要求时，可以采用经监理确认的施工自检资料。

项目法人根据对工程质量的检查及平时掌握的情况，对监理单位所做的工程质量评定进行审定。

第十三条 各合同段工程质量评分采用所含各单位工程质量评分的加权平均值。即：

$$合同段工程质量评分值=\frac{\sum(单位工程质量评分值\times该单位工程投资额)}{合同段总投资额}$$

工程各合同段交工验收结束后，由项目法人对整个工程项目进行工程质量评定，工程质量评分采用各合同段工程质量评分的

加权平均值。即:

$$工程项目质量评分值 = \frac{\sum(合同段工程质量评分值 \times 该合同段投资额)}{\sum合同段投资额}$$

工程质量等级评定分为合格和不合格,工程质量评分值大于等于75分的为合格,小于75分的为不合格。

第十四条 公路工程各合同段验收合格后,项目法人应按交通部规定的要求及时完成项目交工验收报告,并向交通主管部门备案。国家、部重点公路工程项目中100公里以上的高速公路、独立特大型桥梁和特长隧道工程向省级人民政府交通主管部门备案,其他公路工程按省级人民政府交通主管部门的规定向相应的交通主管部门备案。

公路工程各合同段验收合格后,质量监督机构应向交通主管部门提交项目的检测报告。交通主管部门在15天内未对备案的项目交工验收报告提出异议,项目法人可开放交通进入试运营期。试运营期不得超过3年。

第十五条 交工验收提出的工程质量缺陷等遗留问题,由施工单位限期完成。

第三章 竣工验收

第十六条 公路工程进行竣工验收应具备以下条件:

(一)通车试运营2年后;

(二)交工验收提出的工程质量缺陷等遗留问题已处理完毕,并经项目法人验收合格;

(三)工程决算已按交通部规定的办法编制完成,竣工决算已经审计,并经交通主管部门或其授权单位认定;

(四)竣工文件已按交通部规定的内容完成;

(五)对需进行档案、环保等单项验收的项目,已经有关部门验收合格;

(六)各参建单位已按交通部规定的内容完成各自的工作

报告；

（七）质量监督机构已按交通部规定的公路工程质量鉴定办法对工程质量检测鉴定合格，并形成工程质量鉴定报告。

第十七条　公路工程符合竣工验收条件后，项目法人应按照项目管理权限及时向交通主管部门申请验收。交通主管部门应当自收到申请之日起30日内，对申请人递交的材料进行审查，对于不符合竣工验收条件的，应当及时退回并告知理由；对于符合验收条件的，应自收到申请文件之日起3个月内组织竣工验收。

第十八条　竣工验收的主要工作内容是：

（一）成立竣工验收委员会；

（二）听取项目法人、设计单位、施工单位、监理单位的工作报告；

（三）听取质量监督机构的工作报告及工程质量鉴定报告；

（四）检查工程实体质量、审查有关资料；

（五）按交通部规定的办法对工程质量进行评分，并确定工程质量等级；

（六）按交通部规定的办法对参建单位进行综合评价；

（七）对建设项目进行综合评价；

（八）形成并通过竣工验收鉴定书。

第十九条　竣工验收委员会由交通主管部门、公路管理机构、质量监督机构、造价管理机构等单位代表组成。大中型项目及技术复杂工程，应邀请有关专家参加。国防公路应邀请军队代表参加。

项目法人、设计单位、监理单位、施工单位、接管养护等单位参加竣工验收工作。

第二十条　参加竣工验收工作各方的主要职责是：

竣工验收委员会负责对工程实体质量及建设情况进行全面检查。按交通部规定的办法对工程质量进行评分，对各参建单位进行综合评价，对建设项目进行综合评价，确定工程质量和建设项目等级，形成工程竣工验收鉴定书。

项目法人负责提交项目执行报告及验收所需资料，协助竣工验收委员会开展工作。

设计单位负责提交设计工作报告，配合竣工验收检查工作。

监理单位负责提交监理工作报告，提供工程监理资料，配合竣工验收检查工作。

施工单位负责提交施工总结报告，提供各种资料，配合竣工验收检查工作。

第二十一条 竣工验收工程质量评分采取加权平均法计算，其中交工验收工程质量得分权值为0.2，质量监督机构工程质量鉴定得分权值为0.6，竣工验收委员会对工程质量评定得分权值为0.2。

工程质量评定得分大于等于90分为优良，小于90分且大于等于75分为合格，小于75分为不合格。

第二十二条 竣工验收委员会按交通部规定的办法对参建单位的工作进行综合评价。

评定得分大于等于90分且工程质量等级优良的为好，大于等于75分为中，小于75分为差。

第二十三条 竣工验收建设项目综合评分采取加权平均法计算，其中竣工验收工程质量得分权值为0.7，参建单位工作评价得分权值为0.3（项目法人占0.15，设计、施工、监理各占0.05）。

评定得分大于等于90分且工程质量等级优良的为优良，大于等于75分为合格，小于75分为不合格。

第二十四条 负责组织竣工验收的交通主管部门对通过验收的建设项目按交通部规定的要求签发《公路工程竣工验收鉴定书》。

通过竣工验收的工程，由质量监督机构依据竣工验收结论，按照交通部规定的格式对各参建单位签发工作综合评价等级证书。

第四章　罚　　则

第二十五条 项目法人违反本办法规定，对不具备交工验收条件的公路工程组织交工验收，交工验收无效，由交通主管部门责令改正。

第二十六条 项目法人违反本办法规定，对未进行交工验收、交工验收不合格或者未备案的工程开放交通进行试运营的，由交通主管部门责令停止试运营，并予以警告处罚。

第二十七条 项目法人对试运营期超过3年的公路工程不申请组织竣工验收的，由交通主管部门责令改正。对责令改正后仍不申请组织竣工验收的，由交通主管部门责令停止试运营。

第二十八条 质量监督机构人员在验收工作中滥用职权、玩忽职守、徇私舞弊的，依法给予行政处分，构成犯罪的，依法追究刑事责任。

第五章 附 则

第二十九条 公路工程建设项目建成后，施工单位、监理单位、项目法人应负责编制工程竣工文件、图表、资料，并装订成册，其编制费用分别由施工单位、监理单位、项目法人承担。

各合同段交工验收工作所需的费用由施工单位承担。整个建设项目竣(交)工验收期间质量监督机构进行工程质量检测所需的费用由项目法人承担。

第三十条 对通过验收的工程，由项目法人按照国家规定，分别向档案管理部门和公路管理机构、接管养护单位办理有关档案资料和资产移交手续。

第三十一条 对于规模较小、等级较低的小型项目，可将交工验收和竣工验收合并进行。规模较小、等级较低的小型项目的具体标准由省级人民政府交通主管部门结合本地区的具体情况制订。

第三十二条 本办法由交通部负责解释。

第三十三条 本办法自2004年10月1日起施行。交通部颁布的《公路工程竣工验收办法》(交公路发[1995]1081号)同时废止。

公路水运工程监理企业资质管理规定

（交通部令2004年第5号　2004.06.30）

第一章　总　　则

第一条　为加强公路、水运工程监理企业的资质管理，规范公路、水运建设市场秩序，保证公路、水运工程建设质量，根据《中华人民共和国公路法》和《建设工程质量管理条例》的有关规定，制定本规定。

第二条　本规定适用于公路、水运工程监理企业资质的行政许可及其监督管理活动。

第三条　监理企业资质，是指监理企业的人员组成、专业配置、测试仪器的配备、财务状况、管理水平等方面的综合能力。

第四条　监理企业从事公路、水运工程监理活动，应当按照本规定取得资质后方可开展相应的监理业务。

第五条　交通部负责全国公路、水运工程监理企业资质管理工作，其所属的质量监督机构受交通部委托具体负责全国公路、水运工程监理企业资质的监督管理工作。

省、自治区、直辖市人民政府交通主管部门负责本行政区域内公路、水运工程监理企业资质管理工作，其所属的质量监督机构受省、自治区、直辖市人民政府交通主管部门委托具体负责本行政区域内公路、水运工程监理企业资质的监督管理工作。

第二章　资质等级和从业范围

第六条　公路、水运工程监理企业资质按专业划分为公路工程和水运工程两个专业。

公路工程专业监理资质分为甲级、乙级、丙级三个等级和特殊独立大桥专项、特殊独立隧道专项、公路机电工程专项；水运工程专业监理资质分为甲级、乙级、丙级三个等级和水运机电工程专项。

第七条 公路、水运工程监理企业应当按照其获得的资质等级和业务范围开展监理业务：

（一）获得公路工程专业甲级监理资质，可在全国范围内从事一、二、三类公路工程、桥梁工程、隧道工程项目的监理业务；

（二）获得公路工程专业乙级监理资质，可在全国范围内从事二、三类公路工程、桥梁工程、隧道工程项目的监理业务；

（三）获得公路工程专业丙级监理资质，可在企业所在地的省级行政区域内从事三类公路工程、桥梁工程、隧道工程项目的监理业务；

（四）获得公路工程专业特殊独立大桥专项监理资质，可在全国范围内从事特殊独立大桥项目的监理业务；

（五）获得公路工程专业特殊独立隧道专项监理资质，可在全国范围内从事特殊独立隧道项目的监理业务；

（六）获得公路工程专业公路机电工程专项监理资质，可在全国范围内从事各等级公路、桥梁、隧道工程通讯、监控、收费等机电工程项目的监理业务；

（七）获得水运工程专业甲级监理资质，可在全国范围内从事大、中、小型水运工程项目的监理业务；

（八）获得水运工程专业乙级监理资质，可在全国范围内从事中、小型水运工程项目的监理业务；

（九）获得水运工程专业丙级监理资质，可在企业所在地的省级行政区域内从事小型水运工程项目的监理业务；

（十）获得水运工程专业水运机电工程专项监理资质，可在全国范围内从事水运机电工程项目的监理业务。

公路、水运工程监理业务的分级标准见本规定附件三。

第三章　申请与许可

第八条　申请公路、水运工程监理资质,应当具备本规定附件一、二规定的相应资质条件。

第九条　交通部负责公路、水运工程专业甲级、乙级监理资质和公路工程专业特殊独立大桥专项、特殊独立隧道专项、公路机电工程专项、水运机电工程专项监理资质的行政许可工作。

省、自治区、直辖市人民政府交通主管部门负责公路、水运工程专业丙级监理资质的行政许可工作。

第十条　申请人申请公路、水运工程监理资质应当向许可机关提交下列申请材料:

(一)《公路水运工程监理企业资质申请表》;

(二)《企业法人营业执照》(复印件)或者工商行政管理部门核发的企业名称预登记证明;

(三)验资报告;

(四)企业章程和制度;

(五)监理人员的监理工程师资格证书和中级职称以上人员职称证书(复印件);

(六)主要成员从事公路水运工程监理或者其他工作经历的业绩证明;

(七)主要试验检测仪器设备和装备证明。

申请人应当如实向许可机关提交有关材料和反映真实情况,并对其提交材料实质内容的真实性负责。

第十一条　属于交通部受理的申请,申请人在向交通部递交申请材料的同时,应当向企业注册地的省、自治区、直辖市人民政府交通主管部门递交申请材料副本。

有关省、自治区、直辖市人民政府交通主管部门自收到申请人的申请材料副本之日起10日内提出审查意见报交通部。

交通部自收到申请人完整齐备的申请材料之日起20日内作

出行政许可决定。准予许可的，颁发相应的《监理资质证书》；不予许可的，应当书面通知申请人并说明理由。

第十二条 交通部长江航务管理局所属企业申请水运工程专业甲级、乙级监理资质，其申请材料副本的递交不适用本规定第十一条第一、二款的规定，申请人应当向交通部长江航务管理局递交申请材料副本。交通部长江航务管理局自收到申请材料副本之日起十日内提出审查意见报交通部。

第十三条 属于省、自治区、直辖市人民政府交通主管部门受理的申请，申请人应当向企业注册地的省、自治区、直辖市人民政府交通主管部门递交本规定第十条规定的申请材料。省、自治区、直辖市人民政府交通主管部门自收到完整齐备的申请材料之日起二十日内作出行政许可决定。准予许可的，颁发相应的《监理资质证书》；不予许可的，应当书面通知申请人并说明理由。

第十四条 许可机关在作出行政许可决定的过程中可以聘请专家对申请材料进行评审，并且将评审结果向社会公示。

专家评审的时间不计算在行政许可期限内，但应当将专家评审需要的时间告知申请人。专家评审的时间最长不得超过六十日。

第十五条 许可机关聘请的评审专家应当从交通部建立的公路、水运工程监理专家库中选定。

选择专家应当符合回避的要求；参与评审的专家应当履行公正评审、保守企业商业秘密的义务。

第十六条 许可机关在许可过程中需要核查申请人有关条件的，可以对申请人的有关情况进行实地核查，申请人应当配合。

第十七条 许可机关作出的准予许可决定，应当向社会公开，公众有权查阅。

第十八条 《监理资质证书》有效期限为四年。

第十九条 监理企业在领取新的资质证书时，应将原资质证书交回原发证机关。破产或者倒闭的监理企业，应将资质证书交回原发证机关予以注销。

第四章　监督检查

第二十条　监理企业应当依法、依合同对公路、水运工程建设项目实施监理。

第二十一条　监理企业和各有关机构必须如实填写《项目监理评定书》。《项目监理评定书》的格式由交通部规定。

第二十二条　监理企业资质实行定期检验制度，每两年检验一次。

定期检验的内容是检查监理企业现状与资质等级条件的符合程度以及监理企业在检验期内的业绩情况。

第二十三条　申请定期检验的企业应当在其资质证书使用期满两年前三十日内向检验机构提出定期检验申请，并提交以下材料：

（一）《公路水运工程监理企业资质检验表》；

（二）本检验期内的《项目监理评定书》。

第二十四条　监理企业的定期检验工作由作出许可决定的许可机关委托其所属的质量监督机构负责。

负责检验的质量监督机构应当自收到完整齐备的申请材料之日起二十日内作出定期检验结论。

第二十五条　对定期检验合格的监理企业，由质量监督机构在其《监理资质证书》上签署意见并盖章。

对定期检验不合格的监理企业，质量监督机构应当责令其在6个月内进行整改。整改期满仍不能达到规定条件的，由质量监督机构提请原许可机关对其予以降低资质等级或者撤销对其的资质许可。

第二十六条　监理企业未按规定的期限申请资质定期检验的，其资质证书失效。

第二十七条　监理企业遗失《监理资质证书》，应当在公开媒体和质量监督机构指定的网站上声明作废，并到原许可机关办理补证手续。

第二十八条　监理企业的名称、地址、法定代表人、企业负责人和技术负责人等发生变更,应当在变更后 2 个月内到原许可机关办理证书变更手续。有关行政机关应当依据资质等级条件予以审查办理。

第二十九条 各级交通主管部门及其质量监督机构应当加强对监理企业以及监理现场工作的监督检查,有关单位应当配合。

第三十条 交通部和省、自治区、直辖市人民政府交通主管部门依据职权有权对利害关系人的举报进行调查核实,有关单位应当配合。

第五章 罚 则

第三十一条 监理企业违反本规定,由交通部或者省、自治区、直辖市人民政府交通主管部门依据《建设工程质量管理条例》的有关规定给予相应处罚。

第三十二条 监理企业违反国家规定,降低工程质量标准,造成重大质量安全事故,构成犯罪的,对直接责任人员依法追究刑事责任。

第三十三条 交通主管部门工作人员在资质许可和监督管理工作中玩忽职守、滥用职权、徇私舞弊等严重失职的,由所在单位或其上级机关依照国家有关规定给予行政处分;构成犯罪的,依法追究刑事责任。

第六章 附 则

第三十四条 监理企业的《监理资质证书》由交通部统一印制,正本一份,副本二份,副本与正本具有同等法律效力。

第三十五条 本规定自 2004 年 10 月 1 日起施行。交通部 1995 年 7 月 1 日发布的《公路水运工程监理单位资质管理暂行规定》(交基发[1995]448 号)同时废止。

第三十六条 本规定由交通部负责解释。

附件一

公路水运工程监理企业资质等级条件

一、公路工程

(一)甲级监理资质条件

1. 人员、业绩和人员结构条件

企业负责人和技术负责人中至少有2人具有公路或者相关专业高级技术职称,10年以上从事公路、桥梁、隧道工程工作经历,5年以上监理或者建设管理工作经历,已取得监理工程师资格。

企业拥有中级职称以上各类专业技术人员不少于50人。其中,持监理工程师资格证书的人数不少于30人,工程系列高级专业技术人员数不少于10人,高、中级经济师或者高、中级会计师不少于3人。上述各类人员中,与企业签订3年以上劳动合同的人数不低于70%。

持监理工程师证书人员中,不少于15人具有2项一类工程监理业绩,不少于5人具有高级驻地监理工程师经历;上述人员与企业签订的劳动合同不少于3年。不具备本条前述条件,但具备以下条件者视为符合本条条件:监理企业具备不少于5项二类以上工程业绩(以《项目监理评定书》为准,下同)。

企业各类专业技术人员结构合理。主要包括路基路面、桥隧结构、试验检测、工程地质、工程经济、合同管理等专业人员。

2. 企业拥有材料、路基路面等工程试验检测设备和测量放样等仪器,具备建立工地试验室条件(见附件二)。

3. 企业注册资金不少于400万元。

4. 企业具有完善的规章制度和组织体系。

5. 企业作为工程质量事件当事人,已经有关主管部门认定无责任,或者虽受到有关主管部门的行政处罚但处罚期实施已满1年。

(二)乙级监理资质条件

1. 人员、业绩和人员结构条件

企业负责人和技术负责人中至少有 2 人具有公路或者相关专业中级技术职称，8 年以上从事公路、桥梁、隧道工程工作经历，3 年以上监理或者建设管理工作经历，已取得监理工程师资格。

企业拥有中级职称以上各类专业技术人员不少于 30 人。其中，持监理工程师资格证书的人数不少于 18 人，工程系列高级专业技术人员数不少于 5 人，经济师、会计师不少于 2 人。上述各类人员中，与企业签订 3 年以上劳动合同的人数不低于 70%。

持监理工程师证书的人员中，不少于 9 人具有 2 项二类及以上工程监理业绩，不少于 3 人具有高级驻地监理工程师经历；上述人员与企业签订的劳动合同不少于 3 年。不具备本条前述条件，但具备以下条件者视为符合本条条件：监理企业具备不少于 5 项三类以上工程业绩。

各类专业技术人员结构合理。主要包括路基路面、桥隧结构、试验检测、工程地质、工程经济、合同管理等专业人员。

2. 企业拥有材料、路基路面等工程试验检测设备和测量放样等仪器，具有建立工地试验室的条件（见附件二）。

3. 企业注册资金不少于 200 万元。

4. 企业具有完善的规章制度和组织体系。

5. 企业作为工程质量事件当事人，已经有关主管部门认定无责任，或者虽受到有关主管部门的行政处罚但处罚期实施已满 1 年。

（三）丙级监理资质条件

1. 人员、业绩和人员结构条件

企业负责人和技术负责人中至少有 2 人具有公路或者相关专业中级技术职称，5 年以上从事公路、桥梁、隧道工程工作经历，2 年以上监理或者建设管理工作经历，已取得监理工程师资格。

企业拥有中级职称以上各类专业技术人员不少于 20 人。其中，持监理工程师资格证书的人数不少于 8 人，工程系列高级技术职称人数不少于 3 人，经济师、会计师不少于 1 人。上述各类人员中,与企业签订3年以上劳动合同的人数不低于70%。

持监理工程师证书的人员中,不少于3人具有2项三类及以上工程监理业绩,上述人员与企业签订的劳动合同不少于3年。

各类专业技术人员结构合理。主要包括路基路面、桥隧结构、试验检测、工程地质、工程经济、合同管理等专业人员。

2. 企业拥有必要的试验检测设备和测量放样仪器(见附件二)。

3. 企业注册资金不少于50万元。

4. 企业拥有完善的规章制度和组织体系。

5. 企业作为工程质量事件当事人,已经有关主管部门认定无责任,或者虽受到有关主管部门的行政处罚但处罚期实施已满1年。

(四)特殊独立大桥专项监理资质条件

1. 已取得公路工程甲级监理资质。

2. 持监理工程师证书人员中,有不少于20人具有特大桥监理业绩,上述人员与企业签订的劳动合同不少于3年。不具备本条前述条件,但具备以下条件者视为符合本条条件:监理企业具有4项以上特大桥监理业绩。

(五)特殊独立隧道专项监理资质条件

1. 已取得公路工程甲级监理资质。

2. 持监理工程师证书人员中,有不少于20人具有特长隧道监理经历,有不少于10人是隧道专业监理工程师,上述人员与企业签订的劳动合同不少于3年。不具备本条前述条件,但具备以下条件者视为符合本条条件:监理企业具有2项以上特长隧道监理业绩。

(六)公路机电工程专项监理资质条件

1. 人员、业绩和人员结构条件

企业负责人和技术负责人中至少2人以上具有机电专业高级技术职称,8年以上从事相关专业工作经历,5年以上监理或者建设管理工作经历,已取得公路机电专业监理工程师资格。

企业拥有中级职称以上各类专业技术人员不少于30人。其中,持公路机电专业监理工程师资格证书人数不少于15人,高级专业技术人员数不少于10人,经济师、会计师不少于2人。上述各类人员中,与企业签订3年以上劳动合同的人数不低于70%。

持监理工程师证书人员中,不少于8人具有公路机电工程监理业绩,以上人员与企业签订的劳动合同不少于3年。

2. 企业拥有公路机电工程所需的常用试验检测设备(见附件二)。

3. 企业注册资金不少于200万元。

4. 企业具有完善的规章制度和组织体系。

5. 企业作为工程质量事件当事人,已经有关主管部门认定无责任,或者虽受到有关主管部门的行政处罚但处罚期实施已满1年。

二、水运工程

(一)甲级监理资质条件

1. 人员、业绩和人员结构条件

企业负责人中至少有1人具备10年以上水运工程建设的经历,具有监理工程师资格;技术负责人应具有15年以上水运工程建设的经历,承担过大型水运工程项目的总监工作,具有水运工程系列高级专业技术职称和监理工程师资格。

企业拥有中级技术职称以上各类专业技术人员不少于40人。其中,持监理工程师资格证书的人员不少于25人,取得港口、航道监理工程师资格证书的人员不少于18人,工程系列高级技术专业职称人数不少于10人,经济师、会计师不少于2人。上述各类人员中,与企业签订3年以上劳动合同的人数不低于70%。

持监理工程师资格证书人员中,不少于10人具有大型工程监理业绩,不少于3人具有大型工程监理项目负责人经历。上述人员与企业签订的劳动合同不少于3年。不具备本条前述条件,但具备以下条件者视为符合本条条件:监理企业具备5项以上中型水运工程业绩。

各类专业技术人员结构合理。主要包括港口、航道、工民建、测量、试验检测、合同管理等专业人员。

2. 企业拥有材料、土工等工程试验仪器和检测设备,具有建立工地试验室的条件(见附件二)。

3. 企业注册资金不少于300万元。

4. 企业具有完善的规章制度和组织体系。

5. 企业作为工程质量事件当事人,已经有关主管部门认定无责任,或者虽受到有关主管部门的行政处罚但处罚期实施已满1年。

(二)乙级监理资质条件

1. 人员、业绩和人员结构条件

企业负责人中至少有1人具有8年以上水运工程建设的经历,具有监理工程师资格;技术负责人应具有10年以上水运工程建设的经历,承担过中型水运工程项目的总监工作,具有水运工程系列高级专业技术职称和监理工程师资格。

企业拥有中级技术职称以上各类专业技术人员不少于30人。其中,持监理工程师资格证书的人员不少于15人,取得港口、航道监理工程师资格证书的人员不少于10人,工程系列高级技术专业职称人数不少于5人,经济师、会计师不少于1人。上述各类人员中,与企业签订3年以上劳动合同人数不低于70%。

持监理工程师资格证书的人员中,不少于5人具有中型水运工程监理业绩,不少于2人具有中型水运工程监理项目负责人经历,上述人员与企业签订的劳动合同不少于3年;不具备本条前述条件,但具备以下条件者视为符合本条条件:具备5项以上小型水运工程业绩。

各类专业技术人员结构合理。主要包括港口、航道、工民建、测量、试验检测、合同管理等专业人员。

2. 企业拥有材料、土工等工程试验仪器和检测设备,具有建立工地试验室的条件(见附件二)。

3. 企业注册资金不少于100万元。

4. 企业具有完善的规章制度和组织体系。

5. 企业作为工程质量事件当事人，已经有关主管部门认定无责任，或者虽受到有关主管部门的行政处罚但处罚期实施已满1年。

（三）丙级监理资质条件

1. 人员、业绩和人员结构条件

企业负责人中至少有1人具有5年以上水运工程建设的经历，具有监理工程师资格；技术负责人应具有8年以上水运工程建设的经历，承担过小型水运工程项目的总监工作，具有监理工程师资格。

企业拥有中级技术职称以上各类专业技术人员不少于15人。其中，持监理工程师资格证书的人员不少于8人，工程系列高级技术专业职称人数不少于3人。上述各类人员中，与企业签订3年以上劳动合同人数不低于70%。

持监理工程师资格证书的人员中，不少于3人具有小型水运工程监理业绩，不少于2人具有小型水运工程监理项目负责人经历，上述人员与企业签订的劳动合同不少于3年。

2. 企业注册资金不少于50万元。

3. 企业作为工程质量事件当事人，已经有关主管部门认定无责任，或者虽受到有关主管部门的行政处罚但处罚期实施已满1年。

（四）水运机电工程专项监理资质条件

1. 人员、业绩和人员结构条件

企业负责人中至少有1人具备10年以上水运机电工程建设的经历，具有监理工程师资格；技术负责人应具有15年以上水运机电工程建设的经历，承担过水运机电工程项目的总监工作，具有水运工程系列高级专业技术职称和水运机电监理工程师资格。

企业拥有中级技术职称以上各类专业技术人员不少于25人。其中，持监理工程师资格证书的人员不少于15人，取得机电监理工程师资格证书的人员不少于10人，工程系列高级技术专业职称人数不少于 10 人，经济师、会计师不少于 2 人。上述各类人员中，与企业签订 3 年以上劳动合同人数不低于 70%。

持监理工程师资格证书人员中，不少于 8 人具有水运机电工程监理业绩，不少于 3 人具有水运机电工程监理项目负责人经历，上述人员与企业签订的劳动合同不少于 3 年。

各类专业技术人员结构合理。主要包括机电、测量、试验检测、合同管理等专业人员。

2. 企业拥有机电工程试验仪器和检测设备，具有建立工地试验室的条件（见附件二）。

3. 企业注册资金不少于 200 万元。

4. 企业具有完善的规章制度和组织体系。

5. 企业作为工程质量事件当事人，已经有关主管部门认定无责任，或者虽受到有关主管部门的行政处罚但处罚期实施已满 1 年。

说明：本条件所称监理工程师除丙级资质条件外，均指交通部监理工程师。

附件二

公路水运工程监理企业基本试验检测能力或仪器设备配备标准

一、公路工程

(一)甲级监理资质

1. 土工试验(筛分、密度、含水量、塑液限、击实)

2. 石灰试验(有效钙镁含量)

3. 水泥混凝土(塌落度、抗压强度、抗折强度)、砂浆强度试验、配合比设计

4. 沥青指标试验(针入度、延度、软化点)

5. 沥青混凝土配合比设计

6. 路面基层材料试验(击实、无侧限抗压强度、灰剂量、配合比设计)

7. 路基、路面、构造物几何尺寸检测

8. 路基路面检测(压实度、厚度、平整度、弯沉、路面构造深度、摩擦系数)

9. 砌石工程常规试验检测

10. 钢材、焊接试验

11. 测量设备(经纬仪、水准仪、测距仪、全站仪)

(二)乙级监理资质

1. 土工试验(筛分、密度、含水量、塑液限、击实)

2. 石灰试验(有效钙镁含量)

3. 水泥混凝土(塌落度、抗压强度、抗折强度)、砂浆强度试验、配合比设计

4. 沥青指标试验(针入度、延度、软化点)

5. 路面基层材料试验(击实、无侧限抗压强度、灰剂量、配合比设计)

6. 路基、路面、构造物几何尺寸检测

7. 路基路面检测(压实度、厚度、平整度、弯沉、路面构造深度、摩擦系数)

8. 砌石工程常规试验检测

9. 钢材、焊接试验

10. 测量设备(经纬仪、水准仪、测距仪)

(三)丙级监理资质

1. 土工试验(筛分、密度、含水量、塑液限、击实)

2. 石灰试验(有效钙镁含量)

3. 水泥混凝土(塌落度)、砂浆强度试验、配合比设计

4. 路基、路面、构造物几何尺寸检测

5. 路基路面(压实度、厚度、平整度、摩擦系数)

6. 砌石工程常规试验检测

7. 测量设备(经纬仪、水准仪)

(四)公路机电工程专项监理资质

1. 光功率计/光源

2. 光时域反射仪

3. 误码仪

4. 音频信号发生器

5. SDH 综合测试仪

6. 音频性能分析仪

7. 声压计

8. 数据通信测试分析仪

9. PCM 综合测试仪

10. 综合布线认证分析仪

11. 计算机网络分析仪

12. 秒表

13. 低速数据测试仪

14. 脉冲数字线路故障测试器

15. 视频分析仪/信号源

16. 色彩色差计
17. 雷达测速器
18. 数字式功率计
19. 风速仪
20. 闭路电视测试仪
21. 远红外线湿度测试仪
22. 轻便气象综合测试仪
23. 交流电源分析仪
24. 绝缘电阻测试仪
25. 耐压强度测试仪
26. 数字式地阻仪
27. 直流高压发生器
28. 钳流表
29. 照度测试仪
30. 经纬仪
31. 亮度计
32. 电缆故障测试仪
33. 焊口探伤仪
34. 数字万用表
35. 数显卡尺
36. 材料阻燃性能分析仪
37. RCL 测试仪
38. 逆反射系数测定仪
39. 双臂电桥
40. 电子涂层测厚仪
41. 超声波测厚仪
42. 数字存储示波器

二、水运工程

(一)甲级监理资质

1. 测量(经纬仪、水准仪、测距仪、全站仪)
2. 砂试验(筛分、含泥量、泥块含量、密度)
3. 石试验(筛分、含泥量、泥块含量、密度、压碎指标)

4. 混凝土、砂浆试验(配合比设计、稠度、强度)
5. 钢筋试验(钢筋力学和工艺性能、焊接接头机械性能)
6. 土工试验(筛分、密度、含水率、强度)
7. 非破损检测

(二)乙级监理资质

1. 测量(经纬仪、水准仪、测距仪)
2. 砂试验(筛分、含泥量、泥块含量、密度)
3. 石试验(筛分、含泥量、泥块含量、密度、压碎指标)
4. 混凝土、砂浆试验(配合比设计、稠度、强度)
5. 土工试验(筛分、密度、含水量、击实)
6. 非破损检测

(三)水运机电工程专项监理资质

1. 经纬仪、水准仪、测距仪
2. 拉压力传感器
3. 荷重传感器
4. 手持数字转速表
5. 数字多用表
6. 数字钳形表
7. 绝缘电阻表
8. 照度计
9. 超声波测厚仪
10. 超声波探测仪
11. 超声波涂层测厚仪
12. 尺寸检测量具
13. 红外式温度计
14. 接地电阻测试仪
15. 噪声计
16. 水平仪
17. 风速仪

附件三

公路水运工程监理业务分级标准

一、公路工程分级标准

表一：

	一　类	二　类	三　类
1. 公路工程	高速公路	高速公路路基工程及一级公路	一级公路路基工程及二级以下各级公路
2. 桥梁工程	特大桥	大桥、中桥	小桥、涵洞
3. 隧道工程	特长隧道、长隧道	中隧道	短隧道

表二：

1. 特殊独立大桥	主跨250米以上钢筋混凝土拱桥、单跨250米以上预应力混凝土连续结构、400米以上斜拉桥、800米以上悬索桥等结构复杂的独立特大桥项目
2. 特殊独立隧道	大于3000米的独立特长隧道项目
3. 公路机电工程	通讯、监控、收费等机电工程

注：1. 本标准使用术语含义与交通部《公路工程技术标准》(JTGB 01—2003)规定一致。

2. 一、二、三类分级标准中含配套的交通安全设施、环保工程和沿线附属设施；不含各专项内容。

二、水运工程分级标准

序号	建设项目		计量单位	大型	中型	小型
1	沿海港口工程	集装箱、件杂、多用途等	吨级	≥20000	10000～20000	<10000
		散货、原油	吨级	≥30000	10000～30000	<10000
2	内河港口工程		吨级	≥1000	300～1000	<300
3	通航建筑与整治工程		吨级	≥1000	300～1000	<300

续上表

序号	建设项目		计量单位	大型	中型	小型
4	航道工程	沿海	吨级	≥30000	10000～30000	<10000
		内河	吨级	≥1000	300～1000	<300
5	修造船水工工程	船坞	船舶吨位	≥10000	3000～10000	<3000
		船台、滑道	船体重量	≥5000	1000～5000	<1000
6	防波堤、导流堤等水工工程		最大水深（米）	≥6	<6	
7	其他水运工程项目	沿海	受监的建安工程费（万元）	≥6000	2000～6000	<2000
		内河	受监的建安工程费（万元）	≥4000	1000～4000	<1000

公路建设市场管理办法

（交通部令2004年第14号　2004.12.21）

第一章　总　　则

第一条　为加强公路建设市场管理，规范公路建设市场秩序，保证公路工程质量，促进公路建设市场健康发展，根据《中华人民共和国公路法》、《中华人民共和国招标投标法》、《建设工程质量管理条例》，制定本办法。

第二条　本办法适用于各级交通主管部门对公路建设市场的监督管理活动。

第三条　公路建设市场遵循公平、公正、公开、诚信的原则。

第四条　国家建立和完善统一、开放、竞争、有序的公路建设市场，禁止任何形式的地区封锁。

第五条　本办法中下列用语的含义是指：

公路建设市场主体是指公路建设的从业单位和从业人员。

从业单位是指从事公路建设的项目法人，项目建设管理单位，咨询、勘察、设计、施工、监理、试验检测单位，提供相关服务的社会中介机构以及设备和材料的供应单位。

从业人员是指从事公路建设活动的人员。

第二章　管理职责

第六条　公路建设市场管理实行统一管理、分级负责。

第七条　国务院交通主管部门负责全国公路建设市场的监督

管理工作，主要职责是：

（一）贯彻执行国家有关法律、法规，制定全国公路建设市场管理的规章制度；

（二）组织制定和监督执行公路建设的技术标准、规范和规程；

（三）依法实施公路建设市场准入管理、市场动态管理，并依法对全国公路建设市场进行监督检查；

（四）建立公路建设行业评标专家库，加强评标专家管理；

（五）发布全国公路建设市场信息；

（六）指导和监督省级地方人民政府交通主管部门的公路建设市场管理工作；

（七）依法受理举报和投诉，依法查处公路建设市场违法行为；

（八）法律、行政法规规定的其他职责。

第八条 省级人民政府交通主管部门负责本行政区域内公路建设市场的监督管理工作，主要职责是：

（一）贯彻执行国家有关法律、法规、规章和公路建设技术标准、规范和规程，结合本行政区域内的实际情况，制定具体的管理制度；

（二）依法实施公路建设市场准入管理，对本行政区域内公路建设市场实施动态管理和监督检查；

（三）建立本行政区域公路建设评标专家库，加强评标专家管理；

（四）发布本行政区域公路建设市场信息，并按规定向国务院交通主管部门报送本行政区域公路建设市场的信息；

（五）指导和监督下级交通主管部门的公路建设市场管理工作；

（六）依法受理举报和投诉，依法查处本行政区域内公路建设市场违法行为；

（七）法律、法规、规章规定的其他职责。

第九条 省级以下地方人民政府交通主管部门负责本行政区域内公路建设市场的监督管理工作，主要职责是：

（一）贯彻执行国家有关法律、法规、规章和公路建设技术标准、规范和规程；

（二）配合省级地方人民政府交通主管部门进行公路建设市场准入管理和动态管理；

（三）对本行政区域内公路建设市场进行监督检查；

（四）依法受理举报和投诉，依法查处本行政区域内公路建设市场违法行为；

（五）法律、法规、规章规定的其他职责。

第三章 市场准入管理

第十条 凡符合法律、法规规定的市场准入条件的从业单位和从业人员均可进入公路建设市场，任何单位和个人不得对公路建设市场实行地方保护，不得对符合市场准入条件的从业单位和从业人员实行歧视待遇。

第十一条 公路建设项目依法实行项目法人责任制。项目法人可自行管理公路建设项目，也可委托具备法人资格的项目建设管理单位进行项目管理。

项目法人或者其委托的项目建设管理单位的组织机构、主要负责人的技术和管理能力应当满足拟建项目的管理需要，符合国务院交通主管部门有关规定的要求。

第十二条 收费公路建设项目法人和项目建设管理单位进入公路建设市场实行备案制度。

收费公路建设项目可行性研究报告批准或依法核准后，项目投资主体应当成立或者明确项目法人。项目法人应当按照项目管理的隶属关系将其或者其委托的项目建设管理单位的有关情况报交通主管部门备案。

对不符合规定要求的项目法人或者项目建设管理单位，交通主管部门应当提出整改要求。

第十三条 公路工程勘察、设计、施工、监理、试验检测等从业单位应当按照法律、法规的规定,取得有关管理部门颁发的相应资质后,方可进入公路建设市场。

第十四条 法律、法规对公路建设从业人员的执业资格作出规定的,从业人员应当依法取得相应的执业资格后,方可进入公路建设市场。

第四章 市场主体行为管理

第十五条 公路建设从业单位和从业人员在公路建设市场中必须严格遵守国家有关法律、法规和规章,严格执行公路建设行业的强制性标准、各类技术规范及规程的要求。

第十六条 公路建设项目法人必须严格执行国家规定的基本建设程序,不得违反或者擅自简化基本建设程序。

第十七条 公路建设项目法人负责组织有关专家或者委托有相应工程咨询或者设计资质的单位,对施工图设计文件进行审查。施工图设计文件审查的主要内容包括:

(一)是否采纳工程可行性研究报告、初步设计批复意见;

(二)是否符合公路工程强制性标准、有关技术规范和规程要求;

(三)施工图设计文件是否齐全,是否达到规定的技术深度要求;

(四)工程结构设计是否符合安全和稳定性要求。

第十八条 公路建设项目法人应当按照项目管理隶属关系将施工图设计文件报交通主管部门审批。施工图设计文件未经审批的,不得使用。

第十九条 申请施工图设计文件审批应当向相关的交通主管部门提交以下材料:

(一)施工图设计的全套文件;

（二）专家或者委托的审查单位对施工图设计文件的审查意见；

（三）项目法人认为需要提交的其他说明材料。

第二十条 交通主管部门应当自收到完整齐备的申请材料之日起20日内审查完毕。经审查合格的，批准使用，并将许可决定及时通知申请人。审查不合格的，不予批准使用，应当书面通知申请人并说明理由。

第二十一条 公路建设项目法人应当按照公开、公平、公正的原则，依法组织公路建设项目的招标投标工作。不得规避招标，不得对潜在投标人和投标人实行歧视政策，不得实行地方保护和暗箱操作。

第二十二条 公路工程的勘察、设计、施工、监理单位和设备、材料供应单位应当依法投标，不得弄虚作假，不得串通投标，不得以行贿等不合法手段谋取中标。

第二十三条 公路建设项目法人与中标人应当根据招标文件和投标文件签订合同，不得附加不合理、不公正条款，不得签订虚假合同。

国家投资的公路建设项目，项目法人与施工、监理单位应当按照国务院交通主管部门的规定，签订廉政合同。

第二十四条 公路建设项目依法实行施工许可制度。国家和国务院交通主管部门确定的重点公路建设项目的施工许可由国务院交通主管部门实施，其他公路建设项目的施工许可按照项目管理权限由县级以上地方人民政府交通主管部门实施。

第二十五条 项目施工应当具备以下条件：

（一）项目已列入公路建设年度计划；

（二）施工图设计文件已经完成并经审批同意；

（三）建设资金已经落实，并经交通主管部门审计；

（四）征地手续已办理，拆迁基本完成；

（五）施工、监理单位已依法确定；

（六）已办理质量监督手续，已落实保证质量和安全的措施。

第二十六条　项目法人在申请施工许可时应当向相关的交通主管部门提交以下材料：

(一)施工图设计文件批复；

(二)交通主管部门对建设资金落实情况的审计意见；

(三)国土资源部门关于征地的批复或者控制性用地的批复；

(四)建设项目各合同段的施工单位和监理单位名单、合同价情况；

(五)应当报备的资格预审报告、招标文件和评标报告；

(六)已办理的质量监督手续材料；

(七)保证工程质量和安全措施的材料。

第二十七条　交通主管部门应当自收到完整齐备的申请材料之日起20日内作出行政许可决定。予以许可的，应当将许可决定及时通知申请人；不予许可的，应当书面通知申请人并说明理由。

第二十八条　公路建设从业单位应当按照合同约定全面履行义务：

(一)项目法人应当按照合同约定履行相应的职责，为项目实施创造良好的条件；

(二)勘察、设计单位应当按照合同约定，按期提供勘察设计资料和设计文件。工程实施过程中，应当按照合同约定派驻设计代表，提供设计后续服务；

(三)施工单位应当按照合同约定组织施工，管理和技术人员及施工设备应当及时到位，以满足工程需要。要均衡组织生产，加强现场管理，确保工程质量和进度，做到文明施工和安全生产；

(四)监理单位应当按照合同约定配备人员和设备，建立相应的现场监理机构，健全监理管理制度，保持监理人员稳定，确保对工程的有效监理；

(五)设备和材料供应单位应当按照合同约定，确保供货质量和时间，做好售后服务工作；

(六)试验检测单位应当按照试验规程和合同约定进行取样、

试验和检测，提供真实、完整的试验检测资料。

第二十九条 公路工程实行政府监督、法人管理、社会监理、企业自检的质量保证体系。交通主管部门及其所属的质量监督机构对工程质量负监督责任；项目法人对工程质量负管理责任；勘察设计单位对勘察设计质量负责；施工单位对施工质量负责；监理单位对工程质量负现场管理责任；试验检测单位对试验检测结果负责；其他从业单位和从业人员按照有关规定对其产品或者服务质量负相应责任。

第三十条 各级交通主管部门及其所属的质量监督机构对工程建设项目进行监督检查时，公路建设从业单位和从业人员应当积极配合，不得阻挠或拒绝。

第三十一条 公路建设从业单位和从业人员应当严格执行国家有关安全生产的法律、法规、国家标准及行业标准，建立健全安全生产的各项规章制度，明确安全责任，落实安全措施，履行安全管理的职责。

第三十二条 发生工程质量、安全事故后，从业单位应当按照有关规定及时报有关主管部门，不得拖延和隐瞒。

第三十三条 公路建设项目法人应当合理确定建设工期，严格按照合同工期组织项目建设。项目法人不得随意要求更改合同工期。如遇特殊情况，确需缩短合同工期的，经合同双方协商一致，可以缩短合同工期，但应当采取措施，确保工程质量，并按照合同规定给予经济补偿。

第三十四条 公路建设项目法人应当按照国家有关规定管理和使用公路建设资金，做到专款专用，专户储存；按照工程进度，及时支付工程款；按照规定的期限及时退还保证金、办理工程结算。不得拖欠工程款和征地拆迁款，不得挤占挪用建设资金。

施工单位应当加强工程款管理，做到专款专用，不得拖欠分包人的工程款和农民工工资。项目法人对工程款使用情况进行监督检查时，施工单位应当积极配合，不得阻挠或拒绝。

第三十五条 公路建设从业单位和从业人员应当严格执行国

家和地方有关环境保护和土地管理的规定,采取有效措施保护环境和节约用地。

第三十六条 公路建设项目法人、监理单位和施工单位对勘察设计中存在的问题应当及时提出设计变更的意见,并依法履行审批手续。设计变更应当符合国家制定的技术标准和设计规范要求。

任何单位和个人不得借设计变更虚报工程量或者提高单价。

重大工程变更设计应当按有关规定报原初步设计审批部门批准。

第三十七条 勘察、设计单位经项目法人批准,可以将工程设计中跨专业或者有特殊要求的勘察、设计工作委托给有相应资质条件的单位,但不得转包或者二次分包。

监理工作不得分包或者转包。

第三十八条 施工单位可以将非关键性工程或者适合专业化队伍施工的分部工程分包给具有相应资质的单位,并对分包工程负连带责任。允许分包的工程范围应当在招标文件中规定,分包的工程不得超过总工程量的30%。分包工程不得再次分包,严禁转包。

任何单位和个人不得违反规定指定分包、指定采购或者分割工程。

项目法人和监理单位应当加强对施工单位工程分包的管理,工程分包计划和所有分包协议须报监理工程师审查,并报项目法人同意。

第三十九条 施工单位可以直接招用农民工或者将劳务作业分包给具有劳务分包资质的劳务分包人。施工单位招用农民工的,应当依法签订劳动合同,并将劳动合同报项目监理工程师和项目法人备案。

施工单位和劳务分包人应当按照合同按时支付劳务工资,落实各项劳动保护措施,确保农民工安全。

劳务分包人应当接受施工单位的管理,按照技术规范要求进行劳务作业。劳务分包人不得将其分包的劳务作业再次分包。

第四十条 项目法人和监理单位应当加强对施工单位使用农民工的管理，对不签订劳动合同、非法使用农民工的，或者拖延和克扣农民工工资的，要予以纠正。拒不改正的，项目法人要及时将有关情况报交通主管部门调查处理。

第四十一条 项目法人应当按照交通部《公路工程竣(交)工验收办法》的规定及时组织项目的交工验收，并报请交通主管部门进行竣工验收。

第五章 动态管理

第四十二条 各级交通主管部门应当加强对公路建设从业单位和从业人员的市场行为的动态管理。应当建立举报投诉制度，查处违法行为，对有关责任单位和责任人依法进行处理。

第四十三条 国务院交通主管部门和省级地方人民政府交通主管部门应当建立公路建设市场的信用管理体系，对进入公路建设市场的从业单位和主要从业人员在招投标活动、签订合同和履行合同中的信用情况进行记录并向社会公布。

第四十四条 公路工程勘察、设计、施工、监理等从业单位应当按照项目管理的隶属关系，向交通主管部门提供本单位的基本情况、承接任务情况和其他动态信息，并对所提供信息的真实性、准确性和完整性负责。项目法人应当将其他从业单位在建设项目中的履约情况，按照项目管理的隶属关系报交通主管部门，由交通主管部门核实后记入从业单位信用记录中。

第四十五条 从业单位和主要从业人员的信用记录应当作为公路建设项目招标资格审查和评标工作的重要依据。

第六章 法律责任

第四十六条 对公路建设从业单位和从业人员违反本办法规

定进行的处罚，国家有关法律、法规和交通部规章已有规定的，适用其规定；没有规定的，由交通主管部门根据各自的职责按照本办法规定进行处罚。

第四十七条 项目法人违反本办法规定，实行地方保护的或者对公路建设从业单位和从业人员实行歧视待遇的，由交通主管部门责令改正。

第四十八条 从业单位违反本办法规定，在申请公路建设从业许可时，隐瞒有关情况或者提供虚假材料的，行政机关不予受理或者不予行政许可，并给予警告；行政许可申请人在1年内不得再次申请该行政许可。

被许可人以欺骗、贿赂等不正当手段取得从业许可的，行政机关应当依照法律、法规给予行政处罚；申请人在3年内不得再次申请该行政许可；构成犯罪的，依法追究刑事责任。

第四十九条 投标人相互串通投标或者与招标人串通投标的，投标人以向招标人或者评标委员会成员行贿的手段谋取中标的，中标无效，处中标项目金额5‰以上10‰以下的罚款，对单位直接负责的主管人员和其他直接责任人员处单位罚款数额5%以上10%以下的罚款；有违法所得的，并处没收违法所得；情节严重的，取消其1年至2年内参加依法必须进行招标的项目的投标资格并予以公告；构成犯罪的，依法追究刑事责任。给他人造成损失的，依法承担赔偿责任。

第五十条 投标人以他人名义投标或者以其他方式弄虚作假，骗取中标的，中标无效，给招标人造成损失的，依法承担赔偿责任；构成犯罪的，依法追究刑事责任。

依法必须进行招标的项目的投标人有前款所列行为尚未构成犯罪的，处中标项目金额5‰以上10‰以下的罚款，对单位直接负责的主管人员和其他直接责任人员处单位罚款数额5%以上10%以下的罚款；有违法所得的，并处没收违法所得；情节严重的，取消其1年至3年内参加依法必须进行招标的项目的投标资格并予以公告。

第五十一条 项目法人违反本办法规定，拖欠工程款和征地拆迁款的，由交通主管部门责令改正，并由有关部门依法对有关责任人员给予行政处分。

第五十二条 除因不可抗力不能履行合同的，中标人不按照与招标人订立的合同履行施工质量、施工工期等义务，造成重大或者特大质量和安全事故，或者造成工期延误的，取消其2年至5年内参加依法必须进行招标的项目的投标资格并予以公告。

第五十三条 施工单位有以下违法违规行为的，由交通主管部门责令改正，并由有关部门依法对有关责任人员给予行政处分。

（一）违反本办法规定，拖欠分包人工程款和农民工工资的；

（二）违反本办法规定，造成生态环境破坏和乱占土地的；

（三）违反本办法规定，在变更设计中弄虚作假的；

（四）违反本办法规定，不按规定签订劳动合同的。

第五十四条 违反本办法规定，承包单位将承包的工程转包或者违法分包的，责令改正，没收违法所得，对勘察、设计单位处合同约定的勘察费、设计费25%以上50%以下的罚款；对施工单位处工程合同价款5‰以上10‰以下的罚款；可以责令停业整顿，降低资质等级；情节严重的，吊销资质证书。

工程监理单位转让工程监理业务的，责令改正，没收违法所得，处合同约定的监理酬金25%以上50%以下的罚款；可以责令停业整顿，降低资质等级；情节严重的，吊销资质证书。

第五十五条 公路建设从业单位违反本办法规定，在向交通主管部门填报有关市场信息时弄虚作假的，由交通主管部门责令改正。

第五十六条 各级交通主管部门和其所属的质量监督机构的工作人员违反本办法规定，在建设市场管理中徇私舞弊、滥用职权或者玩忽职守的，按照国家有关规定处理。构成犯罪的，由司法部门依法追究刑事责任。

第七章　附　　则

第五十七条　本办法由交通部负责解释。

第五十八条　本办法自 2005 年 3 月 1 日起施行。交通部 1996 年 7 月 11 日公布的《公路建设市场管理办法》同时废止。

公路工程质量监督规定

（交通部令2005年第4号　2005.05.08）

第一条　为加强公路工程质量监督，保证公路工程质量，保护人民生命和财产安全，根据《中华人民共和国公路法》、《建设工程质量管理条例》，制定本规定。

第二条　从事公路工程建设活动，对公路工程质量实施监督，应当遵守本规定。

本规定所称公路工程，是指公路的新建、改建以及养护大修等工程。

本规定所称公路工程质量监督，是指依据有关法律、法规、规章、技术标准和规范，对公路工程质量进行监督的行政行为。

第三条　国家实行公路工程质量监督管理制度。

公路工程质量监督应当遵循科学、客观、公开、公平、公正的原则。

第四条　公路工程从业单位依法承担公路工程质量责任，接受、配合交通主管部门和其所属的质量监督机构（以下简称质监机构）的监督检查，不得拒绝或者阻碍。

前款所称从业单位，是指从事公路工程建设的建设单位、勘察、设计单位、施工单位、监理单位、试验检测单位以及相关设备、材料的供应单位。

第五条　交通部主管全国公路工程质量监督管理工作。

县级以上地方人民政府交通主管部门负责本行政区域内公路工程质量监督管理工作。

第六条　公路工程质量监督主要包括以下内容：

（一）工程质量管理的法律、法规、规章、技术标准和规范的执行情况；

（二）从业单位的质量保证体系及其运转情况；

（三）勘察、设计质量情况，工程质量情况，使用的材料、设备质量情况；

（四）工程试验检测工作情况；

（五）工程质量资料的真实性、完整性、规范性、合法性情况；

（六）从业单位在工程实施过程中的质量行为。

第七条 交通主管部门对公路工程质量监督的职责主要是：

（一）监督检查从业单位是否具有依法取得的相应等级的资质证书，从业人员是否按照国家规定经考试合格，取得上岗资格；

（二）监督检查建设、勘察、设计单位、施工和监理单位质量保证体系的针对性、严密性和运行的有效性，以及各单位质量保证体系之间的协调性和一致性；

（三）监督检查勘察、设计文件是否符合国家规定的技术标准和规范要求，设计文件是否达到国家规定的编制要求；

（四）监督检查施工、监理和设备、材料供应单位是否严格按照有关质量标准和技术规范进行施工、监理和供应设备、材料；

（五）监督检查监理单位的质量管理和现场质量控制情况，以及对公路工程关键部位和隐蔽工程的旁站情况、对各施工工序的质量检查情况；

（六）监督检查试验检测设备是否合格，试验方法是否规范，试验数据是否准确，试验检测频率是否符合有关规定；

（七）监督检查材料采购、进场和使用等环节的质量情况，并公布抽查样品的质量检测结果，检查关键设备的性能情况；

（八）对公路工程质量情况进行抽检，分析主要质量指标的变化情况，评估总体质量状况和存在的主要问题，提出加强质量管理的政策措施和指导性意见，定期发布质量动态信息；

（九）对完工项目进行质量检测和质量鉴定。

第八条 交通部、省级人民政府交通主管部门、有条件的设区的市级地方人民政府交通主管部门委托所属的质量监督机构具体实施公路工程质量监督工作。

县级人民政府交通主管部门和未设置专职质监机构的设区的市级人民政府交通主管部门应有专职或者兼职质量监督人员，并接受上一级质监机构的业务指导。

质监机构应当在交通主管部门委托事项的范围内实施公路工程质量监督工作。

第九条 质监机构应具备以下基本条件：

（一）从事质量监督工作的专业技术人员结构合理，其数量不少于职工总数的70%；

（二）从事质量监督工作的专业技术人员具有本专业大专以上学历或本专业中级以上专业技术职务任职资格；

（三）行政负责人和技术负责人具有10年以上公路专业工作经历和高级专业技术职务任职资格；

（四）具备与质量监督工作相适应的试验检测条件；

（五）有健全的质量监督和组织管理制度；

（六）经省级以上交通主管部门考核合格。

第十条 建设单位或者项目法人在完成开工前各项准备工作之后，应当在办理施工许可证前30日，按照交通部的有关规定到质监机构办理公路工程施工质量监督手续。

第十一条 建设单位办理公路工程质量监督手续，应当向公路工程项目所在地的质监机构提出申请，并提交以下材料：

（一）公路工程质量监督申请书。包括公路工程项目名称及地点、建设单位、联系方式、提出工程质量监督的申请等；

（二）公路工程项目审批文件；

（三）公路工程项目设计、施工、监理等合同文件；

（四）公路工程项目从业单位的资质证明材料；

（五）交通主管部门要求的其他相关材料。

第十二条 多个农村公路工程项目可集中统一申请工程质量监督手续。

第十三条 质监机构自收到质量监督申请资料之日起20日

内,对符合基本建设程序的公路工程项目,出具质量监督通知书;对不符合基本建设程序的项目,书面通知申请人不予受理质量监督申请并告知原因,同时向本级交通主管部门报告。交通主管部门应当依据有关规定责令建设单位完善基本建设程序。

公路工程项目符合基本建设程序后,建设单位应当重新提出工程质量监督申请。

第十四条 勘察、设计单位必须按照公路工程建设强制性标准进行勘察、设计,并对其勘察、设计的质量负责。

第十五条 交通主管部门及其委托的质监机构履行监督检查职责时,有权采取下列措施:

(一)要求被检查的单位提供有关工程质量的文件和资料;

(二)进入被检查单位的施工现场进行检查;

(三)发现有影响工程质量的问题时,责令改正。

第十六条 交通主管部门及其委托的质监机构对工程实体质量进行现场监督检查时,应当重点检查质量薄弱环节和涉及结构强度及稳定性的重要指标。

第十七条 交通主管部门及其委托的质监机构对检查中发现的问题,应当及时以书面方式通报有关单位。对一般质量管理问题和一般质量缺陷,责令限期整改;对不合格工程,责令限期返修;对违法的质量行为依法予以纠正。

存在问题的单位应当按要求进行整改、返修,并提交整改报告。

第十八条 建设单位应当按照现行的国家标准、行业标准规定的质量要求进行交工验收,未经交工验收或者交工验收不合格的工程不得交付使用。

第十九条 公路工程交工验收前,质监机构应当按照有关规定对工程质量进行检测并出具检测意见。

第二十条 公路工程竣工验收前,质监机构对工程质量进行质量鉴定并出具质量鉴定报告。未经质量鉴定或质量鉴定不合格的项目,不得组织竣工验收。

质监机构对质量鉴定结果负责。

第二十一条 质监机构可以通过招标投标方式委托具备资格的试验检测单位对公路工程质量进行检测。

对国家重大公路工程建设项目质量鉴定中的检测工作,交通部可以委托质监机构跨地区选择试验检测机构进行。

试验检测单位对所检测的数据负责。

第二十二条 交通主管部门应当为质监机构提供必要的工作条件和经费。

第二十三条 建设单位应当按国家有关规定缴纳项目质量监督费。

质量监督费应当由质监机构在公路工程所在地银行开设专户,单独立账,专款专用。任何单位和个人不得挤占和挪用。

第二十四条 质监机构因工作需要对工程实体进行非常规试验检测和交工、竣工验收检测依法发生的试验检测费用,由建设单位承担。

第二十五条 公路工程发生质量事故,有关单位应当在24小时内向当地交通主管部门和质监机构报告。对重大质量事故,当地交通主管部门应当向上级交通主管部门报告。特大质量事故的调查处理按照国务院有关规定办理。

第二十六条 质量监督人员应恪尽职守、秉公办事、清正廉洁。与被监督对象有利害关系的监督人员,应当回避。

第二十七条 交通主管部门应当加强对质监机构的监督管理。质监机构应当加强对质监人员的监督管理。

第二十八条 任何单位和个人有权对公路工程的质量缺陷、质量事故以及质监机构及其人员的违法行为向交通主管部门投诉和举报。

第二十九条 交通主管部门对公路工程质量违法行为实施行政处罚。

质监机构在委托事项的权限内对公路工程质量违法行为实施行政处罚。

第三十条 建设单位未办理工程质量监督手续的，责令限期补办手续，并处20万元以上50万元以下的罚款。

第三十一条 建设单位对未经工程质量检测或者质量检测不合格的工程，按照合格工程组织交工验收的，责令改正，处工程合同价款百分之二以上百分之四以下的罚款。

第三十二条 勘察、设计单位未按照工程建设强制性标准进行勘察、设计的，责令改正，处10万元以上30万元以下的罚款。

第三十三条 对单位处以罚款的，对单位直接负责的主管人员和其他责任人员处单位罚款数额百分之五以上百分之十以下的罚款。

第三十四条 发生重大公路工程质量事故隐瞒不报、谎报或者拖延报告期限的，对有行政隶属关系的直接负责的主管人员和其他责任人员依法给予行政处分。

第三十五条 质监机构违反本规定，对不合格的公路工程出具质量合格文件的，由交通主管部门责令改正；构成犯罪的，依法追究刑事责任。

第三十六条 试验检测单位违反本规定，对不合格的公路工程出具不真实的试验检测数据及意见的，由交通主管部门责令改正；构成犯罪的，依法追究刑事责任；造成损失的，应承担相应的赔偿责任。

第三十七条 交通主管部门及其委托的质监机构工作人员在公路工程质量监督管理工作中玩忽职守、滥用职权、徇私舞弊，构成犯罪的，依法追究刑事责任；尚不构成犯罪的，由交通主管部门或者质监机构依法给予行政处分。

第三十八条 质监机构不按照本规定履行公路工程质量监督职责、承担质量监督责任的，由交通主管部门视情节轻重，责令整改或者给予警告。

第三十九条 本规定自2005年6月1日起施行。《公路工程质量监督暂行规定》（交公路发［1992］443号）同时废止。本规定施行前公布的有关规定与本规定有抵触的，自本规定施行之日起停止执行。

公路工程设计变更管理办法

(交通部令2005年第5号 2005.05.09)

第一条 为加强公路工程建设管理,规范公路工程设计变更行为,保证公路工程质量,保护人民生命及财产安全,根据《中华人民共和国公路法》、《建设工程质量管理条例》、《建设工程勘察设计管理条例》等相关法律和行政法规,制定本办法。

第二条 对交通部批准初步设计的新建、改建公路工程的设计变更,应当遵守本规定。

本办法所称设计变更,是指自公路工程初步设计批准之日起至通过竣工验收正式交付使用之日止,对已批准的初步设计文件、技术设计文件或施工图设计文件所进行的修改、完善等活动。

第三条 各级交通主管部门应当加强对公路工程设计变更活动的监督管理。

第四条 公路工程设计变更应当符合国家有关公路工程强制性标准和技术规范的要求,符合公路工程质量和使用功能的要求,符合环境保护的要求。

第五条 公路工程设计变更分为重大设计变更、较大设计变更和一般设计变更。

有下列情形之一的属于重大设计变更:

(一)连续长度10公里以上的路线方案调整的;

(二)特大桥的数量或结构型式发生变化的;

(三)特长隧道的数量或通风方案发生变化的;

(四)互通式立交的数量发生变化的;

(五)收费方式及站点位置、规模发生变化的;

(六)超过初步设计批准概算的。

有下列情形之一的属于较大设计变更：

(一)连续长度2公里以上的路线方案调整的；

(二)连接线的标准和规模发生变化的；

(三)特殊不良地质路段处置方案发生变化的；

(四)路面结构类型、宽度和厚度发生变化的；

(五)大中桥的数量或结构型式发生变化的；

(六)隧道的数量或方案发生变化的；

(七)互通式立交的位置或方案发生变化的；

(八)分离式立交的数量发生变化的；

(九)监控、通讯系统总体方案发生变化的；

(十)管理、养护和服务设施的数量和规模发生变化的；

(十一)其他单项工程费用变化超过500万元的；

(十二)超过施工图设计批准预算的。

一般设计变更是指除重大设计变更和较大设计变更以外的其他设计变更。

第六条 公路工程重大、较大设计变更实行审批制。

公路工程重大、较大设计变更，属于对设计文件内容作重大修改，应当按照本办法规定的程序进行审批。未经审查批准的设计变更不得实施。

任何单位或者个人不得违反本办法规定擅自变更已经批准的公路工程初步设计、技术设计和施工图设计文件。不得肢解设计变更规避审批。

经批准的设计变更一般不得再次变更。

第七条 重大设计变更由交通部负责审批。较大设计变更由省级交通主管部门负责审批。

第八条 项目法人负责对一般设计变更进行审查，并应当加强对公路工程设计变更实施的管理。

第九条 公路工程勘察设计、施工及监理等单位可以向项目法人提出公路工程设计变更的建议。

设计变更的建议应当以书面形式提出，并应当注明变更理由。

项目法人也可以直接提出公路工程设计变更的建议。

第十条 项目法人对设计变更的建议及理由应当进行审查核实。必要时,项目法人可以组织勘察设计、施工、监理等单位及有关专家对设计变更建议进行经济、技术论证。

第十一条 对一般设计变更建议,由项目法人根据审查核实情况或者论证结果决定是否开展设计变更的勘察设计工作。

对较大设计变更和重大设计变更建议,项目法人经审查论证确认后,向省级交通主管部门提出公路工程设计变更的申请,并提交以下材料:

(一)设计变更申请书。包括拟变更设计的公路工程名称、公路工程的基本情况、原设计单位、设计变更的类别、变更的主要内容、变更的主要理由等;

(二)对设计变更申请的调查核实情况、合理性论证情况;

(三)省级交通主管部门要求提交的其他相关材料。

省级交通主管部门自受理申请之日起 15 日内作出是否同意开展设计变更的勘察设计工作的决定,并书面通知申请人。

第十二条 设计变更的勘察设计应当由公路工程的原勘察设计单位承担。经原勘察设计单位书面同意,项目法人也可以选择其他具有相应资质的勘察设计单位承担。设计变更勘察设计单位应当及时完成勘察设计,形成设计变更文件,并对设计变更文件承担相应责任。

第十三条 设计变更文件完成后,项目法人应当组织对设计变更文件进行审查。

一般设计变更文件由项目法人审查确认后决定是否实施。项目法人应当在 15 日内完成审查确认工作。

重大及较大设计变更文件经项目法人审查确认后报省级交通主管部门审查。其中,重大设计变更文件由省级交通主管部门审查后报交通部批准;较大设计变更文件由省级交通主管部门批准,并报交通部备案。若设计变更与可行性研究报告批复内容不一致,应征得原可行性研究报告批复部门的同意。

第十四条 项目法人在报审设计变更文件时，应当提交以下材料：

（一）设计变更说明；

（二）设计变更的勘察设计图纸及原设计相应图纸；

（三）工程量、投资变化对照清单和分项概、预算文件。

第十五条 设计变更文件的审批应当在20日内完成。无正当理由，超过审批时间未对设计变更文件的审查予以答复的，视为同意。

需要专家评审的，所需时间不计算在上述期限内。审批机关应当将所需时间书面告知申请人。

第十六条 对需要进行紧急抢险的公路工程设计变更，项目法人可先进行紧急抢险处理，同时按照规定的程序办理设计变更审批手续，并附相关的影像资料说明紧急抢险的情形。

第十七条 公路工程设计变更工程的施工原则上由原施工单位承担。原施工单位不具备承担设计变更工程的资质等级时，项目法人应通过招标选择施工单位。

第十八条 项目法人应当建立公路工程设计变更管理台账，定期对设计变更情况进行汇总，并应当每半年将汇总情况报省级交通主管部门备案。

省级交通主管部门可以对管理台账随时进行检查。

第十九条 交通主管部门审查批准公路工程设计变更文件时，工程费用按《公路基本建设工程概算、预算编制办法》核定。

第二十条 由于公路工程勘察设计、施工等有关单位的过失引起公路工程设计变更并造成损失的，有关单位应当承担相应的费用和相关责任。

由于公路工程设计变更发生的建筑安装工程费、勘察设计费和监理费等费用的变化，按照有关合同约定执行。

由于公路工程设计变更发生的工程建设单位管理费、征地拆迁费等费用的变化，按照国家有关规定执行。

第二十一条 按照本办法规定经过审查批准的公路工程设计

变更,其费用变化纳入决算。未经批准的设计变更,其费用变化不得进入决算。

第二十二条 设计变更审批部门违反本办法规定,不按照规定权限、条件和程序审查批准公路工程设计变更文件的,上级交通主管部门或者监察部门责令改正;造成严重后果的,对直接负责的主管人员和其他直接责任人员依法给予行政处分;构成犯罪的,依法追究刑事责任。

较大设计变更审批部门违反本办法规定,情节严重的,对全部或者部分使用国有资金的项目,可以暂停项目执行。

第二十三条 交通主管部门工作人员在设计变更审查批准过程中滥用职权、玩忽职守、谋取不正当利益的,由主管部门或者监察部门给予行政处分;构成犯罪的,依法追究刑事责任。

第二十四条 项目法人有以下行为之一的,交通主管部门责令改正;情节严重的,对全部或者部分使用国有资金的项目,暂停项目执行。构成犯罪的,依法追究刑事责任:

(一)不按照规定权限、条件和程序审查、报批公路工程设计变更文件的;

(二)将公路工程设计变更肢解规避审批的;

(三)未经审查批准或者审查不合格,擅自实施设计变更的。

第二十五条 施工单位不按照批准的设计变更文件施工的,交通主管部门责令改正;造成建设工程质量不符合规定的质量标准的,负责返工、修理,并赔偿因此造成的损失;情节严重的,责令停业整顿,降低资质等级或者吊销资质证书。

第二十六条 交通部批准初步设计以外的新建、改建公路工程的设计变更,参照本办法执行。

第二十七条 本办法自 2005 年 7 月 1 日起施行。

公路水运工程试验检测管理办法

（交通部令2005年第12号　2005.10.19）

第一章　总　　则

第一条　为规范公路水运工程试验检测活动，保证公路水运工程质量及人民生命和财产安全，根据《建设工程质量管理条例》，制定本办法。

第二条　从事公路水运工程试验检测活动，应当遵守本办法。

第三条　本办法所称公路水运工程试验检测，是指根据国家有关法律、法规的规定，依据工程建设技术标准、规范、规程，对公路水运工程所用材料、构件、工程制品、工程实体的质量和技术指标等进行的试验检测活动。

本办法所称公路水运工程试验检测机构（以下简称检测机构），是指承担公路水运工程试验检测业务并对试验检测结果承担责任的机构。

本办法所称公路水运工程试验检测人员（以下简称检测人员），是指经考试合格，具备相应公路水运工程试验检测知识、能力，并承担相应公路水运工程试验检测业务的专业技术人员。

第四条　公路水运工程试验检测活动应当遵循科学、客观、严谨、公正的原则。

第五条　国务院交通主管部门负责公路水运工程试验检测活动的统一监督管理。交通部基本建设质量监督总站（以下简称质监总站）具体实施公路水运工程试验检测活动的监督管理。

省级人民政府交通主管部门负责本行政区域内公路水运工程试验检测活动的监督管理。省级交通质量监督机构（以下简称省站)具体实施本行政区域内公路水运工程试验检测活动的监督管理。

质监总站和省站以下称质监机构。

第二章　检测机构等级评定

第六条　检测机构等级,是依据检测机构的公路水运工程试验检测水平、主要试验检测仪器设备及检测人员的配备情况、试验检测环境等基本条件对检测机构进行的能力划分。

检测机构等级,分为公路工程和水运工程专业。

公路工程专业分为综合类和专项类。公路工程综合类设甲、乙、丙3个等级。公路工程专项类分为交通工程和桥梁隧道工程。

水运工程专业分为材料类和结构类。水运工程材料类设甲、乙、丙3个等级。水运工程结构类设甲、乙2个等级。

检测机构等级标准由质监总站另行制定。

第七条　质监总站负责公路工程综合类甲级、公路工程专项类和水运工程材料类及结构类甲级的等级评定工作。

省站负责公路工程综合类乙、丙级和水运工程材料类乙、丙级、水运工程结构类乙级的等级评定工作。

第八条　检测机构可以同时申请不同专业、不同类别的等级。

检测机构被评为丙级、乙级后须满1年且具有相应的试验检测业绩方可申报上一等级的评定。

第九条　申请公路水运工程试验检测机构等级评定,应向所在地省站提交以下材料:

(一)《公路水运工程试验检测机构等级评定申请书》;

(二)申请人法人证书原件及复印件;

(三)通过计量认证的,应当提交计量认证证书副本的原件及复印件;

(四)检测人员考试合格证书和聘(任)用关系证明文件原件及复印件;

（五）所申报试验检测项目的典型报告（包括模拟报告）及业绩证明；

（六）质量保证体系文件。

第十条 公路水运工程试验检测机构等级评定工作分为受理、初审、现场评审3个阶段。

第十一条 省站认为所提交的申请材料齐备、规范、符合规定要求的，应当予以受理；材料不符合规定要求的，应当及时退还申请人，并说明理由。

所申请的等级属于质监总站评定范围的，省站核查后出具核查意见并转送质监总站。

所申请的等级属于省站评定范围，但申报的试验检测项目有属于质监总站评定范围的，对该项目的评审省站应当报请质监总站同意，评审专家从质监总站专家库中抽取，质监总站对该项目的评审进行监督抽查。

第十二条 初审主要包括以下内容：

（一）试验检测水平、人员及检测环境等条件是否与所申请的等级标准相符；

（二）申报的试验检测项目范围及设备配备与所申请的等级是否相符；

（三）采用的试验检测标准、规范和规程是否合法有效；

（四）检定和校准是否按规定进行；

（五）质量保证体系是否具有可操作性；

（六）是否具有良好的试验检测业绩。

第十三条 初审合格的进入现场评审阶段；初审认为有需要补正的，质监机构应当通知申请人予以补正直至合格；初审不合格的，质监机构应当及时退还申请材料，并说明理由。

第十四条 现场评审是通过对申请人完成试验检测项目的实际能力、检测机构申报材料与实际状况的符合性、质量保证体系和运转等情况的全面核查。

现场评审所抽查的试验检测项目，原则上应当覆盖申请人所申请的试验检测各大项目。抽取的具体参数应当通过抽签方式确定。

第十五条 现场评审由专家评审组进行。

专家评审组由质监机构组建,3 人以上单数组成(含 3 人)。评审专家从质监机构建立的试验检测专家库中选取,与申请人有利害关系的不得进入专家评审组。

专家评审组应当独立、公正地开展评审工作。专家评审组成员应当客观、公正地履行职责,遵守职业道德,并对所提出的评审意见承担个人责任。

第十六条 专家评审组应当向质监机构出具《现场评审报告》,主要内容包括:

(一)现场考核评审意见;

(二)公路水运工程试验检测机构等级评分表;

(三)现场操作考核项目一览表;

(四)两份典型试验检测报告。

第十七条 质监机构依据《现场评审报告》及检测机构等级标准对申请人进行等级评定。

质监机构的评定结果,应当通过交通主管部门指定的报刊、信息网络等媒体向社会公示,公示期不得少于 7 天。

公示期内,任何单位和个人有权就评定结果向质监机构提出异议,质监机构应当及时受理、核实和处理。

公示期满无异议或者经核实异议不成立的,由质监机构根据评定结果向申请人颁发《公路水运工程试验检测机构等级证书》(以下简称《等级证书》);经核实异议成立的,应当书面通知申请人,并说明理由,同时应当为异议人保密。

省站颁发证书的同时应当报质监总站备案。

第十八条 《公路水运工程试验检测机构等级评定申请书》和《等级证书》由质监总站统一规定格式。

《等级证书》应当注明检测机构从事公路水运工程试验检测的专业、类别、等级和项目范围。

第十九条 《等级证书》有效期为5年。

《等级证书》期满后拟继续开展公路水运工程试验检测业务的，检测机构应提前3个月向原发证机构提出换证申请。

第二十条 换证的申请、复核程序按照本办法规定的等级评定程序进行，并可以适当简化。在申请等级评定时已经提交过且未发生变化的材料可以不再重复提交。

第二十一条 换证复核以书面审查为主。必要时，可以组织专家进行现场评审。

换证复核的重点是核查检测机构人员、仪器设备、试验检测项目、场所的变动情况，试验检测工作的开展情况，质量保证体系文件的执行情况，违规与投诉情况等。

第二十二条 换证复核合格的，予以换发新的《等级证书》。不合格的，质监机构应当责令其在6个月内进行整改，整改期内不得承担质量评定和工程验收的试验检测业务。整改期满仍不能达到规定条件的，质监机构根据实际达到的试验检测能力条件重新作出评定，或者注销《等级证书》。

换证复核结果应当向社会公布。

第二十三条 检测机构取得《等级证书》后，可以向原发证质监机构申请增加试验检测项目。

经评审具备拟新增加项目的试验检测水平、人员、设备配备和检测环境等条件的，质监机构应当予以增加试验检测项目，并在《等级证书》上予以注明。

第二十四条 检测机构名称、地址、法定代表人或者机构负责人、技术负责人等发生变更的，应当自变更之日起30日内到原发证质监机构办理变更登记手续。

第二十五条 检测机构停业时，应当自停业之日起15日内向原发证质监机构办理《等级证书》注销手续。

第二十六条 质监机构依照本办法发放《等级证书》可以收取工本费。工本费的具体收费标准依据省、自治区、直辖市人民政府财政部门、价格主管部门会同同级交通主管部门核定的标准执行。

第二十七条 《等级证书》遗失或者污损的，可以向原发证质监机构申请补发。

第二十八条 任何单位和个人不得伪造、涂改、转让、租借《等级证书》。

第三章 试验检测活动

第二十九条 取得《等级证书》，同时按照《计量法》的要求经过计量行政部门考核合格，通过计量认证的检测机构，可向社会提供试验检测服务。

取得《等级证书》的检测机构在《等级证书》注明的项目范围内出具的试验检测报告，可以作为公路水运工程质量评定和工程验收的依据。

第三十条 公路水运工程质量事故鉴定、大型水运工程项目和高速公路项目验收的质量鉴定检测，质监机构应当委托通过计量认证并具有甲级或者相应专项能力等级的检测机构承担。

第三十一条 取得《等级证书》的检测机构，可设立工地临时试验室，承担相应公路水运工程的试验检测业务，并对其试验检测结果承担责任。

工程所在地省站应当对工地临时试验室进行监督。

第三十二条 检测机构应当严格按照现行有效的国家和行业标准、规范和规程独立开展检测工作，不受任何干扰和影响，保证试验检测数据客观、公正、准确。

第三十三条 检测机构应当建立严密、完善、运行有效的质量保证体系。应当按照有关规定对仪器设备进行正常维护，定期检定与校准。

第三十四条 检测机构应当建立样品管理制度，提倡盲样管理。

第三十五条 检测机构应当重视科技进步，及时更新试验检测仪器设备，不断提高业务水平。

第三十六条 检测机构应当建立健全档案制度，保证档案齐备，原始记录和试验检测报告内容必须清晰、完整、规范。

第三十七条 检测机构在同一公路水运工程项目标段中不得同时接受业主、监理、施工等多方的试验检测委托。

第三十八条 检测机构依据合同承担公路水运工程试验检测业务，不得转包、违规分包。

第三十九条 检测人员应当通过公路水运工程试验检测业务考试。

检测人员考试的组织、实施由质监总站统一管理。

第四十条 检测人员分为试验检测工程师和试验检测员。

检测机构的技术负责人应当由试验检测工程师担任。

试验检测报告应当由试验检测工程师审核、签发。

第四十一条 检测人员应当重视知识更新，不断提高试验检测业务水平。

第四十二条 检测人员应当严守职业道德和工作程序，独立开展检测工作，保证试验检测数据科学、客观、公正，并对试验检测结果承担法律责任。

第四十三条 检测人员不得同时受聘于两家以上检测机构，不得借工作之便推销建设材料、构配件和设备。

第四章　监督检查

第四十四条 质监机构应当建立健全公路水运工程试验检测活动监督检查制度，对检测机构进行定期或不定期的监督检查，及时纠正、查处违反本规定的行为。

第四十五条 公路水运工程试验检测监督检查，主要包括下列内容：

（一）《等级证书》使用的规范性，有无转包、违规分包、超范围承揽业务和涂改、租借《等级证书》的行为；

（二）检测机构能力变化与评定的能力等级的符合性；

（三）原始记录、试验检测报告的真实性、规范性和完整性；

（四）采用的技术标准、规范和规程是否合法有效，样品的管理是否符合要求；

（五）仪器设备的运行、检定和校准情况；

（六）质量保证体系运行的有效性；

（七）检测机构和检测人员试验检测活动的规范性、合法性和真实性；

（八）依据职责应当监督检查的其他内容。

第四十六条 质监机构实施监督检查时，有权采取以下措施：

（一）查阅、记录、录音、录像、照相和复制与检查相关的事项和资料；

（二）进入检测机构的工作场地（包括施工现场）进行抽查；

（三）发现有不符合国家有关标准、规范、规程和本办法规定的试验检测行为时，责令即时改正或限期整改。

第四十七条 质监机构应当组织比对试验，验证检测机构的能力。

质监总站不定期开展全国检测机构的比对试验。各省站每年年初应当制定本行政区域检测机构年度比对试验计划，报质监总站备案，并于年末将比对试验的实施情况报质监总站。

检测机构应当予以配合，如实说明情况和提供相关资料。

第四十八条 任何单位和个人都有权向质监机构投诉或举报违法违规的试验检测行为。

质监机构的监督检查活动，应当接受交通主管部门和社会公众的监督。

第四十九条 质监机构在监督检查中发现检测机构有违反本规定行为的，应当予以警告、限期整改，情节严重的列入违规记录并予以公示，质监机构不再委托其承担检测业务。

实际能力已达不到《等级证书》能力等级的检测机构，质监机构应当给予整改期限。整改期满仍达不到规定条件的，质监机构应当视情况注销《等级证书》或者重新评定检测机构等级。重新评定的等级低于原来评定等级的，检测机构1年内不得申报升级。被注销等级的检测机构，2年内不得再次申报。

质监机构应当及时向社会公布监督检查的结果。

第五十条 质监机构在监督检查中发现检测人员违反本办法的规定，出具虚假试验检测数据或报告的，应当给予警告，情节严重的列入违规记录并予以公示，直至注销考试合格证书。因违反本办法规定被注销考试合格证书的检测人员2年内不得再次参加考试。

第五十一条 质监机构工作人员在试验检测管理活动中，玩忽职守、徇私舞弊、滥用职权的，应当依法给予行政处分。

第五章 附 则

第五十二条 本办法施行前检测机构和人员通过的资质评审，期满复核时应当按照本办法的规定进行《等级证书》的评定和人员考试。

第五十三条 本办法自2005年12月1日起施行。交通部1997年12月10日公布的《水运工程试验检测暂行规定》（交基发[1997]803号）和2002年6月26日公布的《交通部水运工程试验检测机构资质管理办法》（交通部令2002年第4号）同时废止。

农村公路建设管理办法

（交通部令2006年第3号　2006.01.27）

第一章　总　　则

第一条　为加强农村公路建设管理，促进农村公路健康、持续发展，适应建设社会主义新农村需要，根据《中华人民共和国公路法》，制定本办法。

第二条　本办法适用于各级人民政府和有关部门投资的农村公路新建和改建工程的建设管理。

本办法所称农村公路，包括县道、乡道和村道。

第三条　农村公路建设应当遵循统筹规划、分级负责、因地制宜、经济实用、注重环保、确保质量的原则。

第四条　农村公路建设应当由地方人民政府负责。其中，乡道由所在乡（镇）人民政府负责建设；在当地人民政府的指导下，村道由村民委员会按照村民自愿、民主决策、一事一议的方式组织建设。

第五条　农村公路建设项目应当依据农村公路建设规划和分阶段建设重点，按照简便适用、切合实际的原则和国家规定的程序组织建设。

第六条　农村公路建设应当保证质量，降低建设成本，节能降耗，节约用地，保护生态环境。

国家鼓励农村公路建设应用新技术、新材料、新工艺。

第七条　交通部负责全国农村公路建设的行业管理。

省级人民政府交通主管部门依据职责负责本行政区域内农村公路建设的管理。

设区的市和县级人民政府交通主管部门依据职责负责本行政

区域内农村公路建设的组织和管理。

第二章 标准与设计

第八条 各级人民政府交通主管部门应当按照因地制宜、实事求是的原则,合理确定农村公路的建设标准。

县道和乡道一般应当按照等级公路建设标准建设;村道的建设标准,特别是路基、路面宽度,应当根据当地实际需要和经济条件确定。

第九条 农村公路建设的技术指标应当根据实际情况合理确定。对于工程艰巨、地质复杂路段,在确保安全的前提下,平纵指标可适当降低,路基宽度可适当减窄。

第十条 农村公路建设应当充分利用现有道路进行改建或扩建。桥涵工程应当采用经济适用、施工方便的结构型式。路面应当选择能够就地取材、易于施工、有利于后期养护的结构。

第十一条 农村公路建设应当重视排水和防护工程的设置,提高公路抗灾能力。在陡岩、急弯、沿河路段应当设置必要的安全、防护设施和警示标志,提高行车安全性。

第十二条 二级以上的公路或中型以上的桥梁、隧道工程项目应当按照国家有关规定,分初步设计和施工图设计两个阶段进行;其他工程项目可以直接采用施工图一阶段设计。

第十三条 四级以上农村公路工程和大桥、特大桥、隧道工程的设计,应当由具有相应资质的设计单位承担;其他农村公路工程的设计,可以由县级以上地方人民政府交通主管部门组织有经验的技术人员承担。

第十四条 农村公路建设的工程设计,应当按照有关规定报县级以上人民政府交通主管部门审批。

第三章 建设资金与管理

第十五条 农村公路建设资金应当按照国家有关规定,列入地方人民政府的财政预算。

第十六条 农村公路建设逐步实行政府投资为主、农村社区为辅、社会各界共同参与的多渠道筹资机制。

鼓励农村公路沿线受益单位捐助农村公路建设;鼓励利用冠名权、路边资源开发权、绿化权等方式筹集社会资金投资农村公路建设,鼓励企业和个人捐款用于农村公路建设。

第十七条 农村公路建设不得增加农民负担,不得损害农民利益,不得采用强制手段向单位和个人集资,不得强行让农民出工、备料。确需农民出资、投入劳动力的,应当由村民委员会征得农民同意。

第十八条 中央政府对农村公路建设的补助资金应当全部用于农村公路建设工程项目,并严格执行国家对农村公路补助资金使用的有关规定,不得从中提取咨询、审查、管理、监督等费用。补助资金可以采用以奖代补的办法支付或者先预拨一部分,待工程验收合格后再全部支付。

地方政府安排的建设资金应当按时到位,并按照工程进度分期支付。

第十九条 农村公路建设不得拖欠工程款和农民工工资,不得拖欠征地拆迁款。

第二十条 各级地方人民政府交通主管部门应当依据职责,建立健全农村公路建设资金管理制度,加强对资金使用情况的监管。

农村公路建设资金使用应当接受审计、财政和上级财务部门审计检查。

任何单位、组织和个人不得截留、挤占和挪用农村公路建设资金。

第二十一条 各级人民政府和村民委员会应当将农村公路建设资金使用情况,向公路沿线乡(镇)、村定期进行公示,加强资金使用的社会监督。

第四章　建设组织与管理

第二十二条　农村公路建设用地依法应当列入农用地范围的,按照国家有关规定执行。

第二十三条　农村公路建设需要拆迁的,应当按照当地政府确定的补偿标准给予补偿,补偿标准应当公开。

第二十四条　农村公路建设项目符合法定招标条件的,应当依法进行招标。

含群众集资、农民投劳或利用扶贫资金的农村公路建设项目,以及未达到法定招标条件的项目,可以不进行招标。

第二十五条　县级以上地方人民政府交通主管部门应当加强对农村公路建设项目招标投标工作的指导和监督。

省级人民政府交通主管部门可以编制符合农村公路建设实际的招标文件范本。

第二十六条　对于规模较大、技术复杂的农村公路建设项目以及大桥、特大桥和隧道工程应当单独招标,其他农村公路建设项目可以在同一乡(镇)范围内多项目一并招标。

第二十七条　县道建设项目的招标由县级以上地方人民政府交通主管部门负责组织。乡道、村道建设项目的招标,可以由县级人民政府交通主管部门统一组织,也可以在县级人民政府交通主管部门的指导下由乡(镇)人民政府组织。

招标结果应当在当地进行公示。

第二十八条　沥青(水泥)混凝土路面、桥梁、隧道等工程,应当选择持有国家规定的资质证书的专业队伍施工。路基改建和公路附属工程在保证工程质量的条件下,可以在专业技术人员的指导下组织当地农民参加施工。

第二十九条　二级以上公路或中型以上桥梁、隧道工程项目应当依法办理施工许可;其他列入年度建设计划的农村公路建设项目,完成相应准备工作并经县级以上地方人民政府交通主管部门认可的，即视同批准开工建设。

第三十条　农村公路路面和桥梁、隧道工程应当主要采用机械化施工。

第三十一条　农村公路建设单位对工程质量负管理责任。施工单位对施工质量负责。

建设单位和施工单位要依据职责，明确质量责任，落实质量保证措施，加强质量与技术管理。

第三十二条　农村公路建设项目应当建立工程质量责任追究制和安全生产责任制。

第三十三条　铺筑沥青（水泥）混凝土路面的公路、大桥、特大桥及隧道工程应当设定质量缺陷责任期和质量保证金。质量缺陷责任期一般为1年，质量保证金一般为施工合同额的5%。

质量保证金由施工单位交付，由建设单位设立专户保管。质量缺陷责任期满、质量缺陷得到有效处置后，质量保证金应当返还施工单位。

第三十四条　农村公路建设过程中，发生工程质量或者安全事故，应当按照有关规定及时上报，不得隐瞒。

第三十五条　县级以上人民政府交通主管部门要加强对农村公路建设质量和安全生产的监督管理。

第三十六条　省级人民政府交通主管部门所属的质量监督机构应当加强对农村公路建设质量监督工作的指导。

设区的市级地方人民政府交通主管部门可以委托所属的质量监督机构负责组织农村公路建设的质量监督工作。未设置质量监督机构的，可以成立专门小组负责组织农村公路建设的质量监督工作。

第三十七条　地方人民政府交通主管部门可以聘请技术专家或群众代表参与监督工作。

农村公路施工现场应当设立工程质量主要控制措施的告示牌，以便社会监督和质量问题举报。

第三十八条　农村公路工程监理可以由县级人民政府交通主

管部门以县为单位组建一个或几个监理组进行监理。有条件的,可通过招标方式,委托社会监理机构监理。

农村公路工程监理工作应当注重技术服务和指导,配备必要的检测设备和检测人员,加强现场质量抽检,确保质量,避免返工。

第五章　工程验收

第三十九条　农村公路建设项目中的县道、大桥、特大桥、隧道工程完工后,由设区的市级人民政府交通主管部门组织验收;其他农村公路建设项目由县级人民政府交通主管部门组织验收。

省级人民政府交通主管部门应当对农村公路工程验收工作进行抽查。

第四十条　农村公路建设项目的交工、竣工验收可以合并进行。

县道一般按项目验收;乡道和村道可以乡(镇)为单位,分批组织验收。

第四十一条　农村公路建设项目验收合格后,方可正式开放交通,并按规定要求开通客运班车。

第四十二条　农村公路建设项目验收合格后,应当落实养护责任和养护资金,加强养护管理,确保安全畅通。

第四十三条　省级人民政府交通主管部门可以根据交通部颁布的《公路工程竣(交)工验收办法》和《公路工程质量检验评定标准》,规定具体的农村公路建设项目验收办法与程序。

第六章　法律责任

第四十四条　违反本办法规定,在筹集农村公路建设资金过程中,强制向单位和个人集资,强迫农民出工、备料的,由上一级人民政府交通主管部门或者本级人民政府对责任单位进行通报批评,限期整改;情节严重的,对责任人依法给予行政处分。

第四十五条 违反本办法规定，农村公路建设资金不按时到位或者截留、挤占和挪用建设资金的，由上一级人民政府交通主管部门或者本级人民政府对责任单位进行通报批评，限期整改；情节严重的，停止资金拨付，对责任人依法给予行政处分。

第四十六条 违反本办法规定，擅自降低征地补偿标准，拖欠工程款、征地拆迁款和农民工工资的，由上一级人民政府交通主管部门或者本级人民政府对责任单位进行通报批评，限期整改；情节严重的，对责任人依法给予行政处分。

第四十七条 违反本办法规定，未经验收或者质量鉴定不合格即开放交通的，由上一级人民政府交通主管部门责令停止使用，限期改正。

第四十八条 农村公路建设项目发生质量和安全事故隐瞒不报、谎报或拖延报告期限的，由上一级人民政府交通主管部门对责任单位给予警告，对责任人依法给予行政处分。

第四十九条 农村公路建设项目未依法招标的，依据《中华人民共和国招标投标法》、《公路工程施工招标投标管理办法》等有关规定，对相关责任单位和责任人给予处罚。

第五十条 农村公路建设发生质量违法行为的，依据《建设工程质量管理条例》、《公路建设市场管理办法》、《公路工程质量监督规定》等有关规定对相关责任单位和责任人给予处罚。

第七章 附 则

第五十一条 本办法自2006年3月1日起施行。

公路工程施工监理招标投标管理办法

（交通部令2006年第5号　2006.05.25）

第一章　总　　则

第一条　为规范公路工程施工监理招标投标活动，保证公路工程质量，维护招标投标活动各方当事人合法权益，依据《公路法》和《招标投标法》，制定本办法。

第二条　依法必须进行招标的公路工程施工监理项目，其招标投标活动应当遵守本办法。

本办法所称公路工程施工监理，包括路基路面（含交通安全设施）工程、桥梁工程、隧道工程、机电工程、环境保护配套工程的施工监理以及对施工过程中环境保护和施工安全的监理。

第三条　公路工程施工监理招标投标应当遵循公开、公平、公正和诚实信用的原则。

第四条　交通部负责全国公路工程施工监理招标投标活动的监督管理。

县级以上地方人民政府交通主管部门负责本行政区域内公路工程施工监理招标投标活动的监督管理工作。

交通主管部门可以委托其所属的质量监督机构具体负责施工监理招标投标活动的监督管理工作。

第五条　交通主管部门应当加强对公路工程施工监理招标投标活动全过程的监督管理。

第六条　交通主管部门应当按照《工程建设项目招标投标活动投诉处理办法》和国家有关规定，建立公正、高效的招标投标投诉处理机制。

任何单位和个人认为公路工程施工监理招标投标活动违反法律、法规、规章规定,都有权向招标人提出异议或者依法向交通主管部门投诉。

第七条 交通主管部门应当逐步建立公路工程施工监理企业和人员信用档案体系。

信用档案中应当包括公路工程施工监理企业和人员的基本情况、业绩以及行政处罚记录。

第二章 招 标

第八条 依照本办法进行施工监理招标的公路工程项目,应当具备下列条件:

(一)初步设计文件应当履行审批手续的,已经批准;

(二)建设资金已经落实;

(三)项目法人或者承担项目管理的机构已经依法成立。

第九条 公路工程施工监理招标人,应当是依照本办法规定提出公路工程施工监理招标项目、进行招标的公路工程项目法人或者其他组织。

第十条 招标人可以将整个公路工程项目的施工监理作为一个标一次招标,也可以按不同专业、不同阶段分标段进行招标。

招标人分标段进行施工监理招标的,标段划分应当充分考虑有利于对招标项目实施有效管理和监理企业合理投入等因素。

第十一条 公路工程施工监理招标分为公开招标和邀请招标。

第十二条 公路工程施工监理应当公开招标。

符合下列条件之一的项目,经有审批权的部门批准后,可以进行邀请招标:

(一)技术复杂或者有特殊要求的;

(二)符合条件的潜在投标人数量有限的;

(三)受自然地域环境限制的;

(四)公开招标的费用与工程监理费用相比,所占比例过大的;

(五)法律、法规规定不宜公开招标的。

第十三条 采用公开招标方式的,招标人应当依法在国家指定媒介上发布招标公告,并可以在交通主管部门提供的媒介上同步发布。

第十四条 公路工程施工监理招标的招标人应当对潜在投标人进行资格审查。资格审查方式分为资格预审和资格后审。

资格预审是招标人在发布招标公告后,发出投标邀请书前对潜在投标人的资质、信誉和能力进行的审查。招标人只向通过资格预审的潜在投标人发出投标邀请书和发售招标文件。

资格后审是招标人在收到投标人的投标文件后,对投标人的资质、信誉和能力进行的审查。

第十五条 资格审查方法分为强制性条件审查法和综合评分审查法。

强制性条件审查法是指招标人只对投标人或者潜在投标人的资格条件是否满足招标文件规定的投标资格、信誉要求等强制性条件进行审查,并得出"通过"或者"不通过"的审查结论,不对投标人或潜在投标人的资格条件进行具体量化评分的资格审查方法。

综合评分审查法是指在投标人或者潜在投标人的资格条件满足招标文件规定的最低资格、信誉要求的基础上,招标人对投标人或者潜在投标人的施工监理能力、管理能力、履约情况和施工监理经验等进行量化评分并按照分值进行筛选的资格审查方法。

第十六条 公路工程施工监理招标,应当按照下列程序进行:

(一)招标人确定招标方式。采用邀请招标的,应当履行审批手续。

(二)招标人编制招标文件,并按照项目管理权限报县级以上地方交通主管部门备案;采用资格预审方式的,同时编制投标资格预审文件,预审文件中应当载明提交资格预审申请文件的时间和地点。

（三）发布招标公告。采用资格预审方式的，同时发售投标资格预审文件；采用邀请招标的，招标人直接发出投标邀请，发售招标文件。

（四）采用资格预审方式的，对潜在投标人进行资格审查，并将资格预审结果通知所有参加资格预审的潜在投标人，向通过资格预审的潜在投标人发出投标邀请书和发售招标文件。

（五）必要时组织投标人考察招标项目工程现场，召开标前会议。

（六）接受投标人的投标文件。

（七）公开开标。

（八）采用资格后审方式的，招标人对投标人进行资格审查。

（九）组建评标委员会评标，推荐中标候选人。

（十）确定中标人，将评标报告和评标结果按照项目管理权限报县级以上地方交通主管部门备案并公示。

（十一）招标人发出中标通知书。

（十二）招标人与中标人签订公路工程施工监理合同。

二级以下公路、独立中、小桥及独立中、短隧道的新建、改建以及养护大修工程项目，可根据具体条件和实际需要对上述程序适当简化，但应当符合《招标投标法》的规定。

第十七条 招标人应当根据施工监理招标项目的特点和需要编制招标文件，招标文件应当符合交通部部颁标准《公路工程施工监理规范》中要求强制性执行的规定。

二级及二级以上公路、独立大桥及特大桥、独立长隧道及特长隧道的新建、改建以及养护大修工程项目，其主体工程的施工监理招标文件，应当使用交通部颁布的《公路工程施工监理招标文件范本》，附属设施工程及其他等级的公路工程项目的施工监理招标文件，可以参照交通部颁布的《公路工程施工监理招标文件范本》进行编制，并可适当简化。

第十八条 招标文件应当包括以下主要内容：

（一）投标邀请书；

（二）投标须知（包括工程概况和必要的工程设计图纸，提交投标文件的起止时间、地点和方式，开标的时间和地点等）；

（三）资格审查要求及资格审查文件格式（适用于采用资格后审方式的）；

（四）公路工程施工监理合同条款；

（五）招标项目适用的标准、规范、规程；

（六）对投标监理企业的业务能力、资质等级及交通和办公设施的要求；

（七）根据招标对象是总监理机构还是驻地监理机构，提出对投标人投入现场的监理人员、监理设备的最低要求；

（八）是否接受联合体投标；

（九）各级监理机构的职责分工；

（十）投标文件格式，包括商务文件格式、技术建议书格式、财务建议书格式等；

（十一）评标标准和办法。评标标准应当考虑投标人的业绩或者处罚记录等诚信因素，评标办法应当注重人员素质和技术方案。

第十九条 招标人对重要监理岗位人员的数量、资格条件和备选人员的要求，应当符合《公路工程施工监理规范》的规定。

第二十条 招标人要求投标人提交投标担保的，投标人应当按照要求的金额和形式提交。投标保证金金额一般不得超过5万元人民币。

第二十一条 招标人不得在招标文件中制定限制性条件阻碍或者排斥投标人，不得规定以获得本地区奖项等要求作为评标加分条件或者中标条件。

第二十二条 招标公告、投标邀请书应当载明下列内容：

（一）招标人的名称和地址；

（二）招标项目的名称、技术标准、规模、投资情况、工期、实施地点和时间；

（三）获取招标文件或者资格预审文件的办法、时间和地点；

（四）招标人对投标人或者潜在投标人的资质要求；

（五）招标人认为应当公告或者告知的其他事项。

第二十三条 资格预审文件和招标文件的发售时间不得少于5个工作日。

第二十四条 招标人应当合理确定投标人编制资格预审申请文件和投标文件的时间。

采用资格预审的招标项目，潜在投标人编制资格预审申请文件的时间，自开始发售资格预审文件之日起至提交资格预审申请文件截止之日止，不得少于14日。

投标人编制投标文件的时间，自发售招标文件之日起至提交投标文件截止之日止不得少于20日。

第二十五条 招标人发出的招标文件补遗书至少应当在投标截止日期15日前以书面形式通知所有投标人或者潜在投标人。补遗书应当向招标文件的备案部门补充备案。

第二十六条 招标人应当根据编制成本，合理确定资格预审文件和招标文件的售价。

第三章 投 标

第二十七条 公路工程施工监理投标人是依法取得交通主管部门颁发的监理企业资质，响应招标、参加投标竞争的监理企业。

第二十八条 招标人允许监理企业以联合体方式投标的，联合体应当符合以下要求：

（一）联合体成员可以由两个以上监理企业组成，联合体各方均应当具备承担招标项目的相应能力和招标文件规定的资格条件。由同一专业的监理企业组成的联合体，按照资质等级较低的企业确定资质等级；

（二）联合体各方应当签订共同投标协议，约定各方拟承担的工作和责任，并将共同投标协议连同投标文件一并提交招标人。

联合体各方签订共同投标协议后,只能以一个投标人的身份投标,不得针对同一标段再以各自名义单独投标或者参加其他联合体投标。

第二十九条 投标人应当按照招标文件的要求编制投标文件,并对招标文件提出的实质性要求和条件做出响应。

第三十条 采用本办法规定的技术评分合理标价法和综合评标法的项目,投标文件由商务文件、技术建议书、财务建议书组成。商务文件和技术建议书应当密封于一个信封中,财务建议书密封于另一个信封中。上述两个信封应当再密封于同一信封内,成为一份投标文件。

采用本办法规定的固定标价评分法的项目,投标文件由商务文件、技术建议书组成。商务文件和技术建议书应当密封于一个信封中,成为一份投标文件。

投标文件及任何说明函件应当经投标人盖章,投标文件内的任何有文字页须经其法定代表人或者其授权的代理人签字。

第四章　开标、评标和中标

第三十一条 开标由招标人主持,邀请所有投标人的法定代表人或其授权的代理人参加。

交通主管部门应当对开标过程进行监督。

第三十二条 开标时,由投标人或者其推选的代表检查投标文件的密封情况,也可以由招标人委托的公证机构进行检查并公证;经确认无误后,当众拆封商务文件和技术建议书所在的信封,宣读投标人名称和主要监理人员等内容。

投标文件中财务建议书所在的信封在开标时不予拆封,由交通主管部门妥善保存。在评标委员会完成对投标人的商务文件和技术建议书的评分后,在交通主管部门的监督下,再由评标委员会拆封参与评分的投标人的财务建议书的信封。

第三十三条 开标过程应当记录,并存档备查。

第三十四条 投标人少于3个的,招标人应当重新招标。

第三十五条 招标人设有标底的,标底应当符合有关价格管理规定。标底应当综合考虑项目特点、要求投入的监理人员、配备的监理设备等因素。标底应当在开标时予以公布。

招标人不设标底且不采用固定标价评分法的,招标人可以在规定的范围内设定投标报价上下限。

第三十六条 评标工作由招标人依法组建的评标委员会负责。

对国家和交通部重点公路建设项目,评标委员会的专家应当从交通部设立的监理专家库中随机抽取,或者根据交通部授权从省级交通主管部门设立的监理专家库中随机抽取;其他公路建设项目评标委员会的专家从省级交通主管部门设立的监理专家库中随机抽取。

第三十七条 评标委员会应当按照招标文件确定的评标标准和方法,对投标文件进行评审和比较。未列入招标文件的评标标准和方法,不得作为评标的依据。

第三十八条 评标可以使用固定标价评分法、技术评分合理标价法、综合评标法以及法律、法规允许的其他评标方法。

固定标价评分法,是指由招标人按照价格管理规定确定监理招标标段的公开标价,对投标人的商务文件和技术建议书进行评分,并按照得分由高至低排序,确定得分最高者为中标候选人的方法。

技术评分合理标价法,是指对投标人的商务文件和技术建议书进行评分,并按照得分由高至低排序,确定得分前两名中的投标价较低者为中标候选人的方法。

综合评标法,是指对投标人的商务文件和技术建议书、财务建议书进行评分、排序,确定得分最高者为中标候选人的方法。其中财务建议书的评分权值应当不超过10%。

第三十九条 评标委员会成员应当客观、公正地履行职务,遵守职业道德,对所提出的评审意见承担个人责任。

评标委员会成员及参加评标的有关工作人员不得私下接触投标人,不得收受商业贿赂。

第四十条 评标委员会完成评标后,应当向招标人提交书面评标报告。

评标报告应当包括以下内容:

(一)评标委员会的成员名单;

(二)开标记录情况;

(三)符合要求的投标人情况;

(四)评标采用的标准、评标办法;

(五)投标人排序;

(六)推荐的中标候选人;

(七)需要说明的其他事项。

第四十一条 招标人确定中标人后,应当及时向中标人发出中标通知书,并同时将中标结果告知所有的投标人。

第四十二条 招标人和中标人应当自中标通知书发出之日起30日内订立书面合同。招标人和中标人均不得提出招标文件和投标文件之外的任何其他条件。

招标文件中要求中标人提交履约担保的,中标人应当按要求的金额、时间和形式提交。以保证金形式提交的,金额一般不得超过合同价的5%。

第四十三条 招标人应当在与中标人签订合同后的5个工作日内,向中标人和未中标的投标人退还投标保证金。

第五章 法律责任

第四十四条 违反本办法,由交通主管部门根据各自的职责权限按照《招标投标法》和有关法规、规章及本办法进行处罚。

第四十五条 招标人有下列情形之一的,交通主管部门责令其限期改正,根据情节可以处三万元以下的罚款:

（一）公开招标的项目未在国家指定的媒介发布招标公告的；

（二）应当公开招标而不公开招标的；

（三）不具备招标条件而进行招标的；

（四）资格预审文件及招标文件出售时限、潜在投标人提交资格预审申请文件的时限、投标人提交投标文件的时限少于规定时限的；

（五）在规定时限外接收资格预审申请文件和投标文件的。

第四十六条 评标过程中有下列情形之一的，评标无效，应当依法重新进行评标：

（一）使用招标文件没有确定的评标标准和方法评标的；

（二）评标标准和方法含有倾向或者排斥投标人的内容，妨碍或者限制投标人之间竞争，且影响评标结果的；

（三）应当回避担任评标委员会成员的人员参与评标的；

（四）评标委员会的组建及人员组成不符合法定要求的。

第四十七条 评标委员会成员及参加评标的有关工作人员收受投标人的商业贿赂，向他人透露对投标文件的评审和比较、中标候选人的推荐以及与评标有关的其他情况的，给予警告，没收收受的财物，可以并处3000元以上5万元以下的罚款，对评标委员会成员，如有上述违规行为，则取消其担任评标委员会成员的资格，不得再参加任何依法必须进行招标的项目的评标；构成犯罪的，依法追究刑事责任。

第四十八条 交通主管部门及其所属质量监督机构的工作人员违反本办法规定，在监理招标投标活动的监督管理工作中徇私舞弊、收受商业贿赂、滥用职权或者玩忽职守，构成犯罪的，依法追究刑事责任；不构成犯罪的，依法给予行政处分。

第六章 附 则

第四十九条 国际金融组织或者外国政府贷款、援助资金的公路工程项目，贷款方或者资金提供方对施工监理招标投标的具体条件和程序有不同规定的,可以适用其规定,但不得违背中华人民共和国的社会公众利益。

第五十条 本办法自2006年7月1日起施行。交通部1998年12月28日发布的《公路工程施工监理招标投标管理办法》(交通部令1998年第9号)同时废止。

公路建设监督管理办法

（交通部令2006年第6号　2006.06.08）

第一章　总　　则

第一条　为促进公路事业持续、快速、健康发展，加强公路建设监督管理，维护公路建设市场秩序，根据《中华人民共和国公路法》、《建设工程质量管理条例》和国家有关法律、法规，制定本办法。

第二条　在中华人民共和国境内从事公路建设的单位和人员必须遵守本办法。

本办法所称公路建设是指公路、桥梁、隧道、交通工程及沿线设施和公路渡口的项目建议书、可行性研究、勘察、设计、施工、竣（交）工验收和后评价全过程的活动。

第三条　公路建设监督管理实行统一领导，分级管理。

交通部主管全国公路建设监督管理；县级以上地方人民政府交通主管部门主管本行政区域内公路建设监督管理。

第四条　县级以上人民政府交通主管部门必须依照法律、法规及本办法的规定对公路建设实施监督管理。

有关单位和个人应当接受县级以上人民政府交通主管部门依法进行的公路建设监督检查，并给予支持与配合，不得拒绝或阻碍。

第二章　监督部门的职责与权限

第五条　公路建设监督管理的职责包括：

（一）监督国家有关公路建设工作方针、政策和法律、法规、规章、强制性技术标准的执行；

（二）监督公路建设项目建设程序的履行；

（三）监督公路建设市场秩序；

（四）监督公路工程质量和工程安全；

（五）监督公路建设资金的使用；

（六）指导、检查下级人民政府交通主管部门的监督管理工作；

（七）依法查处公路建设违法行为。

第六条 交通部对全国公路建设项目进行监督管理，依据职责负责国家高速公路网建设项目和交通部确定的其他重点公路建设项目前期工作、施工许可、招标投标、工程质量、工程进度、资金、安全管理的监督和竣工验收工作。

除应当由交通部实施的监督管理职责外，省级人民政府交通主管部门依据职责负责本行政区域内公路建设项目的监督管理，具体负责本行政区域内的国家高速公路网建设项目、交通部和省级人民政府确定的其他重点公路建设项目的监督管理。

设区的市和县级人民政府交通主管部门按照有关规定负责本行政区域内公路建设项目的监督管理。

第七条 县级以上人民政府交通主管部门在履行公路建设监督管理职责时，有权要求：

（一）被检查单位提供有关公路建设的文件和资料；

（二）进入被检查单位的工作现场进行检查；

（三）对发现的工程质量和安全问题以及其他违法行为依法处理。

第三章 建设程序的监督管理

第八条 公路建设应当按照国家规定的建设程序和有关规定进行。

政府投资公路建设项目实行审批制，企业投资公路建设项目实行核准制。县级以上人民政府交通主管部门应当按职责权限审批或核准公路建设项目，不得越权审批、核准项目或擅自简化建设程序。

第九条 政府投资公路建设项目的实施，应当按照下列程序进行：

（一）根据规划，编制项目建议书；

（二）根据批准的项目建议书，进行工程可行性研究，编制可行性研究报告；

（三）根据批准的可行性研究报告，编制初步设计文件；

（四）根据批准的初步设计文件，编制施工图设计文件；

（五）根据批准的施工图设计文件，组织项目招标；

（六）根据国家有关规定，进行征地拆迁等施工前准备工作，并向交通主管部门申报施工许可；

（七）根据批准的项目施工许可，组织项目实施；

（八）项目完工后，编制竣工图表、工程决算和竣工财务决算，办理项目交、竣工验收和财产移交手续；

（九）竣工验收合格后，组织项目后评价。

国务院对政府投资公路建设项目建设程序另有简化规定的，依照其规定执行。

第十条 企业投资公路建设项目的实施，应当按照下列程序进行：

（一）根据规划，编制工程可行性研究报告；

（二）组织投资人招标工作，依法确定投资人；

（三）投资人编制项目申请报告，按规定报项目审批部门核准；

（四）根据核准的项目申请报告，编制初步设计文件，其中涉及公共利益、公众安全、工程建设强制性标准的内容应当按项目隶属关系报交通主管部门审查；

（五）根据初步设计文件编制施工图设计文件；

（六）根据批准的施工图设计文件组织项目招标；

（七）根据国家有关规定，进行征地拆迁等施工前准备工作，并向交通主管部门申报施工许可；

（八）根据批准的项目施工许可，组织项目实施；

（九）项目完工后，编制竣工图表、工程决算和竣工财务决算，办理项目交、竣工验收；

（十）竣工验收合格后，组织项目后评价。

第十一条 县级以上人民政府交通主管部门根据国家有关规定，按照职责权限负责组织公路建设项目的项目建议书、工程可行性研究工作、编制设计文件、经营性项目的投资人招标、竣工验收和项目后评价工作。

公路建设项目的项目建议书、工程可行性研究报告、设计文件、招标文件、项目申请报告等应按照国家颁发的编制办法或有关规定编制，并符合国家规定的工作质量和深度要求。

第十二条 公路建设项目法人应当依法选择勘察、设计、施工、咨询、监理单位，采购与工程建设有关的重要设备、材料，办理施工许可，组织项目实施，组织项目交工验收，准备项目竣工验收和后评价。

第十三条 公路建设项目应当按照国家有关规定实行项目法人责任制度、招标投标制度、工程监理制度和合同管理制度。

第十四条 公路建设项目必须符合公路工程技术标准。施工单位必须按批准的设计文件施工，任何单位和人员不得擅自修改工程设计。

已批准的公路工程设计，原则上不得变更。确需设计变更的，应当按照交通部制定的《公路工程设计变更管理办法》的规定履行审批手续。

第十五条 公路建设项目验收分为交工验收和竣工验收两个阶段。项目法人负责组织对各合同段进行交工验收，并完成项目交工验收报告报交通主管部门备案。交通主管部门在 15 天内没有对备案项目的交工验收报告提出异议，项目法人可开放交通进入试运营期。试运营期不得超过3年。

通车试运营2年后,交通主管部门应组织竣工验收,经竣工验收合格的项目可转为正式运营。对未进行交工验收、交工验收不合格或没有备案的工程开放交通进行试运营的,由交通主管部门责令停止试运营。

公路建设项目验收工作应当符合交通部制定的《公路工程竣(交)工验收办法》的规定。

第四章 建设市场的监督管理

第十六条 县级以上人民政府交通主管部门依据职责,负责对公路建设市场的监督管理,查处建设市场中的违法行为。对经营性公路建设项目投资人、公路建设从业单位和主要从业人员的信用情况应进行记录并及时向社会公布。

第十七条 公路建设市场依法实行准入管理。公路建设项目法人或其委托的项目建设管理单位的项目建设管理机构、主要负责人的技术和管理能力应当满足拟建项目的管理需要,符合交通部有关规定的要求。公路工程勘察、设计、施工、监理、试验检测等从业单位应当依法取得有关部门许可的相应资质后,方可进入公路建设市场。

公路建设市场必须开放,任何单位和个人不得对公路建设市场实行地方保护,不得限制符合市场准入条件的从业单位和从业人员依法进入公路建设市场。

第十八条 公路建设从业单位从事公路建设活动,必须遵守国家有关法律、法规、规章和公路工程技术标准,不得损害社会公共利益和他人合法权益。

第十九条 公路建设项目法人应当承担公路建设相关责任和义务,对建设项目质量、投资和工期负责。

公路建设项目法人必须依法开展招标活动,不得接受投标人低于成本价的投标,不得随意压缩建设工期,禁止指定分包和指定采购。

第二十条 公路建设从业单位应当依法取得公路工程资质证书并按照资质管理有关规定，在其核定的业务范围内承揽工程，禁止无证或越级承揽工程。

公路建设从业单位必须按合同规定履行其义务，禁止转包或违法分包。

第五章 质量与安全的监督管理

第二十一条 县级以上人民政府交通主管部门应当加强对公路建设从业单位的质量与安全生产管理机构的建立、规章制度落实情况的监督检查。

第二十二条 公路建设实行工程质量监督管理制度。公路工程质量监督机构应当根据交通主管部门的委托依法实施工程质量监督，并对监督工作质量负责。

第二十三条 公路建设项目实施过程中，监理单位应当依照法律、法规、规章以及有关技术标准、设计文件、合同文件和监理规范的要求，采用旁站、巡视和平行检验形式对工程实施监理，对不符合工程质量与安全要求的工程应当责令施工单位返工。

未经监理工程师签认，施工单位不得将建筑材料、构件和设备在工程上使用或安装，不得进行下一道工序施工。

第二十四条 公路工程质量监督机构应当具备与质量监督工作相适应的试验检测条件，根据国家有关工程质量的法律、法规、规章和交通部制定的技术标准、规范、规程以及质量检验评定标准等，对工程质量进行监督、检查和鉴定。任何单位和个人不得干预或阻挠质量监督机构的质量鉴定工作。

第二十五条 公路建设从业单位应当对工程质量和安全负责。工程实施中应当加强对职工的教育与培训，按照国家有关规定建立健全质量和安全保证体系，落实质量和安全生产责任制，保证工程质量和工程安全。

第二十六条 公路建设项目发生工程质量事故,项目法人应在24小时内按项目管理隶属关系向交通主管部门报告,工程质量事故同时报公路工程质量监督机构。

省级人民政府交通主管部门或受委托的公路工程质量监督机构负责调查处理一般工程质量事故;交通部会同省级人民政府交通主管部门负责调查处理重大工程质量事故;特别重大工程质量事故和安全事故的调查处理按照国家有关规定办理。

第六章 建设资金的监督管理

第二十七条 对于使用财政性资金安排的公路建设项目,县级以上人民政府交通主管部门必须对公路建设资金的筹集、使用和管理实行全过程监督检查,确保建设资金的安全。

公路建设项目法人必须按照国家有关法律、法规、规章的规定,合理安排和使用公路建设资金。

第二十八条 对于企业投资公路建设项目,县级以上人民政府交通主管部门要依法对资金到位情况、使用情况进行监督检查。

第二十九条 公路建设资金监督管理的主要内容:

(一)是否严格执行建设资金专款专用、专户存储、不准侵占、挪用等有关管理规定;

(二)是否严格执行概预算管理规定,有无将建设资金用于计划外工程;

(三)资金来源是否符合国家有关规定,配套资金是否落实、及时到位;

(四)是否按合同规定拨付工程进度款,有无高估冒算,虚报冒领情况,工程预备费使用是否符合有关规定;

(五)是否在控制额度内按规定使用建设管理费,按规定的比例预留工程质量保证金,有无非法扩大建设成本的问题;

(六)是否按规定编制项目竣工财务决算,办理财产移交手续,形成的资产是否及时登记入账管理;

（七）财会机构是否建立健全，并配备相适应的财会人员。各项原始记录、统计台账、凭证账册、会计核算、财务报告、内部控制制度等基础性工作是否健全、规范。

第三十条 县级以上人民政府交通主管部门对公路建设资金监督管理的主要职责：

（一）制定公路建设资金管理制度；

（二）按规定审核、汇总、编报、批复年度公路建设支出预算、财务决算和竣工财务决算；

（三）合理安排资金，及时调度、拨付和使用公路建设资金；

（四）监督管理建设项目工程概预算、年度投资计划安排与调整、财务决算；

（五）监督检查公路建设项目资金筹集、使用和管理，及时纠正违法问题，对重大问题提出意见报上级交通主管部门；

（六）收集、汇总、报送公路建设资金管理信息，审查、编报公路建设项目投资效益分析报告；

（七）督促项目法人及时编报工程财务决算，做好竣工验收准备工作；

（八）督促项目法人及时按规定办理财产移交手续，规范资产管理。

第七章 社会监督

第三十一条 县级以上人民政府交通主管部门应定期向社会公开发布公路建设市场管理、工程进展、工程质量情况、工程质量和安全事故处理等信息，接受社会监督。

第三十二条 公路建设施工现场实行标示牌管理。标示牌应当标明该项工程的作业内容，项目法人、勘察、设计、施工、监理单位名称和主要负责人姓名，接受社会监督。

第三十三条 公路建设实行工程质量举报制度，任何单位和个人对公路建设中违反国家法律、法规的行为，工程质量事故和质量缺陷都有权向县级以上人民政府交通主管部门或质量监督机构检举和投诉。

第三十四条 县级以上人民政府交通主管部门可聘请社会监督员对公路建设活动和工程质量进行监督。

第三十五条 对举报内容属实的单位和个人,县级以上人民政府交通主管部门可予以表彰或奖励。

第八章 罚 则

第三十六条 违反本办法第四条规定,拒绝或阻碍依法进行公路建设监督检查工作的,责令改正,构成犯罪的,依法追究刑事责任。

第三十七条 违反本办法第八条规定,越权审批、核准或擅自简化基本建设程序的,责令限期补办手续,可给予警告处罚;造成严重后果的,对全部或部分使用财政性资金的项目,可暂停项目执行或暂缓资金拨付,对直接责任人依法给予行政处分。

第三十八条 违反本办法第十二条规定,项目法人将工程发包给不具有相应资质等级的勘察、设计、施工和监理单位的,责令改正,处50万元以上100万元以下的罚款;未按规定办理施工许可擅自施工的,责令停止施工、限期改正,视情节可处工程合同价款1%以上2%以下罚款。

第三十九条 违反本办法第十四条规定,未经批准擅自修改工程设计,责令限期改正,可给予警告处罚;情节严重的,对全部或部分使用财政性资金的项目,可暂停项目执行或暂缓资金拨付。

第四十条 违反本办法第十五条规定,未组织项目交工验收或验收不合格擅自交付使用的,责令改正并停止使用,处工程合同价款2%以上4%以下的罚款;对收费公路项目应当停止收费。

第四十一条 违反本办法第十九条规定,项目法人指定分包和指定采购,随意压缩工期,侵犯他人合法权益的,责令限期改正,可处20万元以上50万元以下的罚款;造成严重后果的,对全部或部分使用财政性资金的项目，可暂停项目执行或暂缓资金拨付。

第四十二条 违反本办法第二十条规定，承包单位弄虚作假、无证或越级承揽工程任务的，责令停止违法行为，对勘察、设计单位或工程监理单位处合同约定的勘察费、设计费或监理酬金1倍以上2倍以下的罚款；对施工单位处工程合同价款2%以上4%以下的罚款，可以责令停业整顿，降低资质等级；情节严重的，吊销资质证书；有违法所得的，予以没收。承包单位转包或违法分包工程的，责令改正，没收违法所得，对勘察、设计、监理单位处合同约定的勘察费、设计费、监理酬金的25%以上50%以下的罚款；对施工单位处工程合同价款0.5%以上1%以下的罚款。

第四十三条 违反本办法第二十二条规定，公路工程质量监督机构不履行公路工程质量监督职责、不承担质量监督责任的，由交通主管部门视情节轻重，责令整改或者给予警告。公路工程质量监督机构工作人员在公路工程质量监督管理工作中玩忽职守、滥用职权、徇私舞弊的，由交通主管部门或者公路工程质量监督机构依法给予行政处分；构成犯罪的，依法追究刑事责任。

第四十四条 违反本办法第二十三条规定，监理单位将不合格的工程、建筑材料、构件和设备按合格予以签认的，责令改正，可给予警告处罚，情节严重的，处50万元以上100万元以下的罚款；施工单位在工程上使用或安装未经监理签认的建筑材料、构件和设备的，责令改正，可给予警告处罚，情节严重的，处工程合同价款2%以上4%以下的罚款。

第四十五条 违反本办法第二十五条规定，公路建设从业单位忽视工程质量和安全管理，造成质量或安全事故的，对项目法人给予警告、限期整改，情节严重的，暂停资金拨付；对勘察、设计、施工和监理等单位视情节轻重给予警告、取消其2年至5年内参加依法必须进行招标项目的投标资格的处罚；对情节严重的监理单位，还可给予责令停业整顿、降低资质等级和吊销资质证书的处罚。

第四十六条 违反本办法第二十六条规定，项目法人对工程质量事故隐瞒不报、谎报或拖延报告期限的，给予警告处罚，对直接责任人依法给予行政处分。

第四十七条 违反本办法第二十九条规定，项目法人侵占、挪用公路建设资金，非法扩大建设成本，责令限期整改，可给予警告处罚；情节严重的，对全部或部分使用财政性资金的项目，可暂停项目执行或暂缓资金拨付，对直接责任人依法给予行政处分。

第四十八条 公路建设从业单位有关人员，具有行贿、索贿、受贿行为，损害国家、单位合法权益，构成犯罪的，依法追究刑事责任。

第四十九条 政府交通主管部门工作人员玩忽职守、滥用职权、徇私舞弊的，依法给予行政处分；构成犯罪的，依法追究刑事责任。

第九章 附 则

第五十条 本办法由交通部负责解释。

第五十一条 本办法自 2006 年 8 月 1 日起施行。交通部 2000 年 8 月 28 日公布的《公路建设监督管理办法》（交通部令 2000 年第 8 号）同时废止。

公路工程施工招标投标管理办法

（交通部令2006年第7号　2006.06.23）

第一章　总　　则

第一条　为规范公路工程施工招标投标活动，保证公路工程施工质量，维护招标投标活动各方当事人合法权益，依据《公路法》、《招标投标法》，制定本办法。

第二条　在中华人民共和国境内进行公路工程施工招标投标活动，适用本办法。

本办法所称公路工程，包括公路、公路桥梁、公路隧道及与之相关的安全设施、防护设施、监控设施、通信设施、收费设施、绿化设施、服务设施、管理设施等公路附属设施的新建、改建与安装工程。

第三条　下列公路工程施工项目必须进行招标，但涉及国家安全、国家秘密、抢险救灾或者利用扶贫资金实行以工代赈等不适宜进行招标的项目除外：

（一）投资总额在3000万元人民币以上的公路工程施工项目；

（二）施工单项合同估算价在200万元人民币以上的公路工程施工项目；

（三）法律、行政法规规定应当招标的其他公路工程施工项目。

第四条　公路工程施工招标投标活动应当遵循公开、公平、公正和诚信的原则。

第五条　依法必须进行招标的公路工程施工项目，其招标投标活动不受地区或者部门的限制,任何具备从事公路建设规定条件的企业法人都可以参加投标。

任何组织和个人不得以任何方式非法干预公路工程施工招标投标活动。

第六条 交通部依法负责全国公路工程施工招标投标活动的监督管理。

县级以上地方人民政府交通主管部门按照各自职责依法负责本行政区域内公路工程施工招标投标活动的监督管理。

第二章 招 标

第七条 公路工程施工招标的项目应当具备下列条件:

(一)初步设计文件已被批准;

(二)建设资金已经落实;

(三)项目法人已经确定,并符合项目法人资格标准要求。

第八条 公路工程施工招标的招标人,应当是依照本办法规定提出公路工程施工招标项目、进行公路工程施工招标的项目法人。

第九条 具备下列条件的招标人,可以自行办理招标事宜:

(一)具有与招标项目相适应的工程管理、造价管理、财务管理能力;

(二)具有组织编制公路工程施工招标文件的能力;

(三)具有对投标人进行资格审查和组织评标的能力。

招标人不具备本条前款规定条件的,应当委托具有相应资格的招标代理机构办理公路工程施工招标事宜。

任何组织和个人不得为招标人指定招标代理机构。

第十条 公路工程施工招标分为公开招标和邀请招标。

采用公开招标的,招标人应当通过国家指定的报刊、信息网络或者其他媒体发布招标公告,邀请具备相应资格的不特定的法人投标。

采用邀请招标的，招标人应当以发送投标邀请书的方式，邀请三家以上具备相应资格的特定的法人投标。

第十一条 公路工程施工招标应当实行公开招标，法律、行政法规和本办法另有规定的除外。

符合下列条件之一，不适宜公开招标的，依法履行审批手续后，可以进行邀请招标：

（一）项目技术复杂或有特殊技术要求，且符合条件的潜在投标人数量有限的；

（二）受自然地域环境限制的；

（三）公开招标的费用与工程费用相比，所占比例过大的。

第十二条 公路工程施工招标，可以对整个建设项目分标段一次招标，也可以根据不同专业、不同实施阶段分别进行招标，但不得将招标工程化整为零或者以其他任何方式规避招标。

第十三条 公路工程施工招标标段，应当按照有利于对项目实施管理和规模化施工的原则，合理划分。

施工工期应当按照批复的初步设计建设工期，结合项目实际情况，合理确定。

第十四条 公路工程施工招标，应当按下列程序进行：

（一）确定招标方式。采用邀请招标的，应当按照国家规定报有关主管部门审批；

（二）编制投标资格预审文件和招标文件。招标文件按照本办法规定备案；

（三）发布招标公告，发售投标资格预审文件；采用邀请招标的，可直接发出投标邀请书，发售招标文件；

（四）对潜在投标人进行资格审查；

（五）向资格预审合格的潜在投标人发出投标邀请书和发售招标文件；

（六）组织潜在投标人考察招标项目工程现场，召开标前会；

（七）接受投标人的投标文件，公开开标；

（八）组建评标委员会评标，推荐中标候选人；

（九）确定中标人。评标报告和评标结果按照本办法规定备案并公示；

（十）发出中标通知书；

（十一）与中标人订立公路工程施工合同。

第十五条 公路工程施工招标投标应当对潜在投标人进行资格审查。

公路工程施工采用公开招标的，招标公告发布后，招标人应当根据潜在投标人提交的资格预审申请文件，对潜在投标人的资格进行审查。招标人只向资格预审合格的潜在投标人发售招标文件。

公路工程施工采用邀请招标的，投标邀请书发出后，招标人应当根据投标人提交的投标文件，对投标人的资格进行审查。

公路工程施工招标资格预审办法由交通部另行制定。

第十六条 招标人审查潜在投标人的资格，应当严格按照资格预审的规定进行，不得采用抽签、摇号等博彩性方式进行资格审查。

第十七条 招标人应当根据招标项目的特点和需要，编制招标文件。

二级及以上公路和大型桥梁、隧道工程的主体工程施工招标文件，应当按照交通部颁布的《公路工程国内招标文件范本》的格式和要求编制。

本条前款规定以外的其他公路工程和公路附属设施工程的施工招标文件，可参照《公路工程国内招标文件范本》的格式和内容编制，并可根据实际需要适当简化。

第十八条 招标文件中关于投标人的资质要求，应当符合法律、行政法规的规定。

招标人不得在招标文件中制定限制性条件阻碍或者排斥投标人，不得规定以获得本地区奖项等要求作为评标加分条件或者中标条件。

第十九条 招标文件应当载明以下主要内容：

（一）投标邀请书；

（二）投标人须知；

（三）公路工程施工合同条款；

（四）招标项目适用的技术规范；

（五）施工图设计文件；

（六）投标文件格式，包括投标书格式及投标书附录格式、投标书附表格式、工程量清单格式、投标担保文件格式、合同格式等。

投标人须知应当载明以下主要内容：

（一）评标标准和方法；

（二）工期要求；

（三）提交投标文件的起止时间、地点和方式；

（四）开标的时间和地点。

招标公告、投标邀请书应当载明下列内容：

（一）招标人的名称和地址；

（二）招标项目的名称、技术标准、规模、投资情况、工期、实施地点和时间；

（三）获取资格预审文件或者招标文件的办法、时间和地点；

（四）对潜在投标人的资质要求；

（五）招标人认为应当公告或者告知的其他事项。

第二十条 招标人应当按照招标公告或者投标邀请书规定的时间、地点出售资格预审文件和招标文件。资格预审文件和招标文件的发售时间不得少于5个工作日。

第二十一条 招标人应当合理确定资格预审申请文件和投标文件的编制时间。

编制资格预审申请文件的时间，自开始发售资格预审文件之日起至潜在投标人提交资格预审申请文件截止时间止，不得少于14日。

编制投标文件的时间，自招标文件开始发售之日起至投标人提交投标文件截止时间止，高速公路、一级公路、技术复杂的特大桥梁、特长隧道不得少于28日，其他公路工程不得少于20日。

第二十二条 国道主干线和国家高速公路网建设项目的工程施工招标文件应当报交通部备案，其他公路建设项目的工程施工招标文件应当按照项目管理权限报县级以上地方人民政府交通主管部门备案。

交通主管部门发现招标文件存在不符合法律、法规及规章规定内容的，应当在收到备案文件后的 7 日内，提出处理意见，及时行使监督检查职责。

第二十三条 招标人如需对已出售的招标文件进行必要的澄清或修改，应当在投标截止日期 15 日前以书面形式通知所有招标文件收受人，并应当按照第二十二条的规定备案。

对招标文件澄清或者修改的内容为招标文件的组成部分。

第二十四条 招标人设定标底的，可自行编制标底或者委托具备相应资格的单位编制标底。

标底编制应当符合国家有关工程造价管理的规定，并应当控制在批准的概算以内。

招标人应当采取措施，在开标前做好标底的保密工作。

第二十五条 国道主干线和国家高速公路网建设项目的资格预审结果报交通部备案，其他公路建设项目的资格预审结果按照项目管理权限报县级以上地方人民政府交通主管部门备案。

第三章　投　　标

第二十六条 公路工程施工招标的投标人是响应招标、参加投标竞争的公路工程施工单位。

投标人应当具备招标文件规定的资格条件，具有承担所投标项目的相应能力。

第二十七条 两个以上施工单位可以组成联合体参加公路工程施工投标。联合体各成员单位都应当具备招标文件规定的相应资质条件。由同一专业施工单位组成的联合体，按照资质等级较低的单位确定资质等级。

以联合体形式参加公路工程施工投标的单位，应当在资格预审申请文件中注明，并提交联合体各成员单位共同签订的联合体协议。

联合体协议应当明确主办人及成员单位各自的权利和义务。

第二十八条 投标人应当按照招标文件的要求，按时参加招标人主持召开的标前会并勘察现场。

第二十九条 投标人应当按照招标文件的要求编制投标文件，并对招标文件提出的实质性要求和条件作出响应。

第三十条 投标人根据招标文件载明的项目实际情况，拟在中标后将中标项目的部分非关键性工作进行分包的，应当向招标人提交分包计划，并在投标文件中载明。分包单位的资质应当与其承担的工程规模标准相适应。

第三十一条 投标文件中投标书及投标书附录、投标报价部分应当由投标人的法定代表人或其授权的代理人签字，并加盖投标人印章，其他部分应当按照招标文件的要求签署。

投标文件应当由投标人密封，并按照招标文件规定的时间、地点和方式送达招标人。

第三十二条 投标文件按照要求送达后，在招标文件规定的投标截止时间前，投标人如需撤回或者修改投标文件，应当以正式函件提出并作出说明。

修改投标文件的函件是投标文件的组成部分，其形式要求、密封方式、送达时间，适用对投标文件的规定。

第三十三条 招标人对投标人按时送达并符合密封要求的投标文件，应当签收，并妥善保存。

招标人不得接受未按照要求密封的投标文件及投标截止时间后送达的投标文件。

第三十四条 投标人参加投标，不得弄虚作假，不得与其他投标人互相串通投标，不得采取贿赂以及其他不正当手段谋取中标，不得妨碍其他投标人投标。

第四章　开标、评标和中标

第三十五条　开标时间应当与招标文件中确定的提交投标文件截止时间一致。

开标地点应当是招标文件中预先确定的地点，不得随意变更。

第三十六条　开标应当公开进行。

开标由招标人主持，邀请交通主管部门和所有投标人的法定代表人或其授权的代理人参加。

第三十七条　开标时，由投标人或者其推选的代表检查投标文件的密封情况，也可以由招标人委托的公证机构检查并予以公证。

投标文件的密封情况经确认无误后，招标人应当当众拆封，并宣读投标人名称、投标价格和投标文件的其他主要内容。

招标人设有标底的，应当同时公布标底。

第三十八条　招标人应当记录开标过程，并存档备查。

第三十九条　评标由招标人依法组建的评标委员会负责。

评标委员会由招标人的代表和技术、经济专家组成。评标委员会委员人数为 5 人以上单数，其中专家人数不得少于成员总数的三分之二。

第四十条　国道主干线和国家高速公路网建设项目，评标委员会专家从交通部设立的评标专家库中随机抽取，其他公路建设项目的评标委员会专家从省级人民政府交通主管部门设立的评标专家库中随机抽取。

与投标人有利害关系的人员不得进入相关招标项目的评标委员会。

第四十一条　评标委员会成员名单在中标结果确定前应当保密。

第四十二条　评标委员会成员应当客观、公正地履行职责，遵守职业道德，对所提出的评审意见承担责任。

评标委员会成员不得私下接触投标人,不得收受贿赂或者投标人的其他好处,不得透露对投标文件的评审、中标候选人的推荐情况以及与评标有关的其他情况。评标委员会成员存在违规行为的,一经查实,取消其评标委员会成员资格,并不得再参加任何依法必须进行招标的项目的评标。

任何单位和个人不得非法干预、影响评标过程和结果。

第四十三条 评标委员会可以要求投标人对投标文件中含义不明确的内容作出必要的澄清或者说明,但是澄清或者说明不得超出或者改变投标文件的实质性内容。

第四十四条 公路工程施工招标的评标方法可以使用合理低价法、最低评标价法、综合评估法和双信封评标法以及法律、法规允许的其他评标方法。

合理低价法,是指对通过初步评审和详细评审的投标人,不对其施工组织设计、财务能力、技术能力、业绩及信誉进行评分,而是按招标文件规定的方法对评标价进行评分,并按照得分由高到低的顺序排列,推荐前3名投标人为中标候选人的评标方法。

最低评标价法,是指按由低到高顺序对评标价不低于成本价的投标文件进行初步评审和详细评审,推荐通过初步评审和详细评审且评标价最低的前3名投标人为中标候选人的评标方法。

综合评估法,是指对所有通过初步评审和详细评审的投标人的评标价、财务能力、技术能力、管理水平以及业绩与信誉进行综合评分,按综合评分由高到低排序,并推荐前3名投标人为中标候选人的评标方法。

双信封评标法,是指投标人将投标报价和工程量清单单独密封在一个报价信封中,其他商务和技术文件密封在另外一个信封中,分两次开标的评标方法。第一次开商务和技术文件信封,对商务和技术文件进行初步评审和详细评审,确定通过商务和技术评审的投标人名单。第二次再开通过商务和技术评审投标人的投标报价和工程量清单信封,当场宣读其报价,再按照招标文件规定的评标办法进行评标,推荐中标候选人。对未通过商务和技术评审的投标人,其报价信封将不予开封,当场退还给投标人。

公路工程施工招标评标,一般应当使用合理低价法。使用世界银行、亚洲开发银行等国际金融组织贷款的项目和工程规模较小、技术含量较低的工程,可使用最低评标价法。

第四十五条 评标委员会应当按照招标文件确定的评标标准和方法,对投标文件进行评审和比较。

招标文件中没有规定的标准和方法,不得作为评标的依据。

第四十六条 评标委员会完成评标工作后,应当向招标人提出书面评标报告。评标报告应当由所有评标委员会委员签字。

评标报告应当载明以下内容:

(一)评标委员会的成员名单;

(二)开标记录情况;

(三)评标采用的标准和方法;

(四)对投标人的评价;

(五)符合要求的投标人情况;

(六)推荐的中标候选人;

(七)需要说明的其他事项。

第四十七条 评标委员会推荐的中标候选人应当限定在一至三人,并标明排列顺序。

招标人应当根据评标委员会提出的书面评标报告确定排名第一的中标候选人为中标人。排名第一的中标候选人放弃中标、因不可抗力不能履行合同,或者在招标文件规定的期限内未能提交履约担保的,招标人可以确定排名第二的中标候选人为中标人。

排名第二的中标候选人因前款规定的原因也不能签定合同的,招标人可以确定排名第三的中标候选人为中标人。

招标人可以授权评标委员会直接确定中标人。

第四十八条 招标人应当将评标结果在招标项目所在地省级交通主管部门政府网站上公示,接受社会监督。公示时间不少于7日。

第四十九条 属于下列情况之一的,应当作为废标处理:

（一）投标文件未经法定代表人或者其授权代理人签字，或者未加盖投标人公章；

（二）投标文件字迹潦草、模糊，无法辨认；

（三）投标人对同一标段提交两份以上内容不同的投标文件，未书面声明其中哪一份有效；

（四）投标人在招标文件未要求选择性报价时，对同一个标段，有两个或两个以上的报价；

（五）投标人承诺的施工工期超过招标文件规定的期限或者对合同的重要条款有保留；

（六）投标人未按招标文件要求提交投标保证金；

（七）投标文件不符合招标文件实质性要求的其他情形。

第五十条 有下列情形之一的，招标人应当依照本办法重新招标：

（一）少于3个投标人的；

（二）经评标委员会评审，所有投标均不符合招标文件要求的；

（三）由于招标人、招标代理人或投标人的违法行为，导致中标无效的；

（四）中标人均未与招标人签订公路工程施工合同的。

重新招标的，招标文件、资格预审结果和评标报告应当按照本办法的规定重新报交通主管部门备案，招标文件未作修改的可以不再备案。

第五十一条 招标人确定中标人后，应当向中标人发出中标通知书，并同时将中标结果通知所有未中标的投标人。

第五十二条 招标人应当自确定中标人之日起15日内，将评标报告向第二十二条规定的备案机关进行备案。

第五十三条 招标人和中标人应当自中标通知书发出之日起30日内订立书面公路工程施工合同。

公路工程施工合同应当按照招标文件、中标人的投标文件、中标通知书订立。

招标人和中标人不得再行订立背离合同实质性内容的其他协议。

第五十四条 招标人应当自订立公路工程施工合同之日起5个工作日内,向中标人和未中标的投标人退还投标保证金。由于中标人自身原因放弃中标,招标文件约定放弃中标不予返还投标保证金的,中标人无权要求返还投标保证金。

第五章 附 则

第五十五条 违反本办法及《招标投标法》的行为,依法承担相应的法律责任。

第五十六条 使用国际金融组织或者外国政府贷款的公路工程施工招标,贷款方或者资金提供方对施工招标投标的具体条件和程序有特殊规定的,可以适用其规定,但不得违背中华人民共和国的社会公共利益。交通部对其有另行规定的,适用其规定。

第五十七条 本办法自2006年8月1日起施行,交通部2002年6月6日发布的《公路工程施工招标投标管理办法》同时废止。

公路水运工程安全生产监督管理办法

（交通部令2007年第1号　2007.02.14）

第一章　总　则

第一条　为加强公路水运工程安全生产监督管理工作，保障人身及财产安全，根据《中华人民共和国安全生产法》、《建设工程安全生产管理条例》、《安全生产许可证条例》，制定本办法。

第二条　公路水运工程建设活动的安全生产行为及对其实施监督管理，应当遵守本办法。

第三条　本办法所称公路水运工程，是指列入国家和地方基本建设计划的公路、水运基础设施新建、改建、扩建以及拆除、加固等建设项目。

本办法所称从业单位，是指从事公路水运工程建设、勘察、设计、监理、施工、检验检测、安全评价等工作的单位。

第四条　公路水运工程安全生产监督管理应当坚持安全第一、预防为主、综合治理的方针。

第五条　公路水运工程安全生产监督管理实行统一监管、分级负责。

交通部负责全国公路水运工程安全生产的监督管理工作。

县级以上地方人民政府交通主管部门负责本行政区域内的公路水运工程安全生产监督管理工作，但长江干流航道工程安全生产监督管理工作由交通部设在长江干流的航务管理机构负责。

交通部和县级以上地方人民政府交通主管部门，可以委托其设置的安全监督机构负责具体工作，法律、行政法规规定不能委托的事项除外。

依照本条规定承担公路水运工程安全生产监督管理职能的部门或者机构，统称为公路水运工程安全生产监督管理部门。

第六条 公路水运工程安全生产监督管理部门的主要职责：

（一）宣传、贯彻、执行有关安全生产的法律、法规，按照法定权限制定公路水运工程安全生产管理规章和技术标准；

（二）依法对公路水运工程从业单位安全生产条件实施监督管理，组织施工单位的主要负责人、项目负责人、专职安全生产管理人员的考核管理工作；

（三）建立公路水运工程安全生产应急管理机制，制定重大生产安全事故应急预案；

（四）建立公路水运工程从业单位安全生产信用体系，作为交通行业信用体系建设的一部分，对从业单位和人员实施安全生产动态管理；

（五）受理公路水运工程安全生产方面的举报和投诉，依法对公路水运工程安全生产实施监督检查和相应的行政处罚；

（六）依法组织或者参与调查处理生产安全事故，按照职责权限对公路水运工程生产安全事故进行统计分析，发布公路水运工程安全生产动态信息。省级交通主管部门负责向交通部和国务院其他有关部门报送事故信息；

（七）指导下级交通主管部门开展公路水运工程安全生产监督管理工作；

（八）组织公路水运工程安全生产技术研究和先进技术推广应用；

（九）开展公路水运工程安全生产经验交流，普及安全生产知识；

（十）法律、法规规定的其他职责。

第二章 安全生产条件

第七条 从业单位从事公路水运工程建设活动，应当具备法律、行政法规规定的安全生产条件。任何单位和个人不得降低安全生产条件。

第八条 施工单位应当取得安全生产许可证,施工单位的主要负责人、项目负责人、专项安全生产管理人员(以下简称安全生产三类人员)必须取得考核合格证书,方可参加公路水运工程投标及施工。

施工单位主要负责人,是指对本企业日常生产经营活动和安全生产工作全面负责、有生产经营决策权的人员,包括企业法定代表人、企业安全生产工作的负责人等。

项目负责人,是指由企业法定代表人授权,负责公路水运工程项目施工管理的负责人。包括项目经理、项目副经理和项目总工。

专职安全生产管理人员,是指在企业专职从事安全生产管理工作的人员,包括企业安全生产管理机构的负责人及其工作人员和施工现场专职安全员。

第九条 交通部负责组织公路水运工程一级及以上资质施工单位安全生产三类人员的考核发证工作。

省级交通主管部门负责组织公路水运工程二级及以下资质施工单位安全生产三类人员的考核发证工作。

第十条 施工单位安全生产三类人员考核分为安全生产知识考试和安全管理能力考核两部分。考核合格的,由交通部或省级交通主管部门颁发《安全生产考核合格证书》。

第十一条 施工单位的垂直运输机械作业人员、施工船舶作业人员、爆破作业人员、安装拆卸工、起重信号工、电工、焊工等国家规定的特种作业人员,必须按照国家规定经过专门的安全作业培训,并取得特种作业操作资格证书后,方可上岗作业。

第十二条 施工单位在工程中使用施工起重机械和整体提升式脚手架、滑模爬模、架桥机等自行式架设设施前,应当组织有关单位进行验收,或者委托具有相应资质的检验检测机构进行验收,使用承租的机械设备和施工机具及配件的,由承租单位、出租单位和安装单位共同进行验收,验收合格的方可使用。验收合格后

30日内,应向当地交通主管部门登记。

第十三条 从业单位应当对从业人员进行安全生产教育和培训,保证从业人员具备必要的安全生产知识,熟悉有关的安全生产规章制度和安全操作规程,掌握本岗位的安全操作技能。未经安全生产教育和培训合格的从业人员,不得上岗作业。

第三章 安全责任

第十四条 建设单位在编制工程招标文件时,应当确定公路水运工程项目安全作业环境及安全施工措施所需的安全生产费用。

安全生产费用由建设单位根据监理工程师对工程安全生产情况的签字确认进行支付。

第十五条 建设单位在公路水运工程施工招标文件中应当按照法律、法规的规定对施工单位的安全生产条件、安全生产信用情况、安全生产的保障措施等提出明确要求。

建设单位不得对咨询、勘察、设计、监理、施工、设备租赁、材料供应、检测等单位提出不符合工程安全生产法律、法规和工程建设强制性标准规定的要求。不得随意压缩合同规定的工期。

第十六条 勘察单位应当按照法律、法规和工程建设强制性标准进行勘察,重视地质环境对安全的影响,提交的勘察文件应当真实、准确,满足公路水运工程安全生产的需要。

勘察单位应当对有可能引发公路水运工程安全隐患的地质灾害提出防治建议。

勘察单位及勘察人员对勘察结论负责。

第十七条 设计单位应当按照法律、法规和工程建设强制性标准进行设计,防止因设计不合理导致安全生产隐患或者生产安全事故的发生。

采用新结构、新材料、新工艺的工程和特殊结构的工程,设计单位应当在设计文件中提出保障施工作业人员安全和预防生产安全事故的措施建议。

设计单位和设计人员应当对其设计负责。

第十八条 监理单位应当按照法律、法规和工程建设强制性标准进行监理,对工程安全生产承担监理责任。应当编制安全生产监理计划,明确监理人员的岗位职责、监理内容和方法等。对危险性较大的工程作业应当加强巡视检查。

监理单位应当审查施工组织设计中的安全技术措施或者专项施工方案是否符合工程建设强制性标准。监理单位在实施监理过程中,发现存在安全事故隐患的,应当要求施工单位整改,必要时,可下达施工暂停指令并向建设单位和有关部门报告。

监理单位应当填报安全监理日志和监理月报。

第十九条 为公路水运工程提供施工机械设备、设施和产品的单位,应确保配备齐全有效的保险、限位等安全装置,提供有关安全操作的说明,保证其提供的机械设备和设施等产品的质量和安全性能达到国家有关标准。所提供的机械设备、设施和产品应当具有生产(制造)许可证、产品合格证或者法定检验检测合格证明。对于尚无相关国家标准或者行业标准的设备和设施,应当保障其质量和安全性能。

第二十条 施工单位应当对施工安全生产承担责任。

施工单位主要负责人依法对本单位的安全生产工作全面负责。施工单位应当建立健全安全生产责任制度和安全生产教育培训制度及安全生产技术交底制度,制定安全生产规章制度和操作规程,保证本单位安全生产条件所需资金的投入,对所承担的公路水运工程进行定期和专项安全检查,并做好安全检查记录。

施工单位的项目负责人依法对项目的安全施工负责,落实安全生产各项制度,确保安全生产费用的有效使用,并根据工程特点组织制定安全施工措施,消除安全事故隐患,及时、如实报告生产安全事故。

本条所称安全生产技术交底制度,是指公路水运工程每项工程实施前,施工单位负责项目管理的技术人员对有关安全施工的技术要求向施工作业班组、作业人员详细说明,并由双方签字确认的制度。

第二十一条 施工单位应当设立安全生产管理机构,配备专职安全生产管理人员。施工现场应当按照每5000万元施工合同额配备一名的比例配备专职安全生产管理人员,不足5000万元的至少配备一名。

专职安全生产管理人员负责对安全生产进行现场监督检查,并做好检查记录,发现生产安全事故隐患,应当及时向项目负责人和安全生产管理机构报告;对违章指挥、违章操作和违反劳动纪律的,应当立即制止。

第二十二条 施工单位在工程报价中应当包含安全生产费用,一般不得低于投标价的1%,且不得作为竞争性报价。

安全生产费用,应当用于施工安全防护用具及设施的采购和更新、安全施工措施的落实、安全生产条件的改善,不得挪作他用。

第二十三条 施工单位应当在施工组织设计中编制安全技术措施和施工现场临时用电方案,对下列危险性较大的工程应当编制专项施工方案,并附安全验算结果,经施工单位技术负责人、监理工程师审查同意签字后实施,由专职安全生产管理人员进行现场监督:

(一)不良地质条件下有潜在危险性的土方、石方开挖;

(二)滑坡和高边坡处理;

(三)桩基础、挡墙基础、深水基础及围堰工程;

(四)桥梁工程中的梁、拱、柱等构件施工等;

(五)隧道工程中的不良地质隧道、高瓦斯隧道、水底海底隧道等;

(六)水上工程中的打桩船作业、施工船作业、外海孤岛作业、边通航边施工作业等;

(七)水下工程中的水下焊接、混凝土浇注、爆破工程等;

(八)爆破工程;

(九)大型临时工程中的大型支架、模板、便桥的架设与拆除;

桥梁、码头的加固与拆除；

（十）其他危险性较大的工程。

必要时，施工单位对前款所列工程的专项施工方案，还应当组织专家进行论证、审查。

第二十四条 施工单位应当在施工现场出入口或者沿线各交叉口、施工起重机械、拌和场、临时用电设施、爆破物及有害危险气体和液体存放处以及孔洞口、隧道口、基坑边沿、脚手架、码头边沿、桥梁边沿等危险部位，设置明显的安全警示标志或者必要的安全防护设施。

施工单位应当根据不同施工阶段和周围环境及季节、气候的变化，在施工现场采取相应的安全施工措施。施工现场暂时停止施工的，施工单位应当做好现场防护。因施工单位安全生产隐患原因造成工程停工的，所需费用由施工单位承担，其他原因按照合同约定执行。

第二十五条 施工单位应当将施工现场的办公、生活区与作业区分开设置，并保持安全距离；办公、生活区的选址应当符合安全性要求。职工的膳食、饮水、休息场所、医疗救助设施等应当符合卫生标准。

施工现场临时搭建的建筑物应当符合安全使用要求。施工现场使用的装配式活动房屋应当具有生产（制造）许可证、产品合格证。

第二十六条 施工单位应当在施工现场建立消防安全责任制度，确定消防安全责任人，制定用火、用电、使用易燃易爆材料等各项消防管理制度和操作规程，设置消防通道，配备相应的消防设施和灭火器材。

第二十七条 施工单位应当向作业人员提供必需的安全防护用具和安全防护服装，书面告知危险岗位的操作规程并确保其熟悉和掌握有关内容和违章操作的危害。

作业人员有权对施工现场的作业条件、作业程序和作业方式中存在的安全问题提出批评、检举和控告，有权拒绝违章指挥和强令冒险作业。

在施工中发生可能危及人身安全的紧急情况时，作业人员有权立即停止作业或者在采取必要的应急措施后撤离危险区域。

第二十八条 作业人员应当遵守安全施工的工程建设强制性标准、规章制度，正确使用安全防护用具、机械设备等。

第二十九条 施工单位采购、租赁的安全防护用具、机械设备、施工机具及配件，应当具有生产（制造）许可证、产品合格证，并在进入施工现场前由专职安全管理人员进行查验。

施工现场的安全防护用具、机械设备、施工机具及配件必须由专人管理，定期进行检查、维修和保养，建立相应的资料档案，并按照国家有关规定及时报废。

第三十条 施工单位应当对管理人员和作业人员进行每年不少于两次的安全生产教育培训，其教育培训情况记入个人工作档案。

施工单位在采用新技术、新工艺、新设备、新材料时，应当对作业人员进行相应的安全生产教育培训。

新进人员和作业人员进入新的施工现场或者转入新的岗位前，施工单位应当对其进行安全生产培训考核。

未经安全生产教育培训考核或者培训考核不合格的人员，不得上岗作业。

第三十一条 施工单位应当为施工现场的人员办理意外伤害保险，意外伤害保险费应由施工单位支付。实行施工总承包的，由总承包单位支付意外伤害保险费。

第三十二条 建设工程实行施工总承包的，由总承包单位对施工现场的安全生产负总责。总承包单位依法将建设工程分包给其他单位的，分包合同中应当明确各自的安全生产方面的权利、义务。总承包单位对分包工程的安全生产承担连带责任。

分包单位应当服从总承包单位的安全生产管理，分包单位不服从管理导致生产安全事故的，由分包单位承担主要责任。

第三十三条 建设单位、施工单位应当针对本工程项目特点制定生产安全事故应急预案,定期组织演练。发生生产安全事故,施工单位应当立即向建设单位、监理单位和事故发生地的公路水运工程安全生产监督管理部门以及地方安全监督部门报告。建设单位、施工单位应当立即启动事故应急预案,组织力量抢救,保护好事故现场。

第四章 监督检查

第三十四条 公路水运工程安全生产监督管理部门在职责范围内履行安全生产监督检查职责时,有权采取下列措施:

(一)要求被检查单位提供有关安全生产的文件和资料;

(二)进入被检查单位施工现场进行检查;

(三)纠正施工中违反安全生产要求的行为,依法实施行政处罚。

第三十五条 公路水运工程安全生产监督管理部门对从业单位安全生产监督检查的内容主要有:

(一)从业单位安全生产条件的符合情况;

(二)施工单位安全生产三类人员和特种作业人员具备上岗资格情况;

(三)从业单位执行安全生产法律、法规、规章和工程建设强制性标准的情况;

(四)从业单位对安全生产管理制度、安全责任制度和各项应急预案的建立和落实情况;

(五)安全生产管理机构或者专职安全生产管理人员的设置和履行职责情况;

(六)员工的安全教育培训情况;

(七)其他应当监督检查的情况。

第三十六条 公路水运工程安全生产监督管理部门应当对公路水运工程下列施工现场的安全生产情况进行监督检查:

(一)现场驻地;

（二）施工作业点（面）；

（三）危险品存放地；

（四）预制厂、半成品加工厂；

（五）非标施工设备组装厂。

公路水运工程安全生产监督管理部门对易发生生产安全事故的危险工程及施工作业环节应当进行重点监督检查。

第三十七条 公路水运工程安全生产监督管理部门对监督检查中发现的安全问题，应当作出如下处理：

（一）从业单位存在安全管理问题需要整改的，以书面方式通知存在问题单位限期整改；

（二）从业单位存在严重安全事故隐患的，责令立即排除；

（三）重大安全事故隐患在排除前或者在排除过程中无法保证安全的，责令其从危险区域内撤出作业人员或者暂时停止施工；

（四）建设单位违反安全管理规定造成重大生产安全事故的，对全部或者部分使用国有资金的建设项目，暂停资金拨付；

（五）建设单位未列建设工程安全生产费用的，责令其限期改正并不得办理监督手续；逾期未改正的，责令该建设工程停止施工并通报批评。

被检查单位应当立即落实处理决定，并将整改结果书面报检查单位。责令停工的，应当经复查合格后，方可复工。

第三十八条 公路水运工程安全生产监督管理部门应当建立从业单位信用档案，并将监督检查情况和处理结果及时登录在安全生产信用管理系统中。

第三十九条 从业单位整改不力，多次整改仍然存在安全问题的，公路水运工程安全生产监督管理部门将其列入安全监督检查重点名单，登录在安全生产信用管理系统中，并向有关部门通报。

对存在重大安全事故隐患但拒绝整改或者整改效果不明显或者发生重特大安全事故等不再具备安全生产条件的，公路水运工程安全生产监督管理部门应当向安全生产许可证颁发部门通报，建议暂扣或者吊销安全生产许可证，同时向有关资质证书颁发部门建议降低资质等级。

第四十条 公路水运工程安全生产监督管理部门可委托具备国家规定资质条件的机构对容易发生重特大生产安全事故的工程项目和危险性较大的工程施工进行安全评价和监测。

第四十一条 公路水运工程安全生产监督管理部门应当健全内部管理制度，加强对监督管理人员的教育培训，提高执法水平。监督管理人员应当忠于职守，秉公办事，坚持原则，清正廉洁。与监督检查对象有利害关系的监督人员，应当回避。

第四十二条 公路水运工程安全生产监督管理部门应当建立举报制度，及时受理对公路水运工程生产安全事故或者事故隐患以及监督检查人员违法行为的检举、控告和投诉。

第五章 附 则

第四十三条 违反本办法规定，按照《中华人民共和国安全生产法》、《建设工程安全生产管理条例》、《安全生产许可证条例》的相关规定，给予行政处罚。

第四十四条 本办法自2007年3月1日起施行。

运 输 管 理

汽车旅客运输规则

（交通部　(88)交公路字201号　1988.01.26）

第一章　总　　则

第一条　为加强汽车旅客运输的组织管理，明确经营者与旅客的权利、义务，维护正常的运输秩序，满足人民群众的旅行需要，根据国家政策、法律及公路运输的有关法规，特制定本规则。

第二条　凡从事营业性班车客运、旅游客运、出租车客运、包车客运、行包运输、客运服务（以下简称汽车客运）的单位和个人以及旅客，均须遵守本规则。

汽车与其他旅客运输方式实行联运，除另有规定者外，汽车客运部分适用本规则。

第三条　汽车客运必须坚持社会主义方向，坚持为人民服务的宗旨，执行国家政策，遵守法律和有关规章，实行责任运输制度，为旅客提供安全、及时、方便、舒适的运输服务。

第二章　汽车客运的基本要求

第一节　经　营　者

第四条　汽车客运经营者必须办理有关手续，取得合法资格后方准予参加营业性汽车客运。

第五条　汽车客运的站方应积极组织客源，做好站务工作；运方应根据客流及其变化规律，及时提供完好车辆。站、运双方必须密切配合，科学安排班次，合理调派车辆，提供优质服务，维护运输秩序,共同做好旅客运输工作。

第二节　客　　车

第六条　营运客车必须经车辆管理部门审验合格;保持良好的技术状况,制动、转向系统以及灯光、喇叭、刮水器齐全有效;保持车容整洁卫生;门窗、座椅、行李架(仓)、绳网、雨布符合使用要求;车内备有票价表和旅客意见簿;车外装置与营运方式、种类相符的标志,客运班车悬挂班车线路牌,旅游车悬挂旅游车标志牌,出租车安装出租标志灯。

第七条　营运客车分普通客车、中级客车、高级客车三类。每类分大型、中型、小型三种。

普通客车是指无特殊舒适装备或车内设置分隔货仓的客车。

中级客车是指比同类普通客车座位减少,舒适性提高,备有宽、软座椅,寒冷地区有暖气设备的客车。

高级客车是指舒适性高,密封性好,具有高级软座椅、空调等设备的客车。

小型客车是指横排最多只能装置 3 个座位,座位总数为 15 座及以下的客车(包括轿车)。

中型客车是指横排(包括通道的可折式座椅)最多只能装置 4 个座位,座位总数为 16 至 30 座的客车。

大型客车是指横排(不包括通道)可以装置 4 个及 4 个以上座位,且座位总数为 31 座及以上的客车。

第三节　车　　站

第八条　车站设置应布局合理,便于旅客集散和换乘,有利于旅客运输事业的发展。

第九条　班车客运车站,划分为一、二、三、四级车站和招呼站。站级的划分和建设,按中华人民共和国交通部部颁标准(JT 3109—84)《公路汽车客运站级别核定和建设要求》执行。旅游客运站可参照执行,也可与班车客运站一并设置。

第十条 各级客运车站都应设置售票处、候车区、厕所;配备时钟、座椅,供应饮用水,公布班次时刻表、里程票价表、营运线路图、旅客须知,张贴禁运、限运物品宣传图,设置旅客意见簿、旅客留言牌、公告栏等,并根据当地需要配备御寒降温设施。

各级客运站都应配有危险品检查员,负责查堵危险品。

招呼站要设置清晰醒目的站牌。

第十一条 一、二级客运车站除具备一般车站的设施外,其售票厅、候车室、行包房、小件寄存处要分设,并设置问询服务处、值班站长室、民警值班室、广播室和公用电话等。

第十二条 客运车站内外应经常保持整洁卫生,窗明地净,通风良好,各项服务设施醒目有效。

第四节 客运人员

第十三条 客车驾驶员必须持有相应准驾车类的驾驶证,乘务人员应具备一定业务知识。驾、乘人员须遵守下列规定:

1. 严格遵守交通规则和操作规程,精心保养车辆,出车前、行车中、收车后,应认真做好车辆的安全检查。

2. 客车驾驶员应合理安排作息时间,保证充足睡眠,行车途中思想集中,每天驾驶时间不得过长,确保行车安全。

3. 遵守运输纪律,执行运行计划,服从调度和现场指挥,正点运行。

4. 客车行经险桥、渡口、危险地段和加油前,要组织旅客下车;事后以及中途就餐、停歇后均须核实人数,方能开车。途中遇非常情况或发生事故,应尽快呼救,抢救伤员,保护现场,必要时组织旅客疏散。

5. 讲究职业道德,文明服务,礼貌待客,重点照顾有困难的旅客。

第十四条 站务人员应具备一定业务知识,讲究职业道德,上岗时着标志服,衣帽整洁,佩戴服务标记,认真履行岗位职责,遵章守纪,待客热情,态度和蔼,服务周到,经常对旅客进行客运安全、卫生宣传。

第五节 车 票

第十五条 车票是旅客乘车的凭证。汽车客运经营者必须使用交通主管部门统一规定的客票和费收凭证,任何单位和个人不得私自印制和伪造。

第十六条 车票按不同的营运方式分为班车客票、旅游客票、出租车客票和包车票(见附件一)。

第十七条 发售客票的地点、时间应从方便旅客出发,可采取车站售票、站外设点售票、随车售票、上门售票和电话订票等多种方式。

第六节 旅 客

第十八条 乘车旅客须遵守下列规定:

1. 自觉维护乘车秩序,服从站务及驾、乘人员安排,爱护公共设施,保持清洁卫生,讲究文明礼貌。

2. 一切旅客都应无例外地接受车站值勤人员对危险品的检查。

3. 七岁以下儿童乘车应有成人旅客携带。

4. 乘车时,要坐稳扶好,头、手不得伸出车外,不准翻越车窗,车未停稳不准上下,不准随便开启车门。

5. 车内不准吸烟,不准随地吐痰,行车中不要与驾驶员闲谈及妨碍驾驶操作。

6. 不准从车窗向外扔东西。

第十九条 凡有下列情形之一者不准乘车:

1. 不遵守汽车客运规章而不听劝告者。

2. 精神失常无人护送或虽有人护送仍可能危及其他旅客安全者。

3. 恶性传染病患者。

第三章　班 车 客 运

第一节　班 车 分 类

第二十条　汽车客运班车分为直达班车、普快班车、普客班车和城乡公共汽车四类：

1. 直达班车是指由始发站直达终点站，中途只作必要停歇，但不上下旅客的班车。

2. 普快班车是指站距较长，沿途只停靠县、市及大镇等主要站点的班车。

3. 普客班车是指站距较短，停靠站点（含招呼站）较多，配备随车乘务员的班车。

4. 城乡公共汽车是指由县城开往农村乡镇、站距短、旅客上下频繁，并配备随车乘务员的短途班车。

第二十一条　在道路条件较好的情况下，车内通道未安装活动座椅的客车可按以下规定增载：

1. 普快班车允许按车辆核定定员数增载 10%。

2. 普客班车允许按车辆核定定员数增载 15%。

3. 城乡公共汽车允许按车辆核定定员数增载 20%。

第二节　班 车 客 票

第二十二条　成人及身高超过 1.3 米的儿童购买全价票。持一张全价票的旅客可免费携带 1.1 米以下儿童一人乘车，但不供给座位；携带免费乘车儿童超过一人或要求供给座位时，须购买儿童票。

第二十三条　身高 1.1 米至 1.3 米的儿童购买半价儿童票，供给座位。

第二十四条　残废军人凭民政部颁发的《革命残废军人抚恤证》购买半价优待票，享受全价票旅客待遇。

第二十五条 旅客应按规定购买与所要乘坐的班车类别、客车类型相符的客票。

需要躺卧的伤、病旅客,应按实际占用的座位购票。

第二十六条 凡持有证明,执行防汛、抢险、救灾等紧急任务的人员,以及新闻记者、革命残废军人可优先购票。

第二十七条 客票以票面指定的乘车日期、车次,一次完毕行程为有效期限。旅客中途终止旅行,客票即行失效。旅客因急病、伤或临产必须中途终止旅行时,凭医院诊断证明和原客票,退还未乘区段票款,免收退票费。

第三节 乘 车

第二十八条 旅客持符合规定的客票,按票面指定的日期和车次检票乘车,直达班车、普快班车、普客班车在始发站对号入座。

第二十九条 旅客不能按票面指定日期、车次乘车时,可在该班车开车2小时前办理签证改乘,改乘以一次为限。开车前2小时内不办理签证改乘,可作退票处理,按规定核收退票费。

第三十条 旅客遗失客票,应另行购票乘车。如事先申报,事后找到原客票,在商定时间内,经验证无讹,退还原票款,免收退票费。

途中遗失客票,能取得确实证明者,允许继续乘车至原票到达站。

第三十一条 旅客要求越站乘车,事先申明并经驾、乘人员同意,补收加乘区段票款。如不事先申明,其越乘区段按无票乘车处理。

旅客在始发站无票乘车,上车后即向驾、乘人员申明的,允许补票乘车,并加收补票手续费。

第三十二条 旅客退票按以下规定办理:

1. 应在当次班车规定开车时间2小时前办理,最迟在开车后1小时内办理;开车1小时后,不办理退票。

2. 车上发售的客票和签证改乘的客票不办理退票。

3.属客运经营者责任造成的退票，不收退票费。

第四节 班车运行

第三十三条 班车必须按指定车站和时间进入车位装运行包，检票上客，正点发车。严禁提前发车。

第三十四条 班车必须按规定的线路、班点（包括食宿点）和时间运行、停靠。

如途中发生意外情况，无法运行时，应以最快方式通知就近车站派车接运，并及时公告。如需食宿，站方应协助解决，费用自理。

第三十五条 班车到站后，按指定车位停放，及时向车站办理行包和其他事项的交接手续。

第五节 班车运输变更

第三十六条 班车在始发站停开、晚点或变更车辆类别时须及时公告。旅客因此要求退票，应退还全部票款，不收退票费。旅客要求改乘，由车站负责签证。变更车辆类别，应退还或补收票价差额。

班车中途发生故障，客运经营者应迅速派相同或相近类别车辆接运。接运车辆类别如有变更，票价差额概不退补。

第三十七条 因路线阻滞，班车必须改道行驶时，票价按改道实际里程计收。按改道里程发售客票后，如班车恢复原路线行驶，发车前由始发站将票价差额退还旅客。

班车行至途中临时需要改线或绕道，票价差额不退不补。如不能继续行驶，旅客自愿在被阻点或返回途中停止旅行，应退还未乘区段的票款，自愿返回始发站的免费送回，退还全部票款；自愿在被阻点等候乘车，经站、车人员在客票上签证，可继续乘车。中途退给旅客的票款，经办站可向原发站或运方收回。

第六节 旅客随身携带物品

第三十八条 旅客随身携带乘车的物品，每一张全票（含残废军人票)免费10千克,每一张儿童票免费5千克;体积不能超过0.02立方米,长度不能超过1.8米,并以能放置本人座位下或车内行李架上为限。超过规定时,其超过部分按行包收费;占用座位时,按实际占用座位数购票。

第三十九条 为保障旅客生命财产安全和公共卫生,不能携带下列物品乘车:

1. 易燃、易爆等危险品;
2. 有可能损坏、污染车辆和有碍其他旅客安全的物品;
3. 动物(本规则第四十条规定的除外);
4. 有刺激性异味的物品;
5. 尸体、尸骨;
6. 法律和政府规定的禁运物品。

第四十条 在保证安全、卫生的条件下,乘坐城乡公共汽车和普通客班车的每一旅客可携带少数的雏禽或小型成禽成畜乘车,但须装入容器。具体准带数量,由各省、自治区、直辖市交通主管部门规定。

第四十一条 军人、民兵和公安人员随身佩带的枪支及配备的适量子弹,经出示持枪证,可以携带乘车。

第四章 旅游、出租车和包车客运

第一节 旅游客运

第四十二条 旅游客运是以运送旅游者游览观光为目的,其线路必须有一端位于名胜古迹、风景区等旅游点的一种营运方式。

第四十三条 旅游客运的发车站点除参照第二章第三节的规定外,应设置旅游区线路图、旅游名胜简介,公布旅游车型、导游服务项目、食宿地点和食宿标准。

第四十四条 提供旅游综合服务的旅游客车上,应备有饮水、常用药等服务性物品,并根据实际需要,装配御寒或降温设备,随车配有导游人员。

第四十五条 提供旅游综合服务的旅游客运使用旅游客票，按旅游要求发售直达旅游客票或往返旅游客票，如代办食宿和其他服务的款项单独列出，载入旅游客票票面一并计收。无旅游综合服务的旅游客运，可使用班车客票。

第四十六条 提供旅游综合服务的旅游客运，退票须在开车前办理，退还原票款中运费部分，核收退票费，代办食宿和其他服务费用根据具体情况办理，对不予退还的，应在售票时公告。无旅游综合服务的旅游客运，退票按班车退票办理。

旅客中途终止旅游的，不予退票。

第二节 出租车客运

第四十七条 出租车客运是以轿车、小型客车为主，根据用户要求的时间和地点行驶、上下及等待，按里程或时间计费的一种营运方式。

第四十八条 出租车要装置经有关部门检验，合乎标准的计价器，备有收费标准、计费办法和带有照片的出租车驾驶员编号牌。

第四十九条 出租车客运的计费方式分为计程和计时两种。随车载运携带物品以不超过车内及行李仓的容积和负荷为限，不另收费。

第五十条 空驶出租车受乘客招拦停车后，一般不得拒绝乘客租用；在租用过程中应按乘客指定到达地点，选择最佳路线行驶，严禁故意兜圈绕道多收费用。

出租车受雇期间，未经租用人同意，驾驶员不得再招揽他人同乘。

第三节 包车客运

第五十一条 包车客运是将客车包租给用户安排使用，按行驶里程或包用时间计费的一种营运方式。

用户包车一般应事先向运输经营者预约,并填写“汽车旅客运输包车预约书”(见附件二),办理包车手续。

第五十二条 用户要求变更使用包车的时间、地点或取消包车,须在使用前办理变更手续。

运输经营者要求变更车辆类型、约定时间或取消包车,亦应事先与用户协商,经同意后,方能变更。运输经营者自行变更车辆类型或未按约定时间供车者,按违约或延误供车处理。

第五十三条 包车在用户包用期间,要服从用户的合理安排,保证车辆正常使用。

第五十四条 包车必须使用包车票,不得使用其他票种。

第五章 行包运输

第一节 托 运

第五十五条 旅客托运行李包裹(简称行包),由站方开具汽车旅客运输行包票(见附件三)。行包要包装严密,捆扎牢固,标志明显,适宜装卸。每位旅客随车托运行包总重量一般不能超过40千克。行包单件重量不得超过30千克,体积不得超过0.12立方米,本规则附件四“计件物品重量折算表”所列物品除外。每1千克行包的体积超过0.003立方米为轻泡行包,按体积每0.003立方米折合1千克的折算标准确定计费重量。

旅客随车托运行包重量如超过40千克,在本次班车不超载的前提下或其他车次有运输能力时,也可以受理。

旅客托运本规则附件四“计件物品重量折算表”所列物品,按表规定及其说明计收行包运费。

危险品及政府禁运物品不得夹入行包托运。对有疑义的行包,由车站会同托运人开启查看。

托运限运物品应持有关证明。

邮件、图书、影片运输和旅客行包保价托运,按各省、自治区、直辖市规定办理。

第五十六条 机密文件、贵重物品、易碎品、易污品、武器、精密仪器、有价证券等物品须旅客自行携带看管。

第五十七条 旅客自行携带看管的物品超过规定重量和体积的为自理行包，按行包计费，如占用座位，须按实购买车票。

第二节 交 付

第五十八条 旅客托运规定重量内的行包，一般应与旅客同车运达；旅客托运超过规定重量的行包或非旅客的托运物品，最迟运达期限为7天。行包运到后，应即通知收件人提取，无法通知的予以公告。到达站从通知或公告次日起负责免费保管2天，超过2天，按不同的件重核收保管费。

托运行包凭行包票提取，如票遗失，应向到达站说明登记，经车站确认后，可凭有关证明提取。如行包已被他人持票取走，车站应协助查询，但不负赔偿责任。

第五十九条 行包自到达站发出通知或公告后10天内无人提取时，车站应认真查找使物归原主，超过90天仍无人提取的（鲜活易腐物品及时处理），即按无法交付行包处理。

无法交付行包，报经交通主管部门批准后，向当地有关部门作价移交，所得价款，扣除应付的费用，余款立账登记。在180天内仍无人领取时，上缴国库。

第三节 变 更

第六十条 行包在起运前，旅客要求取消或变更托运，可予办理，并核收手续费。

因班车停开或改道运行，行包运输参照本规则第三十六、三十七条办理。

第六十一条 旅客要求在中途站停运行包时，一般不予受理。如旅客因急病、伤或临产必须中途终止旅行时，退还所托运行包未运区段运费；如要求运回原起运站或运往其他到达站时，应重新办理托运。途中或车上办理托运的行包要求停运或改运,不退还运费。

第六章 旅客运输费用

第六十二条 汽车旅客运输按不同客运种类、不同客车类型、不同营运方式、不同级别的线路,实行不同的运价。汽车旅客运价和费收,按交通部《汽车运价规则》有关规定和各省、自治区、直辖市核定的运价费率执行。

第六十三条 各类汽车客票票面金额由运费、旅客保险费、过渡费、过桥费、过隧道费、过路费等构成。原则上实行一票制。

第六十四条 旅客办理补票或电话订票实行送票的,分别按票数收取补票手续费或送票费。

第六十五条 旅客退票,按以下规定计收退票费:

1. 班车开车时间 2 小时前办理退票,按票面额 10% 计收退票费,不足 3 角按 3 角计算;班车开车时间 2 小时以内办理退票,按票面额 20% 计收退票费,不足 5 角按 5 角计算;班车开车后 1 小时以内办理退票,按票面额 50% 计收退票费,不足 1 元按 1 元计算。

2. 旅游客车开车 24 小时前办理退票,按票面额 10% 收取退票费,不足 5 角按 5 角计收;开车前 24 小时之内按 50% 收取退票费,开车后不办理退票。

第六十六条 小件物品寄存,以单件每 10 千克为一计费单位,按天计收,不足 10 千克的尾数按 10 千克计算。

第六十七条 包车运杂费按以下规定计收:

1. 计程包车:按车辆抵载客地点起至包用完毕地点止的实际里程、客车核定载客量和包用车型的人公里运价计算。实际里程不足 1 公里按 1 公里计,起码计费里程为 15 公里。

计程包车因用户责任使车辆停歇,核收车辆停歇延滞费。计程包车日计费里程为 120 公里以上时,每天累计停歇时间 2 小时以内的不收车辆停歇延滞费;超过 2 小时的,其超出部分核收车辆停歇延滞费。车辆停歇时间以半小时为计算单位,超过半小时以半小时递进计费。车辆停歇延滞费按客车核定载客量和计时包车座车小时运价的50%计算。

2. 计时包车:按车辆到达约定地点至包用完毕的实际包用时间、客车核定载客量和包用车型的车座小时运价计算。计费起码时间为1小时,超过1小时以上,尾数不足半小时,以半小时递进计费。承运人耽搁的时间应予扣除,整日包车按8小时计费,超过8小时按实际包用时间计算。

3. 应用户要求从外地调来客车,或从车站驶抵包车使用地之间的往返空驶里程应核收调车费。调车费按包用客车调车行驶里程运价的50%核收。

4. 因用户原因,造成的客车空驶,核收车辆空驶损失费。车辆空驶损失费按实际空驶里程计程运价的50%核收。

5. 承运人未如期供车,付给用户供车延误费,延误时间以半小时为计算单位,超过半小时以半小时递进计费。供车延误费按计时包车运价的50%计算。

6. 用户在用车前一天取消包车,承运人按预定包用客车计时整日包车运价一天运费的5%向用户核收包车取消费,当天取消包车按10%核收包车取消费。

承运人未征得用户同意,单方取消包车,用车前一天通知用户的,由承运人按预定包用客车计时整日包车运价一天运费的5%向用户支付包车取消费;用车当天取消包车按10%支付包车取消费,如在预定用车时间后通知用户,承运人还应支付供车延误费。

7. 承运人或用户变更原预定客车类型,应按原预定包用客车计时整日包车运价一天运费的3%向对方付给包车变更费。

第六十八条 行包运杂费按以下规定计收:

1. 行包按每100千克公里折合1.5人公里普通大客车运价计算。

2. 行包装卸费(一装一卸)按件计算。

3. 行包保管费按每天每件计算。

4. 行包变更或取消托运手续费均以每票计算。运费多退少补;装卸费不予退还。

第七章　旅客运输责任

第六十九条　旅客运输过程中发生下列情况,均由车站承担责任:

1. 由于车站在发售客票中填错发车的日期、班次、开车时间,造成旅客误乘或漏乘的。

2. 由于检票、发车、填写路单失误造成旅客误乘、漏乘的。

3. 在车站保管、装卸、交接过程中造成旅客寄存物品和托运行包损坏、灭失或错运的。

4. 由于不按时检票或不及时接车造成班车晚点运行的。

5. 由于站方原因发生的其他问题。

第七十条　旅客运输过程中发生下列情况,均由运方承担责任:

1. 因客车技术状况或装备的问题,造成旅客人身伤害及行包损坏、灭失的。

2. 因驾驶员违章行驶或操作造成人身伤害及行包损坏、灭失的。

3. 因驾驶员擅自改变运行计划,如提前开车,绕道行驶或越站,致使旅客漏乘等,造成的直接经济损失。

4. 在行车途中发生托运行包灭失、损坏的。

5. 不按运行计划或合同向车站提供完好车辆,使班车停开、缺班的。

6. 由于运方原因发生的其他问题。

第七十一条　旅客运输过程中因下列情况造成损失,经营者不负赔偿责任:

1. 被有关部门查获处理的物品。

2. 行包包装完整无异,而内部缺损、变质。

3. 旅客自行看管的物品非经营者责任造成的损失。

4. 不可抗力。

第七十二条 旅客运输过程中发生的下列情况，均由旅客承担责任：

1. 旅客无票、持无效客票或不符合规定的客票乘车的。

2. 隐瞒酒醉、恶性传染病乘车造成污染，危及其他旅客的。

3. 夹带危险品或其他政府禁运物品进站、上车、托运的。

4. 损坏车站客车设施和设备或造成其他旅客伤害的。

5. 自理行包和随身携带的物品丢失、损坏的。

6. 客车中途停靠不按时上车造成漏乘错乘的。

7. 旅客乘车途中自身病害造成的伤亡和损失。

8. 由于旅客原因发生的其他问题。

第八章 违规违约处理

第七十三条 因车站或运方责任，造成旅客误乘或漏乘的，按以下规定处理：

1. 发觉站以最近一次班车将旅客运至原车票指定的车站。

2. 旅客留在车上的自理行包和携带品如有灭失、损坏，由责任方赔偿。

3. 旅客的其他直接经济损失，由责任方赔偿，但赔偿金额最多不超过旅客购车票价款的100%。

第七十四条 因车站或运方责任造成的托运行包灭失、损坏的，按照全部损失全部赔偿，部分损失部分赔偿的原则，由责任方按下列规定赔偿。

1. 非保价行包每千克最高赔偿额一般不超过10元，如失主持有证明物品内容和价格的凭证，可按国家定价或比照当地国营商店同类商品价格赔偿。

2. 损坏物品能修复者，按修理费加送修运费赔偿；不能修复，但尚能使用者，按损失程度所减低的价值赔偿。

3. 保价行包灭失，按托运时申明的价格赔偿。部分灭失，按声明价格赔偿灭失部分。

4. 灭失行包的运杂费要全额退还。

第七十五条 因车站责任造成寄存物品损坏、灭失的，按每千克最多不超过20元的金额赔偿。

第七十六条 因车站或运方责任，造成旅客人身伤害的，由责任方赔偿处理。

第七十七条 车站和运方之间违反合同规定，造成对方经济损失的，由责任方按原合同约定赔偿、支付违约金。

第七十八条 旅客无票或持无效客票、不符合规定的客票乘车，除补收始发站至到达站全程客票价款外，并处以100%的罚款。

第七十九条 旅客损坏车站、客车设备和设施的，按实际损失负责赔偿。

第八十条 旅客在小件物品或行包中藏匿危险品或其他禁运物品进站、上车或办理寄存、托运，按下列规定处理：

1. 未造成危害和损失的，没收其携带的全部危险品和禁运物品并视情节轻重处以30元以下罚款。

2. 已造成危害和损失的，除移交公安、司法机关追究治安、刑事责任外，还应赔偿全部经济损失。

第八十一条 班车客运在发车前发生违规违约和客运事故，由始发站负责处理，责任方赔偿；运行途中发生的，由就近站负责处理，责任方赔偿；到站后发生的，由到达站负责处理，责任方赔偿；旅游、出租车和包车客运由受理方负责处理，责任方赔偿。

第八十二条 旅客运输过程中发生事故后，有关方面应做好记录，受损一方应在事故发生之日起90天内，向责任方提出赔偿要求，责任方应在接到赔偿要求10天内，作出答复。

第八十三条 旅客在提出本规则规定范围内的赔偿要求时，应同时提交客票、行包票等有关凭证。

第八十四条 违规违约引起的纠纷可由当事人自行协商解

决;也可向当地交通主管部门申请调解;也可向人民法院提起诉讼。

第八十五条 赔偿金或违约金应在明确责任之日起10天内偿付,逾期偿付的,每延迟一日加付5%滞纳金。

第九章 监督与稽查

第八十六条 汽车客运经营者必须接受旅客的监督,对旅客来信来访提出的批评意见和反映的问题应及时处理,改进服务。

第八十七条 各级交通主管部门负责监督本规则实施,发现违规及时纠正处理。运输经营者和旅客应当接受交通主管部门的监督检查。

第十章 附 则

第八十八条 各省、自治区、直辖市交通厅(局),可根据本规则,结合本地区的具体情况,制定补充规定,报中华人民共和国交通部备案。其他小型机动车、非机动车经营客运,由各省、自治区、直辖市交通厅(局)参照本规则另行制定具体规定。

第八十九条 本规则解释权属于中华人民共和国交通部。

第九十条 本规则自1988年8月1日起施行,交通部1980年11月22日颁布的《公路汽车旅客运输规则》同时废止。

附件一

汽车客票

(一)固定客票

正　面

× ×省公路汽车客票　　2.35 元

宁甲000001　　优　　南京—淮阴　　10000甲宁

南京　至　淮阴

童

票价 4.70 元　　2.35 元

背　面

车次:　　开车时间:

座号:　　乘车地点:

日期:

说明:1. 用草板纸印硬壳票,印黑字黑码,起点站和到达站名用五号黑体字,其余用六号字。票面尺寸 55mm × 25mm。

2. 客票底色分黄色(国营专业企业)、红色(集体专业企业)、绿色(其他),并加印底纹花,式样为公路路徽加五星。

3. × ×省含自治区、直辖市。

4. 根据实际需要,在印制客票时,可在票面上增加“客运附加费”等内容。

（二）定额客票

正　面

<table>
<tr><td>宁
甲
0
0
0
0
1</td><td>××省公路汽车定额客票

——至——

票价 4.70 元</td><td>2.35 元
优

童
2.35 元</td><td>1
0
0
0
0
甲
宁</td></tr>
</table>

背　面

<table>
<tr><td>车次：</td><td>开车时间：</td></tr>
<tr><td>座号：</td><td>乘车地点：</td></tr>
<tr><td>日期：</td><td></td></tr>
</table>

说明：1. 本票为固定客票的补充票种，用 250 克白板纸印，用六号字。票面尺寸 60mm×25mm。

2. 客票底色为黄色（国营专业企业）、红色（集体专业企业）、绿色（其他）。并加印底纹花，式样为公路路徽加五星。

3. 在票头加印“××省公路运输票证专章”，印章套红，××省含自治区、直辖市。

（三）补充客票

× ×省

优　　　　童

公路汽车补充客票甲

×A0000001

———至———

月　日　时　分开车

次　　号

旅客报销用	车站报解
0.10	0.10
0.20	0.20
0.30	0.30
0.40	0.40
0.50	0.50
0.60	0.60
0.70	0.70
0.80	0.80
0.90	0.90
1.00	1.00
1.10	1.10
1.20	1.20
1.30	1.30
1.40	1.40
1.50	1.50
1.60	1.60
1.70	1.70
1.80	1.80

× ×省

优　　　　童

公路汽车补充客票乙

A0000001

———至———

月　日　时　分开车

金额拾元	元	角
1		
2		
3		
4		
5		
6		
7		
8		
9		
	1	
	2	
	3	
	4	
	5	
	6	
	7	
	8	
	9	

1.90	1.90
2.00	2.00

——至——

月　日　车次

优　　　童

A0000001

……………………

1
2
3
4
5
6
7
8
9

——至——

优　A0000001　童

……………………

说明：补充客票为固定客票的补充票种，分甲、乙两种。另外，各省、自治区、直辖市交通厅（局）根据实际需要，可设计印制短途小额客票。

补充客票甲：

1. 用软卡纸单面印制，尺寸200mm×50mm，票头长55mm，票根长40mm，票身长105mm。金额之间的横格间距5mm，长格两栏各长20mm。每50张装订一本。

2. 根据旅客到站票价沿横线剪断，将上部交给旅客，票根报解。报解的票根要进行整理，按不同金额填制"票据分类整理表"或按不同金额每百张整理成梯形，在背面填写张数和金额，据以填报"票据缴销收入月报表"。

3. 发售残废军人票时，剪掉童角；发售童票时，剪掉优角。

4. 到站收回此票时，应撕口集中保管；旅客需要报销，可将撕口后的原票交给旅客。

5. 票头套印红色戳记："××省公路运输票证专章"，××省含自治区、直辖市。

6. 票底色分黄色（国营专业企业）、红色（集体专业企业）、绿色（其他），客票均要加印底纹花，花的式样为公路路徽加五星。

补充客票乙：

1. 本票票面金额分为拾元、元、角三大格，适用于补充客票甲包括不了的金额。

2. 此票用软卡纸印刷，尺寸 230mm × 55mm，票头长 55mm，票根长 40mm，票身长 135mm，每 50 张装订一本。

3. 根据旅客到站票价金额沿横线梯形剪断，将票头及剪下右半部分交旅客乘车及报销用，被剪下的左半部分连同票根为报解依据。

4. 在票头套印红色戳记："× ×省公路运输票证专章"，× ×省含自治区、直辖市。

5. 票底色分黄色（国营专业企业）、红色（集体专业企业）、绿色（其他），客票均要加印底纹花，花的式样为公路路徽加五星。

（四）旅游客票

× ×省公路汽车　　　　×A000001

旅 游 客 票

优　童　　　　旅游天数　天

————至————单、双程	旅馆费		第一联存根
内含保险费	伙食费		
金额____	服务费		
月　日　时　分开车			
	合　计		
车次　　号	总计金额		

说明：1. 本票是对旅客到游览地的乘车、食宿等费用包干的票种。

2. 本票将票价、服务费和代收食宿费等单独列出，以利报解。

3. 本票一式三联：第一联（黑色）"存根"，第二联（红色）"报解"，第三联（黄色）"交旅客"，票面尺寸 140mm × 50mm。

4. 发售残废军人票时，划掉童字；发售儿童票时，划掉优字。

5. 票面套印红色戳记"× ×省公路运输票章专章"，× ×省含自治区、直辖市。

（五）客运包车票

××省公路汽车　　　　A0000001

客 运 包 车 票

车属单位:　　　　车别:　　　　牌照号:　　　年　　月　　日

<table>
<tr><td rowspan="2">包车单位</td><td rowspan="2"></td><td rowspan="2">用车日期</td><td rowspan="2"></td><td colspan="2">运 杂 费</td></tr>
<tr><td>项目</td><td>金额</td></tr>
<tr><td>起止地点</td><td></td><td>计费里程</td><td>公里</td><td>包车运费</td><td></td></tr>
<tr><td>起止时间</td><td></td><td>计费时间</td><td>小时</td><td>保险费</td><td></td></tr>
<tr><td>核定座位</td><td>座</td><td>实载人数</td><td>人</td><td>费</td><td></td></tr>
<tr><td></td><td></td><td></td><td></td><td>费</td><td></td></tr>
<tr><td>计费方式</td><td></td><td>费率</td><td></td><td>合计</td><td></td></tr>
<tr><td colspan="6">合计金额(大写)</td></tr>
<tr><td>备注</td><td colspan="5"></td></tr>
</table>

第二联 包车费收据

说明:1. 本票为客运包车专用票据。

2. 本票一式四联:第一联印蓝线蓝字,在票页右边加印“存根”;第二联印黄线黄字,在票页右边加印“包车费收据”;第三联印红线红字。在票页右边加印“上报审核”;第四联印绿线绿字,在票页右边加印“交车队统计”。尺寸 180mm×130mm。

3. 在票头套印戳记:“××省公路运输票证专章”。印章及编号套红。

附件二

包车预约书

××省汽车旅客运输包车预约书

年　　月　　日　　字第　　号

<table>
<tr><td>包车单位</td><td colspan="3"></td><td>包车人</td><td></td><td>电　话</td><td></td></tr>
<tr><td>车型</td><td></td><td>车数</td><td></td><td>合计
座位</td><td></td><td>人数</td><td></td></tr>
<tr><td>使用时间</td><td colspan="3">自　年　月　日　时起
至　年　月　日　时止</td><td>包车
类别</td><td></td><td>运费结
算方式</td><td></td></tr>
<tr><td>起讫地点</td><td colspan="3">至</td><td>运距</td><td>单程或
往返</td><td></td><td></td></tr>
<tr><td>预约事项</td><td colspan="7"></td></tr>
</table>

第一联　受理方存查

受理单位(印):

经办人(签字):　　　　　　　　　　　　　　　预约人(签字):

本预约书一式三联,受理方、包车方、供车方各执一联;

本预约书具有合同性质,但不做费用结算凭证。

说明:1. 本预约书用于包车预约,具有合同性质,但不做运费结算凭证。须逐项填写,如有预收运费等其他未尽事项,可在预约事项栏填写。

2. 本预约书为三联套写式,第一联(黑色)受理方存查,第二联(棕色)包车方凭据,第三联(绿色)供车方凭据;外廓尺寸为190mm×130mm,内框尺寸为160mm×75mm;顺联每本50份钉左成册。

附件三

汽车旅客行包票

××省汽车旅客运输行包票

No:000001

次车　站经　站到　站　公里						起运日期	
标签号码		客票号		全价票	张	儿童票	张
托运人		地址				电话	
收件人		地址				电话	
包装	品名	件数	计费项目	费率	金额	附　记	
袋			行包　千克				
包			行包　千克				
箱			装卸费				
合　计							
实际重量	千克	人民币(大写)			佰　拾　元　角　分		

第一联　受理站存查

受理站：　　　　填票人：　　　　　　　年　　月　　日

说明：1. 本行包票用于托运行包，托运时须逐项填写，旅客持第三联至到达站凭以提取行包，第四联随车交到达站。提取行包时向托运人收回第三联，在第三联、第四联上加盖“行包已提”戳记后，将第四联交给旅客做报销凭证。

2. 本行包票为四联套写式，第一联（黑色）受理站存查，第二联（绿色）上报审核，第三联（蓝色）提单，第四联（红色）到达通知代报销凭证；外廓尺寸为190mm×130mm，内框尺寸为160mm×100mm；顺联每50本钉左成册。

附件四

计件物品重量折算表

计件物品重量折算表

品名		计量单位	计费重量(千克)
未拆散的自行车		辆	50
残疾人车		辆	30
各种儿童座车		辆	5~15
儿童脚踏车		辆	10
未拆散的缝纫机		台	50
电视机	360 厘米(14 英寸)以下	台	30
	410~430 厘米(16~17 英寸)	台	50
	460 厘米(18 英寸)以上	台	80
洗衣机	单缸	台	50
	双缸	台	100
未拆散电风扇	台扇	台	20
	落地扇	台	40

说明:托运以上物品均按表列计费重量计收运费,不扣除旅客免费携带的重量。

附件五

省际旅客班车线路标志牌

<table>
<tr><td>始发车站地名

（长型黑体字，字高 120mm）</td><td></td><td>终点站地名

（长型黑体字，字高 120mm）</td></tr>
<tr><td colspan="3">× ×省运管× × ×号

（宋体，字高 40mm）</td></tr>
</table>

说明：1. 本标志牌为跨省（自治区、直辖市）营运客车的合法标志。

2. 标志牌在车辆起始地与到达地双方省级运管部门审批后，由起始省（自治区、直辖市）运管部门制发。

3. 标志牌为硬质材料制成，悬挂于车前右方挡风玻璃以下。

4. 标志牌为白地红字，尺寸为 480mm × 220mm。

5. 标志牌左上方黑体字为始发站地名，右上方为终点站地名。

6. 标志牌下方宋体字为标志牌的编号。

汽车运输业车辆技术管理规定

（交通部令 1990 年第 13 号　1990.03.07）

第一章　总　　则

第一条　为加强汽车运输业运输车辆(汽车和挂车)的技术管理,保持运输车辆技术状况良好,保证安全生产,充分发挥运输车辆的效能和降低运行消耗,制定本规定。

第二条　本规定适用于所有从事汽车运输的单位和个人。

第三条　车辆技术管理应坚持预防为主和技术与经济相结合的原则;对运输车辆实行择优选配、正确使用、定期检测、强制维护、视情修理、合理改造、适时更新和报废的全过程综合性管理。

第四条　车辆技术管理应依靠科技进步,采取现代化管理方法,建立车辆质量监控体系,推广检测诊断和计算机应用等先进技术,开展多种形式的职工教育和专业培训,提高车辆管理水平和技术水平。

第五条　各级交通运输管理部门应把管好、用好、维修好车辆,提高装备素质,确保运输车辆在使用中的良性循环,作为必须履行的重要职责。

运输单位各自的主管部门应把加强车辆技术管理列为运输单位经理(厂长)任期责任考核的一项重要内容。

第六条　交通部归口管理全国汽车运输业车辆技术管理工作;

各省、自治区、直辖市交通厅(局)或其授权的所属公路运输管理部门归口管理本地区汽车运输业车辆技术管理工作;

各汽车运输单位负责本单位车辆的技术管理工作。

第二章 管理职责

第七条 交通部车辆技术管理的主要职责是:

(一)贯彻执行国家有关车辆技术管理的方针、政策、法规和制度;

(二)依法制定全国运输车辆技术管理的方针、政策、规章和制度;

(三)负责全国运输车辆技术管理工作的组织领导、监督检查和协调服务;

(四)组织交流和推广车辆技术管理的先进经验和现代化管理方法。

第八条 各省、自治区、直辖市交通厅(局)车辆技术管理的主要职责是:

(一)贯彻执行国家和上级有关车辆技术管理工作的方针、政策、规章和制度,并组织实施;

(二)依法制定本地区有关运输车辆技术管理的规章、制度、定额和措施;

(三)对本地区运输车辆技术管理工作进行组织领导、监督检查和协调服务;

(四)组织安全、法制教育和专业技术培训,提高车辆技术管理人员、技工、驾驶员的素质。

(五)推广现代化管理方法和先进经验,开展爱车、节油、节胎等竞赛活动和各种咨询服务。

第九条 运输单位车辆技术管理的主要职责是:

(一)贯彻执行交通运输管理部门和上级发布的有关车辆技术管理的各项方针、政策、规章和制度;

(二)制定本单位车辆技术管理的规章和制度,以及车辆技术管理目标和考核指标,并负责实施;

(三)大、中型运输单位,应建立由总工程师负责的车辆技术管理系统。小型运输单位要有一名副经理(副厂长)负责车辆技术管理工作。所属车间和车队应配备一定数量的专职技术管理人员,分别负责车辆各项技术管理工作;

(四)建立健全车辆技术管理的各级岗位责任制,明确车辆技术管理人员的职责和权限,充分发挥他们的作用,保持队伍的相对稳定;

(五)正确处理运输生产和技术管理的关系,保持运输车辆技术状况良好;

(六)正确使用车辆更新改造资金和大修理基金;

(七)推广现代化管理方法,应用新技术、新工艺和新材料;

(八)组织职工安全、法制教育和专业技术培训,提高职工素质;

(九)开展各种群众性爱车、节油、节胎等专业技术竞赛活动,总结推广先进经验。

第三章　车 辆 管 理

第一节　车辆选配和使用的前期管理

第十条　交通运输管理部门应根据当地社会运力、油料供应、运量、运距和道路、气候等社会和自然条件,制定车辆发展规划。对运力的增长,进行宏观控制。凡需购置营业性运输车辆的单位和个人,应事先向交通运输管理部门提出申请,经审核批准后,方可购置。未经交通运输管理部门批准购置的车辆,不予签发营运证。

第十一条　运输单位选购车辆应根据当地运输市场状况和运行条件,对车辆的适应性、可靠性、经济性以及维修方便性进行选型论证,避免盲目购置。个人购置车辆事先宜向当地交通运输管理部门咨询。

第十二条　规模较大的运输单位,应根据其运输任务和经营范围，合理配备大、中、小型汽车以及通用和专用车，以充分发挥车辆的吨（座）位和容量利用率。

第十三条 新车在接收和使用前应做到：

（一）接收新车时应按合同和说明书的规定，对照车辆清单或装箱单进行验收，清点随车工具及附件等；

（二）新车在投入使用前，应进行一次全面检查，并根据制造厂的规定进行清洁、润滑、紧固以及必要的调整；

（三）新型车辆在投入使用前，运输单位应组织驾驶员和维修工进行培训，在掌握车辆性能、使用和维修方法后方可使用；

（四）新车投入使用前，应建立车辆技术档案，配备必要的附加装备和安全防护装置；

（五）新车应严格执行走合期的各项规定，做好走合维护工作；

（六）在索赔期内，应严格按制造厂技术要求使用。车辆发生损坏，应及时作出技术鉴定，属于制造厂责任的，按规定程序向制造厂索赔。

进口的新车，在索赔期内，不得进行改装，以便出现制造质量问题时对外索赔。

第二节 车辆的基础管理

第十四条 车辆的装备应符合下列要求：

（一）车辆的经常性装备应符合国标 GB 7258—87《机动车运行安全技术条件》、GB 4785—84《汽车及挂车外部照明和信号装置的数量、位置和光色》和交通部 JT 3111—85《公路客运车辆通用技术条件》、JT 3105—82《货运全挂车通用技术条件》、JT 3115—82《货运半挂车通用技术条件》的有关规定，并保证齐全、完好，不得任意增减；

（二）车辆在特殊运行条件下使用时，应根据需要，配备保温、预热、防滑、牵引等临时性装备；

（三）车辆运输超长、超宽、超高或保鲜等特殊物资时，应根据需要增加临时性装备；

（四）运输危险货物的车辆装备，应符合交通部 JT 3130—88《汽车危险货物运输规则》的有关规定。

第十五条 车辆技术档案的建立与管理：

（一）车辆从购置到报废全过程的技术管理，应系统记入车辆技术档案。运输单位和个人必须逐车建立车辆技术档案。技术档案应认真填写，妥善保管，记载及时、完整和准确，不得任意更改。车辆办理过户手续时，车辆技术档案应完整移交；

（二）车辆技术档案的格式由各省、自治区、直辖市交通厅（局）统一制定。车辆技术档案应作为发放、审核营运证的依据之一；

（三）车辆技术档案的主要内容包括：车辆基本情况和主要性能、运行使用情况、主要部件更换情况、检测和维修记录，以及事故处理记录等。

第十六条 车辆技术状况等级的鉴定：

（一）各省、自治区、直辖市交通厅（局）应制定车辆技术状况鉴定制度；

（二）各级交通运输管理部门负责车辆技术状况等级鉴定的组织和监督检查；

（三）运输单位应按规定做好车辆技术状况等级的鉴定工作；

（四）车辆技术状况等级的鉴定，至少每半年进行一次。

第十七条 车辆技术状况等级的划分：

（一）一级，完好车：新车行驶到第一次定额大修间隔里程的三分之二和第二次定额大修间隔里程的三分之二以前，汽车各主要总成的基础件和主要零部件坚固可靠，技术性能良好；发动机运转稳定，无异响，动力性能良好，燃润料消耗不超过定额指标，废气排放，噪音符合国家标准；各项装备齐全、完好，在运行中无任何保留条件；

（二）二级，基本完好车：车辆主要技术性能和状况或行驶里程低于完好车的要求，但符合 GB 7258—87 的规定，能随时参加运输；

（三）三级，需修车：送大修前最后一次二级维护后的车辆和正在大修或待更新尚在行驶的车辆；

（四）四级，停驶车：预计在短期内不能修复或无修复价值的车辆。

第十八条 技术、经济定额的制定与修订：

（一）技术、经济定额是运输单位和个人在一定的生产条件下，进行生产和经济活动所应遵守或达到的限额，是实行经济核算，分析经济效益和考核经营管理水平的依据。技术、经济定额应考虑使用环境及条件、人员技术素质等因素，根据专业运输单位平均先进水平制定；

（二）技术、经济定额应保持相对稳定，但随着使用条件的改善和技术进步，可作必要的修订；

（三）技术、经济定额由各省、自治区、直辖市交通厅（局）组织制定和修订；

（四）各运输单位和个人应将技术、经济定额和指标实现情况按期统计，按规定报送当地交通运输管理部门。

第十九条 汽车运输业应建立的主要技术、经济定额和指标：

（一）行车燃料消耗定额：是指汽车每行驶百车公里或完成百吨公里所消耗燃料的限额。根据 GB 4352—84《载货汽车运行燃料消耗量》和 GB 4353—84《载客汽车运行燃料消耗量》规定，按车型、使用条件、载质（客）量和燃料种类等分别制定；

（二）轮胎行驶里程定额：是指新胎从开始装用，经翻新到报废总行驶里程的限额。根据车型、使用条件和轮胎性能分别制定；

（三）车辆维护与小修费用定额：是指车辆每行驶一定里程，维护与小修耗用的工时和物料费用的限额。按车型和使用条件等分别制定；

（四）车辆大修间隔里程定额：是指新车到大修，或大修到大修之间所行驶的里程限额。按车型和使用条件等分别制定；

（五）发动机大修间隔里程定额：是指新发动机到大修，或大修到大修之间所使用的里程限额。按型号和使用燃料类别等分别制定；

（六）车辆大修费用定额：是指车辆大修所耗工时和物料总费用的限额。按车辆类别和型式等分别制定；

（七）完好率：是指完好车日在总车日中所占的百分比；

（八）车辆平均技术等级：是指所有运输车辆技术状况的平均等级。计算公式如下：

车辆平均技术等级 = [（1×一级车数）+（2×二级车数）+（3×三级车数）+（4×四级车数）]/各级车辆的总和

（九）车辆新度系数：是综合评价运输单位车辆新旧程度的指标。计算方法如下：

$$车辆新度系数 = \frac{年末单位全部运输车辆固定资产净值}{年末单位全部运输车辆固定资产原值}$$

（十）小修频率：是指每千车公里发生小修的次数（不包括各级维护作业中的小修）；

（十一）轮胎翻新率：是指在统计期内经过翻新的报废轮胎数占全部报废轮胎数的百分比。

第二十条 运输单位必须将车辆完好率、平均技术等级、新度系数等主要技术、经济指标，纳入经理（厂长）责任考核内容。

第二十一条 车辆的租赁、停驶和封存：

（一）租赁车辆的技术档案、技术经济指标完成情况和技术状况等级由出租与承租双方记录和考核；

（二）因部分总成和部件损坏，在较长时间内无法解决，但不符合报废条件的车辆，运输单位可作停驶处理；

（三）凡技术状况良好，因其他原因需要较长时间停驶的车辆，运输单位可作封存处理，报其上级主管部门备案。封存期间不进行指标考核，但应妥善保管，定期维护。启封使用时，应进行一次维护作业，经检验合格后，方可参加运行。

第二十二条 车辆的折旧：

（一）车辆折旧按国家规定执行；

（二）车辆折旧里程的规定，是提取车辆基本折旧资金的依

据,不是车辆报废的标准;

(三)折旧资金应用于车辆的更新改造和技术进步,不得挪作他用。

第四章　车 辆 使 用

第一节　车辆在一般条件下使用

第二十三条　车辆运行必须符合第十四条关于车辆装备的规定。

第二十四条　车辆装载必须符合以下规定:

(一)车辆的额定载质量,应符合制造厂规定;

(二)经过改装、改造的车辆,或因其他原因需要重新标定载质量时,应经车辆所在地主管部门核定;

(三)车辆换装与制造厂规定最大负荷不相同的轮胎,其最大负荷大于原轮胎的,应保持原车额定载质量;最大负荷小于原轮胎的,必须相应地降低载质量;

(四)车辆增载必须符合交通部1988年发布的《汽车旅客运输规则》和《汽车货物运输规则》的有关规定;

(五)所有车辆的载质量,一经核定,严禁超载;

(六)车辆总质量超过桥梁承载质量或运输超长、超宽、超高货物时,应报请当地交通、公安主管部门,采取安全有效措施,经批准后才能通行;

(七)车辆运载易散落、飞扬、泄漏、污秽物品时,应封盖严密,以免污染环境。

第二十五条　汽车拖挂总质量应根据不同使用条件,通过试验后确定。确定不同地区拖挂总质量的原则是:

(一)平原地区保持直接挡(包括超速挡)作为经常行驶挡位;

(二)丘陵地区用直接挡(包括超速挡)行驶的时间占60%以上,其平均技术速度不低于单车的70%;

（三）在山区一般坡度路段上可以二挡通过，最大坡度路段可用一挡起步。

第二十六条 车辆运载危险货物时，必须符合交通部 JT 3130—88 的规定。

第二十七条 车辆在通过危险的路段、渡口、桥梁和遇有临时开沟、设线、水毁、塌方、冰坎、翻浆等情况时，必须采取切实有效的技术措施，保障行车安全。

第二十八条 新车、大修车以及装用大修发动机的汽车走合期必须遵守如下规定：

（一）走合期里程不得少于 1000 公里；

（二）在走合期内，应选择较好的道路并减载限速运行。一般汽车按载质量标准减载 20% ~25%，并禁止拖带挂车；半挂车按载质重标准减载 25% ~50%；

（三）在走合期内，驾驶员必须严格执行驾驶操作规程，保持发动机正常工作温度。走合期内严禁拆除发动机限速装置；

（四）走合期内认真做好车辆日常维护工作，经常检查、紧固各部外露螺栓、螺母，注意各总成在运行中的声响和温度变化，及时进行调整；

（五）走合期满后，应进行一次走合维护，其作业项目和深度参照制造厂的要求进行；

（六）进口汽车按制造厂的走合规定进行。

第二十九条 运输单位和个人使用燃润料时应注意的事项：

（一）燃润料的选用必须符合制造厂说明书的技术要求；

（二）各种燃润料的运输和存放必须遵守有关规定；

（三）燃润料应保持清洁，柴油必须经过沉淀、过滤后方能使用；

（四）不同种类、牌号的燃润料不得混合使用。更换不同牌号的润滑油或进行季节性换油时，必须做好清洗工作；

（五）进口汽车所用的燃润料，应严格按汽车制造厂规定选用或按其规格性能要求，选用相应国产牌号的燃润料；

（六）认真做好润滑油料的回收工作。回收的油料应按不同种类分别盛装，防止混入水分和杂质，收集到一定数量后交回收部门处理。

第三十条 运输单位和个人应按交通部1987年发布的《汽车运输行业轮胎技术管理制度》的要求，加强轮胎管理，提高轮胎使用维修技术水平。

第三十一条 运输单位和个人应建立健全车辆技术检验和安全检查制度，做好出车前、行车中及收车后的车辆检查工作，发现故障及隐患，及时排除。

第三十二条 各级交通运输管理部门和运输单位，应积极做好群众性的节油、节胎、节约维修费用的工作，推广新技术、新工艺、新材料、新装备，及时总结、交流先进经验。

第二节 车辆在特殊条件下使用的要求

第三十三条 车辆在低温条件下使用时，应采取以下措施：

（一）车辆在低温条件下停放时，应采取防冻、保温措施。使用前应预热；

（二）各总成和轮毂轴承换用冬季润滑油（脂），制动系换用冬季用制动液。柴油发动机使用低凝点柴油；

（三）调整发电机调节器，增大发电机充电电流。注意保持蓄电池电解液的合适密度和蓄电池的保温；

（四）发动机罩和散热器前加装保温套，注意保持正常工作温度；

（五）使用防冻液时，应掌握其正确的使用方法；

（六）在冰雪路面行驶时，应采用有效的防滑措施。

第三十四条 车辆在高温条件下使用时，应采取以下措施：

（一）对汽油发动机供油系，采取隔热、降温等有效措施，防止气阻；

（二）加强冷却系的维护，清除水垢，保持良好的冷却效果。行车中注意勿使发动机过热；

（三）各总成和轮毂轴承换用夏季润滑油（脂）。制动系换用夏季制动液；

（四）调整发电机调节器，减小充电电流。检查调整蓄电池电解液密度，保持液面高度和通气孔畅通；

（五）行车途中经常检查轮胎温度和气压，不得采取放气或冷水浇泼的方法降低轮胎的气压和温度。

第三十五条 车辆在山区或高原等地区使用时，应采取以下措施：

（一）加强制动系和操纵系的检查和维护工作，确保制动和操纵装置可靠，工作正常；

（二）爬长坡、陡坡时，注意提前换挡；

（三）下坡前，注意制动系压力及制动机构工作状况。禁止熄火空档滑行。防止制动毂过热；

（四）对点火系和供油系作适当调整；

（五）风沙严重地区注意车辆的密封。加强发动机空气、机油和燃油滤清器保养工作；

（六）可酌情采取提高压缩比、改变配气相位、增压等措施，提高发动机的动力性。

第三节 车辆驾驶操作基本要求和日常维护工作

第三十六条 驾驶员须爱护车辆，严格遵守驾驶操作规程。行车前，做到预热起动、低速升温、低档起步。行驶中，注意保持温度、及时换档、保有余力、行驶平稳、安全滑行、合理节油。在拖带挂车时，加强主、挂车之间连接机构的检查，避免冲击。

第三十七条 车辆的日常维护是驾驶员必须完成的日常性工作。主要内容是：坚持三检，即出车前、行车中、收车后检视车辆的安全机构及各部机件连接的紧固情况；保持四清，即保持机油、空气、燃油滤清器和蓄电池的清洁；防止四漏，即防止漏水、漏油、漏气、漏电；保持车容整洁。

第三十八条 交通运输管理部门和运输单位应及时总结推广

驾驶操作和日常维护的经验。定期组织检查评比,并将检查评比结果作为考核驾驶员和衡量运输单位技术管理工作水平的依据之一。

第五章 车辆检测诊断与维修

第一节 车辆的检测诊断

第三十九条 车辆检测诊断技术,是检查、鉴定车辆技术状况和维修质量的重要手段,是促进维修技术发展,实现视情修理的重要保证。各地交通运输管理部门和运输单位应积极组织推广检测诊断技术。

第四十条 检测诊断设备应能满足车辆在不解体情况下确定其工作能力和技术状况,以及查明故障或隐患的部位和原因。检测诊断的主要内容包括:汽车的安全性(制动、侧滑、转向、前照灯等)、可靠性(异响、磨损、变形、裂纹等)、动力性(车速、加速能力、底盘输出功率;发动机功率、扭矩和供给系、点火系状况等)、经济性(燃油消耗)及噪声和废气排放状况等。

第四十一条 各省、自治区、直辖市交通厅(局)应建立运输业车辆检测制度。根据车辆从事运输的性质、使用条件和强度以及车辆老旧程度等,进行定期或不定期检测,确保车辆技术状况良好,并对维修车辆实行质量监控。

第四十二条 建设汽车综合性能检测站是加强车辆技术管理的重要措施。各省、自治区、直辖市交通厅(局)是汽车综合性能检测站的主管部门,负责规划、管理和监督。

第四十三条 各省、自治区、直辖市交通厅(局)应对汽车综合性能检测站进行认定。经认定后的检测站可代表交通运输管理部门对车辆行使质量监控。

第四十四条 汽车综合性能检测站经认定后,交通运输管理部门应组织运输和维修车辆进行检测。

第四十五条 经认定的汽车综合性能检测站在车辆检测后，应发给检测结果证明，作为交通运输管理部门发放或吊扣营运证依据之一和确定维修单位车辆维修质量的凭证。

第四十六条 经认定的汽车综合性能检测站的职责是：

（一）对车辆的技术状况进行检测诊断；

（二）对汽车维修行业的维修车辆进行质量检测；

（三）对车辆改装、改造、报废和有关新工艺、新技术、新产品，以及节能、科研项目等进行检测、鉴定；

（四）在环保部门统一监督管理下，对汽车污染进行监督、监测；

（五）接受公安、商检、计量和保险等部门的委托，进行有关项目的检测。

第二节 车辆的维护

第四十七条 车辆维护应贯彻预防为主，强制维护的原则。保持车容整洁，及时发现和消除故障、隐患，防止车辆早期损坏。

第四十八条 车辆维护作业，包括清洁、检查、补给、润滑、紧固、调整等，除主要总成发生故障必须解体时，不得对其进行解体。

第四十九条 车辆的维护分为日常维护、一级维护、二级维护等。维护的主要作业范围如下：

（一）日常维护：是日常性作业，由驾驶员负责执行。其作业中心内容是清洁、补给和安全检视；

（二）一级维护：由专业维修工负责执行。其作业中心内容除日常维护作业外，以清洁、润滑、紧固为主，并检查有关制动、操纵等安全部件；

（三）二级维护：由专业维护工负责执行。其作业中心内容除一级维护作业外，以检查、调整为主，并拆检轮胎，进行轮胎换位。

季节性维护可结合定期维护进行。

第五十条 车辆二级维护前应进行检测诊断和技术评定，根据结果，确定附加作业或小修项目，结合二级维护一并进行。

第五十一条 车辆的维护必须遵照交通运输管理部门规定的行驶里程或间隔时间，按期强制执行。各级维护作业项目和周期的规定，必须根据车辆结构性能、使用条件、故障规律、配件质量及经济效果等情况综合考虑。随着运行条件的变化，新工艺、新技术的采用，维护项目和周期经交通运输管理部门同意后可及时进行调整。

第五十二条 运输单位和个人的运输车辆，应在交通运输管理部门认定的维修厂（场）进行维护，建立维护合作关系，确保车辆按期维护。

第五十三条 维修厂（场）必须认真进行维护作业，确保维护质量。车辆维护后，应将车辆维护的级别、项目等填入车辆技术档案，并签发合格证。

第三节 车辆的修理

第五十四条 车辆修理应贯彻视情修理的原则，即根据车辆检测诊断和技术鉴定的结果，视情按不同作业范围和深度进行，既要防止拖延修理造成车况恶化，又要防止提前修理造成浪费。

第五十五条 车辆修理必须根据国家和交通部发布的有关规定和修理技术标准进行，确保修理质量。

第五十六条 车辆修理按作业范围可分车辆大修、总成大修、车辆小修和零件修理：

（一）车辆大修，是新车或经过大修后的车辆，在行驶一定里程（或时间）后，经过检测诊断和技术鉴定，用修理或更换车辆任何零部件的方法，恢复车辆的完好技术状况，完全或接近完全恢复车辆寿命的恢复性修理；

（二）总成大修，是车辆的总成经过一定使用里程（或时间）后，用修理或更换总成任何零部件（包括基础件）的方法，恢复其完好技术状况和寿命的恢复性修理；

(三)车辆小修,是用修理或更换个别零件的方法,保证或恢复车辆工作能力的运行性修理,主要是消除车辆在运行过程或维护作业过程中发生或发现的故障或隐患;

(四)零件修理,是对因磨损、变形、损伤等而不能继续使用的零件进行修理。

第五十七条 运输单位和个人的运输车辆,应根据其修理作业范围,送交通运输管理部门认定的修理厂进行修理。

第五十八条 车辆和总成大修的送修标志:

(一)汽车大修送修标志:客车以车厢为主,结合发动机总成;货车以发动机总成为主,结合车架总成或其他两个总成符合大修条件;

(二)挂车大修送修标志:

1. 挂车车架(包括转盘)和货箱符合大修条件;

2. 定车牵引的半挂车和铰接式大客车,按照汽车大修的标志与牵引车同时进厂大修;

(三)总成大修送修标志:

1. 发动机总成:气缸磨损,圆柱度达到 0. 175 ~0. 250 毫米或圆度已达到 0. 050 ~0. 063 毫米(以其中磨损量最大的一个气缸为准);最大功率或气缸压力较标准降低 25% 以上;燃料和润滑油消耗量显著增加;

2. 车架总成:车架断裂、锈蚀、弯曲、扭曲变形逾限,大部分铆钉松动或铆钉孔磨损,必须拆卸其他总成后才能进行校正、修理或重铆,方能修复;

3. 变速器(分动器)总成:壳体变形、破裂,轴承承孔磨损逾限,变速齿轮及轴恶性磨损、损坏,需要彻底修复;

4. 后桥(驱动桥、中桥)总成:桥壳破裂、变形,半轴套管承孔磨损逾限,减速器齿轮恶性磨损,需要校正或彻底修复;

5. 前桥总成:前轴裂纹、变形,主销承孔磨损逾限,需要校正或彻底修复;

6. 客车车身总成:车厢骨架断裂、锈蚀、变形严重,蒙皮破损面

积较大,需要彻底修复;

7. 货车车身总成:驾驶室锈蚀、变形严重、破裂,或货厢纵、横梁腐朽,底板、栏板破损面积较大,需要彻底修复。

第五十九条 车辆和总成的送修规定:

(一)车辆和总成送修时,承修单位与送修单位应签订合同,商定送修要求、修理车日和质量保证等。合同签订后必须严格执行;

(二)车辆送修时,应具备行驶功能,装备齐全,不得拆换;

(三)总成送修时,应在装合状态,附件、零件均不得拆换和短缺;

(四)肇事车辆或因特殊原因不能行驶和短缺零部件的车辆,在签订合同时,应作出相应的规定和说明;

(五)车辆和总成送修时,应将车辆和总成的有关技术档案一并送承修单位。

第六十条 修竣车辆和总成的出厂规定:

(一)送修车辆和总成修竣检验合格后,承修单位应签发出厂合格证,并将技术档案、修理技术资料和合格证移交送修单位;

(二)车辆或总成修竣出厂时,不论送修时的装备(附件)状况如何,均应按照有关规定配备齐全。发动机应安装限速装置;

(三)接车人员应根据合同规定,就车辆或总成的技术状况和装备情况等进行验收,如发现确有不符合竣工要求的情况时,承修单位应立即查明,及时处理;

(四)送修单位必须严格执行车辆走合期的规定,在保证期内因修理质量发生故障或提前损坏时,承修单位应优先安排,及时排除,免费修理。如发生纠纷,由维修管理部门组织技术分析,进行仲裁。

第六十一条 运输单位应按规定,提取车辆大修理基金,用于保证车辆正常大修。

第六章 车辆改装、改造、更新与报废

第一节 车辆的改装和改造

第六十二条 为适应运输的需要，经过设计、计算、试验，将原车型改制成其他用途的车辆称为车辆技术改装。

第六十三条 为改善车辆性能或延长其使用寿命，经过设计、计算、试验，改变原车辆的零部件或总成，称为车辆技术改造。

第六十四条 车辆改装和改造必须事前进行技术经济论证，符合技术上可靠、经济上合理的原则。

第六十五条 对营业性运输车辆提出改装和改造的单位，应将改装、改造方案及数量报交通运输管理部门，交通运输管理部门根据运输市场需要进行审批，其他运输车辆报交通运输管理部门备案。改装、改造后的车辆应由主管部门组织鉴定。一般性技术改进，运输单位可自行决定。

第二节 车辆的更新

第六十六条 以新车辆或高效率、低消耗、性能先进的车辆更换在用车辆，为车辆更新。车辆更新应以提高运输经济效益和社会效益为原则。

第六十七条 运输单位应编制车辆更新计划，积极组织落实。个体运输户也应根据车辆使用情况及时更新。

第六十八条 更新下来的运输车辆，运输单位可根据国家有关规定进行处理。处理后的变价收入应用于车辆更新改造，不得挪作他用。

第三节 车辆的报废

第六十九条 车辆经长期使用，车型老旧，性能低劣，物料超耗严重，维修费用过高，继续使用不经济、不安全的应予报废。

第七十条 运输单位和个人运输车辆需要报废时,由其主管部门鉴定、审批,并报交通运输管理部门备案。

第七十一条 运输单位和个人对需要报废而尚未批准的车辆应妥善保管,禁止拆卸或挪用其任何零件和总成。

第七十二条 凡经批准或确定报废的车辆,交通运输管理部门应及时吊销营运证。报废车辆不得转让或移作他用。严禁用报废车的总成和零、部件拼装车辆。

第七章 奖励与处罚

第七十三条 运输车辆的主管部门和交通运输管理部门应建立车辆技术管理奖惩制度,定期组织车辆技术管理评优活动,对车辆技术管理工作成绩显著,并取得较好经济效益的运输单位和个人,给予表彰和奖励;对违反本规定,不重视车辆技术管理工作,造成车辆早期损坏的运输单位和个人,根据情节轻重给予批评教育或经济处罚。

第七十四条 运输单位和个人应积极参加交通运输管理部门和其主管部门组织的车辆技术管理创优活动。

第七十五条 凡作出下列成绩之一的,由其主管部门或交通运输管理部门根据其贡献大小,对单位或个人给予表彰和奖励:

(一)推行现代化车辆技术管理,使车辆技术状况不断改善,取得显著成效的;

(二)发现车辆隐患,及时防止和避免重大事故的;

(三)改装、改造车辆的工艺和方法具有推广价值,并有显著成效的;

(四)在车辆维修技术方面有重大创新,具有推广价值,并取得显著成效的;

(五)正确使用车辆,节油、节胎、节约维修费用成绩显著的。

第七十六条 有下列行为之一的,由运输单位的主管部门或交通运输管理部门根据其情节轻重,对单位或个人给予批评教育或经济处罚：

（一）由于超负荷运行，严重失保失修等原因造成车况显著下降或重大机械事故的；

（二）违反驾驶操作规程，造成车辆严重损坏，影响运输生产的；

（三）技术管理混乱，玩忽职守，职责不清或无人管理，对车辆损坏不作及时处理，造成车辆技术状况严重下降的；

（四）对车辆事故隐瞒不报或弄虚作假的；

（五）违反检验维修规程，降低标准，以致维修质量低劣，造成经济损失或安全事故的。

第八章　附　　则

第七十七条　本规定是汽车运输业车辆技术管理的基本规定，各省、自治区、直辖市交通厅（局）可依据本规定，制订实施细则，并报交通部备案。

第七十八条　运输车辆以外的车辆技术管理可参照本规定执行。

第七十九条　本规定由交通部负责解释。

第八十条　本规定自1990年10月1日起施行。1980年交通部发布的《汽车运输和修理企业技术管理制度》（试行）同时废止。

汽车旅客运输服务岗位职责及工作标准(试行)

(交通部 (91)交运字713号 1991.10.05)

汽车旅客运输是综合运输体系中一种不可缺少的运输方式,它与国民经济建设和广大人民群众生活息息相关,并以其特有的优势,在综合运输体系中发挥越来越大的作用。

汽车旅客运输必须坚持社会主义的方向、全心全意为人民服务的原则和"旅客至上,服务第一"的宗旨,认真执行党和国家的各项政策、法令和客运规章制度,为实现我国工业、农业、国防、科学现代化作出贡献。

汽车旅客运输部门的工作人员,必须认真学习马列主义、毛泽东思想,努力钻研科学文化和业务技术知识,牢固树立为人民服务的思想,具有高尚的职业道德,热爱客运事业,熟悉客运业务,掌握服务技能,坚守工作岗位,兢兢业业地做好本职工作。为使汽车旅客运输服务工作逐步向标准化、规范化方向发展,现制定《汽车旅客运输服务岗位职责及工作标准(试行)》(以下简称本试行标准),以统一汽车旅客运输服务岗位的名称,明确各岗位的职责和工作标准,更好地搞好客运服务工作。

1. 服务岗位

1.1 值班站长

1.2 问事员

1.3 售票员

1.4 行包员

1.5 小件寄存员

1.6 服务员

1.7　公安值勤员

1.8　广播员

1.9　检票员

1.10　乘务员

1.11　驾驶员

2. 基本职责和工作要求

2.1　认真学习和贯彻执行党和国家的各项方针政策和法令，努力钻研技术，熟悉客运业务，遵守运输纪律，着眼于旅客，立足于服务，做到文明服务，礼貌待客。

2.2　严格执行交通部《汽车旅客运输规则》等有关客运规章制度和服务质量标准，做到标准化、规范化、程序化服务。

2.3　严格按交通部标准 JT 3127—87《公路客运工作人员服装式样和服务标志》规定穿着统一的工作服，并须按规定佩戴服务标志上岗，做到服饰整洁，仪容端庄。

2.4　遵守车站的各项规章制度，按时上岗，集中精力，精神饱满，坚守工作岗位，工作时不做与本职工作无关的事情。

2.5　工作时必须讲普通话，应用十字文明用语（请、您好、对不起、谢谢、再见），做到举止庄重，言语可亲，态度和蔼，微笑服务。在一、二级车站和旅游区车站，要有一定数量的服务人员会应用日常外语和哑语会话；在少数民族地区的车站，服务人员要会当地民族语言。

2.6　搞好岗位和环境卫生，保持站、车整洁。

2.7　维护公共秩序，敢与不良现象作斗争。

2.8　遵守职业道德，奉公守法，端正行风，不以权谋私，不刁难和敲诈旅客。

3. 值班站长岗位职责和工作标准

3.1　值班站长岗位职责

3.1.1　代行站长职责，做好站内当班服务和现场管理工作。

3.1.2　负责指挥、部署、总结和协调各岗位工作，督促执行各项服务规定制度，保证站内各项服务工作顺利进行。

3.1.3　负责对各岗位服务人员进行考核,解决当班发生的各种问题,遇有重大问题立即向站长汇报。

3.1.4　协助站长组织服务人员开展优质服务活动和业务学习,搞好团结,不断提高服务质量。

3.1.5　负责处理、解决旅客疑难问题,定期组织召开旅客代表座谈会,听取旅客意见和建议,研究改进、提高客运服务工作。

3.1.6　完成站长交办的其他站务工作。

3.2　值班站长工作标准

3.2.1　按时组织召开当班服务人员班前会。

3.2.2　检查当班服务人员是否按规定要求上岗。

3.2.3　带领当班服务人员搞好站内外的环境卫生,检查各项服务设施、设备是否齐备、有效。

3.2.4　经常巡回于服务第一线,及时处理当班发生的服务质量、商务事故等问题。

3.2.5　协调、衔接好各岗位、各班组之间的工作,考核当班服务人员对各项规章制度的执行情况和服务质量、卫生情况等,并做好记录。

3.2.6　监督检查当班服务人员对各项统计资料的整理工作,认真填好统计报表。

3.2.7　掌握客流变化和班线通阻以及供车等情况,及时调整运行作业计划,指派有关服务人员将变更后的班次向旅客通告,并做好宣传解释工作。

3.2.8　按时召开旅客代表座谈会,征求旅客对车站工作的意见和建议;接待旅客来访,妥善解决旅客遇到的疑难问题;拆阅旅客来信和检查旅客意见簿并做好签字和记录。

3.2.9　检查当班各岗位工具、用品、站内服务设施和设备是否齐备完好,对损坏、丢失等情况做好记录,及时通知有关部门修复;检查站内外环境卫生情况。

3.2.10　做好站内旅客遗失物品的登记、处理工作。

3.2.11　组织召开班后会,听取各岗位工作汇报,做好记录与小结,对旅客提出的意见和建议及时做出处理。

3.2.12　向站长汇报当班工作情况。

4.问事员岗位职责和工作标准

4.1　问事员岗位职责

4.1.1　熟记本站营运线路、班次、发车时间、沿途主要停靠站点、里程、票价、运行时间等及其他交通工具到开时刻,了解掌握当地风土人情、名胜古迹及当地主要单位的地址和电话号码等情况。

4.1.2　负责接待旅客问事,有问必答,百问不烦。

4.1.3　负责办理旅客签证、改乘、退票、订票和失物登记、广播找人等工作。

4.1.4　认真做好各项服务工作的原始记录,及时整理上报。

4.2　问事员工作标准

4.2.1　每天上岗前及时了解掌握本站当天班线、班次的调整、变更情况。

4.2.2　接待旅客应热情、礼貌,要耐心准确地解答旅客问事,做好宣传解释工作。

4.2.3　为旅客办理签证、改乘、退票和订票等手续。

4.2.4　管好公用电话,及时做好传呼工作。

4.2.5　做好失物登记工作,及时公布失物招领启事。

4.2.6　帮助旅客与广播室联系广播找人。

5.售票员岗位职责和工作标准

5.1　售票员岗位职责

5.1.1　严格执行运价政策和票据管理及营收报解制度,负责票据的领取、登记、发售、保管工作,遵守售票纪律,严禁无关人员进入售票室。

5.1.2　根据不同旅客的特点,采用多种方式按时保质保量地完成售票任务。

5.1.3　熟记本站营运线路、班次、发车时间、沿途停靠站点、里程、票价、运行时间及中转换乘的班次时间。

5.1.4　注意观察客流动态,当客流发生变化时,及时向有关人员提供信息，以便加(减)班。

5.1.5 熟练掌握售票工具和设备性能及操作技术，爱护设备、用具，定期保修，保持售票室、设备、工作台和机工具的清洁卫生。

5.1.6 按时填写当班工作记录、原始台账，负责交接好当班工作。

5.2 售票员工作标准

5.2.1 上岗前在售票窗口悬挂公号牌，做好票据、机工具、零钱、账单及其他方面的准备工作，做到用具齐全有效，摆放整齐合理。

5.2.2 注意掌握当日营运班线车型定员、预售票和以其他方式售出客票票号情况，以便做到合理配载，一视同仁，不售超员票。

5.2.3 售票时精力集中，操作准确迅速，唱收唱付，票、款同时交付旅客手中，并交代必要事宜。

5.2.4 发售的客票票面班次、票价、日期、起止站、发车时间、座号、乘车地点等必须字迹清楚、无涂改痕迹，不错号、重号，改乘、退票应有签章。

5.2.5 售票差错率低于0.5‰，旅客排队购票时间一般不超过十五分钟。

5.2.6 交接班清楚，收入日报填写准确，票款收入日清日结，票、款、账相符，不压不挪用票款。

6.行包员岗位职责和工作标准

6.1 行包员岗位职责

6.1.1 熟记本站营运线路、班次、发车时间、沿途停靠站点、里程，熟练掌握计件物品重量折算方法和行包运费计算方法，负责行包的受理、开票、保管、装卸、交付等工作。

6.1.2 严格执行交通部费收规定和票据管理制度、营收报解制度，负责行包票据的领取、使用、登记和保管工作。严格行包库房的管理，严禁无关人员进入行包库房。

6.1.3 受理行包时负责做好安全检查，严防托运的行包内夹带危险品、禁运物品和超限量物品，要求包卡相符，堆码整齐、计量准确，按规定收费。

6.1.4　严格执行行包监装、监卸和交接制度，对行包的责任事故，迅速做好商务事故记录，及时上报。

6.1.5　主动为旅客代办包装，代售包装材料，收费合理。

6.1.6　按时填写当班工作记录和原始台账，负责交接好当班工作。

6.2　行包员工作标准

6.2.1　上岗前准备好各种业务用具，校正衡、量器，检查搬运器械等设备。

6.2.2　收件、过磅、计费、开票。

6.2.2.1　检查旅客托运的物品是否符合规定，对有疑点的行包应要求旅客开包共同检查，严防托运行包内夹带危险品、禁运物品和超限量物品。行包包装应牢固，且不得超长、超宽、超高和超重。

6.2.2.2　对行包认真过磅或丈量，正确核算运费和装卸费等费用，做到合理计量，按标准收费，票据清晰准确。

6.2.2.3　填好标签，并将其拴在行包的两端，便于校对和查找。

6.2.3　分包入位，做好记录。

6.2.3.1　对受理的行包按标签到站、班次开车时间安排货位，堆放时应将标签朝外，并做到重不压轻，大不压小。

6.2.3.2　行包出库装车时要核对件数，做好出库记录，与驾、乘人员办好交接手续。

6.2.4　装车要按标签上到站的远近，做到先远后近，上圆下方，大件在外，小件在内，软硬搭配的操作方法，轻搬轻放，不得超长、超宽、超高和超重，装完后盖好苫布，系牢绳网。装卸时严禁吸烟。

6.2.5　交付行包时要与旅客核对凭证，做到交接无误，并做好交接记录。对未与旅客同时到达的行包，必须及时卸车，办好入库交接手续，待旅客提取。对逾期提取的行包，按规定加收保管费。

6.2.6 行包正运率应达到99.9%以上，行包赔偿率应在5‰以下。

6.2.7 交接班清楚，收入日报填写准确，行包款及其他费收应日清日结，票、款、账、物相符，对行包款及其他费收款不积压不挪用。

7. 小件寄存员岗位职责和工作标准

7.1 小件寄存员岗位职责

7.1.1 严格执行交通部有关费收规定和票据管理制度、营收报解制度，按规定收费，办理存提手续。

7.1.2 严格寄存库房管理，负责保管好旅客寄存的物品，严格寄存提取手续，严禁无关人员进入寄存室。

7.1.3 宣传安全运输规章和小件物品寄存规定，收存小件物品时做好安全检查，严防旅客在寄存的小件物品内夹带危险品。

7.1.4 寄存物品要求挂签、存放、提取准确，码放整齐。

7.2 小件寄存员工作标准

7.2.1 上岗前应首先清点核对存放物品的件数、状况、存取时间和了解上班遗留问题，同时整理清洁卫生，摆放整齐。

7.2.2 凭有效客票和当天到达本站的班车客票办理寄存手续。

7.2.3 对不符合寄存规定而未予寄存的物品，要向旅客做好宣传解释工作，对拟收存的物品如有疑问，应要求旅客开包共同检查，严防旅客在寄存的小件物品内夹带危险品等不符合寄存规定的物品。

7.2.4 填写寄存票签和收费凭据要齐全，字迹清楚，标签悬挂应一件一签，按件计量收费，唱收唱付，提取凭证、找补零钱和存费收据应一并交付旅客手中。对超过寄存提取时间的按规定补收寄存费。

7.2.5 爱护寄存物品，轻拿轻放，摆放合理、整齐，经常保持清洁卫生，如发现异常现象，应做好现场记录，及时上报，查明原因，妥善处理。

7.2.6 旅客提取寄存物品时，要认真查验凭证、点件核对，逐件交付。如旅客丢失凭证，应按有关规定，凭值班站长签字的有效证明，并与旅客当场核对所存物品无误后，方可办理提取手续。

7.2.7 交接班清楚，当面交清点明物品存放件数、位置、收据、挂签等，收入日报填写准确，营收款日清日结，做到账、签、物、款相符，不压、不挪用营收款。

7.2.8 按有关规定定期清理超期存放无人认领的物品，不得私自处理或挪作他用。

8.服务员岗位职责和工作标准

8.1 服务员岗位职责

8.1.1 熟悉本站营运线路、班次、始发和路过班车发车时间、沿途主要停靠站点、里程、票价、运行时间及站内主要客运业务，掌握各项服务技能。

8.1.2 主动热情接待旅客，有问必答，扶老携幼，照顾重点旅客。

8.1.3 维持站内公共秩序，安排好旅客候车，组织旅客有秩序地排队购票，主动帮助旅客解决问题，做好各项服务工作。

8.1.4 维持好站内服务设施和设备，保证各项服务设施和设备的功能正常发挥。

8.1.5 搞好候车室的清洁卫生，保持站容整洁。负责做好候车室开水供应、报纸更换工作。

8.1.6 负责收挂旅客意见簿，认真做好各项服务工作的原始记录，及时汇总上报。

8.2 服务员工作标准

8.2.1 接待旅客应笑脸相迎、举止大方、服务周到，回答旅客问题要热情耐心。

8.2.2 为旅客指引购票、候车、行包托运、小件寄存、检票上车口等有关位置，及时为旅客排忧解难。

8.2.3　主动照顾好重点旅客，并及时交代检票员等有关人员提前检票进站上车，帮助他们解决实际困难。

8.2.4　经常深入到旅客之中，宣传旅客旅行常识和安全注意事项，保证候车室的开水供应，服务到位，虚心听取旅客意见。

8.2.5　维护售票大厅和候车大厅秩序，禁止摊贩和闲杂人员进入候车室。对超高儿童、超重行包，及时帮助旅客补办购票、交费手续。发现旅客携带危险品、禁运物品和超限量物品乘车，应立即采取措施，严禁进站上车。

8.2.6　仔细观察旅客情况，掌握旅客心理，根据不同对象、不同要求，细心处理问题，满足旅客的合理需求，及时改进服务工作。

8.2.7　位于大中城市的车站服务人员，要能够应用日常的外语和哑语会话。遇到行走不便或有其他困难的重点旅客，应主动代为办理购票等手续。

8.2.8　按时悬挂和收回旅客意见簿，认真做好各项服务工作的原始记录，及时汇总上报。

8.2.9　保持候车室的清洁卫生，坚持做到勤管勤扫勤整理，劝告旅客不随地吐痰、乱丢瓜果皮核，严禁旅客在候车室吸烟，保持候车室空气新鲜。

8.2.10　旅客满意率达到95%以上。

9.公安值勤员岗位职责和工作标准

9.1　公安值勤员岗位职责

9.1.1　严格执行国家政策、法令，认真做好宣传教育工作，遵守公安纪律。

9.1.2　熟知治安保卫、客运业务和安全生产等规章制度，忠于职守，秉公办事，廉政执法，警容风纪整洁，文明值勤。

9.1.3　负责维护好车站公共秩序，保护旅客生命财产安全。

9.1.4　及时处理车站发生的治安案件，严厉打击各种犯罪活动。

9.1.5　负责组织、布置危险品、禁运物品和超限量物品的查堵工作，严禁旅客携带上述物品进站上车，一经发现及时按章处理。

9.2　公安值勤员工作标准

9.2.1　按时上岗，坚守岗位，忠于职守，做到警容风纪整洁，服从站长指挥。

9.2.2　经常在站内巡视，提醒旅客保管好随身携带的钱、财等物品，及时发现和惩处在站内作案的不法分子，劝阻和调解旅客之间发生的纠纷，维持好车站公共秩序。

9.2.3　掌握各种类型的危险品性能和特征，善于观察、鉴别各类危险品。

9.2.4　严格把关，做好安全宣传教育工作和危险品、禁运物品、超限量物品的查堵工作，杜绝旅客携带上述物品进站上车，确保旅客乘车安全。

9.2.5　对查获的危险品、禁运物品和超限量物品，要认真登记，妥善保管，按规定及时上交或处理。

9.2.6　认真填写值勤记录，及时总结工作，定期向有关领导汇报车站治安保卫情况。

10. 广播员岗位职责和工作标准

10.1　广播员岗位职责

10.1.1　宣传党的方针、政策和路线，宣传客运规章制度，及时广播重大新闻、时事政治，宣传表扬好人好事，遵守国家规定的播音纪律。

10.1.2　围绕为旅客运输服务，有计划地宣传本站业务、服务项目、旅客须知和安全、卫生、旅行常识等，当好旅客向导。

10.1.3　适时播放通知、公告和上级命令等有关内容。

10.1.4　收集、积累资料，组织、制作文艺节目，丰富广播内容，爱护设备、器材，保管好各种资料。严格播音室管理，严禁无关人员进入播音室。

10.2　广播员工作标准

10.2.1　播音前认真检查设备，试播监听，调好音量，准备好播音稿，保证按时播音，音响效果良好，不出差错事故。

10.2.2　坚守岗位,集中精力,广播时使用标准普通话,必要时穿插一定的外语播音。少数民族地区应同时使用少数民族语言播音。

10.2.3　介绍本站本地区情况要准确熟练,播放当日班线车次、售票、发车和到站时间、地点及班次变更情况要准确及时,临时转播插翻节目需经站长审定批准,严禁随意变更播音计划或自编即播。

10.2.4　根据车站作业程序,适时介绍有关作业内容。

10.2.5　严格播音室内部管理,妥善保管广播器材和各种资料,建立台账,保持室内肃静整洁,严禁无关人员进入播音室。

10.2.6　严格执行交接班制度,认真填写交接记录,对广播器材、用品资料要交接清楚,实行责任管理。

11. 检票员岗位职责和工作标准

11.1　检票员岗位职责

11.1.1　熟记本站营运线路、班次、发车时间、沿途停靠站点、里程、运行时间和中转换乘及过路班车班次时间,及时解答旅客提出的问题。

11.1.2　负责检票、引导旅客进站上车和到站旅客验票出站等工作,不错检、不漏检,严禁携带危险品、禁运物品和超限量物品的旅客检票上车,严格按车辆载客限额检票,不检超员票。

11.1.3　照顾重点旅客优先检票上车。严禁持无效客票的旅客和无票人员通过检票口上车。对未进入发车位的车辆不予检票。

11.1.4　及时清点旅客客票和行包票,认真填写检票记录和行车路单。

11.2　检票员工作标准

11.2.1　做好检票前的准备工作,按发车的时间和班次整理队伍,检票前,向旅客介绍车次、时间、沿途停靠站点、终点站站名和中转换乘等情况,对重点旅客优先安排检票上车。

11.2.2　检票时认真查验旅客所持客票票面的日期、班次、终到站站名、发车时间等是否相符;注意核查持儿童票和残疾军人车票的旅客是否符合优待标准;旅客携带的物品是否符合免费重量规定。对携带枪支、猎犬的旅客要查验证件,严禁旅客携带危险品、禁运物品和超限量物品检票上车并做好宣传解释工作。

11.2.3　做好发车的各项记录,填写好行车路单和结算单,做到字迹清楚,计算准确,项目齐全。

11.2.4　检票或发车前要向旅客进行安全知识等宣传,对重点旅客要向驾乘人员交代,以便途中重点照顾,发车时要礼貌目送车辆出站。

11.2.5　查验出站旅客的客票和行包票,对未购票的旅客,按规定补办客票或行包票。

12.乘务员岗位职责和工作标准

12.1　乘务员岗位职责

12.1.1　使用文明服务用语,做好开车前、运行中、到站前的各项宣传和站名预报工作。

12.1.2　做好清车、途中售票、检票、验票和上、下行包等工作;严禁旅客携带危险品、禁运物品和超限量物品上车。

12.1.3　严格执行运价政策和票据管理及营收报解制度,负责票据的领取、登记、发售和保管等工作。

12.1.4　维护乘车秩序,爱护车内设施,保持车内清洁卫生,行车中积极配合驾驶员做好安全宣传工作。发生事故时要及时抢救伤员,协助驾驶员做好有关工作。

12.1.5　遵守客运有关规定和运输纪律,服从管理,主动配合稽查人员做好客运检查工作。

12.2　乘务员工作标准

12.2.1　上客前搞好车内卫生,将无关人员清理下车,准备好售票必备用品、里程票价表、旅客意见簿及车上其他服务用品。

12.2.2　及时到站签到,领取行车路单,挂好线路牌。

12.2.3　车站检票后,仔细核对上车旅客所持客票的班次是否相符,引导旅客对号入座,对重点旅客优先照顾,严禁旅客携带危险品、禁运物品和超限量物品乘车。

12.2.4 发车前面向旅客站立，进行"七报二宣"(报车属单位、驾乘人员服务号、运行方向、班次、运行时间、全线里程、中途停靠站点，宣传旅行常识和安全卫生常识)，仔细核对行车路单、行包运送交接单，做到人数、行包件数与单据相符，接到发车信号后，关好车门，举手向车站服务人员告别。

12.2.5 运行途中适时做好各项宣传工作，途经险要路段要及时提醒驾驶员和乘客注意安全。

12.2.6 班车在途中停靠时，应在车下组织旅客按顺序上下车，做到报站准确及时，旅客上下有序，验票认真，防止错下错乘，核实途中上车旅客，及时售票，填好行车路单。售票时精力集中，操作熟练准确，唱收、唱付、唱站名，票、款同时交付旅客手中。

12.2.7 做好途中站的行包交接工作，应监装、监卸，交接迅速准确，做到包、票相符。班车途中就餐时，应事先通知旅客就餐地点和时间，就餐后继续运行前，要认真清点人数，避免漏乘、错乘。

12.2.8 运行途中遇有稽查人员检查时，应主动向旅客说明情况，配合接受检查。

12.2.9 车到终点站前，应及时报站名，介绍当地主要单位地址、乘车路线、风土人情、名胜古迹及其他交通工具到、开时刻，并讲结束语。到站停稳后，组织旅客按先后顺序下车验票出站。

12.2.10 检查车内有无旅客遗失的物品，收回线路牌等其他用品，清扫车上卫生。

12.2.11 填好结算单、日报单，交清票款和行车路单，做到票、款、单相符无差错，不压不挪用票款。

12.2.12 向领导汇报本班次工作情况及线路上客流变化等有关情况，接领下班次工作。

13. 驾驶员岗位职责

13.1 驾驶员岗位职责

13.1.1 严格遵守交通规则和操作规程及客运管理等有关规

定，按时参加安全学习，精心保养车辆，严格执行“三检”制度(出车前、行驶中、收车后)和例保制度，确保行车安全和车辆技术状况良好，不开带“病”车和超员车。

13.1.2　遵守运输纪律，服从调度命令和现场指挥，认真执行运行作业计划，正点运行，按时完成各项运输任务。

13.1.3　爱护车辆，保持车容整洁，车上各项设施齐备有效，节约燃、润料，做到优质、高产、低耗。

13.1.4　运行中协助乘务员维持好乘车秩序，车上未安排乘务员时要做好行包的监装监卸工作，做到不越站、不甩客、不停车办私事、不载无票乘客和行包，按规定营运线路运行。

13.1.5　服从站内指挥和管理，协助乘务员做好清车工作，保证正点发车，运行中遇有稽查人员查车时应主动停车接受检查。

13.2　驾驶员工作标准

13.2.1　上岗前认真检查车辆各系统特别是制动、转向系统技术状况是否良好，整理车容，检查各项设施是否齐备有效，油、水是否充足，严禁车辆带“病”行驶。

13.2.2　携带好各种证件，领取行车路单，按规定时间进站，听从站内调度，进入指定停靠站台，开启行包仓或放下行包架梯。

13.2.3　检查行包是否装捆牢固，长、宽、高及重量是否符合规定，协助乘务员组织旅客上车，维护好乘车秩序。

13.2.4　旅客全部上车后，进入驾驶座位，检查车门是否关好，接到发车信号后，鸣号起步发车。

13.2.5　运行时集中精力，谨慎驾驶，按规定时速运行，礼貌行车，安全第一。途经险桥、险路、渡口和加油前，要主动停车以组织旅客下车。途中停、歇或就餐后，应协助乘务员核实人数后方可继续运行。遇有非常情况或发生事故应尽快呼救、抢救伤员、保护好现场，必要时及时组织旅客疏散。途中遇稽查人员检查时要主动停车接受检查。

13.2.6　沿途按规定站点进站停靠，不越站、不甩客、不超员。临近车站时要减速行驶，平稳停靠，要利用停歇时间抓紧检查车辆,发现故障立即排除,不带“病”运行。要协助乘务员监装、监卸行包。

13.2.7　收车后把车辆开到指定停车位进行检查,清理好车辆卫生,加足燃润料,做好下个班次出车准备。

13.2.8　向车队调度汇报当班情况,接领下班任务。

附　　则

本试行标准规定的岗位均为直接面向旅客服务的岗位,适用于一、二级汽车客运站。三、四级汽车客运站可根据实际情况设岗,按本试行标准的要求搞好各项工作,本试行标准自发布之日起执行。各省、自治区、直辖市交通厅(局)可根据本试行标准,结合本地区具体情况,制定实施细则,并报部备案。

出租汽车客运服务规范(试行)

(交通部　交运发[1993]644 号　1993.06.21)

1. 总则

1.1　为加强出租汽车客运管理,不断提高客运服务质量,使出租汽车客运服务工作逐步向标准化、规范化发展,根据《中华人民共和国交通部出租汽车旅游汽车客运管理规定》,特制定《出租汽车客运服务规范(试行)》(以下简称"规范")。

1.2　本规范由各级交通主管部门负责组织监督实施。

2. 经营服务规范

2.1　出租汽车客运经营者及全体从业人员必须坚持全心全意为人民服务的宗旨,努力钻研业务技术,为乘客提供安全、及时、方便、舒适的运输服务。

2.2　出租汽车客运经营者及全体从业人员必须认真学习和贯彻执行党和国家制定的各项方针政策,遵守国家有关法规,接受交通主管部门的监督、检查和指导。

2.3　出租汽车客运经营者在经营服务过程中,必须严格执行交通、物价部门制定的运价,使用统一印制的出租汽车客票和票据,按章收费。

2.4　出租汽车客运经营者必须服从交通主管部门的管理。在紧急情况下,听从调度,按时完成外事、抢险救灾等紧急运输任务。

2.5　出租汽车客运经营者必须建立健全安全行车制度和治安防范措施,做好各项治安保卫和安全预防工作。

2.6　出租汽车客运经营者及有关从业人员在工作时必须讲普通话,使用十字文明用语(请、您好、对不起、谢谢、再见),做到语言文明、语气可亲、态度和蔼、微笑服务。大中型城市、重点旅游区的经营者和有关从业人员还应会用简单的日常外语会话；少数民族地区的经营者和有关从业人员还应会讲当地民族语言。

2.7　出租汽车客运企业应根据有关行业管理规章建立和完善企业内部的服务质量标准、规范、工作人员守则、车辆维修保养、安全行车、费收管理等各项规章制度，并认真贯彻执行。

2.8　出租汽车客运企业应加强对本企业职工的法制教育、职业道德教育和业务培训，努力提高职工的素质，对工作作风差、服务态度恶劣的职工要坚决调离面向乘客服务的岗位。

3. 车容、仪容规范

3.1 出租汽车客运车辆在正常营运期间必须保持车辆技术状况良好，各项技术性能指标符合部颁标准，并备有以下安全、服务设施：

3.1.1　车门上喷有所属企业或代管单位的名称。

3.1.2　车顶上装有出租标志灯。

3.1.3　车内装有待租显示器。

3.1.4　车内装有里程计价器。

3.1.5　车内装有安全隔离护网。

3.1.6　前排座位备有安全带。

3.1.7　张贴有里程票价表和费收规定。

3.1.8　车上配备有有效灭火器。

3.1.9　车上张贴或喷有明显、清晰的监督举报电话号码。

3.2　出租汽车客运车辆车容标准。

3.2.1　设施、设备齐全有效，卫生清洁无异味，后备箱内无杂物。

3.2.2　车身外观保护良好，无脏物、无严重锈斑和脱漆；前后车辆牌照号整洁、清晰；车门、车窗开闭自如、锁止可靠，玻璃齐全明净。

3.3　出租汽车客运驾驶员及有关从业人员仪容标准。

3.3.1　驾驶员及有关从业人员在营运服务过程中必须衣帽

整洁，仪容端庄，对旅客热情礼貌，说话和气，举止庄重，服务周到。

3.3.2　驾驶员在营运时必须携带《道路运输证》、《驾驶证》等证件，并佩戴由交通主管部门发放的有本人照片、姓名、编号及单位名称、电话号码等内容的服务监督卡。

4. 业务受理及调度规范

4.1　出租车站的调度员在受理预约租车业务时必须根据乘客的要求，合理调度安排车辆，做到有车必供、及时派车；如站内车辆已经派完暂时无车时，要向乘客耐心解释，并要根据乘客的要求，妥善地作出安排。

4.2　出租车驾驶员要了解本省、本市、本地区的地理环境；熟悉本地道路、街巷及通往外地公路线路情况；熟知本地机场、汽车站、火车站、港口客运站地点及公路、水路、铁路、民航等不同的旅客运输方式售票点位置，熟知本地的涉外宾馆及其他知名度较高的旅馆、饭店、招待所、影剧院、医院等公共场所和党政机关办公地点，熟知本地名胜古迹及风景区等旅游景点。

4.3　出租车驾驶员在受理乘客租车业务时要做到招手即停、有客即载，乘客电话约车时要迅速答复，对乘客要一视同仁，不挑客，不无故拒载乘客。

4.4　运送长途乘客或乘客包车要求在外地逗留过夜时，出租汽车客运企业的车辆必须报企业批准；个体车辆则必须到交通主管部门或代管单位开具路单、登记乘客身份，以确保驾驶员和车辆安全。

5. 运行服务规范

5.1　乘客乘车时，驾驶员应主动开启车门，照顾乘客上车，帮助乘客提拿放置行包，提醒坐在前排的乘客系好安全带，注意乘车安全。

5.2　乘客上车后，驾驶员要准确、耐心地解答乘客提出的有关问题，做到有问必答。

5.3　开车前，驾驶员应检查车门是否关牢，问清乘客的去向及乘车要求，同时开启计价器。如乘客不知目的地的详细地址时，要主动热情地帮助查找;如乘客单程去郊区、外地需加收空驶费、过路和过桥费时应事先向乘客说明情况,使乘客心中有数。

5.4　驾驶员在营运过程中,要正确使用计价器,不得私自调校计价器和里程表。

5.5　驾驶员要主动关心和帮助乘客,对老、弱、病、残、孕等特殊乘客要服务热情,照顾周到。

5.6　行车时,驾驶员要根据乘客要去的地点选择最近的路线行驶,不得舍近求远无故绕道,如因道路改造或其他原因确需绕道时,应主动向乘客说明情况,如乘客不同意绕行要求下车时,应按实乘里程收费,不得拒绝乘客下车或多收车费。

5.7　出租车在营运途中如计价器发生故障,驾驶员应立即向乘客说明情况,并提醒乘客按里程表显示里程计收车费,乘客下车后应立即向有关部门报修,不得继续营运。

5.8　出租车在营运途中如发生故障不能行驶时,应向乘客说明原因,请乘客等候,及时检修排除故障,如故障一时无法排除,应请乘客改乘其他车辆,少收或免收车费。

5.9　出租车在营运途中,未经乘客同意,驾驶员不得再招揽他人同乘。

5.10　乘客要求留车等候时,如无预约租车任务和其他事情,一般不应拒绝,可先收前段车费和预约等时费,与乘客对好时间,未到约定时间不得擅自开车离开。

5.11　出租车在运行时,驾驶员要严格遵守交通规则和操作规程,集中精力,谨慎驾驶,礼貌行车,确保安全。

5.12　出租车在营运中一旦发生事故时,驾驶员应按规定保护好现场,及时组织抢救受伤乘客,并立即报告公安、交通、保险等有关部门,以便及时妥善处理善后事宜。

5.13　出租车驾驶员应自觉维护行业信誉,不得向乘客索要物品和小费,不违章使用票据。

5.14　出租车驾驶员营运中如与乘客发生矛盾和纠纷时,态度要冷静,要虚心听取乘客的批评意见,做到以理服人,得理让人,不强词夺理。如双方不能协商解决时应请有关部门出面调解，妥善处理。

5.15 出租车驾驶员在营运时应根据乘客的要求使用空调、音响等设备，不得无故拒绝。

5.16 出租车载客到达目的地时，驾驶员应按乘客要求，在规定允许停车的地段内就近停车。

5.17 出租车驾驶员在与乘客结算车费时应报计价器显示车费数额，唱收唱付，将客票和找补零钱同时交到乘客手中，并向乘客致谢。

5.18 乘客下车时，驾驶员应主动向乘客道别，并提醒乘客拿好随身携带物品和注意安全。

5.19 乘客下车后，驾驶员应立即检查车内有无乘客遗失的物品，发现有时，应及时归还给失主；如一时找不到失主，则应送交主管部门或公安部门协助查找，不得私自留用。

6. 附则

6.1 各省、自治区、直辖市交通厅（局）可根据本规范，结合本地区具体情况，制定实施细则或补充规定，并报中华人民共和国交通部备案。

6.2 本规范由中华人民共和国交通部负责解释。

6.3 本规范自发布之日起执行。

道路大型物件运输管理办法

（交通部　交公路发[1995]1154 号　1995.12.04）

第一章　总　则

第一条　为加强道路大型物件运输管理，提高运输质量，保证运输安全，保护合法经营，维护运输市场秩序，满足国民经济发展对道路大型物件运输的需要，根据国家有关规定，制定本办法。

第二条　大型物件是指符合下列条件之一的货物：

（一）货物外形尺寸：长度在 14 米以上或宽度在 3.5 米以上或高度在 3 米以上的货物；

（二）重量在 20 吨以上的单体货物或不可解体的成组（捆）货物。

道路大型物件运输是指在我国境内道路上运载大型物件的运输。

第三条　凡在我国境内从事道路大型物件运输均应遵守本办法。

第四条　各级交通行政管理部门是道路大型物件运输的主管部门，并负责本办法的组织实施。

第二章　大型物件分级

第五条　大型物件，按其外形尺寸和重量（含包装和支承架）分成四级：

（一）一级大型物件是指达到下列标准之一者：

1. 长度大于 14 米（含 14 米）小于 20 米；

2. 宽度大于3.5米(含3.5米)小于4.5米;

3. 高度大于3米(含3米)小于3.8米;

4. 重量大于20吨(含20吨)小于100吨。

(二)二级大型物件是指达到下列标准之一者:

1. 长度大于20米(含20米)小于30米;

2. 宽度大于4.5米(含4.5米)小于5.5米;

3. 高度大于3.8米(含3.8米)小于4.4米;

4. 重量大于100吨(含100吨)小于200吨。

(三)三级大型物件是指达到下列标准之一者:

1. 长度大于30米(含30米)小于40米;

2. 宽度大于5.5米(含5.5米)小于6米;

3. 高度大于4.4米(含4.4米)小于5米;

4. 重量大于200吨(含200吨)小于300吨。

(四)四级大型物件是指达到下列标准之一者:

1. 长度在40米及以上;

2. 宽度在6米及以上;

3. 高度在5米及以上;

4. 重量在300吨及以上。

第六条 大型物件的级别,按其长、宽、高及重量四个条件中级别最高的确定。

第三章 申请与审批

第七条 申请从事营业性道路大型物件运输的业户,其开业条件必须符合《道路货物运输业户开业技术经济条件(试行)》(交运字〔1993〕531号文)的有关规定。

第八条 营业性道路大型物件运输业户,按其设备、人员等条件,分为四类:(类别划分条件见附件一)

一类 能承运一级大型物件;

二类 能承运一、二级大型物件;

三类　能承运一、二、三级大型物件；

四类　能承运一、二、三、四级大型物件。

第九条　申请从事营业性道路大型物件运输的业户，及已取得营业性道路运输经营资格需增加大型物件运输经营项目的业户，均须按规定向当地县级以上交通主管部门提出书面申请。

各级交通主管部门，按审批权限，自接到业户书面申请之日起，三十天之内给予批准或不批准的书面答复。

第十条　审批权限

县级交通主管部门负责一类大型物件运输业户的开业审批；

二、三类大型物件运输业户经县级交通主管部门审核后，报市（设区的市，下同）级交通主管部门审批；

四类大型物件运输业户经县、市级交通主管部门逐级审核后，报省级交通主管部门审批。

第十一条　经审核符合《道路运输业户开业技术经济条件》和《道路大型物件运输业户类别划分条件》的，由批准单位发给注明道路大型物件（级别）和限定吨位的《公路运输经营许可证》和《道路运输证》。

第十二条　大型物件运输业户需扩大经营范围，经营更高类别的大型物件运输的，须按本办法第九、十、十一条规定办理审批手续。

第十三条　非营业性运输单位从事一次性道路大型物件运输，须向当地县级以上交通主管部门提出书面申请。由运输管理部门对申请单位的设备情况、人员技术力量进行审查，经审查批准，方可进行作业。

第四章　大型物件运输组织与管理

第十四条　大型物件托运人在办理托运时，必须做到：

1.必须向已取得道路大型物件运输经营资格的运输业户或其代理人办理托运；

2. 必须在运单上如实填写大型物件的名称、规格、件数、件重、起运日期、收发货人详细地址及运输过程中的注意事项。

凡未按上述规定办理大型物件托运或运单填写不明确，由此发生运输事故的，由托运人承担全部责任。

第十五条 大型物件承运人在受理托运时，必须做到：

1. 根据托运人填写的运单和提供的有关资料，予以查对核实；

2. 承运大型物件的级别必须与批准经营的类别相符，不准受理经营类别范围以外的大型物件。

凡未按以上规定受理大型物件托运，由此发生运输事故的，由承运人承担全部责任。

第十六条 承运人应根据大型物件的外形尺寸和车货重量，在起运前会同托运人勘察作业现场和运行路线，了解沿途道路线形和桥涵通过能力，并制定运输组织方案。涉及到其他部门的应事先向有关部门申报并征得同意，方可起运。

第十七条 大型物件运输的装卸作业，由承运人负责的，应根据托运人的要求、货物的特点和装卸操作规程进行作业。由托运人负责的，承运人应按约定的时间将车开到装卸地点，并监装、监卸。

在货物的装卸过程中，由于操作不当或违反操作规程，造成车货损失或第三者损失的，由承担装卸的一方负责赔偿。

第十八条 运输大型物件，应按有关部门核定的路线行车。白天行车时，悬挂标志旗；夜间行车和停车休息时装设标志灯。（要求见附件二）

第五章 费收规定

第十九条 大型物件运输费用按交通主管部门和物价管理部门的有关规定，由承、托双方协商确定。

第二十条 因运输大型物件发生的道路改造、桥涵加固、清障、护送、装卸等费用，由托运人负担。

第六章　违 章 处 罚

第二十一条　违反本办法,按下列规定予以处罚:

(一)未经批准运输大型物件的,对营业性运输经营者处以5000元以下罚款,对非营业性运输者处以2000元以下的罚款。

(二)对超越批准类别承运大型物件的运输经营者处以3000元以下罚款。

(三)未装设标志灯(旗)和装设不符要求的,每车次处以100元以上300元以下的罚款。

违反本办法其他规定的,按交通部《道路运输违章处罚暂行规定》给予处罚。

第七章　附　　则

第二十二条　使用滚拖方法运输大型物件的运输组织与费用参照本办法执行。

第二十三条　本办法由交通部负责解释。

第二十四条　本办法自1996年3月1日起施行。

附件一

道路大型物件运输业户类别划分条件

一类道路大型物件运输业户条件：

1. 车辆装备：具有装载整体大型物件实际能力在20吨以上100吨以下的超重型车组，包括牵引车和挂车（半挂车、凹式低平台挂车），并有相应的配套附件。车组技术状况良好，在重载条件下能顺利通过8%的坡度。

2. 技术人员：具有助理工程师以上职称的汽车运用专业技术人员不少于1人；主管技术的车队长须有从事大型物件运输两年以上的实际经验。

3. 技术工人：具有符合《交通行业工人技术等级标准》的超重型汽车列车驾驶员、超重型汽车列车挂车工、公路运输起重工，其中各类工种工人的等级不低于初级。凡尚未按《等级标准》考核的地区，可根据《等级标准》规定的技术要求进行应知、应会、工作实例等考核。

4. 技术、安全规章：具有上级或本单位制定印发的车组和起重装卸机工具的使用技术、操作规定、质量保证制度等规章。

5. 历史记录：已开业业户应提供以往运过的主要大型物件重量、外形尺寸、件数、安全情况和货主反映。

二类道路大型物件运输业户条件：

1. 车辆装备：具有装载整体大型物件实际能力在100吨及以上200吨以下的超重型车组，包括牵引车和挂车（半挂车、凹式低平台挂车、长货挂车、其他变型挂车），并有相应的配套附件。车组技术状况良好，在重载条件下能顺利通过8%的道路坡度。

2. 技术人员：设有分管技术的副经理；具有工程师以上职称的汽车运用专业技术人员不少于1人；主管技术的车队长须有从事大型物件运输四年以上的实际经验。

3. 技术工人:具有符合《交通行业工人技术等级标准》的超重型汽车列车驾驶员、超重型汽车列车挂车工、公路运输起重工,其中各类工种的中级工人不少于 1 人。凡尚未按《等级标准》考核的地区,可根据《等级标准》规定的技术要求进行应知、应会、工作实例等考核。

4. 技术、安全规章:具有上级或本单位制定印发的车组和起重装卸机工具的使用技术、操作规定、质量保证制度等规章。

5. 历史记录:已开业业户应提供以往运过的主要大型物件重量、外形尺寸、件数、安全情况和货主反映。

三类道路大型物件运输业户条件:

1. 车辆装备:具有装载整体大型物件实际能力在 200 吨及以上 300 吨以下的超重型车组,包括牵引车和挂车(半挂车、凹式低平台挂车、长货挂车、3 纵列或 4 纵列挂车、其他变型挂车),并有相应的配套附件。车组技术状况良好,在重载条件下能顺利通过 8% 的道路坡度。

2. 技术人员:设有分管技术的副经理;具有高级工程师职称的汽车运用专业技术人员不少于 1 人;主管技术的车队长须有从事大型物件运输 6 年以上的实际经验。

3. 技术工人:具有符合《交通行业工人技术等级标准》的超重型汽车列车驾驶员、超重型汽车列车挂车工、公路运输起重工,其中各类工种的高级工人不少于 1 人。凡尚未按《等级标准》考核的地区,可根据《等级标准》规定的技术要求进行应知、应会、工作实例等考核。

4. 技术、安全规章:具有上级或本单位制定印发的车组和起重装卸机工具的使用技术、操作规定、质量保证制度等规章。

5. 历史记录:已开业业户应提供以往运过的主要大型物件重量、外形尺寸、件数、安全情况和货主反映。

四类道路大型物件运输业户条件:

1. 车辆装备:具有装载整体大型物件实际能力在 300 吨及以上的超重型车组,包括牵引车和挂车(半挂车、凹式低平台挂车、长货挂车、3 纵列或 4 纵列挂车、其他变型挂车），并有相应的配套附件。车组技术状况良好，在重载条件下能顺利通过 8% 的道路坡度。

2. 技术人员：设有分管技术的副经理或总工程师；具有高级工程师职称的汽车运用专业技术人员不少于 2 人；主管技术的车队长须有从事大型物件运输 10 年以上的实际经验。

3. 技术工人：具有符合《交通行业工人技术等级标准》的超重型汽车列车驾驶员、超重型汽车列车挂车工、公路运输起重工，其中各类工种的高级工人不少于 1 人。凡尚未按《等级标准》考核的地区，可根据《等级标准》规定的技术要求进行应知、应会、工作实例等考核。

4. 技术、安全规章：具有上级或本单位制定印发的车组和起重装卸机工具的使用技术、操作规定、质量保证制度等规章。

5. 历史记录：已开业业户应提供以往运过的主要大型物件重量、外形尺寸、件数、安全情况和货主反映。

附件二

一、标志旗

1. 标志旗的规格：采用布料等腰三角形旗帜。三角形底长150毫米，腰长300毫米，旗帜中间印有“大件”字样。标志旗的底色和中间字体的颜色，应与运输大型物件自身颜色有明显区别。如图所示。

2. 标志旗的使用：在运输过程中分别竖于牵引车辆前方两侧和挂车装载物件上的最宽处。如果挂车装载物件的长度超过挂车尾部，需在物件末端的最高点装设标志旗。

3. 标志旗的管理：由运输经营业户自行制作和安装。

AB = 底长 = 150mm

$AO = BO$ = 腰长 = 300mm

二、标志灯

1. 标志灯规格：采用运输车辆自身电源和与电源功率相匹配的红色灯泡连接而成。

2. 标志灯使用：在挂车装载物件的最宽处和超过挂车尾部的最长处装设。

3. 标志灯的管理：由运输经营业户自行制作和安装。

道路运输车辆维护管理规定

（交通部令1998年第2号　2001.08.20修正）

第一章　总　　则

第一条　为加强道路运输车辆管理，保持车辆技术状况良好，确保运行安全，保护环境，降低运行消耗，提高运输质量，根据国家有关规定，制定本规定。

第二条　车辆维护制度是贯彻安全第一、预防为主的方针，保障汽车运行安全的基本制度。车辆维护是指道路运输车辆运行到国家有关标准规定的行驶里程或间隔时间，必须按期执行的维护作业。

第三条　本规定适用于在中华人民共和国境内，从事道路客货运输的经营业户（单位或个人），汽车维修一、二类企业及汽车综合性能检测站。

第四条　各级交通行政主管部门归口管理辖区内道路运输车辆的维护管理工作，各级道路运输管理机构负责组织实施。

第二章　道路运输车辆维护

第五条　道路运输车辆的维护分为：日常维护、一级维护、二级维护。

日常维护是由驾驶员每日出车前、行车中和收车后负责执行的车辆维护作业。其作业中心内容是清洁、补给和安全检视。

一级维护是由维修企业负责执行的车辆维护作业。其作业中心内容除日常维护作业外，以清洁、润滑、紧固为主，并检查有关制动、操纵等安全部件。

二级维护是由维修企业负责执行的车辆维护企业。其作业中心内容是除一级维护作业外,以检查、调整转向节、转向摇臂、制动蹄片、悬架等经过一定时间的使用容易磨损或变形的安全部件为主,并拆检轮胎,进行轮胎换位。二级维护必须按期执行。

第六条 道路运输经营业户和驾驶员,必须按国家或行业有关标准规定的行驶里程或间隔时间,对车辆进行维护作业,进口车辆及特种车辆按出厂说明书的规定执行。

第七条 道路运输经营业户,可以自主选择经道路运输管理机构资质认定的二类以上的汽车维修企业进行维护作业。危险品运输车辆必须到具备危险品运输车辆修理条件的维修企业进行维护作业。

第八条 经道路运输管理机构资质认定,达到二类以上汽车维修企业开业条件的道路运输经营业户,可以对本单位的车辆进行维护作业。

第九条 凡从事道路运输车辆维护作业的维修企业(以下简称维修企业),应遵守国家有关法规、标准,按规定的作业规范或说明书进行作业,不得漏项或减项作业。

第十条 维修企业实行车辆维修合同制,承修方与托修方应签订维修合同,并实行竣工上线检测制度、出厂合格证制度和质量保证制度。

第十一条 维修企业应与经道路运输管理机构资质认定的汽车综合性能检测站签订二级维护竣工检测委托合同书。

第十二条 维修企业应配备专职的质量检验员和价格结算人员。质量检验员及价格结算人员必须经过培训,考核合格持证上岗。

第十三条 维修企业及价格结算人员,应严格执行当地交通部门制定的工时定额,并严格按当地交通部门会同物价部门制定的工时费率标准收取工时费。

第三章　道路运输车辆二级维护检测

第十四条　道路运输车辆二级维护检测分为三类：

（一）二级维护前的诊断检测，主要是针对驾驶员的反映和车辆的外检情况，应用仪器、设备对车辆进行不解体诊断检测，以确定二级维护的附加作业项目。由维修企业按标准来执行，出具的诊断报告，作为签订维护合同的依据之一。

（二）二级维护作业过程中的检测，主要是对二级维护生产过程中的车辆维修质量进行跟踪检测，发现问题及时解决，由维修企业按标准进行，并作出检测记录。

（三）二级维护竣工检测主要是对二级维护及其附加作业项目的作业质量进行检测评定，由汽车综合性能检测站按标准进行，出具的检测报告，作为维修企业的质量检验员签发出厂合格证的依据之一。

第十五条　汽车综合性能检测站应配备技术负责人、质量负责人和专职的检测员，并必须经过培训，考核合格并取得证书后方可上岗。

第十六条　汽车综合性能检测站应严格执行交通部门制定的有关检测标准、规范和程序，由技术负责人签发检测报告。汽车综合性能检测站应严格按当地交通部门会同物价部门制定的检测费标准收取检测费。

第四章　管理与监督检查

第十七条　道路运输经营业户，必须按国家有关规定执行车辆维护制度，并加强管理。车辆的二级维护由各级道路运输管理机构负责监督管理。

第十八条　车辆二级维护出厂前，须进行竣工检测，并由维修企业的质量检验员审验合格后，签发出厂合格证。维修企业应开具统一规定的汽车维修项目、费用清单和结算凭证。

第十九条 道路运输经营业户应持出厂合格证到当地道路运输管理机构审核备案。实行了计算机联网的地区，应实现车辆技术管理及信息传递的自动化。

第二十条 从事驻在运输超过三个月的车辆，车主应持车籍地道路运输管理机构的委托书，纳入驻在地车辆维护的管理。

第二十一条 对车辆二级维护执行情况的监督应在车站、货场和车辆所属道路运输经营业户驻地进行。对达到二级维护里程或间隔时间的车辆，道路运输经营业户应自觉按时维护，道路运输管理机构要及时督促道路运输经营业户按时维护。

第二十二条 道路运输经营业户年度审验时应出示车辆二级维护出厂合格证（已审核备案的除外）。

第二十三条 对维修企业，主要检查其执行国家有关车辆维护规范的情况、经营行为、在质量保证期内的返修率和质量监督抽查上线检测一次合格率。质量保证期内的车辆返修率应低于5%，质量监督抽查上线检测一次合格率应不低于85%。

第二十四条 对汽车综合性能检测站，主要检查二级维护竣工检测标准及项目的执行情况和经营行为。

第五章 罚 则

第二十五条 对违反本规定的单位和个人，由交通行政主管部门（或其委托的道路运输管理机构）按有关行政处罚规定予以处罚。

第六章 附 则

第二十六条 各省、自治区、直辖市交通厅（局、委）可根据本地实际情况制定实施细则。

第二十七条 非营运车辆可参照本规定执行。

第二十八条 本规定由中华人民共和国交通部负责解释。

第二十九条 本规定自1998年4月1日起施行。以前有关规定与本规定相抵触的按本规定执行。

汽车维修质量纠纷调解办法

(交通部　交公路发[1998]349号　1998.06.12)

第一章　总　　则

第一条　为维护汽车维修业的正常秩序,保障承、托修双方当事人合法权益,规范汽车维修质量纠纷调解工作,依据国家有关规定和《汽车维修质量管理办法》及有关汽车维修行业管理法规,制定本办法。

第二条　县级以上地方人民政府交通行政主管部门所属道路运政机构依据本办法负责纠纷调解工作。纠纷双方所在地不在同一行政区的,由承修方所在地道路运政机构负责。

第三条　汽车维修质量纠纷调解系指在汽车维修质量保证期内或汽车维修合同约定期内,汽车维修业户与托修方因维修竣工出厂车辆的维修质量产生纠纷,双方自愿向道路运政机构申请进行的调解。

第四条　汽车维修质量纠纷(以下简称纠纷)调解,应坚持自愿、公平的原则。道路运政机构进行调解应当公开,做到依据事实、查明原因、分清责任、公开调解、公平负担。

第二章　纠纷调解申请的受理

第五条　纠纷调解的范围是在汽车维修质量保证期内或汽车维修合同约定期内当事人双方所发生的争执。在质量保证期内,托修方遇有汽车维修质量问题或者发生机件事故,应首先与承修方协商解决。不愿协商或协商不成,当事人各方可向当地道路运政机构申请调解。

第六条 申请调解应提供下列资料：

（一）申请调解方（当事单位或个人）的名称，法定代表人的姓名、单位、地址、电话；

（二）当事人的名称、单位、地址、电话；

（三）纠纷的详细经过及申请调解的理由与要求的书面报告；

（四）汽车维修合同、车辆竣工出厂合格证、汽车维修费用结算凭证等其他必要的资料；

第七条 申请调解方（当事人）应如实填写《汽车维修质量纠纷调解申请书》（附件一）。道路运政机构应在接到申请书后的5个工作日内根据本办法第五条规定做出是否同意受理的答复意见。同意受理的，道路运政机构应将《汽车维修质量纠纷调解申请书》自接到申请书后10个工作日内转送另一当事方。另一当事方同意调解的，应在自送达之日起5个工作日内就申请书所涉及的内容写出书面答辩材料，并做好参加调解准备。另一当事方不同意调解的应及时表明态度，道路运政机构则按不予受理的程序处理。道路运政机构不受理调解的，应在自接到申请书后或另一当事人不愿调解的答复后的5个工作日内，通知申请方。

第八条 参加调解的纠纷双方当事人均有举证责任，并对举证事实负责。

第九条 纠纷双方当事人均有保护当事车辆原始状态的义务。拆检车辆有关部位时，当事双方必须同时在场，一致证实拆检情况。

第十条 托修方或驾驶操作人员认为维修质量造成车辆异常，应保护好车辆原始状态并找承修方进行拆检。如承修方拒绝派人或事故现场不在本地的，托修方可向车辆停驶地道路运政机构提出拆检申请。车辆停驶地道路运政机构接到拆检申请后，应及时组织拆检，填写《汽车现场拆检记录》（附件二），并及时将车辆现场拆检记录与有关证据送达承修方所在地道路运政机构。

第三章　技术分析和鉴定

第十一条　技术分析和鉴定由各级道路运政机构组织有关人员或委托有质量检测资格的汽车综合性能检测站进行。参与技术分析和鉴定工作的人员必须经道路运政机构审定并聘用。参加鉴定人员不得少于两人。

第十二条　技术分析和鉴定人员应依据现场拆检记录、汽车维修原始记录和《汽车维修合同》、车辆使用情况以及其他有关证据,分析原因,做出结论,并填写《技术分析和鉴定意见书》(附件三)。

第十三条　技术分析和鉴定是进行纠纷调解的基本依据,出具技术分析和鉴定的部门应对所做的结论负责。

第十四条　技术分析和鉴定的费用按照国家有关规定执行。需要做专项试验分析鉴定的,其费用按当地物价部门规定的收费标准执行。

第四章　责任认定

第十五条　承修方不按技术标准、有关技术资料和维修操作工艺规程维修车辆或不按使用说明规定选用配件、油料所引起的质量责任由承修方负责。承修方因装配使用有质量问题的配件、油料或装配使用托修方自带配件、油料且未在维修合同中明确责任的,所引起的质量责任由承修方负责。

第十六条　承修方在进行总成大修、小修和二级维护作业时,未对所装(拆)配件进行鉴定或虽发现相关配件质量不符合技术要求但未与托修方签订责任协议,在质量保证期内确因该零部件质量引起的质量事故由承修方负责。汽车维修合同中另有约定的按合同规定的责任确定。

第十七条　因托修方违反驾驶操作规程和车辆使用、维护规定而引起质量责任，由托修方负责。

第五章　纠纷调解

第十八条　调解员由道路运政机构专业技术人员担任。调解员应熟悉业务，实事求是，公正廉洁。调解应以公开方式进行。

第十九条　当事各方应对调解过程中出示的证据进行质证。

第二十条　调解员根据有关技术标准和资料、技术分析和鉴定意见书及当事方的陈述、质证、辩论，分析事故原因，确定纠纷双方应负责任，调解各方应承担的经济损失。

第二十一条　经济损失应由责任人按过失比例承担。对不能修复或没有修复价值的零部件按车辆折旧率和市场价格计算价值。

第二十二条　经济损失主要指直接经济损失，包括：

（一）在质量事故中直接损失的机件、燃润料及其他车用液体、气体、材料；

（二）返修工时费、材料费、材料管理费、辅助材料费、委外加工费、检测费；

第二十三条　道路运政机构在调解维修质量纠纷的过程中，如遇到下列情形之一，应向当事人双方宣布终止调解。

（一）当事人双方对技术分析和鉴定存有异议；

（二）受条件所限，不能出具技术分析和鉴定意见书；

（三）案件已由仲裁机构或法院受理。

第二十四条　向道路运政机构申请调解的质量纠纷，当事人中途不愿调解的，应向道路运政机构递交撤消调解的书面申请，并通知对方当事人，调解随即终止。

第二十五条　经调解达成协议的，道路运政机构应填写《汽车维修质量纠纷调解协议书》（附件四），调解协议书由双方当事人共同签字，并经道路运政机构盖印确认，调解协议书应交当事人各持一份，道路运政机构留存一份。调解即告结束。

第二十六条 质量纠纷调解过程中拆检、技术分析和鉴定的费用由责任方按照责任比例承担。质量纠纷已经受理并在调解过程中,一方提出不愿调解,应由其负担调解过程已发生的全部费用。

第二十七条 调解达成协议的,当事人各方应当自动履行。达成协议后当事人翻悔的或愈期不履行协议的,视为调解不成。

第二十八条 如经调解不能达成协议或调解达成协议后,一方不履行协议,有关当事方可依法提请仲裁机构仲裁或向人民法院提起民事诉讼。

第二十九条 调解结束后,调解员应对处理纠纷过程中的有关资料进行整理,由道路运政机构归档。

第六章 附 则

第三十条 摩托车、特种车辆及其他机动车辆的维修质量纠纷调解参照本办法执行。

第三十一条 本办法由交通部负责解释。

第三十二条 本办法自 1998 年 9 月 1 日起施行。

道路运输服务质量投诉管理规定

（交通部　交公路发[1999]535号　1999.10.11）

第一章　总　则

第一条　为了保护道路运输服务对象的合法权益，及时、公正处理服务质量投诉，加强对道路运输服务质量的监督和管理，维护道路运输市场的正常秩序，依据《中华人民共和国消费者权益保护法》及其他有关法律、法规制定本规定。

第二条　县级以上（含县级，下同）人民政府交通行政主管部门负责本辖区道路运输服务质量投诉管理工作，其所属的道路运政管理机构（以下简称运政机构）是道路运输服务质量投诉（以下简称服务质量投诉）的受理机构，负责本规定的具体实施。

第三条　各级运政机构受理服务质量投诉应遵循合法、公正、高效、便民的原则。

第二章　投诉受理机构

第四条　县级以上运政机构应当向社会公布投诉地址及投诉电话，及时受理本辖区的服务质量投诉案件。

第五条　运政机构受理服务质量投诉的主要职责是：

（一）贯彻执行国家有关服务质量投诉处理的法律、法规和规章制度；

（二）及时调查处理（或批转下一级运政机构调查处理）被投诉对象注册地为本辖区的服务质量投诉案件；报请上一级运政机构将本单位收到的被投诉对象注册地为非本辖区的投诉案件批转

其辖区运政机构办理；

（三）协助上一级运政机构调查处理涉及本辖区的服务质量投诉案件；

（四）受理上一级运政机构转来的投诉案件，并报告投诉的调查处理情况和结果；

（五）建立健全本辖区服务质量投诉受理工作通报表彰、统计分析和投诉档案管理以及信息反馈等制度；

（六）督促、检查本辖区道路运输经营者制定和实施服务质量纠纷处理制度。

第三章 投诉受理条件和范围

第六条 投诉受理条件：

（一）投诉人必须是权益受到损害的道路运输服务对象或他们的代理人；

（二）有明确的投诉对象、具体事实及有关证明材料或证明人。

第七条 投诉受理范围：

（一）道路运输经营者未履行合同或协议而又拒不承担违约责任的；

（二）道路运输经营者未执行国家有关价格政策或未提供与其价格相符的服务的；

（三）道路运输经营者故意或过失造成投诉人人身伤害，货物灭失、短少、变质、污染、损坏、误期等而又拒绝赔偿损失的；

（四）道路运输经营者有欺诈行为的；

（五）道路运输经营者在经营活动中违反有关法律、法规或规章导致道路运输服务对象权益受到损害的；

（六）道路运输经营者未按规定提供与其经营内容相适应的服务设施、服务项目或服务质量标准的；

（七）道路运输经营者其他侵犯投诉人权益、损害投诉人利益的行为。

第八条 下列投诉不属于本受理范围:

(一)法院、仲裁机构或者有关行政机关已经受理的案件。

(二)由于不可抗力造成道路运输服务对象权益受到损害的投诉。

(三)治安和刑事案件投诉。

(四)交通事故投诉。

(五)国家法律、法规已经明确规定由其他机构受理的投诉。

第四章 投诉人与被投诉人

第九条 投诉可采用书面投诉、电话投诉或当面投诉三种形式。投诉人应在书面投诉材料上阐明或在电话投诉、当面投诉时说明下列事项:

(一)投诉人的名称或姓名及联系方式;

(二)被投诉人的名称或车辆牌照号码;

(三)投诉案件发生的时间、地点、经过及有关证明材料或证明人;

(四)投诉请求(包括停止侵害,惩治违法、违章经营,赔礼道歉,赔偿损失等)。

第十条 投诉人有权了解投诉的处理情况;有权与被投诉人自行和解;有权放弃或变更投诉请求。

第十一条 被投诉人有就被投诉案件进行陈述和申辩的权利。

第十二条 被投诉人不得妨碍运政机构对投诉案件进行的调查、核实工作,不得销毁、灭失有关证据。

第五章 投诉受理程序

第十三条 运政机构接到投诉时,应当根据第七条、第八条的规定,确定是否受理,不予受理的,要说明理由。电话投诉和当面投诉的要做好投诉记录(《道路运输服务质量投诉记录》式样见附件一),也可通知其递交书面投诉材料。

第十四条 运政机构受理投诉后,应当在5日内通知被投诉人。被投诉人应当在接到投诉通知之日起10日内作出书面答复意见。书面答复应当载明以下事项:

(一)对投诉内容及投诉请求表明态度;

(二)陈述事实,申辩举证;

(三)提出解决意见。

第十五条 运政机构应依法对投诉案件进行核实。经调查核实后,依据有关法律、法规或规章,分清责任,在投诉受理之日起30内,作出相应的投诉处理决定,并通知双方当事人。

第六章 投诉处理

第十六条 根据投诉事实的性质,对投诉案件的处理决定可采取调解或行政处罚两种处理方式。

第十七条 投诉案件的责任认定主要依据是投诉事实和有关法律、法规及规章:

(一)《中华人民共和国合同法》及其他有关道路运输或合同的法律、法规。

(二)《汽车货物运输规则》、《汽车旅客运输规则》、《汽车运价规则》等道路运输管理规章。

第十八条 根据责任认定结果,可做出以下调解意见,并应说明理由:

(一)被投诉人过错的,由被投诉人向投诉人赔礼道歉或赔偿损失;

(二)投诉人与被投诉人共同过错的,由双方分别承担相应责任;

(三)投诉人自身过错的,责任自负。

第十九条 运政机构对投诉案件进行调解，应制作《道路运输服务质量投诉调解书》（式样见附件二），一式3份。由投诉人、被投诉人双方（或其代表）签字，并经运政管理机构盖章确认后，分别交投诉人和被投诉人各1份，运政机构存档1份。

第二十条 有关汽车维修质量纠纷的调解依照《汽车维修质量纠纷调解办法》（交公路发〔1998〕349号）办理。

第二十一条 由于道路运输经营者经营活动违反有关法律、法规及规章导致道路运输服务对象权益受到侵害的投诉案件，运政机构应责令其停止侵害，并依照有关道路运输的法律、法规及规章给予行政处罚。处罚程序按照《交通行政处罚程序规定》（中华人民共和国交通部令1996年第7号）办理。

第二十二条 双方当事人对投诉案件调解结果有异议的，可向有关仲裁机构提请仲裁；对行政处罚决定有异议的，可向上一级交通行政主管部门提请行政复议，也可直接向人民法院提起诉讼。

第二十三条 运政机构工作人员在处理投诉案件过程中玩忽职守、推诿拖拉、徇私枉法的，应给予行政处分，构成犯罪的追究法律责任。

第七章　附　则

第二十四条 道路运输经营者被投诉的责任频率、对投诉案件调解工作是否配合等情况，是考核企业服务质量、评定企业资质等级等方面的主要依据之一，应作为年度审验的重要内容，并在涉及审批事项等方面作为先决条件。

第二十五条 本规定由中华人民共和国交通部负责解释。

第二十六条 本规定自2000年1月1日起实施。

附件：一、《道路运输服务质量投诉记录》（式样）

二、《道路运输服务质量投诉调解书》（式样）

附件一

道路运输服务质量投诉记录

（式样）

日期:编号:#运诉记〔＊＊＊＊〕第%%号

投诉人		记录人	
被投诉人名称或车辆牌照号码			
案件发生时间		发生地点	
投诉案件梗概 （填写不下,可另附纸）			
证明材料或证明人			
投诉请求			
联系人		联系电话	

注:#——代表受理机构所在行政区划简称。

＊＊＊＊——代表年份。

%%——代表当年受理投诉案件的序号。

附件二

道路运输服务质量投诉调解书

（式样）

日期:编号:#运诉调〔＊＊＊＊〕第%%号

<table>
<tr><td>投诉人名称
或姓名(甲方)</td><td colspan="3"></td></tr>
<tr><td>被投诉人名称
或姓名(乙方)</td><td colspan="3"></td></tr>
<tr><td>投诉受理机构名称</td><td colspan="3"></td></tr>
<tr><td colspan="4">投诉案件梗概
(填写不下,可另附纸)</td></tr>
<tr><td colspan="4">证明材料或证明人</td></tr>
<tr><td colspan="4">调解意见

投诉受理机构:(盖章)经办人:(签字)</td></tr>
<tr><td>甲方意见</td><td></td><td>甲方或其代表签字</td><td></td></tr>
<tr><td>乙方意见</td><td></td><td>乙方或其代表签字</td><td></td></tr>
</table>

注:#——代表受理机构所在行政区划简称。

＊＊＊＊——代表年份。

%%——代表当年调解投诉案件的序号。

汽车货物运输规则

（交通部令1999年第5号　1999.11.15）

第一章　总　则

第一条　为保护汽车货物运输当事人的合法权益，明确承运人、托运人、收货人以及其他有关方的权利、义务和责任，维护正常的道路货物运输秩序，依据国家有关法律、法规，制定本规则。

第二条　在中华人民共和国境内从事营业性汽车货物运输及相关的货物搬运装卸、汽车货物运输服务等活动，应遵守本规则。

除法律、法规另有规定外，汽车运输与其他运输方式实行货物联运的适用本规则。拖拉机及其他机动车、非机动车辆从事货物运输的，可参照本规则执行。

第三条　本规则下列用语的含义：

（一）承运人，是指使用汽车从事货物运输并与托运人订立货物运输合同的经营者。

（二）托运人，是指与承运人订立货物运输合同的单位和个人。

（三）收货人，是指货物运输合同中托运人指定提取货物的单位和个人。

（四）货物运输代办人（以下简称货运代办人），是指以自己的名义承揽货物并分别与托运人、承运人订立货物运输合同的经营者。

（五）站场经营人，是指在站、场范围内从事货物仓储、堆存、包装、搬运装卸等业务的经营者。

（六）运输期限，是由承托双方共同约定的货物起运、到达目的地的具体时间。未约定运输期限的，从起运日起，按200千米为1日运距，用运输里程除每日运距，计算运输期限。

（七）承运责任期间，是指承运人自接受货物起至将货物交付收货人（包括按照国家有关规定移交给有关部门）止，货物处于承运人掌管之下的全部时间。本条规定不影响承运人与托运人就货物在装车前和卸车后对承担的责任达成的协议。

（八）搬运装卸，是指货物运输起讫两端利用人力或机械将货物装上、卸下车辆，并搬运到一定位置的作业。人力搬运距离不超过200米，机械搬运不超过400米（站、场作业区内货物搬运除外）。

第二章 运输基本条件

第一节 承运人、托运人与运输车辆

第四条 承运人、托运人、货运代办人在签订和履行汽车货物运输合同时，应遵守国家法律和有关的运输法规、行政规章。

第五条 承运人应根据承运货物的需要，按货物的不同特性，提供技术状况良好、经济适用的车辆，并能满足所运货物重量的要求。使用的车辆、容器应做到外观整洁，车体、容器内干净无污染物、残留物。

第六条 承运特种货物的车辆和集装箱运输车辆，需配备符合运输要求的特殊装置或专用设备。

第二节 运输类别

第七条 托运人一次托运货物计费重量3吨及以下的，为零担货物运输。

第八条 托运人一次托运货物计费重量3吨以上或不足3吨，但其性质、体积、形状需要一辆汽车运输的，为整批货物运输。

第九条 因货物的体积、重量的要求，需要大型或专用汽车运

输的，为大型特型笨重物件运输。

第十条 采用集装箱为容器，使用汽车运输的，为集装箱汽车运输。

第十一条 在规定的距离和时间内将货物运达目的地的，为快件货物运输；应托运人要求，采取即托即运的，为特快件货物运输。

第十二条 承运《危险货物品名表》列名的易燃、易爆、有毒、有腐蚀性、有放射性等危险货物和虽未列入《危险货物品名表》但具有危险货物性质的新产品，为危险货物汽车运输。

第十三条 采用装有出租营业标志的小型货运汽车，供货主临时雇用，并按时间、里程和规定费率收取运输费用的，为出租汽车货运。

第十四条 为个人或单位搬迁提供运输和搬运装卸服务，并按规定收取费用的，为搬家货物运输。

第三节 货物种类

第十五条 货物在运输、装卸、保管中无特殊要求的，为普通货物。普通货物分为三等（见附表一"普通货物分等表"）。

第十六条 货物在运输、装卸、保管中需采取特殊措施的，为特种货物。特种货物分为四类（见附表二"特种货物分类表"）。

第十七条 货物每立方米体积重量不足333千克的，为轻泡货物。其体积按货物（有包装的按货物包装）外廓最高、最长、最宽部位尺寸计算。

第四节 货物保险与货物保价运输

第十八条 货物运输有货物保险和货物保价运输两种投保方式，采取自愿投保的原则，由托运人自行确定。

第十九条 货物保险由托运人向保险公司投保，也可以委托承运人代办。

第二十条 货物保价运输是按保价货物办理承托运手续，在发生货物赔偿时，按托运人声明价格及货物损坏程度予以赔偿的货物运输。托运人一张运单托运的货物只能选择保价或不保价。

第二十一条 托运人选择货物保价运输时，申报的货物价值不得超过货物本身的实际价值；保价运输为全程保价。

第二十二条 分程运输或多个承运人承担运输，保价费由第一程承运人（货运代办人）与后程承运人协商，并在运输合同中注明。承运人之间没有协议的按无保价运输办理，各自承担责任。

第二十三条 办理保价运输的货物，应在运输合同上加盖"保价运输"戳记。保价费按不超过货物保价金额的7‰收取。

第三章 运输合同的订立、履行、变更和解除

第一节 合同的订立

第二十四条 汽车货物运输合同采用书面形式、口头形式和其他形式。书面形式合同种类分为定期运输合同、一次性运输合同、道路货物运单（以下简称运单）。汽车货物运输合同由承运人和托运人本着平等、自愿、公平、诚实、信用的原则签订。

第二十五条 定期汽车货物运输合同应包含下列基本内容：

（一）托运人、收货人和承运人的名称（姓名）、地址（住所）、电话、邮政编码；

（二）货物的种类、名称、性质；

（三）货物重量、数量或月、季、年度货物批量；

（四）起运地、到达地；

（五）运输质量；

（六）合同期限；

（七）装卸责任；

（八）货物价值，是否保价、保险；

（九）运输费用的结算方式；

（十）违约责任；

（十一）解决争议的方法。

第二十六条 一次性运输合同、运单应包含以下基本内容：

（一）托运人、收货人和承运人的名称（姓名）、地址（住所）、电话、邮政编码；

（二）货物名称、性质、重量、数量、体积；

（三）装货地点、卸货地点、运距；

（四）货物的包装方式；

（五）承运日期和运到期限；

（六）运输质量；

（七）装卸责任；

（八）货物价值，是否保价、保险；

（九）运输费用的结算方式；

（十）违约责任；

（十一）解决争议的方法。

第二十七条 定期运输合同适用于承运人、托运人、货运代办人之间商定的时期内和批量货物运输。

一次性运输合同适用于每次货物运输。

承运人、托运人和货运代办人签订定期运输合同、一次性运输合同时，运单视为货物运输合同成立的凭证。

在每车次或短途每日多次货物运输中，运单视为合同。

第二十八条 汽车货物运输合同自双方当事人签字或盖章时成立。当事人采用信件、数据电文等形式订立合同的，可以要求签订确认书，签订确认书时合同成立。

第二节 货 物 托 运

第二十九条 未签订定期运输合同或一次性运输合同的，托运人应按以下要求填写运单：

（一）准确表明托运人和收货人的名称（姓名）和地址（住所）、电话、邮政编码；

（二）准确表明货物的名称、性质、件数、重量、体积以及包装方式；

（三）准确表明运单中的其他有关事项；

（四）一张运单托运的货物，必须是同一托运人、收货人；

（五）危险货物与普通货物以及性质相互抵触的货物不能用一张运单；

（六）托运人要求自行装卸的货物，经承运人确认后，在运单内注明；

（七）应使用钢笔或圆珠笔填写，字迹清楚，内容准确，需要更改时，必须在更改处签字盖章。

第三十条 已签订定期运输合同或一次性运输合同的，运单由承运人按第二十九条的规定填写，但运单托运人签字盖章处填写合同序号。

第三十一条 托运的货物品种不能在一张运单内逐一填写的，应填写“货物清单”（见附表三）。

第三十二条 托运货物的名称、性质、件数、重量、体积、包装方式等，应与运单记载的内容相符。

第三十三条 按照国家有关部门规定需办理准运或审批、检验等手续的货物，托运人托运时应将准运证或审批文件提交承运人，并随货同行。托运人委托承运人向收货人代递有关文件时，应在运单中注明文件名称和份数。

第三十四条 托运的货物中，不得夹带危险货物、贵重货物、鲜活货物和其他易腐货物、易污染货物、货币、有价证券以及政府禁止或限制运输的货物等。

第三十五条 托运货物的包装，应当按照承托双方约定的方式包装。对包装方式没有约定或者约定不明确的，可以协议补充；不能达成补充协议的，按照通用的方式包装，没有通用方式的，应在足以保证运输、搬运装卸作业安全和货物完好的原则下进行包装。

依法应当执行特殊包装标准的，按照规定执行。

第三十六条 托运人应根据货物性质和运输要求，按照国家规定，正确使用运输标志和包装储运图示标志。

使用旧包装运输货物，托运人应将包装上与本批货物无关的运输标志、包装储运图示标志清除干净，并重新标明制作标志。

第三十七条 托运特种货物，托运人应按以下要求，在运单中注明运输条件和特约事项：

（一）托运需冷藏保温的货物，托运人应提出货物的冷藏温度和在一定时间内的保持温度要求；

（二）托运鲜活货物，应提供最长运输期限及途中管理、照料事宜的说明书，货物允许的最长运输期限应大于汽车运输能够达到的期限；

（三）托运危险货物，按交通部《汽车危险货物运输规则》办理；

（四）托运采用集装箱运输的货物，按交通部《集装箱汽车运输规则》办理；

（五）托运大型特型笨重物件，应提供货物性质、重量、外廓尺寸及对运输要求的说明书；承运前承托双方应先查看货物和运输现场条件，需排障时由托运人负责或委托承运人办理；运输方案商定后办理运输手续。

第三十八条 整批货物运输时，散装、无包装和不成件的货物按重量托运；有包装、成件的货物，托运人能按件点交的，可按件托运，不计件内细数。

第三十九条 运输途中需要饲养、照料的有生动、植物，尖端精密产品、稀有珍贵物品、文物、军械弹药、有价证券、重要票证和货币等，托运人必须派人押运。

大型特型笨重物件、危险货物、贵重和个人搬家物品，是否派人押运，由承托双方根据实际情况约定。

除上述规定的货物外，托运人要求押运时，需经承运人同意。

第四十条 需派人押运的货物，托运人在办理货物托运手续时，应在运单上注明押运人员姓名及必要的情况。

第四十一条 押运人员每车一人，托运人需增派押运人员，在符合安全规定的前提下，征得承运人的同意，可适当增加。押运人员须遵守运输和安全规定。

押运人员在运输过程中负责货物的照料、保管和交接；如发现货物出现异常情况，应及时作出处理并告知车辆驾驶人员。

第三节 货物受理

第四十二条 承运人受理凭证运输或需有关审批、检验证明文件的货物后，应当在有关文件上注明已托运货物的数量、运输日期，加盖承运章，并随货同行，以备查验。

第四十三条 承运人受理整批或零担货物时，应根据运单记载货物名称、数量、包装方式等，核对无误，方可办理交接手续。发现与运单填写不符或可能危及运输安全的，不得办理交接手续。

第四十四条 承运人应当根据受理货物的情况，合理安排运输车辆，货物装载重量以车辆额定吨位为限，轻泡货物以折算重量装载，不得超过车辆额定吨位和有关长、宽、高的装载规定。

第四十五条 承运人应与托运人约定运输路线。起运前运输路线发生变化必须通知托运人，并按最后确定的路线运输。承运人未按约定的路线运输增加的运输费用，托运人或收货人可以拒绝支付增加部分的运输费用。

第四十六条 货物运输中，在与承运人非隶属关系的货运站场进行货物仓储、装卸作业，承运人应与站场经营人签订作业合同。

第四十七条 运输期限由承托双方共同约定后应在运单上注明。承运人应在约定的时间内将货物运达。零担货物按批准的班期时限运达，快件货物按规定的期限运达。

第四十八条 整批货物运抵前，承运人应当及时通知收货人做好接货准备；零担货物运达目的地后，应在 24 小时内向收货人发出到货通知或按托运人的指示及时将货物交给收货人。

第四十九条 车辆装载有毒、易污染的货物卸载后，承运人应对车辆进行清洗和消毒。因货物自身的性质，应托运人要求，需对车辆进行特殊清洗和消毒的,由托运人负责。

第四节　合同的变更和解除

第五十条　在承运人未将货物交付收货人之前,托运人可以要求承运人中止运输、返还货物、变更到达地或者将货物交付给其他收货人,但应当赔偿承运人因此受到的损失。

第五十一条　凡发生下列情况之一者,允许变更和解除:

(一)由于不可抗力使运输合同无法履行;

(二)由于合同当事人一方的原因,在合同约定的期限内确实无法履行运输合同;

(三)合同当事人违约,使合同的履行成为不可能或不必要;

(四)经合同当事人双方协商同意解除或变更,但承运人提出解除运输合同的,应退还已收的运费。

第五十二条　货物运输过程中,因不可抗力造成道路阻塞导致运输阻滞,承运人应及时与托运人联系,协商处理,发生货物装卸、接运和保管费用按以下规定处理:

(一)接运时,货物装卸、接运费用由托运人负担,承运人收取已完成运输里程的运费,退回未完成运输里程的运费。

(二)回运时,收取已完成运输里程的运费,回程运费免收。

(三)托运人要求绕道行驶或改变到达地点时,收取实际运输里程的运费。

(四)货物在受阻处存放,保管费用由托运人负担。

第四章　搬运装卸与交接

第五十三条　货物搬运装卸由承运人或托运人承担,可在货物运输合同中约定。

承运人或托运人承担货物搬运装卸后,委托站场经营人、搬运装卸经营者进行货物搬运装卸作业的,应签订货物搬运装卸合同。

第五十四条　搬运装卸人员应对车厢进行清扫,发现车辆、容器、设备不适合装货要求，应立即通知承运人或托运人。

第五十五条 搬运装卸作业应当轻装轻卸，堆码整齐；清点数量；防止混杂、撒漏、破损；严禁有毒、易污染物品与食品混装，危险货物与普通货物混装。

第五十六条 对性质不相抵触的货物，可以拼装、分卸。

第五十七条 搬运装卸过程中，发现货物包装破损，搬运装卸人员应及时通知托运人或承运人，并做好记录。

第五十八条 搬运装卸危险货物，按交通部《汽车危险货物运输、装卸作业规程》进行作业。

第五十九条 搬运装卸作业完成后，货物需绑扎苫盖篷布的，搬运装卸人员必须将篷布苫盖严密并绑扎牢固；由承、托运人或委托站场经营人、搬运装卸人员编制有关清单，做好交接记录；并按有关规定施加封志和外贴有关标志。

第六十条 承、托双方应履行交接手续，包装货物采取件交件收；集装箱重箱及其他施封的货物凭封志交接；散装货物原则上要磅交磅收或采用承托双方协商的交接方式交接。交接后双方应在有关单证上签字。

第六十一条 货物在搬运装卸中，承运人应当认真核对装车的货物名称、重量、件数是否与运单上记载相符，包装是否完好。包装轻度破损，托运人坚持要装车起运的，应征得承运人的同意，承托双方需做好记录并签章后，方可运输，由此而产生的损失由托运人负责。

第六十二条 货物运达承、托双方约定的地点后，收货人应凭有效单证提(收)货物，无故拒提(收)货物，应赔偿承运人因此造成的损失。

第六十三条 货物交付时，承运人与收货人应当做好交接工作，发现货损货差，由承运人与收货人共同编制货运事故记录(见附表四)，交接双方在货运事故记录上，签字确认。

第六十四条 货物交接时，承托双方对货物的重量和内容有质疑，均可提出查验与复磅，查验和复磅的费用由责任方负担。

第六十五条 货物运达目的地后，承运人知道收货人的，应及时通知收货人，收货人应当及时提（收）货物，收货人逾期提（收）货物的，应当向承运人支付保管费等费用。收货人不明或者收货人无正当理由拒绝受领货物的，依照《中华人民共和国合同法》第一百零一条的规定，承运人可以提存货物。

第五章　运输责任的划分

第六十六条 承运人未按约定的期限将货物运达，应负违约责任；因承运人责任将货物错送或错交，应将货物无偿运到指定的地点，交给指定的收货人。

第六十七条 承运人未遵守承托双方商定的运输条件或特约事项，由此造成托运人的损失，应负赔偿责任。

第六十八条 货物在承运责任期间和站、场存放期间内，发生毁损或灭失，承运人、站场经营人应负赔偿责任。但有下列情况之一者，承运人、站场经营人举证后可不负赔偿责任：

（一）不可抗力；

（二）货物本身的自然性质变化或者合理损耗；

（三）包装内在缺陷，造成货物受损；

（四）包装体外表面完好而内装货物毁损或灭失；

（五）托运人违反国家有关法令，致使货物被有关部门查扣、弃置或作其他处理；

（六）押运人员责任造成的货物毁损或灭失；

（七）托运人或收货人过错造成的货物毁损或灭失。

第六十九条 托运人未按合同规定的时间和要求，备好货物和提供装卸条件，以及货物运达后无人收货或拒绝收货，而造成承运人车辆放空、延滞及其他损失，托运人应负赔偿责任。

第七十条 因托运人下列过错，造成承运人、站场经营人、搬运装卸经营人的车辆、机具、设备等损坏、污染或人身伤亡以及因此而引起的第三方的损失，由托运人负责赔偿：

(一)在托运的货物中有故意夹带危险货物和其他易腐蚀、易污染货物以及禁、限运货物等行为；

(二)错报、匿报货物的重量、规格、性质；

(三)货物包装不符合标准，包装、容器不良，而从外部无法发现；

(四)错用包装、储运图示标志。

第七十一条 托运人不如实填写运单，错报、误填货物名称或装卸地点，造成承运人错送、装货落空以及由此引起的其他损失，托运人应负赔偿责任。

第七十二条 货运代办人以承运人身份签署运单时，应承担承运人责任，以托运人身份托运货物时，应承担托运人的责任。

第七十三条 搬运装卸作业中，因搬运装卸人员过错造成货物毁损或灭失，站场经营人或搬运装卸经营者应负赔偿责任。

第六章 运输费用

第七十四条 汽车货物运输价格按不同运输条件分别计价，其计算按《汽车运价规则》办理。

第七十五条 汽车货物运输计费重量单位，整批货物运输以吨为单位，尾数不足100千克时，四舍五入；零担货物运输以千克为单位，起码计费重量为1千克，尾数不足1千克时，四舍五入；轻泡货物每立方米折算重量333千克。

按重量托运的货物一律按实际重量(含货物包装、衬垫及运输需要的附属物品)计算，以过磅为准。由托运人自理装车的，应装足车辆额定吨位，未装足的，按车辆额定吨位收费。统一规格的成包成件的货物，以一标准件重量计算全部货物重量。散装货物无过磅条件的，按体积和各省、自治区、直辖市统一规定重量折算标准计算。接运其他运输方式的货物，无过磅条件的，按前程运输方式运单上记载的重量计算。拼装分卸的货物按最重装载量计算。

第七十六条　汽车货物运输计费里程按下列规定确定：

（一）货物运输计费里程以千米为单位，尾数不足1千米的，进为1千米。

（二）计费里程以省、自治区、直辖市交通行政主管部门核定的营运里程为准，未经核定的里程，由承托双方商定。

（三）同一运输区间有两条（含两条）以上营运路线可供行驶时，应按最短的路线计算计费里程或按承托双方商定的路线计算计费里程。拼装分卸从第一装货地点起至最后一个卸货地点止的载重里程计算计费里程。

第七十七条　汽车货物运输的其他费用，按以下规定确定：

（一）调车费，应托运人要求，车辆调出所在地而产生的车辆往返空驶，计收调车费。

（二）延滞费，车辆按约定时间到达约定的装货或卸货地点，因托运人或收货人责任造成车辆和装卸延滞，计收延滞费。

（三）装货落空损失费，因托运人要求，车辆行至约定地点而装货落空造成的车辆往返空驶，计收装货落空损失费。

（四）排障费，运输大型特型笨重物件时，需对运输路线的桥涵、道路及其他设施进行必要的加固或改造所发生的费用，由托运人负担。

（五）车辆处置费，因托运人的特殊要求，对车辆改装、拆卸、还原、清洗时，计收车辆处置费。

（六）在运输过程中国家有关检疫部门对车辆的检验费以及因检验造成的车辆停运损失，由托运人负担。

（七）装卸费，货物装卸费由托运人负担。

（八）通行费，货物运输需支付的过渡、过路、过桥、过隧道等通行费由托运人负担，承运人代收代付。

（九）保管费，货物运达后，明确由收货人自取的，从承运人向收货人发出提货通知书的次日（以邮戳或电话记录为准）起计，第四日开始核收货物保管费；应托运人的要求或托运人的责任造成的，需要保管的货物，计收货物保管费。货物保管费由托运人负担。

第七十八条 汽车货物运输的运杂费按下列规定结算：

（一）货物运杂费在货物托运、起运时一次结清，也可按合同采用预付费用的方式，随运随结或运后结清。托运人或者收货人不支付运费、保管费以及其他运输费用的，承运人对相应的运输货物享有留置权，但当事人另有约定的除外。

（二）运费尾数以元为单位，不足一元时四舍五入。

第七十九条 货物在运输过程中因不可抗力灭失，未收取运费的，承运人不得要求托运人支付运费；已收取运费的，托运人可以要求返还。

第八十条 出入境货物运输、国际联运汽车货物运输的运价，按有关规定办理。

第七章 货运事故和违约处理

第八十一条 货运事故是指货物运输过程中发生货物毁损或灭失。货运事故和违约行为发生后，承托双方及有关方应编制货运事故记录。

货物运输途中，发生交通肇事造成货物损坏或灭失，承运人应先行向托运人赔偿，再由其向肇事的责任方追偿。

第八十二条 货运事故处理过程中，收货人不得扣留车辆，承运人不得扣留货物。由于扣留车、货而造成的损失，由扣留方负责赔偿。

第八十三条 货运事故赔偿数额按以下规定办理：

（一）货运事故赔偿分限额赔偿和实际损失赔偿两种。法律、行政法规对赔偿责任限额有规定的，依照其规定；尚未规定赔偿责任限额的，按货物的实际损失赔偿。

（二）在保价运输中，货物全部灭失，按货物保价声明价格赔偿；货物部分毁损或灭失，按实际损失赔偿；货物实际损失高于声明价格的，按声明价格赔偿；货物能修复的，按修理费加维修取送费赔偿。保险运输按投保人与保险公司商定的协议办理。

（三）未办理保价或保险运输的，且在货物运输合同中未约定赔偿责任的，按本条第一项的规定赔偿。

（四）货物损失赔偿费包括货物价格、运费和其他杂费。货物价格中未包括运杂费、包装费以及已付的税费时，应按承运货物的全部或短少部分的比例加算各项费用。

（五）货物毁损或灭失的赔偿额，当事人有约定的，按照其约定，没有约定或约定不明确的，可以补充协议，不能达成补充协议的，按照交付或应当交付时货物到达地的市场价格计算。

（六）由于承运人责任造成货物灭失或损失，以实物赔偿的，运费和杂费照收；按价赔偿的，退还已收的运费和杂费；被损货物尚能使用的，运费照收。

（七）丢失货物赔偿后，又被查回，应送还原主，收回赔偿金或实物；原主不愿接受失物或无法找到原主的，由承运人自行处理。

（八）承托双方对货物逾期到达，车辆延滞，装货落空都负有责任时，按各自责任所造成的损失相互赔偿。

第八十四条 货运事故发生后，承运人应及时通知收货人或托运人。收货人、托运人知道发生货运事故后，应在约定的时间内，与承运人签注货运事故记录。收货人、托运人在约定的时间内不与承运人签注货运事故记录的，或者无法找到收货人、托运人的，承运人可邀请 2 名以上无利害关系的人签注货运事故记录。

货物赔偿时效从收货人、托运人得知货运事故信息或签注货运事故记录的次日起计算。

在约定运达时间的 30 日后未收到货物，视为灭失，自 31 日起计算货物赔偿时效。

未按约定的或规定的运输期限内运达交付的货物，为迟延交付。

第八十五条 当事人要求另一方当事人赔偿时，须提出赔偿要求书（见附表五），并附运单、货运事故记录和货物价格证明等文件。要求退还运费的，还应附运杂费收据。另一方当事人应在收到赔偿要求书的次日起,60 日内作出答复。

第八十六条 承运人或托运人发生违约行为,应向对方支付违约金。违约金的数额由承托双方约定。

第八十七条 对承运人非故意行为造成货物迟延交付的赔偿金额,不得超过所迟延交付的货物全程运费数额。

第八十八条 货物赔偿费一律以人民币支付。

第八十九条 由托运人直接委托站场经营人装卸货物造成货物损坏的,由站场经营人负责赔偿;由承运人委托站场经营人组织装卸的,承运人应先向托运人赔偿,再向站场经营人追偿。

第九十条 承运人、托运人、收货人及有关方在履行运输合同或处理货运事故时,发生纠纷、争议,应及时协商解决或向县级以上人民政府交通主管部门申请调解;当事人不愿和解、调解或者和解、调解不成的,可依仲裁协议向仲裁机构申请仲裁;当事人没有订立仲裁协议或仲裁协议无效的,可以向人民法院起诉。

第八章 附 则

第九十一条 按法律、法规和规章的规定,对利用汽车货物运输合同危害国家利益、社会公共利益的,由县级以上人民政府交通主管部门及其所属的道路运政管理机构负责监督处理。

第九十二条 本规则由交通部负责解释。

第九十三条 本规则自 2000 年 1 月 1 日起施行。1988 年 1 月 26 日交通部发布的《汽车货物运输规则》同时废止。

附表一

普通货物分等表

等级	序号	货类	货物名称
一等货物	1	砂	砂子。
	2	石	片石、渣石、寸石、石硝、粒石、卵石等。
	3	非金属矿石	各种非金属矿石。
	4	土	各种土、垃圾。
	5	渣	炉渣、炉灰、水渣、各种灰烬、碎砖瓦等。
二等货物	1	粮食及加工品	各种粮食（稻、麦、各种杂粮、薯类）及其加工品。
	2	棉花、麻	皮棉、籽棉、絮棉、旧棉、棉胎、木棉、各种麻类。
	3	油料作物	花生、芝麻、油菜子、蓖麻子及其他油料作物。
	4	烟叶	烤烟、土烟等。
	5	植物的种子、草、藤、树条	树、草、菜、花的种子、干花、牧草、谷草、稻草、芦苇、树条、树根、木柴、藤等。
	6	肥料、农药	化肥、粪肥、土杂肥、农药（具有危险货物性质的除外）等。
	7	糖	各种食用糖（包括饴糖、糖稀）。
	8	酱菜、调料	腌菜、酱菜、酱油、醋、酱、花椒、茴香、生姜、芥末、腐乳、味精及其他调味品。
	9	土产杂品	土产品、各种杂品。
	10	皮毛、塑料	生皮张、生熟毛皮、鬃毛绒及其加工品、塑料及其制品。

续上表

等级	序号	货类	货物名称
二等货物	11	日用百货、一般纺织制品	各种日用小百货、一般纺织品、针织品。
	12	药材	普通中药材。
	13	纸、纸浆	普通纸及纸制品、各种纸浆。
	14	文化体育用品	文具、教学用具、体育用品。
	15	印刷品	报刊、图书及其他印刷品。
	16	木材	圆木、方木、板料、成材、杂木棍等。
	17	橡胶、可塑材料及其制品	生橡胶、人造橡胶、再生胶及其制品、电木制品、其他可塑原料及其制品。
	18	水泥及其制品	袋装水泥、水泥制品、预制水泥构件等。
	19	钢铁、有色金属及其制品	钢材(管、丝、线、绳、板、皮条)、生铁、毛坯、铸铁件、有色金属、材料、大、小五金制品、配件、小型农机具等。
	20	矿物性建筑材料	普通砖、瓦、缸砖、水泥瓦、乱石、块石、级配石、条石、水磨石、白云石、蜡石、萤石及一般石制品、滑石粉、石灰膏、电石灰、矾石灰、石膏、石棉、白垩粉、陶土管、石灰石、生石灰。
	21	金属矿石	各种金属矿石。
	22	煤	原煤、块煤、可燃性片岩等。
	23	焦炭	焦炭、焦炭末、石油焦、沥青、焦木炭等。
	24	原煤加工品	煤球、煤砖、蜂窝煤等。
	25	盐	原盐及加工精盐。
	26	泥、灰	泥土、淤泥、煤泥、青灰、粉煤灰等。
	27	废品及散碎品	废钢铁、废纸、破碎布、碎玻璃、废靴鞋、废纸袋等。
	28	空包装容器	篓、坛罐、桶、瓶、箱、筐、袋、包、箱皮、盒等。
	29	其他	未列入表的其他货物。

续上表

等级	序号	货类	货物名称
三等货物	1	蜂	蜜蜂、蜡虫。
	2	蚕、茧	蚕、蚕子、蚕蛹、蚕茧。
	3	观赏用花、木	观赏用普通长青树木、花草、树苗。
	4	蔬菜、瓜果	鲜蔬菜、鲜菌类、鲜水果、甘蔗、瓜类。
	5	植物油	各种食用、工业、医药用植物油。
	6	蛋、乳	蛋、乳及其制品。
	7	肉脂及制品	鲜、腌、酱肉类，油脂及制品。
	8	水产品	干鲜鱼、虾、蟹、贝、海带。
	9	干菜、干果	干菜、干果、子仁及各种果脯。
	10	橡胶制品	轮胎、橡胶管、橡胶布类及其制品。
	11	颜料、染料	颜料、染料及助剂与其制品。
	12	食用香精、树胶、木蜡	食用香精、糖精、樟脑油、芳香油、木榴油、木蜡、橡蜡（橡油、皮油）、树胶等。
	13	化妆品	护肤、美容、卫生、头发用品等各种化妆品。
	14	木材加工品	毛板、企口板、胶合板、刨花板、装饰板、纤维板、木构件等。
	15	家具	竹、藤、钢、木家具。
	16	交电器材	普通医疗器械、无线电广播设备、电线电缆、电灯用品、蓄电池（未装酸液）、各种电子元件、电子或电动玩具。
	17	毛、丝、棉、麻、呢绒、化纤、皮革制品	毛、丝、棉、麻、呢绒、化纤、皮革制品、鞋帽、服装。
	18	烟、酒、饮料、茶	各种卷烟、各类瓶罐装的酒、汽水、果汁、食品、罐头、炼乳、植物油精（薄荷油、按叶油）、茶叶及其制品。
	19	糖果、糕点	糖果、果酱（桶装）、水果粉、蜜饯、面包、饼干、糕点。

续上表

等级	序号	货类	货物名称
三等货物	20	淀粉	各种淀粉及其制品。
	21	冰及冰制品	天然冰、机制冰、冰淇淋、冰棍。
	22	中西药品、医疗器具	西药、中药(丸、散、膏、丹成药)及医疗器具。
	23	贵重纸张	卷烟纸、玻璃纸、过滤纸、晒图纸、描图纸、绘图纸、国画纸、蜡纸、复写纸、复印纸。
	24	文娱用品	乐器、唱片、幻灯片、录音带、录像带、光盘(碟片)及其他演出用具及道具。
	25	美术工艺品	刺绣、蜡或塑料制品、美术制品、骨角制品、漆器、草编、竹编、藤编等各种美术工艺品。
	26	陶瓷、玻璃及其制品	瓷器、陶器、玻璃及其制品。
	27	机器及设备	各种机器及设备。
	28	车辆	组成的自行车、摩托车、轻骑、小型拖拉机。
	29	污染品	炭黑、铅粉、锰粉、乌烟(墨黑、松烟)、涂料及其他污染人体的货物、角、蹄甲、牲骨、死禽兽。
	30	粉尘品	散装水泥、石粉、耐火粉。
	31	装饰石料	大理石、花岗岩、汉白玉。
	32	带釉建筑用品	玻璃瓦、琉璃瓦、其他带釉建筑用品、耐火砖、耐酸砖、瓷砖瓦。

注:未列入表中的其他货物,除参照同类货物分等外,均列入二等货物。

附表二

特种货物分类表

类别	分类概念	各类档次或序号	各类货物范围或名称
大型特型笨重物件	货物长度6米及6米以上； 货物高度2.7米及以上； 货物宽度2.5米及以上； 单件货物重量4吨及以上。	一级	1. 长度大于或等于6米小于10米； 2. 宽度大于或等于2.5米小于3.0米； 3. 重量大于或等于4吨小于8吨。
		二级	1. 长度大于或等于10米小于14米； 2. 宽度大于或等于3.0米小于3.5米； 3. 高度大于或等于2.7米小于3米； 4. 重量大于或等于8吨小于20吨。
		三级	1. 长度大于14米(含14米)小于20米； 2. 宽度大于3.5米(含3.5米)小于4.5米； 3. 高度大于3米(含3米)小于3.8米； 4. 重量大于20吨(含20吨)小于100吨。
		四级	1. 长度大于20米(含20米)小于30米； 2. 宽度大于4.5米(含4.5米)小于5.5米； 3. 高度大于3.8米(含3.8米)小于4.4米； 4. 重量大于100吨(含100吨)小于200吨。
		五级	1. 长度大于30米(含30米)小于40米； 2. 宽度大于5.5米(含5.5米)小于6米； 3. 高度大于4.4米(含4.4米)小于5米； 4. 重量大于200吨(含200吨)小于300吨。
		六级	1. 长度在40米以上者； 2. 宽度在6米以上者； 3. 高度在5米以上者； 4. 重量在300吨以上者。

续上表

类别	分类概念	各类档次或序号	各类货物范围或名称
危险货物类	交通部《汽车危险货物运输规则》中列名的所有危险货物	一级	《汽车危险货物运输规则》中规定的爆炸物品、一级氧化剂、压缩气体和液化气体、一级自燃物品、一级遇水易燃物品、一级易燃固体、一级易燃液体、剧毒物品、一级酸性腐蚀物品、放射性物品。
		二级	《汽车危险货物运输规则》中规定的二级易燃液体、有毒物品、碱性腐蚀物品、二级酸性腐蚀物品。
贵重货物类	价格昂贵，运输责任重大的货物	1	货币及有价证券：货币、国库券、邮票等。
		2	贵重金属及稀有金属：贵重金属为金、银、钡、白金等及其制品；稀有金属钴、钛等及其制品。
		3	珍贵艺术品：古玩字画、象牙、珊瑚、珍珠、玛瑙、水晶宝石、钻石、翡翠、琥珀、猫眼、玉及其制品、景泰蓝制品各种雕刻工艺品、仿古艺术制品和壁毯刺绣艺术品等。
		4	贵重药材和药品：鹿茸、麝香、犀角、高丽参、西洋参、冬虫草、羚羊角、田三七、银耳、天麻、蛤蟆油、牛黄、熊胎、鹿胎、豹胎、海马、海龙、藏红花、猴枣、马宝及以其为主要原料的制品和贵重西药。
		5	贵重毛皮：水獭皮、海龙皮、貂皮、灰鼠皮、猞猁皮等及其制品。
		6	高档服装：用高级面料、制作精细、价格较高的服装。
		7	珍贵食品：海参、干贝、鱼肚、鱼翅、燕窝、鱼唇、鱼皮、鲍鱼、猴头、发菜等。
		8	高级精密机械及仪表：显微镜、电子计算机、高级摄影机、摄像机、显像管、复印机及其精密仪器仪表。
		9	高级光学玻璃及其制品：照相机、放大机、显微镜等镜头片、各种科学试验用的光学玻璃仪器和镜片。
		10	高档电器：电视机、电冰箱、录放音机、音响组合机、录像机、空调机、照相机、手表等。

续上表

类别	分类概念	各类档次或序号	各类货物范围或名称
鲜活货物类	货物价值高、运输时间性强、责任大的鲜活货物	1	各种活牲畜、活禽、活鱼、鱼苗。
		2	供观赏的野生动物：虎、豹、狮、熊、熊猫、狼、象、蛇、蟒、孔雀、天鹅等。
		3	供观赏的水生动物：海马、海豹、金鱼、鳄鱼、热带鱼等。
		4	名贵花木：盆景及各种名贵花木。

附表三

货 物 清 单

起运地点　　　　　　装货日期

装货人名称

运单号	
封志号	

编号	货物名称及规格型号	包装方式	件数	新旧程度	体积 长×宽×高 （cm）	重量 （kg）	保险保价价格
备注							

托运人：（签章）　　　　　　　　　　承运人：（签章）

年　　月　　日

规格：长×宽＝220mm×170mm。

附表四

货运事故记录

运单号码	
记录编号	

托运人		地址		电话		邮编	
收货人		地址		电话		邮编	
承运人		地址		电话		邮编	
车号		驾驶员		起运日期	年月日时	到达日期	年月日时
出事地点		出事时间				记录时间	

原运单记载	编号	货物名称及规格型号	包装形式	件数	新旧程度	体积 长×宽×高 (cm)	重量 (kg)	保险保价价格

事故发生详细情况及原因分析			
承运人签章	年 月 日	托运人或收货人签章	年 月 日
注意事项	本记录应一式三份，承运人、托运人、责任方各一份，每增加一个责任方增加一份。		

规格：长×宽=220mm×170mm。

附表五

赔偿要求书

第　号

<table>
<tr><td>索赔人名称</td><td></td><td>运单号码</td><td></td></tr>
<tr><td>赔偿的货物名称及损失情况</td><td colspan="3"></td></tr>
<tr><td>赔偿款项及计算方法</td><td colspan="3"></td></tr>
<tr><td>货运事故记录编制单位</td><td colspan="3"></td></tr>
<tr><td>希望领款地点及账号</td><td colspan="3"></td></tr>
<tr><td>附件名称及份数</td><td colspan="3"></td></tr>
<tr><td colspan="4">此致
索赔人(签章)
年　月　日提出</td></tr>
</table>

赔偿要求书收据

第　号

<table>
<tr><td>兹收到＿＿＿＿＿于　年　月　日提出的关于＿＿＿＿＿＿＿＿
＿＿＿＿＿＿＿＿＿＿＿＿要求赔偿＿＿＿＿＿＿元的赔偿要求书壹份。

附件：　　经办人：　　(签章)　年　月　日</td></tr>
</table>

规格：长×宽=240mm×170mm[赔偿要求书至分割线为150mm×170mm]。

国际道路运输管理规定

（交通部令2005年第3号　2005.04.13）

第一章　总　　则

第一条　为规范国际道路运输经营活动，维护国际道路运输市场秩序，保护国际道路运输各方当事人的合法权益，促进国际道路运输业的发展，根据《道路运输条例》和我国政府与有关国家政府签署的汽车运输协定，制定本规定。

第二条　从事中华人民共和国与相关国家间的国际道路运输经营活动的，应当遵守本规定。

本规定所称国际道路运输，包括国际道路旅客运输、国际道路货物运输。

第三条　国际道路运输应当坚持平等互利、公平竞争、共同发展的原则。

国际道路运输管理应当公平、公正、公开和便民。

第四条　交通部主管全国国际道路运输管理工作。

省级人民政府交通主管部门负责组织领导本行政区域内的国际道路运输管理工作。

省级道路运输管理机构负责具体实施本行政区域内的国际道路运输管理工作。

第二章　经　营　许　可

第五条　申请从事国际道路运输经营活动的，应当具备下列条件：

（一）已经取得国内道路运输经营许可证的企业法人；

（二）从事国内道路运输经营满 3 年，且近 3 年内未发生重大以上道路交通责任事故。

道路交通责任事故是指驾驶人员负同等或者以上责任的交通事故。

（三）驾驶人员符合第六条的条件。从事危险货物运输的驾驶员、装卸管理员、押运员，应当符合危险货物运输管理的有关规定；

（四）拟投入国际道路运输经营的运输车辆技术等级达到一级；

（五）有健全的安全生产管理制度。

第六条　从事国际道路运输的驾驶人员，应当符合下列条件：

（一）取得相应的机动车驾驶证；

（二）年龄不超过 60 周岁；

（三）经设区的市级道路运输管理机构分别对有关国际道路运输法规、外事规定、机动车维修、货物装载、保管和旅客急救基本知识考试合格，并取得《营运驾驶员从业资格证》；

（四）从事旅客运输的驾驶人员 3 年内无重大以上交通责任事故记录。

第七条　拟从事国际道路运输经营的，应当向所在地省级道路运输管理机构提出申请，并提交以下材料：

（一）国际道路运输经营申请表；

（二）《道路运输经营许可证》及复印件；

（三）法人营业执照及复印件；

（四）企业近 3 年内无重大以上道路交通责任事故证明；

（五）拟投入国际道路运输经营的车辆的道路运输证和拟购置车辆承诺书，承诺书包括车辆数量、类型、技术性能、购车时间等内容；

（六）拟聘用驾驶员的机动车驾驶证、从业资格证，近 3 年内无重大以上道路交通责任事故证明；

（七）国际道路运输的安全管理制度：包括安全生产责任制度、安全生产业务操作规程、安全生产监督检查制度、驾驶员和车辆安全生产管理制度等。

从事定期国际道路旅客运输的，还应当提交定期国际道路旅客班线运输的线路、站点、班次方案。

从事危险货物运输的，还应当提交驾驶员、装卸管理员、押运员的上岗资格证等。

第八条 已取得国际道路运输经营许可，申请新增定期国际旅客运输班线的，应当向所在地省级道路运输管理机构提出申请，提交下列材料：

（一）《道路运输经营许可证》及复印件；

（二）拟新增定期国际道路旅客班线运输的线路、站点、班次方案；

（三）拟投入国际道路旅客运输营运的车辆的道路运输证和拟购置车辆承诺书；

（四）拟聘用驾驶员的机动车驾驶证、从业资格证，驾驶员近3年内无重大以上道路交通责任事故证明。

第九条 省级道路运输管理机构收到申请后，应当按照《交通行政许可实施程序规定》要求的程序、期限，对申请材料进行审查，作出许可或者不予许可的决定。

决定予以许可的，应当向被许可人颁发《道路运输经营许可证》或者《道路旅客运输班线经营许可证明》。不能直接颁发经营证件的，应当向被许可人出具《国际道路运输经营许可决定书》或者《国际道路旅客运输班线经营许可决定书》。在出具许可决定之日起10日内，向被许可人颁发《道路运输经营许可证》或者《道路旅客运输班线经营许可证明》。

《道路运输经营许可证》应当注明经营范围；《道路旅客运输班线经营许可证明》应当注明班线起讫地、线路、停靠站点以及班次。

省级道路运输管理机构予以许可的，应当由省级交通主管部门向交通部备案。

对国际道路运输经营申请决定不予许可的，应当在受理之日起20日内向申请人送达《不予交通行政许可决定书》，并说明理由，告知申请人享有依法申请行政复议或者提起行政诉讼的权利。

第十条 非边境省、自治区、直辖市的申请人拟从事国际道路运输经营的，应当向所在地省级道路运输管理机构提出申请。受理该申请的省级道路运输管理机构在作出许可决定前，应当与运输线路拟通过口岸所在地的省级道路运输管理机构协商；协商不成的，由省级交通主管部门报交通部决定。交通部按照第九条第一款规定的程序作出许可或者不予许可的决定，通知所在地省级交通主管部门，并由所在地省级道路运输管理机构按照第九条第二款、第五款的规定颁发许可证件或者《不予交通行政许可决定书》。

第十一条 被许可人应当按照承诺书的要求购置运输车辆。购置的车辆和已有的车辆经道路运输管理机构核实符合条件的，道路运输管理机构向拟投入运输的车辆配发《道路运输证》。

第十二条 从事国际道路运输经营的申请人凭《道路运输经营许可证》及许可文件到外事、海关、检验检疫、边防检查等部门办理有关运输车辆、人员的出入境手续。

第十三条 国际道路运输经营者变更许可事项、扩大经营范围的，应当按照本规定办理许可申请。

国际道路运输经营者变更名称、地址等，应当向省级道路运输管理机构备案。

第十四条 国际道路旅客运输经营者在取得经营许可后，应当在180日内履行被许可的事项。有正当理由在180日内未经营或者停业时间超过180日的，应当告知省级道路运输管理机构。

国际道路运输经营者需要终止经营的，应当在终止经营之日30日前告知省级道路运输管理机构，办理有关注销手续。

第十五条 外国道路运输企业在我国境内设立国际道路运输常驻代表机构，应当向交通部提出申请，并提供以下材料：

（一）企业的董事长或总经理签署的申请书。内容包括常驻代表机构的名称、负责人、业务范围、驻在期限、驻在地点等；

（二）企业所在国家或地区有关商业登记当局出具的开业合法证明或营业注册副本；

（三）由所在国金融机构出具的资本信用证明书；

（四）企业委任常驻代表机构人员的授权书和常驻人员的简历及照片。

提交的外文资料需同时附中文翻译件。

第十六条 交通部应当按照《交通行政许可实施程序规定》要求的程序、期限，对申请材料进行审查，作出许可或者不予许可的决定。予以许可的，向外国道路运输企业出具并送达《外国（境外）运输企业在中国设立常驻代表机构许可决定书》，同时通知外国（境外）运输企业在中国常驻代表机构所在地的省级交通主管部门；不予许可的，应当出具并送达《不予交通行政许可决定书》，并说明理由。

第三章 运营管理

第十七条 国际道路运输线路由起讫地、途经地国家交通主管部门协商确定。

交通部及时向社会公布中国政府与有关国家政府确定的国际道路运输线路。

第十八条 从事国际道路运输的车辆应当按照规定的口岸通过，进入对方国家境内后，应当按照规定的线路运行。

从事定期国际道路旅客运输的车辆，应当按照规定的行车路线、班次及停靠站点运行。

第十九条 外国国际道路运输经营者的车辆在中国境内运输，应当具有本国的车辆登记牌照、登记证件。驾驶人员应当持有与其驾驶的车辆类别相符的本国或国际驾驶证件。

第二十条 从事国际道路运输的车辆应当标明本国的国际道

路运输国籍识别标志。

省级道路运输管理机构按照交通部规定的《国际道路运输国籍识别标志》式样，负责《国际道路运输国籍识别标志》的印制、发放、管理和监督使用。

第二十一条 进入我国境内从事国际道路运输的外国运输车辆，应当符合我国有关运输车辆外廓尺寸、轴荷以及载质量的规定。

我国与外国签署有关运输车辆外廓尺寸、轴荷以及载质量具体协议的，按协议执行。

第二十二条 我国从事国际道路旅客运输的经营者，应当使用《国际道路旅客运输行车路单》。

我国从事国际道路货物运输的经营者，应当使用《国际道路货物运单》。

第二十三条 进入我国境内运载不可解体大型物件的外国国际道路运输经营者，车辆超限的，应当遵守我国超限运输车辆行驶公路的相关规定，办理相关手续后，方可运输。

第二十四条 进入我国境内运输危险货物的外国国际道路运输经营者，应当遵守我国危险货物运输有关法律、法规和规章的规定。

第二十五条 禁止外国国际道路运输经营者从事我国国内道路旅客和货物运输经营。

外国国际道路运输经营者在我国境内应当在批准的站点上下旅客或者按照运输合同商定的地点装卸货物。运输车辆，要按照我国道路运输管理机构指定的停靠站（场）停放。

禁止外国国际道路运输经营者在我国境内自行承揽货物或者招揽旅客。

第二十六条 国际道路运输经营者应当使用符合国家规定标准的车辆从事国际道路运输经营，并定期进行运输车辆维护和检测。

第二十七条 国际道路运输经营者应当制定境外突发事件的

道路运输应急预案。应急预案应当包括报告程序、应急指挥、应急车辆和设备的储备以及处置措施等内容。

第二十八条 国际道路旅客运输的价格,按边境口岸地省级交通主管部门与相关国家政府交通主管部门签订的协议执行。没有协议的,按边境口岸所在地省级物价部门核定的运价执行。

国际道路货物运输的价格,由国际道路货物运输的经营者自行确定。

第二十九条 对进出我国境内从事国际道路运输的外国运输车辆的费收,应当按照我国与相关国家政府签署的有关协定执行。

第四章 行车许可证管理

第三十条 国际道路运输实行行车许可证制度。

行车许可证是国际道路运输经营者在相关国家境内从事国际道路运输经营时行驶的通行凭证。

我国从事国际道路运输的车辆进出相关国家,应当持有相关国家的国际汽车运输行车许可证。

外国从事国际道路运输的车辆进出我国,应当持有我国国际汽车运输行车许可证。

第三十一条 我国国际汽车运输行车许可证分为《国际汽车运输行车许可证》和《国际汽车运输特别行车许可证》。

在我国境内从事国际道路旅客运输经营和一般货物运输经营的外国经营者,使用《国际汽车运输行车许可证》。

在我国境内从事国际道路危险货物运输经营的外国经营者,应当向拟通过口岸所在地的省级道路运输管理机构提出申请,由省级道路运输管理机构商有关部门批准后,向外国经营者的运输车辆发放《国际汽车运输特别行车许可证》。

第三十二条 《国际汽车运输行车许可证》、《国际汽车运输特别行车许可证》的式样,由交通部与相关国家政府交通主管部门商定。边境省级道路运输管理机构按照商定的式样,负责行车许可证的统一印制,并负责与相关国家交换。

交换过来的相关国家《国际汽车运输行车许可证》,由边境省级道路运输管理机构负责发放和管理。

我国从事国际道路运输的经营者,向拟通过边境口岸所在地的省级道路运输管理机构申领《国际汽车运输行车许可证》。

第三十三条 《国际汽车运输行车许可证》、《国际汽车运输特别行车许可证》实行一车一证,应当在有效期内使用。

运输车辆为半挂汽车列车、全挂汽车列车时,仅向牵引车发放行车许可证。

第三十四条 禁止伪造、变造、倒卖、转让、出租《国际汽车运输行车许可证》、《国际汽车运输特别行车许可证》。

第五章　监 督 检 查

第三十五条 县级以上道路运输管理机构在本行政区域内依法实施国际道路运输监督检查工作。

口岸国际道路运输管理机构负责口岸地包括口岸查验现场的国际道路运输管理及监督检查工作。

口岸国际道路运输管理机构应当悬挂"中华人民共和国××口岸国际道路运输管理站"标识牌;在口岸查验现场悬挂"中国运输管理"的标识,并实行统一的国际道路运输查验签章。

道路运输管理机构和口岸国际道路运输管理机构工作人员在实施国际道路运输监督检查时,应当出示交通部统一制式的交通行政执法证件。

第三十六条 口岸国际道路运输管理机构在口岸具体负责如下工作:

(一)查验《国际汽车运输行车许可证》、《国际道路运输国籍识别标志》、国际道路运输有关牌证等;

(二)记录、统计出入口岸的车辆、旅客、货物运输量以及《国际汽车运输行车许可证》;定期向省级道路运输管理机构报送有关统计资料。

（三）监督检查国际道路运输的经营活动；

（四）协调出入口岸运输车辆的通关事宜。

第三十七条 国际道路运输经营者应当接受当地县级以上道路运输管理机构和口岸国际道路运输管理机构的检查。

第六章 法律责任

第三十八条 违反本规定，有下列行为之一的，由县级以上道路运输管理机构以及口岸国际道路运输管理机构责令停止经营；有违法所得的，没收违法所得，处违法所得 2 倍以上 10 倍以下的罚款；没有违法所得或者违法所得不足 2 万元的，处 3 万元以上 10 万元以下的罚款；构成犯罪的，依法追究刑事责任：

（一）未取得道路运输经营许可，擅自从事国际道路运输经营的；

（二）使用失效、伪造、变造、被注销等无效道路运输经营许可证件从事国际道路运输经营的；

（三）超越许可的事项，非法从事国际道路运输经营的。

第三十九条 违反本规定，非法转让、出租、伪造《道路运输经营许可证》、《道路旅客运输班线经营许可证明》、《国际汽车运输行车许可证》、《国际汽车运输特别行车许可证》、《国际道路运输国籍识别标志》的，由县级以上道路运输管理机构以及口岸国际道路运输管理机构责令停止违法行为，收缴有关证件，处 2000 元以上 1 万元以下的罚款；构成犯罪的，依法追究刑事责任。

第四十条 违反本规定，国际道路运输经营者的运输车辆不按照规定标明《国际道路运输国籍识别标志》、携带《国际汽车运输行车许可证》或者《国际汽车运输特别行车许可证》的，由县级以上道路运输管理机构以及口岸国际道路运输管理机构责令改正，处 20 元以上 200 元以下的罚款。

第四十一条 违反本规定，国际道路运输经营者有下列情形之一的,由县级以上道路运输管理机构以及口岸国际道路运输管理机构责令改正,处1000元以上3000元以下的罚款;情节严重的,由原许可机关吊销道路运输经营许可证:

(一)不按批准的国际道路运输线路、站点、班次运输的;

(二)在运输途中擅自变更运输车辆或者将旅客移交他人运输的;

(三)未报告原许可机关,擅自终止国际道路旅客运输经营的。

第四十二条 国际道路运输经营者违反道路旅客、货物运输有关规定的,按照相关规定予以处罚。

第四十三条 外国国际道路运输经营者有下列行为之一,由县级以上道路运输管理机构以及口岸国际道路运输管理机构责令停止运输或责令改正,有违法所得的,没收违法所得,处违法所得2倍以上10倍以下的罚款,没有违法所得或者违法所得不足1万元的,处3万元以上6万元以下的罚款:

(一)未取得我国有效的《国际汽车运输行车许可证》或者《国际汽车运输特别行车许可证》,擅自进入我国境内从事国际道路运输经营或者运输危险货物的;

(二)从事我国国内道路旅客或货物运输的;

(三)在我国境内自行承揽货源或招揽旅客的;

(四)未按规定的运输线路、站点、班次、停靠站(场)运行的;

(五)未标明本国《国际道路运输国籍识别标志》的。

第四十四条 违反本规定,外国道路运输经营者,未经批准在我国境内设立国际道路运输常驻代表机构的,由省级道路运输管理机构予以警告,并责令改正。

第四十五条 县级以上道路运输管理机构以及口岸国际道路运输管理机构有下列行为之一的,对负有责任的主管人员和责任人员,视情节轻重,依法给予行政处分;造成严重后果、构成犯罪的,依法追究其刑事责任:

(一)不按照本规定规定的条件、程序和期限实施国际道路运输行政许可的；

（二）参与或者变相参与国际道路运输经营的；

（三）发现未经批准的单位和个人擅自从事国际道路运输经营活动，或者发现国际道路运输经营者有违法行为不及时查处的；

（四）违反规定拦截、检查正常行驶的道路运输车辆的；

（五）违法扣留运输车辆、车辆营运证的；

（六）索取、收受他人财物，或者谋取其他利益的；

（七）违法实施行政处罚的；

（八）其他违法行为。

第七章　附　　则

第四十六条　依照《道路运输条例》的规定，收取《道路运输经营许可证》、《道路运输证》、《道路旅客运输班线经营许可证明》、从业资格证、《国际汽车运输行车许可证》、《国际汽车运输特别行车许可证》、《国际道路运输国籍识别标志》等许可证件的工本费，具体收费标准由省、自治区、直辖市人民政府财政部门、价格主管部门会同同级交通主管部门核定。

第四十七条　本规定自2005年6月1日起施行。交通部1995年9月12日公布的《中华人民共和国出入境汽车运输管理规定》（交公路发〔1995〕860号）同时废止。

道路货物运输及站场管理规定

（交通部令2005年第6号　2005.06.16）

第一章　总　　则

第一条　为规范道路货物运输和道路货物运输站（场）经营活动，维护道路货物运输市场秩序，保障道路货物运输安全，保护道路货物运输和道路货物运输站（场）有关各方当事人的合法权益，根据《中华人民共和国道路运输条例》及有关法律、行政法规的规定，制定本规定。

第二条　从事道路货物运输经营和道路货物运输站（场）经营的，应当遵守本规定。

本规定所称道路货物运输经营，是指为社会提供公共服务、具有商业性质的道路货物运输活动。道路货物运输包括道路普通货运、道路货物专用运输、道路大型物件运输和道路危险货物运输。

本规定所称道路货物专用运输，是指使用集装箱、冷藏保鲜设备、罐式容器等专用车辆进行的货物运输。

本规定所称道路货物运输站（场）（以下简称"货运站"），是指以场地设施为依托，为社会提供有偿服务的具有仓储、保管、配载、信息服务、装卸、理货等功能的综合货运站（场）、零担货运站、集装箱中转站、物流中心等经营场所。

第三条　道路货物运输和货运站经营者应当依法经营，诚实信用，公平竞争。

道路货物运输管理应当公平、公正、公开和便民。

第四条　鼓励道路货物运输实行集约化、网络化经营。鼓励采用集装箱、封闭厢式车和多轴重型车运输。

第五条 交通部主管全国道路货物运输和货运站管理工作。

县级以上地方人民政府交通主管部门负责组织领导本行政区域的道路货物运输和货运站管理工作。

县级以上道路运输管理机构具体实施本行政区域的道路货物运输和货运站管理工作。

第二章 经营许可

第六条 申请从事道路货物运输经营的,应当具备下列条件:

(一)有与其经营业务相适应并经检测合格的运输车辆:

1. 车辆技术要求:

(1)车辆技术性能应当符合国家标准《营运车辆综合性能要求和检验方法》(GB 18565)的要求;

(2)车辆外廓尺寸、轴荷和载质量应当符合国家标准《道路车辆外廓尺寸、轴荷及质量限值》(GB1589)的要求。

2. 车辆其他要求:

(1)从事大型物件运输经营的,应当具有与所运输大型物件相适应的超重型车组;

(2)从事冷藏保鲜、罐式容器等专用运输的,应当具有与运输货物相适应的专用容器、设备、设施,并固定在专用车辆上;

(3)从事集装箱运输的,车辆还应当有固定集装箱的转锁装置。

(二)有符合规定条件的驾驶人员:

1. 取得与驾驶车辆相应的机动车驾驶证;

2. 年龄不超过60周岁;

3. 经设区的市级道路运输管理机构对有关道路货物运输法规、机动车维修和货物及装载保管基本知识考试合格,并取得从业资格证。

(三)有健全的安全生产管理制度,包括安全生产责任制度、安全生产业务操作规程、安全生产监督检查制度、驾驶员和车辆安全生产管理制度等。

第七条 申请从事货运站经营的,应当具备下列条件:

(一)有与其经营规模相适应的货运站房、生产调度办公室、信息管理中心、仓库、仓储库棚、场地和道路等设施,并经有关部门组织的工程竣工验收合格;

(二)有与其经营规模相适应的安全、消防、装卸、通讯、计量等设备;

(三)有与其经营规模、经营类别相适应的管理人员和专业技术人员;

(四)有健全的业务操作规程和安全生产管理制度。

第八条 申请从事道路货物运输经营的,应当向县级道路运输管理机构(不含设区的市所属区运输管理机构,下同)提出申请,并提供以下材料:

(一)《道路货物运输经营申请表》(见附件1);

(二)负责人身份证明,经办人的身份证明和委托书;

(三)机动车辆行驶证、车辆检测合格证明复印件;拟购置运输车辆的承诺书,承诺书应当包括车辆数量、类型、技术性能、购置时间等内容;

(四)聘用或拟聘用驾驶员的机动车驾驶证、从业资格证及其复印件;

(五)安全生产管理制度文本;

(六)法律、法规规定的其他材料。

第九条 申请从事货运站经营的,应当向县级道路运输管理机构提出申请,并提供以下材料:

(一)《道路运输站(场)经营申请表》(见附件2);

(二)负责人身份证明,经办人的身份证明和委托书;

(三)经营道路货运站的土地、房屋的合法证明;

(四)货运站竣工验收证明;

(五)与业务相适应的专业人员和管理人员的身份证明、专业证书;

（六）业务操作规程和安全生产管理制度文本。

第十条 道路运输管理机构应当按照《中华人民共和国道路运输条例》、《交通行政许可实施程序规定》和本规定规范的程序实施道路货物运输经营和货运站经营的行政许可。

第十一条 道路运输管理机构对道路货运经营申请予以受理的，应当自受理之日起 20 日内作出许可或者不予许可的决定；道路运输管理机构对货运站经营申请予以受理的，应当自受理之日起 15 日内作出许可或者不予许可的决定。

第十二条 道路运输管理机构对符合法定条件的道路货物运输经营申请作出准予行政许可决定的，应当出具《道路货物运输经营许可决定书》（见附件 3），明确许可事项。在 10 日内向被许可人颁发《道路运输经营许可证》，在《道路运输经营许可证》上注明经营范围。

道路运输管理机构对符合法定条件的货运站经营申请作出准予行政许可决定的，应当出具《道路货物运输站（场）经营许可决定书》（见附件 4），明确许可事项。在 10 日内向被许可人颁发《道路运输经营许可证》，在《道路运输经营许可证》上注明经营范围。

对道路货物运输和货运站经营不予许可的，应当向申请人出具《不予交通行政许可决定书》。

第十三条 被许可人应当按照承诺书的要求购置运输车辆。购置车辆或者已有车辆经道路运输管理机构核实并符合条件的，道路运输管理机构向投入运输的车辆配发《道路运输证》。

第十四条 道路货物运输经营者和货运站经营者应当持《道路运输经营许可证》依法向工商行政管理机关办理有关登记手续。

第十五条 道路货物运输经营者设立子公司的，应当向设立地的道路运输管理机构申请经营许可；设立分公司的，应当向设立地的道路运输管理机构报备。

第十六条 道路货物运输和货运站经营者需要终止经营的，应当在终止经营之日 30 日前告知原许可的道路运输管理机构，并办理有关注销手续。

第十七条 道路货物运输经营者变更许可事项、扩大经营范围的，按本章有关许可规定办理。

道路货物运输和货运站经营者变更名称、地址等，应当向作出原许可决定的道路运输管理机构备案。

第三章 货运车辆管理

第十八条 道路货物运输经营者应当建立车辆技术管理制度，按照国家规定的技术规范对货运车辆进行定期维护，确保货运车辆技术状况良好。

货运车辆的维护作业项目和程序应当按照国家标准《汽车维护、检测、诊断技术规范》(GB 18344)等有关技术标准的规定执行。

严禁任何单位和个人为道路货物运输经营者指定车辆维护企业；车辆二级维护执行情况不得作为路检路查项目。

第十九条 道路货物运输经营者应当定期进行货运车辆检测，车辆检测结合车辆定期审验的频率一并进行。

道路货物运输经营者在规定时间内，到符合国家相关标准的机动车综合性能检测机构进行检测。机动车综合性能检测机构按照国家标准《营运车辆综合性能要求和检验方法》(GB 18565)和《道路车辆外廓尺寸、轴荷和质量限值》(GB 1589)的规定进行检测，出具全国统一式样的检测报告。并依据检测结果，对照行业标准《营运车辆技术等级划分和评定要求》(JT/T 198)评定车辆技术等级。货运车辆技术等级分为一级、二级和三级。

车籍所在地县级以上道路运输管理机构应当将车辆技术等级在《道路运输证》上标明。

第二十条 县级以上道路运输管理机构应当定期对货运车辆进行审验，每年审验一次。

审验内容包括车辆技术档案、车辆结构及尺寸变动情况和违章记录等。

审验符合要求的，道路运输管理机构在《道路运输证》审验记录中注明；不符合要求的，应当责令限期改正或者办理变更手续。

第二十一条 机动车综合性能检测机构应当使用符合标准的设施、设备，严格按照国家有关营运车辆技术检测标准对货运车辆进行检测，对出具的车辆检测报告负责，并对已检测车辆建立检测档案。

第二十二条 禁止使用报废的、擅自改装的、拼装的、检测不合格的和其他不符合国家规定的车辆从事道路货物运输经营。

第二十三条 道路货物运输经营者和县级以上道路运输管理机构应当分别建立货运车辆技术档案和管理档案，并妥善保管。对相关内容的记载应当及时、完整和准确，不得随意更改。

道路货物运输经营者车辆技术档案主要内容为：车辆基本情况、主要部件更换情况、修理和二级维护记录（含出厂合格证）、技术等级评定记录、车辆变更记录、行驶里程记录、交通事故记录等。

道路运输管理机构管理档案主要内容为：车辆基本情况、二级维护和检测情况、技术等级记录、车辆变更记录、交通事故记录等。

道路货物运输车辆办理过户变更手续时，道路货物运输经营者应当将货运车辆技术档案完整移交。县级以上道路运输管理机构对经营者车辆技术档案建立情况实施监督管理。

第二十四条 道路货物运输经营者对达到国家规定的报废标准或者经检测不符合国家强制性标准要求的货运车辆，应当及时交回《道路运输证》，不得继续从事道路货物运输经营。

第四章 货运经营管理

第二十五条 道路货物运输经营者应当按照《道路运输经营许可证》核定的经营范围从事货物运输经营，不得转让、出租道路运输经营许可证件。

第二十六条 道路货物运输经营者应当对从业人员进行经常

性的安全、职业道德教育和业务知识、操作规程培训。

第二十七条 道路货物运输经营者应当按照国家有关规定在其重型货运车辆、牵引车上安装、使用行驶记录仪，并采取有效措施，防止驾驶人员连续驾驶时间超过4个小时。

第二十八条 道路货物运输经营者应当要求其聘用的车辆驾驶员随车携带《道路运输证》。

《道路运输证》不得转让、出租、涂改、伪造。

第二十九条 道路货物运输经营者应当聘用持有从业资格证的驾驶人员。

第三十条 营运驾驶员应当驾驶与其从业资格类别相符的车辆。驾驶营运车辆时，应当随身携带从业资格证。

第三十一条 运输的货物应当符合货运车辆核定的载质量，载物的长、宽、高不得违反装载要求。禁止货运车辆违反国家有关规定超限、超载运输。

禁止使用货运车辆运输旅客。

第三十二条 道路货物运输经营者运输大型物件，应当制定道路运输组织方案。涉及超限运输的应当按照交通部颁布的《超限运输车辆行驶公路管理规定》办理相应的审批手续。

第三十三条 从事大型物件运输的车辆，应当按照规定装置统一的标志和悬挂标志旗；夜间行驶和停车休息时应当设置标志灯。

第三十四条 道路货物运输经营者不得运输法律、行政法规禁止运输的货物。

道路货物运输经营者在受理法律、行政法规规定限运、凭证运输的货物时，应当查验并确认有关手续齐全有效后方可运输。

货物托运人应当按照有关法律、行政法规的规定办理限运、凭证运输手续。

第三十五条 道路货物运输经营者不得采取不正当手段招揽货物、垄断货源。不得阻碍其他货运经营者开展正常的运输经营活动。

道路货物运输经营者应当采取有效措施，防止货物变质、腐烂、短少或损失。

第三十六条 道路货物运输经营者和货物托运人应当按照《合同法》的要求，订立道路货物运输合同。

道路货物运输可以采用交通部颁布的《汽车货物运输规则》所推荐的道路货物运单签订运输合同。

第三十七条 国家鼓励实行封闭式运输。道路货物运输经营者应当采取有效的措施，防止货物脱落、扬撒等情况发生。

第三十八条 道路货物运输经营者应当制定有关交通事故、自然灾害、公共卫生以及其他突发公共事件的道路运输应急预案。应急预案应当包括报告程序、应急指挥、应急车辆和设备的储备以及处置措施等内容。

第三十九条 发生交通事故、自然灾害、公共卫生以及其他突发公共事件，道路货物运输经营者应当服从县级以上人民政府或者有关部门的统一调度、指挥。

第四十条 道路货物运输经营者应当严格遵守国家有关价格法律、法规和规章的规定，不得恶意压价竞争。

第五章 货运站经营管理

第四十一条 货运站经营者应当按照经营许可证核定的许可事项经营，不得随意改变货运站用途和服务功能。

第四十二条 货运站经营者应当依法加强安全管理，完善安全生产条件，健全和落实安全生产责任制。

货运站经营者应当对出站车辆进行安全检查，防止超载车辆或者未经安全检查的车辆出站，保证安全生产。

第四十三条 货运站经营者应当按照货物的性质、保管要求进行分类存放，危险货物应当单独存放，保证货物完好无损。

第四十四条 货物运输包装应当按照国家规定的货物运输包装标准作业，包装物和包装技术、质量要符合运输要求。

第四十五条 货运站经营者应当按照规定的业务操作规程进行货物的搬运装卸。搬运装卸作业应当轻装、轻卸，堆放整齐，防止混杂、撒漏、破损，严禁有毒、易污染物品与食品混装。

第四十六条 货运站经营者应当严格执行价格规定，在经营场所公布收费项目和收费标准。严禁乱收费。

第四十七条 进入货运站经营的经营业户及车辆，经营手续必须齐全。

货运站经营者应当公平对待使用货运站的道路货物运输经营者，禁止无证经营的车辆进站从事经营活动，无正当理由不得拒绝道路货物运输经营者进站从事经营活动。

第四十八条 货运站经营者不得垄断货源、抢装货物、扣押货物。

第四十九条 货运站要保持清洁卫生，各项服务标志醒目。

第五十条 货运站经营者经营配载服务应当坚持自愿原则，提供的货源信息和运力信息应当真实、准确。

第五十一条 货运站经营者不得超限、超载配货，不得为无道路运输经营许可证或证照不全者提供服务；不得违反国家有关规定，为运输车辆装卸国家禁运、限运的物品。

第五十二条 货运站经营者应当制定有关突发公共事件的应急预案。应急预案应当包括报告程序、应急指挥、应急车辆和设备的储备以及处置措施等内容。

第五十三条 货运站经营者应当建立和完善各类台账和档案，并按要求报送有关信息。

第六章　监督检查

第五十四条 道路运输管理机构应当加强对道路货物运输经营和货运站经营活动的监督检查。

道路运输管理机构工作人员应当严格按照职责权限和法定程序进行监督检查。

第五十五条 道路运输管理机构及其工作人员应当重点在货运站、货物集散地对道路货物运输、货运站经营活动实施监督检查。此外，根据管理需要，可以在公路路口实施监督检查，但不得随意拦截正常行驶的道路运输车辆，不得双向拦截车辆进行检查。

第五十六条 道路运输管理机构的工作人员实施监督检查时，应当有2名以上人员参加，并向当事人出示交通部统一制式的交通行政执法证件。

第五十七条 道路运输管理机构的工作人员可以向被检查单位和个人了解情况，查阅和复制有关材料。但是，应当保守被调查单位和个人的商业秘密。

被监督检查的单位和个人应当接受道路运输管理机构及其工作人员依法实施的监督检查，如实提供有关情况或者资料。

第五十八条 道路运输管理人员在货运站、货物集散地实施监督检查过程中，发现货运车辆有超载行为的，应当立即予以制止，装载符合标准后方可放行。

第五十九条 道路货物运输经营者在许可的道路运输管理机构管辖区域外违法从事经营活动的，违法行为发生地的道路运输管理机构应当依法将当事人的违法事实、处罚结果记录到《道路运输证》上，并抄告作出道路运输经营许可的道路运输管理机构。

第六十条 道路货物运输经营者违反本规定后拒不接受处罚的，县级以上道路运输管理机构可以暂扣其《道路运输证》等道路运输管理机构颁发的相关证件，签发待理证，待接受处罚后交还。

第六十一条 道路运输管理机构的工作人员在实施道路运输监督检查过程中，对没有《道路运输证》又无法当场提供其他有效证明的货运车辆可以予以暂扣，并出具《道路运输车辆暂扣凭证》(见附件5)。对暂扣车辆应当妥善保管，不得使用，不得收取或者变相收取保管费用。

违法当事人应当在暂扣凭证规定时间内到指定地点接受处理。逾期不接受处理的，道路运输管理机构可依法作出处罚决定，并将处罚决定书送达当事人。当事人无正当理由逾期不履行处罚决定的，道路运输管理机构可申请人民法院强制执行。

第七章　法律责任

第六十二条　违反本规定，有下列行为之一的，由县级以上道路运输管理机构责令停止经营；有违法所得的，没收违法所得，处违法所得2倍以上10倍以下的罚款；没有违法所得或者违法所得不足2万元的，处3万元以上10万元以下的罚款；构成犯罪的，依法追究刑事责任：

（一）未取得道路货物运输经营许可，擅自从事道路货物运输经营的；

（二）使用失效、伪造、变造、被注销等无效的道路运输经营许可证件从事道路货物运输经营的；

（三）超越许可的事项，从事道路货物运输经营的。

第六十三条　违反本规定，道路货物运输和货运站经营者非法转让、出租道路运输经营许可证件的，由县级以上道路运输管理机构责令停止违法行为，收缴有关证件，处2000元以上1万元以下的罚款；有违法所得的，没收违法所得。

第六十四条　违反本规定，取得道路货物运输经营许可的道路货物运输经营者使用无道路运输证的车辆参加货物运输的，由县级以上道路运输管理机构责令改正，处3000元以上10000元以下的罚款。

违反本规定，道路货物运输经营者不按照规定携带《道路运输证》的，由县级以上道路运输管理机构责令改正，处警告或者20元以上200元以下的罚款。

第六十五条　违反本规定，道路货物运输经营者、货运站经营者已不具备开业要求的有关安全条件、存在重大运输安全隐患的，由县级以上道路运输管理机构限期责令改正；在规定时间内不能按要求改正且情节严重的，由原许可机关吊销《道路运输经营许可证》或者吊销其相应的经营范围。

第六十六条 违反本规定，道路货物运输经营者有下列情形之一的，由县级以上道路运输管理机构责令改正，处1000元以上3000元以下的罚款；情节严重的，由原许可机关吊销道路运输经营许可证或者吊销其相应的经营范围：

（一）强行招揽货物的；

（二）没有采取必要措施防止货物脱落、扬撒的。

第六十七条 违反本规定，道路货物运输经营者不按规定维护和检测运输车辆的，由县级以上道路运输管理机构责令改正，处1000元以上5000元以下的罚款。

第六十八条 违反本规定，道路货物运输经营者使用擅自改装或者擅自改装已取得《道路运输证》的车辆的，由县级以上道路运输管理机构责令改正，处5000元以上2万元以下的罚款。

第六十九条 违反本规定，有下列行为之一的，由县级以上道路运输管理机构责令停止经营；有违法所得的，没收违法所得，处违法所得2倍以上10倍以下的罚款；没有违法所得或者违法所得不足1万元的，处2万元以上5万元以下的罚款；构成犯罪的，依法追究刑事责任：

（一）未取得货运站经营许可，擅自从事货运站经营的；

（二）使用失效、伪造、变造、被注销等无效的道路运输经营许可证件从事货运站经营的；

（三）超越许可的事项，从事货运站经营的。

第七十条 违反本规定，机动车综合性能检测机构不按国家有关技术规范进行检测、未经检测出具检测结果或者不如实出具检测结果的，由县级以上道路运输管理机构责令改正，没收违法所得，违法所得在5000元以上的，并处违法所得2倍以上5倍以下的罚款；没有违法所得或者违法所得不足5000元的，处以5000元以上2万元以下的罚款；构成犯罪的，依法追究刑事责任。

第七十一条 违反本规定，货运站经营者对超限、超载车辆配载，放行出站的，由县级以上道路运输管理机构责令改正，处1万元以上3万元以下的罚款。

第七十二条　违反本规定，货运站经营者擅自改变道路运输站（场）的用途和服务功能，由县级以上道路运输管理机构责令改正；拒不改正的，处3000元的罚款；有违法所得的，没收违法所得。

第七十三条　违反本规定，有下列行为之一的，由县级以上道路运输管理机构责令限期整改，整改不合格的，予以通报：

（一）没有建立货运车辆技术档案的；

（二）没有按照国家有关规定在货运车辆上安装行驶记录仪的；

（三）大型物件运输车辆不按规定悬挂、标明运输标志的；

（四）发生公共突发性事件，不接受当地政府统一调度安排的；

（五）因配载造成超限、超载的；

（六）运输没有限运证明物资的；

（七）未查验禁运、限运物资证明，配载禁运、限运物资的。

第七十四条　道路运输管理机构的工作人员违反本规定，有下列情形之一的，依法给予相应的行政处分；构成犯罪的，依法追究刑事责任：

（一）不依照本规定规定的条件、程序和期限实施行政许可的；

（二）参与或者变相参与道路货物运输和货运站经营的；

（三）发现违法行为不及时查处的；

（四）违反规定拦截、检查正常行驶的道路运输车辆的；

（五）违法扣留运输车辆、《道路运输证》的；

（六）索取、收受他人财物，或者谋取其他利益的；

（七）其他违法行为。

第八章　附　则

第七十五条　道路货物运输经营者从事国际道路货物运输经营、危险货物运输活动，除一般行为规范适用本规定外，有关从业条件等特殊要求应当适用交通部制定的国际道路运输管理规定、道路危险货物运输管理规定。

第七十六条 中外合资、中外合作、独资形式投资道路货物运输和货运站经营业务的，按照《外商投资道路运输业管理规定》办理。

第七十七条 道路运输管理机构依照规定发放道路货物运输经营许可证件和《道路运输证》，可以收取工本费。工本费的具体收费标准由省级人民政府财政、价格主管部门会同同级交通主管部门核定。

第七十八条 本规定自2005年8月1日起施行。交通部1993年5月19日发布的《道路货物运输业户开业技术经济条件(试行)》(交运发[1993]531号)、1996年12月2日发布的《道路零担货物运输管理办法》(交公路发[1996]1039号)、1997年5月22日发布的《道路货物运单使用和管理办法》(交通部令1997年4号)、2001年4月5日发布的《道路货物运输企业经营资质管理规定(试行)》(交公路发[2001]154号)同时废止。

机动车维修管理规定

（交通部令2005年第7号　2005.06.24）

第一章　总　则

第一条　为规范机动车维修经营活动，维护机动车维修市场秩序，保护机动车维修各方当事人的合法权益，保障机动车运行安全，保护环境，节约能源，促进机动车维修业的健康发展，根据《中华人民共和国道路运输条例》及有关法律、行政法规的规定，制定本规定。

第二条　从事机动车维修经营的，应当遵守本规定。

本规定所称机动车维修经营，是指以维持或者恢复机动车技术状况和正常功能，延长机动车使用寿命为作业任务所进行的维护、修理以及维修救援等相关经营活动。

第三条　机动车维修经营者应当依法经营，诚实信用，公平竞争，优质服务。

第四条　机动车维修管理，应当公平、公正、公开和便民。

第五条　任何单位和个人不得封锁或者垄断机动车维修市场。

鼓励机动车维修企业实行集约化、专业化、连锁经营，促进机动车维修业的合理分工和协调发展。

鼓励推广应用机动车维修环保、节能、不解体检测和故障诊断技术，推进行业信息化建设和救援、维修服务网络化建设，提高机动车维修行业整体素质，满足社会需要。

第六条　交通部主管全国机动车维修管理工作。

县级以上地方人民政府交通主管部门负责组织领导本行政区

域的机动车维修管理工作。

县级以上道路运输管理机构负责具体实施本行政区域内的机动车维修管理工作。

第二章　经营许可

第七条　机动车维修经营依据维修车型种类、服务能力和经营项目实行分类许可。

机动车维修经营业务根据维修对象分为汽车维修经营业务、危险货物运输车辆维修经营业务、摩托车维修经营业务和其他机动车维修经营业务四类。

汽车维修经营业务、其他机动车维修经营业务根据经营项目和服务能力分为一类维修经营业务、二类维修经营业务和三类维修经营业务。

摩托车维修经营业务根据经营项目和服务能力分为一类维修经营业务和二类维修经营业务。

第八条　获得一类汽车维修经营业务、一类其他机动车维修经营业务许可的,可以从事相应车型的整车修理、总成修理、整车维护、小修、维修救援、专项修理和维修竣工检验工作;获得二类汽车维修经营业务、二类其他机动车维修经营业务许可的,可以从事相应车型的整车修理、总成修理、整车维护、小修、维修救援和专项修理工作;获得三类汽车维修经营业务、三类其他机动车维修经营业务许可的,可以分别从事发动机、车身、电气系统、自动变速器维修及车身清洁维护、涂漆、轮胎动平衡和修补、四轮定位检测调整、供油系统维护和油品更换、喷油泵和喷油器维修、曲轴修磨、气缸镗磨、散热器(水箱)、空调维修、车辆装潢(篷布、坐垫及内装饰)、车辆玻璃安装等专项工作。

第九条　获得一类摩托车维修经营业务许可的,可以从事摩托车整车修理、总成修理、整车维护、小修、专项修理和竣工检验工作;获得二类摩托车维修经营业务许可的,可以从事摩托车维护、小修和专项修理工作。

第十条 获得危险货物运输车辆维修经营业务许可的，除可以从事危险货物运输车辆维修经营业务外，还可以从事一类汽车维修经营业务。

第十一条 申请从事汽车维修经营业务或者其他机动车维修经营业务的，应当符合下列条件：

（一）有与其经营业务相适应的维修车辆停车场和生产厂房。租用的场地应当有书面的租赁合同，且租赁期限不得少于1年。停车场和生产厂房面积按照国家标准《汽车维修业开业条件》（GB/T 16739）相关条款的规定执行。

（二）有与其经营业务相适应的设备、设施。所配备的计量设备应当符合国家有关技术标准要求，并经法定检定机构检定合格。从事汽车维修经营业务的设备、设施的具体要求按照国家标准《汽车维修业开业条件》（GB/T 16739）相关条款的规定执行；从事其他机动车维修经营业务的设备、设施的具体要求，参照国家标准《汽车维修业开业条件》（GB/T 16739）执行，但所配备设施、设备应与其维修车型相适应。

（三）有必要的技术人员：

1. 从事一类和二类维修业务的应当各配备至少1名技术负责人员和质量检验人员。技术负责人员应当熟悉汽车或者其他机动车维修业务，并掌握汽车或者其他机动车维修及相关政策法规和技术规范；质量检验人员应当熟悉各类汽车或者其他机动车维修检测作业规范，掌握汽车或者其他机动车维修故障诊断和质量检验的相关技术，熟悉汽车或者其他机动车维修服务收费标准及相关政策法规和技术规范。技术负责人员和质量检验人员总数的60%应当经全国统一考试合格。

2. 从事一类和二类维修业务的应当各配备至少1名从事机修、电器、钣金、涂漆的维修技术人员；从事机修、电器、钣金、涂漆的维修技术人员应当熟悉所从事工种的维修技术和操作规范，并了解汽车或者其他机动车维修及相关政策法规。机修、电器、钣金、涂漆维修技术人员总数的40%应当经全国统一考试合格。

3. 从事三类维修业务的,按照其经营项目分别配备相应的机修、电器、钣金、涂漆的维修技术人员;从事发动机维修、车身维修、电气系统维修、自动变速器维修的,还应当配备技术负责人员和质量检验人员。技术负责人员、质量检验人员及机修、电器、钣金、涂漆维修技术人员总数的40%应当经全国统一考试合格。

(四)有健全的维修管理制度。包括质量管理制度、安全生产管理制度、车辆维修档案管理制度、人员培训制度、设备管理制度及配件管理制度。具体要求按照国家标准《汽车维修业开业条件》(GB/T 16739)相关条款的规定执行。

(五)有必要的环境保护措施。具体要求按照国家标准《汽车维修业开业条件》(GB/T 16739)相关条款的规定执行。

第十二条 从事危险货物运输车辆维修的汽车维修经营者,除具备汽车维修经营一类维修经营业务的开业条件外,还应当具备下列条件:

(一)有与其作业内容相适应的专用维修车间和设备、设施,并设置明显的指示性标志;

(二)有完善的突发事件应急预案,应急预案包括报告程序、应急指挥以及处置措施等内容;

(三)有相应的安全管理人员;

(四)有齐全的安全操作规程。

本规定所称危险货物运输车辆维修,是指对运输易燃、易爆、腐蚀、放射性、剧毒等性质货物的机动车维修,不包含对危险货物运输车辆罐体的维修。

第十三条 申请从事摩托车维修经营的,应当符合下列条件:

(一)有与其经营业务相适应的摩托车维修停车场和生产厂房。租用的场地应有书面的租赁合同,且租赁期限不得少于1年。停车场和生产厂房的面积按照国家标准《摩托车维修业开业条件》(GB/T 18189)相关条款的规定执行。

(二)有与其经营业务相适应的设备、设施。所配备的计量设备应符合国家有关技术标准要求，并经法定检定机构检定合格。具体要求按照国家标准《摩托车维修业开业条件》（GB/T 18189）相关条款的规定执行。

（三）有必要的技术人员：

1. 从事一类维修业务的应当至少有 1 名质量检验人员。质量检验人员应当熟悉各类摩托车维修检测作业规范，掌握摩托车维修故障诊断和质量检验的相关技术，熟悉摩托车维修服务收费标准及相关政策法规和技术规范。质量检验人员总数的 60% 应当经全国统一考试合格。

2. 按照其经营业务分别配备相应的机修、电器、钣金、涂漆的维修技术人员。机修、电器、钣金、涂漆的维修技术人员应当熟悉所从事工种的维修技术和操作规范，并了解摩托车维修及相关政策法规。机修、电器、钣金、涂漆维修技术人员总数的 30% 应当经全国统一考试合格。

（四）有健全的维修管理制度。包括质量管理制度、安全生产管理制度、摩托车维修档案管理制度、人员培训制度、设备管理制度及配件管理制度。具体要求按照国家标准《摩托车维修业开业条件》（GB/T 18189）相关条款的规定执行。

（五）有必要的环境保护措施。具体要求按照国家标准《摩托车维修业开业条件》（GB/T 18189）相关条款的规定执行。

第十四条　申请从事机动车维修经营的，应当向所在地的县级道路运输管理机构提出申请，并提交下列材料：

（一）《交通行政许可申请书》；

（二）经营场地、停车场面积材料、土地使用权及产权证明复印件；

（三）技术人员汇总表及相应职业资格证明；

（四）维修检测设备及计量设备检定合格证明复印件；

（五）按照汽车、其他机动车、危险货物运输车辆、摩托车维修经营，分别提供本规定第十一条、第十二条、第十三条规定条件的其他相关材料。

第十五条 道路运输管理机构应当按照《中华人民共和国道路运输条例》和《交通行政许可实施程序规定》规范的程序实施机动车维修经营的行政许可。

第十六条 道路运输管理机构对机动车维修经营申请予以受理的,应当自受理申请之日起15日内作出许可或者不予许可的决定。符合法定条件的,道路运输管理机构作出准予行政许可的决定,向申请人出具《交通行政许可决定书》,在10日内向被许可人颁发机动车维修经营许可证件,明确许可事项;不符合法定条件的,道路运输管理机构作出不予许可的决定,向申请人出具《不予交通行政许可决定书》,说明理由,并告知申请人享有依法申请行政复议或者提起行政诉讼的权利。

机动车维修经营者应当持机动车维修经营许可证件依法向工商行政管理机关办理有关登记手续。

第十七条 申请机动车维修连锁经营服务网点的,可由机动车维修连锁经营企业总部向连锁经营服务网点所在地县级道路运输管理机构提出申请,提交下列材料,并对材料真实性承担相应的法律责任:

(一)机动车维修连锁经营企业总部机动车维修经营许可证件复印件;

(二)连锁经营协议书副本;

(三)连锁经营的作业标准和管理手册;

(四)连锁经营服务网点符合机动车维修经营相应开业条件的承诺书。

道路运输管理机构在查验申请资料齐全有效后,应当场或在5日内予以许可,并发给相应许可证件。连锁经营服务网点的经营许可项目应当在机动车维修连锁经营企业总部许可项目的范围内。

第十八条 机动车维修经营许可证件实行有效期制。从事一、二类汽车维修业务和一类摩托车维修业务的证件有效期为6年;从事三类汽车维修业务、二类摩托车维修业务及其他机动车维修业务的证件有效期为3年。

机动车维修经营许可证件由各省、自治区、直辖市道路运输管理机构统一印制并编号，县级道路运输管理机构按照规定发放和管理。

第十九条 机动车维修经营者应当在许可证件有效期届满前30日到作出原许可决定的道路运输管理机构办理换证手续。

第二十条 机动车维修经营者变更许可事项的，应当按照本章有关规定办理行政许可事宜。

机动车维修经营者变更名称、法定代表人、地址等事项的，应当向作出原许可决定的道路运输管理机构备案。

机动车维修经营者需要终止经营的，应当在终止经营前30日告知作出原许可决定的道路运输管理机构办理注销手续。

第三章 维修经营

第二十一条 机动车维修经营者应当按照经批准的行政许可事项开展维修服务。

第二十二条 机动车维修经营者应当将机动车维修经营许可证件和《机动车维修标志牌》（见附件1）悬挂在经营场所的醒目位置。

《机动车维修标志牌》由机动车维修经营者按照统一式样和要求自行制作。

第二十三条 机动车维修经营者不得擅自改装机动车，不得承修已报废的机动车，不得利用配件拼装机动车。

托修方要改变机动车车身颜色，更换发动机、车身和车架的，应当按照有关法律、法规的规定办理相关手续，机动车维修经营者在查看相关手续后方可承修。

第二十四条 机动车维修经营者应当加强对从业人员的安全教育和职业道德教育，确保安全生产。

机动车维修从业人员应当执行机动车维修安全生产操作规

程，不得违章作业。

第二十五条 机动车维修产生的废弃物，应当按照国家的有关规定进行处理。

第二十六条 机动车维修经营者应当公布机动车维修工时定额和收费标准，合理收取费用。

机动车维修工时定额可按各省机动车维修协会等行业中介组织统一制定的标准执行，也可按机动车维修经营者报所在地道路运输管理机构备案后的标准执行，也可按机动车生产厂家公布的标准执行。当上述标准不一致时，优先适用机动车维修经营者备案的标准。

机动车维修经营者应当将其执行的机动车维修工时单价标准报所在地道路运输管理机构备案。

机动车生产厂家在新车型投放市场后一个月内，有义务向社会公布其维修技术资料和工时定额。

第二十七条 机动车维修经营者应当使用规定的结算票据，并向托修方交付维修结算清单。维修结算清单中，工时费与材料费应分项计算。维修结算清单格式和内容由省级道路运输管理机构制定。

机动车维修经营者不出具规定的结算票据和结算清单的，托修方有权拒绝支付费用。

第二十八条 机动车维修经营者应当按照规定，向道路运输管理机构报送统计资料。

道路运输管理机构应当为机动车维修经营者保守商业秘密。

第二十九条 机动车维修连锁经营企业总部应当按照统一采购、统一配送、统一标识、统一经营方针、统一服务规范和价格的要求，建立连锁经营的作业标准和管理手册，加强对连锁经营服务网点经营行为的监管和约束，杜绝不规范的商业行为。

第四章　质量管理

第三十条　机动车维修经营者应当按照国家、行业或者地方的维修标准和规范进行维修。尚无标准或规范的，可参照机动车生产企业提供的维修手册、使用说明书和有关技术资料进行维修。

第三十一条　机动车维修经营者不得使用假冒伪劣配件维修机动车。

机动车维修经营者应当建立采购配件登记制度，记录购买日期、供应商名称、地址、产品名称及规格型号等，并查验产品合格证等相关证明。

机动车维修经营者对于换下的配件、总成，应当交托修方自行处理。

机动车维修经营者应当将原厂配件、副厂配件和修复配件分别标识，明码标价，供用户选择。

第三十二条　机动车维修经营者对机动车进行二级维护、总成修理、整车修理的，应当实行维修前诊断检验、维修过程检验和竣工质量检验制度。

承担机动车维修竣工质量检验的机动车维修企业或机动车综合性能检测机构应当使用符合有关标准并在检定有效期内的设备，按照有关标准进行检测，如实提供检测结果证明，并对检测结果承担法律责任。

第三十三条　机动车维修竣工质量检验合格的，维修质量检验人员应当签发《机动车维修竣工出厂合格证》（见附件2）；未签发机动车维修竣工出厂合格证的机动车，不得交付使用，车主可以拒绝交费或接车。

机动车维修竣工出厂合格证由省级道路运输管理机构统一印制和编号，县级道路运输管理机构按照规定发放和管理。

禁止伪造、倒卖、转借机动车维修竣工出厂合格证。

第三十四条　机动车维修经营者对机动车进行二级维护、总成修理、整车修理的，应当建立机动车维修档案。机动车维修档案主要内容包括：维修合同、维修项目、具体维修人员及质量检验人员、检验单、竣工出厂合格证（副本）及结算清单等。

机动车维修档案保存期为2年。

第三十五条 道路运输管理机构应当加强对机动车维修专业技术人员的管理，严格执行专业技术人员考试和管理制度。

机动车维修专业技术人员考试及管理具体办法另行制定。

第三十六条 道路运输管理机构应当加强对机动车维修经营的质量监督和管理工作，可委托具有法定资格的机动车维修质量监督检验中心，对机动车维修质量进行监督检验。

第三十七条 机动车维修实行竣工出厂质量保证期制度。

汽车和危险货物运输车辆整车修理或总成修理质量保证期为车辆行驶20000公里或者100日；二级维护质量保证期为车辆行驶5000公里或者30日；一级维护、小修及专项修理质量保证期为车辆行驶2000公里或者10日。

摩托车整车修理或者总成修理质量保证期为摩托车行驶7000公里或者80日；维护、小修及专项修理质量保证期为摩托车行驶800公里或者10日。

其他机动车整车修理或者总成修理质量保证期为机动车行驶6000公里或者60日；维护、小修及专项修理质量保证期为机动车行驶700公里或者7日。

质量保证期中行驶里程和日期指标，以先达到者为准。

机动车维修质量保证期，从维修竣工出厂之日起计算。

第三十八条 在质量保证期和承诺的质量保证期内，因维修质量原因造成机动车无法正常使用，且承修方在3日内不能或者无法提供因非维修原因而造成机动车无法使用的相关证据的，机动车维修经营者应当及时无偿返修，不得故意拖延或者无理拒绝。

在质量保证期内，机动车因同一故障或维修项目经两次修理仍不能正常使用的，机动车维修经营者应当负责联系其他机动车维修经营者，并承担相应修理费用。

第三十九条 机动车维修经营者应当公示承诺的机动车维修质量保证期。所承诺的质量保证期不得低于第三十七条的规定。

第四十条 道路运输管理机构应当受理机动车维修质量投诉,积极按照维修合同约定和相关规定调解维修质量纠纷。

第四十一条 机动车维修质量纠纷双方当事人均有保护当事车辆原始状态的义务。必要时可拆检车辆有关部位,但双方当事人应同时在场,共同认可拆检情况。

第四十二条 对机动车维修质量的责任认定需要进行技术分析和鉴定,且承修方和托修方共同要求道路运输管理机构出面协调的,道路运输管理机构应当组织专家组或委托具有法定检测资格的检测机构作出技术分析和鉴定。鉴定费用由责任方承担。

第四十三条 对机动车维修经营者实行质量信誉考核制度。机动车维修质量信誉考核办法另行制定。

机动车维修质量信誉考核内容应当包括经营者基本情况、经营业绩(含奖励情况)、不良记录等。

第四十四条 道路运输管理机构应当建立机动车维修企业诚信档案。机动车维修质量信誉考核结果是机动车维修诚信档案的重要组成部分。

道路运输管理机构建立的机动车维修企业诚信信息,除涉及国家秘密、商业秘密外,应当依法公开,供公众查阅。

第五章 监督检查

第四十五条 道路运输管理机构应当加强对机动车维修经营活动的监督检查。

道路运输管理机构的工作人员应当严格按照职责权限和程序进行监督检查,不得滥用职权、徇私舞弊,不得乱收费、乱罚款。

第四十六条 道路运输管理机构应当积极运用信息化技术手段,科学、高效地开展机动车维修管理工作。

第四十七条 道路运输管理机构的执法人员在机动车维修经

营场所实施监督检查时,应当有2名以上人员参加,并向当事人出示交通部监制的交通行政执法证件。

道路运输管理机构实施监督检查时,可以采取下列措施:

(一)询问当事人或者有关人员,并要求其提供有关资料;

(二)查询、复制与违法行为有关的维修台帐、票据、凭证、文件及其他资料,核对与违法行为有关的技术资料;

(三)在违法行为发现场所进行摄影、摄像取证;

(四)检查与违法行为有关的维修设备及相关机具的有关情况。

检查的情况和处理结果应当记录,并按照规定归档。当事人有权查阅监督检查记录。

第四十八条 从事机动车维修经营活动的单位和个人,应当自觉接受道路运输管理机构及其工作人员的检查,如实反映情况,提供有关资料。

第六章 法律责任

第四十九条 违反本规定,有下列行为之一,擅自从事机动车维修相关经营活动的,由县级以上道路运输管理机构责令其停止经营;有违法所得的,没收违法所得,处违法所得2倍以上10倍以下的罚款;没有违法所得或者违法所得不足1万元的,处2万元以上5万元以下的罚款;构成犯罪的,依法追究刑事责任:

(一)未取得机动车维修经营许可,非法从事机动车维修经营的;

(二)使用无效、伪造、变造机动车维修经营许可证件,非法从事机动车维修经营的;

(三)超越许可事项,非法从事机动车维修经营的。

第五十条 违反本规定,机动车维修经营者非法转让、出租机动车维修经营许可证件的,由县级以上道路运输管理机构责令停止违法行为,收缴转让、出租的有关证件,处以2000元以上1万元以下的罚款;有违法所得的,没收违法所得。

对于接受非法转让、出租的受让方,应当按照第四十九条的规定处罚。

第五十一条 违反本规定,机动车维修经营者使用假冒伪劣配件维修机动车,承修已报废的机动车或者擅自改装机动车的,由县级以上道路运输管理机构责令改正,并没收假冒伪劣配件及报废车辆;有违法所得的,没收违法所得,处违法所得2倍以上10倍以下的罚款;没有违法所得或者违法所得不足1万元的,处2万元以上5万元以下的罚款,没收假冒伪劣配件及报废车辆;情节严重的,由原许可机关吊销其经营许可;构成犯罪的,依法追究刑事责任。

第五十二条 违反本规定,机动车维修经营者签发虚假或者不签发机动车维修竣工出厂合格证的,由县级以上道路运输管理机构责令改正;有违法所得的,没收违法所得,处以违法所得2倍以上10倍以下的罚款;没有违法所得或者违法所得不足3000元的,处以5000元以上2万元以下的罚款;情节严重的,由许可机关吊销其经营许可;构成犯罪的,依法追究刑事责任。

第五十三条 违反本规定,有下列行为之一的,由县级以上道路运输管理机构责令其限期整改;限期整改不合格的,予以通报:

(一)机动车维修经营者未按照规定执行机动车维修质量保证期制度的;

(二)机动车维修经营者未按照有关技术规范进行维修作业的;

(三)伪造、转借、倒卖机动车维修竣工出厂合格证的;

(四)机动车维修经营者只收费不维修或者虚列维修作业项目的;

(五)机动车维修经营者未在经营场所醒目位置悬挂机动车维修经营许可证件和机动车维修标志牌的;

(六)机动车维修经营者未在经营场所公布收费项目、工时定额和工时单价的;

（七）机动车维修经营者超出公布的结算工时定额、结算工时单价向托修方收费的；

（八）机动车维修经营者不按照规定建立维修档案和报送统计资料的；

（九）违反本规定其他有关规定的。

第五十四条 违反本规定，道路运输管理机构的工作人员有下列情形之一的，由同级地方人民政府交通主管部门依法给予行政处分；构成犯罪的，依法追究刑事责任：

（一）不按照规定的条件、程序和期限实施行政许可的；

（二）参与或者变相参与机动车维修经营业务的；

（三）发现违法行为不及时查处的；

（四）索取、收受他人财物或谋取其他利益的；

（五）其他违法违纪行为。

第七章 附 则

第五十五条 外商在中华人民共和国境内申请中外合资、中外合作、独资形式投资机动车维修经营的，应同时遵守《外商投资道路运输业管理规定》及相关法律、法规的规定。

第五十六条 机动车维修经营许可证件等相关证件工本费收费标准由省级人民政府财政部门、价格主管部门会同同级交通主管部门核定。

第五十七条 本规定自 2005 年 8 月 1 日起施行。经商国家发展和改革委员会、国家工商行政管理总局同意，1986 年 12 月 12 日交通部、原国家经委、原国家工商行政管理局发布的《汽车维修行业管理暂行办法》同时废止，1991 年 4 月 10 日交通部颁布的《汽车维修质量管理办法》同时废止。

道路危险货物运输管理规定

（交通部令2005年第9号　2005.07.12）

第一章　总　则

第一条　为规范道路危险货物运输市场秩序，保障人民生命财产安全，保护环境，维护道路危险货物运输各方当事人的合法权益，根据《中华人民共和国道路运输条例》和《危险化学品安全管理条例》等有关法律、行政法规，制定本规定。

第二条　从事道路危险货物运输经营和使用自备车辆从事为本单位服务的非经营性道路危险货物运输的，应当遵守本规定。军事危险货物运输除外。

法律、行政法规对特定种类危险货物的道路运输另有规定的，从其规定。

第三条　本规定所称危险货物，是指具有爆炸、易燃、毒害、腐蚀、放射性等特性，在运输、装卸和储存过程中，容易造成人身伤亡、财产毁损和环境污染而需要特别防护的货物。危险货物以列入国家标准《危险货物品名表》（GB 12268）的为准，未列入《危险货物品名表》的，以有关法律、行政法规的规定或者国务院有关部门公布的结果为准。

本规定所称道路危险货物运输车辆（以下简称专用车辆），是指从事道路危险货物运输的载货汽车。

本规定所称道路危险货物运输，是指使用专用车辆，通过道路运输危险货物的作业全过程。

第四条　危险货物的分类、分项、品名和品名编号应当按照国家标准《危险货物分类和品名编号》（GB 6944）、《危险货物品名表》(GB 12268)执行。危险货物的危险程度依据国家标准《危险货物运输包装通用技术条件》(GB 12463),分为Ⅰ、Ⅱ、Ⅲ等级。

第五条 从事道路危险货物运输应当保障安全,依法运输,诚实信用。

第六条 国家鼓励技术力量雄厚、设备和运输条件好的大型专业危险化学品生产企业从事道路危险货物运输,鼓励道路危险货物运输企业实行集约化、专业化经营,鼓励使用厢式、罐式和集装箱等专用车辆运输危险货物。

第七条 交通部主管全国道路危险货物运输管理工作。

县级以上地方人民政府交通主管部门负责组织领导本行政区域的道路危险货物运输管理工作。

县级以上道路运输管理机构负责具体实施道路危险货物运输管理工作。

第二章 运输许可

第八条 申请从事道路危险货物运输经营的,应当具备下列条件:

(一)有符合下列要求的专用车辆及设备:

1. 自有专用车辆5辆以上;

2. 专用车辆技术性能符合国家标准《营运车辆综合性能要求和检验方法》(GB 18565)的要求,车辆外廓尺寸、轴荷和质量符合国家标准《道路车辆外廓尺寸、轴荷和质量限值》(GB 1589)的要求,车辆技术等级达到行业标准《营运车辆技术等级划分和评定要求》(JT/T 198)规定的一级技术等级;

3. 配备有效的通讯工具;

4. 有符合安全规定并与经营范围、规模相适应的停车场地。具有运输剧毒、爆炸和Ⅰ类包装危险货物专用车辆的,还应当配备与其他设备、车辆、人员隔离的专用停车区域,并设立明显的警示标志;

5. 配备有与运输的危险货物性质相适应的安全防护、环境保护和消防设施设备；

6. 运输剧毒、爆炸、易燃、放射性危险货物的，应当具备罐式车辆或厢式车辆、专用容器，车辆应当安装行驶记录仪或定位系统；

7. 罐式专用车辆的罐体应当经质量检验部门检验合格。运输爆炸、强腐蚀性危险货物的罐式专用车辆的罐体容积不得超过 20 立方米，运输剧毒危险货物的罐式专用车辆的罐体容积不得超过 10 立方米，但罐式集装箱除外；

8. 运输剧毒、爆炸、强腐蚀性危险货物的非罐式专用车辆，核定载质量不得超过 10 吨。

（二）有符合下列要求的从业人员：

1. 专用车辆的驾驶人员取得相应机动车驾驶证，年龄不超过 60 周岁；

2. 从事道路危险货物运输的驾驶人员、装卸管理人员、押运人员经所在地设区的市级人民政府交通主管部门考试合格，取得相应从业资格证。

（三）有健全的安全生产管理制度，包括安全生产操作规程、安全生产责任制、安全生产监督检查制度以及从业人员、车辆、设备安全管理制度。

第九条 符合下列条件的企事业单位，可以使用自备专用车辆从事为本单位服务的非经营性道路危险货物运输：

（一）下列企事业单位之一：

1. 省级以上安全生产监督管理部门批准设立的生产、使用、储存危险化学品的企业；

2. 有特殊需求的科研、军工、通用民航等企事业单位。

（二）具备第八条规定的条件，但自有专用车辆的数量可以少于 5 辆。

第十条 申请从事道路危险货物运输经营的企业，应当向所在地设区的市级道路运输管理机构提出申请，并提交以下材料：

（一）《道路危险货物运输经营申请表》（见附件 1）；

(二)拟运输的危险货物类别、项别及运营方案;

(三)企业章程文本;

(四)投资人、负责人身份证明及其复印件,经办人的身份证明及其复印件和委托书;

(五)拟投入车辆承诺书,内容包括专用车辆数量、类型、技术等级、通讯工具配备、总质量、核定载质量、车轴数以及车辆外廓长、宽、高等情况,罐式专用车辆的罐体容积,罐体容积与车辆载质量匹配情况,运输剧毒、爆炸、易燃、放射性危险货物的专用车辆配备行驶记录仪或者定位系统情况。若拟投入专用车辆为已购置或者现有的,应提供行驶证、车辆技术等级证书或者车辆技术检测合格证、罐式专用车辆的罐体检测合格证或者检测报告及其复印件;

(六)拟聘用驾驶人员、装卸管理人员、押运人员的从业资格证及其复印件,驾驶人员的驾驶证及其复印件;

(七)具备停车场地、专用停车区域和安全防护、环境保护、消防设施设备的证明材料;

(八)有关安全生产管理制度文本。

第十一条 申请从事非经营性道路危险货物运输的单位,向所在地设区的市级道路运输管理机构提出申请时,除提交第十条第(五)至第(八)项规定的材料外,还应当提交以下材料:

(一)《道路危险货物运输申请表》(见附件2);

(二)下列形式之一的单位基本情况证明:

1. 省级以上安全生产监督管理部门颁发的《危险化学品登记证》;

2. 能证明科研、军工、通用民航等企事业单位性质或者业务范围的有关材料;

(三)特殊运输需求的说明材料;

(四)经办人的身份证明及其复印件,所在单位的工作证明或者委托书。

第十二条 设区的市级道路运输管理机构应当按照《中华人民共和国道路运输条例》和《交通行政许可实施程序规定》以及本

规定规范的程序实施道路危险货物运输行政许可，并进行实地核查。

决定准予许可的，应当向被许可人出具《道路危险货物运输行政许可决定书》（见附件3），注明许可事项，许可事项为运输危险货物的类别和项别、专用车辆数量及要求、运输性质；并在10日内向道路危险货物运输经营申请人发放《道路运输经营许可证》，向非经营性道路危险货物运输申请人颁发《道路危险货物运输许可证》。

决定不予许可的，应当向申请人出具《不予交通行政许可决定书》。

第十三条 被许可人已获得其他道路运输经营许可的，设区的市级道路运输管理机构应当为其换发《道路运输经营许可证》，并在经营范围中加注新许可的事项。如果原《道路运输经营许可证》是由省级道路运输管理机构发放的，由原发证机关按照上述要求予以换发。

第十四条 被许可人应当按照限定的时间落实拟投入车辆承诺书。做出许可决定的道路运输管理机构已核实被许可人落实了拟投入车辆承诺书且专用车辆符合许可要求、罐体经质检部门检验合格后，应当为专用车辆配发《道路运输证》，并在《道路运输证》经营范围栏内注明允许运输危险货物的类别、项别。其中对从事非经营性道路危险货物运输的，应当在其《道路运输证》上加盖“非经营性危险货物运输专用章”。

第十五条 道路运输管理机构不得许可一次性、临时性的道路危险货物运输。

第十六条 被许可人应当持《道路运输经营许可证》或者《道路危险货物运输许可证》依法向工商行政管理机关办理登记手续。

第十七条 中外合资、中外合作、外商独资形式投资道路危险货物运输的，应当同时遵守《外商投资道路运输业管理规定》。

第十八条 道路危险货物运输企业或者单位设立子公司从事

道路危险货物运输的,应当向设立地设区的市级道路运输管理机构申请运输许可;设立分公司的,应当向设立地设区的市级道路运输管理机构报备。

第十九条 道路危险货物运输企业或者单位需要变更许可事项的,应当向原许可机关提出申请,按照本章有关许可的规定办理。

第二十条 道路危险货物运输企业或者单位终止危险货物运输业务的,应当在终止之日的30日前告知原许可机关,并在停业后10日内将《道路运输经营许可证》或者《道路危险货物运输许可证》以及《道路运输证》交回原发放机关。

第三章 专用车辆、设备管理

第二十一条 道路危险货物运输企业或者单位应当按照《道路货物运输及站场管理规定》中有关车辆管理的规定,维护、检测、使用和管理专用车辆,确保专用车辆技术状况良好。

第二十二条 设区的市级道路运输管理机构应当定期对专用车辆进行审验,每年审验一次。审验按照《道路货物运输及站场管理规定》进行,并增加以下审验项目:

(一)专用车辆投保危险货物承运人责任险情况;

(二)罐式专用车辆罐体质量检验情况;

(三)必需的应急处理器材和安全防护设施设备的配备情况。

第二十三条 禁止使用报废的、擅自改装的、检测不合格的、车辆技术等级达不到一级的和其他不符合国家规定的车辆从事道路危险货物运输。

除铰接列车、具有特殊装置的大型物件运输专用车辆外,严禁使用货车列车从事危险货物运输;倾卸式车辆只能运输散装硫磺、萘饼、粗蒽、煤焦沥青等危险货物。

禁止使用移动罐体(罐式集装箱除外)从事危险货物运输。

第二十四条 专用车辆应当到具备道路危险货物运输车辆维

修条件的企业进行维修。

第二十五条 用于装卸危险货物的机械及工、属具的技术状况应当符合行业标准《汽车运输危险货物规则》(JT 617)规定的技术要求。

第二十六条 罐式专用车辆的罐体应符合《钢制压力容器》(GB 150)、《汽车运输液体危险货物常压容器(罐体)通用技术条件》(GB 18564)等国家标准规定的技术条件。罐式专用车辆应当在罐体检验合格的有效期内承运危险货物。

第四章 危险货物运输

第二十七条 危险货物托运人应当委托具有道路危险货物运输资质的企业承运,严格按照国家有关规定包装,并向承运人说明危险货物的品名、数量、危害、应急措施等情况。需要添加抑制剂或者稳定剂的,应当按照规定添加。托运危险化学品的还应提交与托运的危险化学品完全一致的安全技术说明书和安全标签。

第二十八条 道路危险货物运输企业或者单位应当严格按照道路运输管理机构决定的许可事项从事道路危险货物运输活动,不得转让、出租道路危险货物运输许可证件。

严禁非经营性道路危险货物运输单位从事道路危险货物运输经营活动。

第二十九条 不得使用罐式专用车辆或者运输有毒、腐蚀、放射性危险货物的专用车辆运输普通货物。

其他专用车辆可以从事食品、生活用品、药品、医疗器具以外的普通货物运输活动,但应当对专用车辆进行消除危险处理,确保不对普通货物造成污染、损害。

危险货物不得与普通货物混装。

第三十条 专用车辆应当按照国家标准《道路运输危险货物车辆标志》(GB 13392)的要求悬挂标志。

第三十一条 专用车辆应当根据所运危险货物的性质配备必

需的应急处理器材和安全防护设施设备。

第三十二条 道路危险货物运输企业或者单位不得运输法律、行政法规禁止运输的货物。

法律、行政法规规定的限运、凭证运输货物，道路危险货物运输企业或者单位应当按照有关规定办理相关运输手续。

法律、行政法规规定托运人必须办理有关手续后方可运输的危险货物，道路危险货物运输企业应当查验有关手续齐全有效后方可承运。

第三十三条 道路危险货物运输企业或者单位应当采取必要措施，防止危险货物脱落、扬散、丢失以及燃烧、爆炸、辐射、泄漏等。

第三十四条 专用车辆驾驶人员应当随车携带《道路运输证》。

第三十五条 道路危险货物运输企业或者单位应当聘用具有相应从业资格证的驾驶人员、装卸管理人员和押运人员。

驾驶人员、装卸管理人员和押运人员上岗时应当随身携带从业资格证。

第三十六条 在道路危险货物运输过程中，除驾驶人员外，专用车辆上应当另外配备押运人员。押运人员应当对运输全过程进行监管。

第三十七条 危险货物的装卸作业，应当在装卸管理人员的现场指挥下进行。

第三十八条 严禁专用车辆违反国家有关规定和本规定超载、超限运输。

第三十九条 道路危险货物运输企业或者单位在运输危险货物时，应当遵守有关部门关于危险货物运输线路、时间、速度方面的有关规定。

第四十条 道路危险货物运输从业人员必须熟悉有关安全生产的法规、技术标准和安全生产规章制度、安全操作规程，了解所装运危险货物的性质、危害特性、包装物或者容器的使用要求和发生意外事故时的处置措施。严格按照《汽车运输危险货物规则》(JT 617)、《汽车运输、装卸危险货物作业规程》(JT 618)操作,不得违章作业。

第四十一条 道路危险货物运输企业或者单位应当对从业人员进行经常性的安全、职业道德教育和业务知识、操作规程培训。

第四十二条 道路危险货物运输企业或者单位应当加强安全生产管理,配备专职安全管理人员,制定突发事件应急预案,严格落实各项安全制度。

第四十三条 在危险货物运输过程中发生燃烧、爆炸、污染、中毒或者被盗、丢失、流散、泄漏等事故,驾驶人员、押运人员应当立即向当地公安部门和本运输企业或者单位报告,说明事故情况、危险货物品名、危害和应急措施,并在现场采取一切可能的警示措施,并积极配合有关部门进行处置。运输企业或者单位应当立即启动应急预案。

第四十四条 在危险货物装卸、保管、贮存过程中,应当根据危险货物的性质和保管要求,轻装轻卸,分区存放,堆码整齐,防止混杂、撒漏、破损,不得与普通货物混合存放。

第四十五条 道路危险货物运输企业或者单位应当为危险货物投保承运人责任险。

第五章 监督检查

第四十六条 道路危险货物运输监督检查按照《道路货物运输及站场管理规定》执行。

第四十七条 道路运输管理机构工作人员在实施道路运输监督检查过程中,发现专用车辆有超载行为且具备安全卸载和储存条件的,应当要求驾驶人员或者押运人员到具备所运输危险货物储存条件的场所卸货。

第六章 法律责任

第四十八条 违反本规定,有下列情形之一的,由县级以上道路运输管理机构责令停止运输,有违法所得的,没收违法所得。运输货物属于危险化学品,违法所得5万元以上的,处违法所得1倍以上5倍以下的罚款;没有违法所得或违法所得不足5万元的,处2万以上20万以下的罚款。运输货物属于危险化学品以外的其他危险货物,有违法所得的,处违法所得2倍以上10倍以下的罚款;没有违法所得或者违法所得不足2万元的,处3万元以上10万元以下的罚款。构成犯罪的,依法追究刑事责任:

(一)未取得道路危险货物运输许可,擅自从事道路危险货物运输的;

(二)使用失效、伪造、变造、被注销等无效道路危险货物运输许可证件从事道路危险货物运输的;

(三)超越许可事项,从事道路危险货物运输的;

(四)非经营性道路危险货物运输单位从事道路危险货物运输经营的。

第四十九条 违反本规定,道路危险货物运输企业或者单位非法转让、出租道路危险货物运输许可证件的,由县级以上道路运输管理机构责令停止违法行为,收缴有关证件,处2000元以上1万元以下的罚款;有违法所得的,没收违法所得。

第五十条 违反本规定,道路危险货物运输企业或者单位有下列行为之一,由县级以上道路运输管理机构责令限期投保;拒不投保的,由原许可机关吊销《道路运输经营许可证》或者《道路危险货物运输许可证》,或者吊销相应的经营范围:

(一)未投保危险货物承运人责任险的;

(二)投保的危险货物承运人责任险已过期,未继续投保的。

第五十一条 违反本规定,道路危险货物运输企业或者单位未按规定维护和检测专用车辆的,由县级以上道路运输管理机构责令改正，处1000元以上5000元以下的罚款。

第五十二条 违反本规定，道路危险货物运输企业或者单位不按照规定携带《道路运输证》的，由县级以上道路运输管理机构责令改正，处警告或者20元以上200元以下的罚款。

第五十三条 违反本规定，道路危险货物运输企业或者单位、托运人有下列行为之一的，处2万元以上10万元以下的罚款；构成犯罪的，依法追究刑事责任：

（一）从事道路危险化学品运输的驾驶人员、押运人员、装卸管理人员未取得从业资格证的；

（二）托运人托运危险化学品，不向承运人说明运输的危险化学品的品名、数量、危害、应急措施等情况；或者需要添加抑制剂或稳定剂，交付托运时未添加的；

（三）运输、装卸危险化学品不符合国家有关法律、法规、规章的规定和国家标准，并未按照危险化学品的特性采取必要安全防护措施的。

第五十四条 违反本规定，道路危险货物运输企业或者单位没有采取必要措施防止货物脱落、扬撒的，由县级以上道路运输管理机构责令改正，处1000元以上3000元以下的罚款；情节严重的，由原许可机关吊销《道路运输经营许可证》或者《道路危险货物运输许可证》，或者吊销相应的经营范围。

第五十五条 违反本规定，道路危险货物运输企业或者单位已不具备开业要求的有关安全条件、存在重大运输安全隐患的，由县级以上道路运输管理机构责令限期改正；在规定时间内不能按要求改正且情节严重的，由原许可机关吊销《道路运输经营许可证》或者《道路危险货物运输许可证》，或者吊销相应的经营范围。

第五十六条 违反本规定，道路危险货物运输企业或者单位擅自改装已取得《道路运输证》的专用车辆及罐式专用车辆罐体的，由县级以上道路运输管理机构责令改正，并处5000元以上2万元以下的罚款。

第七章　附　　则

第五十七条　本规定对道路危险货物运输经营未作规定的，按照《道路货物运输及站场管理规定》执行；对非经营性道路危险货物运输未作规定的，参照《道路货物运输及站场管理规定》执行。

第五十八条　道路运输管理机构依照本规定发放的道路危险货物运输许可证件和《道路运输证》，可以收取工本费。工本费的具体收费标准由省、自治区、直辖市人民政府财政、价格主管部门会同同级交通主管部门核定。

第五十九条　本规定自 2005 年 8 月 1 日起施行。交通部 1993 年发布的《道路危险货物运输管理规定》（交运发[1993]1382 号）同时废止。

道路旅客运输及客运站管理规定

（交通部令2005年第10号　2005.07.12）

第一章　总　　则

第一条　为规范道路旅客运输及道路旅客运输站经营活动，维护道路旅客运输市场秩序，保障道路旅客运输安全，保护旅客和经营者的合法权益，依据《中华人民共和国道路运输条例》及有关法律、行政法规的规定，制定本规定。

第二条　从事道路旅客运输（以下简称道路客运）经营以及道路旅客运输站（以下简称客运站）经营的，应当遵守本规定。

第三条　本规定所称道路客运经营，是指用客车运送旅客、为社会公众提供服务、具有商业性质的道路客运活动，包括班车（加班车）客运、包车客运、旅游客运。

（一）班车客运是指营运客车在城乡道路上按照固定的线路、时间、站点、班次运行的一种客运方式，包括直达班车客运和普通班车客运。加班车客运是班车客运的一种补充形式，在客运班车不能满足需要或者无法正常运营时，临时增加或者调配客车按客运班车的线路、站点运行的方式。

（二）包车客运是指以运送团体旅客为目的，将客车包租给用户安排使用，提供驾驶劳务，按照约定的起始地、目的地和路线行驶，按行驶里程或者包用时间计费并统一支付费用的一种客运方式。

（三）旅游客运是指以运送旅游观光的旅客为目的，在旅游景区内运营或者其线路至少有一端在旅游景区（点）的一种客运方式。

本规定所称客运站经营，是指以站场设施为依托，为道路客运经营者和旅客提供有关运输服务的经营活动。

第四条 道路客运和客运站管理应当坚持以人为本、安全第一的宗旨，遵循公平、公正、公开、便民的原则，打破地区封锁和垄断，促进道路运输市场的统一、开放、竞争、有序，满足广大人民群众的出行需求。

道路客运及客运站经营者应当依法经营，诚实信用，公平竞争，优质服务。

第五条 国家实行道路客运企业等级评定制度和质量信誉考核制度，鼓励道路客运经营者实行规模化、集约化、公司化经营，禁止挂靠经营。

第六条 交通部主管全国道路客运及客运站管理工作。

县级以上地方人民政府交通主管部门负责组织领导本行政区域的道路客运及客运站管理工作。

县级以上道路运输管理机构负责具体实施道路客运及客运站管理工作。

第二章 经营许可

第七条 班车客运的线路根据经营区域和营运线路长度分为以下四种类型：

一类客运班线：地区所在地与地区所在地之间的客运班线或者营运线路长度在800公里以上的客运班线。

二类客运班线：地区所在地与县之间的客运班线。

三类客运班线：非毗邻县之间的客运班线。

四类客运班线：毗邻县之间的客运班线或者县境内的客运班线。

本规定所称地区所在地，是指设区的市、州、盟人民政府所在城市市区；本规定所称县，包括县、旗、县级市和设区的市、州、盟下辖乡镇的区。

县城城区与地区所在地城市市区相连或者重叠的,按起讫客运站所在地确定班线起讫点所属的行政区域。

第八条 包车客运按照其经营区域分为省际包车客运和省内包车客运,省内包车客运分为市际包车客运、县际包车客运和县内包车客运。

第九条 旅游客运按照营运方式分为定线旅游客运和非定线旅游客运。

定线旅游客运按照班车客运管理,非定线旅游客运按照包车客运管理。

第十条 申请从事道路客运经营的,应当具备下列条件:

(一)有与其经营业务相适应并经检测合格的客车:

1. 客车技术要求:

(1)技术性能符合国家标准《营运车辆综合性能要求和检验方法》(GB 18565)的要求;

(2)外廓尺寸、轴荷和质量符合国家标准《道路车辆外廓尺寸、轴荷和质量限值》(GB 1589)的要求;

(3)从事高速公路客运或者营运线路长度在800公里以上的客运车辆,其技术等级应当达到行业标准《营运车辆技术等级划分和评定要求》(JT/T 198)规定的一级技术等级;营运线路长度在400公里以上的客运车辆,其技术等级应当达到二级以上;其他客运车辆的技术等级应当达到三级以上。

本规定所称高速公路客运,是指营运线路中高速公路里程在200公里以上或者高速公路里程占总里程70%以上的道路客运。

2. 客车类型等级要求:

从事高速公路客运、旅游客运和营运线路长度在800公里以上的客运车辆,其车辆类型等级应当达到行业标准《营运客车类型划分及等级评定》(JT/T 325)规定的中级以上。

3. 客车数量要求:

(1)经营一类客运班线的班车客运经营者应当自有营运客车100辆以上、客位3000个以上,其中高级客车在30辆以上、客位

900 个以上;或者自有高级营运客车 40 辆以上、客位 1200 个以上;

(2)经营二类客运班线的班车客运经营者应当自有营运客车 50 辆以上、客位 1500 个以上,其中中高级客车在 15 辆以上、客位 450 个以上;或者自有高级营运客车 20 辆以上、客位 600 个以上;

(3)经营三类客运班线的班车客运经营者应当自有营运客车 10 辆以上、客位 200 个以上;

(4)经营四类客运班线的班车客运经营者应当自有营运客车 1 辆以上;

(5)经营省际包车客运的经营者,应当自有中高级营运客车 20 辆以上、客位 600 个以上;

(6)经营省内包车客运的经营者,应当自有营运客车 5 辆以上、客位 100 个以上。

(二)从事客运经营的驾驶人员,应当符合下列条件:

1.取得相应的机动车驾驶证;

2.年龄不超过 60 周岁;

3.3 年内无重大以上交通责任事故记录;

4.经设区的市级道路运输管理机构对有关客运法律法规、机动车维修和旅客急救基本知识考试合格而取得相应从业资格证。

本规定所称交通责任事故,是指驾驶人员负同等或者以上责任的交通事故。

(三)有健全的安全生产管理制度,包括安全生产操作规程、安全生产责任制、安全生产监督检查、驾驶人员和车辆安全生产管理的制度。

(四)申请从事道路客运班线经营,还应当有明确的线路和站点方案。

第十一条 申请从事客运站经营的,应当具备下列条件:

(一)客运站经有关部门组织的工程竣工验收合格,且经道路运输管理机构组织的站级验收合格;

(二)有与业务量相适应的专业人员和管理人员;

（三）有相应的设备、设施，具体要求按照行业标准《汽车客运站级别划分及建设要求》（JT/T 200）的规定执行；

（四）有健全的业务操作规程和安全管理制度，包括服务规范、安全生产操作规程、车辆发车前例检制度、安全生产责任制、危险品查堵、安全生产监督检查的制度。

第十二条 申请从事道路客运经营的，应当按照下列规定提出申请：

（一）从事县级行政区域内客运经营的，向县级道路运输管理机构提出申请；

（二）从事省、自治区、直辖市行政区域内跨2个县级以上行政区域客运经营的，向其共同的上一级道路运输管理机构提出申请；

（三）从事跨省、自治区、直辖市行政区域客运经营的，向所在地的省、自治区、直辖市道路运输管理机构提出申请。

第十三条 申请从事客运站经营的，应当向所在地县级道路运输管理机构提出申请。

第十四条 申请从事道路客运经营的，应当提供下列材料：

（一）申请开业的相关材料：

1.《道路旅客运输经营申请表》（见附件1）；

2. 企业章程文本；

3. 投资人、负责人身份证明及其复印件，经办人的身份证明及其复印件和委托书；

4. 安全生产管理制度文本；

5. 拟投入车辆承诺书，包括客车数量、类型及等级、技术等级、座位数以及客车外廓长、宽、高等。若拟投入客车属于已购置或者现有的，应提供行驶证、车辆技术等级证书（车辆技术检测合格证）、客车等级评定证明及其复印件；

6. 已聘用或者拟聘用驾驶人员的驾驶证和从业资格证及其复印件，公安部门出具的3年内无重大以上交通责任事故的证明。

（二）同时申请道路客运班线经营的，还应当提供下列材料：

1.《道路旅客运输班线经营申请表》(见附件2);

2.可行性报告,包括申请客运班线客流状况调查、运营方案、效益分析以及可能对其他相关经营者产生的影响等;

3.进站方案。已与起讫点客运站和停靠站签订进站意向书的,应当提供进站意向书;

4.运输服务质量承诺书。

第十五条 已获得相应道路班车客运经营许可的经营者,申请新增客运班线时,除提供第十四条第(二)项规定的材料外,还应当提供下列材料:

(一)《道路运输经营许可证》复印件;

(二)与所申请客运班线类型相适应的企业自有营运客车的行驶证、《道路运输证》复印件;

(三)拟投入车辆承诺书,包括客车数量、类型及等级、技术等级、座位数以及客车外廓长、宽、高等。若拟投入客车属于已购置或者现有的,应提供行驶证、车辆技术等级证书(车辆技术检测合格证)、客车等级评定证明及其复印件;

(四)拟聘用驾驶人员的驾驶证和从业资格证及其复印件,公安部门出具的3年内无重大以上交通责任事故的证明;

(五)经办人的身份证明及其复印件,所在单位的工作证明或者委托书。

第十六条 申请从事客运站经营的,应当提供下列材料:

(一)《道路旅客运输站经营申请表》(见附件3);

(二)客运站竣工验收证明和站级验收证明;

(三)拟招聘的专业人员、管理人员的身份证明和专业证书及其复印件;

(四)负责人身份证明及其复印件,经办人的身份证明及其复印件和委托书;

(五)业务操作规程和安全管理制度文本。

第十七条 县级以上道路运输管理机构应当定期向社会公布本行政区域内的客运运力投放、客运线路布局、主要客流流向和流量等情况。

道路运输管理机构在审查客运申请时，应当考虑客运市场的供求状况、普遍服务和方便群众等因素。

第十八条 道路运输管理机构应当按照《中华人民共和国道路运输条例》和《交通行政许可实施程序规定》以及本规定规范的程序实施道路客运经营、道路客运班线经营和客运站经营的行政许可。

第十九条 道路运输管理机构对道路客运经营申请、道路客运班线经营申请予以受理的，应当自受理之日起20日内作出许可或者不予许可的决定；道路运输管理机构对客运站经营申请予以受理的，应当自受理之日起15日内作出许可或者不予许可的决定。

道路运输管理机构对符合法定条件的道路客运经营申请作出准予行政许可决定的，应当出具《道路客运经营行政许可决定书》（见附件4），明确许可事项，许可事项为经营范围、车辆数量及要求、客运班线类型；并在10日内向被许可人发放《道路运输经营许可证》，并告知被许可人所在地道路运输管理机构。

道路运输管理机构对符合法定条件的道路客运班线经营申请作出准予行政许可决定的，应当出具《道路客运班线经营行政许可决定书》（见附件5），明确许可事项，许可事项为经营主体、班车类别、起讫地及起讫站点、途经路线及停靠站点、日发班次、车辆数量及要求、经营期限；并在10日内向被许可人发放《道路客运班线经营许可证明》（见附件8），告知班线起讫地道路运输管理机构；属于跨省客运班线的，应当将《道路客运班线经营行政许可决定书》抄告途经上下旅客的和终到的省级道路运输管理机构。

道路运输管理机构对符合法定条件的客运站经营申请作出准予行政许可决定的，应当出具《道路旅客运输站经营行政许可决定书》（见附件6），并明确许可事项，许可事项为经营者名称、站场地址、站场级别和经营范围；并在10日内向被许可人发放《道路运输经营许可证》。

道路运输管理机构对不符合法定条件的申请作出不予行政许可决定的，应当向申请人出具《不予交通行政许可决定书》。

第二十条 受理跨省客运班线经营申请的省级道路运输管理机构，应当在受理申请后7日内发征求意见函并附《道路旅客运输班线经营申请表》传真给途经上下旅客的和目的地省级道路运输管理机构征求意见；相关省级道路运输管理机构应当在10日内将意见传真给受理申请的省级道路运输管理机构，不予同意的，应当依法注明理由，逾期不予答复的，视为同意。

相关省级道路运输管理机构对跨省客运班线经营申请持不同意见且协商不成的，由受理申请的省级道路运输管理机构通过其隶属的省级交通主管部门将各方书面意见和相关材料报交通部决定，并书面通知申请人。交通部应当自受理之日起20日内作出决定，并书面通知相关省级交通主管部门，由受理申请的省级道路运输管理机构按本规定第十九条、第二十二条的规定为申请人办理有关手续。

第二十一条 被许可人应当持《道路运输经营许可证》依法向工商行政管理机关办理登记手续。

第二十二条 被许可人应当按确定的时间落实拟投入车辆承诺书。道路运输管理机构已核实被许可人落实了拟投入车辆承诺书且车辆符合许可要求后，应当为投入运输的客车配发《道路运输证》；属于客运班车的，应当同时配发班车客运标志牌（见附件7）。正式班车客运标志牌尚未制作完毕的，应当先配发临时客运标志牌。

第二十三条 已取得相应道路班车客运经营许可的经营者需要增加客运班线的，应当按本规定第十二条的规定进行申请。

第二十四条 向不同级别的道路运输管理机构申请道路运输经营的，应当由最高一级道路运输管理机构核发《道路运输经营许可证》，并注明各级道路运输管理机构许可的经营范围，下级道路运输管理机构不再核发《道路运输经营许可证》。下级道路运输管理机构已向被许可人发放《道路运输经营许可证》的，上级道路运输管理机构应当按上述要求予以换发。

第二十五条 中外合资、中外合作、外商独资形式投资道路客运和客运站经营的，应当同时遵守《外商投资道路运输业管理规定》。

第二十六条 道路客运经营者设立子公司的，应当按规定向设立地道路运输管理机构申请经营许可；设立分公司的，应当向设立地道路运输管理机构报备。

第二十七条 对同一客运班线有 3 个以上申请人的，或者根据实际情况需要，道路运输管理机构可采取服务质量招投标的方式实施道路客运班线经营许可。

相关省级道路运输管理机构协商确定通过服务质量招投标方式，实施跨省客运班线经营许可的，可采取联合招标、各自分别招标等方式进行。一省不实行招投标的，不影响另外一省进行招投标。

道路旅客运输班线经营权服务质量招投标管理办法另行制定。

第二十八条 在道路客运班线经营许可过程中，任何单位和个人不得以对等投放运力等不正当理由拒绝、阻挠实施客运班线经营许可。

第二十九条 客运经营者、客运站经营者需要变更许可事项或者终止经营的，应当向原许可机关提出申请，按本章有关规定办理。

客运班线的经营主体、起讫地和日发班次变更和客运站经营主体、站址变更按照重新许可办理。

客运经营者和客运站经营者在取得全部经营许可证件后无正当理由超过 180 天不投入运营或者运营后连续 180 天以上停运的，视为自动终止经营。

第三十条 客运班线的经营期限由省级道路运输管理机构按《中华人民共和国道路运输条例》的有关规定确定。

第三十一条 客运班线经营者在经营期限内暂停、终止班线经营，应当提前30日向原许可机关申请。经营期限届满，需要延续客运班线经营的，应当在届满前60日提出申请。原许可机关应当依据本章有关规定作出许可或者不予许可的决定。予以许可的，重新办理有关手续。

客运经营者终止经营，应当在终止经营后10日内，将相关的《道路运输经营许可证》和《道路运输证》、客运标志牌交回原发放机关。

第三十二条 客运站经营者终止经营的，应当提前30日告知原许可机关和进站经营者。原许可机关发现关闭客运站可能对社会公众利益造成重大影响的，应当采取措施对进站车辆进行分流，并向社会公告。客运站经营者应当在终止经营后10日内将《道路运输经营许可证》交回原发放机关。

第三十三条 客运经营者在客运班线经营期限届满后申请延续经营，符合下列条件的，应当予以优先许可：

（一）经营者符合本规定第十条规定；

（二）经营者在经营该客运班线过程中，无特大运输安全责任事故；

（三）经营者在经营该客运班线过程中，无情节恶劣的服务质量事件；

（四）经营者在经营该客运班线过程中，无严重违规经营行为；

（五）按规定履行了普遍服务的义务。

第三章 客运车辆管理

第三十四条 客运经营者应当依据国家有关技术规范对客运车辆进行定期维护，确保客运车辆技术状况良好。

客运车辆的维护作业项目和程序应当按照国家标准《汽车维护、检测、诊断技术规范》（GB 18344）等有关技术标准的规定执行。

严禁任何单位和个人为客运经营者指定车辆维护企业；车辆二级维护执行情况不得作为道路运输管理机构的路检路查项目。

第三十五条 客运经营者应当定期进行客运车辆检测，车辆检测结合车辆定期审验的频率一并进行。

客运经营者在规定时间内，到符合国家相关标准的机动车综合性能检测机构进行检测。机动车综合性能检测机构按照国家标准《营运车辆综合性能要求和检验方法》（GB 18565）和《道路车辆外廓尺寸、轴荷和质量限值》（GB 1589）的规定进行检测，出具全国统一式样的检测报告，并依据检测结果，对照行业标准《营运车辆技术等级划分和评定要求》（JT/T 198）进行车辆技术等级评定。客运车辆技术等级分为一级、二级和三级。

车籍所在地县级以上道路运输管理机构应当将车辆技术等级在《道路运输证》上标明。

第三十六条 机动车综合性能检测机构应当使用符合国家和行业标准的设施、设备，严格按照国家和行业有关营运车辆技术检测标准对客运车辆进行检测，如实出具车辆检测报告，并建立车辆检测档案。

第三十七条 县级以上道路运输管理机构应当定期对客运车辆进行审验，每年审验一次。审验内容包括：

（一）车辆违章记录；

（二）车辆技术档案；

（三）车辆结构、尺寸变动情况；

（四）按规定安装、使用符合国家标准的行车记录仪情况；

（五）客运经营者为客运车辆投保承运人责任险情况。

审验符合要求的，道路运输管理机构在《道路运输证》审验记录栏中注明；不符合要求的，应当责令限期改正或者办理变更手续。

第三十八条 鼓励使用配置下置行李舱的客车从事道路客运。没有下置行李舱或者行李舱容积不能满足需求的客运车辆，可在客车车厢内设立专门的行李堆放区，但行李堆放区和乘客区必须隔离，并采取相应的安全措施。严禁行李堆放区内载客。

第三十九条 营运客车类型等级评定由县级以上道路运输管理机构依据行业标准《营运客车类型划分及等级评定》(JT/T 325)和交通部颁布的《营运客车类型划分及等级评定规则》的要求实施。

第四十条 禁止使用报废的、擅自改装的、拼装的、检测不合格的客车以及其他不符合国家规定的车辆从事道路客运经营。

第四十一条 客运经营者和县级以上道路运输管理机构应当分别建立客运车辆技术档案和管理档案，并妥善保管。对相关内容的记载应当及时、完整和准确，不得随意更改。

客运经营者车辆技术档案主要内容应当包括：车辆基本情况、主要部件更换情况、修理和二级维护记录(含出厂合格证)、技术等级评定记录、类型及等级评定记录、车辆变更记录、行驶里程记录、交通事故记录等。

道路运输管理机构车辆管理档案主要内容应当包括：车辆基本情况、二级维护和检测记录、技术等级评定记录、类型及等级评定记录、车辆变更记录、交通事故记录等。

第四十二条 客运车辆办理过户变更手续时，客运经营者应当将车辆技术档案完整移交。县级以上道路运输管理机构应当对经营者车辆技术档案的建立情况实施监督管理。

第四十三条 客运经营者对达到国家规定的报废标准或者经检测不符合国家强制性标准要求的客运车辆，应当及时交回《道路运输证》，不得继续从事客运经营。

第四章 客运经营管理

第四十四条 客运经营者应当按照道路运输管理机构决定的许可事项从事客运经营活动，不得转让、出租道路运输经营许可证件。

第四十五条 道路客运企业的全资或者绝对控股的经营道路

客运的子公司,其自有营运客车在10辆以上或者自有中高级营运客车5辆以上时,可按照其母公司取得的经营许可从事客运经营活动。

本条所称绝对控股是指母公司控制子公司实际资产51%以上。

第四十六条 道路客运班线属于国家所有的公共资源。班线客运经营者取得经营许可后,应当向公众提供连续运输服务,不得擅自暂停、终止或者转让班线运输。

第四十七条 客运班车应当按照许可的线路、班次、站点运行,在规定的途经站点进站上下旅客,无正当理由不得改变行驶线路,不得站外上客或者沿途揽客。

经许可机关同意,在农村客运班线上运营的班车可采取区域经营、循环运行、设置临时发车点等灵活的方式运营。

本规定所称农村客运班线,是指县内或者毗邻县间至少有一端在乡村的客运班线。

第四十八条 客运经营者不得强迫旅客乘车,不得中途将旅客交给他人运输或者甩客,不得敲诈旅客,不得擅自更换客运车辆,不得阻碍其他经营者的正常经营活动。

第四十九条 严禁客运车辆超载运行,在载客人数已满的情况下,允许再搭乘不超过核定载客人数10%的免票儿童。

客运车辆不得违反规定载货。

第五十条 客运经营者应当遵守有关运价规定,使用规定的票证,不得乱涨价、恶意压价、乱收费。

第五十一条 客运经营者应当在客运车辆外部的适当位置喷印企业名称或者标识,在车厢内显著位置公示道路运输管理机构监督电话、票价和里程表。

第五十二条 客运经营者应当为旅客提供良好的乘车环境,确保车辆设备、设施齐全有效,保持车辆清洁、卫生,并采取必要的措施防止在运输过程中发生侵害旅客人身、财产安全的违法行为。

当运输过程中发生侵害旅客人身、财产安全的治安违法行为时，客运经营者在自身能力许可的情况下，应当及时向公安机关报告并配合公安机关及时终止治安违法行为。

客运经营者不得在客运车辆上从事播放淫秽录像等不健康的活动。

第五十三条 客运经营者应当为旅客投保承运人责任险。

第五十四条 客运经营者在运输过程中造成旅客人身伤亡，行李毁损、灭失，当事人对赔偿数额有约定的，依照其约定；没有约定的，参照国家有关港口间海上旅客运输和铁路旅客运输赔偿责任限额的规定办理。

第五十五条 客运经营者应当加强对从业人员的安全、职业道德教育和业务知识、操作规程培训。并采取有效措施，防止驾驶人员连续驾驶时间超过 4 个小时。

客运车辆驾驶人员应当遵守道路运输法规和道路运输驾驶员操作规程，安全驾驶，文明服务。

第五十六条 客运经营者应当制定突发公共事件的道路运输应急预案。应急预案应当包括报告程序、应急指挥、应急车辆和设备的储备以及处置措施等内容。

发生突发公共事件时，客运经营者应当服从县级及以上人民政府或者有关部门的统一调度、指挥。

第五十七条 客运经营者应当建立和完善各类台帐和档案，并按要求及时报送有关资料和信息。

第五十八条 旅客应当持有效客票乘车，遵守乘车秩序，文明礼貌，携带免票儿童的乘客应当在购票时声明。不得携带国家规定的危险物品及其他禁止携带的物品乘车。

第五十九条 客运车辆驾驶人员应当随车携带《道路运输证》、从业资格证等有关证件，在规定位置放置客运标志牌。客运班车驾驶人员还应当随车携带《道路客运班线经营许可证明》。

第六十条 遇有下列情况之一，客运车辆可凭临时客运标志牌运行：

（一）原有正班车已经满载，需要开行加班车的；

（二）因车辆抛锚、维护等原因，需要接驳或者顶班的；

（三）正式班车客运标志牌正在制作或者不慎灭失，等待领取的。

第六十一条 凭临时客运标志牌运营的客车应当按正班车的线路和站点运行。属于加班或者顶班的，还应当持有始发站签章并注明事由的当班行车路单；班车客运标志牌正在制作或者灭失的，还应当持有该条班线的《道路客运班线经营许可证明》或者《道路客运班线经营行政许可决定书》的复印件。

第六十二条 客运包车应当凭车籍所在地县级以上道路运输管理机构核发的包车客运标志牌，按照约定的时间、起始地、目的地和线路运行，并持有包车票或者包车合同，不得按班车模式定点定线运营，不得招揽包车合同外的旅客乘车。

客运包车除执行道路运输管理机构下达的紧急包车任务外，其线路一端应当在车籍所在地。

单程的去程包车回程载客时，应当向回程客源所在地县级以上道路运输管理机构备案。

非定线旅游客车可持注明客运事项的旅游客票或者旅游合同取代包车票或者包车合同。

第六十三条 省际临时客运标志牌（见附件9）、省际包车客运标志牌（见附件10）由省级道路运输管理机构按照交通部的统一式样印制，交由当地县以上道路运输管理机构向客运经营者核发。省际包车客运标志牌和加班车、顶班车、接驳车使用的省际临时客运标志牌在一个运次所需的时间内有效，因班车客运标志牌正在制作或者灭失而使用的省际临时客运标志牌有效期不得超过30天。

省内临时客运标志牌、省内包车客运标志牌样式及管理要求由各省级交通主管部门自行规定。

第六十四条 在春运、旅游“黄金周”或者发生突发事件等客流高峰期运力不足时，道路运输管理机构可临时调用车辆技术等级不低于三级的营运客车和社会非营运客车开行包车或者加班车。非营运客车凭县级以上道路运输管理机构开具的证明运行。

第五章　客运站经营

第六十五条　客运站经营者应当按照道路运输管理机构决定的许可事项从事客运站经营活动，不得转让、出租客运站经营许可证件，不得改变客运站用途和服务功能。

客运站经营者应当维护好各种设施、设备，保持其正常使用。

第六十六条　客运站经营者和进站发车的客运经营者应当依法自愿签订服务合同，双方按合同的规定履行各自的权利和义务。

客运站经营者应当按月和客运经营者结算运费。

第六十七条　客运站经营者应当依法加强安全管理，完善安全生产条件，健全和落实安全生产责任制。

客运站经营者应当对出站客车进行安全检查，采取措施防止危险品进站上车，按照车辆核定载客限额售票，严禁超载车辆或者未经安全检查的车辆出站，保证安全生产。

第六十八条　客运站经营者应当禁止无证经营的车辆进站从事经营活动，无正当理由不得拒绝合法客运车辆进站经营。

客运站经营者应当坚持公平、公正原则，合理安排发车时间，公平售票。

客运经营者在发车时间安排上发生纠纷，客运站经营者协调无效时，由当地县级以上道路运输管理机构裁定。

第六十九条　客运站经营者应当公布进站客车的班车类别、客车类型等级、运输线路、起讫停靠站点、班次、发车时间、票价等信息，调度车辆进站发车，疏导旅客，维持秩序。

第七十条　进站客运经营者应当在发车30分钟前备齐相关证件进站等待发车，不得误班、脱班、停班。进站客运经营者不按时派车辆应班，1小时以内视为误班，1小时以上视为脱班。但因车辆维修、肇事、丢失或者交通堵塞等特殊原因不能按时应班，且已提前告知客运站经营者的除外。

进站客运经营者因故不能发班的，应当提前 1 日告知客运站经营者，双方要协商调度车辆顶班。

对无故停班达 3 日以上的进站班车，客运站经营者应当报告当地道路运输管理机构。

第七十一条 客运站经营者应当设置旅客购票、候车、乘车指示、行李寄存和托运、公共卫生等服务设施，向旅客提供安全、便捷、优质的服务，加强宣传，保持站场卫生、清洁。

在客运站从事客运站经营以外的其他经营活动时，应当遵守相应的法律、行政法规的规定。

第七十二条 客运站经营者应当严格执行价格管理规定，在经营场所公示收费项目和标准，严禁乱收费。

第七十三条 客运站经营者应当按规定的业务操作规程装卸、储存、保管行包。

第七十四条 客运站经营者应当制定公共突发事件应急预案。应急预案应当包括报告程序、应急指挥、应急设备的储备以及处置措施等内容。

第七十五条 客运站经营者应当建立和完善各类台账和档案，并按要求报送有关信息。

第六章 监督检查

第七十六条 道路运输管理机构应当加强对道路客运和客运站经营活动的监督检查。

道路运输管理机构工作人员应当严格按照法定职责权限和程序进行监督检查。

第七十七条 道路运输管理机构及其工作人员应当重点在客运站、旅客集散地对道路客运、客运站经营活动实施监督检查。此外，根据管理需要，可以在公路路口实施监督检查，但不得随意拦截正常行驶的道路运输车辆，不得双向拦截车辆进行检查。

第七十八条 道路运输管理机构的工作人员实施监督检查

时，应当有 2 名以上人员参加，并向当事人出示交通部统一制式的交通行政执法证件。

第七十九条 道路运输管理机构的工作人员可以向被检查单位和个人了解情况，查阅和复制有关材料。但应当保守被调查单位和个人的商业秘密。

被监督检查的单位和个人应当接受道路运输管理机构及其工作人员依法实施的监督检查，如实提供有关资料或者说明情况。

第八十条 道路运输管理机构的工作人员在实施道路运输监督检查过程中，发现客运车辆有超载行为的，应当立即予以制止，并采取相应措施安排旅客改乘。

第八十一条 客运经营者在许可的道路运输管理机构管辖区域外违法从事经营活动的，违法行为发生地的道路运输管理机构应当依法将当事人的违法事实、处罚结果记录到《道路运输证》上，并抄告作出道路客运经营许可的道路运输管理机构。

第八十二条 客运经营者违反本规定后拒不接受处罚的，县级以上道路运输管理机构可以暂扣其《道路运输证》等道路运输管理机构颁发的相关证件，签发待理证，待接受处罚后交还。

第八十三条 道路运输管理机构的工作人员在实施道路运输监督检查过程中，对没有《道路运输证》又无法当场提供其他有效证明的客运车辆可以予以暂扣，并出具《道路运输车辆暂扣凭证》(见附件 12)。对暂扣车辆应当妥善保管，不得使用，不得收取或者变相收取保管费用。

违法当事人应当在暂扣凭证规定的时间内到指定地点接受处理。逾期不接受处理的，道路运输管理机构可依法作出处罚决定，并将处罚决定书送达当事人。当事人无正当理由逾期不履行处罚决定的，道路运输管理机构可申请人民法院强制执行。

第七章 法律责任

第八十四条 违反本规定，有下列行为之一的，由县级以上道路运输管理机构责令停止经营;有违法所得的,没收违法所得,处违法所得2倍以上10倍以下的罚款;没有违法所得或者违法所得不足2万元的,处以3万元以上10万元以下的罚款;构成犯罪的,依法追究刑事责任:

(一)未取得道路客运经营许可,擅自从事道路客运经营的;

(二)未取得道路客运班线经营许可,擅自从事班车客运经营的;

(三)使用失效、伪造、变造、被注销等无效的道路客运许可证件从事道路客运经营的;

(四)超越许可事项,从事道路客运经营的。

第八十五条 违反本规定,有下列行为之一的,由县级以上道路运输管理机构责令停止经营;有违法所得的,没收违法所得,处违法所得2倍以上10倍以下的罚款;没有违法所得或者违法所得不足1万元的,处2万元以上5万元以下的罚款;构成犯罪的,依法追究刑事责任:

(一)未取得客运站经营许可,擅自从事客运站经营的;

(二)使用失效、伪造、变造、被注销等无效的客运站许可证件从事客运站经营的;

(三)超越许可事项,从事客运站经营的。

第八十六条 违反本规定,客运经营者、客运站经营者非法转让、出租道路运输经营许可证件的,由县级以上道路运输管理机构责令停止违法行为,收缴有关证件,处2000元以上1万元以下的罚款;有违法所得的,没收违法所得。

第八十七条 违反本规定,客运经营者有下列行为之一,由县级以上道路运输管理机构责令限期投保;拒不投保的,由原许可机关吊销《道路运输经营许可证》或者吊销相应的经营范围:

(一)未为旅客投保承运人责任险的;

(二)未按最低投保限额投保的;

(三)投保的承运人责任险已过期,未继续投保的。

第八十八条 违反本规定,取得客运经营许可的客运经营者使用无《道路运输证》的车辆参加客运经营的，由县级以上运管机构责令改正，处3000元以上1万元以下的罚款。

违反本规定，客运经营者不按照规定携带《道路运输证》的，由县级以上道路运输管理机构责令改正，处警告或者20元以上200元以下的罚款。

第八十九条 违反本规定，客运经营者有下列情形之一的，由县级以上道路运输管理机构责令改正，处1000元以上3000元以下的罚款；情节严重的，由原许可机关吊销《道路运输经营许可证》或者吊销相应的经营范围：

(一)客运班车不按批准的客运站点停靠或者不按规定的线路、班次行驶的；

(二)加班车、顶班车、接驳车无正当理由不按原正班车的线路、站点、班次行驶的；

(三)客运包车不按约定的起始地、目的地和线路行驶的；

(四)以欺骗、暴力等手段招揽旅客的；

(五)在旅客运输途中擅自变更运输车辆或者将旅客移交他人运输的；

(六)未报告原许可机关，擅自终止道路客运经营的。

第九十条 违反本规定，客运经营者、客运站经营者已不具备开业要求的有关安全条件、存在重大运输安全隐患的，由县级以上道路运输管理机构责令限期改正；在规定时间内不能按要求改正且情节严重的，由原许可机关吊销《道路运输经营许可证》或者吊销相应的经营范围。

第九十一条 违反本规定，客运经营者不按规定维护和检测客运车辆的，由县级以上道路运输管理机构责令改正，处1000元以上5000元以下的罚款。

第九十二条 违反本规定，客运经营者使用擅自改装或者擅自改装已取得《道路运输证》的客运车辆的，由县级以上道路运输管理机构责令改正，处5000元以上2万元以下的罚款。

第九十三条 违反本规定，机动车综合性能检测机构不按照国家有关技术规范进行检测、未经检测出具检测结果或者不如实出具检测结果的，由县级以上道路运输管理机构责令改正，没收违法所得，违法所得在5000元以上的，并处违法所得2倍以上5倍以下的罚款；没有违法所得或者违法所得不足5000元的，处以5000元以上2万元以下的罚款；构成犯罪的，依法追究刑事责任。

第九十四条 违反本规定，客运站经营者有下列情形之一的，由县级以上道路运输管理机构责令改正，处1万元以上3万元以下的罚款：

（一）允许无经营许可证件的车辆进站从事经营活动的；

（二）允许超载车辆出站的；

（三）允许未经安全检查或者安全检查不合格的车辆发车的；

（四）无正当理由拒绝客运车辆进站从事经营活动的。

第九十五条 违反本规定，客运站经营者有下列情形之一的，由县级以上道路运输管理机构责令改正；拒不改正的，处3000元的罚款；有违法所得的，没收违法所得：

（一）擅自改变客运站的用途和服务功能的；

（二）不公布运输线路、起讫停靠站点、班次、发车时间、票价的。

第九十六条 道路运输管理机构工作人员违反本规定，有下列情形之一的，依法给予行政处分；构成犯罪的，依法追究刑事责任：

（一）不依照规定的条件、程序和期限实施行政许可的；

（二）参与或者变相参与道路客运经营以及客运站经营的；

（三）发现违法行为不及时查处的；

（四）违反规定拦截、检查正常行驶的运输车辆的；

（五）违法扣留运输车辆、《道路运输证》的；

（六）索取、收受他人财物，或者谋取其他利益的；

（七）其他违法行为。

第八章　附　　则

第九十七条　出租汽车客运、城市公共汽车客运管理根据国务院的有关规定执行。

第九十八条　客运经营者从事国际道路旅客运输经营活动，除一般行为规范适用本规定外，有关从业条件等特殊要求应当适用交通部制定的国际道路运输管理规定。

第九十九条　道路运输管理机构依照本规定发放的道路运输经营许可证件和《道路运输证》，可以收取工本费。工本费的具体收费标准由省、自治区、直辖市人民政府财政、价格主管部门会同同级交通主管部门核定。

第一百条　本规定自2005年8月1日起施行。交通部1995年9月6日发布的《省际道路旅客运输管理办法》(交公路发[1995]828号)、1998年11月26日发布的《高速公路旅客运输管理规定》(交通部令1998年第8号)、1995年5月9日发布的《汽车客运站管理规定》(交通部令1995年第2号)、2000年4月27日发布的《道路旅客运输企业经营资质管理规定(试行)》(交公路发[2000]225号)、1993年5月19日发布的《道路旅客运输业户开业技术经济条件(试行)》(交运发[1993]531号)同时废止。

机动车驾驶员培训管理规定

（交通部令2006年第2号　2006.01.12）

第一章　总　　则

第一条　为规范机动车驾驶员培训经营活动，维护机动车驾驶员培训市场秩序，保护各方当事人的合法权益，根据《中华人民共和国道路交通安全法》、《中华人民共和国道路运输条例》等有关法律、行政法规，制定本规定。

第二条　从事机动车驾驶员培训业务的，应当遵守本规定。

机动车驾驶员培训业务是指以培训学员的机动车驾驶能力或者以培训道路运输驾驶人员的从业能力为教学任务，为社会公众有偿提供驾驶培训服务的活动。包括对初学机动车驾驶人员、增加准驾车型的驾驶人员和道路运输驾驶人员所进行的驾驶培训、继续教育以及机动车驾驶员培训教练场经营等业务。

第三条　机动车驾驶员培训实行社会化，从事机动车驾驶员培训业务应当依法经营，诚实信用，公平竞争。

第四条　机动车驾驶员培训管理应当公平、公正、公开和便民。

第五条　交通部主管全国机动车驾驶员培训管理工作。

县级以上地方人民政府交通主管部门负责组织领导本行政区域内的机动车驾驶员培训管理工作。

县级以上道路运输管理机构负责具体实施本行政区域内的机动车驾驶员培训管理工作。

第二章　经 营 许 可

第六条　机动车驾驶员培训依据经营项目、培训能力和培训内容实行分类许可。

机动车驾驶员培训业务根据经营项目分为普通机动车驾驶员培训、道路运输驾驶员从业资格培训、机动车驾驶员培训教练场经营三类。

普通机动车驾驶员培训根据培训能力分为一级普通机动车驾驶员培训、二级普通机动车驾驶员培训和三级普通机动车驾驶员培训三类。

道路运输驾驶员从业资格培训根据培训内容分为道路客货运输驾驶员从业资格培训和危险货物运输驾驶员从业资格培训两类。

第七条　获得一级普通机动车驾驶员培训许可的，可以从事三种（含三种）以上相应车型的普通机动车驾驶员培训业务；获得二级普通机动车驾驶员培训许可的，可以从事两种相应车型的普通机动车驾驶员培训业务；获得三级普通机动车驾驶员培训许可的，只能从事一种相应车型的普通机动车驾驶员培训业务。

第八条　获得道路客货运输驾驶员从业资格培训许可的，可以从事经营性道路旅客运输驾驶员、经营性道路货物运输驾驶员的从业资格培训业务；获得危险货物运输驾驶员从业资格培训许可的，可以从事道路危险货物运输驾驶员的从业资格培训业务。

获得道路运输驾驶员从业资格培训许可的，还可以从事相应车型的普通机动车驾驶员培训业务。

第九条　获得机动车驾驶员培训教练场经营许可的，可以从事机动车驾驶员培训教练场经营业务。

第十条　申请从事普通机动车驾驶员培训业务的，应当符合下列条件：

（一）有健全的培训机构。

包括教学、教练员、学员、质量、安全、结业考试和设施设备管理等组织机构，并明确负责人、管理人员、教练员和其他人员的岗位职责。具体要求按照行业标准《机动车驾驶培训机构资格条件》(JT/T 433)相关条款的规定执行。

(二)有健全的管理制度。

包括安全管理制度、教练员管理制度、学员管理制度、培训质量管理制度、结业考试制度、教学车辆管理制度、教学设施设备管理制度、教练场地管理制度、档案管理制度等。具体要求按照行业标准《机动车驾驶培训机构资格条件》(JT/T 433)相关条款的规定执行。

(三)有与培训业务相适应的教学人员。

1. 有与培训业务相适应的理论教练员。理论教练员应当持有机动车驾驶证，年龄不超过60周岁，具有汽车及相关专业中专以上学历或者汽车及相关专业中级以上技术职称，具有两年以上安全驾驶经历，熟练掌握道路交通安全法规、驾驶理论、机动车构造、交通安全心理学、常用伤员急救等安全驾驶知识，了解教育学、教育心理学的基本教学知识，具备编写教案、规范讲解的授课能力。理论教练员总数的80%应当经全国统一考试合格，持有《中华人民共和国机动车驾驶培训教练员证》(以下简称《教练员证》，式样见附件1)。

2. 有与培训业务相适应的驾驶操作教练员。驾驶操作教练员应当持有相应的机动车驾驶证，年龄不超过60周岁，具有汽车及相关专业中专或者高中以上学历，符合一定的安全驾驶经历和相应车型驾驶经历，熟练掌握道路交通安全法规、驾驶理论、机动车构造、交通安全心理学和应急驾驶的基本知识，熟悉车辆维护和常见故障诊断、车辆环保和节约能源的有关知识，具备驾驶要领讲解、驾驶动作示范、指导驾驶的教学能力。具体要求按照行业标准《机动车驾驶培训机构资格条件》(JT/T 433)相关条款的规定执行。驾驶操作教练员总数的90%应当经全国统一考试合格，持有《教练员证》。

3. 所配备的理论教练员数量应当不少于教学车辆总数的10%；每种车型所配备的相应驾驶操作教练员应当不少于该种车型车辆总数的110%。

（四）有与培训业务相适应的管理人员。

管理人员包括理论教学负责人、驾驶操作训练负责人、教学车辆管理人员、结业考核人员和计算机管理人员。具体要求按照行业标准《机动车驾驶培训机构资格条件》（JT/T 433）相关条款的规定执行。

（五）有必要的教学车辆。

1. 所配备的教学车辆应当符合国家有关技术标准要求，并装有副后视镜、副制动踏板、灭火器及其他安全防护装置。具体要求按照行业标准《机动车驾驶培训机构资格条件》（JT/T 433）相关条款的规定执行。

2. 从事一级普通机动车驾驶员培训的，应当配备大型客车、通用货车半挂车（牵引车）、城市公交车、中型客车、大型货车、小型汽车（含小型自动挡汽车）、低速汽车（含低速载货汽车、三轮汽车）、摩托车（含普通三轮摩托车、普通二轮摩托车、轻便摩托车）、其他车型（含轮式自行机械车、无轨电车、有轨电车）等九类车型中三种（含三种）以上的车型，所配备的教学车辆不少于50辆，且每种车型的教学车辆不少于5辆；从事二级普通机动车驾驶员培训的，应当配备上述九类车型中的两种车型，所配备的教学车辆不少于20辆，且每种车型的教学车辆不少于5辆；从事三级普通机动车驾驶员培训的，应当配备上述九类车型中的一种车型，且所配备的教学车辆不少于10辆。

（六）有必要的教学设施、设备和场地。

具体要求按照行业标准《机动车驾驶培训机构资格条件》（JT/T 433）相关条款的规定执行。租用教练场地的，还应当持有书面租赁合同和出租方土地使用证明，租赁期限不得少于3年。

第十一条　申请从事道路运输驾驶员从业资格培训业务的，应当具备下列条件：

（一）具备相应车型的普通机动车驾驶员培训资格。

1. 从事道路客货运输驾驶员从业资格培训业务的，应当同时具备大型客车、城市公交车、中型客车、小型汽车（含小型自动挡汽车）等四种车型中至少一种车型的普通机动车驾驶员培训资格和通用货车半挂车（牵引车）、大型货车等两种车型中至少一种车型的普通机动车驾驶员培训资格。

2. 从事危险货物运输驾驶员从业资格培训业务的，应当具备通用货车半挂车（牵引车）、大型货车等两种车型中至少一种车型的普通机动车驾驶员培训资格。

（二）有与培训业务相适应的教学人员。

1. 从事道路客货运输驾驶员从业资格培训业务的，应当配备2名以上教练员。教练员应当具有汽车及相关专业大专以上学历或者汽车及相关专业高级以上技术职称，熟悉道路旅客运输法规、货物运输法规以及机动车维修、货物装卸保管和旅客急救等相关知识，具备相应的授课能力，具有2年以上从事普通机动车驾驶员培训的教学经历，且近2年无不良的教学记录。教练员总数的90%应当经全国统一考试合格，持有《教练员证》。

2. 从事危险货物运输驾驶员从业资格培训业务的，应当配备2名以上教练员。教练员应当具有化工及相关专业大专以上学历或者化工及相关专业高级以上技术职称，熟悉危险货物运输法规、危险化学品特性、包装容器使用方法、职业安全防护和应急救援等知识，具备相应的授课能力，具有2年以上化工及相关专业的教学经历，且近2年无不良的教学记录。教练员总数的90%应当经全国统一考试合格，持有《教练员证》。

（三）有必要的教学设施、设备和场地。

1. 从事道路客货运输驾驶员从业资格培训业务的，应当配备相应的机动车构造、机动车维护、常见故障诊断和排除、货物装卸保管、医学救护、消防器材等教学设施、设备和专用场地。

2. 从事危险货物运输驾驶员从业资格培训业务的，还应当同时配备常见危险化学品样本、包装容器、教学挂图、危险化学品实验室等设施、设备和专用场地。

第十二条 申请从事机动车驾驶员培训教练场经营业务的，应当具备下列条件：

（一）有与经营业务相适应的教练场地。具体要求按照行业标准《机动车教练场技术要求》（JT/T 434）相关条款的规定执行。

（二）有与经营业务相适应的场地设施、设备，办公、教学、生活设施以及维护服务设施。具体要求按照行业标准《机动车教练场技术要求》（JT/T 434）相关条款的规定执行。

（三）具备相应的安全条件。包括场地封闭设施、训练区隔离设施、安全通道以及消防设施、设备等。具体要求按照行业标准《机动车教练场技术要求》（JT/T 434）相关条款的规定执行。

（四）有相应的管理人员。包括教练场安全负责人、档案管理人员以及场地设施、设备管理人员。

（五）有健全的安全管理制度。包括安全检查制度、安全责任制度、教学车辆安全管理制度以及突发事件应急预案等。

第十三条 申请从事机动车驾驶员培训业务的，应当向所在地县级道路运输管理机构提出申请，并提交下列材料：

（一）《交通行政许可申请书》；

（二）申请人身份证明及复印件；

（三）经营场所使用权证明或产权证明及复印件；

（四）教练场地使用权证明或产权证明及复印件；

（五）教练场地技术条件说明；

（六）教学车辆技术条件、车型及数量证明（申请从事机动车驾驶员培训教练场经营的无需提交）；

（七）教学车辆购置证明（申请从事机动车驾驶员培训教练场经营的无需提交）；

（八）各类设施、设备清单；

（九）拟聘用人员名册及资格、职称证明；

（十）根据本规定需要提供的其他相关材料。

申请从事普通机动车驾驶员培训业务的，在递交申请材料时，应当同时提供由公安交警部门出具的相关人员安全驾驶经历证明，安全驾驶经历的起算时间自申请材料递交之日起倒计。

第十四条 道路运输管理机构应当按照《中华人民共和国道路运输条例》和《交通行政许可实施程序规定》规范的程序实施机动车驾驶员培训业务的行政许可。

第十五条 道路运输管理机构应当对申请材料中关于教练场地、教学车辆以及各种设施、设备的实质内容进行核实。

第十六条 道路运输管理机构对机动车驾驶员培训业务申请予以受理的，应当自受理申请之日起 15 日内审查完毕，作出许可或者不予许可的决定。对符合法定条件的，道路运输管理机构作出准予行政许可的决定，向申请人出具《交通行政许可决定书》，并在 10 日内向被许可人颁发机动车驾驶员培训许可证件，明确许可事项；对不符合法定条件的，道路运输管理机构作出不予许可的决定，向申请人出具《不予交通行政许可决定书》，说明理由，并告知申请人享有依法申请行政复议或者提起行政诉讼的权利。

机动车驾驶员培训机构应当持机动车驾驶员培训许可证件依法向工商行政管理机关办理有关登记手续。

第十七条 机动车驾驶员培训许可证件实行有效期制。从事普通机动车驾驶员培训业务和机动车驾驶员培训教练场经营业务的证件有效期为 6 年；从事道路运输驾驶员从业资格培训业务的证件有效期为 4 年。

机动车驾驶员培训许可证件由省级道路运输管理机构统一印制并编号，县级道路运输管理机构按照规定发放和管理。

机动车驾驶员培训机构应当在许可证件有效期届满前 30 日到作出原许可决定的道路运输管理机构办理换证手续。

第十八条 机动车驾驶员培训机构变更许可事项的，应当向原作出许可决定的道路运输管理机构提出申请；符合法定条件、标准的，实施机关应当依法办理变更手续。

机动车驾驶员培训机构变更名称、法定代表人等事项的，应当向原作出许可决定的道路运输管理机构备案。

第十九条 机动车驾驶员培训机构需要终止经营的，应当在终止经营前30日到原作出许可决定的道路运输管理机构办理行政许可注销手续。

第三章 教练员管理

第二十条 机动车驾驶培训教练员资格实行全国统一考试制度。考试每年举行两次。

第二十一条 机动车驾驶培训教练员资格全国统一考试由省级道路运输管理机构按照交通部制定的考试大纲、考试题库、考核标准、考试工作规范和程序组织实施。

考试的具体办法另行制定。

第二十二条 省级道路运输管理机构应当向考试合格人员核发《教练员证》。

《教练员证》由省级道路运输管理机构统一印制并编号。

《教练员证》的有效期为6年。机动车驾驶培训教练员应当在《教练员证》有效期届满前30日到原发证机关办理换证手续。

第二十三条 鼓励教练员同时具备理论教练员和驾驶操作教练员资格。

第二十四条 机动车驾驶培训教练员应当按照统一的教学大纲规范施教，并如实填写《教学日志》和《中华人民共和国机动车驾驶员培训记录》（简称《培训记录》，式样见附件2）。

第二十五条 教练员从事教学活动时，应当随身携带《教练员证》，不得转让、转借《教练员证》。在道路上学习驾驶时，随车指导的教练员应当持有相应的《教练员证》。

第二十六条 机动车驾驶员培训机构应当加强对教练员的职业道德教育和驾驶新知识、新技术的再教育，对教练员每年进行至少一周的脱岗培训，提高教练员的职业素质。

第二十七条 机动车驾驶员培训机构应当加强对教练员教学情况的监督检查，定期对教练员的教学水平和职业道德进行评议，公布教练员的教学质量排行情况，督促教练员提高教学质量。

第二十八条 省级道路运输管理机构应当制定机动车驾驶培训教练员教学质量信誉考核办法，对机动车驾驶培训教练员实行教学质量信誉考核制度。

机动车驾驶培训教练员教学质量信誉考核内容应当包括教练员的基本情况、教学业绩、教学质量排行情况、参加再教育情况、不良记录等。

第二十九条 省级道路运输管理机构应当建立教练员档案，使用统一的数据库和管理软件，实行计算机联网管理，并依法向社会公开教练员信息。机动车驾驶培训教练员教学质量信誉考核结果是教练员档案的重要组成部分。

第三十条 教练员具有下列情形之一的，应当到原发证机关办理有关注销手续：

（一）提出注销申请的；

（二）年龄超过60周岁的；

（三）机动车驾驶证被注销的；

（四）发生重大以上交通责任事故的。

原发证机关发现有上述情形之一未办理注销手续的，应当公告《教练员证》作废。

第四章 经营管理

第三十一条 机动车驾驶员培训机构应当按照经批准的行政许可事项开展培训业务。

第三十二条 机动车驾驶员培训机构应当将机动车驾驶员培训许可证件悬挂在经营场所的醒目位置，公示其经营类别、培训范围、收费项目、收费标准、教练员、教学场地等情况。

第三十三条 机动车驾驶员培训机构应当在注册地开展培训业务，不得采取异地培训、恶意压价、欺骗学员等不正当手段开展经营活动，不得允许社会车辆以其名义开展机动车驾驶员培训经营活动。

第三十四条 机动车驾驶员培训实行学时制，按照学时合理收取费用。机动车驾驶员培训机构应当将学时收费标准报所在地道路运输管理机构备案。

对每个学员理论培训时间每天不得超过 6 个学时，实际操作培训时间每天不得超过 4 个学时。

第三十五条 机动车驾驶员培训机构应当建立学时预约制度，并向社会公布联系电话和预约方式。

第三十六条 参加机动车驾驶员培训的人员，在报名时应当填写《机动车驾驶员培训学员登记表》（以下简称《学员登记表》，式样见附件 3），并提供身份证明及复印件。参加道路运输驾驶员从业资格培训的人员，还应当同时提供驾驶证及复印件。报名人员应当对所提供材料的真实性负责。

第三十七条 机动车驾驶员培训机构应当按照全国统一的教学大纲进行培训。培训结束时，应当向结业人员颁发《机动车驾驶员培训结业证书》（以下简称《结业证书》，式样见附件 4）。

《结业证书》由省级道路运输管理机构按照全国统一式样印制并编号。

第三十八条 机动车驾驶员培训机构应当建立学员档案。学员档案主要包括：《学员登记表》、《教学日志》、《培训记录》、《结业证书》复印件等。

学员档案保存期不少于 4 年。

第三十九条 机动车驾驶员培训机构应当使用符合标准并取得牌证、具有统一标识的教学车辆。

教学车辆的统一标识由省级道路运输管理机构负责制定，并组织实施。

第四十条 机动车驾驶员培训机构应当按照国家的有关规定对教学车辆进行定期维护和检测，保持教学车辆性能完好，满足教学和安全行车的要求，并按照国家有关规定及时更新。

禁止使用报废的、检测不合格的和其他不符合国家规定的车辆从事机动车驾驶员培训业务。不得随意改变教学车辆的用途。

第四十一条 机动车驾驶员培训机构应当建立教学车辆档案。教学车辆档案主要内容包括:车辆基本情况、维护和检测情况、技术等级记录、行驶里程记录等。

教学车辆档案应当保存至车辆报废后1年。

第四十二条 机动车驾驶员培训机构在道路上进行培训活动,应当遵守公安交通管理部门指定的路线和时间,并在教练员随车指导下进行,与教学无关的人员不得乘坐教学车辆。

第四十三条 机动车驾驶员培训机构应当保持教学设施、设备的完好,充分利用先进的科技手段,提高培训质量。

第四十四条 机动车驾驶员培训机构应当按照有关规定向县级以上道路运输管理机构报送《培训记录》以及有关统计资料。

《培训记录》应当经获得相应《教练员证》的教练员审核签字。

第四十五条 道路运输管理机构应当根据机动车驾驶员培训机构执行教学大纲、颁发《结业证书》等情况,对《培训记录》及统计资料进行严格审查。

第四十六条 省级道路运输管理机构应当建立机动车驾驶员培训机构质量信誉考评体系,制定机动车驾驶员培训监督管理的量化考核标准,并定期向社会公布对机动车驾驶员培训机构的考核结果。

机动车驾驶员培训机构质量信誉考评应当包括培训机构的基本情况、教学大纲执行情况、《结业证书》发放情况、《培训记录》填写情况、教练员的质量信誉考核结果、培训业绩、考试情况、不良记录等内容。

第五章 监督检查

第四十七条 各级道路运输管理机构应当加强对机动车驾驶员培训经营活动的监督检查,积极运用信息化技术手段,科学、高效地开展工作。

第四十八条 道路运输管理机构的工作人员应当严格按照职责权限和程序进行监督检查,不得滥用职权、徇私舞弊,不得乱收费、乱罚款,不得妨碍培训机构的正常工作秩序。

第四十九条 道路运输管理机构实施现场监督检查,应当指派2名以上执法人员参加。执法人员应当向当事人出示交通部监制的交通行政执法证件。

执法人员实施现场监督检查,可以行使下列职权:

(一)询问教练员、学员以及其他相关人员,并可以要求被询问人提供与违法行为有关的证明材料;

(二)查阅、复制与违法行为有关的《教学日志》、《培训记录》及其他资料;核对与违法行为有关的技术资料;

(三)在违法行为发现场所进行摄影、摄像取证;

(四)检查与违法行为有关的教学车辆和教学设施、设备。

执法人员应当如实记录检查情况和处理结果,并按照规定归档。当事人有权查阅监督检查记录。

第五十条 机动车驾驶员培训机构在许可机关管辖区域外违法从事培训活动的,违法行为发生地的道路运输管理机构应当依法对其予以处罚,同时将违法事实、处罚结果抄送许可机关。

第五十一条 机动车驾驶员培训机构、管理人员、教练员、学员以及其他相关人员应当积极配合执法人员的监督检查工作,如实反映情况,提供有关资料。

第六章 法律责任

第五十二条 违反本规定,未经许可擅自从事机动车驾驶员培训业务,有下列情形之一的,由县级以上道路运输管理机构责令停止经营;有违法所得的,没收违法所得,并处违法所得2倍以上10倍以下的罚款;没有违法所得或者违法所得不足1万元的,处2万元以上5万元以下的罚款;构成犯罪的,依法追究刑事责任:

(一)未取得机动车驾驶员培训许可证件,非法从事机动车驾驶员培训业务的；

（二）使用无效、伪造、变造、被注销的机动车驾驶员培训许可证件，非法从事机动车驾驶员培训业务的；

（三）超越许可事项，非法从事机动车驾驶员培训业务的。

第五十三条 违反本规定，机动车驾驶员培训机构非法转让、出租机动车驾驶员培训许可证件的，由县级以上道路运输管理机构责令停止违法行为，收缴有关证件，处2000元以上1万元以下的罚款；有违法所得的，没收违法所得。

对于接受非法转让、出租的受让方，应当按照第五十二条的规定处罚。

第五十四条 违反本规定，机动车驾驶员培训机构不严格按照规定进行培训或者在培训结业证书发放时弄虚作假，有下列情形之一的，由县级以上道路运输管理机构责令改正；拒不改正的，由原许可机关吊销其经营许可：

（一）未按照全国统一的教学大纲进行培训的；

（二）未向培训结业的人员颁发《结业证书》的；

（三）向培训未结业的人员颁发《结业证书》的；

（四）向未参加培训的人员颁发《结业证书》的；

（五）使用无效、伪造、变造《结业证书》的；

（六）租用其他机动车驾驶员培训机构《结业证书》的。

第五十五条 违反本规定，机动车驾驶员培训机构有下列情形之一的，由县级以上道路运输管理机构责令限期整改；逾期整改不合格的，予以通报：

（一）未在经营场所醒目位置悬挂机动车驾驶员培训经营许可证件的；

（二）未在经营场所公示其经营类别、培训范围、收费项目、收费标准、教练员、教学场地等情况的；

（三）未按照要求聘用教学人员的；

（四）未按规定建立学员档案、教学车辆档案的；

（五）未按规定报送《培训记录》和有关统计资料的；

（六）使用不符合规定的车辆及设施、设备从事教学活动的；

（七）存在索取、收受学员财物，或者谋取其他利益等不良行为的；

（八）未定期公布教练员教学质量排行情况的；

（九）违反本规定其他有关规定的。

第五十六条 违反本规定，机动车驾驶培训教练员有下列情形之一的，由县级以上道路运输管理机构责令限期整改；逾期整改不合格的，予以通报：

（一）未按照全国统一的教学大纲进行教学的；

（二）填写《教学日志》、《培训记录》弄虚作假的；

（三）教学过程中有道路交通安全违法行为或者造成交通事故的；

（四）存在索取、收受学员财物，或者谋取其他利益等不良行为的；

（五）未按照规定参加驾驶新知识、新技能再教育的；

（六）违反本规定其他有关规定的。

第五十七条 违反本规定，道路运输管理机构的工作人员，有下列情形之一的，依法给予行政处分；构成犯罪的，依法追究刑事责任：

（一）不按规定的条件、程序和期限实施行政许可的；

（二）参与或者变相参与机动车驾驶员培训业务的；

（三）发现违法行为不及时查处的；

（四）索取、收受他人财物，或者谋取其他利益的；

（五）有其他违法违纪行为的。

第七章 附 则

第五十八条 外商在中华人民共和国境内申请以中外合资、中外合作、独资等形式经营机动车驾驶员培训业务的，应同时遵守《外商投资道路运输业管理规定》等相关法律、行政法规的规定。

第五十九条 机动车驾驶员培训许可证件等相关证件工本费收费标准由省级人民政府财政部门、价格主管部门会同同级交通主管部门核定。

第六十条 本规定自2006年4月1日施行。1996年12月23日发布的《中华人民共和国机动车驾驶员培训管理规定》(交通部令第11号)和1995年7月3日发布的《汽车驾驶员培训行业管理办法》(交公路发[1995]246号)同时废止。

道路运输从业人员管理规定

（交通部令2006年第9号　2006.11.23）

第一章　总　　则

第一条　为加强道路运输从业人员管理，提高道路运输从业人员综合素质，根据《中华人民共和国道路运输条例》、《危险化学品安全管理条例》以及有关法律、行政法规，制定本规定。

第二条　本规定所称道路运输从业人员是指经营性道路客货运输驾驶员、道路危险货物运输从业人员、机动车维修技术人员、机动车驾驶培训教练员、道路运输经理人和其他道路运输从业人员。

经营性道路客货运输驾驶员包括经营性道路旅客运输驾驶员和经营性道路货物运输驾驶员。

道路危险货物运输从业人员包括道路危险货物运输驾驶员、装卸管理人员和押运人员。

机动车维修技术人员包括机动车维修技术负责人员、质量检验人员以及从事机修、电器、钣金、涂漆、车辆技术评估（含检测）作业的技术人员。

机动车驾驶培训教练员包括理论教练员、驾驶操作教练员、道路客货运输驾驶员从业资格培训教练员和危险货物运输驾驶员从业资格培训教练员。

道路运输经理人包括道路客货运输企业、道路客货运输站（场）、机动车驾驶员培训机构、机动车维修企业的管理人员。

其他道路运输从业人员是指除上述人员以外的道路运输从业人员，包括道路客运乘务员、机动车驾驶员培训机构教学负责人及结业考核人员、机动车维修企业价格结算员及业务接待员。

第三条 道路运输从业人员应当依法经营，诚实信用，规范操作，文明从业。

第四条 道路运输从业人员管理工作应当公平、公正、公开和便民。

第五条 交通部负责全国道路运输从业人员管理工作。

县级以上地方人民政府交通主管部门负责组织领导本行政区域内的道路运输从业人员管理工作，并具体负责本行政区域内道路危险货物运输从业人员的管理工作。

县级以上道路运输管理机构具体负责本行政区域内经营性道路客货运输驾驶员、机动车维修技术人员、机动车驾驶培训教练员、道路运输经理人和其他道路运输从业人员的管理工作。

第二章 从业资格管理

第六条 国家对道路运输从业人员实行从业资格考试制度。

从业资格是对道路运输从业人员所从事的特定岗位职业素质的基本评价。

经营性道路客货运输驾驶员和道路危险货物运输从业人员必须取得相应从业资格，方可从事相应的道路运输活动。

机动车维修技术人员、机动车驾驶培训教练员取得从业资格的比例分别是相关经营者依法获取机动车维修和机动车驾驶员培训经营许可的必要条件之一。

第七条 道路运输从业人员从业资格考试应当按照交通部编制的考试大纲、考试题库、考核标准、考试工作规范和程序组织实施。

第八条 经营性道路客货运输驾驶员从业资格考试由设区的市级道路运输管理机构组织实施，每月组织一次考试。

道路危险货物运输从业人员从业资格考试由设区的市级人民政府交通主管部门组织实施，每季度组织一次考试。

机动车维修技术人员从业资格考试由设区的市级道路运输管理机构组织实施，每季度组织一次考试。

道路运输经理人和机动车驾驶培训教练员从业资格考试由省级道路运输管理机构组织实施，每年组织两次考试。

其他道路运输从业人员从业资格考试管理权限由省级道路运输管理机构确定。

第九条 经营性道路旅客运输驾驶员应当符合下列条件：

（一）取得相应的机动车驾驶证1年以上；

（二）年龄不超过60周岁；

（三）3年内无重大以上交通责任事故；

（四）掌握相关道路旅客运输法规、机动车维修和旅客急救基本知识；

（五）经考试合格，取得相应的从业资格证件。

第十条 经营性道路货物运输驾驶员应当符合下列条件：

（一）取得相应的机动车驾驶证；

（二）年龄不超过60周岁；

（三）掌握相关道路货物运输法规、机动车维修和货物装载保管基本知识；

（四）经考试合格，取得相应的从业资格证件。

第十一条 道路危险货物运输驾驶员应当符合下列条件：

（一）取得相应的机动车驾驶证；

（二）年龄不超过60周岁；

（三）3年内无重大以上交通责任事故；

（四）取得经营性道路旅客运输或者货物运输驾驶员从业资格2年以上；

（五）接受相关法规、安全知识、专业技术、职业卫生防护和应急救援知识的培训，了解危险货物性质、危害特征、包装容器的使用特性和发生意外时的应急措施；

（六）经考试合格，取得相应的从业资格证件。

第十二条 道路危险货物运输装卸管理人员和押运人员应当

符合下列条件：

（一）年龄不超过60周岁；

（二）初中以上学历；

（三）接受相关法规、安全知识、专业技术、职业卫生防护和应急救援知识的培训，了解危险货物性质、危害特征、包装容器的使用特性和发生意外时的应急措施；

（四）经考试合格，取得相应的从业资格证件。

第十三条 机动车维修技术人员应当符合下列条件：

（一）技术负责人员

1. 具有机动车维修或者相关专业大专以上学历，或者具有机动车维修或相关专业中级以上专业技术职称；

2. 熟悉机动车维修业务，掌握机动车维修及相关政策法规和技术规范。

（二）质量检验人员

1. 具有高中以上学历；

2. 熟悉机动车维修检测作业规范，掌握机动车维修故障诊断和质量检验的相关技术，熟悉机动车维修服务收费标准及相关政策法规和技术规范。

（三）从事机修、电器、钣金、涂漆、车辆技术评估（含检测）作业的技术人员

1. 具有初中以上学历；

2. 熟悉所从事工种的维修技术和操作规范，并了解机动车维修及相关政策法规。

第十四条 机动车驾驶培训教练员应当符合下列条件：

（一）理论教练员

1. 取得相应的机动车驾驶证，具有2年以上安全驾驶经历；

2. 年龄不超过60周岁；

3. 具有汽车及相关专业中专以上学历或者汽车及相关专业中级以上技术职称；

4. 掌握道路交通安全法规、驾驶理论、机动车构造、交通安全

心理学、常用伤员急救等安全驾驶知识，了解车辆环保和节约能源的有关知识，了解教育学、教育心理学的基本教学知识，具备编写教案、规范讲解的授课能力。

（二）驾驶操作教练员

1. 取得相应的机动车驾驶证，符合安全驾驶经历和相应车型驾驶经历的要求；

2. 年龄不超过 60 周岁；

3. 具有汽车及相关专业中专或者高中以上学历；

4. 掌握道路交通安全法规、驾驶理论、机动车构造、交通安全心理学和应急驾驶的基本知识，熟悉车辆维护和常见故障诊断、车辆环保和节约能源的有关知识，具备驾驶要领讲解、驾驶动作示范、指导驾驶的教学能力。

（三）道路客货运输驾驶员从业资格培训教练员

1. 具有汽车及相关专业大专以上学历或者汽车及相关专业高级以上技术职称；

2. 掌握道路旅客运输法规、货物运输法规以及机动车维修、货物装卸保管和旅客急救等相关知识，具备相应的授课能力；

3. 具有 2 年以上从事普通机动车驾驶员培训的教学经历，且近 2 年无不良的教学记录。

（四）危险货物运输驾驶员从业资格培训教练员

1. 具有化工及相关专业大专以上学历或者化工及相关专业高级以上技术职称；

2. 掌握危险货物运输法规、危险化学品特性、包装容器使用方法、职业安全防护和应急救援等知识，具备相应的授课能力；

3. 具有 2 年以上化工及相关专业的教学经历，且近 2 年无不良的教学记录。

第十五条 申请参加经营性道路客货运输驾驶员从业资格考试的人员，应当向其户籍地或者暂住地设区的市级道路运输管理机构提出申请，填写《经营性道路客货运输驾驶员从业资格考试申请表》（式样见附件 1），并提供下列材料：

（一）身份证明及复印件；

（二）机动车驾驶证及复印件；

（三）申请参加道路旅客运输驾驶员从业资格考试的，还应当提供道路交通安全主管部门出具的3年内无重大以上交通责任事故记录证明。

第十六条 申请参加道路危险货物运输驾驶员从业资格考试的，应当向其户籍地或者暂住地设区的市级交通主管部门提出申请，填写《道路危险货物运输从业人员从业资格考试申请表》（式样见附件2），并提供下列材料：

（一）身份证明及复印件；

（二）机动车驾驶证及复印件；

（三）道路旅客运输驾驶员从业资格证件或者道路货物运输驾驶员从业资格证件及复印件；

（四）相关培训证明及复印件；

（五）道路交通安全主管部门出具的3年内无重大以上交通责任事故记录证明。

第十七条 申请参加道路危险货物运输装卸管理人员和押运人员从业资格考试的，应当向其户籍地或者暂住地设区的市级交通主管部门提出申请，填写《道路危险货物运输从业人员从业资格考试申请表》，并提供下列材料：

（一）身份证明及复印件；

（二）学历证明及复印件；

（三）相关培训证明及复印件。

第十八条 申请参加机动车维修技术人员从业资格考试的，应当向其户籍地或者暂住地设区的市级道路运输管理机构提出申请，填写《机动车维修技术人员从业资格考试申请表》（式样见附件3），并提供下列材料：

（一）身份证明及复印件；

（二）学历证明及复印件，申请参加技术负责人员从业资格考试的，也可以提供技术职称证明及复印件。

申请质量检验人员从业资格考试的，还应当同时提供机动车驾驶证及复印件和维修技术工作经历证明。

第十九条 申请参加机动车驾驶培训教练员从业资格考试的，应当向其户籍地或者暂住地省级道路运输管理机构提出申请，填写《机动车驾驶培训教练员从业资格考试申请表》（式样见附件4），并提供下列材料：

（一）身份证明及复印件；

（二）机动车驾驶证及复印件；

（三）学历证明或者技术职称证明及复印件；

（四）道路交通安全主管部门出具的安全驾驶经历证明；

（五）相应车型驾驶经历证明；

（六）申请参加道路客货运输驾驶员从业资格培训教练员和危险货物运输驾驶员从业资格培训教练员从业资格考试的，还应当提供相应的教学经历证明。

第二十条 交通主管部门和道路运输管理机构对符合申请条件的申请人应当安排考试。

第二十一条 交通主管部门和道路运输管理机构应当在考试结束10日内公布考试成绩。对考试合格人员，应当自公布考试成绩之日起10日内颁发相应的道路运输从业人员从业资格证件。

第二十二条 道路运输从业人员从业资格考试成绩有效期为1年，考试成绩逾期作废。

第二十三条 申请人在从业资格考试中有舞弊行为的，取消当次考试资格，考试成绩无效。

第二十四条 交通主管部门或者道路运输管理机构应当建立道路运输从业人员从业资格管理档案。

道路运输从业人员从业资格管理档案包括：从业资格考试申请材料，从业资格考试及从业资格证件记录，从业资格证件换发、补发、变更记录，违章、事故及诚信考核、继续教育记录等。

第二十五条 交通主管部门和道路运输管理机构应当向社会提供道路运输从业人员相关从业信息的查询服务。

第三章　从业资格证件管理

第二十六条　机动车驾驶培训教练员经考试合格后，取得《中华人民共和国机动车驾驶培训教练员证》，证件式样按照《机动车驾驶员培训管理规定》（交通部2006年第2号令）的规定执行；经营性道路客货运输驾驶员、道路危险货物运输从业人员、机动车维修技术人员、道路运输经理人和其他道路运输从业人员经考试合格后，取得《中华人民共和国道路运输从业人员从业资格证》（式样见附件5）。

《中华人民共和国道路运输从业人员从业资格证》和《中华人民共和国机动车驾驶培训教练员证》统称道路运输从业人员从业资格证件。

第二十七条　道路运输从业人员从业资格证件全国通用。

第二十八条　已获得从业资格证件的人员需要增加相应从业资格类别的，应当向原发证机关提出申请，并按照规定参加相应培训和考试。

第二十九条　道路运输从业人员从业资格证件由交通部统一印制并编号。具体工作委托交通专业人员资格评价中心负责。

机动车驾驶培训教练员和道路运输经理人从业资格证件由省级道路运输管理机构发放和管理。

道路危险货物运输从业人员从业资格证件由设区的市级交通主管部门发放和管理。

经营性道路客货运输驾驶员从业资格证件、机动车维修技术人员从业资格证件由设区的市级道路运输管理机构发放和管理。

其他道路运输从业人员从业资格证件发放和管理权限由省级道路运输管理机构确定。

第三十条　交通主管部门和道路运输管理机构应当建立道路运输从业人员从业资格证件管理数据库，使用全国统一的管理软件核发从业资格证件，并逐步采用电子存取和防伪技术，确保有关信息实时输入、输出和存储。

交通主管部门和道路运输管理机构应当结合道路运输从业人员从业资格证件的管理工作，建立道路运输从业人员管理信息系统，并逐步实现异地稽查信息共享和动态资格管理。

第三十一条 道路运输从业人员从业资格证件有效期为6年。道路运输从业人员应当在从业资格证件有效期届满30日前到原发证机关办理换证手续。

道路运输从业人员从业资格证件遗失、毁损的，应当到原发证机关办理证件补发手续。

道路运输从业人员服务单位变更的，应当到交通主管部门或者道路运输管理机构办理从业资格证件变更手续。

道路运输从业人员从业资格档案应当由原发证机关在变更手续办结后30日内移交户籍迁入地或者现居住地的交通主管部门或者道路运输管理机构。

第三十二条 道路运输从业人员办理换证、补证和变更手续，应当填写《道路运输从业人员从业资格证件换发、补发、变更登记表》（式样见附件6）。

第三十三条 交通主管部门和道路运输管理机构应当对符合要求的从业资格证件换发、补发、变更申请予以办理。

申请人违反相关从业资格管理规定且尚未接受处罚的，受理机关应当在其接受处罚后换发、补发、变更相应的从业资格证件。

第三十四条 经营性道路客货运输驾驶员、道路危险货物运输从业人员在发证机关所在地以外从业，且从业时间超过3个月的，应当到服务地管理部门备案。

第三十五条 道路运输从业人员有下列情形之一的，由发证机关注销其从业资格证件：

（一）持证人死亡的；

（二）持证人申请注销的；

（三）经营性道路客货运输驾驶员、道路危险货物运输从业人员、机动车驾驶培训教练员年龄超过60周岁的；

（四）经营性道路客货运输驾驶员、道路危险货物运输驾驶员、机动车维修质量检验人员、机动车驾驶培训教练员的机动车驾驶证被注销或者被吊销的；

（五）超过从业资格证件有效期180日未申请换证的。

凡被注销的从业资格证件，应当由发证机关予以收回，公告作废并登记归档；无法收回的，从业资格证件自行作废。

第三十六条 交通主管部门和道路运输管理机构应当将道路运输从业人员的违章行为记录在《中华人民共和国道路运输从业人员从业资格证》的违章记录栏内，并通报发证机关。发证机关应当将该记录作为道路运输从业人员诚信考核和计分考核的依据，并存入管理档案。机动车驾驶培训教练员违章记录直接记入教练员档案，并作为诚信考核的重要内容。

第三十七条 道路运输从业人员诚信考核和计分考核周期为12个月，从初次领取从业资格证件之日起计算。诚信考核等级分为优良、合格、基本合格和不合格，分别用AAA级、AA级、A级和B级表示。在考核周期内，累计计分超过规定的，诚信考核等级为B级。

省级交通主管部门和道路运输管理机构应当将道路运输从业人员每年的诚信考核和计分考核结果向社会公布，供公众查阅。

道路运输从业人员诚信考核和计分考核具体办法另行制定。

第四章 从业行为规定

第三十八条 经营性道路客货运输驾驶员以及道路危险货物运输从业人员应当在从业资格证件许可的范围内从事道路运输活动。道路危险货物运输驾驶员除可以驾驶道路危险货物运输车辆外，还可以驾驶原从业资格证件许可的道路旅客运输车辆或者道路货物运输车辆。

第三十九条 道路运输从业人员在从事道路运输活动时，应当携带相应的从业资格证件，并应当遵守国家相关法规和道路运输安全操作规程,不得违法经营、违章作业。

第四十条 道路运输从业人员应当按照规定参加国家相关法规、职业道德及业务知识培训。

第四十一条 经营性道路客货运输驾驶员和道路危险货物运输驾驶员不得超限、超载运输,连续驾驶时间不得超过4个小时。

第四十二条 经营性道路旅客运输驾驶员和道路危险货物运输驾驶员应当按照规定填写行车日志。行车日志式样由省级道路运输管理机构统一制定。

第四十三条 经营性道路旅客运输驾驶员应当采取必要措施保证旅客的人身和财产安全,发生紧急情况时,应当积极进行救护。

经营性道路货物运输驾驶员应当采取必要措施防止货物脱落、扬撒等。

严禁驾驶道路货物运输车辆从事经营性道路旅客运输活动。

第四十四条 道路危险货物运输驾驶员应当按照道路交通安全主管部门指定的行车时间和路线运输危险货物。

道路危险货物运输装卸管理人员应当按照安全作业规程对道路危险货物装卸作业进行现场监督,确保装卸安全。

道路危险货物运输押运人员应当对道路危险货物运输进行全程监管。

道路危险货物运输从业人员应当严格按照《汽车运输危险货物规则》(JT 617)、《汽车运输、装卸危险货物作业规程》(JT 618)操作,不得违章作业。

第四十五条 在道路危险货物运输过程中发生燃烧、爆炸、污染、中毒或者被盗、丢失、流散、泄漏等事故,道路危险货物运输驾驶员、押运人员应当立即向当地公安部门和所在运输企业或者单位报告,说明事故情况、危险货物品名和特性,并采取一切可能的警示措施和应急措施,积极配合有关部门进行处置。

第四十六条 机动车维修技术人员应当按照维修规范和程序作业,不得擅自扩大维修项目,不得使用假冒伪劣配件,不得擅自改装机动车，不得承修已报废的机动车，不得利用配件拼装机动车。

第四十七条 机动车驾驶培训教练员应当按照全国统一的教学大纲实施教学，规范填写教学日志和培训记录，不得擅自减少学时和培训内容。

第五章 法律责任

第四十八条 违反本规定，有下列行为之一的人员，由县级以上道路运输管理机构责令改正，处200元以上2000元以下的罚款；构成犯罪的，依法追究刑事责任：

（一）未取得相应从业资格证件，驾驶道路客货运输车辆的；

（二）使用失效、伪造、变造的从业资格证件，驾驶道路客货运输车辆的；

（三）超越从业资格证件核定范围，驾驶道路客货运输车辆的。

第四十九条 违反本规定，有下列行为之一的人员，由设区的市级人民政府交通主管部门处2万元以上10万元以下的罚款；构成犯罪的，依法追究刑事责任：

（一）未取得相应从业资格证件，从事道路危险货物运输活动的；

（二）使用失效、伪造、变造的从业资格证件，从事道路危险货物运输活动的；

（三）超越从业资格证件核定范围，从事道路危险货物运输活动的。

第五十条 道路运输从业人员有下列不具备安全条件情形之一的，由发证机关吊销其从业资格证件：

（一）经营性道路客货运输驾驶员、道路危险货物运输从业人员、机动车驾驶培训教练员身体健康状况不符合有关机动车驾驶和相关从业要求且没有主动申请注销从业资格的；

（二）经营性道路客货运输驾驶员、道路危险货物运输驾驶员、机动车驾驶培训教练员发生重大以上交通事故，且负主要责任的；

（三）机动车维修技术人员发生重大生产安全事故，且负主要责任的；

（四）发现重大事故隐患，不立即采取消除措施，继续作业的。

被吊销的从业资格证件应当由发证机关公告作废并登记归档。

第五十一条 违反本规定，交通主管部门及道路运输管理机构工作人员有下列情形之一的，依法给予行政处分；构成犯罪的，依法追究刑事责任：

（一）不按规定的条件、程序和期限组织从业资格考试的；

（二）发现违法行为未及时查处的；

（三）索取、收受他人财物及谋取其他不正当利益的；

（四）其他违法行为。

第六章 附 则

第五十二条 从业资格考试收费标准和从业资格证件工本费由省级以上交通主管部门会同同级财政部门、物价部门核定。

第五十三条 本规定自2007年3月1日起施行。2001年9月6日公布的《营业性道路运输驾驶员职业培训管理规定》（交通部2001年第7号令）同时废止。

附件：1. 经营性道路客货运输驾驶员从业资格考试申请表（略）

2. 道路危险货物运输从业人员从业资格考试申请表（略）

3. 机动车维修技术人员从业资格考试申请表（略）

4. 机动车驾驶培训教练员从业资格考试申请表（略）

5. 中华人民共和国道路运输从业人员从业资格证式样（略）

6. 道路运输从业人员从业资格证件换发、补发、变更登记表（略）

规费征收及运价管理

公路运输管理费征收和使用规定

（交通部、财政部　（86）交公路字633号　1986.09.10）

第一章　运管费的征收

第一条　公路运输管理费（以下简称运管费）是根据国家规定向应征者征收用于公路运输行业管理的事业费。

第二条　凡从事营业性公路客货运输、搬运装卸、运输服务的单位和个人，以及部队车辆参加地方营业性运输的，均须缴纳运管费。

第三条　运管费由公路运输管理部门（以下简称运管部门）征收，其他任何单位及个人均不得收取。

第四条　运管费按经营者的营业收入计征，最高不超过百分之一。其征收办法：客货运输由车籍所在地的运管部门按应收运费计征；搬运装卸、运输服务由生产作业地的运管部门按营业收入计征。营业额难以计算的，可核定年度的营业收入，按月定额征收。

第五条　运管费缴纳后，应记入单车营运证，有效期内全国通行。

第六条　运管费应按规定范围、规定标准征收，应征不漏，不得多收、重收，不是本地车籍的过境营运车辆，一律不得收取运管费。

第二章　运管费的使用

第七条　运管费必须坚持专款专用的原则，用于行业管理，任何单位和个人不得挪作他用。

第八条 各级运管部门收取的运管费,其开支范围是:

一、职工工资及提取的职工福利基金;

二、业务开支和管理费用;

三、离休、退休人员费用;

四、固定资产购置(包括工作用车、通讯、宣传、记录、计算、检测等设备)和基本建设投资(包括办公用房,职工宿舍及行业的服务设施);

五、奖励基金及工会经费;

六、智力开发和人才培训的经费开支;

七、按规定比例上交的运管费。

以上属经费开支部分,按事业单位的开支标准编制预算;属基本建设部分,按基建规定程序,经批准后支用。

第三章 运管费的管理

第九条 为贯彻落实专款专用的原则,运管费的留用和上交比例,由各省、自治区、直辖市报交通部核定。

第十条 运管费要在银行单独立户,账目日清月结,严格遵守财经纪律和财务制度。年终节余,除按规定列入计划支出的以外,其余上缴同级财政。

第十一条 各级运管部门经费开支计划要报经主管部门和同级财政部门批准,并按期报送财务决算报表,接受监督。

第四章 其 他

第十二条 运管费支出属事业经费性质,按财政有关规定管理。

第十三条 运输单位和个人应按各省、自治区、直辖市运管部门规定的缴款办法缴纳运管费。

第十四条 各省、自治区、直辖市可根据本规定，制定具体的实施细则。

第十五条 本规定解释权属中华人民共和国交通部和财政部。

第十六条 本规定自 1986 年 10 月 1 日起实施。

公路养路费使用管理规定

（国家计委、国家经委　交通部、财政部
(87)交公路字64号　1987.02.03）

公路养路费（以下简称养路费）是国家规定由有车单位和个人向公路主管部门缴纳的用于公路养护的改善的事业费。为了管好、用好养路费，提高使用效益，改善公路状况，适应国民经济发展需要，特制定本规定。

第一条　养路费的使用，必须贯彻“全面规划、加强养护、积极改善、重点发展、科学管理、保证畅通”的方针；本着干支公路兼顾，以干线公路为主，养护与改建兼顾，以养护为主的原则，由省级公路管理部门统一管理，统筹安排。

各级公路主管部门要按国务院国发[1986]44号《关于加强预算外资金管理的通知》精神，加强对养路费使用的管理，任何单位和个人不得挪用、截留、坐支和平调。具体管理方式由地方公路主管部门同地方财政部门商定。

第二条　养路费使用范围规定如下：

（一）养护工程费：包括公路小修保养费，大中修工程费，水毁抢修及修复工程费，改建工程费，新建工程补助费，公路渡口费，绿化费，道渡、班房修建费，县乡公路补助费，养护改善工程测设费以及养护机械、车站设备购置费。

（二）养护事业发展费：包括行政管理费，养护专用机械、构件、材料厂（场、库）建设费，养护管理技术进步开发费，养护科研、教育费，路况及交通量情况调查费，养路职工宿舍和养路段、站必须的生产房屋修建费，路政管理费。

（三）养护其他费：包括劳动保险，非固定职工福利、奖励、医药抚恤费、退职、退休、离休人员费,边远地区养路职工子弟学校经费,国家规定要缴纳、支付的其他税、费等。

第三条 养路费使用安排的比例:用于养护工程方面的费用比例,每年不低于养路费总支出的百分之八十,同时,再首先确保公路小修保养和大中修工程费的需要,然后,再根据经费的可能,安排其他工程项目。不得挤掉正常养护经费而安排新、改建工程和其他支出。

第四条 养路费年度收、支计划由省级公路管理部门平衡汇总,报送省(自治区、直辖市)、交通厅(局)、计委审定下达。核准下达的养路费年度计划报交通部备案,同时抄省(自治区、直辖市)财政厅、经委、审计局和银行备查。

对公路养路费年度计划,由公路管理部门负责实施,省级公路主管部门负责督促检查。

在计划执行过程中,如养路费收支增减数字较大时,可按上述规定程序调整年度计划。当年养路费如有结余资金应转入下年度计划安排使用。

第五条 养路费可实行超收分成办法,对地(市)、县的分成比例由省(自治区、直辖市)交通厅(局)与计委、财政厅(局)商定下达。分成留用部分按本规定第二条所列范围使用,大部分应作为生产发展基金。同时要按各地计划管理体制的规定纳入严格的计划管理轨道。

第六条 年度计划中的公路改建和大中修工程,应按交通部颁发的《公路养护工程分类范围暂行规定》和《公路养护工程管理办法(试行)》的规定,做好建设前期工作。完善设计文件和工程概、预算的编审,合理组织施工,加强经济核算,完工后及时办理竣工验收,按批准的决算核销支出。

对公路小修保养和大中修工程要全面推行经济承包现任制,实行投资包干和内部经济核算。对公路新、改建工程要实行工程招标和工程概、预算包干的办法。

第七条 县、乡公路建设和养护要继续执行“民办公助”、“民工建勤”和“自建自养”的政策。其主要经费的来源是征收的手扶拖拉机、畜力车养路费，地方财政附加收入，以及其他集资。贫困地区不足部分可由省(自治区、直辖市)养路费给予适当补贴。

第八条 由省(自治区、直辖市)、交通厅(局)、计委审定下达的年度计划内的养护工程项目所需材料、设备，统一纳入省级物资供应计划安排供应。

第九条 认真执行统一的养护会计制度和国家有关财务管理的规定。各单位根据批准下达的养路费年度计划和项目预算，编制财务用款计划，逐级上报审核，以便主管部门据此按工程进度或包干合同等拨款。对列入国家计划的公路建设项目，其养路费补助部分比国家预算内投资办法，按基本建设财务制度进行管理。

第十条 对擅自变更设计，扩大建设规模，提高建设标准，增加项目预算，改变计划或超过养路费规定使用范围者，财务部门和银行有权拒绝拨款。

第十一条 养路费使用单位要按规定时间办理养路费年度会计决算，逐级上报公路管理部门审核、汇总，报省级公路主管部门审查后，转报省级财政部门审核。

第十二条 各级公路管理部门和财政部门要把养路费支出是否符合国家规定的使用当作重点检查、审核的内容。凡不符合本规定第二条而发生的养路费开支均属违反财经纪律。对超出使用范围，挪用养路费于其他建设和开支的，银行有权拒付，各级公路管理部门和审计、财政部门有权追查、索赔。

第十三条 各级公路主管部门要定期和不定期地对所属单位的养路费年度计划执行情况、经济效益等进行认真检查，切实防止滥用、挪用和浪费。对严重违纪行为，要及时处理。

第十四条 要建立养路费收支情况内部审计制度。各级公路主管部门，要对管辖范围的养路费收支及管理情况进行内部审计，并将审计结果报告同级审计部门和上级主管部门。

第十五条 各级财政、审计部门和银行，按照国家加强对预算外资金管理的规定，进行对公路养路费使用的监督、检查和审计时，被检查、审计的单位、部门要积极配合，及时提供有关资料、账表和文件，主动汇报有关情况，保证审计工作顺利进行。

第十六条 凡前颁其他有关养路费的规定与本规定有抵触的，均以本规定为准。

国际集装箱汽车运输费收规则

（交通部 (87)交公路字668号 1987.09.09）

一、总 则

第一条 为正确执行国家对外经济政策和国家价格政策，统一全国国际集装箱汽车运输费收办法，加强集装箱汽车运价管理，协调各省、自治区、直辖市之间费收衔接关系，使汽车更好地为港（站）进出口、过境和内陆延伸的国际集装箱运输服务，为对外经济贸易服务。本着价格和价值基本相适应，有利于各种运输方式的合理分工，有利于集装箱运输的发展的原则，特制定国际集装箱汽车运输费收规则（以下简称规则）。

第二条 国际集装箱汽车运价是国家计划价格，是集装箱运价系列和汽车运价系列的组成部分，也是国际贸易商品价格的组成部分。本规则是计算外贸进出口国际集装箱汽车运价和有关费收的依据。凡从事国际集装箱营业性的汽车运输业者，在我国境内承办国际集装箱汽车运输业务发生的各种费收，均按本规则办理。

第三条 内陆至港澳之间以及经济特区（包括广东省）的国际集装箱直达运输的费收办法另行规定。

二、国际集装箱汽车运价

第四条 国际集装箱汽车运价的计价单位

国际集装箱以箱为单位，按不同规格箱型的重箱、空箱计费。装有货物的集装箱为重箱；不装载货物的集装箱为空箱。国际集装箱汽车运输、根据计价方式的不同，分为计程运价、计时包车运价和包箱运价。计价单位为：

元/箱公里；

元/吨位小时；

元/箱。

第五条 国际集装箱汽车运输的计价箱型

1. 国际标准箱型：

20 尺箱型：高度 2438 毫米或 2591 毫米；宽度 2438 毫米，长度 6058 毫米，货箱总重 24 吨。

40 尺箱型：高度 2438 毫米或 2591 毫米，宽度 2438 毫米，长度 12192 毫米；货箱总重 30.48 吨。

2. 国际非标准箱型。

第六条 国际集装箱计费里程

国际集装箱运输的计费里程包括运输里程和装卸里程。运输里程按装箱地点至卸箱地点的实际里程计算。装卸里程按发车点至装卸箱点往返空驶里程的 50% 计算，或按下式计算：

［（空驶 ÷ 对流空箱里程）－（重箱里程 ＋ 非对流空箱里程）］×50%

对流空箱里程又称不计费空箱里程，非对流空箱里程又称计费空箱里程。

各省、自治区、直辖市交通主管部门也可以根据当地实际情况不计装卸里程。

第七条 国际集装箱汽车运输里程的确定

国际集装箱汽车运输的长途和市内营运里程，由省、自治区、直辖市交通厅（局）核定，未经核定的里程，由承托双方协商测定。

第八条 国际集装箱汽车运输起码计费里程

计费里程以公里为单位，以 5 公里为起码计费里程，递进计算，尾数不足 1 公里的按 1 公里计算。

第九条 国际集装箱包干计费里程

经承托双方协议，在一定地区或同一线路内进行多点运输时，可以按平均运输里程作为计费里程包干计算。

第十条 国际集装箱基本运价

汽车载运国际集装箱在长途营运线路上运输一般货物的运价。全国统一的基本运价如下：

20 尺标准箱基本运价　　3.00 元/箱公里；

40 尺标准箱基本运价　　5.20 元/箱公里。

各省、自治区、直辖市交通主管部门，根据当地实际情况，可以在全国统一基本运价基础上，在 20% 上下幅度内，制定本地区基本运价，报交通部备案。

非标准箱的汽车运价参照相同箱型的基本运价，由承托双方议定。

第十一条　运价计算

以重箱为计价基础。

单程重箱：按各省、自治区、直辖市制定的国际集装箱汽车运输基本运价计算。

双程重箱：同一托运人托运去程和回程重箱，回程对流运输的重箱运价，按基本运价减成 20%；提供不属同一托运人的回程重箱，对各托运人均按对流运输部分的基本运价减成 10%。

一程重(空)箱，一程空(重)箱：同一托运人托运重箱去，同时空箱回，或空箱去同时重箱回的，按一程重箱计费，遇有空箱运输里程超过重箱运输里程的非对流运输部分按重箱运价计算。

单程空箱：按基本运价收费。

双程空箱：同一托运人托运的双程空箱，其中较长一程的空箱按单程重箱计算。另一程捎运的空箱免收运费。

第十二条　长途和短途运价

长、短途里程的划分，按各省、自治区、直辖市对汽车货运长、短途里程划分规定办理。长途运价按基本运价计算；短途运价按里程递远递减的原则，采取基本运价加箱次费，或按短途里程分档的运价率计算，两种方法计算的运价要大致相等。

全国统一的箱次费标准：

20 尺标准箱：15 元/箱次；

40 尺标准箱：25 元/箱次。

各省、自治区、直辖市交通主管部门,根据当地实际情况在全国统一的箱次费标准基础上,20%上下幅度内,制定本地区箱次费费率。

第十三条 危险品运价

凡标明危险品的国际集装箱执行危险品运价。放射性、易燃、易爆、烈性危险品运价在基本运价的基础上加价50%～100%;其他危险品运价在基本运价的基础上加价20%～50%(危险品分类参照"国际危规"危险品货物分类表)。

第十四条 计时包车运价

因托运人要求使车辆不能按正常速度行驶;中途开箱时间过长;托运人自行确定车辆开停时间等影响运输效率较大的国际集装箱汽车运输,可采用计时包车运价。

计时包车按计费时间、包用车辆的标记吨位和计时包车运价率计算。计费时间指从装、卸地点起,至完成任务止的时间。由于运输部门的原因所占用时间,如车辆中途发生故障进行修理和司机用饭的时间应予扣除。

计费时间以小时为单位,起码计费时间四小时。超过四小时者,以半小时为单位递进计算。

集装箱专用车辆包车运价率:3.00元/吨位小时。

计时包车的装卸里程,按第六条办理。

第十五条 包箱运价

遇有大批量又受时间限制的国际集装箱港、站进出口集散运输和直达、中转、联运至目的地的运输,经承托双方协议,可采用包箱运价。

包箱运价以计程运价率和运距为基础计算,一般不得高于同类箱型基本运价的20%。各类服务项目采用包干计费。

第十六条 国际集装箱汽车运价的加成和减成

凡符合下列条件的国际集装箱汽车运价,可在基本运价的基础上加成:

1. 在非等级路面或坏路地段行驶的运输;

2. 不按计时包车运价计费,应托运人要求限制行车速度的运输;

3. 托运人计划外要车，立即起运的紧急运输（外贸集港运输不属于加成范围）；

4. 外形尺寸高度或宽度超过标准型集装箱的非标准型集装箱运输；

5. 装运珍贵活动物、植物以及需要特殊操作又影响运输效率的专用集装箱运输；

6. 应托运人要求，在法定节、假日和夜间（晚 20 点至次日晨 6 点）的运输。

凡符合下列条件的国际集装箱运输，应在基本运价的基础上减成：

1. 运输批量大，运输时间持续长，运输线路相对稳定，路面条件较好，经承托双方签订合同的运输；

2. 超过 200 公里（不含 200 公里）的国际集装箱汽车运输。运距在 200 公里以上，设置同费区间里程，200 公里至同费区间里程之间的运输，均按 200 公里计费；超过同费区间里程的运输，全程按减成后的运价计费。同费区间里程的计算方法：

$$\frac{\text{减成率}}{1-\text{减成率}}\times 200$$

除第 5 款由承托双方协议加成不得超过基本运价的 30% 外，其他各款加减成的上下幅度均不得超过 10%，由运输企业根据具体情况自行确定。

第十七条　车辆延滞费

车辆（包括挂车）按规定时间到达装卸箱地点后，由于托运人或收货人责任造成装箱、卸箱、掏箱、拆箱、冷藏箱预冷超过规定时间，装卸箱落空的等待时间，现场和途中停滞时间，都应按计时运价的 25% 核收车辆延滞费。由于承运人责任延误的运输时间，按承、托双方协议支付延滞赔偿费，最高不得超过运费收入的 15%。

延误时间累计不足半小时者免收延滞费，超过半小时以半小时为单位，递进计收。

第十八条　车辆装箱落空损失费

汽车(包括挂车)按预定时间到达指定地点后,因托运人的直接责任引起的装箱落空,应按车辆自车场(站、车辆驻地)至装、卸箱地点的往返行驶里程、和计程运价的50%计收装箱落空费。装箱落空又同时延误时间的,还要按前条规定核收车辆延滞费。

第十九条 过渡费

车辆过渡、过桥、过隧道和通过收费路段的费用,均由托运人负担。承运人按当地规定的费收标准代收代付。

三、国际集装箱汽车运输装卸费收

第二十条 计箱装卸费

计箱装卸费以20尺国际标准箱装载普通货物的基本费率为基础,按不同箱型、箱装货物类别和重、空箱分别计费。装有危险货物的集装箱和冷藏集装箱在基本费率的基础上增加30%~50%,装载放射性、易爆、易燃货物的集装箱增加75%~100%。40尺国际标准箱的计箱装卸费在20尺箱各项费率基础上增加50%。

基本费率如下:

20尺标准箱　　20~25元/箱;

40尺标准箱　　30~38元/箱。

空箱计箱装卸费按重箱装卸基本费率的80%计收。非标准和特殊集装箱的计箱装卸费由承、托双方协议定价。

第二十一条 装卸机械计时包用费

根据托运人要求及作业条件的限制,需要包用装卸机械的,收取装卸机械计时包用费。按包用时间与装卸机械计时费率计费。装卸机械的计时费率,应分别按不同的机械操作能力制定。

包用时间是指装卸机械到达任务地点起至完成任务时止的全部时间。作业时间内机械发生故障进行修理、工人用饭时间应予扣除。包用时间以4小时为起码计费时间,超过4小时,以半小时为单位递进计费。

装卸机械单位操作能力的计时费率:3~3.50元/标记吨位吨

小时。

第二十二条　装卸机械走行费

自行或牵引的装卸机械自出场、站（驻地）至装卸点作业，应按发车点至作业点往返行驶时间或行驶里程折算时间和装卸机械计时费率的 50% 核收装卸机械走行费。

行驶里程按每 15 ~ 25 公里折合 1 小时。

第二十三条　装卸机械延滞费

装卸机械按规定时间到达作业地点后，由于收货人或托运人直接责任引起的超过额定装卸时间、装卸箱落空时间、中途的停滞时间，都要按装卸机械实际操作能力和计时费率的 25% 核收装卸机械延滞费。

延误时间不足半小时者免收，超过半小时以上，以半小时为单位递进计费。

第二十四条　掏装箱费

国际集装箱在中转站内拆、装箱按港口费收规定向船方或货方收取掏、装箱费。站外拆、装箱向收、发货人计收。人工掏、装箱基本费率：

20 尺标准箱　30 ~ 40 元/箱；

40 尺标准箱　60 ~ 80 元/箱。

装有危险货物的集装箱和冷藏集装箱在基本费率基础上增加 50%；装载放射性、易爆、易燃危险货物的集装箱在基本费率基础上增加 100%。

第二十五条　人工延滞费

凡随车工人（包括单独约用）至约定地点掏、装箱或进行其他劳务作业，由于托运人或收、发货人直接责任引起不能作业或延误时间，应核收人工延滞费。延误时间不足半小时者免收，超过半小时以上的，以半小时为单位递进计费。

人工延滞费率：1 元/工时。

第二十六条　辅助装卸费

在装卸、掏、装箱作业中，涉及码垛、铺垫、苫盖、分包、超高、超远和加固等作业的，应另收辅助装卸费或包干费。

四、国际集装箱中转费收

第二十七条　集装箱堆存费

重箱和空箱经过中转站转运时，从进站之日起免费堆存3天，第4天起至出站之日止，按不同箱型和堆存天数累计核收堆存费。拆箱后的空箱继续堆存，仍应收费。

堆存费率：

20尺标准箱　2～3元/箱天；

40尺标准箱　4～6元/箱天。

装载放射性、易爆、易燃危险品集装箱和冷藏集装箱的堆存费，分别按上述费率增加50%和100%。

第二十八条　货物堆存费

经中转站装箱的货物，从进站之日起至装箱日止；经中转站拆箱的货物，从拆箱第3日起至提货日止，以货物的计费重量、体积折重和吨天计收货物堆存费。

货物重量不足1吨的进为1吨；货物体积2立方米不足1吨的，按实际体积，以两立方米折合1吨计费。

贵重或需隔离保管的货物，其保管费比普通货物保管费加收30～50%。

第二十九条　搬移费

除前方堆场和中转站第一次落箱后的搬移外，国际集装箱因海关检验、检疫，箱体修理、清洗、熏蒸或其他原因进行撤移时，按不同箱型核收搬移费。

第三十条　清洗费

对国际集装箱进行清洗，应按不同箱型和不同要求计收清洗费。

第三十一条　熏蒸费

国际集装箱在装箱前或拆箱后需要进行熏蒸作业的，除按作业内容收取装卸、搬运等费外，还要按不同箱型收取熏蒸费，熏蒸药物应由托运人负担。

第三十二条 修理费

对国际集装箱进行箱体维修,按需用材料、工时、工时费率和应负担的管理费核收箱体修理费。

第三十三条 服务手续费

根据托运人或收、发货人委托,代办提箱、交箱、租箱、报关、报验、理货、结算等业务,应按代办业务的繁简,以货票数、箱数、货物吨数为计算单位核收服务手续费。

第三十四条 劳务作业包干费

凡国际集装箱在中转过程中发生的有关作业项目,除按上列项目的费率核收外,也可以按多项包干费计收。

第三十五条 其他费收

国际集装箱运输全过程中,遇有多户拼装箱或多户分卸业务,以及上列费收项目不能包括的项目,如倒箱费、租箱费、冷藏箱电费等可列入本项目,本项目下也可分列子目。

五、附　　则

第三十六条 国际集装箱汽车运输根据付费对象不同,采用不同的计费方法。对国外付费人,如外商在华的独资企业、使馆、外侨的货物以及外国在华举办的展品等,企业可以在基本运价的基础上加收 100%。

第三十七条 本规则自 1988 年 1 月 1 日起施行,各省、自治区、直辖市制定的国际集装箱计费办法同时废止。并根据本规则,结合当地实际情况制定实施细则和确定本规则未作统一规定的费率。

第三十八条 本规则解释权属于交通部,本规则如有未尽事宜,由交通部修改补充。

公路运价管理暂行规定

（交通部、国家物价局　(87)交公路字681号　1987.09.21）

第一章　总　　则

第一条　为了贯彻国家物价方针、政策和法规，加强公路运价管理，促进公路运输事业迅速发展，提高经济效益，根据国务院发布的《中华人民共和国价格管理条例》，特制定本规定。

第二条　公路运价包括汽车旅客运价（不含市区公共汽车和涉外旅游车运价，下同）、汽车货物运价、拖拉机运价、其他机动车和非机动车运价、集装箱汽车运输费收、汽车货（客）运站费收和装卸搬运费收等。

第三条　公路运价的制定和调整，应体现运输价值，反映供求关系，符合国家政策，实行按质论价、分等定价的原则。合理安排不同运输方式之间的比价、合理确定公路内部各种运价之间的比价关系。涉外汽车运价和国际集装箱汽车运价还要参考国际价格水平。

第四条　运价管理，必须在维护国家利益的前提下，兼顾承、托运双方和旅客的利益，正确处理中央与地方之间、部门之间、地区之间和企业之间的关系。

第五条　按照运价对国计民生影响的大小和公路运输形式的不同特点，公路运价实行国家定价、国家指导价格、市场调节价格三种形式。以国家定价为主，逐步扩大国家指导价格的范围。

第六条　公路运价管理工作实行统一领导、分级管理的原则。交通部负责管理和监督全国公路运价工作，研究拟定全国性运价方针、政策、法规、运价规则、运价改革措施等；地方各级交通主管部门,负责管理和监督本地区的公路运价工作。国家定价和国家指导价格的运价率、费率,按照公路运价分级管理权限管理。价格和费收的制定和调整,必须以正式文件为准。

各级公路运输管理部门要设立与工作任务相适应的运价管理机构,配备一定专业人员,加强公路运价的管理和监督。

第七条 凡从事公路客货运输、装卸、搬运及其他运输服务的单位、个人和货主单位,都应遵守本规定。

第二章 公路运价管理职权的划分

第八条 交通部的职权是:

1. 贯彻国家物价方针、政策和法规,结合公路运输生产的特点和实际情况,拟订全国公路运价方针、政策和法规;规定计价原则、计量标准、计价项目、价目比差以及公路货物运价等级。经国家物价局审定后颁发施行。

2. 编制全国汽车运价长期、中期调整和改革规划。提出全国汽车客货运价的总水平和基本运价调整建议方案。平衡协调各省、自治区、直辖市的汽车运价水平。

3. 制定与调整国际集装箱汽车运输和汽车货(客)运站的主要费收项目的基本费率、费率比差,报国家物价局备案后,颁发实施,监督执行。

4. 协调各省、自治区、直辖市之间的公路运价和省际干线国内集装箱汽车运价、零担货物运价、旅客运价。

5. 进行公路运价调查研究,掌握和交流运价信息,了解物价变化情况,做好运价动态分析和预测工作。

6. 指导全行业和各省、自治区、直辖市交通厅(局)的公路运价管理工作。监督检查公路运价政策和法规的实施。对严重违反运价法规和纪律的行为,协助国家物价检查机关进行处理。

7. 上级授予的其他职权。

第九条 各省、自治区、直辖市交通厅(局)的职权是:

1. 贯彻国家的运价方针、政策和法规，根据交通部颁发的公路运价规则，结合当地实际情况，制定细则和补充规定，并监督实施。

按照物价管理权限，制定本省、自治区、直辖市装卸、搬运和非机动运输工具运价规则，经同级物价部门审定后，颁发执行，并报交通部备案。

2. 制定本省、自治区、直辖市长期、中期和年度公路运价计划，提出基本运价和运价总水平的调整建议方案，协调和衔接本省、自治区、直辖市内各地（市、盟、州）的运价。

3. 制定和调整本省、自治区、直辖市的汽车客、货运价，国内集装箱汽车运输费收，第八条规定以外的国际集装箱汽车运输和汽车货（客）运站的费收，经同级物价部门审定后颁发施行，并报交通部备案。

4. 审定、补充或修订个别运价和费收，并报同级物价部门和交通部备案。

5. 负责指导本省、自治区、直辖市的公路运输全行业运价管理工作，监督检查公路运价政策、法规、规则的实施，协助物价检查机关纠正和处理违反运价法规和纪律的行为。

6. 做好本省、自治区、直辖市公路运价的调查研究、动态分析和预测工作。

7. 上级授予的其他职权。

第十条 地区（市、盟、州）交通局的职权是：

1. 负责本地区（市、盟、州）公路运输全行业的运价管理和监督工作，贯彻执行国家运价方针、政策和交通部、省、自治区、直辖市颁发的公路运价法规。

2. 根据省、自治区、直辖市物价局和交通厅（局）授予的运价管理权限，制定本地（市、盟、州）的非机动车运价和装卸搬运费收规则，制定和调整相应的运价和费率，经同级物价部门审定后，颁发执行，并报省、自治区、直辖市物价局和交通厅（局）备案。

3. 做好公路运价调查研究，掌握公路运输市场运价动态，向省、自治区、交通厅（局）反映本地区公路运价管理情况和调整运价的意见。

4. 监督检查本地区公路运价的执行情况，协助物价检查机关纠正和处理违反运价法规和纪律的行为。

第十一条 县(市、旗)交通局的职责是：

1. 负责县(市、旗)公路运输全行业的运价管理和监督工作，贯彻实施上级颁发的公路运价方针、政策和法规，组织实施上级主管部门规定的定价和调价方案。

2. 根据省级授予的运价管理权限，在规定范围和幅度内，制定和调整部分公路运价和费率，经同级物价部门审定后，颁发执行，并报上级物价局和上级交通主管部门备案。

3. 掌握公路运输市场运价动态，通报运价信息。

4. 协助物价检查部门，组织群众性运价检查工作，纠正和处理违反运价法规和纪律的行为。

指导和监督城乡个体(联户)运输业的公路运输费收。

5. 省级授予的其他职权。

第十二条 公路运输企业的职权是：

1. 认真贯彻执行国家的物价方针、政策和各项运价法规，遵守物价纪律。

2. 严格执行国家定价的公路运价和费收；在国家指导的公路运价规定的范围和幅度内，制定具体的运价率和费率。

3. 确定实行市场调节的公路运价率和费率。

4. 向上级提供公路运价构成变化、运输成本变化和运输利润率变化的资料。

5. 服从当地公路运输管理部门、物价部门的管理，接受运价检查，提供物价检查需要的价格、成本数据和账簿、凭证、报表、文件等。

第三章 公路运价管理

第十三条 国家定价的公路运价，是由各级交通主管部门和物价部门按照运价分级管理权限所规定的基本运价，固定的调加或调减率，固定的加成率或减成率，运价率和费率。国家定价的公路运价是统一性的运价，应分别在运价规则、细则和文件中规定。除国家另有规定外，各地区、部门、运输企业、个体运输业都必须执行。不得越权调整，擅自变动，另立名目，价外加价；不得采取少计或多计运输里程、货物计费重量等变相涨价或压价、刹价；不得非法收取运费回扣。

第十四条 国家指导的公路运价，是由各级交通主管部门和物价部门，按照运价分级管理权限，对特定地区、线路、货物、车辆和某些条件下运输所规定的可以在一定控制幅度内调整的运价和费收，包括基本运价，上限或下限幅度、区间幅度、加减成率。国家指导的公路运价是统一性和灵活性相结合的价格形式。允许下级交通主管部门，直至运输企业在规定的范围和幅度内调价。各地区、各部门、运输企业、个体运输业都不得越权擅自扩大指导价格的范围或超过规定的浮动幅度。

第十五条 市场调节的公路运价，是在国家定价和国家指导的公路运价外，允许随运输市场运力、运量供求的变化而灵活变动的运价或费收。包括边远山区、农村道路条件很差的支线运价，某些指定的特种货物、特种车辆、非机动运输工具和特定运输条件的运价或费收。按照运价分级管理权限，定价部门可以根据当地实际情况，规定市场调节运价的范围和条件。市场调节价格一般可由承托双方协议定价。

交通运输管理部门应掌握运输市场运价信息，当运价暴涨暴落时，应通过组织车辆、控制货源、调节和限制运价等经济和行政手段，进行干预。

第十六条 国家定价和国家指导价的公路运价，按不同货物、车辆、道路和运输条件实行差别运价。舒适性强、运送速度快、服务质量好、达到优质标准的客货运输，经上级交通主管部门检验确认，按照运价分级管理权限报批后，可以在规定的幅度内加价；质量下降或达不到加价条件的，应及时取消加价或减价。

第十七条 外商投资或中外合营的运输企业,在国内参加营业性运输,除交通主管部门另有规定外,均应执行公路运输不同形式的运价规则所规定的运价和费收。

经济特区的旅客和货物运价应根据交通部制定的经济特区公路运价规则执行。经济特区运输企业参加内地营业性运输的,执行有关省、自治区、直辖市当地的运价和费收,服从当地交通管理部门的管理。

第十八条 各级交通管理部门,按照运价分级管理权限,负责管理本行业所有国营、集体、个体运输业和参加营业性运输的企事业单位车辆的运价和费收。

第十九条 从事营业性汽车运输、装卸搬运和非机动车运输,不论国营、集体、个体运输业和其他部门都要使用交通部和本省、自治区、直辖市交通主管部门统一规定印制的汽车运输货票(含装卸搬运费结算凭证)和旅客运输客票。

第四章 运价监督

第二十条 各级交通主管部门要加强公路运价监督管理,把运价检查作为一项经常性工作任务。各级公路运输管理部门要有专人负责运价监督检查工作,对运输企业和个体运输业以及参加营业性运输的厂矿企事业单位有权进行运价检查、监督。对违反运价纪律的行为,要依据《中华人民共和国价格管理条例》和国家物价局有关规定进行处理;应当给予经济制裁的,须报当地物价检查机关处理。

第二十一条 各级交通主管部门,要在各级人民政府的领导下,会同物价、工商和有关部门进行定期或不定期的运价大检查。

第二十二条 公路运输企业要定期进行运价自查。运价人员要对本单位运价执行情况进行监督,对违反国家运价政策、法规和运价纪律的行为,有权抵制和越级反映。

第二十三条 各级交通主管部门和公路运输管理部门的运价

专职或兼职人员以及运输企业的运价人员，在对运价进行检查监督时，要认真执行政策规定，秉公守法，不徇私情，严守纪律。被检查单位要如实反映情况，及时提供资料。

第二十四条 各级交通主管部门和公路运输企业要建立健全公路运价管理制度，如运价公布、运价检查监督、运价统计报告、奖励与惩罚、违纪立案等制度。

第五章 奖励与惩罚

第二十五条 对于认真贯彻执行公路运价方针、政策、法规，在加强运价管理中有成绩的单位和个人，符合以下条件的应予奖励：

1. 积极参加运价检查，有显著成绩的；

2. 对违反运价方针、政策和纪律的行为，坚决进行抵制，积极检举揭发，敢于斗争，有显著成绩的。

各级交通主管部门和运输企业，应将所属单位和人员遵守运价方针、政策和运价纪律的事迹，作为考核集体或个人工作成绩和评比先进的一项重要条件。

第二十六条 对有下列行为之一的单位和个人，给予必要的行政处分和经济制裁，直至追究刑事责任：

1. 越权制定和调整运价率、费率，增设价目、费目，超越规定的运价加、减成范围和幅度任意定价、调价的；

2. 拒不执行国家规定的运价和费率，擅自提价、变相涨价和滥收其他费用的；

3. 未经批准，有意提前、推后或不执行国家规定的定价、调价通知，增加货主或旅客负担或给国家造成重大损失的；

4. 采取涨价、变相涨价、抬价、压价、刹价等不正当手段谋取非法收入的；

5. 对于运价违纪行为进行包庇纵容或对检举人员进行打击报复的；

6. 泄露运价机密造成重大损失的；

7. 利用非法计费手段从中贪污或收取运费回扣的。

凡有以上行为的单位和个人，各级交通主管部门协同物价检查机关，进行严肃处理。根据情节轻重，给予警告、罚款、吊扣交通部门发放的营运证件的处理。对触犯刑律者，移交司法机关追究刑事责任。凡应退还货主或旅客的非法收入应如数退还；不应退还或无法退还的连同罚款统一由物价检查机关收缴财政。

第六章　附　　则

第二十七条　本规定解释权属交通部。

第二十八条　本规定自 1987 年 12 月 1 日起施行。

公路汽车货运站费收规则

（交通部 （87）交公路字758号 1987.10.23）

第一章 总 则

第一条 为正确执行国家价格政策，健全和统一全国公路汽车货运站（以下简称货运站）费收计算办法，促进汽车整车、零担、集装箱货物运输的发展，更好地为承、托运双方服务，按不同劳务项目分别计费的原则，制定本规则。

第二条 货运站是公路汽车货物运输的集散枢纽，既为托运人又为承运人服务。《公路汽车货运站费收规则》是货运站向承、托双方计费的依据。

国营、集体、个体（联户）营运车辆，企业、事业单位的自备车辆，经由货运站组织办理整车或零担货物运输，或在运输过程中使用货运站设备、场地、仓库，发生营业性结算关系的，均应当按照本规则的规定办理。

第三条 货运站办理省内或省际汽车货物运输，除卸车费由到达站收取外，其他运杂费均由受理站向托运人一次收清。

第四条 按照统一领导和分级管理的价格体制，除本规则规定的计价标准、费目、费率外，各省、自治区、直辖市交通主管部门，可根据本规则并结合本地区实际情况，制定补充规定和制定相应费目的费率，经省、自治区、直辖市物价部门批准后发布执行，并报交通部备案。

第二章　托运货物站务费收

第五条　计费单位

托运货物作业费收的计费重量，按托运货物的计费重量计算，整车以吨为单位，吨以下计至百公斤，尾数不足百公斤的按百公斤计算；零担以50公斤为单位，尾数不足50公斤的按50公斤计算。

第六条　仓储理货费

货运站对受理或到达的货物，进行搬移、理货和仓储等作业），应分别计收起运、到达站的仓储理货费。每50公斤费率为0.20元。

第七条　货物装卸费

由货运站对起运或到达的货物进行装卸（包括出入库装卸作业），由起运站和到达站计收装车、卸车费。单件重量在150公斤以上的货物和危险、贵重、特殊鲜活货物的装卸，实行加成计费。

零担装卸费每票起码计费0.10元。

国际、国内集装箱的装卸费率，分别按国际、国内集装箱汽车运输费收规则的规定计收。

第八条　中转换装包干费

为简化货物中转换装的计费，采用包干计费的办法。货物每中转一次，计收一次中转换装包干费。

中转换装包干费，包括中转货物装卸费和仓储理货费。

中转换装包干费，每50公斤普通货物费率为0.40元，特种货物费率为0.50元。

第三章　承运货物劳务费收

第九条　车辆站务费

货运站为装货发运或到达卸货的车辆提供停车场地、消防、照明等设施和车辆加水、清洗、值班警卫等服务,应向承运人计收车辆站务费。

车辆站务费按车辆标记载重吨位(包括拖带的挂车吨位)计费,由起运或到达站按车辆进出一次为单位计收。

车辆经过的中途站不收车辆站务费。

第十条 组货劳务费

货运站为承运人提供货源、组织配载、办理受托、承运等运输业务,应向承运人计收组货劳务费。

零担运输组货劳务费,按全程运费的6%提取;整车运输组货劳务费按全程运费的3%提取。由受理站计收。

第四章 其他费收

第十一条 货签、标志费

货运站受理零担货物,应在每件货物的两端拴挂货物标签,或粘贴注明货物特性的标志。

纸质或其他材料制作的货签、标志每只收取的工本费由货运站自行确定。

第十二条 退运、变更手续费

托运人要求办理货物退运、变更运输的,应计收退运、变更手续费。因退运、变更运输,承运人或车站已支出或尚需支出的其他费用,由托运人负担,据实计收。

第十三条 货物逾期保管费

凡到达货运站由收货人自取的货物,从发出到货通知次日起,免费保管三天,逾期核收货物保管费。按货物计费重量和保管时间计算,整车以吨为单位,吨以下计至百公斤,尾数不足百公斤按百公斤计算;零担以50公斤为单位,尾数不足50公斤的按50公斤计算。

货物逾期保管费费率,按逾期天数分档累进计算,其费率由各省、自治区、直辖市制定。

国际,国内集装箱的堆存费,按不同箱型,以箱天为计算单位,分别按国际、国内集装箱汽车运输费收规则规定的堆存费率计算。

以下货物在货运站堆存,按入站之日起计算堆存费:

1. 以仓储为目的的存栈货物或集装箱;

2. 危险货物或危险品集装箱。

第十四条 货物延滞费

凡托运人已办妥托运手续委托货运站发运货物,而未按约定的货物进站期供货,延误车辆运行,应按站、托双方协议规定向托运人或发货人计收供货延滞费。

由于货运站的责任,延误货物运输期限,应按站、托双方运输协议,由货运站支付货物延滞费。

第十五条 车辆延滞费

承运人委托货运站组货,已办理承运手续,而未按约定时间向车站提供规定标记吨位的车辆,延误货物如期起运的,应按站、运双方运输协议,向承运人计收供车延滞费。

由于货运站的责任,延误车辆如期起运,应按站、运双方运输协议,由货运站支付车辆延滞费。

第十六条 货物包装整理费

因托运人要求,由货运站对托运的货物进行包装作业或对不符合运输规定的货物包装重新整理(倒包、缝包、捆扎等)应向托运人计收包装整理费。

货物包装整理人工费,按工时计收,工时费率由当地交通主管部门制定。货物包装整理所需的材料、物品费用,按实核收。

第十七条 货物取送费

货运站派车出站取货或送货上门的,应计收货物取送费。货物取送费,按使用的不同车辆的运价计费。

第十八条 货物查询费

因托运人或收货人要求,货运站对托运货物进行立案查询的,应收取货物查询费。因查询而发生的邮资、电讯和其他费用,由责任方负担。

第十九条 车辆停放费

凡在货运站内停放的以下车辆,应收取车辆停放费:

1. 不办理运输业务而停放的车辆;

2. 已办理完运输业务,装车或卸车完毕24小时后尚未出站停放的车辆。

车辆停放费按车辆标记载重吨位(包括拖带的挂车吨位)和停放时间计算。车辆标记载重吨位尾数不足1吨的,按1吨计算停放时间不足12小时,按半天计,超过12小时按1天计算。

零担班车因机械故障或事故进站在故障排除或事故处理前的车辆停放,不收取车辆停放费。

第五章 货物运价的计算

第二十条 货运站在经营承托双方货物运输的代理业务中,凡国家有统一规定的运价率,应当按统一的运价率计算运费;凡国家规定实行指导性运价和市场调节运价的,货运站应征得承运部门同意或承运部门授权,确定具体的运价率。

货运站按规定在运费中提取有关费收后,运费余额应按结算办法规定,如期如数划交承运部门。

第二十一条 汽车货物运价,按各省、自治区、直辖市《汽车运价规则实施细则》和补充规定的运价率计算。

第二十二条 国际集装箱汽车运输费收,按交通部《国际集装箱汽车运输费收规则》规定计价。

国内集装箱汽车运输费收,按交通部《国内集装箱汽车运输费收规则》规定计价。

第二十三条 货运站办理联运业务,全程不同运输方式的运杂费,应按中央主管部门和各省、自治区、直辖市规定的铁、水、公联运各自的价目和运价率计算,统一计价,一次收费,代收代付。也可以采取分段结算,各自计价收费的办法。

第六章　附　　则

第二十四条　本规则自 1988 年 1 月 1 日起施行。

第二十五条　本规则解释权属于交通部。

公路养路费征收管理规定

（交通部、国家计委、财政部、国家物价局
(91)交工字714号　1991.10.15)

第一章　总　　则

第一条　为加强公路养路费征收管理工作，保障公路养护和改善的资金来源，根据《中华人民共和国公路管理条例》第十八条“拥有车辆的单位和个人，必须按照国家规定，向公路养护部门缴纳养路费”的规定，制定本规定。

第二条　公路养路费(以下简称养路费)是国家按照“以路养路、专款专用”的原则，向有车单位和个人征收的用于公路养护、修理、技术改造、改善和管理的专项事业费。

第三条　养路费征收工作实行统一领导，集中管理的原则。

各地养路费征收工作，由各省、自治区、直辖市公路主管部门统一领导，根据《公路管理条例》的规定，并按“收管用一体，统收统支，收支两条线，严格核查”的原则，组建养路费征收稽查机构具体负责实施。其他任何单位和个人都无权征收和决定减征或免征养路费。

第四条　凡有车单位和个人必须按照本规定缴纳养路费。任何部门、单位和个人不得阻挠养路费征收稽查工作，也不得拒绝接受检查。

第五条　各级公路主管部门必须加强对征费工作的领导，健全有关管理规定，完善各项工作制度，做到应征不漏。

第二章　养路费征收稽查机构

第六条　养路费征收稽查机构（以下简称征稽机构）及其人员的职责是：

（一）宣传和严格执行国家征费政策、法规、规章；

（二）按章收费，加强费源管理、车辆台账管理、停驶车牌照管理、票证管理、费款上解制度管理等；

（三）依法上路上户对行驶车辆和有车单位、个人征收养路费，并可对停车场、站、码头和公路上的车辆进行有关养路费缴纳情况的抽检；

（四）经省级人民政府批准，可在必要的公路路口、桥头、隧道口、渡口等地设立固定或临时的养路费征收稽查站；

（五）对违反本规定的有车单位和个人按章给予处罚；

（六）与各车辆管理部门加强联系，定期了解车辆新增及异动情况，通过车辆年审年检，核验其养路费票证及缴费情况；

（七）加强养路费征收管理理论研究和人才培训，提高征费人员的素质和管理水平；开发并应用征费微机管理系统，实现养路费征收管理工作的规范化和现代化。

第七条　征稽人员执行公务应统一着装，佩戴"中国公路征费"胸章，持《中华人民共和国公路征费检查证》。养路费征稽专用车辆，应装有白底蓝字的"中国公路征费"标牌、公路路徽标志、红色闪光警灯和警报器。

第三章　养路费的征收和减免征收范围

第八条　除本章另有规定外，下列车辆应缴纳养路费：

（一）凡领有牌证（包括临时牌证、试车牌证）的各种客货汽车、特种车、专用车、牵引车、简易汽车（含农用运输车）、挂车、拖带的平板车、轮式拖拉机、摩托车（包括二轮、侧三轮），以及领有

牌证,从事公路运输的畜力车;

(二)军队、公安、武警系统参加地方营业运输承包民用工程及包租给地方单位和个人的车辆;

(三)军队、公安、武警系统内企业的车辆;

(四)外资企业、中外合资企业、中外合作企业的车辆;

(五)驻华国际组织和外国办事机构的车辆;

(六)外国个人在华使用的车辆;

(七)临时入境的各种外籍机动车辆。

第九条 对下列车辆暂定免征养路费:

(一)按国家正式定编标准配备的县级以上(含县级)党政机关、人民团体和学校使用,并由国家预算内经费直接开支的五人座(含五人座)以下的小客车;

(二)外国使(领)馆自用的车辆;

(三)只在由城建部门修建和养护管理的市区道路固定线路上行驶的公共汽车、电车(不包括任何出租车);

(四)经省级公路主管部门核定设有固定装置的城市环卫部门的清洁车、洒水车,医疗卫生部门专用救护车、防疫车、采血车,环保部门的环境监测车,公安、司法部门的警车、囚车(设有囚箱)、消防车,防汛部门的防汛指挥车,铁路、交通、邮电部门的战备专用微波通信车;

(五)由国家预算内国防费开支的军事装备性车辆;

(六)公路和城市道路养护管理部门的养路专用车辆;

(七)经县级公路主管部门核定完全从事田间作业的拖拉机和畜力车;

(八)矿山、油田、林场内完全不行驶公路的采矿自卸车,油田设有固定装置的专用生产车,林场的积材车。

本条第(一)款所列车辆如改变使用性质、超出使用范围、变更使用单位、参加营业运输均应缴纳全额养路费。

第十条 对下列车辆暂定减征养路费,但在改变减征条件、超出减征范围时,应缴纳全额养路费。

（一）第九条第（一）款第一项核定单位的货车和五座以上（不含五人座）的客车减半征收；

（二）由专用单位自建、自养的专用公路（不包括生产作业道路），其单线里程在20千米以上的农场、林场、油田等单位，可根据其车辆跨行公路情况，适当减征20%～60%；

（三）第九条第（一）款第三项规定的公共电、汽车跨行公路在十公里以内的按费额的1/3计征，跨行公路10千米以上，20千米以下按1/2计征，跨行公路20千米以上的按全额计征。

第四章　养路费征收办法

第十一条　养路费按费率和费额两种方式征收

（一）费率：对具有健全运输计划、行车记录、统计资料，能准确反映营运收入总额，并实行独立经济核算的专业公路运输企业，按营运收入总额和规定的费率标准计征。

（二）费额：除核定按费率计征的车辆以外，其余车辆均按核定载重吨位（畜力车按套，摩托车按二轮、三轮）和规定的费额标准计征。

对实行承包后难以掌握营业收入的，以及专业运输企业内非营运车辆则按费额计征。

客车比照同类型货车底盘标记的载重吨位计征，无载重吨位的，按最高载客人数每十人座折合一吨位计征；客货两用汽车按载货吨位与载客座位折合吨位合并计征（双排座汽车属货车，应按标明的载重吨位计征）。

汽车拖带的挂车按其吨位七折计征。

拖拉机有标准吨位的按标准吨位计征；无标准吨位的按发动机每20匹马力折合1吨位计征（10马力以上不足20马力的按20马力计，不足10马力按10马力计）。

对大型平板车，核定载重吨位20吨以下的征全费，20吨和20吨以上的部分折半计征。

不能载客、载货的特种车辆按其自重（包括固定装置重）吨位折半计征。

各种按吨位(包括折合吨位)计征的车辆,不足半吨的,按半吨计征;超过半吨不足1吨的按1吨计征。

第十二条 各地养路费征收费率定为营运收入总额的12% ~15%,具体标准由省级交通部门根据本地公路技术发展状况,以及应征车辆数量等提出意见,经同级物价部门审核后报省级人民政府批准执行并报国家物价局、交通部、财政部、国家计委备案。

从事营业运输的社会车辆,其费额标准按规定的费率以专业运输企业平均营运收入总额折算;非营运社会车辆的征收费额各地要从低掌握,应低于从事营业运输的社会车辆的征收费额。

第十三条 对外国籍和台、港、澳地区的车辆按省级以上人民政府认定的双边协议征收;没有协议的,按在我驻地或最先入境地的费额标准的二倍征收;

第十四条 结算方法:在同一城市范围内收取养路费,通过银行实行"托收无承付"或"委托收款"(以下简称"委收")办法结算;没有条件的单位和个人,应按月到当地征稽机构缴费。

对外国籍和来自台、港、澳地区的车辆的养路费,经省级人民政府批准可以收取可汇兑的外币或外汇兑换券。

第十五条 各级征稽机构应将所征养路费全部计息存入在银行开立的公路养路费收入上解专户,及时足额上解省级公路主管部门养路费专户。养路费利息,收入上解专户,及时足额上解省级公路主管部门养路费专户。养路费利息,养路费利息收入并入养路费一并核算。

第十六条 全国统一养路费票证,实行"一处交费,通行全国"的制度。

养路费票证样式由交通部负责制定,并统一定点印制核发。

养路费票证是有车单位和个人的缴费行车凭证,遗失不补。

第十七条 征稽机构于每月月末之前征收次月养路费。

新增车辆领取牌照后5日内到当地征稽机构办理养路费缴纳手续。

第十八条　车辆停驶、转籍、过户、跨行、调驻、改装、报废和改变用途等,应按以下规定缴纳养路费:

(一)车辆因故停驶,应到当地征稽机构交存行驶执照和牌照,并办理停驶手续,从次月起停缴养路费。

车辆年累计报停时间,一般不得超过半年。车辆重新起用月份不足一个月的按旬计征。

征稽机构可根据车辆保有量、完好状况、历年缴费总额等情况与有车单位和个人签订包干缴费协议,确定每年包交月数、车数和交费总额,不再办理报停手续。协议内的车辆不得调换、顶替。包缴后新增车辆另行缴费。

(二)在省、自治区、直辖市内过户的车辆需持双方证明信(个人持户口簿或居民身份证)及过户证件,到原征稽机构办理过户手续。转入地区征稽机构凭转出的征稽机构办理的手续登记征费。对未办理过户手续的车辆按逃费车处理,并责令限期补办。

(三)省际间转籍车辆由转出地区征稽机构凭转籍证件办理本地缴费截止日期的证明函件。对无证明函件的,由转入地区的征稽机构按逃费车处理,并责令补办证明函件。

(四)跨省、自治区、直辖市行驶的车辆由车籍所在地征稽机构征收养路费,外地不得重征。票证有效期超过“征收时间”3 日的,视为无养路费票证跨行。

(五)调驻他省三个自然月以上的车辆,从第 3 个自然月起,由驻地征稽机构查验原调驻地养路费票证后,按当地标准征收养路费;不足 3 个自然月的按正常跨行车辆处理。

(六)改装车或报废车,应于当月内持有关证件到当地征稽机构办理变更或注销手续,从次月起改征或停征养路费。对未办理变更或注销手续的按漏缴或逃缴养路费处理。

(七)因故被其他行政管理机关及司法机关扣押封存的车辆,凭有关部门的证明或经当地征稽机构查验后,办理停驶手续;被有关部门收用的车辆按过户车处理。

第十九条　对凡超过免征、减征、停征养路费规定期限而未续办有关手续的,均按应征车辆处理。

第五章　处　罚

第二十条　对无养路费票证而跨省行驶的,按跨行受检地所在省的费额标准处以相当于该车1个月应缴费额的滞纳金。在当月内一地缴纳滞纳金后,其他地区不得再处以滞纳金,但应责令该车及时到车籍所在地(或驻地)办理手续。

第二十一条　对拖、欠、漏、逃养路费的,除责令补缴规定费额外,每逾1日,处以应缴费额的1%的滞纳金;连续拖、欠、漏、逃养路费3个月以上的,并处应缴养路费额度30%～50%罚款;连续拖、欠、漏、逃养路费6个月以上的,并处以应缴养路费额度50%～100%的罚款。

第二十二条　对无牌照行驶和报停后偷驶的车辆,一律追缴全额养路费和每逾1日收取应缴费额1%的滞纳金,并处以不超过应缴费额2倍的罚款。

第二十三条　对倒换牌照或涂改、顶替、伪造养路费票证和罚款单据的,除责令补缴规定全费额和每逾一日收取应缴费额1%的滞纳金外,并处以不超过应缴费额3倍的罚款。伪造票证所造成的经济损失,全部由责任人赔偿。

第二十四条　公路养护管理部门之外其他部门、单位和个人擅自征收养路费的,属乱收费行为,由物价检查机构根据有关规定予以查处。

第二十五条　对阻碍征稽人员执行公务或围攻、谩骂、殴打征稽人员的,交由公安机关依法处理。

第二十六条　当事者对处罚不服的,可在接到处罚通知7日内向上一级征稽机构申请复议;对复议决定不服的,可在接到《复议处理决定书》15日内向人民法院起诉;期满不起诉,又不履行处理决定的,公路养护与管理部门或征稽机构可申请人民法院强制执行。

第二十七条　征稽机构及其人员违反规定,滥用职权、滥施处罚、越权行政或营私舞弊的，由各级公路主管部门给予行政处分或经济处罚。

第二十八条 所有收取的滞纳金均作为养路费收入；罚款按规定全额上缴财政部门。

第六章 附 则

第二十九条 各省、自治区、直辖市可根据本规定制定养路费征收规定实施细则，经省级人民政府批准后施行，并报交通部、财政部、国家物价局备案。

第三十条 本规定自 1992 年 1 月 1 日起施行。1979 年 9 月 24 日由国家计委、交通部、财政部、中国人民银行联合发布的《公路养路费征收和使用规定》即行废止。

公路养路费审计工作规范

（交通部　交审计发[1995]975号　1995.10.18）

第一章　总　　则

第一条　根据《审计署关于内部审计工作的规定》和公路养路费有关规定的精神，为加强对公路养路费征收、使用及管理的审计监督，提高审计质量，制定本规范。

第二条　公路养路费（包括其他养路资金，下同）审计，是对其征收、使用及管理的合法性、合规性、真实性和效益性的审计。

第三条　公路养路费审计以国家法律、法规和行政规章制度为依据，遵循客观公正、实事求是的原则，按审计程序进行。

第二章　审 计 程 序

第四条　审计工作计划。各级交通部门应根据审计机关和上级主管单位的审计工作计划，结合实际，编制本单位审计工作计划，经领导批准后实施。

第五条　审计组。各级交通审计部门应根据本单位的审计工作计划确定的审计项目，组成审计组，审计组成员应适应审计任务的需要，并在组长领导下分工负责。

第六条　审计实施方案。审计部门或审计组应根据审计项目制定审计实施方案。审计实施方案的内容包括：审计的依据、方式、内容及重点，审计的步骤、方法、进度安排和人员分工等。

第七条　审计通知书。实施审计前，应向被审计单位发送审计通知书。审计通知书的内容包括：审计的依据、内容、时间、范围和方式,要求被审计单位提供的资料和工作条件,审计组长及审计组成员名单等。需要被审计单位自查的,还应明确自查的内容、时间及其他要求。

第八条 实施审计。

(一)向被审计单位阐明审计的目的和要求、听取汇报。了解和掌握被审计单位的有关情况。

(二)搜集被审计单位的有关管理制度和计划、财会等文件资料。

(三)查阅有关制度、文件和资料,并按照分工对会计凭证、会计账簿、会计报表及有关业务报表进行审查、核对,对财产物资和货币资金进行清查、盘点。对审计事项,认真做好审计工作记录,对查出的问题应调查取证,审计工作记录和取证材料应由被审计单位或有关责任人签字确认。

(四)对审计工作记录和取证材料进行分类整理,编制审计工作底稿,根据有关规定,对审计事项进行初步评价,对查出的问题提出定性及处理的意见,为撰写审计报告提供依据和参考。

第九条 审计报告。审计终结,审计组应提出审计报告。审计报告的内容主要有:

(一)审计的依据、内容、范围和时间;

(二)被审计单位的基本情况;

(三)审计事项的有关事实;

(四)处理意见及其法律、法规和行政规章制度的依据;

(五)评价和建议等。

审计组应将审计报告送被审计单位征求意见,并要求被审计单位在限期内提书面意见;被审计单位的书面意见连同审计报告一并报送派出审计组的单位领导审批。

第十条 审计意见书和审计决定。派出审计组的单位对审计报告进行研究,审定审计报告,并对审计事项作出评价,出具审计意见书,送达被审计单位和有关单位。审计意见书主要包括下列内容:

1. 审计的内容、范围和时间;

2. 审计认定的事实;

3. 对审计事项的评价及依据;

4. 改进建议。

对被审单位违反财经法规和公路养路费政策规定,需要依法给予处理、处罚的,在规定的职权范围内,还应作出审计决定,送达被审计单位和有关单位。审计决定主要包括下列内容:

1. 依据审计意见书所列被审单位违反国家规定的养路费征收、使用管理行为的事实;

2. 作出的审计决定及所依据的法律、法规及规章制度;

3. 审计决定执行的期限。

被审计单位必须执行审计决定。

第十一条 审计工作报告。派出审计组的单位,应根据行业管理的需要,综合审计情况,写出审计工作报告,报送上级主管部门。

第十二条 对审计事项进行后续审计,检查被审计单位采纳审计意见和执行审计决定的情况。

第十三条 被审计单位对审计意见书和审计决定如有异议,可以向出具审计意见书和作出审计决定的单位负责人提出,该负责人应当及时处理。

第十四条 审计档案管理。每项审计事项终结后,应按审计档案管理制度要求,对审计资料进行档案管理。

第三章 养路费征收审计

第十五条 费源管理审计,主要内容有:

(一)征费单位的车辆台账是否建立、健全,登记是否及时、完整、准确。

(二)征费台账登记的车辆吨位或运输收入、计征标准是否真实、合规,有无错征、漏征情况。

（三）减免征车辆的审批手续是否健全、完备。

（四）异动车辆登记是否及时，管理是否健全，有无有户无车或有车无户的情况。

（五）车辆台账登记的车辆吨位、征收金额与业务报表、会计报表反映的数额是否一致，台账、报表资料是否真实、准确。

第十六条 征收计划审计，主要内容有：

（一）征费单位是否按规定程序编制征收计划，征收计划的批准是否符合规定。

（二）征收计划的完成情况，分析、查明超收、欠收的原因。

第十七条 征收政策、规定执行情况审计，主要内容有：

（一）有无越权减、免征养路费的情况；

（二）有无乱收费、乱罚款现象；

（三）征费单位与纳费单位（或个人）签定的包缴合同（协议）是否合法、合规，履约情况如何。

第十八条 征收票证审计，主要内容有：

（一）征收票证是否按规定统一印制，有无擅自印制的情况。

（二）征收票证是否由专人保管，管理票证、使用票证与收款是否实行职位分离，保管、领发制度是否健全，手续是否完备。

（三）征收票证是否按顺序连号使用，有无跳号使用现象，填写内容是否准确、完整。

（四）征收票证核销是否及时，是否符合规定手续，核销票据的征收金额与账面征收金额、养路费收入月报表征收额三者是否相符，是否建立健全了稽核制度。

（五）征收票证是否按时盘点，票证账实、账卡、账表是否相符。

（六）征收养路费有无使用假票、伪票、废票、其他票据等不合规票据的现象。

第十九条 收入结算审计，主要内容有：

（一）征收收入是否专户存储。

（二）征收收入是否及时、足额上缴，有无少报、瞒报现象。

（三）有无挪用、截留、坐支、转移养路费收入。

（四）纳费单位（或个人）是否拖欠养路费收入，催收措施及回收情况如何。

第二十条 征收账表、凭证审计，主要内容有：

（一）征费单位是否建立会计核算制度，会计凭证填写是否真实、完整、准确。

（二）会计科目使用是否恰当，记账、结账是否合规，账、表、证是否相符。

（三）总账与明细账是否平行登记，并按月核对相符；养路费收入专户存款日记账与银行对账单是否核对相符；未达账款是否编制“银行存款余额调节表”，未达原因是否查明。

（四）征收业务统计报表与会计报表的相关数据是否一致。

第四章 养路费使用审计

第二十一条 支出计划审计，主要内容有：

（一）支出计划编制内容是否完整，所列支出项目是否符合养路费支出范围规定。

（二）支出计划的结构比例是否符合政策规定，支出计划是否按规定审批。

第二十二条 养护工程支出审计，主要内容有：

（一）养护工程支出项目是否列入支出计划，有无超计划或计划外支出项目。

（二）成本项目是否符合规定的成本开支范围，有无虚列、挤占成本现象。

（三）公路小修保养、大中修、抢修、改建等各项工程的成本核算方法是否正确，核算对象是否准确，人工费、材料费、机械使用费、其他直接费和施工管理费等是否真实、合规。

（四）新建公路补助、道班房建设、县乡公路补贴、渡口支出、绿化支出等是否专款专用，核算内容是否真实、合规。

（五）机械设备购置计划是否按规定程序报批，所购机械设备是否及时登记入账，是否纳入财产管理。

第二十三条 养护事业费审计，主要内容有：

（一）厂场建设费、职工宿舍建设费、生产房屋建设费、教育培训费、行政管理费等各项载支是否真实、合规，按计划使用，有无挤占养护工程支出现象。

（二）房屋及建筑物等工程竣工后，是否及时移交生产或行政部门纳入资产管理，核算是否正确。

第二十四条 养路其他费审计，主要内容有：

（一）养路其他费的各项支出是否真实、合规，有无挤占养护工程支出现象。

（二）劳动保险费的开支范围和开支标准是否符合规定。

（三）附属生产单位的盈亏是否真实，核算方法是否正确，是否如数调整当年养路支出。

（四）其他净损失的核算是否正确。公路养护单位及其所属施工单位所发生的承包工程盈亏、销售盈亏、路产路赔收入、租金收入、银行利息收入等是否如实入账，有无瞒报、截留、转移等现象。

（五）支付给非固定职工的福利、奖励、医药、抚恤等费用是否真实，有无虚报冒领现象。

第二十五条 养护会计决算审计，主要内容有：

（一）报表的种类和核算是否完整，数据是否真实，计算是否正确，勾稽关系是否准确，报送是否及时，批复手续是否完备。

（二）养路结余资金的来源是否合规、真实，使用是否正确，有无挪用、占用、外借现象。

（三）各项专用基金的来源是否下当，使用是否合规。

（四）债权债务是否真实、正当，是否及时清理，有无不符合养路费使用范围的债务，有无呆、死账。

（五）未完工程是否真实、准确。

（六）其他养路资金的来源、使用是否合规、真实。

（七）固定资产和材料是否完整、核算是否准确、管理制度和管理措施是否完备。

第五章　附　　则

第二十六条　本规范由驻交通部审计局负责解释。

第二十七条　本规范适用于对公路养路费征收、使用和管理单位的审计。

第二十八条　本规范自 1996 年 1 月 1 日起试行。

汽车客运站收费规则

（交通部、国家计委、财政部　交公路发[1996]263号　1996.03.18）

第一章　总　　则

第一条　为规范汽车客运站的收费行为，保护承运人、旅客和汽车客运站的合法权益，根据国家有关道路运输管理和价格管理的法律、法规，制定本规则。

第二条　凡在中华人民共和国境内经县级以上各级人民政府交通主管部门核准经营的汽车客运站（以下简称客运站），适用本规则。

第三条　客运站在向承运人和旅客提供有偿服务时，必须按照本规则规定的收费项目和收费标准，使用交通主管部门按有关规定统一印制、发放的票据，向承运人和旅客计收费用，接受价格主管部门和交通主管部门的监督检查。

第二章　车辆站务收费

第四条　客运站向承运人提供客运代理、客车发班、行包运输代理、车辆清洗清洁、车辆保温、车辆停放、车辆安全等服务项目时，可收取相应费用。

第五条　客运站为承运人代办客源组织、售票、检票、发车、运费结算等客运业务，按客运运费的一定比例，向承运人计收客运代理费。客运代理费费率按不同站场设施、服务内容和吸引旅客能力等具体条件确定，最高不超过以下标准：一级站10%，二级站8%，三级站和三级以下站6%。站级标准执行交通部统一规定。

客运代理费也可以按上述费率标准采取定额收费办法计收。

第六条 只为承运人提供统一安排班次、发车车位和候车室，但不代办售票、检票等服务，客运站可收取最高不超过客运运费6%的客车发班费，不再收取客运代理费。

第七条 客运站代承运人受理行包托运业务，按行包运输收入的一定比例计收行包运输代理费。

第八条 客运站根据承运人要求，提供车辆外部清洗服务和车厢内清洁服务，可按每辆次向承运人计收车辆清洗、清洁费。

第九条 客运站根据承运人要求提供车辆保温服务，可按每辆次向承运人收取车辆保温费。

第十条 承运人需在客运站内停放车辆(应班车除外)，委托客运站负责看管，客运站可根据不同车型按辆次、时间向承运人计收车辆停放费。

第十一条 客运站根据承运人要求，为进站车辆提供安全检查和紧固机件等服务，可按每辆次向承运人计收车辆安全服务费。

车辆如需修理，客运站按实际发生费用计收车辆修理费。

第十二条 对承运人未按约定时间提供车辆，延误班车发车或脱班的，客运站可向承运人收取班车延误脱班费；因客运站责任造成延误发车或脱班，客运站应向承运人支付班车延误脱班费。

第三章 旅客站务收费

第十三条 客运站向旅客提供补票、退票、送票、行包变更、行包装卸、行包保管、小件物品寄存、站务等服务项目时，可收取相应费用。

第十四条 对无票乘车但在出站时主动补票的旅客，客运站除补收自班车始发站至旅客到达站的票价外，应另加收补票手续费。对出站时经检查发现无票或持无效客票乘车的旅客，除需办理上述补票手续外，还应按票面金额的50%～100%罚款。补票手续费、罚款收入归客运站。

第十五条 客运站办理退票向旅客收取退票费。由于客运站或承运人的责任造成延误发车或脱班,应允许旅客退票,并免收退票费;开车后不办理退票。

退票费按下列标准收取:

(一)当次客运班车开车时间2小时前办理退票,按票面金额10%计收,不足0.5元按0.5元计算;

(二)当次客运班车开车前2小时以内办理退票,按票面金额的20%计收退票费,不足1元按1元计算;

(三)旅游客车开车24小时前办理退票,按票面金额10%计收,不足1元按1元计算;

(四)旅游客车开车前24小时以内办理退票,按票面金额50%计收退票费,不足2元按2元计算。

第十六条 客运站按照旅客要求提供送票服务的,可按每票向旅客计收送票费。

第十七条 旅客在行包起运前,要求取消或变更托运地点,客运站可按票次核收行包变更手续费。

旅客要求中途停运时,不收行包变更手续费,不退行包运费。

第十八条 客运站为旅客装卸行包,可按每件每装或卸一次计收行包装卸费。单件行包重量超过30千克或行包体积超过0.12立方米的,行包装、卸费各加成50%计收。

第十九条 行包到达站从行包提取通知发出或公告发布当日起计算,对超过3天提取行包的旅客可按件按时间核收行包保管费。

行包保管费按件按每10千克每天为单位计收,不足10千克的按10千克计算。

第二十条 客运站对旅客寄存小件物品,可按件按时间计收小件物品寄存费。

第二十一条 客运站具备站级标准规定的设施、设备,为旅客提供候车、休息、治安保卫、安全检查、信息等基本客运服务,可按每人次在客票内向旅客计收旅客站务费。站务费作为构成票价的一项成本因素，不得在客票外向旅客另行收取。

附　　则

第二十二条　客运站在售票总额中按国家有关规定和站运双方协定提取有关费用后，余额部分应如期解交承运人。延误解交应按国家有关规定或双方签订的协议向承运人支付滞纳金。

第二十三条　本规则发布前有关汽车客运站收费的规定，与本规则相抵触的，以本规则为准。

第二十四条　本规则由国务院交通主管部门和价格主管部门负责解释。

第二十五条　按照汽车运价管理权限，各省、自治区、直辖市价格主管部门和交通主管部门应根据本规则结合本地区实际情况制定实施细则和费率标准，并报国务院价格主管部门和交通主管部门备案。

第二十六条　本规则自 1996 年 5 月 1 日起实施。

汽车运价规则

（交通部、国家发展计划委员　会交公路发
[1998]502号　1998.08.17）

第一章　总　　则

第一条　为统一全国汽车运价计算办法，正确执行《价格法》和国家物价政策，促进汽车运输事业发展，制定本规则。

第二条　本规则是计算汽车运费的依据。凡参与营业性汽车运输活动的经营者、旅客、托运人，均应遵守本规则。

第三条　本规则规定的汽车运价包括：汽车货物运价、汽车旅客运价。

第四条　各级主管部门在制定和调整汽车运价时，应遵循价值规律，反映运输经营成本和市场供求关系，根据不同运输条件实行差别运价，合理确定汽车运输内部的比价关系，并考虑与其他运输方式的比价关系。

出入境汽车客货运价的制定和调整还应遵循平等互利的原则。

第二章　货 物 运 价

第一节　计 价 标 准

第五条　计费重量

一、计量单位

（一）整批货物运输以吨为单位。

（二）零担货物运输以千克为单位。

（三）集装箱运输以箱为单位。

二、重量确定

（一）一般货物：无论整批、零担货物，计费重量均按毛重计算。

整批货物吨以下计至 100 千克，尾数不足 100 千克的，四舍五入。

零担货物起码计费重量为 1 千克。重量在 1 千克以上，尾数不足 1 千克的，四舍五入。

（二）轻泡货物：指每立方米重量不足 333 千克的货物。

装运整批轻泡货物的高度、长度、宽度，以不超过有关道路交通安全规定为限度，按车辆标记吨位计算重量。

零担运输轻泡货物以货物包装最长、最宽、最高部位尺寸计算体积，按每立方米折合 333 千克计算重量。

（三）包车运输按车辆的标记吨位计算。

（四）货物重量一般以起运地过磅为准。起运地不能或不便过磅的货物，由承托运双方协商确定计费重量。

（五）散装货物，如砖、瓦、砂、石、土、矿石、木材等，按体积由各省、自治区、直辖市统一规定重量换算标准计算重量。

第六条　计费里程

一、里程单位

货物运输计费里程以千米为单位，尾数不足 1 千米的，进整为 1 千米。

二、里程确定

（一）货物运输的营运里程，按交通部和各省、自治区、直辖市交通行政主管部门核定、颁发的《营运里程图》执行。《营运里程图》未核定的里程由承、托双方共同测定或经协商按车辆实际运行里程计算。

（二）出入境汽车货物运输的境内计费里程以交通主管部门核定的里程为准；境外里程按毗邻国（地区）交通主管部门或有权

认定部门核定的里程为准。未核定里程的,由承、托双方协商或按车辆实际运行里程计算。

(三)货物运输的计费里程:按装货地点至卸货地点的实际载货的营运里程计算。

(四)因自然灾害造成道路中断,车辆需绕道行驶的,按实际行驶里程计算。

(五)城市市区里程按当地交通主管部门确定的市区平均营运里程计算;当地交通主管部门未确定的,由承托双方协商确定。

第七条 计时包车货运计费时间

计时包车货运计费时间以小时为单位。起码计费时间为4小时,使用时间超过4小时,按实际包用时间计算。整日包车,每日按8小时计算;使用时间超过8小时,按实际使用时间计算。时间尾数不足半小时舍去,达到半小时进整为1小时。

第八条 运价单位

一、整批运输:元/吨千米。

二、零担运输:元/千克千米。

三、集装箱运输:元/箱千米。

四、包车运输:元/吨位小时。

五、出入境运输,涉及其他货币时,在无法按统一汇率折算的情况下,可使用其他自由货币为运价单位。

第二节 计价类别

第九条 车辆类别

载货汽车按其用途不同,划分为普通货车、特种货车两种。特种货车包括罐车、冷藏车及其他具有特殊构造和专门用途的专用车。

第十条 货物类别

货物按其性质分为普通货物和特种货物两种。普通货物分为三等(详见附表一);特种货物分为长大笨重货物、大型物件、危险货物、贵重货物、鲜活货物五类(详见附表二)。

第十一条　集装箱类别

集装箱按箱型分为国内标准集装箱、国际标准集装箱和非标准集装箱三类，其中国内标准集装箱又分为1吨箱、6吨箱、10吨箱三种，国际标准集装箱分为20英尺箱、40英尺箱两种。

集装箱按货物种类分普通货物集装箱和特种货物集装箱。

第十二条　公路类别

公路按公路等级分等级公路和非等级公路。

第十三条　区域类别

汽车运输区域分为国内和出入境两种。

第十四条　营运类别

根据道路货物运输的营运形式分为道路货物整批运输、零担运输和集装箱运输。

第三节　货物运价价目

第十五条　基本运价

一、整批货物基本运价：指一等整批普通货物在等级公路上运输的每吨千米运价。

二、零担货物基本运价：指零担普通货物在等级公路上运输的每千克千米运价。

三、集装箱基本运价：指各类标准集装箱重箱在等级公路上运输的每箱千米运价。

第十六条　吨(箱)次费

一、吨次费

对整批货物运输在计算运费的同时，按货物重量加收吨次费。

二、箱次费

对汽车集装箱运输在计算运费的同时，加收箱次费。箱次费按不同箱型分别确定。

第十七条　普通货物运价

普通货物实行分等计价，以一等货物为基础，二等货物加成15%，三等货物加成30%。

第十八条　特种货物运价

一、长大笨重货物运价

（一）一级长大笨重货物在整批货物基本运价的基础上加成40%～60%。

（二）二级长大笨重货物在整批货物基本运价的基础上加成60%～80%。

二、危险货物运价

（一）一级危险货物在整批（零担）货物基本运价的基础上加成60%～80%。

（二）二级危险货物在整批（零担）货物基本运价的基础上加成40%～60%。

三、贵重、鲜活货物运价

贵重、鲜活货物在整批（零担）货物基本运价的基础上加成40%～60%。

第十九条　特种车辆运价

按车辆的不同用途，在基本运价的基础上加成计算。

特种车辆运价和特种货物运价两个价目不准同时加成使用。

第二十条　非等级公路货运运价

非等级公路货物运价在整批（零担）货物基本运价的基础上加成10%～20%。

第二十一条　快速货运运价

快速货物运价按计价类别在相应运价的基础上加成计算。

第二十二条　集装箱运价

一、标准集装箱运价

标准集装箱重箱运价按照不同规格的箱型的基本运价执行，标准集装箱空箱运价在标准集装箱重箱运价的基础上减成计算。

二、非标准箱运价

非标准箱重箱运价按照不同规格的箱型，在标准集装箱基本运价的基础上加成计算，非标准集装箱空箱运价在非标准集装箱重箱运价的基础上减成计算。

三、特种箱运价

特种箱运价在箱型基本运价的基础上按装载不同特种货物的加成幅度加成计算。

第二十三条 出入境汽车货物运价

出入境汽车货物运价，按双边或多边出入境汽车运输协定，由两国或多国政府主管机关协商确定。

第四节 货物运输其他收费

第二十四条 调车费

一、应托运人要求，车辆调往外省、自治区、直辖市或调离驻地临时外出驻点参加营运，调车往返空驶者，可按全程往返空驶里程、车辆标记吨位和调出省基本运价的50%计收调车费。在调车过程中，由托运人组织货物的运输收入，应在调车费内扣除。

二、经承托双方共同协商，可以核减或核免调车费。

三、经铁路、水路调车，按汽车在装卸船、装卸火车前后行驶里程计收调车费；在火车、在船期间包括车辆装卸及待装待卸时，每天按8小时、车辆标记吨位和调出省计时包车运价的40%计收调车延滞费。

第二十五条 延滞费

一、发生下列情况，应按计时运价的40%核收延滞费。

（一）因托运人或收货人责任引起的超过装卸时间定额、装卸落空等装待卸、途中停滞、等待检疫的时间；

（二）应托运人要求运输特种或专项货物需要对车辆设备改装、拆卸和清理延误的时间；因托运人或收货人造成不能及时装箱、卸箱、掏箱、拆箱、冷藏箱预冷等业务，使车辆在现场或途中停滞的时间。

延误时间从等待或停滞时间开始计算，不足1小时者，免收延滞费；超过1小时及以上，以半小时为单位递进计收，不足半小时进整为半小时。车辆改装、拆卸和清理延误的时间，从车辆进厂（场）起计算，以半小时为单位递进计算，不足半小时进整为半小时。

二、由托运人或收、发货人责任造成的车辆在国外停留延滞时间（夜间住宿时间除外），计收延滞费。延滞时间以小时为单位，不足1小时进整为1小时。延滞费按计时包车运价的60%～80%核收。

三、执行合同运输时，因承运人责任引起货物运输期限延误，应根据合同规定，按延滞费标准，由承运人向托运人支付违约金。

第二十六条 装货（箱）落空损失费

应托运人要求，车辆开至约定地点装货（箱）落空造成的往返空驶里程，按其运价的50%计收装货（箱）落空损失费。

第二十七条 道路阻塞停运费

汽车货物运输过程中，如发生自然灾害等不可抗力造成的道路阻滞，无法完成全程运输，需要就近卸存、接运时，卸存、接运费用由托运人负担。已完运程收取运费；未完运程不收运费；托运人要求回运，回程运费减半；应托运人要求绕道行驶或改变到达地点时，运费按实际行驶里程核收。

第二十八条 车辆处置费

应托运人要求，运输特种货物、非标准箱等需要对车辆改装、拆卸和清理所发生的工料费用，均由托运人负担。

第二十九条 车辆通行费

车辆通过收费公路、渡口、桥梁、隧道等发生的收费，均由托运人负担。其费用由承运人按当地有关部门规定的标准代收代付。

第三十条 运输变更手续费

托运人要求取消或变更货物托运手续，应核收变更手续费。因变更运输，承运人已发生的有关费用，应由托运人负担。

第五节　货物运费计算

第三十一条　整批货物运费计算

一、整批货物运价按货物运价价目计算。

二、整批货物运费计算公式：

整批货物运费=吨次费×计费重量+整批货物运价×计费重量×计费里程+货物运输其他费用

第三十二条　零担货物运费计算

一、零担货物运价按货物运价价目计算。

二、零担货物运费计算公式：

零担货物运费=计费重量×计费里程×零担货物运价+货物运输其他费用

第三十三条　集装箱运费计算

一、集装箱运价按计价类别和货物运价费目计算。

二、集装箱运费计算公式：

重(空)集装箱运费=重(空)箱运价×计费箱数×计费里程+箱次费×计费箱数+货物运输其他费用

第三十四条　计时包车运费计算

一、包车运价按照包用车辆的不同类别分别制定。

二、包车运费的计算公式：

包车运费=包车运价×包用车辆吨位×计费时间+货物运输其他费用

第三十五条　运费单位

运费以元为单位。运费尾数不足1元时，四舍五入。

第三章　旅客运价

第一节　计价标准

第三十六条　计费里程

一、里程单位

旅客运输计费里程以千米为单位，尾数不足1千米，进为1千米。

二、里程确定

(一)营运线路里程按交通部核定颁发的《营运里程图》确定;省内营运线路里程也可按省级交通主管部门核定颁发的《营运里程图》确定。

(二)出入境汽车旅客运输属于境内的计费里程以交通主管部门核定的里程为准;境外的里程按毗邻国(地区)交通主管部门或有权认定部门核定的里程确定。

三、里程计算

(一)班车客运的计费里程按旅客乘车站至到达站的区间里程计算。在两站之间下车的旅客,到达站按前方站(点)计算。在两站之间上车的旅客,乘车站按后方站(点)计算。

(二)计程包车客运的计费里程,包括运输里程和调车里程。运输里程按客车驶抵载客地点起至下客地点止的实际载客里程计算;调车里程按客车由站(库)至载客点加下客点返回至站(库)的空驶里程的50%计算。

第三十七条 计时包车客运计费时间

计时包车客运计费时间按第二章第一节第八条执行。

第三十八条 行包计费重量

行包计费重量以千克为单位。起码计费重量10千克;计费重量超过10千克,尾数不足1千克进整为1千克。轻泡行包按3立方分米折合1千克计重;计件行包按件折算计重(按附表三)。

第三十九条 运价单位

一、计程运价:元/人千米。

二、计时运价:元/座位小时。

三、行包运价:元/千克千米。

四、出入境运输,涉及其他货币时,在无法按统一汇率折算的情况下,可使用其他自由兑换货币为运价单位。

第二节 计价类别

第四十条 车辆类别

一、客车按乘坐方式分为座席客车和卧铺客车。

二、客车按车身长度分为大型、中型、小型三种。

三、客车按等级划分：

(一)大型客车分为：高三级、高二级、高一级、中级和普通级5个等级。

(二)中型客车分为：高二级、高一级、中级和普通级4个等级。

(三)小型客车分为：高二级、高一级、中级和普通级4个等级。

第四十一条　公路类别

公路按公路等级分为等级公路和非等级公路。

第四十二条　营运类别

客运车辆按营运形式分为班车客运、包车客运和旅游车客运。

第四十三条　全票和半票

成人及身高超过1.40米的儿童乘车购买全票。身高1.10~1.40米的儿童乘车购买儿童票。革命伤残军人乘车凭"革命残废军人抚恤证"购买优待票。儿童票和优待票按运价的50%计算。

第三节　旅客运价价目

第四十四条　基本运价

一、座席基本运价：指大型座席普通级客车在等级公路上运送旅客的每人千米运价。

二、卧铺基本运价：指大型卧铺普通级客车在等级公路上运送旅客的每人千米运价。

第四十五条　大型座席客车运价

一、大型座席高三级客车运价在基本运价的基础上加成250%~350%；大型座席高二级客车运价在座席基本运价的基础上加成200%~250%；大型座席高一级客车运价在座席基本运价的基础上加成100%~200%。

二、大型座席中级客车运价在座席基本运价的基础上加成

50% ~100%。

三、大型座席普通级客车运价,按座席基本运价执行。

第四十六条　中型座席客车运价

一、中型座席高二级客车运价按在座席基本运价的基础上加成200% ~250%;中型座席高一级客车运价在座席基本运价的基础上加成100% ~200%。

二、中型座席中级客车运价在座席基本运价的基础上加成70% ~120%。

三、中型座席普通级客车运价在座席基本运价的基础上加成20% ~50%。

第四十七条　小型座席客车运价

一、小型座席高二级客车运价在座席基本运价的基础上加成200% ~250%;小型座席高一级客车运价在座席基本运价的基础上加成150% ~200%。

二、小型座席中级客车运价在座席基本运价的基础上加成100% ~150%。

三、小型座席普通级客车运价在座席基本运价的基础上加成50% ~100%。

第四十八条　卧铺高级客车运价

卧铺高级客车运价,按高三级、高二级、高一级分别在卧铺基本运价的基础上加成计算。

第四十九条　卧铺中级客车运价

卧铺中级客车运价在卧铺基本运价的基础上加成30% ~50%。

第五十条　卧铺普通级客车运价

卧铺普通级客车运价按卧铺基本运价执行。

第五十一条　非等级公路旅客运价

非等级公路旅客运价在基本运价的基础上加成10% ~20%。

第五十二条　旅游车旅客运价

旅游车旅客运价在同类客车运价的基础上加成10% ~20%。

第五十三条 夜班车旅客运价

夜班车旅客运价在同类客车运价的基础上加成10%～20%。

第五十四条 春节旅客运价

春运期间旅客运价可加成计算。

第五十五条 出入境汽车旅客运价

出入境汽车旅客运价，按双边或多边出入境汽车运输协定，由两国或多国政府主管机关协商确定。

第四节 旅客运输其他收费

第五十六条 包车取消和包车空驶损失费

一、包车取消损失费

包用单位取消包车，在用车前一天取消包车，承运人按一天包车运费的5%向用户核收包车取消损失费；当天取消包车按10%核收包车取消损失费。

承运人未征得用户同意，单方取消包车，用车前一天通知用户的，由承运人按一天包车运费的5%向用户支付包车取消损失费；用车当天取消包车按10%支付包车取消损失费。

二、包车空驶损失费

因用户原因，包车造成空驶，按往返实际行驶里程、客车核定座位和包用车型运价的50%计收包车空驶损失费。

第五十七条 包车停歇延滞费和供车延误费

一、计程包车因用户责任造成车辆停歇延滞，承运人可向用户核收车辆停歇延滞费。计程包车日计费里程在180千米以上时，每日累计停歇时间不足2小时者，免收车辆停歇延滞费；日计费里程在180千米及以下时，每日累计停歇时间不足1小时者，免收车辆停歇费。超出免费停歇时间部分，以半小时为单位递进计算，不足半小时进整为半小时。

二、承运人未如期供车，应付给用户供车延误费。延误时间以半小时为单位递进计费。

三、包车停歇延滞费和供车延误费均按计时包车运价的50%

计收。

第五十八条 车辆通行费

客车通过收费公路、渡口、桥梁、隧道所发生的收费,均由旅客负担。其收费由承运人按当地有关部门规定的标准代收代付。

第五节 旅客运费计算

第五十九条 计程旅客运费

一、计程旅客运价按旅客运价价目计算。

二、计程旅客运费计算公式:

计程旅客运费=计程旅客运价(含基本运价2%的旅客身体伤害赔偿责任保障金)×旅客乘车里程+其他收费

第六十条 旅客包车运费

一、旅客包车运价分计程旅客包车运价和计时旅客包车运价,按车辆类别分别确定。

二、旅客包车运费计算公式:

旅客包车运费=旅客包车运价×包车计费里程(包车计费时间)+其他收费

第六十一条 运费单位

一、旅客票价单位:

每张客票起码票价1元。尾数不足0.5元进整为0.5元,尾数超过0.5元进整为1元。票价超过10元,尾数不足1元四舍五入。

二、行包运费单位:

以元为单位,每张运单费用合计尾数不足1元时,四舍五入。

第六节 行包运价

第六十二条 行包运价

计费行包每100千克千米运价按座席基本运价的2倍计算。

第六十三条 行包占座费

旅客自行携带的行包,超过规定免费重量的,按行包计费。占用座位时,按实际占用座位数购票。

第四章　附　　则

第六十四条　各省、自治区、直辖市交通主管部门和价格主管部门,根据本规则制定实施细则,本规则的价目已确定幅度的,必须在幅度内确定价格水平,未确定幅度的由各省、自治区、直辖市价格主管部门和交通主管部门自行确定。

对于政府列入市场调节价的客货运价价目,不受本规则有关基本运价加成幅度的限制。

第六十五条　大型物件的运价另行规定。

第六十六条　本规则解释权属中华人民共和国交通部和国家发展计划委员会。

第六十七条　本规则自 1998 年 10 月 1 日起施行,1991 年交通部颁布的《汽车运价规则》同时废止。

人事财务审计

交通行业高级技师评聘试点办法

（交通部、劳动部　交人劳发［1994］88号　1994.01.21）

为进一步完善技师聘任制工作，选拔和培养具有高技能的人才，发挥他们在生产实践中的骨干作用，根据劳动部《关于高级技师评聘的实施意见》（劳培字〔1990］14号）和《关于高级技师评聘工作继续试点的意见》（劳培字〔1990］15号），结合交通行业的实际情况，制定本办法。

一、实行范围和职务名称

高级技师是在高级技术工人中设置的高级技术职务，评聘高级技师是技师聘任制的一个重要组成部分。交通行业高级技师应在技术密集、工艺复杂、操作难度大、技能要求高的专业（工种）设置，并按专业或工种确定高级技师的职务名称。〔交通行业高级技师评聘试点专业（工种）范围及职务名称见附件］。

二、任职条件

（一）具有本专业（工种）较高的理论知识和高超、精湛的技艺及操作技能，并了解和掌握相关专业（工种）的有关知识和操作技能。

（二）在技术改造、工艺革新、技术攻关，在大型和高精尖设备的安装、调试、操作、维修、保修，在学习、推广、应用、改进国内外先进技术，在防止和排除重大事故隐患等方面，成绩显著、贡献突出。

（三）有3年以上的技师资格，在本企业、本专业（工种）中具有一定的影响和知名度。

（四）热心传授技艺、绝招，具有培训高级技术工人和技师的能力。

三、考核内容与重点

评审高级技师应按高级技师任职和考核条件进行全面考核，其重点应考核：

（一）被聘为技师后的工作业绩。

（二）在生产实际工作中解决关键项目和处理疑难技术问题的能力。

（三）本专业（工种）以外的相关工种的知识和技能。

四、组织领导和评审程序

（一）交通行业高级技师评聘试点工作，由交通部负责提出交通行业高级技师试点单位、实行范围、职务名称、考核标准及要求，制定实施办法，总结交流经验。

各省、自治区、直辖市交通部门应会同当地劳动部门按照国家有关规定，结合当地实际情况，对本行业高级技师评聘工作制定实施细则、评审规则、办法等。

（二）交通部成立高级技师考核委员会，负责直属单位和双重领导港口高级技师的考核工作。

实行高级技师评聘的部属单位要成立考核组织，负责本单位高级技师的具体考核工作。各专业考核组织成员中的高级专业技术人员不少于2/3。

（三）部属单位、双重领导港口考评高级技师，应先由本人提出申请，经本单位高级技师考评组织考核后，填报《交通行业高级技师资格评审表》（部统一印制）及有关材料，报部高级技师考核委员会考评。考评合格后，由交通部核准颁发《高级技师合格证书》。

（四）按照劳动部颁发的《职业技能鉴定规定》的要求，已建立高级技师资格鉴定站（所）的地区，高级技师资格的鉴定，由各地区高级技师资格鉴定站（所）负责；未成立职业技能鉴定站（所）的地区，可由当地工人考核委员负责组织考评。考评合格者由当地劳动厅（局）核准颁发《高级技师合格证书》。

五、使用管理

（一）各单位可根据生产经营等实际情况，在取得《高级技师合格证书》的人员中聘任高级技师。其聘任数额、聘期、职责、津贴标准和有关待遇由各单位自主确定。

（二）各单位对高级技师要进行定期考核，并建立考核档案，不称职者应予解聘。

（三）高级技师脱离生产岗位，应予解聘。

六、评聘高级技师的其他问题，按技师聘任制有关规定执行。

七、各试点单位根据本办法，结合本单位实际制定实施细则。

八、本办法由交通部人事劳动司负责解释。

附件

交通行业高级技师评聘试点专业(工种)范围及职务名称

一、汽车维修专业 汽车维修高级技师

1. 汽车维修工

2. 汽车维修电工

3. 汽车维修钣金工

4. 汽车喷油泵调试工

5. 汽车检测工

二、高速公路养护专业 高速公路养护高级技师

6. 公路养护工

三、装卸机械修理专业 装卸机械修理高级技师

7. 电动装卸机械修理工

8. 内燃装卸机械修理工

9. 装卸机械电器修理工

四、公路工程机械专业 公路工程机械高级技师

10. 平地机操作工

11. 沥青混凝土摊铺机操作工

12. 筑路机械修理工

五、水上工程专业 水上工程高级技师

13. 水上起重工

14. 水上打桩工

15. 水工工程潜水工

六、航道工程专业 航道工程高级技师

16. 航道钻探工

17. 航道爆破工

18. 测深仪修理工

七、航道测量专业 航道测量高级技师

19. 航道测量工

20. 疏浚测量仪器修理工

21. 无线电定位仪修理工

八、救捞潜水专业 救捞潜水高级技师

22. 海上救捞潜水员

九、交通工程勘测专业 交通工程勘测高级技师

23. 工程地质、工程施工钻探工

24. 工程测量工

25. 建筑材料、土工试验工

交通运输企业成本费用管理核算办法

（交通部　交财发[1995]445号　1995.05.17）

第一章　总　　则

第一条　为了加强交通运输企业（以下简称“企业”）成本、费用的管理，促进成本、费用降低，提高经济效益，根据《运输企业财务制度》、《运输（交通）企业会计制度》，结合交通运输企业具体情况，制订《交通运输企业成本费用管理核算办法》（以下简称“本办法”）。

第二条　本办法适用于从事水上及公路运输、装卸、堆存、港务管理业务的企业。

第三条　企业成本、费用管理的基本任务是：

（一）进行长期的和短期的、定期的和不定期的、综合的和专项的成本、费用预测，研究成本、费用变化规律，预测成本、费用发展趋势，确定成本、费用目标。

（二）编制切实可行的成本、费用计划，提出和制定降低成本、费用的任务和措施。

（三）控制和监督营运生产过程中的各项支出，确保成本、费用计划的完成。

（四）正确及时地计算各项业务的实际成本，反映企业经营成果，为企业经营管理决策提供成本资料。

（五）分析、考核成本、费用计划的完成情况，研究成本、费用升降的原因，为进一步挖掘成本、费用潜力提供措施。

第四条　企业成本、费用核算的要求：

（一）全面反映企业营运生产过程中的各项支出，以便企业领导和各职能部门了解企业的经济效益,发现存在问题,作出有关决策。

(二)控制成本、费用开支范围,监督各项燃料、材料、低值易耗品消耗定额,劳动定额和各项费用定额的执行,促使企业在营运生产过程的各个环节厉行节约,降低成本、费用。

(三)归集各项营运支出,正确计算各项营运业务的总成本,单位成本和期间费用,反映企业的成本、费用水平,为编制成本、费用计划等提供资料。

(四)通过成本、费用计算,为成本、费用分析提供资料,以便找出差距,采取措施,改善经营管理。

第五条 企业必须切实做好下列成本、费用管理核算基础工作:

(一)健全原始记录。企业的营运生产活动,都要有正确可靠的原始记录。企业应根据生产管理和成本、费用管理的需要,规定各项原始记录的格式、内容、填制规则、签署和传递程序、审查复核和汇集方法以及其管理和保管制度。企业还应建立登记各项原始记录的台账。

(二)加强定额管理。企业应建立和健全各项技术经济定额,并应结合技术改进、工艺变动及时修订。

不能制订定额的各项支出,要定期编制预算,纳入成本、费用计划,实行预算管理。

(三)严格计量、验收制度。企业要配备符合国家标准,适合本企业需要的各种计量工具、仪器、仪表,并经常检验校正,保证其正确无误。物资进库要核实数量、检验质量,交接、出库、消耗都要计量,收发、领退都要具备规定手续,经过有关人员审核、签证,并建立定期和不定期的盘点制度,保证账物完全相符。旧料要按质估价,物资报废要经过鉴定,变质、短缺、毁损要查明原因,责任性事故要追究责任。

(四)健全内部价格管理制度。计入营运支出项目的价格必须为实际价格,采用计划价格核算时,应在期末调整为实际价格。

(五)不断完善成本、费用信息系统。企业各部门应广泛收集、积累企业营运生产活动中各项与成本、费用有关的统计资料，收集、积累国内外有关的成本、费用资料，并及时记录、整理，建立成为完整的成本、费用信息系统。企业内部各部门、各单位应加强联系，及时相互提供成本、费用信息以充分发挥成本、费用信息在经营决策中的作用。

第六条 企业要根据全员管理的原则，将成本、费用计划及各支出项目指标要归口、分级落实到有关部门。要建立和健全成本管理责任制，使各职能部门、各单位之间，在成本、费用管理中，做到分工明确、职责清楚、赏罚分明。

第七条 企业各级领导和各部门工作人员在成本、费用管理核算中，都必须贯彻执行国家有关方针、政策、法令、法规，严格遵守财经纪律、制度，严格执行规定的成本、费用开支范围。

第二章 成本费用管理责任制

第八条 企业应当根据《运输企业财务制度》、《运输(交通)企业会计制度》的规定，实行各部门、各单位负责人分工负责的成本、费用管理责任制。

企业必须在财会部门设置专门机构或专人负责成本、费用管理核算工作。

第九条 企业经理(局长)对成本、费用管理应负的职责是:

(一)贯彻执行国家方针、法令、法规，遵守财经纪律制度。

(二)组织各职能部门和基层单位建立成本、费用管理责任制，按部门、单位分解落实成本、费用指标，实行归口、分级管理。

(三)组织各部门、各单位努力增产节约，提高质量，降低成本、费用，完成各自负责的成本、费用计划。

第十条 总会计师对成本、费用管理的职责是:

(一)宣传国家有关成本、费用管理的方针、法令、法规，严格执行财经制度。

（二）协助经理（局长）组织领导本企业的成本、费用管理工作，组织执行成本、费用计划，正确核算成本、费用，并对企业核算成果的真实性负责。

（三）组织审查成本、费用计划和重要的财务开支，定期检查各部门、各单位完成成本、费用计划情况，及时组织有关部门研究解决有关问题。

（四）协调各部门、各单位与财务会计部门在成本、费用管理方面的关系，督促本单位有关部门降低消耗，节约费用，提高经济效益。

（五）参与企业重大经济活动的研究调查，有效地控制成本、费用。

第十一条 企业各职能部门的成本、费用管理职责是：

（一）财务会计部门。负责制定本企业的成本、费用管理制度；配合其他职能部门制定各项消耗定额、储备定额和计划价格；分解下达有关成本、费用指标；进行综合平衡，编制成本、费用计划；指导和组织成本、费用核算，分析、预测、控制等综合工作；提出降低成本、费用的措施。

（二）劳动工资部门。负责制定、控制、考核工时消耗定额和人员定额；编制工资和劳动生产率计划；加强工资的日常管理，做好工时记录，正确计算各种工资和奖金，改善劳动组织，平衡、调剂劳动力，严格劳动纪律；严格执行劳保用品的发放标准和范围；按期提供工资费用核算及分析资料。

（三）计划统计部门。负责对基本建设，固定资产的更新改造项目进行可行性研究，保证投资后收到显著的效益；加强统计工作，广泛搜集统计资料，按时、准确、完整地编制各种统计报表，为进行成本、费用预测、编制成本、费用计划，采取降低成本、费用措施提供各种资料。

（四）调度部门。负责编制下达营运设备作业计划，并组织实施；合理安排使用营运设备、劳力，提高营运设备利用率，降低成本、费用；减少货损货差损失，及时提供有关核算、分析资料。

（五）商务和货运部门。负责组织货源，控制业务活动费和揽货所需的其他费用。控制保险费用，调查处理重大客货运输质量事故，处理货损货差事故、海损事故的赔偿、理算业务，提供保险合同、保险费率以及事故统计分析资料。

（六）通信导航部门。负责编制通信导航设备更新计划和维修计划，制订有关定额，控制通信导航器材和费用支出并进行考核，提供有关统计分析资料。

（七）物资管理部门。制定主要物资消耗定额，控制物资供应数量，供应价格，供应费用并进行考核，推动旧废材料的清退和利用，提供物资供应计划和物资管理的统计分析资料。

（八）行政管理部门。编制行政管理费用预算，降低费用支出，加强对管理用固定资产和低值易耗品的实物管理；及时提供有关核算、分析资料。

（九）审计部门。负责审计、监督计划、定额的制定和执行情况。

（十）机电部门、工艺部门、修建部门、安全部门。分别负责制定、修改、控制、考核各自职责范围内的各项消耗定额，费用定额，储备定额、编制用款计划，努力提高设备完好率，利用率，推广使用新工艺、新工具、新技术，加强对工属具的实物管理，积极采用新工艺，及时提供有关的统计、核算、分析资料。

第十二条　企业可根据本单位机构设置的实际情况，对上述各职能部门成本、费用管理职责进行调整和补充。

第三章　成本费用预测

第十三条　成本、费用预测是确定经济目标的必要环节。企业应根据经营范围，组织长期（三五年以至更长时间）的，年度的，短期（若干月）的，以至专项的成本、费用预测，为确定目标成本、费用，编制成本、费用计划，控制成本、费用，制定经营方针提供信息和资料。

（一）选择历史资料要结合近期实际，经过比较分析，对有关数据进行整理剔除不可比因素。

（二）从实际出发，充分调查内部潜力所在，研究降低成本、费用的可能性和将采取措施的可行性，客观地提出预测资料。

（三）系统地分析、研究与成本、费用有关的各项信息资料，客观地估计生产发展和技术进步情况并进行科学的判断，据以修正数据。

（四）成本、费用预测应从宏观经济范围对影响成本、费用诸因素进行考察、分析、研究，从事远洋运输的企业，还必须调查研究经营区域内有关国家的政治经济形势，推测发展趋势，进一步完善成本、费用预测。

（五）各企业可根据自身的特点，采用适当的方法进行成本、费用预测，如：平均法（含算术平均法和加权平均法）、高低点测算法、回归分析法、因数变动预测法等。

第十四条 成本、费用预测主要包括以下内容：

（一）长期预测。企业根据国民经济发展的需求，调查研究影响成本、费用变化的各个因素，如旅客、货物的流量流向，燃料和各种物料价格，各项设备的增减变化情况，预测成本、费用变动的长期发展趋势，以便经营决策，确定企业长期规模和发展目标，以求取得最大经济效益。

（二）年度预测。企业应根据自行确立的年度生产任务，实现利税指标和成本、费用降低指标，运用年度内客货运量，客货物吞吐量，货物种类，营运线路分布，配置的船舶，车辆类型，吨位和装卸机械情况，以及历年的成本、费用等资料，确定在正常营运生产条件下当年所应达到的目标成本、费用，作为编制成本、费用计划的基础，并作为与企业其他计划进行综合平衡的主要基础。

（三）期中预测。在生产预测的基础上，分析前一阶段成本、费用计划执行情况，预测年度成本、费用计划能否完成，对存在的关键问题，及时采取措施。

（四）专项预测。海河运输企业在重大经营决策确定之前，为开辟新航线选择新船型，改变船型结构，调整运营组织；海河港口企业对装卸工艺,机械设备大修理;汽车运输企业对车型的选择,客货车结构的改变,车辆的大修,以及各行业技术措施方案和更新改造投资方案都应进行经济论证和成本、费用预测,进行正确评价,为领导决策提供依据。

第四章　成本费用计划

第十五条　企业应按年编制成本、费用计划,内容包括:

1. 运输成本计划;
2. 装卸成本计划;
3. 堆存成本计划;
4. 港务管理成本计划;
5. 船舶固定费用计划;
6. 船舶共同费用计划;
7. 集装箱固定费用计划;
8. 其他业务成本计划;
9. 管理费用计划;
10. 财务费用计划;
11. 其他。

企业也可以根据需要自行编制季度、月度成本、费用计划。

第十六条　成本、费用计划的编制原则和程序。

(一)成本、费用计划的编制原则是:

1. 编制成本、费用计划要以合理的定额为基础,并与企业其他计划有关指标相衔接,保证成本、费用计划的可行性。

2. 编制成本、费用计划要严格遵守国家规定的成本、费用开支范围,并做到成本、费用计划和实际成本、费用计算所采用的方法相一致,以保证正确分析和考核成本、费用计划完成情况。

3. 编制成本、费用计划要有利于成本管理责任制的运行,促进企业双增双节工作的开展,能够达到并完成成本、费用的计划目标。

(二)成本、费用计划的编制程序是:

1. 搜集整理下列资料：

(1)企业确立的成本、费用指标。

(2)固定资产折旧率，各项价格标准和费率标准，内部计划价格目录。

(3)企业营运生产和其他业务生产计划，固定资产增减计划，物资供应计划，营运设备修理计划，劳动工资计划，技术组织措施计划，以及各项消耗定额、工时定额。

(4)各成本、费用管理部门和所属单位历年营运支出资料，计划期有关定额、支出预计增减幅度。

2. 进行试算平衡。在编制成本、费用计划前，企业财务会计部门应根据计划年度影响成本、费用的各项主要因素，通过计算，进行试算平衡。

3. 下达成本、费用控制指标。企业的财务会计部门应根据试算平衡得到的营运支出变动幅度及各成本、费用管理部门和所属单位的历年成本、费用资料，拟定各成本、费用管理部门和所属单位成本、费用控制指标，经批准后下达。

4. 编制营运支出预算。各成本、费用责任部门根据下达的营运支出控制指标、产量指标，结合本部门有关资料，计算计划年度内由本部门归口管理的营运支出，编制营运支出预算，并汇编所属单位的增产节约措施项目计划，一并送交财务会计部门。

5. 编制成本、费用计划。财务会计部门应根据各成本、费用责任部门报送的营运支出预算和增产节约措施项目计划，严格审查，分析研究，并按照业务性质，营运支出，进行综合平衡，分别编制年度、季度各项成本、费用计划。

第十七条 成本、费用计划的编制方法

(一)直接计算法。当企业各项成本、费用资料齐全，消耗定额完备时，可按企业的成本、费用计算方法直接编制成本、费用计划。采用这种方法编制成本、费用计划时，通常根据企业计划期的营运业务目标和营运支出项目的消耗定额，费用预算及有关资料，应用成本、费用计算的方法，逐项计算计划期内各项目的计划成

本、费用，然后汇总编制全部成本、费用。

（二）因素测算法。当企业各项成本、费用资料不齐全，消耗定额不甚完备时，可按成本、费用因素测算方法编制成本、费用计划。采用这种方法编制成本、费用计划时，主要是以增产节约计划作为调整成本、费用计划的依据，逐项分别对耗用定额、单价及业务量等因素进行调整，以此计算出计划期的成本、费用计划。

第十八条 企业为实现成本、费用计划，要制定降低成本、费用的具体措施。努力降低成本、费用。

第五章 成本费用控制

第十九条 成本、费用控制的原则

企业成本、费用指标的日常管理应坚持统一领导和分级、归口管理相结合的原则，即以企业本部为主导，使企业与基层单位成本、费用指标的日常管理相结合；以财务会计部门为枢纽，使财务会计部门与生产调度、劳动工资、工艺、机电、物资等部门的成本指标日常管理相结合。

第二十条 成本、费用控制的依据

分解下达的成本、费用指标是控制成本、费用的依据，企业的各成本、费用责任部门应将归口管理的指标按所属单位提出分项指标（包括技术经济指标和费用指标，如燃料消耗、物料消耗、修理费用、管理费用等），经财务会计部门综合平衡后统一下达。

第二十一条 燃料、润料、材料、低值易耗品、备品配件、通讯导航器材等物资的控制

（一）企业的燃料、润料、物料、淡水消耗定额，修理费用定额等是控制物资消耗的主要依据。企业应制定合理的消耗定额，并对定额执行情况经常分析。同时根据执行情况及成本计划的要求，制订降低燃料、润料等物资消耗的措施。

（二）企业应根据消耗定额严格控制燃料、物料的消耗，对耗用量大，领料次数频繁并有消耗定额的燃料、材料、低值易耗品应

实行限额发料制度，对各种零星机物料，应按材料费用定额控制。

（三）企业应编制物资采购、储存、供应等费用预算，作为控制有关支出的依据。物资管理部门应规划经济采购点和采购路线，合理组织装卸、提运，并控制各项材料物资的采购质量，合理控制储备量，把好各项材料物资验收入库关，努力降低物资采购、储存、供应费用。

第二十二条 工资的控制

企业应制定合理的劳动定额和编制定员，严格控制职工人数的增加，努力提高工时利用率，合理调配劳动力，提高劳动生产率，并按照规定的工资标准和上级下达的劳动工资总额指标、核定的人员编制，控制工资总额。

第二十三条 折旧及修理费用的控制

（一）企业应提高船舶、装卸机械、车辆等各项固定资产的利用率，控制折旧及修理费用，相对降低成本、费用。要充分挖掘现有固定资产的潜力，提高其利用率。新增运输船舶、车辆、装卸机械、机械设备以及对各项固定资产进行技术改造时，应事先组织有关部门进行技术经济论证和可行性研究，在确有经济效益的前提下，才予增添和改造，以控制折旧费用的增加。

（二）企业在进行运输船舶、装卸机械、车辆、机械设备等固定资产修理时，如属日常维护修理，应严格按维护修理定额控制修理费用，如属大修理，应组织有关部门，提出大修方案，以降低大修理费用。

（三）企业的财务会计部门应同固定资产管理部门建立健全本企业的固定资产管理办法，对各类固定资产的增减变动，内部转移，维护修理，报废清理等规定统一而严密的管理制度。监督有关单位认真执行，要经常对固定资产利用效率进行分析，制定提高固定资产利用效率的措施。

第二十四条 管理费用、营运间接费用和其他费用的控制

（一）企业对管理费用、营运间接费用和其他费用实行指标分级、归口管理，明确管理责任部门。各责任部门负责制定本部门分

管的费用定额，编制费用预算，分解下达费用指标，审批费用开支，实行限额控制，加强管理。

（二）各分级、归口管理部门应对费用支出单位建立《费用限额手册》，填明费用支出控制指标，经财务会计部门审核后，实行限额控制。对发生的支出，应根据有关单据登记入册，并结算开支后的指标结存额，以便及时掌握开支情况，采取措施，节约开支。各归口管理部门则应建立信息反馈系统，及时汇集预算执行情况，改进工作。

（三）归口管理部门和财务会计部门对各单位费用支出情况应根据支出标准和控制指标进行监督与检查，开支单位需要增加开支项目或开支金额时，需报经归口管理部门和财务会计部门审批，企业要严格控制非生产性支出。

第六章　成本费用分析

第二十五条　企业要按照成本、费用归口、分级管理的原则进行成本、费用分析，要通过分析，及时掌握成本、费用升降的原因，指出降低成本、费用的途径，改进成本、费用管理工作。

成本、费用分析的方法要根据成本、费用分析对象、目的、要求以及掌握的资料来决定，一般采用指标对比法和因素分析法。指标对比法是通过成本、费用指标在不同时期（或不同情况）的数据进行对比，确定差异；因素分析法是确定引起某个经济指标变动的各个因素影响程度的一种计算方法。

第二十六条　企业对各项成本、费用及其升降情况的分析应包括以下内容：

（一）成本、费用计划完成情况的分析；

（二）成本、费用降低任务完成情况的分析；

（三）单位成本的分析；

（四）营运支出项目的分析。

第二十七条　成本、费用计划完成情况和成本降低任务完成情况应着重分析以下几点：

(一)实际成本、费用与计划成本、费用、上期成本、费用的差异及原因；

(二)实际降低额、实际降低率与计划降低额、计划降低率的差异及原因；

(三)价格、费率、税率、汇率、利率变化对成本、费用的影响；

(四)消耗定额或费用水平变化对成本、费用的影响；

(五)产量和各项技术经济指标变化对成本、费用的影响；

(六)货种构成变化对成本、费用的影响。

第二十八条 单位成本应着重分析以下几点：

(一)单位成本构成变化以及实际单位成本与计划单位成本、上期单位成本比较的差异；

(二)成本各项目增减变动对单位成本的影响；

(三)各项技术经济指标变动对单位成本的影响。

第二十九条 营运支出由归口管理成本、费用的责任部门进行分析，具体要求如下：

(一)工资，着重分析职工人数、平均工资、劳动生产率变动对工资总额及营运支出升降的影响。

(二)燃料、润料、材料、低值易耗品、备品配件、轮胎、通讯导航器材等物资及动力费用，着重分析消耗数量变动，价格变动对营运支出的影响。

消耗数量变动分析，应结合运输技术和运输组织，生产技术和生产组织情况，从产量计划的完成和定额执行情况两方面进行分析，找出各种主要材料实际消耗脱离定额的原因；价格变动应从外部因素，内部因素两方面分析，着重分析内部因素。

(三)折旧费和修理费，着重分析增减变动原因和各项固定资产利用率对营运支出项目的影响。

(四)其他费用，重点分析事故损失、劳动保护费增减变动情况及其原因。

企业还应分析财务费用的增减变化及其原因。

第七章 成本费用的考核与监督

第三十条 成本、费用指标是考核企业经营效果的重要技术经济指标。企业各项业务按下列规定考核:

(一)运输、装卸、堆存、港务管理业务考核成本降低率。

(二)其他业务一般考核收入成本率指标,计算单位成本的其他业务也可考核成本降低率指标。

企业必须把成本、费用考核作为经济责任制的一项重要内容,按年、季、月分口和逐级考核成本、费用计划执行的结果,采取一定的奖惩措施。

第三十一条 企业经理(局长)、总会计师应按照本办法的规定,对本企业成本、费用计划的执行和各项营运支出的开支进行经常性监督检查。

第三十二条 企业的内部审计机构,应根据内部审计的职权范围对企业的成本、费用管理进行检查和监督。

第三十三条 对于擅自提高开支标准,扩大开支范围;随意摊提成本、费用,挤占国家收入;弄虚作假,成本、费用严重不实,以及损公肥私,挥霍国家资财,增加成本、费用开支的企业,情节较轻的,责令限期改正;情节严重的,处以相当于侵占国家收入一定金额的罚款。

构成犯罪的,由司法机关依法追究直接责任人的刑事责任。

第三十四条 对于维护国家政策,揭发和检举违反成本、费用管理规定的人员,应给予表扬和奖励。

第八章 成本费用开支范围

第一节 成本费用开支的原则和界限

第三十五条 企业应根据《企业财务通则》、《企业会计准则》

和《运输企业财务制度》、《运输(交通)企业会计制度》的规定,将一切与营运生产活动直接有关的支出,计入企业的营运成本,将发生的管理费用和财务费用,作为期间费用,计入当期损益。

第三十六条 企业应严格执行国家统一规定的各项成本、费用提取率和各项成本、费用开支标准。属于地区性统一的开支标准,按所在地区财政部门的规定执行。

第三十七条 企业在确定成本、费用开支时,必须划清以下几个界限:

(一)划清资本性支出和收益性支出的界限。凡属购置固定资产、无形资产和其他资产的支出属资本性支出,这部分支出不能计入成本、费用;凡支出的效益仅与本年度相关的,属收益性支出,应计入成本、费用。

(二)划清本期成本、费用与下期成本、费用的界限。企业应按照"权责发生制"的原则,根据其受益期间来确定各期的成本、费用,凡属本期成本、费用负担的支出,不论款项是否支付,均应计入本期成本、费用;凡不属于本期成本、费用负担的支出,即使款项已经支付,也不应计入本期成本、费用。

(三)划清各项业务成本之间的界限。企业经营多种业务时,必须分别各项营运业务计算成本,凡能分清应由某项营运业务负担的支出,则直接计入该种业务成本。凡不能分清的支出,则应采用适当的分配方法,分配计入各项营运业务成本。在划清各项营运业务成本的界限时,不得将应列入某项业务的支出列入另一业务的成本。不得在营运业务之间任意调节成本。

(四)划清营运成本与期间费用的界限。企业不得将应计入营运成本的支出列入期间费用,也不得将应计入期间费用的支出列入营运成本。

(五)划清实际成本与计划成本、估计成本、定额成本的界限。企业不得以计划成本、估计成本、定额成本代替实际成本。采用计划成本或者定额成本核算的,按照规定的成本计算期,及时调整为实际成本。

（六）划清营运成本与营业外支出的界限。营运成本是与企业营运生产活动有关而发生的支出；营业外支出是与企业生产经营活动无直接关系的支出，不属企业的营运耗费，不能列入营运成本。

第二节　成本费用的开支范围

第三十八条　企业在营运生产过程中实际发生的与运输、装卸、堆存、港务管理和其他业务等营运生产直接有关的各项开支，按下列规定，分别计入营运业务成本：

（一）企业直接从事营运生产活动人员的工资、奖金、津贴和补贴以及按工资总额一定比例提取的职工福利费。

（二）企业在营运生产过程中实际耗用的燃料、材料、润料、动力及照明、备品配件、轮胎、各种物料和低值易耗品等支出。

船舶修理用材料、备品配件等，也应计入有关业务成本。

（三）企业在营运生产过程中使用的各种固定资产，按规定提取的折旧费。

（四）企业在营运生产过程中发生的固定资产修理支出。

（五）企业以经营租赁方式租入参加营运的固定资产，按期支付的租赁费。

以经营租赁方式租入的固定资产改良支出，应在租赁有效期限内分期摊销，计入成本。

（六）企业在营运生产过程中发生的港口费（包括引水、港务、拖轮、停泊等费用，代理、理货、开关舱、扫舱、烘舱、翻舱等费用），集装箱费用（包括空箱保管费、清洁费、熏箱费等），转口费，倒载费，破冰费，旅客服务费，业务费，航道养护费，水路运输管理费，船舶检验费，运输船舶所发生的吨税、过境税，运河费、灯塔费、系解缆费、货物装卸费、速遣费，船舶护航武器弹药费，行车杂费，车辆牌照检验费，车辆清洗费，车辆冬季预热费，养路费，公路运输管理费，过路费，过桥费，过隧道费，过渡费，司机途中宿费，取暖费，水电费，办公费，差旅费，设计制图费，试验检验费，劳动保护费，房产税,车船使用税,土地使用税,印花税,季节性、修理期间的停工损失,事故净损失等支出。

(七)参加保险的企业,实际交纳的营运财产保险费用和人身保险费用。

保险公司给予企业的无赔偿优待,应冲减成本。

第三十九条 管理费用是指企业行政管理部门为管理和组织营运生产活动的各项费用,包括公司经费,工会经费,职工教育经费,劳动保险费,待业保险费,董事会费,咨询费,审计费,诉讼费,排污费,绿化费,税金,土地使用费(海域使用费),土地损失补偿费,技术转让费,技术开发费,无形资产摊销费,开办费摊销,业务招待费,广告费,展览费,坏账损失,存货盘亏(减盘盈)、毁损和报废以及其他管理费用。

公司经费包括企业总部管理人员工资,职工福利费,差旅费,办公费,折旧费,修理费,物料消耗,低值易耗品摊销以及其他公司经费。

工会经费是指按职工工资总额2%计提拨交给工会的经费。

职工教育经费是指企业为职工学习先进技术和提高文化水平而支付的费用,按照职工工资总额的1.5%计提。

劳动保险费是指企业支付离退休职工的退休金(包括按照规定交纳的离退休统筹金)、价格补贴、医药费(包括企业支付离退休人员参加医疗保险的费用),易地安家补助费,职工退职金,6个月以上病假人员工资,职工死亡丧葬费,抚恤费,按规定支付给离退休职工的各项经费。

待业保险费是指企业按照国家规定交纳的待业保险基金。

董事会费是指企业最高权力机构(如董事会)及其成员为执行职能而发生的各项费用,包括差旅费、会议费等。

咨询费是指企业向有关咨询机构进行科学技术经营管理咨询时支付的费用,包括聘请经济技术顾问、法律顾问等支付的费用。

审计费是指企业聘请中国注册会计师进行查账验资以及进行资产评估等发生的各项费用。

诉讼费是指企业因起诉或者应诉而发生的各项费用。

排污费是指企业按规定交纳的排污费用。

绿化费是指企业对场区、港区进行绿化而发生的零星绿化费用。

土地使用费(海域使用费)是指企业使用土地(海域)而支付的费用。

土地损失补偿费是指企业在生产经营过程中破坏的国家不征用的土地所支付的土地损失补偿费。

技术转让费是指企业使用非专利技术而支付的费用。

技术开发费是指企业研究开发新产品、新技术、新工艺所发生的新产品设计费,工艺规程制定费,设备调试费,原材料和半成品的试验费,技术图书资料费,未纳入国家计划的中间产品试验费,研究人员的工资,研究设备的折旧,与产品试制、技术研究有关的其他经费,委托其他单位进行的科研试制的费用以及试制失败损失。

无形资产摊销是指专利权、商标权、著作权、土地使用权、非专利技术等无形资产的摊销。

业务招待费是指企业为业务经营的合理需要而支付的费用,在下列限额内据实列入管理费用:全年营运收入在1500万元(不含1500万元)以下的,不超过年营运收入的5‰;超过1500万元(含1500万元)但不足5000万元的,不超过该部分的3‰;超过5000万元(含5000万元)但不足一亿元的,不超过该部分的2‰;超过一亿元(含一亿元)的,不超过该部分的1‰。

第四十条 财务费用是指企业为筹集资金而发生的各项费用,包括企业营运期间发生的利息支出(减利息收入),汇兑净损失,买卖外汇手续费,金融机构手续费以及筹资发生的其他财务费用等。

第四十一条 职工福利费按照企业职工工资总额的14%提取。

职工福利费主要用于职工的医药费(包括企业参加职工医疗

保险交纳的医疗保险费），医护人员的工资，医务经费，职工因公负伤赴外地就医路费，职工生活困难补助费，职工浴室，理发室，幼儿园、托儿所人员的工资以及按国家规定开支的其他职工福利支出。

第四十二条 企业一次支付，分期摊销的待摊费用，按照费用项目的受益期限确定分摊的数额，分摊期限一般不超过12个月。

在费用尚未发生以前，需要从成本中预提的费用项目和标准，由企业根据具体情况确定，预提数与实际发生数发生差异时，应及时调整提取标准。多提数一般应在年终冲减成本、费用，年终财务决算时不留余额，需要保留余额的，在年度财务报告中予以说明。

第四十三条 企业的下列支出，不得列入成本、费用。为购置和建造固定资产、无形资产和其他资产的支出；对外投资的支出；被没收的财物；支付的滞纳金、罚款、违约金、赔偿金，以及企业赞助、捐赠支出；国家法律、法规规定之外的各种付费；国家规定不得列入成本、费用的其他支出。

第九章 营运支出项目的核算

第四十四条 企业的营运支出包括企业在营运生产过程中所发生的一切直接支出，企业管理部门为管理和组织营运生产活动，以及辅助营运部门为企业的在建工程，职工福利部门等非营运部门提供产品、劳务所发生的支出。但不包括企业的在建工程、职工福利部门等非营运部门所发生的支出。营运支出按项目可分为：工资及职工福利费，燃料、材料和动力照明费用，轮胎，低值易耗品，折旧费，修理费，事故损失费，税金，租费，无形资产摊销，递延资产摊销，待摊预提费用和其他费用。

第一节 工资和职工福利费的核算

第四十五条 工资总额的组成

企业职工工资总额的组成和内容，应按国家有关规定执行。

计入营运支出项目的工资应包括企业从事营运生产活动人员的工资、奖金、副食品价格补贴、肉贴、粮价补贴、少数民族伙食补贴、保健津贴、节假日加班工资、船员伙食津贴、航行津贴、船岸差、油轮津贴、危险品津贴、司机行车津贴等各项工资性津贴和补贴。财会、劳资等部门有关工资总额的口径,应相互一致。不列入职工范围人员的劳动报酬和不应包括在工资总额范围内的工资,一律不得计入工资总额。

第四十六条 工资的计算依据

企业的各项工资,应当根据手续完备的原始凭证计算支付。有关职工考勤、劳动定员、工资基金计划,以及有关奖金、津贴、工时消耗等应由劳资等部门审查,并及时送交财会部门,作为监督、计算、支付职工工资的依据。企业的劳资和组织部门,对职工的录用、调动、离职、退休、离休、借用以及职务和工资等级变动等情况,应及时办理手续通知财会部门。

第四十七条 工资的计算和发放

企业应当根据手续完备的原始凭证,规定的工资标准和工资等级,以及考勤记录等资料,正确计算应付的职工工资、应扣的款项和实际发放的数,按部门、单位或船舶等编制"工资计算表",并按照规定的发放日期,及时发放工资。

营运生产人员的伙食津贴、航行津贴、油轮津贴等各项工资性质的津贴,非工作时间应付的各项工资,以及病、伤、产假工资等,应当根据考勤记录有关原始凭证,按规定标准计算支付。

第四十八条 工资的审核

企业必须严格执行规定的工资标准、核定的人员编制和工资基金计划,加强工资的审核工作,切实防止重发、漏发、多算、少算、虚报冒领和不按规定标准支付工资、奖金、各项津贴和补贴等事项。

第四十九条 工资总额的管理

实行工效挂钩的企业,应根据上级部门下达的工效挂钩办法实行工资总额的总量管理。所属的各企事业单位的工资基金额度由劳资部门核定，各单位根据劳资部门审核批准的《工资额度通知单》按月提取工资基金。

不实行工效挂钩办法的企业，按两个不超过原则进行工资总量管理。企业工资总额增长超过企业经济效益增长，企业人均工资增长超过劳动生产率增长，其超过计税工资部分，在计算企业应纳税所得额时予以调整。

第五十条 职工福利费的提取

企业的职工福利费，应按职工工资总额的14%提取。

第五十一条 工资及职工福利费的核算

企业支付的工资和提取的职工福利费应按用途和费用项目汇集分配。本月应付的全部职工工资，不论是否在当月支付，都应当在本月内通过"应付工资"科目归集，并按照不同的成本计算对象和成本责任部门，分配计入有关业务成本和费用。

（一）运输船舶的船员，营运车辆的司机工资和职工福利费，应由客、货运业务成本负担，计入"运输支出"中的"工资"和"职工福利费"项目。

1.海洋运输企业的替补公休船员、后备船员、培训船员的工资和职工福利费，应按实际发生数计入"运输支出——船舶共同费用"中的"工资"和"职工福利费"项目。

2.内河运输企业后备船员（包括待分配船员），在岸待命期间发生的工资和职工福利费，如能直接计入各船舶类型（或各船舶，下同）"运输支出"中的"工资"和"职工福利费"项目的，则直接计入；如不能直接计入的，则按各类船舶在船船员工资总额比例分配，计入各船舶类型运输成本的"工资"和"职工福利费"项目。计算公式如下：

$$工资分配率=\frac{应分配的在岸后备船员工资总额}{在船船员工资总额}$$

某船舶类型应分配后备船员工资=该船舶类型在船船员工资×工资分配率

3.客货轮船员中直接与客运有关的客运业务人员、客运服务员等人员的工资和职工福利费，以及直接与货运有关的货运业务员、理货员等人员的工资和职工福利费，应按实际发生数分别计入客货轮的客运和货运成本。

客货轮（或客轮）上专为旅客服务的餐务、理发和小卖部人员的工资和职工福利费，以及船舶修理期间船员调离船舶从事其他工作所发生的工资和职工福利费，应由所从事的其他业务负担。

4. 有封冻、枯水等非通航期的企业，非通航期留船船员工资和职工福利费，应按实际发生数计入“船舶维护费用”中的“工资”和“职工福利费”项目。非通航期参加船舶修理和从事其他业务的船员工资及提取的职工福利费，应分别由船舶修理费和其他业务成本负担。

5. 有固定车辆的汽车司机和助手，其工资和职工福利费应按照实际发生数直接计入运输成本；没有固定车辆以及后备的司机和助手，其工资、职工福利费应按营运车日或营运车吨（座）日分配，计入成本，计算公式如下：

$$每营运车日[或车吨(座)日]工资分配额=\frac{应分配的司机及助手工资总额}{总营运车日[吨(座)日]}$$

$$客车(货车)应分配工资=客车(货车)营运车日[吨(座)日]\times每营运车日[吨(座)日]工资分配额$$

（二）从事装卸、堆存、港务管理业务的职工工资和职工福利费，应根据实际发生数，直接计入“装卸支出”、“堆存支出”、“港务管理支出”中的“工资”和“职工福利费”项目。

（三）从事其他业务人员的工资及职工福利费，应当按照业务种类归集，直接计入“其他业务支出”中的“工资”和“职工福利费”项目。

（四）辅助营运部门（含辅助船舶和辅助生产，下同）人员及企业自营港埠人员、船（车）队（处）管理等人员的工资及职工福利费，应按实际发生数在“辅助营运费用”和“营运间接费用”中的“工资”及“职工福利费”项目中归集，并按规定的分配方法，计入有关业务成本和费用。

（五）为管理和组织营运生产活动的企业行政管理人员的工

资和职工福利费，应当根据实际发生数，计入“管理费用”中的有关项目。

（六）企业应当根据“工资计算表”，编制“工资费用分配表”，据此编制凭证登记营运支出明细账和总账。

第二节　燃料、材料和水费、动力及照明费用的核算

第五十二条　燃料、材料的计价

企业应当按照规定，正确计算耗用的燃料、材料的实际成本。

（一）外购燃料、材料的实际成本包括：

1. 买价；

2. 运杂费（包括运输费，装卸费，保险费，包装费，仓储费等）；

3. 运输途中的合理损耗；

4. 入库前的整理挑选费用（包括整理挑选中发生工费支出和必要的损耗，并扣除回收的下脚、废料价值）；

5. 应由购入材料负担的其他费用。

（二）自制材料的实际成本包括制造过程中耗用的材料、工资、加工费等直接费用及分配的制造费用。

（三）委托加工材料的实际成本包括实际耗用的原材料或者半成品，运输费、装卸费、保险费、加工费等。

（四）投资者投入的材料、燃料，按照评估确认或者合同，协议约定的价值计价。

（五）盘盈的材料，按照同类库存材料的实际成本计价；没有同类库存材料的，按市价计价。

（六）接受捐赠的材料、燃料，按照发票账单所列金额加企业负担的运输费、保险费等计价；无发票账单的，按照同类材料、燃料的市价计价。

第五十三条　燃、材料按计划成本和实际成本的核算

（一）采用计划成本进行燃料、材料核算的企业，应正确计算材料成本差异，月末应将耗用的燃、材料等物资的计划成本调整为实际成本。材料成本差异应当按照材料类别或品种进行核算，不

能使用一个综合差异率。

材料的类别由企业根据本单位的具体情况和加强管理的要求自行确定。材料成本差异必须按月计算分摊,不得按季或年终一次分摊。耗用材料应负担的成本差异,可按当月的成本差异率计算,也可以按上月的成本差异率计算,但不得用估计差异率计算。计算方法一经确定,不得任意变动。

(二)材料成本差异的计算公式如下:

$$\text{本月材料成本差异率}=\frac{\text{月初结存材料的成本差异}+\text{本月收入材料的成本差异}}{\text{月初结存材料的计划成本}+\text{本月收入材料的计划成本}}\times 100\%$$

$$\text{上月材料成本差异率}=\frac{\text{月初结存材料的成本差异}}{\text{月初结存材料的计划成本}}\times 100\%$$

本月采用材料的成本差异额 = 本月耗用材料的计划成本 × 本月(上月)材料成本差异率

(三)采用实际成本进行燃、材料核算的企业,其消耗和结存的燃、材料的实际成本,可以采用“先进先出法”、“加权平均法”、“移动平均法”、“后进先出法”等方法计算。对不同的燃、材料可以采用不同的计价方法。其计价方法一经确定,不能随意变更。

第五十四条 燃料、润料耗用的计算

(一)企业为进行营运活动而耗用的一切燃、润料,应当及时填制领料的原始凭证,并根据手续完备的原始凭证,核算耗用燃、润料的数量和金额。各种燃、润料应按实际消耗数计入成本。已领未用的燃、润料,应在月末办理退料手续,需留待下月继续使用的,要办理“假退料”手续。

(二)企业船舶领用及外购燃料,应作为“船存燃料”处理,不得以领代耗。期末应实地盘点,查明存量,根据轮机日志计算填制轮机报告,填明燃料上期结存,本期补给,本期结存的数量,经审核后,送交财会部门汇总编制“燃润料消耗表”。

(三)营运车辆行车耗用的燃料,必须根据行车跑单或其他有关燃料消耗报告所列实际消耗量计算。为了保证实际消耗数量的准确,燃料结算的范围、时期应与车辆运行情况一致,每月实际消

耗数，应当是当月车辆行驶总车公里和所完成周转量的燃料，做到计入成本的燃料消耗数量，油库领出的消耗数量和外地加油数量，车队燃料定额统计的实耗量三者核对相符。

实行满油箱制的企业，在月初、月末油箱加满的前提下，车辆当月各次加油的累计数就是当月燃料实际消耗数。

实行实地盘存制的企业，应在月底实地测量车辆油箱存油数，并根据行车路单加油记录结算的各车当月领用燃料数，按下式计算当月燃料实际消耗：

当月实耗数 = 月初车存数 + 本月领用数 - 月末车存数

车辆在本企业以外的油库加油或企业外购燃料直接发交车辆使用时，可按实际加油数和购入燃料数直接计入车辆的分类运输成本，不必办理虚收虚发手续。

（四）装卸机械燃料的实际消耗，可采用“满油箱制”等办法，实行油票管理，每月由供应部门按定额发给司机油票，月终结算。

第五十五条 燃、润料耗用的核算

月终，企业财会部门应根据有关部门提供的原始凭证和“燃润料消耗汇总表”，核算本月运输船舶、运输车辆、装卸机械等实际耗用的燃、润料，按照成本计算对象和成本责任部门，分别计入有关业务成本和费用：

（一）运输船舶、运输车辆耗用的燃、润料，应由客、货运业务成本负担，计入“运输支出”中的“燃料”和“润料”项目。

（二）有封冻、枯水等非通航期的企业，非通航期用于船舶照明、取暖等所耗用的燃料、计入“船舶维护费用”中的“燃料”项目。

（三）装卸机械耗用的燃、润料，计入“装卸支出”中的“燃料”、“润料”项目。

（四）从事其他业务所耗用的燃、润料，计入“其他业务支出”中的“燃、润料”项目。

（五）企业的辅助营运部门及企业自营港埠、船（车）队（处）等耗用的各种燃料，应计入“辅助营运费用”和“营运间接费用”的有关成本项目，并按规定的分配方法，计入有关业务成本和费用。

（六）企业行政管理部门所耗用的各种燃、润料，按照不同的责任部门，计入“管理费用”中的有关项目。

第五十六条 材料、备品配件、通讯导航器材的核算

（一）企业消耗的各种材料、备品配件、通讯导航器材，应根据仓库转来的领退料凭证，按照用途进行归集。运输业务，装卸业务，堆存业务，港务管理和其他业务领用的材料，应按成本计算对象进行归集，分别计入“运输支出”、“装卸支出”、“堆存支出”、“港务管理支出”和“其他业务支出”中的“材料”等有关成本项目；有封冻、枯水等非通航期的企业，船舶在非通航期领用的维护用材料（如木材、索具、铁钉等），计入“船舶维护费用”中的“材料”项目；辅助营运部门及企业自营港埠、船（车）队（处）等领用的材料，应按成本计算对象进行归集，计入“辅助营运费用”和“营运间接费用”中的“材料”项目，并按规定的分配方法，计入有关业务成本和费用；企业行政管理部门领用的材料，计入“管理费用”中的有关项目。为全面反映企业营运生产和其他部门耗用的各种材料情况，企业应按月汇总编制“材料发出凭证汇总分配表”，据以计入有关营运支出明细分类账。

（二）各种零星机物料（如螺丝、垫圈、砂纸、纱头、拖把、灯泡等）领用时，按实际领用数直接计入有关业务成本和费用。

（三）劳保用品按实际发放数计入有关业务成本和费用。

（四）汽车维修采用总成互换修理企业，维修部门领用的周转总成，领用时一次计入运输成本；一次领用数量较大，也可以采用待摊的办法，分次计入运输成本。

（五）企业在营运过程中回收的各种边角余料、下脚料、废料等，凡是有利用价值的，应当及时交库或转送辅助生产部门进行加工，并应估计入账，分别冲销有关成本、费用。

第五十七条 燃料、材料盈亏的核算

燃料、材料的盘盈、盘亏和毁损，按下列规定处理：

（一）运输途中燃料、材料的定额内损耗，按实际损耗数计入燃料、材料的采购成本；库存燃料、材料的定额内损耗，按实际损耗

数计入管理费用。

各种库存材料物资应定期盘点，根据实际损耗数处理，不得按定额损耗率预提损耗计入成本、费用。

(二)超定额的途耗和库存损耗，应查明原因，分清责任。凡是应由供应单位、运输机构、保险公司或其他过失人赔偿的，要及时提出赔偿要求；属于自然灾害所发生的损失，按实际损失扣除残值和保险公司赔款后的净损失，列入营业外支出；应由企业负责的超定额损耗，经批准后，列入管理费用。

(三)煤炭等大堆材料，领用时应按规定办理领料手续。库存量每年至少盘点一次，实际库存量与账面结存数量的差额，应作为材料盘盈、盘亏处理。

各类材料物资的定额损耗率，由各企业根据实际情况自行确定。

第五十八条 水费、动力及照明费用的核算

企业在营运活动中发生的水费、动力及照明费，应当按供应单位的发票价格计算，按水表、电表记录的数字分配，尚未安装电表、水表的，应当确定适当的分配标准，月终财会部门根据各单位的分配标准，按照不同的成本计算对象和成本责任部门，编制“动力及照明费用分配表”、“水费分配表”，并据此编制记账凭证，分别记入有关业务成本明细账。

企业自营的供电、供水、供汽、排水等部门所发生的费用应通过“辅助营运费用”科目核算，并按照各部门耗用的数量进行分配。

第三节 轮胎的核算

第五十九条 汽车运输企业营运中耗用的内胎、垫带及轮胎零星修补费、翻新费，按实际发生数直接计入运输成本中的“轮胎”项目。

第六十条 汽车运输企业营运中耗用的汽车外胎，一般应按行驶胎公里摊销额计入运输成本，计算方法如下：

$$千胎公里摊销额(元/千胎公里)=\frac{外胎计划价格(实际价格)-预计残值}{新胎到报废(经翻新)平均行驶里程定额\div 1000}$$

外胎的预提费用，应按月分客、货车别（或车型，下同）计入运输成本中的“轮胎”项目：

$$某车别(或车型)外胎预提费用(元)=千胎公里摊销额\times 某车别实际行驶胎公里\times\frac{1}{1000}$$

第六十一条 营运中更换外胎的费用，实行计划价格的，应按计划价格直接冲转“预提费用”；更换外胎的价格差异以及轮胎的翻新费用，均按实际发生数一次计入运输成本中的“轮胎”项目。

第六十二条 报废的外胎，应按照新胎到报废（经翻新）平均里程定额计算其超、亏里程，按月分车别计算超、亏驶里程的差异，调整运输成本。

$$某车别外胎超、亏驶里程的差异(元)=千胎公里摊销额\times 超、亏驶里程\times\frac{1}{1000}$$

为了简化手续，在月终编制外胎预提费用分配表时，可以将超、亏驶里程列入表内，以当月实际行驶胎公里为基础，分别加上报废外胎的亏驶里程，减去报废外胎的超驶里程，作为应计外胎预提费用的胎公里数，计算其预提费用列入运输成本的“轮胎”项目。

车辆报废时，应计算冲减第一套轮胎（含备胎）的预提费用。

第六十三条 企业也可以对汽车外胎按实际领用数一次计入运输成本中的“轮胎”项目。季节性换胎一次领用新胎较多，影响运输成本较大时，也可以先通过“待摊费用”科目，在12个月内按月摊入运输成本。

装卸机械其他业务部门以及企业管理部门耗用的外胎、内胎、垫带（包括轮胎翻新费和零星修补费），应按实际发生数一次计入有关成本、费用项目。一次更换外胎影响成本波动较大时，可以在12个月内按月摊入成本、费用。

第六十四条 企业不管采用哪种核算方式，都应加强在用轮胎的管理，核定车队周转胎数量定额，定期盘点，实行交旧领新，建立和健全单胎里程记录。

第四节 低值易耗品的核算

第六十五条 低值易耗品是指不作为固定资产核算的各种用具、物品,如工具、管理用具、玻璃器皿以及在营运过程中周转使用的包装容器等。

第六十六条 购入、自制、委托外单位加工完成并已验收入库的低值易耗品,比照"燃料"、"材料"的有关方法进行核算。

第六十七条 低值易耗品在未投入使用前,应作为库存物资管理;投入使用后,应登记低值易耗品卡片、实物账以及按计划价格计算的在用金额账。对在用的低值易耗品必须加强实物管理,保证账、卡、物相符,并要实行定期盘点、及时修理、以旧换新的保管使用责任制。对在清查盘点中发现盘盈、盘亏、毁损的低值易耗品,使用单位不得自行修改账、卡,应查明原因,分清责任,由管理部门会同财会部门提出处理意见,经批准后才能调整账、卡。低值易耗品的移交,需办理移交手续,及时登记账、卡。

第六十八条 企业的低值易耗品,应当以其摊销额计入成本、费用。企业应根据具体情况,对低值易耗品采用一次或者分期摊销的方法。具体方法规定如下:

(一)"一次摊销法":是指在领用低值易耗品时,将其价值一次全部计入成本、费用的摊销方法。

(二)"分期摊销法":是指根据低值易耗品的原价和预计使用期限,将低值易耗品的价值分次摊入成本、费用的方法。

第六十九条 月终,财会部门应根据有关部门提供的在库低值易耗品发出凭证,在用低值易耗品计划价格和低值易耗品报废单,按照规定的摊销方法以及不同的成本计算对象、成本责任部门,编制"低值易耗品摊销计算表",据以记入有关营运支出明细账。

第五节 折旧费用的核算

第七十条 计提折旧的范围和依据

（一）企业下列固定资产计提折旧：房屋、建筑物、港务设施、库场设施、在用的各种船舶、车辆、装卸机械、机器设备、季节性停用和大修理停用的固定资产，以经营租赁方式租出的固定资产，以融资租赁方式租入的固定资产等。

下列固定资产不计提折旧：房屋和建筑物以外的未使用或不需用的固定资产，以经营租赁方式租入的固定资产，已提足折旧继续使用的固定资产，破产、关停企业的固定资产，以及已经估价单独入账的土地等。

计提折旧的固定资产原值、净残值率、折旧年限、折旧方法等，应按《运输企业财务制度》的有关规定确定。

（二）企业固定资产折旧，应根据有关方法和规定的计算公式，按月计提。正常经营期间，月份内开始使用的固定资产，当月不计提折旧，从下月起计提折旧。月份内减少或者停用的固定资产，当月仍计提折旧，从下月起停止计提折旧。提前报废的固定资产，其净损失计入企业营业外支出，不得补提折旧。

第七十一条 折旧的计提方法

（一）企业固定资产折旧方法一般采用平均年限法。运输船舶和运输车辆也可以采用双倍余额递减法或者年数总和法。其计算公式如下：

1. 平均年限法

$$年折旧率=\frac{1-预计净残值率}{折旧年限}\times 100\%$$

$$月折旧率=年折旧率\div 12$$

$$月折旧额=固定资产原值\times 月折旧率$$

2. 双倍余额递减法

$$年折旧率=\frac{2}{折旧年限}\times 100\%$$

$$月折旧率=年折旧率\div 12$$

$$月折旧额=固定资产账面净值\times 月折旧率$$

3. 年数总和法

$$年折旧率=\frac{折旧年限-已使用年数}{折旧年限\times(折旧年限+1)\div 2}\times 100\%$$

$$月折旧率=年折旧率\div 12$$

$$月折旧额=(固定资产原值-预计净残值)\times 月折旧率$$

(二)汽车运输企业对营运车辆采用工作量法计提折旧时,其总行驶里程由企业根据《运输企业财务制度》附件一规定的同类固定资产折旧年限换算确定。

按工作量法计提折旧的计算公式如下:

$$千车公里折旧额(元/千车公里)=\frac{原值\times(1-预计净残值率)}{总行驶里程\div 1000}$$

$$月折旧额=千车公里折旧额\times 月实际行驶车公里\times\frac{1}{1000}$$

(三)企业的折旧方法和折旧年限一经确定,不得随意变更。需要变更的,应在变更以前,由企业提出申请,报主管财政机关批准。

第七十二条　折旧费的核算

企业的固定资产折旧应按月计提。财会部门应根据规定的计算方法,计算出当月固定资产折旧额,按照不同的成本计算对象和成本责任部门,编制"固定资产折旧计算分配表",据以计入有关业务成本。

1. 运输企业的船舶和车辆折旧,应当按照单船(或船舶类型)、单车(或车型)计算;其他固定资产的折旧,应当按照固定资产类别计算。月终,企业应当汇总编制"船舶(或车辆)折旧计算表"和"其他固定资产折旧计算表",按照不同的成本计算对象和成本责任部门,分别计入"运输支出"、"其他业务支出"、"集装箱固定费用"、"辅助营运费用"、"营运间接费用"、"管理费用"中的"折旧费"项目。

2. 有封冻、枯水等非通航期的内河运输企业,其全年船舶计提的折旧费,应由通航期成本负担。计算公式如下:

$$船舶通航期每天折旧额=\frac{船舶全年折旧额}{船舶全年通航期计划天数}$$

通航期某月折旧额＝船舶通航期每天折旧额×通航期某月份通航天数

非通航期适逢船舶正常修理期，则非通航期的船舶折旧费，无须分摊由通航期成本负担，可直接列入当期成本。

3. 港口企业应当按照船舶、车辆、装卸机械、库场设施、港务设施、通讯设施、机器设备等资产类别计提折旧。月终，企业应当编制“固定资产折旧计算表”，按照不同的成本计算对象和成本责任部门，分别计入“装卸支出”、“堆存支出”、“港务管理支出”等中的“折旧费”项目。

第六节　修理费用的核算

第七十三条　企业应定期对固定资产进行维修保养，保持各项固定资产经常处于完好状态，船舶、车辆、机械设备应进行强制保养，不得故意拖延。

第七十四条　企业应编制年度修理计划，并根据修理计划编制年度修理费用预算，分解下达有关责任部门，以确保修理计划的完成和修理费用的控制，同时也可作为月度预提修理费用的依据。

第七十五条　修理费用的列支方法

企业发生的固定资产修理支出（含大、中、小修）应据实列支，计入有关成本、费用。如修理费用发生不均衡、数额较大的，可以采用待摊或者预提的办法。采用预提办法的，实际发生的修理支出冲减预提费用，实际支出数大于预提费用的差额，计入有关成本、费用；小于预提费用的差额冲减有关成本、费用，年终财务决算不留余额，需要保留余额的，在年度财务决算中予以说明。

第七十六条　修理费用的核算

（一）企业发生的修理费，应当按照单船（或船舶类型）、单车（或车型）进行归集；其他固定资产的修理费用，应当按照固定资产类别归集。月终，企业应当汇总编制“船舶（车辆）修理费用预提计算表”、“其他固定资产修理费用预提计算表”，或根据修理费用结算单据，按照不同的成本计算对象和成本责任部门，分别计入“运输支出”、“装卸支出”、“堆存支出”、“港务管理支出”、“其他业务支出”、“集装箱固定费用”、“辅助营运费用”、“营运间接费用”、“管理费用”中的“修理费”项目。

（二）有封冻、枯水等非通航期的内河运输企业，其非通航期船舶发生的修理费用，应由通航期成本负担。其分摊方法比照非通航期船舶折旧费的计算公式计算分摊。

非通航期适逢船舶正常修理期，则非通航期的船舶修理费用，无须分摊由通航期成本负担，可直接列入当期成本。

（三）企业的外付修理费，应直接根据发票和账单，按不同的成本计算对象和成本责任部门，编制记账凭证，分别计入有关业务成本。

（四）船员、司机等对船舶、车辆、装卸机械等进行自修和日常保养，以及由装卸队、机械队、工具队等设置的保修班组进行的装卸机械、装卸工具保修，所发生的人工，材料，费用，可按照用途，直接计入有关业务成本。

（五）企业内部独立核算的修理厂，修理工程队为企业内部其他独立核算单位提供修理劳务所取得的修理业务利润，企业财会部门在编制企业报表时应将这部分修理业务利润（或亏损）冲减（或增加）企业的修理费用支出。

（六）经营性租赁租入的固定资产的修理费用，应根据租赁合同规定处理，应由企业承担的修理费用，按实际发生数计入有关成本、费用，数额较大的，可以采用待摊或预提的方法按月摊提。

（七）企业按工作量法预提车辆大修理费用，计算公式如下：

$$\text{千车公里大修理费用预提额} = \frac{\text{一次大修理计划费用} \times \text{预计大修理次数}}{\text{总行驶里程} \div 1000}$$

$$\text{预计大修理次数} = \frac{\text{总行驶里程}}{\text{大修理间隔里程定额}} - 1$$

$$\text{大修理费用预提额} = \text{千车公里大修理费用预提额} \times \text{实际行驶车公里} \times \frac{1}{1000}$$

车辆实际大修理间隔里程与大修理间隔里程定额比较，所发生的超、亏里程的差异以及大修竣工后实际大修费用和计划每次大修费用的差异，应按规定调整运输成本。

超、亏驶里程差异 = 千车公里大修理费用预提额 ×（大修间隔里程定额 − 实际大修间隔里程）

大修费用差异 = 实际大修理费用 − 大修理费用预提额

第七节　事故损失费用的核算

第七十七条　企业发生的海损、机损、行车事故和人身伤亡事故损失，应按实际发生数计入当月成本。当年不能结案的事故，可按规定估计损失预提事故费用，计入当年有关业务成本；以后年度结案时，应将实际损失与预提数的差额，调整结案年度的有关业务成本。

第七十八条　企业发生的货损、货差等事故损失（包括货物在运输过程中，因承运方责任所发生的货物丢失、短缺、毁损、受潮、污染、差错等事故，以及受损货物的削价损失费用等），属于定额货损货差率以内的部分，在扣除过失人支付的赔偿金额后，按净损失计入有关成本、费用的“事故损失”项目；超过定额货损货差的部分，应查明原因，分清责任，经批准后，按净损失计入有关成本、费用的“事故损失”项目。

第八节　税金的核算

第七十九条　企业按规定交纳的车船使用税、房产税、土地使用税和印花税等税金，应由企业成本负担的，分别列入“运输支出”、“装卸支出”、“堆存支出”、“港务管理支出”、“辅助营运费用”、“营运间接费用”中的“税金”项目；应由其他业务负担的，列入“其他业务支出”中的“税金”项目；应由管理费用负担的，列入“管理费用”中的“税金”项目。

第九节　租费的核算

第八十条　企业以经营租赁形式租入其他单位的固定资产，从事营运活动而发生的租费，应由企业成本负担，分别列入"运输支出"、"装卸支出"、"堆存支出"、"港务管理支出"、"其他业务支出"中的"租费"项目。

企业以融资租赁方式租入其他单位的固定资产，从事营运活动而发生的租费，不计入成本、费用。

第十节　无形资产的核算

第八十一条　无形资产是指企业长期使用但是没有实物形态的资产，包括：专利权、商标权、著作权、土地使用权、非专利技术、商誉等。

第八十二条　无形资产的计价

无形资产应按取得时的实际成本计价。

投资者作为资本金或者合作条件投入的按照评估确认或者合同、协议的金额计价。

企业购入的无形资产，按照实际支付的价款计价。

企业自行开发并通过法律手段取得的无形资产，按照开发过程中的实际支出计价。

接受捐赠的无形资产，按照发票账单所列金额或者同类无形资产市价计价。

除企业合并外，商誉不得作价入账。

非专利技术和商誉的计价应当经法定评估机构评估确认。

第八十三条　无形资产的摊销：

企业的无形资产计价入账后，应从开始使用之日起，在有效使用期限内平均摊销，计入"管理费用"中的"无形资产摊销"项目。无形资产的有效使用期限应按照《运输企业财务制度》中的有关原则确定。

第十一节　递延资产的核算

第八十四条　递延资产是指不能全部计入当年损益，应当在以后年度分期摊销的各项费用，包括开办费，以经营租赁方式租入的固定资产改良支出等。

（一）开办费是指企业在筹建期间发生的费用，包括筹建期间人员工资、办公费、培训费、差旅费、印刷费、注册登记费，以及不计入固定资产和无形资产购建成本的汇兑损益、利息等支出。开办费应从企业开始营运月份的次月起，按照不短于五年的期限分期摊销，计入“管理费用”中的“开办费摊销”项目。

（二）计入递延资产的固定资产大修理支出，应在大修理间隔期内分期平均摊销。

（三）以经营租赁方式租入的固定资产改良支出，在租赁有效期限内分期摊销。

（四）其他各种递延费用支出，也应根据支出的受益期分期平均摊销，分别计入有关成本、费用。

第十二节　待摊预提费用的核算

第八十五条　企业对于应由本期成本、费用负担的各项支出，应在发生的当期计入成本、费用，不得任意提前或者延后。属于本月支付而应由以后各期成本、费用负担的分摊期在一年以内的各项费用，如低值易耗品摊销、预付保险费、固定资产修理费用，以及一次购买印花税票和一次交纳印花税额较大需分摊的数额等，应列作待摊费用，分期摊入有关成本、费用；应由本期成本、费用负担而在以后各期支付的费用，如预提的轮胎摊提费、租金、保险费、借款利息、未结案事故费、修理费用等，应列作预提费用，按照规定预提计入当期成本、费用。

第八十六条　企业一次支付、分期摊销的待摊费用，按照费用项目的受益期限确定分摊的数额。分摊期限一般不超过12个月。预提费用的项目和标准，由企业根据具体情况确定，报主管财政机关备案。预提数与实际数发生差异时,应及时调整提取标准,多提数应冲减有关成本、费用,少提数应计入费用支付期的有关成本、费用,年终财务决算时一般不留余额。需要保留余额的,在年度财务报告中应予以说明。

第八十七条 企业应加强对待摊费用和预提费用的管理,按照相应的受益期和规定的摊提标准,正确计算待摊费用和预提费用,不得任意变更摊提内容、摊提期限和摊提标准。

第八十八条 待摊费用和预提费用应当按照费用项目进行明细分类核算,登记费用的摊提标准、发生数,每月摊提数。月终,企业财会部门应当按规定计算、编制"待摊费用和预提费用分配表",按照不同的成本计算对象和成本责任部门分别计入有关业务成本、费用。

有封冻、枯水等非通航期的内河运输企业,非通航期的船舶维护费等不在"待摊费用"、"预提费用"科目核算。

第十三节 其他费用的核算

第八十九条 其他费用是指企业在营运过程中发生的与营运生产活动有关的费用,包括:港口费、航道养护费、过闸费、养路费、运输管理费、保险费、劳动保护费、劳动保险费、业务招待费、办公费、差旅费、工会经费、职工教育经费及其他费用。

第九十条 运输船舶按规定支付的航道养护费、过闸费,应按实际发生数或协议包干数,直接计入有关"运输支出"中的"航养费"项目。

第九十一条 船舶运输企业在营运过程中发生的港口费,集装箱货物费,转口费,倒载费,吨税,过境税,运河费,灯塔费,货物装卸费,速遣费等应根据原始凭证,按照实际发生数计入"运输支出"中的"港口费"等项目。

第九十二条 汽车运输企业应交纳的养路费和运输管理费,应在月终按实际应交数,编制"营运车辆应纳养路费及运输管理费计算表",据以计入"运输支出"中的"养路费"、"运输管理费"

项目。

第九十三条 列入管理费用的工会经费、职工教育经费,应分别按职工工资总额的2%和1.5%计提;职工待业保险费,职工的退休养老金,应按有关规定比例计提。

第十章 辅助营运费用的核算

第九十四条 辅助营运费用是指企业辅助营运生产部门在营运生产期间发生的辅助船舶费用和辅助生产部门生产产品和提供劳务所发生的辅助生产费用。

第九十五条 辅助船舶费用的核算:

(一)辅助船舶费用是指企业所属辅助营运部门为营运生产服务的辅助船舶包括由轮驳公司等部门集中管理的拖轮、驳船、浮吊、供应船、交通船等发生的各项费用。

(二)企业应设置“辅助营运费用——辅助船舶费用”科目,按单船(或船舶类型)设置明细分类账,并按相应的费用项目设置专栏进行明细核算。

(三)辅助船舶费用的支出项目及具体内容如下:

1. 工资:指按规定支付给辅助船船员的工资;

2. 职工福利费:指按规定提取的职工福利费;

3. 燃料:指辅助船舶所耗用的各种燃料;

4. 润料:指辅助船舶实际耗用各种润滑油料;

5. 材料:指辅助船舶在营运中耗用的各种物料;

6. 折旧费:指辅助船舶按规定计提的折旧费;

7. 修理费:指辅助船舶实际发生的修理费用;

8. 港口费:指辅助船舶发生的港口费用;

9. 事故损失:指辅助船舶在营运过程中所发生的海损、机损等事故净损失;

10. 保险费:指辅助船舶参加财产保险应负担的保险费;

11. 税金:指企业按规定交纳的各种车船使用税、房产税、土地

使用税等;

12. 劳动保护费:指企业按规定发放的船员劳保用品及安全措施费用;

13. 其他费用:指辅助船舶发生的不包括在上述项目内的其他费用,包括应由辅助船舶负担的各种营运间接费用。

(四)企业发生的辅助船舶费用能直接计入各项业务成本的,应直接计入,不能直接计入的按一定的分配标准分摊由各项业务成本负担。辅助船舶费用分配标准由企业根据情况合理确定。

第九十六条 辅助生产费用的核算:

(一)企业的辅助生产费用是指企业所属的辅助生产部门为营运生产提供产品和劳务所发生的各种费用。

(二)企业应设置"辅助营运费用——辅助生产费用"科目,按辅助生产部门及产品和劳务等成本核算对象设置明细账,并按相应的成本项目设置专栏,进行辅助生产明细核算。

(三)辅助生产成本项目及具体内容如下:

1. 直接费用:指辅助生产部门发生的直接费用,包括:

(1)工资:指按规定支付给生产工人的工资;

(2)职工福利费:指企业按生产工人的工资提取的职工福利费;

(3)材料:指生产产品和提供劳务作业直接耗用的材料、配件等;

(4)燃料:指生产产品和提供劳务作业耗用的燃料;

(5)其他直接费用:指其他直接用于产品生产和提供劳务作业发生的直接费用。

2. 制造费用:指企业为生产产品和提供劳务而发生的各项间接费用,主要包括:

(1)工资:指按规定支付给车间管理人员的工资;

(2)职工福利费:指按车间管理人员的工资提取的职工福利费;

(3)材料:指车间领用的不能直接计入某项产品或劳务的

材料；

(4)燃料及动力照明费:指车间耗用的燃料及动力照明费；

(5)折旧费:指车间房屋、机器、设备等固定资产计提的折旧费；

(6)修理费:指车间各类固定资产发生的修理费用；

(7)劳动保护费:指辅助生产部门职工领用的劳保用品、清凉饮料、防暑防寒以及小型劳动安全保护措施等费用；

(8)其他费用:指不属于以上项目的其他车间经费支出。

(四)对于辅助生产部门生产的产品或劳务直接耗用的人工、材料及其他直接费用可按产品或劳务类别和工号直接汇集,计入成本计算对象,不能直接计入产品或劳务类别和工号的制造费用,可按消耗定额或产品产量比例分配计入产品或劳务成本。

(五)辅助生产部门的制造费用应按其用途和发生地点、通过“制造费用”科目进行归集和分配。根据企业内部管理和核算需要,企业可按用途和发生地点开设明细账,按费用项目开设专栏进行明细核算。月终,应将归集的制造费用按合理标准分摊到各成本计算对象。

(六)制造费用分配计入各成本计算对象常用的方法有:生产工时法、定额工时法、机器工时法、直接人工费用法等。企业可根据实际情况,选择费用分摊的方法。

(七)辅助生产部门除大修作业、产品制造、设备制造外,其余作业一般不计算在产品成本。月终,应结出每个成本计算对象的总成本。对大修作业、产品制造的成本对象,还应按月初在产品余额加本期生产费用减月末在产品余额,计算已完工产品实际总成本和单位成本。

(八)月终,财会部门应将各辅助生产部门之间互相提供的劳务、作业的费用进行“一次交互分配”。互相提供劳务、作业不多的,可不进行交互分配,所发生的费用,直接分配给辅助生产部门以外的受益单位。并根据已完修理作业、完工产品、对内提供的其他作业以及对外修理的成本计算单,编制“辅助生产费用分配表”,据此分配辅助生产费用。

（九）辅助生产部门对本企业内部提供的作业和产品,应按受益对象直接或分配计入各有关营运成本。

（十）辅助生产产品成本的计算可采用“简单法”、“定单法”、“分类法”等,计算方法一经确定,不得随意变更。

简单法适用简单、大量、连续生产单一产品的辅助生产部门,如企业的供水站、变电所等部门。

定单法也称分批法,适用于自制备品配件、自制大型工属具、自制设备及机械、车辆、房屋等固定资产的大修理和船舶的检修、大修。

分类法适应于产品的品种或规格繁多的辅助生产部门,如小型零星的配件、工属具的制造和机械、设备、房屋的维修、保养及小型设备的中小修理。

第十一章　营运间接费用的核算

第九十七条　营运间接费用是企业营运过程中所发生的不能直接计入成本核算对象的各种间接费用,包括企业实行内部独立核算单位的车站费用,车队费用,装卸队（站）费用,自营港埠费用。

企业行政管理部门发生的管理费用和企业辅助生产部门发生的制造费用不包括在内。

第九十八条　企业应根据成本管理和核算的特点及费用发生的用途和性质设置“营运间接费用”明细分类账,并按费用项目设置专栏进行明细核算。费用项目由企业根据实际情况自行确定,为了便于企业进行成本分析,凡涉及到以下费用,如工资,职工福利费,燃润料,材料,折旧费,修理费,办公费,水电费,业务费,差旅费,仓库经费等,可单列项目反映。

第九十九条　企业财会部门应根据有关记账凭证和费用汇总表,按照费用发生的先后,序时登记入账,归集“营运间接费用”。

月终，按实际发生数进行分配，编制“营运间接费用分配表”，据此记入各成本或费用核算对象的明细分类账。

第一〇〇条 营运间接费用 应按受益对象的直接费用比例计算分摊，分别计入各受益对象的营运成本。计算公式为：

$$营运间接费用分配率=\frac{应由营运成本负担的营运间接费用}{各受益对象的直接费用总额}\times 100\%$$

某受益对象成本应负担营运间接费用

=该受益对象直接费用×营运间接费用分配率

企业也可以根据实际情况自行确定营运间接费用的分配方法。

应由其他业务成本负担的营运间接费用，可按各项业务直接成本的比例分摊到各其他业务成本。

月终，企业将发生的营运间接费用，应分摊完毕，不留余额。

第十二章 成本的计算

第一节 运输业务成本的计算

第一〇一条 成本的计算对象：

（一）运输综合业务：以企业的旅客、货物运输业务为成本计算对象；

（二）客、货运的运输业务：以客运、货运（包括干货、油运、排运等，下同）业务为成本计算对象；

（三）船舶类型成本：以不同的船舶类型的运输业务为成本计算对象；

（四）各类特种车辆的运输业务：汽车运输企业以大型平板车、集装箱车、零担货车、冷藏车、罐车等特种车辆的运输业务为成本计算对象。

在此基础上，企业可根据实际情况，将航次、航线、单船、单车等运输业务作为成本计算对象,计算航次、航线及单船、单车成本。

第一〇二条 成本的计算单位:

(一)运输综合成本计算单位为"千换算吨公里";

(二)客运成本计算单位为"千人公里";

(三)货运成本计算单位为"千吨公里";

(四)大型车组成本计算单位为"千吨位小时";

(五)集装箱车辆的成本计算单位为"千标准箱公里"(空箱不计);

(六)客、货运周转量换算比例为:

1. 部直属水运企业:1 人公里 =1 吨公里;

2. 地方水运企业:

铺位运客:1 人公里 =1 吨公里;

座位运客:3 人公里 =1 吨公里;

3. 汽车运输企业:1 吨公里 =10 人公里。

第一〇三条 海洋运输业务成本项目规定如下:

(一)航次运行费用:指船舶在运输生产过程中发生的直接费用。包括:

1. 燃料费:指船舶在营运期内航行、装卸、停泊等时间内耗用的全部燃料费用。

2. 港口费:指船舶在营运期内进出港口、航道、停泊港内所发生的各项费用,如港务费、船舶吨税、引水费、停泊费、拖轮费、航道养护费、围油栏费、油污水处理费、船舶代理费、运河费、海峡费、灯塔费、海关检验费、检疫费、移民局费用等。

3. 货物费:指运输船舶载运货物所发生的应由船方负担的业务费用,如装卸费、使用港口装卸机械费、理货费、开关舱、扫舱、洗舱、验舱、烘舱、平翻舱、货物代理费、货物检验费、货物保险费等。

4. 集装箱货物费:包括集装箱装卸费、集装箱站场费用、集装箱货物代理费用等。

5. 中转费:指船舶载运的货物到达中途港口换装其他运输工具运往目的地、在港口中转时发生的应由船方负担的各种费用,如汽车接运费、铁路接运费、水运接运费、驳载费等。

6. 垫隔材料:指船舶在同一货舱内装运不同类别货物需要分票、垫隔或装运货物需要防止摇动、移位,以及货物通风需要等耗用的木材、隔货网、防摇装置、通风筒等材料费用。

7. 速遣费:指有装卸协议的营运船舶,提前完成装卸作业,按照协议支付的速遣费用。

8. 客运费:指船舶为运送旅客而发生的业务费用,如旅客生活设备生活用品费、旅客医药支出、客运代理费等。

9. 事故费用:指船舶在营运生产过程中发生海损、机损、货损、货差、火警、污染、人身伤亡等事故的费用,包括施救、赔偿、修理、诉讼、善后等直接损失。

10. 航次其他费用:指不属于以上各项费用应由航次负担的其他费用,如淡水费、通讯导航费、交通车船费、邮电费、清洁费、国外港口招待费、航次兵险、领事签证、代理行费、业务杂支、冰区航行破冰费等。

(二)船舶固定费用:指为保持船舶适航状态所发生的费用。包括:

1. 工资:指应付船员的各类工资、奖金、津贴、伙食费、补贴等按有关规定由成本负担的支出。

2. 职工福利费:指根据规定比例、提存范围按实际发放船员工资总额提存的职工福利费。

3. 润料:指船舶耗用的各种润滑油剂。

4. 物料:指船舶在运输生产中耗用的各种物料、低值易耗品的实际成本。

5. 船舶折旧费:指企业按确定折旧方法按月计提的折旧费。

6. 船舶修理费:指已完工的船舶实际修理费支出、日常维护保养耗用的修理料、备品配件等,以及船舶技术改造大修理费摊销的支出。

7. 保险费:指企业向保险公司投保的各种船舶险、运输船员的人身险以及意外伤残险所支付的保险费用。

8. 税金:指企业按规定交纳的车船使用税。

9. 船舶非营运期费用:指船舶在非营运期(如厂修、停航、自修、事故停航等)内发生燃料费、港口费等有关支出。

10. 船舶共同费用:指由船舶共同负担,需经过分配由各船负担的船员费用和船舶业务费。内容规定如下:

(1)工资:指替补公休船员、后备船员、培训船员等按规定支付的工资、津贴、补贴等。

(2)职工福利费:指上项各类船员根据国家规定提取的职工福利费。

(3)船员服装费:指根据规定发给船员的服装费和零星服装补助费。

(4)船员差旅费:指船员报到、出差、学习、公休、探亲、调遣等发生的差旅费。

(5)文体宣传费:指用于船员文娱、体育活动和对外宣传购置的书报杂志、电影片、录像带、幻灯片等支出。

(6)广告及业务活动费:指通过报刊、电台、电视、画册、展览等进行广告、宣传以及船舶为疏港、揽货、业务联系支付的业务费。

(7)单证资料费:指客货运输业务印制使用的客运票据、货运提单、舱单、航海图书、技术业务资料以及这类单证资料的寄递费用。

(8)船员疗养、休养费:指船员因工作环境特殊,企业为船员安排疗养、休养的支出。

(9)电讯费:指船岸通过电台、电缆、卫星、高频电话等通讯联络所发生的国内外通讯费用。

(10)其他船舶共同费用:包括船员体检费、签证费、油料化验费、技术进步和合理化建议奖等。

11. 其他船舶固定费用:指不属于以上各项的其他船舶固定费用。如船舶证书费、船舶检验费、船员劳动保护费等。

(三)集装箱固定费用:指企业自有或租入的集装箱在营运过程中发生的固定费用。

集装箱固定费用的项目和内容规定如下：

1. 集装箱保管费：指空箱存放在堆场所支付的保管费等。

2. 集装箱折旧费：指自有集装箱按集装箱价值和规定折旧率按月计提的折旧费。

3. 集装箱租费：指租入集装箱按规定应列入成本的租费。

4. 集装箱修理费：指集装箱修理用配件、材料和修理费用。

5. 集装箱保险费：指向保险公司投保集装箱安全险所支付的保险费用。

6. 集装箱底盘车费用：指企业自有或租入的集装箱底盘车发生的保管费、折旧费、租费、保险费、修理费等。

7. 集装箱其他费用：指不属于以上项目的集装箱固定费用，如清洁费、熏箱费等。

（四）船舶租费：指企业租入运输船舶参加营运，按规定应支付给出租人的租费。

（五）营运间接费用：是指企业营运过程中所发生的不能直接计算运输成本核算对象的各种间接费用。包括企业各个生产单位（分公司、船队）为组织和管理运输生产所发生的运输生产管理人员工资、职工福利费、折旧费、租赁费（不包括融资租赁）、修理费、材物料消耗、低值易耗品、取暖费、水电费、办公费、差旅费、运输费、保险费、设计费、试验检查费、劳动保护费以及其他营运间接费用。

第一〇四条　海洋运输业务的成本计算方法

（一）航次运行费用：

运输船舶所发生的船舶航次运行费用，应根据原始凭证或费用计算表编制记账凭证，按不同成本计算对象，直接记入“运输支出”科目的明细分类账的有关项目。

1. 按单船核算成本，应直接列入各船月度运输成本。

2. 按航次核算成本，应区别以下情况，分别核算。

(1)属当期已完航次船舶航次费用，可直接列入各船的航次成本。

(2)对于航次已经结束,国内外代理单位账单和船舶燃料消耗报告在当期期末尚未到达,由财会部门根据船舶所到港口的费率、运输契约、货种、运量、港口作业情况及船舶燃料消耗航次电报、船存燃料平均单价进行预估,列入已完航次船舶航次运行费用。并在下一航次期初用红字原数冲回,依此类推,直至收到已完航次港口使费实际账单和船舶燃料消耗报告后,按实际发生数计入航次运行费用。

3. 按航次核算成本的远洋运输企业,应在“运输支出”科目下按船舶航次设立“船舶航次费用明细账”或“航次成本计算单”,归集船舶每航次所发生的航次直接费用,并用以结算成本。

(二)船舶固定费用:

1. 船舶固定费用,应按规定费用项目设立“船舶固定费用明细账”,运输船舶所发生的固定费用,应根据原始凭证或费用计算表编制记账凭证,分别按不同的成本计算对象,直接记入各船“船舶固定费用账”的有关项目。

(1)按单船核算成本的企业,船舶固定费用应按月计入各月运输成本。

(2)按航次核算成本的企业,月度终了将船舶固定费用按各船营运天数分配计入该船本月内已完和未完的航次成本。其计算公式如下:

$$某船每营运天船舶固定费用=\frac{某船的船舶固定费用}{某船年度营运天}$$

$$某航次应负担船舶固定费用=某船每营运天船舶固定费用\times某航次营运天$$

(3)船舶从事与运输无关工作如临时出租等,均按各项工作的营运天数和每营运天数的费用计算。其计算公式如下:

$$运输无关工作应负担的船舶固定费用=每营运天船舶固定费用\times从事运输工作无关天数$$

(4)船舶固定费用的分配,还可以采用计划分配方法,其计算公式如下:

$$某船计划每营运天的船舶固定费用=\frac{该船年度计划船舶固定费用}{该船年度计划营运天数}$$

某航次应负担的船舶固定费用 = 该船计划每营运天的船舶固定费用 × 该航次实际营运天数

按此种方法分配船舶固定费用应当在年度决算时，按日历年度费用的实际发生额和营运天数，计算各船实际营运天费用额，重新调整按计划定额分配计入已完航次成本、未完航次成本和船舶出租业务成本。

(5)属于本会计核算年度发生、支付，但应由跨年船舶未完航次成本负担的船舶固定费用，在会计报表中的有关项目反映。

2. 船舶共同费用是指应由企业所有船舶共同负担，需要经过分配再由各船负担的船员费用和船舶业务费用。

(1)船舶共同费用发生时，应根据有关记账凭证和费用汇总表，按照费用发生的先后记入“船舶固定费用—船舶共同费用”科目，并按规定费用项目设立费用明细账进行归集登记。

(2)船舶共同费用在月度终了，通常按各船的艘天，吨天或其他比例分摊编制“船舶共同费用分配表”，分别记入各船的“船舶固定费用——船舶共同费用”科目。

3. 船舶非营运期费用是指船舶在非营运期内发生的燃料、港口费和其他非营运期费用。

(1)计算船舶非营运期全部费用时，“船舶固定费用”(不包括船舶非营运期费用)可以按船舶营运吨天和非营运吨天的比例分摊计算。其计算公式如下：

$$\text{船舶非营运期的全部费用} = \text{船舶非营运期费用} + \frac{\text{船舶固定费用}}{\text{船舶总时间(吨天)}} \times \text{船舶非营运吨天}$$

(2)船舶非营运期费用发生时，直接在“船舶固定费用明细账”内归集，可不单独设立明细账。

(三)集装箱固定费用：

企业应设置“集装箱固定费用”明细分类账，按规定的费用项目设置专栏。财会部门应根据有关记账凭证和费用汇总表，按照费用发生的先后，序时登记入账，归集集装箱固定费用。

月终，按单船核算成本的企业，应将归集的集装箱固定费用，按(重)箱天数比例分摊，编制“集装箱固定费用分配表”，计入各船的月度运输成本；按航次核算成本的企业，应将归集的集装箱固定费用，按（重）箱天数比例分摊，编制“集装箱固定费用分配表”，计入各航次运输成本。集装箱固定费用分配的计算公式如下：

$$\text{每标准箱天集装箱固定费用} = \frac{\text{集装箱固定费用}}{\text{集装箱标准箱天数}}$$

船舶运输成本应摊集装箱固定费用 = 装用集装箱标准箱天数 × 每标准箱天集装箱固定费用

（四）船舶租费：

企业租入船舶（不包括融资租入），按合约支付的船舶租费中，程租费按船舶航次计入航次结束月度的单船成本，期租费按航次日历天数分摊计入有关航次成本。航次跨年度时，按会计核算年度日历天数分配，属于未完航次的租费，计入“未完航次支出”项目。

实行单船核算成本的企业，船舶租费按月度划分，分别计入有关月度的单船成本，上年支付属于下年的船舶租费，作待摊费用处理。

（五）与运输无关费用：

1. 与运输无关费用是指运输船舶在营运生产中从事与运输无关业务，如旅客服务业务，港内作业，救援遇难船舶等工作。在计算运输成本时，必须在运输船舶费用中扣除完成这些业务所发生的与运输无关费用，计入“其他业务支出”中。

2. 船舶费用中扣除与运输无关费用的方法如下：

（1）按本期从事运输工作和非运输工作天数的比例，分船计算。

每营运天费用额 = 本月船舶费用额 ÷ 本月营运天数

非运输工作应分配船舶费用额

= 非运输工作天数 × 每营运天费用额

对能够分清属于非运输工作的其他业务应负担的费用，如燃料费用、港口费用等项目，可直接列入“其他业务支出”，在分配时剔除这些直接计列的费用项目。

（2）在非运输工作天数较少的情况下，按营运吨天数计算扣除。

$$每营运吨天的船舶费用=\frac{船舶费用额}{船舶营运吨天数}$$

非运输工作应分配船舶费用额＝船舶从事非运输工作的营运吨天数×每营运吨天船舶费用

（六）运输总成本和单位成本计算

1. 企业全部营运船舶所发生的船舶费用，扣除与运输无关费用，即为运输总成本；运输总成本除以客货运换算周转量即为运输综合单位成本。计算公式如下：

运输总成本＝航次运行费用＋船舶固定费用＋上年未完航次支出－本年未完航次费用＋集装箱固定费用＋船舶租费＋营运间接费用－与运输无关费用

$$运输综合单位成本(元/千换算吨海里)=\frac{运输总成本(元)}{客货运换算周转量(千换算吨海里)}$$

2. 客货运成本和客、货单位成本计算

将客轮的直接费用和客货轮分配由客运负担的直接费用汇总，并加以应负担的营运间接费用，即为客运成本。

将货轮的直接费用和客货轮分配由货运负担的直接费用汇总，并加以应负担的营运间接费用，即为货运成本。客运成本、货运成本分别除以客、货周转量，即为客货单位成本。客货运成本及其单位成本计算公式如下：

客运成本＝客轮船舶费用＋客货轮船舶费用客运负担部分＋上年未完航次支出－本年未完航次支出＋营运间接费用－与运输无关费用

$$客运单位成本(元/千人海里)=\frac{客运成本}{客运周转量(千人海里)}$$

货运成本＝货轮船舶费用＋客货轮船舶费用货运负担部分＋上年未完航次支出－本年未完航次支出＋集装箱固定费用＋船舶租费＋营运间接费用－与运输无关费用

$$货运单位成本(元/千吨海里)=\frac{货运成本}{货运周转量(千吨海里)}$$

第一〇五条　内河运输业务成本项目规定如下：

（一）船舶直接费用：指运输船舶在航行中和为保持船舶适航状态所发生的费用，包括：

1. 工资：指按规定支付给船员的工资以及学徒工的生活费等。

2. 职工福利费：指按规定提取的职工福利费。

3. 燃料：指运输船舶实际耗用的各种燃料。

4. 润料：指运输船舶实际耗用的各种润滑油料。退库的废润料应作价冲减本项目。

5. 物料：指运输船舶在营运中耗用的各种物料。

6. 港口费：指运输船舶所发生的港口费用。

7. 航养费：指按规定支付的航道养护费用。

8. 过闸费：指按规定支付的过闸费用，应由货主负担的过闸费，在计收运费时向货主收回。

9. 运输管理费：指按规定支付的运输管理费。

10. 折旧费：指运输船舶按规定计提的折旧费。

11. 修理费：指应由本期成本负担的运输船舶实际发生的修理费。

12. 事故损失：指运输船舶在运输过程中发生的事故净损失（扣除过失人和保险公司赔款后的差额）。

13. 租费：指企业向外单位租入营运船舶按规定应列入本期成本负担的船舶租费。

14. 保险费：指运输船舶参加财产保险应负担的保险费。

15. 税金：指企业按规定交纳的车船使用税。

16. 劳动保护费：指按规定发放给船员的劳动保护用品、安全措施费用等。

17. 其他费用：指不属于以上项目的船舶其他费用。

（二）船舶维护费用：指有封冻、枯水等非通航期的企业在非通航期发生，应由通航期运输成本负担的船舶维护费用。

（三）集装箱固定费用：指按规定办法分配应由本期运输成本负担的集装箱固定费用。

（四）营运间接费用：指营运过程中发生的不能计入本期成本

计算对象但应由本期运输成本负担的各种间接费用。

第一〇六条 内河运输业务成本的计算方法：

（一）船舶直接费用：

1. 企业的船舶直接费用应按照客轮、客货轮、货轮、油轮、拖（推）轮、驳船等船舶类型在“运输支出”科目设置明细分类账，按规定的成本项目设置专栏。也可根据本单位成本管理的需要，按航次、航线和单船设置成本明细分类账。

2. 企业运输船舶所发生的船舶直接费用应根据原始凭证和费用分配表直接记入运输成本明细分类账的有关项目，船舶临时从事非运输工作（如救援、临时出租、短期征用等）所发生的船舶直接费用，仍在有关船舶的成本明细账内归集，在计算运输成本时予以扣除。

企业的交通工作船舶、供应船舶、流动修理船舶以及自营港埠的港作船舶、趸船等应分别在“辅助营运费用”和“营运间接费用”中设立明细账、登记并汇集所发生的费用。不得直接计入运输成本。

3. 企业归集的船舶直接费用，应按下列规定分别由客运、货运、油运、排运等运输种类负担：

（1）客轮费用应全部由客轮客运成本负担；

（2）货轮费用应全部由货轮货运成本负担；

（3）油轮费用应全部由油轮油运成本负担；

（4）客货轮费用应分摊计入客货轮客运成本和货运成本中；

（5）拖（推）轮费用应分摊计入拖（推）驳客运成本和拖（推）驳货运（油运、排运）成本；

（6）驳船费用应按驳船种类分摊计入拖（推）驳客运成本和拖（推）驳货运（油运）成本；

（7）拖轮排运的扎排费用，应直接计入拖轮排运成本。

4. 客货轮的船舶直接费用应按下列办法在客货轮客运和客货轮货运之间分摊：

（1）客货轮的船舶直接费用中可以直接由客运和货运成本负

担的费用,应分别直接计入客货轮客运和客货轮货运成本。

(2)客货轮费用中不能直接计入客运或货运成本的共同性费用,应按客货运换算周转量的比例分摊。

计算公式为:

$$每千换算吨公里费用=\frac{客货轮船舶直接费用}{客货运换算周转量(千换算吨公里)}$$

客货轮客运应负担费用=每千换算吨公里费用×客货轮客运换算周转量(千换算吨公里)

客货轮货运应负担费用=每千换算吨公里费用×客货轮货运周转量(千换算吨公里)

(3)为了简化分摊手续,对客货轮费用中不能直接计入客运或货运成本的共同性费用,也可按客货轮载客定额(人)和载货定额(吨)的比例分摊。

5. 拖(推)轮的船舶直接费用应按下列公式计算分摊:

$$每营运千瓦天拖(推)轮费用=\frac{拖(推)轮船舶直接费用}{拖(推)轮营运千瓦天}$$

某运输种类应负担拖(推)轮费用=每营运千瓦天拖(推)轮费用×某运输种类使用拖(推)轮营运千瓦天

6. 驳船的船舶直接费用应按下列公式计算分配:

$$每营运吨天驳船费用=\frac{驳船的船舶直接费用}{驳船营运吨天}$$

某运输种类应负担的驳船费用=每营运吨天驳船费用×某运输种类使用驳船吨天

7. 企业拖驳运输(包括分节驳顶推运输)若拖(推)轮和驳船固定搭配使用,搭配使用的拖(推)轮和驳船的船舶费用可合并归集,在计算拖驳运输成本时不再进行分配。如临时使用其他船舶生产营运,可按上述办法计算分配。

8. 企业各类运输船舶的船舶直接费用,在计算运输成本时,应扣除与运输成本无关的费用(临时从事非运输工作所应负担的船舶直接费用),其中客轮、客货轮、货轮、油轮、驳船应按每营运吨天的船舶直接费用和船舶从事非运输工作营运吨天计算。拖(推)轮应按每营运千瓦天船舶直接费用和船舶从事非运输工作营运千瓦天计算。计算公式分别为:

$$每营运千瓦天的船舶直接费用=\frac{船舶直接费用}{船舶营运千瓦天}$$

与运输成本无关的费用=每营运千瓦天的船舶直接费用×船舶从事非运输工作营运千瓦天

9. 企业应将各运输种类负担的船舶直接费用,按月编制"船舶直接费用分配表"据以计入各运输种类成本。

(二)船舶维护费用:

1. 船舶维护费用的项目及具体内容规定如下:

(1)工资:指非通航期留船船员的工资。

(2)职工福利费:指按规定提取的职工福利费。

(3)燃料:指非通航期船舶所耗用的燃料。

(4)材料:指船舶在非通航期领用的维护用材料和低值易耗品等。

(5)保卫费:指船舶在非通航期为防止事故、防火所发生的费用。

(6)破冰费:指为保护船舶免受流冰损坏和清除船上冰雪所发生的费用。

(7)其他费用:指不属于以上项目的船舶维护费用。

2. 企业应设置"船舶维护费用"明细分类账,并按规定的费用项目设置专栏进行明细核算(非通航期的内河运输企业船舶维护费用,可按航期前、航期后分别设立明细分类账),财会部门应根据有关记账凭证和费用汇总表,按照费用发生的先后,序时登记入账,归集实际发生的船舶维护费用。

3. 企业在非通航期发生的船舶维护费用,应按下列办法处理:

航期前的费用视同"待摊费用"处理,航期后的费用视同"预提费用"处理。计算公式如下:

(1)航期前的船舶维护费用:

$$计划分配率 = \frac{航期前实际发生船舶维护费用}{全年计划通航期天数} \times 100\%$$

通航期某月份运输成本应负担船舶维护费用 = 该月份通航天数 × 计划分配率

(2)航期后的船舶维护费用:

$$计划分配率 = \frac{航期后的船舶维护费预算数}{全年计划通航期天数} \times 100\%$$

通航期某月份运输成本应负担船舶维护费用 = 该月份通航天数 × 计划分配率

企业应将通航期每月运输成本应负担的船舶维护费用,按照各运输种类船舶费用的比例分摊,编制"船舶维护费用分配表"据此计入各运输种类成本。

年度终了,企业应将全年的船舶维护费用实际发生数与分配数之差额,调整到当年的运输成本。

(三)集装箱固定费用:

1. 集装箱固定费用是指内河运输企业从事集装箱运输业务所发生的集装箱固定费用。其项目及具体内容如下:

(1)折旧费:指集装箱按规定提取的折旧费用。

(2)修理费:指企业实际支付修理集装箱的费用。

(3)保管费:指为保管集装箱所发生的费用。

(4)保险费:指企业实际支付集装箱的保险费用。

(5)租费:指企业支付的集装箱租赁费用。

(6)其他费用:指集装箱所发生的除上述项目以外的其他费用。

集装箱固定费用不包括集装箱的装卸、绑扎、拆箱、换装、整理等集装箱货物费用。

2. 企业应按集装箱类型设置"集装箱固定费用"明细分类账,按规定的费用项目设置专栏进行明细核算。

3. 所发生的集装箱固定费用,能直接计入营运成本的则直接计入,不能直接计入的需按一定比例分摊计入。由运输成本负担

的集装箱固定费用,可接各运输种类船舶直接费用的比例分摊计入各运输种类成本。计算公式如下:

$$集装箱固定费用分配率 = \frac{集装箱固定费用}{各运输种类船舶直接费用总额}$$

某运输种类成本应负担的集装箱固定费用 = 该运输种类船舶直接费用 × 集装箱固定费用分配率

4. 企业的集装箱固定费用,应在月终按实际发生数进行分配。

(四)运输总成本和单位成本的计算:

1. 企业全部运输船舶所发生的船舶直接费用及分配由运输成本负担的船舶维护费用、集装箱固定费用和营运间接费用,扣除与运输成本无关的费用,即为企业的运输总成本。其计算公式为:

运输总成本 = 船舶直接费用 + 船舶维护费用 + 集装箱固定费用 + 营运间接费用 - 与运输无关费用

运输总成本除以换算周转量即运输综合单位成本。计算公式为:

$$运输综合单位成本 = \frac{运输总成本(元)}{换算周转量(千换算吨公里)}$$

2. 企业各类船舶所发生的经按运输种类归集、分配的船舶直接费用和分配由各运输种类成本负担的船舶维护费用、集装箱固定费用及营运间接费用,扣除与该类运输成本无关的费用,即为各运输种类的总成本,各运输种类总成本按客、货运汇集即是企业客运和货运总成本。

各运输种类总成本和客、货运总成本分别除以各运输种类周转量和客、货运周转量即为各运输种类单位成本和客、货运输单位成本。计算公式为:

$$各运输种类的单位成本 = \frac{各运输种类总成本(元)}{各运输种类周转量(千人公里或千吨公里)}$$

$$客(货)运单位成本 = \frac{客(货)运总成本(元)}{客(货)运周转量(千人公里或千吨公里)}$$

第一〇七条 汽车运输业务成本项目规定如下:

(一)车辆直接费用:

1. 工资:指按规定支付的营运车辆司机和助手的标准工资,各种工资性津贴以及按规定计算的各种奖金。

2. 职工福利费:指按规定的工资总额和提取标准计提的职工福利费。

3. 燃料:指营运车辆运行中所耗用的各种燃料,如汽油、柴油等。自动倾卸车辆卸车时所耗用的燃料,也在本项目内。

4. 轮胎:指营运车辆耗用的外胎、内胎、垫带、轮胎翻新和修补费。

5. 修理费:指营运车辆进行各级护养和小修所发生的工料费用,修复旧件费用和行车用机油费用,以及车辆大修费用,采用总成互换保修法的企业,保修部门领用周转总成价值和卸下总成的修理费用,也在本项目内核算。

6. 折旧:指营运车辆按规定计提的折旧费。

7. 养路费:指按规定缴纳的公路养护费。

8. 运输管理费:指按规定向交通规费征稽部门缴纳的运输管理费。

9. 车辆保险费:指向保险公司交纳的营运车辆的保险费用。

10. 事故损失:指营运车辆在运行过程中,因行车事故所发生的净损失。有旅客保险收入的企业,其旅客伤亡事故损失和车站责任发生的货损货差以及由于不可抗拒的原因而造成的非常损失,均不在此项目内。

11. 税金:指企业按规定交纳的车船使用税。

12. 其他:指营运车辆在运行过程中发生的不属以上项目的行车杂费等其他费用。

(二)营运间接费用:指运输企业的下属分公司、车队、车场、车站的管理费用。

第一〇八条 汽车运输业务的成本计算方法:

(一)企业的汽车运输支出,应按成本计算对象分别设置"客车运输支出"、"货车运输支出"、"大型车组运输支出"、"特种车运输支出"等多栏式明细分类账,并根据企业的具体情况,按车型或单车设置账页,按规定的成本项目设置专栏。

（二）企业的营运车辆在运输过程中发生的费用，应根据原始凭证和有关资料，计入运输成本明细分类账的有关项目。企业公务车、交通车和救济专用车的有关费用，应根据原始凭证和有关费用资料，分别在车队（场）经费、车站经费或企业管理费用等明细账中归集，不直接计入“运输支出”科目有关明细分类账。

（三）核算车队完全成本的企业，车队应设置运输成本明细分类账，除核算其直接管理的各项费用和车队经费外，还应分摊车站经费和材料成本差异。车队经过归集、分配而汇集的全部车辆费用和车队经费，加上应由本车队当期运输业务负担的车站经费，即为车队运输总成本。企业汇编车队运输总成本，即为企业运输总成本。

（四）不核算车队完全成本的企业，一般只核算直接管理的各项费用和车队经费，车站经费、材料成本差异可以不在车队间进行分配。月终，车队通过各种原始凭证汇总表、分配表汇集的全部车辆费用和车队经费，即为车队运输总成本。企业汇编车队运输总成本，并调整材料成本差异，加上应由本期运输成本负担的车站经费，即为企业运输总成本。

车辆较少的企业，可由企业集中核算成本。

（五）企业可以根据经济责任制的需要，核算单车成本。车队成本、单车成本的核算形式，具体计算方法由企业根据本办法的有关规定和本企业的具体情况定。

（六）企业必须分别计算客车、货车、大型车组、集装箱车、其他特种车辆的单位成本，不计算综合单位成本，计算公式分别为：

$$\text{客车运输单位成本(元/千人公里)}=\frac{\text{客车总成本}}{\text{客车周转量(人公里)}}\times\frac{1}{1000}$$

$$\text{货车运输单位成本(元/千吨公里)}=\frac{\text{货车总成本}}{\text{货车周转量(吨公里)}}\times\frac{1}{1000}$$

$$\text{大型车组运输单位成本(元/千吨位小时)}=\frac{\text{大型车组总成本}}{\text{大型车组运输量(吨位小时)}}\times\frac{1}{1000}$$

$$\text{集装箱车运输单位成本(元/千标准箱公里)}=\frac{\text{集装箱车总成本}}{\text{集装箱周转量(标准箱公里)}}\times\frac{1}{1000}$$

$$\text{其他特种车辆运输单位成本(元/千吨公里)}=\frac{\text{其他特种车辆运输总成本}}{\text{其他特种车辆周转量(吨公里)}}\times\frac{1}{1000}$$

第一〇九条 运输企业成本降低额的计算公式为：

各运输种类成本降低额＝上年实际各运输种类单位成本×本期各运输种类实际周转量－本期各运输种类总成本

客(货)运成本降低额＝上年实际客(货)运单位成本－本期客(货)运实际周转量－本期客(货)运总成本

综合成本降低额＝∑[上年实际单位成本×本期实际周转量]－本期实际总成本

第一一〇条 运输企业成本降低率的计算公式为：

$$\text{各运输种类成本降低率}=\frac{\text{各运输种类成本降低额}}{\text{上年实际各运输种类单位成本}\times\text{本期各运输种类实际周转量}}\times 100\%$$

$$\text{客(货)运成本降低率}=\frac{\text{客(货)运输成本降低额}}{\text{上年实际客(货)单位成本}\times\text{本期客(货)运实际周转量}}\times 100\%$$

$$\text{综合成本降低率}=\frac{\text{综合成本降低额}}{\sum[\text{上年实际单位成本}\times\text{本期实际周转量}]}\times 100\%$$

第二节 装卸业务成本的计算

第一一一条 企业装卸业务的成本核算对象是货物装卸业务。海河港口企业根据经营管理需要，还应分别以下列对象为装卸业务的成本核算对象。

1. 以煤炭、石油、矿石、散化肥、木材、粮食、集装箱、杂货等主要货种为成本核算对象；

2. 以装卸队、机械队、电气队、工具队、综合装卸队等成本责任部门为成本核算对象；

3. 以码头、泊位等装卸作业场所为成本核算对象；

4. 根据装卸费率结构，按货种按操作过程划分成本核算对象，核算分货种分操作过程的装卸成本。

第一一二条 装卸业务的成本计算单位为“千操作吨”、“千吞吐吨”、“千自然吨”。集装箱装卸业务的成本计算单位可采用“标准箱”和“千吨”两种。

第一一三条 企业装卸业务成本项目规定如下：

（一）装卸直接费用：

1. 工资：指应由装卸成本负担的装卸工人、现场指导人员，机械司机、机械队保修人员，各种机械化装卸系统的操作人员、装卸工具的维修、保管人员，以及装卸队（或综合装卸队，下同）、机械队、工具队管理人员的工资。

2. 职工福利费：指按上述应列入装卸成本的工资的规定比例计提的职工福利费。

3. 材料：指装卸作业中实际耗用的各种材料，以及装卸队、机械队、工具队自行维修保养装卸机械、装卸工具耗用的材料。

4. 燃料：指各种装卸机械实际耗用的燃料，装卸工具维修耗用的燃料也列入本项目。

5. 动力及照明：指装卸作业中发生的动力及照明费。

6. 低值易耗品：指应由本期装卸成本负担，按照规定的摊销方法计算的抓斗、漏斗、网络、货盘工具等低值易耗品的摊销额。集中保管使用的劳保用品和应由本企业负担的港际成组工具费，也列入本项目。

7. 折旧费：指应由装卸成本负担的各种装卸机械、机械化装卸系统、机械队、工具队自行保养装卸机械、装卸工具所使用的机器设备，以及由装卸成本负担的机械库、工具库、队部办公用房等固定资产的折旧费。

8. 修理费：指为保证上述固定资产正常运转而发生的修理费。

9. 租费：指租用外单位装卸机械、设备、工具而发生的租费。

10. 外付劳务费：指企业聘用外单位人员进行作业所支付的劳务费。

11. 劳动保护费：指应由装卸成本负担的劳动安全保护费用。

12. 事故损失：指在装卸作业过程中，因港方责任造成，应由本期装卸成本负担的货损、机损、人身伤亡等事故所发生的损失。包括货物落水、破损等货损货差所造成的损失，损坏船方设备所支付的修理费，以及人身伤亡事故所支付的各种费用。

13. 保险费：指应由本期装卸成本负担的财产物资的保险费用。

14. 税金：指应直接由装卸成本负担的税金。

15. 其他：指在装卸作业过程中发生的不属于以上项目的其他费用。

（二）营运间接费用：指应由装卸成本负担的营运间接费用。

第一一四条 装卸成本的计算方法如下：

（一）装卸支出明细账的设置：

1. 以货物装卸业务为成本核算对象的企业，应设置多栏式"装卸支出"明细分类账，按规定的成本项目设置专栏。

2. 以主要货种为成本核算对象的企业，可按货种设"装卸支出"明细账，并按成本项目设专栏。

3. 以成本责任部门为成本核算对象的企业，可按装卸队、机械队、工具队等装卸作业部门设置"装卸支出"明细账，并按成本项目设置专栏归集装卸直接费用；对难以归口到责任部门的装卸直接费用，另设"装卸支出"明细账，按成本项目设置专栏。

4. 以货种和操作过程为成本核算对象的企业，可参照本条第二款的规定设置"装卸支出"明细账。

（二）主要货种装卸成本的计算：

1. 货种装卸成本一般年终一次计算，月度按专业码头、泊位或其他成本责任部门归集装卸直接费用，分配营运间接费用，年末计算货种的装卸总成本和单位成本。

2. 非专业码头从事多种货物装卸作业，可根据按责任部门归集的直接费用，分别按以下方式计算货种装卸成本。

（1）装卸队的费用按实际从事货种装卸作业的工时比例分摊到有关货种。

（2）机械队的费用可按实际从事各货种装卸作业的机械台时比例分摊到有关货种。

（3）工具队的费用应分成两部分。工具的采购、制造成本可根据统计资料先分摊到相关货种，工具队的其他费用按各货种分摊的工具采购、制造费用的比例分摊。

(4)事故费用、劳动保护费等无法直接计入有关责任部门费用按上述计入货种成本的装卸队、机械队、工具队的直接费用的比例分摊。

(5)应扣减的与装卸成本无关的费用参照上述事故费用、劳动保护费用的分摊方法按比例扣减。

3. 财务部门根据各单位上报的分货种装卸成本汇总资料,按各货种成本项目费用比例分摊直接支付的装卸支出,并编制年度装卸成本计算表。

4. 专业化码头临时兼营其他货物装卸业务,也视同专业码头货种计算。非专业码头经营的货物装卸业务,如果某种货物的数量较少,可忽略不计,按从属多数的方法,归并到其他货种计算。

(三)汽车运输企业装卸队装卸成本的计算:

1. 装卸队核算间接费用的企业,装卸队应设置装卸成本明细账,进行账务处理,除核算装卸队直接管理的各项成本费用外,还应分摊规定的间接费用,装卸队汇集的全部装卸成本费用,加上应由装卸队当期装卸总成本、企业汇编各装卸队的全部成本,即为企业装卸总成本。

2. 装卸队不核算间接费用的企业,一般只核算直接管理的各项成本费用,当期应由装卸业务负担的间接费用,可以不分配给装卸队。月终,装卸队通过各种原始凭证汇总表和有关费用资料,汇集全部装卸业务的成本费用,即为装卸队装卸总成本。企业汇编各装卸队装卸总成本,加上应由本期装卸业务负担的间接费用,即为企业装卸总成本。

第一一五条 装卸综合单位成本和主要货种单位成本的计算公式如下:

$$装卸综合单位成本=\frac{装卸总成本(元)}{装卸工作量(千操作吨)}$$

$$装卸货种单位成本=\frac{货种装卸总成本(元)}{货种装卸工作量(千操作吨)}$$

第一一六条 装卸成本降低额和成本降低率计算公式为：

$$成本降低额 = \sum(上期货种单位成本 \times 本期货种实际产量) - 本期装卸总成本$$

$$成本降低率 = \frac{成本降低额 \times 100\%}{\sum(上期货种单位成本 \times 本期货种实际产量)}$$

第一一七条 为了加强成本管理，优化装卸工艺，降低生产耗费，提高企业经营管理水平，有条件的企业应该分货种分操作过程计算装卸成本。

（一）计算分货种分操作过程装卸成本，应以操作吨作为一般的成本计算单位，以标准箱作为集装箱货物的成本计算单位。

（二）计算分货种分操作过程装卸成本，应把货物分五大货类41货种：

一、散货	二、袋物	三、钢铁	四、其他	五、集装箱
1-1 统煤	2-1 袋粮	3-1 生铁	4-1 原木	5-1 国际箱
1-2 块煤	2-2 袋糖	3-2 有色金属锭	4-2 成材木	5-2 国内箱
1-3 粉煤	2-3 袋盐	3-3 钢锭	4-3 橡胶	
1-4 粉矿	2-4 袋化肥	3-4 废金属	4-4 车辆	
1-5 块矿	2-5 袋纯碱	3-5 卷钢	4-5 桶物	
1-6 矿建	2-6 袋水泥	3-6 其他钢铁	4-6 设备	
1-7 散粮	2-7 其他袋物		4-7 卷筒纸	
1-8 散糖			4-8 夹板纸	
1-9 散盐			4-9 纸浆	
1-10 散化肥			4-10 集装袋	
1-11 散纯碱			4-11 其他杂货	
1-12 原油				
1-13 成品油				
1-14 液体				
1-15 其他散货				

（三）计算分货种分操作过程装卸成本，操作过程分为七类：

1. 船(驳)↔库、场

2. 船(驳)↔船(驳)

3. 船(驳)↔卡车

4. 船(驳)↔火车

5. 库、场↔卡车

6. 库、场↔火车

7. 库、场↔库、场

(四)上述货物及操作过程的分类方法,适用于所有海河港口企业。但是每个企业在计算本企业的分货种分操作过程装卸成本时,可结合本企业的装卸作业对象和作业方式,确定要计算的货种和操作过程、数量较少的货种和操作过程可以归并到相近的货种和操作过程。管道装卸、浮筒装卸作业较多的企业可以单独计算管道、浮筒作业的装卸成本,按可视作业两端船、库、车类别归并到以上七种作业过程。

(五)分货种分操作过程装卸成本按年计算,以一个会计年度作为计算期,使月度费用支出的偶然因素在年度内相互抵消,提高成本资料的正确性和可比性。

(六)计算分货种分操作过程装卸成本应遵循以下几个原则。

1. 计算分货种分操作过程装卸成本,必须以计算期的企业装卸总成本为依据,分货种分操作过程的直接费用,公司(作业区)和局的管理费用必须与计算期装卸成本报表的对应项目一致。

2. 计算分货种分操作过程装卸成本,必须遵循受益原则。凡是能直接计入货种操作过程成本的,应直接计入,不要采用分配方法;不能直接计入货种操作过程成本的间接费用,可按合理的标准分配计入。

3. 分货种分操作过程的操作吨,必须与统计部门"装卸工作月报"(剔除供水、集装箱和货主自营装卸的操作吨)的操作吨数据一致;分操作过程的集装箱部标准箱量必须与劳资部门"分类定额效率统计表"的集装箱数一致。

（七）为了做好分货种分操作过程装卸成本核算工作，企业有关职能部门必须提供以下资料：

1.计划统计部门提供：

（1）装卸货物的操作吨。

（2）装卸集装箱的标准箱。

2.劳资部门提供：

（1）分货种分操作过程的操作吨。

（2）分货种分操作过程的装卸工人作业工时和作业工资。

（3）分货种分操作过程的操作吨。

3.机电部门提供：

（1）各类装卸机械单车核算的统计资料。

（2）各类装卸机械设备额定功率、能耗定额及耗能记录。

（3）分货种分操作过程的各类装卸机械设备作业时和相应的起运吨。

4.财会部门提供：

（1）装卸机械设备的固定资产卡片。

（2）按经济用途归集的装卸成本费用。

（八）成本项目：

分货种分操作过程装卸业务的成本项目按费用用途设以下几项：

1.装卸人工费：指装卸队在生产管理过程中所发生的全部费用和外付劳务费。

2.装卸机械费：指应由装卸成本负担的机械队、电气队等部门所发生的机械设备的营运费用、修理费用、折旧费用和设备管理费用。

3.装卸工具费用：指应由装卸成本负担的装卸工具的购置、修理、制造费用和工具管理部门为整理、收发、保管工具所发生的费用。

4.其他装卸费用：指在装卸过程中发生的不能归入上述成本项目的其他装卸直接费用。

5. 管理费用:指由装卸成本负担的营运间接费用和管理费用。

6. 财务费用:指应由装卸成本负担的借款利息、汇兑损益等费用。

(九)成本费用的分摊:

计算分货种分操作过程装卸成本,要把按上述成本项目归集的费用按以下方法分配计入有关货种、有关操作过程的装卸成本。

1. 装卸人工费的分摊

有分货种分操作过程装卸工人计件工资统计资料的企业,装卸人工费中的计件工资费用按实际发生数计入有关货种操作过程成本,其他费用按装卸工人计件工资的比例分摊,无统计资料的企业,装卸人工费按装卸工人作业工时或定额工时比例分摊。

货种操作过程人工费 = 该货种该操作过程耗用作业工时 × 单位工时成本

$$单位工时成本 = \frac{人工费合计数}{全部作业工时合计数}$$

2. 装卸机械费的分摊

装卸机械按机械设备作业台时比例分摊。

某货种某操作过程的机械费 = $\sum$ 投入该货种该操作过程各类机械设备的作业台时 × 各类机械设备的台时单价

各类机械设备的台时单价等于各类机械设备的营运成本除以各类机械设备的作业台时。各类机械的营运成本通过单车(或单类机械)经济核算取得。固定机械(一般为大型机械)实行单车核算、流动机械(一般为中、小型机械)实行分类核算,单车核算和分类核算都包括司机人工费用、保养维修费用、折旧费用和其他费用。

某类机械设备费用除以该机械设备的作业台时,即该机械设备单位台时成本。

$$某类机械设备的单位台时成本 = \frac{该类机械设备费用}{该类机械设备作业台时}$$

3. 装卸工具费的分摊

工具费按装卸工具适用货类、适用操作过程的操作吨分摊。

(1)成组工具费用按成组工具适用货种的操作吨分摊。

某货种某操作过程的成组工具费用=该货种操作过程操作吨×单位成组工具费用

$$单位成组工具费用=\frac{成组工具费用总额}{成组货物操作吨}$$

(2)特种工具费用直接计入有关货种的操作成本之中。

(3)通用工具费用则按所适用货种的操作吨比例分摊。

某货种某操作过程的其他工具费用=该货种该操作过程完成的操作吨×单位通用工具费用

$$单位通用工具费用=\frac{成组工具费用总额}{适用货类操作吨}$$

(4)工具管理费用(工具队发生的工具收发、整理、保管费用)按计入分货种分操作过程装卸成本的工具直接费用比例分摊。

4. 其他装卸直接费用、管理费用和财务费用的分摊

其他装卸直接费用和计入装卸成本的营运间接费用、管理费用、财务费用按分货种分操作过程装卸成本直接费(人工费+机械费+工具费)的比例分摊。

分货种分操作过程装卸成本直接费加上分摊入的其他装卸直接费用、营运间接费用管理费用和财务费用,即为分货种分操作过程的装卸总成本。分货种分操作过程的装卸总成本分别除以相应的操作吨(或标准箱),即为分货种分操作过程的装卸单位成本。

$$某货种某操作过程装卸单位成本=\frac{该货种该操作过程装卸成本合计数}{该货种该操作过程操作吨}$$

计算分货种分操作过程装卸成本,采用列表计算方法。

计算方法如下:

1. 根据“装卸支出明细分类账”,编制“装卸成本计算表”(见附表4-1),将装卸总支出按成本项目和费用要素归类分解。

2. 编制“人工费分摊计算表”（见附表4-2），计算工时单价。

3. 编制“分类机械设备台时单价计算表”（见附表4-3），分别求得各类装卸机械的台时单价和起运吨单位成本。

4. 编制“分货种分操作过程机械费计算表”（见附表4-4），计算各个货种各类操作过程的机械费。

5. 编制“工具费分摊计算表”（见附表4-5），计算分类工具总费用和每操作吨工具费用。

6. 根据上述各表的数据，编制“分货种分操作过程装卸成本计算表”（见附表4-6），计算各个货种各类操作过程的单位成本。

第三节　堆存业务成本的计算

第一一八条　企业堆存业务的成本计算对象为仓库、堆场、油罐、筒仓等的货物堆存业务。

第一一九条　企业堆存业务成本项目规定如下：

（一）堆存直接费用：

1. 工资：指企业从事堆存业务的人员工资。

2. 职工福利费：指按上述工资和规定比例提取的职工福利费。

3. 材料：指库场实际耗用的各种材料。

4. 低值易耗品：指应由本期堆存成本负担的油布、防风网罩、垫仓板等堆存工具和其他低值易耗品的摊销额。

5. 燃料：指库场专用机械设备实际耗用的煤、汽油、柴油等燃料。

6. 动力及照明费：指库场耗用的照明费及冷藏库、机械化粮仓耗用的动力费。

7. 折旧费：指堆存作业中使用的仓库、货棚、筒仓、油罐等堆存设备，按照规定计提的折旧费。

8. 修理费：指为保证堆存设施正常使用而进行的各类修理所支付的费用。

9. 租费：指港口企业租入库场等堆存设备按规定应列入成本的租费。

10. 外付劳务费:指企业聘用外单位人员进行堆存作业所支付的劳务费。

11. 劳动保护费:指用于堆存作业的职工劳动保护费用。

12. 事故损失:指在堆存作业过程中,因港方责任而造成的货损货差等事故损失。

13. 保险费:指应由堆存业务成本负担的财产物资的保险费用。

14. 税金:指企业的库场设施按规定应交纳的房产税。

15. 其他:指不属于以上项目的堆存直接费用。

(二)营运间接费用:指由堆存成本负担的营运间接费用。

第一二〇条 堆存业务成本计算方法如下:

(一)企业的堆存业务支出,应设置多栏式"堆存支出"明细分类账,按成本责任部门(各库场队)或仓库、油罐、粮仓等设置账页,按规定的成本项目设置专栏。

(二)港口归集的堆存直接费用,在计算堆存成本时,应扣除"堆存无关支出"。堆存无关支出的计算可根据不同情况区别对待。

1. 部分仓库、堆场长期出租应扣除的无关支出的计算公式如下:

$$应扣堆存无关支出=\frac{出租仓库(场地)面积}{仓库(场地总面积)}\times 仓库、场地全部费用$$

2. 整块堆场、整座仓库长期出租可将该堆场仓库的全部支出直接结转到"其他业务支出"。

3. 在用堆存设备(如铺、垫设备)短期出租应扣除的无关支出可按租金收入的一定比例计算,也可规定内部结算单价,按以下公式计算:

应扣堆存无关支出=每日每件应扣费用×出租天数×出租设备件数

4. 在用堆存设备长期出租,根据确定的价格和出租的数量从出租月份的堆存成本中一次予以扣除,转入"其他业务支出"。

5. 租赁期满，企业收回堆存设备，对尚可使用的堆存设备，按质论价，冲减“其他业务支出”，转入“堆存支出”。

企业应根据业务部门提供的仓库、堆场及堆存设备的出租资料，编制“堆存无关支出计算表”，据此将无关支出结转到“其他业务支出”。

（三）装卸公司（或作业区）经过归集、分配和扣除无关支出而汇集的全部堆存直接费用和分摊计入堆存成本的营运间接费用，加上由港务局直接支付未转给所属公司负担的堆存费用，即为企业的堆存总成本。

（四）堆存成本的程序与装卸成本的计算程序基本类同。

（五）企业的堆存业务，计算堆存单位成本或收入成本率，计算公式如下：

$$\text{堆存单位成本(元/吨天)} = \frac{\text{堆存总成本}}{\text{堆存吨天}}$$

$$\text{堆存收入成本率} = \frac{\text{堆存总成本}}{\text{堆存总收入}} \times 100\%$$

第四节　港务管理业务成本的计算

第一二一条　企业港务管理业务的成本核算对象是本企业的港务管理业务。企业根据经营管理的需要，还可以核算码头管理、引航管理、航道管理、铁路专用线管理、系解缆管理业务等单项港务管理业务成本。

第一二二条　海河港口企业港务管理业务成本项目规定如下：

（一）港务管理直接费用：

1. 工资：指应由港务管理业务成本负担的码头管理、航道管理、引航管理、系解缆管理、岸线管理、环境监测等港务管理人员的工资。

2. 职工福利费：指按上述应列入港务管理业务成本的工资的规定比例计提的职工福利费。

3. 材料：指港务管理部门、港务管理设施及港务作业船舶、车辆等耗用的材料、物料及低值易耗品。

4. 燃料：指港务管理部门、港务管理设施及港务作业船舶、车辆等耗用的燃料。

5. 动力及照明：港务设施耗用的照明费、动力费。

6. 折旧费：指应由港务管理业务成本负担的码头、浮筒、栈桥，驳岸、护岸、防波堤、防火堤、导流堤、船闸、港区围墙、道路、桥涵、铁路、港务管理专用船舶、车辆、房屋及其他设备等固定资产的折旧费。

7. 修理费：指应由港务管理业务成本负担的各类修理费用。

8. 防台、防汛措施费：指企业采取防台、防汛措施所发生的费用。

9. 租费：指因经营港务管理业务租用的船舶、车辆、房屋及其他设备所支付的租赁费。

10. 外付劳务费：指企业聘用外单位人员从事港务管理业务所支付的劳务费。

11. 劳动保护费：指应由港务管理业务成本负担的劳动安全保护费用。

12. 疏浚费：指港池、锚地、进港航道等的维护性挖泥所发生的费用。航道、泊位、港池、锚地的测量费用也应包括在本项目。

13. 保险费：指港务管理业务专用船舶、车辆、房屋等资产的保险费。

14. 应交上级港务费：指港口企业按规定应交上级主管部门的港务管理收入。

15. 税金：指企业支付的车船使用税等。

16. 其他：不属于以上项目的港务管理直接其他费用。

（二）营运间接费用：指应由港务管理成本负担的营运间接费用。

第一二三条 港务管理业务成本的计算方法如下：

（一）企业应设置“港务管理支出”总分类账和明细分类账。

"港务管理支出"明细分类账可按单项管理业务或责任部门设置账页,按规定的港务管理业务成本项目设置专栏。

(二)港务管理业务的计算程序与装卸成本的计算程序类同。

第一二四条 港务管理业务只核算业务总成本和单项管理业务成本,不计算单位成本。

第五节 其他业务成本的计算

第一二五条 其他业务是企业主营业务以外的业务。

(一)运输企业其他业务项目主要包括:旅客服务、代理业务,旅游服务、劳务出租、打捞施救、理货业务、港务业务、轮渡业务、固定资产出租、船舶修理、供销业务、引水业务、通讯业务、广告业务、旅馆业务、客货轮船员职责外劳务、附属企业销售等。

(二)港口企业的其他业务项目主要包括:运输业务、代理业务、理货业务、散装货灌包业务、集装箱服务业务、出租业务、供应业务、旅客服务业务、外派劳务业务等。

第一二六条 其他业务成本核算对象由企业根据其他业务的内容确定。

第一二七条 为了核算其他业务成本、企业应设置"其他业务支出"明细分类账、按其他业务类别设置账页,按相应的成本项目设置专栏进行明细核算。

第一二八条 其他业务的成本项目由企业根据各业务费用发生的实际情况自行设置。为了便于企业进行成本分析,凡其他业务成本中涉及到下列费用的,应单独反映:

(一)直接费用:

1. 工资;

2. 职工福利费;

3. 燃润料;

4. 材料及劳保用品;

5. 折旧费;

6. 修理费;

7. 租费；

8. 保险费；

9. 税金；

10. 其他直接费用。

(二)营运间接费用:指应由其他业务成本负担的营运间接费用。

第一二九条 其他业务成本的计算方法:

(一)企业经营其他业务所发生的直接费用,应根据有关凭证按业务类别直接计入"其他业务支出"相应成本项目。不能直接计入其他业务成本的,可先在"营运间接费用"、"辅助营运费用"等科目核算。月终,将这些费用按规定的分配标准分配计入有关业务成本。

各业务类别汇集的直接费用,与应由该业务类别负担的间接费用之和即为该业务类别的其他业务总成本。

(二)企业经营其他业务所发生的不易单独归集的费用,可按收入扣减流转税后的数额作为其他业务成本。

(三)其他业务一般不计算单位成本。其成本考核指标为"收入成本率"。计算公式为:

$$某项其他业务收入成本率=\frac{某项其他业务总成本}{某项其他业务总收入}\times 100\%$$

第十三章 期间费用的核算

第一节 管理费用的核算

第一三〇条 管理费用是指企业行政管理部门为组织和管理营运活动而发生的各项费用。管理费用的项目及具体内容主要包括:

(一)公司经费。其具体内容如下:

1. 工资:指管理部门的职工工资及其他按规定在管理费用中列支的其他人员的工资。

2. 职工福利费:指企业按照规定提取的管理部门和福利部门的职工福利费。

3. 物料消耗:指企业管理部门耗用的燃、材料。

4. 低值易耗品摊销:指管理部门所使用的低值易耗品的摊销费。

5. 折旧费:指企业管理部门和非生产部门的固定资产,按规定计提的折旧。

6. 修理费:指企业管理部门固定资产发生的修理费用。

7. 办公费:指企业管理部门的文具、印刷、邮电、办公用品等。

8. 水电费:指管理部门消耗水电费用。

9. 租赁费:指管理部门使用自外部租入各种固定资产和用具等按规定在成本中列支的租金。

10. 差旅费:指企业职工因公外出的各种差旅费,以及按规定支付的职工及家属的调遣费。企业的交通车船费用,按规定支付给职工的交通补贴,以及企业职工因出国考察、签订合同、培训等按规定支付的各种费用均包括在本项目内。

11. 业务费:指企业管理使用的业务票据、航海图书、技术书刊等费用。

12. 取暖费:指管理部门所支付的取暖费。

13. 会议费:指企业因召开会议按规定支付的各种费用,其中包括:会议伙食费、会议公杂费、住宿费和会场租赁费、会议交通费等。

14. 劳动保险费:指企业管理部门按规定发给职工个人保管使用的工作服和其他劳动保护用品,以及防暑、防寒保健饮料和其他劳保安全措施费用。

15. 其他:指不包括在以上项目内的其他各种公司经费。

(二)工会经费。

(三)职工教育经费。

(四)劳动保险费。

(五)待业保险费。

（六）董事会费。

（七）咨询费。

（八）审计费。

（九）诉讼费。

（十）排污费。

（十一）绿化费。

（十二）税金：是指企业按照规定支付的房产税、车船使用税、土地使用税、印花税等。

（十三）土地使用费（海域使用费）。

（十四）土地损失补偿费。

（十五）技术转让费。

（十六）技术开发费。

（十七）无形资产摊销。

（十八）业务招待费。

（十九）燃、材料盘亏和毁损：是指按规定应由企业管理费列支的燃料、材料的盘亏和毁损。盘盈应在本项目内减除。

（二十）坏账损失：是指企业按规定列入成本的坏账损失。

（二十一）警卫消防费：是指企业警卫、消防机构的日常经费，如消耗的消防用材料物资及行政管理部门购置的消防器材费用等，为船舶和客货运输安全工作专设的消防机构的经费开支，不包括在本项目内。

（二十二）仓库经费：是指材料仓库为进行保管、整理等工作所耗用的材料和各种费用。

（二十三）递延资产摊销：是指企业在筹建期间发生的开办费和以经营租赁方式租入固定资产的改良支出的摊销。

（二十四）上级管理费：是指企业按规定分摊上交给上级单位的管理费用。

（二十五）其他：是指不包括在以上项目内的其他各种管理费用。

第一三一条 企业应设置“管理费用”总分类账和明细分类

账,管理费用明细分类账按费用项目设置专栏。为落实内部经济责任制,企业还可按部门设置账页,根据有关记账凭证和费用汇总表,按照费用发生的先后,序时登记入账,归集管理费用。

第一三二条 企业每月实际发生的管理费用应在月末结转到当期损益。

第二节 财务费用的核算

第一三三条 财务费用是指企业为筹集资金而发生的各项费用,包括企业营运期间发生的利息支出(减利息收入)、汇兑净损失、金融机构手续费以及筹资发生的其他支出等。

第一三四条 企业流动负债的应计利息支出,计入财务费用。企业长期负债的应计利息支出,筹建期间的,计入开办费,营运期间的,计入财务费用,清算期间的,计入清算损益。其中,与购建固定资产或者无形资产有关的,在资产尚未交付使用或者虽已交付使用但尚未办理竣工决算之前,计入购建资产的价值。

第一三五条 月份终了,企业应当将外币现金、外币银行存款、债权、债务等各种外币账户的余额,按照月末的市场汇价折合为记账本位币金额,按照月末市场汇价折合的记账本位币金额与账面记账本位币金额之间的差额,作为汇兑损益。企业发生的汇兑损益,筹建期间发生的,如果为净损失,计入开办费,从企业开始营运的次月起,按照不短于 5 年的期限平均摊销,如果为净收益,从企业开始营运的次月起,按照不短于 5 年的期限平均转销。营运期间发生的,计入财务费用。清算期间发生的,计入清算损益。其中与购建固定资产等直接有关的汇兑损益,在资产尚未交付使用或者虽已交付使用但尚未办理竣工决算之前,计入资产的价值。

第一三六条 企业买卖外汇所发生的价差,计入当期财务费用。

第一三七条 企业因向外资银行举债支付的承诺费,计入支付当期财务费用。

第一三八条 财务费用核算应设置“财务费用”总分类账和

明细分类账,“财务费用”明细分类账可按财务费用的构成内容设置专栏,分类反映企业的利息收入、利息支出、汇兑损失、汇兑收益、承诺费、金融机构手续费等。

第一三九条 企业当月发生的财务费用应在月末时结转当期损益。

第十四章 成本费用报表

第一四〇条 企业成本报表的种类和报送时间规定如下:

(一)种类

1. 海洋运输成本计算表 月、年
2. 内河运输成本计算表 月、年
3. 汽车运输成本计算表 月、年
4. 装卸成本计算表 月、年
5. 堆存成本计算表 月、年
6. 港务管理业务成本计算表 月、年
7. 管理费用明细表 年
8. 财务费用明细表 年

企业应根据经营管理的需要,自行设置其他业务成本计算表,销售成本计算表,也可以将管理费用明细表和财务费用明细表合并成管理、财务费用明细表。

(二)报送时间按主管部门规定的时间报出。

(三)报送对象:

1. 交通部财务会计司;
2. 地方交通主管部门;
3. 按规定应上报的其他上级主管部门。

企业的成本、费用数据是企业加强经营管理,提高市场竞争能力的重要资料,企业一般不得随意对外提供成本报表。

第一四一条 编制成本、费用报表的要求:

(一)企业必须按本办法规定的时间结账,不得为赶制报表而提前结账。

（二）在编制成本、费用报表前，必须审核账簿记录，定期盘点财产物资，对资产、负债和所有者权益占用账户进行试算平衡，然后根据核对无误的会计资料编制报表。

（三）编制成本、费用报表，必须做到账表一致、内容完整、数字正确、字迹清晰、说明清楚、报送及时。成本、费用报表中的计划数字，应根据主管部门最后核定的数字填列。

（四）企业的年度成本、费用报表，应分析成本、费用计划执行情况，说明营运成本、费用升降原因。年度成本、费用报表说明要求全面详细，有情况，有分析，有建议。

（五）规定报送的成本、费用报表应同其他会计报表一道依次编定页数，加具封面，装订成册，加盖公章，封面上应注明企业名称、主管部门、报出日期等，并由企业领导、总会计师和会计主管人员签章。

（六）规定上报的成本、费用报表的格式和编制说明，由交通部统一制定。

企业可以根据统一的成本、费用报表格式和编制说明，自行制定适应本单位成本管理需要的成本、费用报表及其相应的编制说明。

第十五章　附　则

第一四二条　本办法由交通部解释。各省、自治区、直辖市交通主管部门可根据本地区实际情况商同级财政部门，制定补充规定或实施细则，报财政部备案。

第一四三条　企业应根据本办法，结合本单位的实际情况，制定成本、费用计算规程。

第一四四条　本办法自1995年1月1日起实施，过去的有关规定与本办法有抵触者，一律以本办法为准。

附表 1

海洋运输成本表

______年　　　　　　　　单位:元

项　　目	行次	金　　额
一、航次运行费用	01	
1. 燃料费	02	
2. 港口费	03	
3. 货物费	04	
4. 集装箱货物费	05	
5. 中转费	06	
6. 垫隔材料	07	
7. 速遣费	08	
8. 客运费	09	
9. 事故损失	10	
10. 航次其他费用	11	
二、船舶固定费用	12	
1. 工资	13	
2. 职工福利费	14	
3. 润料	15	
4. 物料	16	
5. 船舶折旧费	17	
6. 船舶保险费	18	
7. 船舶修理费	19	
8. 税金	20	
9. 船舶共同费用	21	
10. 船舶非营运期费用	22	
11. 其他船舶固定费用	23	

续上表

项　　目	行次	金　　额
加:上年未完航次支出	24	
减:本年未完航次支出	25	
计入运输成本的船舶固定费用	26	
三、集装箱固定费用	27	
四、船舶租费	28	
五、营运间接费用	29	
减:与运输无关支出	30	
六、运输总成本	31	
其中:客运成本	32	
货运成本	33	
七、运输周转量	34	
客运周转量(千人海里)	35	
货运周转量(千吨海里)	36	
八、运输单位成本(元/千换算吨海里)	37	
客运单位成本(元/千人海里)	38	
货运单位成本(元/千吨海里)	39	
九、成本降低额	40	
客运成本降低额	41	
货运成本降低额	42	
十、成本降低率	43	
客运成本降低率(%)	44	
货运成本降低率(%)	45	
补充资料	46	
本年耗油数(吨)	47	

附表2

内河运输成本表

______年　　　　　　　　　　　　　　　　单位:元

项　　目	行次	金　　额
一、船舶直接费用	01	
1. 工资	02	
2. 职工福利费	03	
3. 燃料	04	
4. 润料	05	
5. 物料	06	
6. 港口费	07	
7. 航养费	08	
8. 过闸费	09	
9. 折旧费	10	
10. 修理费	11	
11. 事故损失	12	
12. 租费	13	
13. 保险费	14	
14. 劳动保护费	15	
15. 税金	16	
16. 其他费用	17	
二、船舶维护费用	18	
三、集装箱固定费用	19	
四、营运间接费用	20	
减:与运输无关支出	21	
五、运输总成本	22	
其中:客运成本	23	
货运成本	24	
六、运输周转量	25	
客运周转量(千人公里)	26	

续上表

项　　目	行次	金　　额
货运周转量(千吨公里)	27	
七、运输单位成本(元/千换算吨公里)	28	
客运单位成本(元/千人公里)	29	
货运单位成本(元/千吨公里)	30	
八、成本降低额	31	
客运成本降低额	32	
货运成本降低额	33	
九、成本降低率	34	
客运成本降低率(%)	35	
货运成本降低率(%)	36	
补充资料	37	
本年耗油数(吨)	38	

附表3

汽车运输成本表

＿＿＿年　　　　　　单位:元

项　　目	行次	金　　额
一、运输总成本	01	
(一)车辆直接费用	02	
1. 工资	03	
2. 职工福利费用	04	
3. 燃料	05	
4. 轮胎	06	
5. 修理费	07	
6. 折旧	08	
7. 养路费	09	
8. 运输管理费	10	
9. 事故损失	11	
10. 税金	12	

续上表

项　　目	行次	金　　额
11. 其他	13	
(二)营运间接费用	14	
二、周转量(千换算吨公里)	15	
三、单位成本(元/千换算吨公里)	16	
四、成本降低额	17	
五、成本降低率(%)	18	
补充资料	19	
耗油量(吨)	20	
其中:汽油(吨)	21	
柴油(吨)	22	

附表4

装卸成本表

______年　　　　　　单位:元

项　　目	行次	金　　额
一、装卸总成本	01	
(一)装卸直接费用	02	
1. 工资	03	
2. 职工福利费用	04	
3. 材料	05	
4. 燃料	06	
5. 动力及照明	07	
6. 低值易耗品摊销	08	
7. 修理费	09	
8. 折旧	10	
9. 租费	11	
10. 外付劳务费	12	
11. 劳动保护费	13	
12. 保险费	14	

续上表

项　　目	行次	金　　额
13. 事故损失	15	
14. 税金	16	
15. 其他	17	
(二)营运间接费用	18	
二、装卸量(千自然吨)	19	
三、单位成本(元/千自然吨)	20	
四、成本降低额	21	
五、成本降低率(%)	22	

附表 4-1

装卸成本计算表

单位:元

项　　目	本期实际数	人工费	机械费	工具费	其他	管理费用	财务费用	备注
1. 工资								
2. 职工福利费								
3. 材料								
4. 低值易耗品摊销								
5. 燃料								
6. 动力及照明								
7. 折旧费								
8. 修理费								
9. 租费								
10. 外付装卸费								
11. 劳动保护费								
12. 事故损失								

续上表

项　目	本期实际数	人工费	机械费	工具费	其他	管理费用	财务费用	备注
13. 保险费								
14. 税金								
15. 其他								
直接费用合计								
管理费用								
财务费用								
减:无关支出								
装卸总成本								
操作吨								
其中:集装箱操作吨								
货主自理操作吨								
供水操作吨								
操作吨单位成本								
货主自理操作吨								

附表 4-2

人工费分摊计算表

项　目	行　次	单　位	金　额	备　注
人工费合计	1	元		
直接计入	2	元		
分摊计入	3 = 1 - 2	元		
作业工时	4	小时		
工时单价	5 = 3/4	元/小时		

交通部施工企业成本费用核算办法

（交通部、财政部　交财发[1995]911号　1995.09.29）

第一章　总　　则

第一条　为适应社会主义市场经济发展需要和施工企业转换经营机制的要求，加强施工企业成本费用核算管理，努力降低工程成本，控制费用支出，提高企业的经济效益，根据财政部颁布的《企业财务通则》、《企业会计准则》、《施工、房地产开发企业财务制度》、《施工企业会计制度》等有关规定，结合航务、航道、公路工程的实际情况，制定本办法。

第二条　本办法适用于交通部直属施工企业。部属企、事业及双重领导港口的所属施工单位及其对外投资开办的拥有控制权的施工企业也适用本办法。

施工企业内部附属工业、运输等企业，其工业产品和劳务的成本计算，可按其业务性质参照国家有关工业、运输等行业制度和成本管理的规定执行。

各省、市、自治区交通厅（局）所属施工企业及部属自营建设单位，参照执行本办法。

第三条　各施工企业可根据本办法，结合生产经营特点和管理的具体情况，制定实施细则，报部备案。

第二章　成本费用管理

第一节　成本费用管理的任务和内容

第四条　成本费用管理的基本任务

一、在施工生产管理过程中，根据工程承包价和施工组织设计以及历史成本资料、市场调查等成本费用信息，研究成本费用变化规律，进行长期和短期、定期和不定期、综合和专项成本费用的预测，确定目标成本。

二、编制切实可行的成本费用计划，提出降低成本和控制费用的措施。

三、根据成本费用计划、有关定额和费用开支标准，结合本单位、部门成本费用发生的特点，逐级、逐项分解为可操作、可控制的指标，落实到责任单位、责任部门和责任人，对生产经营过程中发生的各种成本消耗和费用开支实行全面控制和监督。

四、正确、及时地计算主营业务成本、其他业务成本和期间费用，为企业加强内部管理，确定投标报价，参与市场竞争，进行企业决策提供成本信息。

五、分析、考核成本费用计划的完成情况，研究成本费用节约和超支的原因，挖掘企业降低成本费用的潜力，制定进一步降低成本费用的措施，提高企业的经济效益。

第五条 成本费用管理的主要内容包括：成本费用计划、成本费用控制、成本费用核算、成本费用分析、成本费用考核。它们互为条件、互相制约，构成一个有机的成本费用管理体系。

第二节 成本费用管理责任制

第六条 成本费用管理责任制是企业经济责任制的一项重要内容，各施工企业按照统一领导、分级归口管理的原则，根据企业内部组织分工和岗位责任制，建立和健全成本费用管理制度。

第七条 施工企业主要领导人成本费用管理的职责：

一、贯彻国家方针政策，执行财经制度，遵守财经纪律，制止一切侵占国家收入以及铺张浪费，虚列成本费用等损害国家利益的行为，防止国有资产流失，对生产经营的经济效果负全部责任。

二、组织各职能部门和基层单位，建立健全各级成本费用管理责任制，审定成本费用计划。

三、组织和领导各职能部门和基层单位努力增收节支、增产节约,提高工程质量,缩短工期,降低消耗,最大限度地降低工程成本费用。

四、领导开展组织经济活动分析,检查成本费用计划的执行情况,结合本企业实际,采取有效措施,改进和提高生产经营管理水平。

五、负责执行财政、审计、税务机关和上级对成本费用违纪行为的处理决定。

第八条 施工企业总工程师成本费用管理的职责:

负责挖潜、革新、改造;采用新技术、新工艺、新材料;审定和优化施工组织设计;在施工组织、工程质量、工程进度等方面讲求经济效益,组织制定并审定技术组织措施计划,做到技术上先进合理、经济上节约、实施中有成效;在现场施工管理工作中挖潜,采用相应的降低成本的技术组织措施;组织开展科研和技术革新,积极采用新技术、新工艺、新材料,瞄准国际同行业先进技术水平,制定相应的技术引进、设备改造、技术人员培训的规划和计划,对各项技术组织措施的经济效益负责。

第九条 施工企业总经济师成本费用管理的职责:

负责贯彻执行国家经济政策和法令,负责工程投标报价审定工作,确保投(议)标价合理并具有竞争力和一定的经济效益。

审定施工生产经营计划及执行情况,抓好企业计划管理、统计核算、施工定额的管理;参与签订经济协议、合同;督促有关部门加强合同管理。

对施工中超出承包价以外的工程设计、材料价款、自然灾害损失等根据合同规定,组织有关部门对相关资料的收集整理,及时办理书面登记,以便进行工程款的追加和索赔,督促下级单位进行单位工程的竣工决算工作。

负责组织经济活动分析,及时发现成本管理中存在的问题,找出企业技术经济管理中的薄弱环节,提出改革建议和措施,不断提高企业的经济效益。

第十条 施工企业总会计师成本费用管理的职责：

负责贯彻执行《会计法》、《企业财务通则》和《企业会计准则》以及相应财务、会计制度、执行国家成本费用管理的方针政策；严格执行财经纪律。

负责企业的成本费用管理工作，组织编制和审查成本费用计划，建立健全成本费用管理制度；控制成本费用支出；组织成本费用核算和分析；加强成本决策；运用现代管理方法，确定成本目标，进行成本费用信息的预测、控制、反馈和考核。协助企业主要负责人对本企业经济效益负责。

参与审查施工预算和重要经济合同、协议的签订。

督促财会部门将成本费用指标分解落实到各职能部门和基层单位；定期检查成本费用计划的执行情况，协调各职能部门与财会部门的工作关系。

各施工企业可根据领导人员配备和分工情况对上述领导在成本费用管理方面的职责进行调整，充实和完善。

第十一条 管理层成本费用管理职责：

一、工程局、航道局为独立核算的施工企业。实行统一核算，自主经营，自负盈亏。负责全面领导所属施工单位的成本费用管理。制定本企业成本核算制度和成本费用管理实施细则。汇总本企业年度成本费用计划，下达成本费用计划指标，审核汇总局属施工单位的成本费用报表（季度、年度）和竣工工程成本决算，考核成本费用计划完成情况，组织全局的全面成本分析，采用先进技术和科学管理方法，努力增收节支，审核内部结算价格，提高企业的经济效益。

二、工程公司（处）、疏浚公司为局内部独立核算单位。负责根据局下达的成本费用计划指标，编制本级的成本费用计划，并向所属工程处（队）、项目经理部、船队、管线队、测量队、机运队、机修厂等下达成本指标和费用支出限额，组织编制施工预算，核算全公司（处）盈亏，落实各项成本指标的归口管理责任，办理工程价款结算（产品销售），全面核算建筑安装工程、疏浚工程（工业产品)、运输作业等成本,编制成本费用报表,组织竣工决算的编制,进行成本、费用的考核和分析。

第十二条 作业层成本费用管理职责:

一、工程处(队)、项目经理部、船队、管线队、测量队、机运队、机修厂等为内部基层核算单位,负责执行成本计划和施工预算,贯彻执行施工定额,实行效益指标包干、工、料、机包干和单车、单机、单船核算;建立和执行人工、材料、机械、船舶、车辆使用等原始记录和标准计量制度,提供工、料、机使用数量资料,核算工程制造成本和部分期间费用,计算其盈亏,并组织分部分项工程或单位工程成本分析、费用分析。

二、公路、航务工程远离公司(处)独立施工的工程处(队)、项目经理部,可根据实际需要由上级管理部门授权代行部分管理层成本费用职责。

三、航道局根据现行管理体制和实际情况,可暂采用航道局和疏浚公司两级核算,航道局全面核算疏浚业务的制造成本和期间费用,疏浚公司核算其直接负责的成本,也可核算其制造成本和期间费用,下属船队、管线队、测量队等单位实行内部核算。

第十三条 施工企业内部职能部门成本费用管理职责:

一、经营计划部门:组织编制生产经营计划,检查和定期通报生产经营计划执行情况,负责投标报价,根据中标价编制施工预算,编审和修订施工定额,检查定额执行情况;负责签订有关合同协议;负责分包工程合同签订,办理工程进度结算及竣工结算,组织工程量、产值等指标的统计核算工作,按月度、年度定期及时地提供经外部监理、建设单位签证的已完工程工作量报表,提供已完工程预算成本分析表和统计核算的有关资料,及时办理设计变更、材料代用、追加费用和签证资料,具体组织经济活动分析。

二、施工技术部门:编审和优化施工组织设计,制订技术组织措施并检查其执行情况;签发施工任务单及限额领料单;配合经营计划部门提供已完工程、未完工程(产成品、在产品)的有关资料;加强技术管理,合理组织施工,降低工、料、船机费用,提高生产技术的经济效果。负责工程产品质量管理和工程施工中技术、质量事故的处理,负责竣工资料的编制。

三、安全劳保部门:认真贯彻执行国家劳动保护法规和工业卫生工作的方针、政策、法令、规定,结合本企业生产具体情况,制定安全生产规章制度和安全技术操作规程;坚持“安全第一,预防为主”的方针;加强工地现场安全管理,经常对企业全员进行安全意识和操作规程的教育;杜绝重大死亡事故,确保安全指标实现;确保职工人身安全,做好安全技术的统计资料工作,负责职工伤亡事故的处理,努力降低非正常性劳动保险支出,降低期间费用。

四、船机管理部门:制订和管理船机设备使用定额和能源消耗定额;根据施工组织设计,编制船、机使用计划;编制船机修理计划;提高船机设备的完好率和利用率;建立和完善船、机使用原始资料的收集,组织开展单船、单机、单车核算;建立船舶、机械档案和台账;开展设备改造,技术革新,节能降耗,负责处理船机事故,参与竣工资料的编制,并组织考核和分析船机使用费的节超,归口负责降低船机使用费成本。

五、劳动工资部门:贯彻执行国家劳动工资政策,参与制定企业劳动定额,编制工资资金计划,根据施工组织设计,平衡调剂劳动力,严格劳动纪律,控制非生产人员和用工,提高出勤率、工时利用率和劳动生产率,负责组织对工资与产值、利润挂钩办法的实施、考核和结算,做好考勤管理工作,健全工时利用和定期及时提供人工统计报表资料,参与竣工资料的编制,做好人工耗用考核、分析工作,归口负责降低人工费成本。

六、物资管理部门:根据施工组织设计要求,按施工进度和物资需要量计划、编制各类物资供应、采购计划,加强物资采购管理,健全物资验收、保管制度,严格收、发料计量,控制物资储备,加速资金周转,努力降低供料成本。积极推行限额领料,作好现场材料管理工作,抓好修旧利废回收利用,控制物耗。按期提供物资收、支、存资金动态和物资市场价格信息,按期提供材料成本分析资料,参与竣工资料的编制,归口负责降低材料费成本。

七、行政管理部门:负责制定办公用低值易耗品的消耗定额和管理制度,编制行政管理费用预算,实行费用指标分解并监督执行,加强对行政用固定资产和低值易耗品的实物管理,及时提供相关的核算分析资料,归口负责降低管理费用。

八、财务会计部门:贯彻执行财经纪律、政策法规、财务会计制度,全面负责资金筹措、使用和管理。组织成本考核,制定成本费用管理实施细则,制定费用开支标准。参与施工预算、合同的审定和费用、储备、消耗定额及内部结算价格的制定,核算建筑安装工程、疏浚工程、工业产品、船机、运输作业等成本;结算工程价款;编制成本计划,负责分解各职能部门和内部独立核算单位的成本费用指标,并考核执行情况,协同施工技术、物资、劳动工资、船机管理部门组织效益指标包干,工、料、机包干和协同进行单车、单机、单船核算,定期编制成本费用报表,负责竣工决算资料的编制,协同经营计划部门组织经济活动分析,考核分析成本、费用节超,分析筹资成本升降;积累成本数据,为经营决策提供资料,综合负责降低成本指标。

九、审计部门:负责对执行成本费用管理的各级职能部门的职责和各个层次项目经理部的经营成本审计和经济效益审计,及时、真实、可靠地提供成本责任审计报告。

各施工企业可根据本单位机构设置情况对上述各职能部门在成本费用管理方面的职责进行调整、充实和完善。

第三节 成本费用管理的基础工作

第十四条 施工企业必须建立完整的施工定额及管理制度,加强施工预算的管理,在计量、检验、盘点各个环节严格管理,建立完整的施工、人工、材料、船机等原始记录;制定符合市场供求规律与内部管理相衔接的内部结算价格。不断健全和改善企业内部在核算基础、成本责任、考核办法等方面的管理条件;逐步建立和完善在价格体系、承包方式、与成本相关的政策法规等相适应的企业行为机制,以降低人、财、物的消耗,控制成本合理支出,提高企业的经济效益。

第十五条 加强定额管理。施工企业可根据本企业实际情况编制施工定额并根据新结构、新工艺、新设备、新材料的使用及时制定所必需的补充定额，力争做到工时、材料、设备、工具、能源、消耗有定额，费用开支有标准，并随生产技术改进和管理水平的提高，定期修订。

第十六条 加强施工预算管理，施工预算是施工企业在投标（议标）后根据中标价所编制的标后预算，它是签订内部承包合同和签订分包合同、编制成本费用计划、考核成本支出升降的依据。

一、开工前应根据工程承包价按建设单位的要求分解为相应的分部分项工程的综合单价，作为统计工程进度、办理工程进度款结算的依据。同时按标后施工预算，分解计算出按成本项目归类的预算成本。无论中间结算或竣工结算都要按成本项目明确划分，计算出预算成本，以便对工、料、机、其他直接费、间接费和期间费用等具体项目进行分析。

二、建立合同管理和经济签证制度，在施工中发生原合同内容中没有包括的工程（变更）项目和费用，必须及时办理书面签证，以便进行追加和索赔。

三、企业各个成本管理部门要妥善保管投招标文件和有关资料，熟悉施工预算和各成本项目及费用的组成和计算，正确反映归集分配各成本费用项目，以保证预算成本、计划成本、实际成本核算口径的一致性。

第十七条 严格计量、验收、盘点制度。一切物资财产的收、发、领、退都必须按规定进行计量、验收、办理领退手续，对库存物资、财产都要定期盘点，保证账、卡、物相符和消耗准确，对工地现场要指定专人负责管理，做到工完场清，余料退库。

第十八条 健全原始记录。原始记录是企业成本核算和经济活动分析的基础记录资料。在施工过程中，要建立工程日志，工日考勤，材料收、发、领、退，船机台班耗用，已完、未完工程和在产品盘点、产量、质量、安全等业务统计资料，为工程结算，成本核算和分析及定额的测算提供真实可靠数据。

第十九条 健全内部结算价格。施工企业应根据分级管理、分级核算的体制和业务核算的需要,对各种材料、燃料、结构件、机械配件、其他材料、低值易耗品、周转材料、动力、产品、劳务等,根据稳健性原则掌握市场信息,确定与价格动态相适应的计价方法,制订统一的内部估算价格,作为内部核算的依据。

第三章 成本费用计划

第一节 成本计划

第二十条 为了有效地控制和管理成本,完成降低成本任务,施工企业必须编制成本计划,作为考核企业经营成果的依据。

第二十一条 成本计划编制原则是:遵守国家方针、政策、法令、法规;保证上级下达的成本指标;组织职工参与计划的编制,从各个方面挖掘降低成本的潜力;以施工定额为依据,有具体、切实可行的措施;成本计划指标既要保持先进,又要保证经过努力可以完成。

第二十二条 成本计划包括年度、季度、月度计划和单位工程成本计划。年、季、月度成本计划是企业编制的在计划年度内完成降低成本目标的规划性及执行性计划;单位工程成本计划是以施工企业承接的建设项目的单位工程为对象编制的成本计划,是成本控制的基本依据,分期的单位工程成本计划是编制年、季、月度成本计划的基础。

企业应按年、季、月度编制:

(一)工程成本计划,包括现场管理费计划。指标有:预算成本,计划成本,成本降低额,成本降低率。

(二)其他业务成本计划,包括附属工业产品成本计划、运输作业成本计划、船机作业成本计划等,按内部独立核算的单位性质分别编制。

企业应按单位工程编制单位工程成本计划，指标同工程成本计划指标。

第二十三条 年度成本计划的编制

在总会计师具体领导下，以财务部门为主，经营计划部门配合，会同有关部门研究编制年度成本计划。

一、根据企业计划年度施工生产任务落实情况，材料市场价格、施工定额、工资水平、历史成本等与企业成本有关的信息资料，按企业的目标利润，经分析研究，试算平衡，提出降低成本目标。

二、编制程序

(一)施工企业汇编成本计划，根据当年施工生产任务和目标利润的要求，综合平衡确定成本计划目标。根据局属各工程公司(处)具体生产任务落实情况和承包利润指标，及上报的成本计划，按年下达各工程公司(处)的成本计划，监督落实成本降低指标。

(二)各工程公司(处)应根据局下达的降低成本指标要求，采取有效的技术组织措施，编制公司(处)计划年度降低成本措施计划，根据各工程处(队)、项目经理部的生产任务情况和承包利润指标，及上报的成本计划，下达各工程处(队)、项目经理部的年度成本计划，用以控制基层单位成本开支。

三、工程公司(处)和工程处(队)、项目经理部的有关业务部门，应根据下达的成本计划，按所分管的费用项目，采取相应的节约措施，定期考核成本计划的执行情况，以保证完成成本计划指标。

四、工程局、工程公司(处)在制定成本计划时，应有一定余地，由于施工企业受自然界、工程任务落实的影响，成本计划在实施中往往会出现一定变化，这时，应根据实际情况在计划期内进行调整计划，以保证成本计划与实际的可比性和同步性。

第二十四条 单位工程成本计划的编制

工程处(队)、项目经理部应按所承建的单位工程编制项目成本计划，由财务、施工、劳资、机械、行政等部门协同配合，按所分管的成本费用项目，根据生产计划和项目技术组织措施计划，分别提供劳动工日及物资的消耗总量、专用设备材料摊销总量、机械台班使用总量、冬雨夜施工增加费、材料二次搬运费、施工辅助费、施工队伍进退场费、临时设施费摊销以及按公路、航务工程分列的专项费用等，由财务部门按建设项目汇总上报，用以加强单位工程成本管理工作、控制单位工程成本开支。

第二节 费用计划

第二十五条 为了有效地控制期间费用，实现收入与开支的配比平衡，确保利润指标的实现，施工企业必须编制费用计划，作为考核费用支出的依据。

第二十六条 费用计划编制原则是：遵守国家方针、政策法令、法规、开支标准，组织有关部门参与费用计划的编制，从各方面挖掘降低费用支出潜力，以内部定额和近几年费用支出水平为依据，有具体、可行的措施，费用计划既要保证企业生产经营管理的需要，又要尽可能压缩降低费用开支。

第二十七条 费用计划的编制

在总会计师的具体领导下，以财务部门为主，经营计划部门、行政管理部门配合，会同有关部门研究编制本级和审定下达所属单位费用支出计划。

一、根据企业计划年度施工生产任务落实情况、管理人员编制、工资水平、行政用固定资产、职工养老保险费用及离退休人员的其他费用的变化情况、按营业收入计算的业务招待费额度、应上交管理费的额度、社会物价上涨指数、资金需求量，以及企业为降低费用开支所采取的措施，经分析测算后，提出费用支出计划。

二、编制程序

（一）施工企业汇编费用计划，参照上年支出水平，根据当年施工生产任务和目标利润要求，综合平衡确定费用计划目标，确定本级费用计划，并根据局属各工程公司（处）具体生产任务落实情况和承包利润指标及上报的费用计划按年下达各工程公司（处）

的费用计划,监督落实期间费用降低指标。

(二)各工程公司(处)应根据局下达的降低期间费用指标,采取定额定量定标准等措施,编制本公司(处)计划年度降低费用措施计划,然后,确定本级费用计划,并根据各工程处(队)项目经理部的生产任务和承包利润指标,结合上年费用中突破较大费用项目,针对性地提出重点控制目标,下达各工程处(队)项目经理部年度费用支出计划,用以控制本级和基层单位费用支出。

三、工程局、航道局、工程公司(处)和工程处(队)、项目经理部的有关业务部门,应根据本级或下达的费用支出计划,按各自分管的费用项目,采取相应措施,严格进行控制,定期考核费用支出计划执行动态情况,保证完成费用计划降低指标。

四、施工企业费用计划内容及指标

(一)管理费用计划:主要控制费用项目有差旅交通费、办公费、业务招待费、劳动保险费。其中:业务招待费按财务制度规定按营业收入的一定比例计算。

指标:预算费用、计划费用、降低额、降低率。

(二)财务费用计划:根据生产规模,合理组织资金供应,力争降低筹资成本。

指标有预算费用、计划费用、降低额、降低率。

五、施工企业的附属工业企业、物资供销企业应编制销售费用计划,编制原则、程序和方法,参照管理费用、财务费用计划办理。

第四章 成本与费用的划分

第二十八条 成本是企业在生产经营过程中以货币表现的物化劳动和活劳动的耗费。施工企业成本的核算采用制造成本法。制造成本法就是将企业生产经营过程中发生的与生产经营有密切关系的费用计入工程(或产品)成本,这些费用包括直接人工费、直接材料费、船机使用费、其他直接费和间接费用(或制造费用)五项。

期间费用是指与企业生产经营没有直接联系,费用的发生基本上不受业务量增减所影响的费用,这些费用包括管理费用、销售费用和财务费用。制造成本法下,它们不再是工程(或产品等)成本的一部分,而是作为期间费用直接计入当期损益。

企业在成本、费用核算中必须严格划清制造成本与期间费用的界限。

第二十九条 为了正确反映当期经营成果,企业应正确区分收益性支出与资本性支出的界限。如果一笔业务支出仅仅与本会计年度收益的取得相关,则为收益性支出;如果它与几个会计年度收益的取得相关,则为资本性支出。

属于资本性支出的主要有:

一、购建固定资产支出(国家另有规定的除外);

二、在原有固定资产基础上进行改、扩建,以及技术改造的支出;

三、无形资产支出,包括专利权、商标权、土地使用权、非专利技术、商誉等;

四、递延资产支出,包括开办费、以经营租赁方式租入的固定资产改良支出;

五、使用期限在1年以上的临时设施购建支出。

属于固定资产性质的资本性支出,在工程完工时按实际支出增加固定资产原值,并按规定的折旧率计提折旧,提取的折旧额计入当期成本、费用。

属于无形资产、递延资产和临时设施的资本性支出,按规定的摊销期限计算当期摊销额,并计入当期成本、费用。

第三十条 企业应严格遵守成本、费用开支范围,正确区分收益性支出中成本费用与营业外支出的界限。

营业外支出包括:

(一)固定资产(包括专项工程)盘亏、报废毁损和出售的净损失;

(二)临时设施报废清理净损失;

(三)非季节性和非修理期间的停工损失;

（四）固定资产、存货及专项工程的非常损失；

（五）自办技工学校经费；

（六）职工子弟学校经费；

（七）公益性、救济性捐赠；

（八）赔偿金、违约金；

（九）被没收的财物损失，支付各项税收的滞纳金和罚款。

其中，捐赠、支付各项税收的滞纳金和罚款应按国家有关规定做纳税调整。

第三十一条 为了正确计算工程（或产品）成本，企业在成本核算中必须划清当期成本与下期成本的界限，不同成本核算对象和成本项目之间的成本界限，已完工程成本与未完施工的界限，在产品成本与产成品成本的界限，销售产品成本与库存产品成本的界限。

第三十二条 为了正确核算制造成本，企业必须划清制造成本与期间费用的界限，尤其是制造成本中间接费用与期间费用中管理费用的界限。

间接费用是指工程施工（或产品生产）现场管理机构（如工程处（队）、项目经理部、生产车间等）为组织、管理施工（生产）所发生的费用支出。但工程处（队）、项目经理部发生的属于期间费用的支出（如业务招待费、利息支出等）应在“管理费用”、“财务费用”科目中核算，不得并入间接费用。

管理费用是企业行政管理部门（如局机关、公司机关、厂部机关等）为管理和组织经营活动而发生的各项费用。

第三十三条 为了正确归集和计算企业各项费用，必须划清采购保管费、间接费用、管理费用、销售费用、财务费用、应付福利费等之间的费用界限，不能相互混淆。

第三十四条 为了正确反映企业各类成本，企业在会计核算中必须划清施工工程成本（或工业产品成本等）与专项工程成本的界限。

施工企业的专项工程包括：

一、固定资产的自建以及改、扩建工程；

二、融资租入的固定资产；

三、购入、投资转入或接受捐赠的设备的安装工程；

四、固定资产的技术改造工程；

五、固定资产的大修；

六、临时设施的建造。

企业由于上述工程而发生的人工费、材料费、船机使用费、其他直接费和间接费用等支出，应直接或按规定的分配方法计算分配额，分别转入专项工程支出的各项成本。上述工程发生的其他费用直接计入各专项工程项目成本。

企业的专项工程，均应按实际成本计价。

企业利用各种贷款投资于专项工程的，其发生的利息支出或汇兑损益，在项目尚未完工交付使用之前，列入专项工程支出，计入固定资产价值；项目完工交付使用后发生的，直接计入财务费用。

专项工程发生的报废或毁损，其净损失计入专项工程成本。单项工程报废以及由于非常原因（自然灾害）造成的报废或毁损，其净损失，在筹建期间计入开办费，在生产经营期间计入营业外支出。

企业应加强对专项工程的管理，在立项时要做好项目可行性研究。在项目建造过程中，要组织好现场管理，确保每个项目按期保质完成，应尽可能避免不必要的经济损失。

企业内部的基建项目按有关规定核算、管理。

第五章　成本费用核算

第一节　成本费用核算原则

第三十五条　施工企业应按照国家颁布的《企业财务通则》、《企业会计准则》、《施工、房地产开发企业财务制度》及《施工企业会计制度》以及财政部和本部有关规定统一组织成本费用核算工作。

第三十六条 施工企业以季为成本计算期，有条件的企业也可以按月计算；内部独立核算的工业企业、机械施工和运输单位以及材料供应部门，应按月计算产品、作业和材料成本。

第三十七条 施工企业的工程成本和其他业务成本必须按照权责发生制的原则进行核算。要严格划清成本费用的受益期限，对于应由本期成本负担的费用，不论本期是否支付，均应计入本期成本。凡不属于当期成本负担的费用，即使款项已经支付，也不应计入当期成本。

第三十八条 企业进行成本核算时，实际成本的核算范围、项目设置和计算口径，应与国家有关财务制度、施工预算或成本计划取得一致。实行投标承包制和概、预算包干的工程，可根据中标价或合同价编制施工预算进行成本核算，据以计算成本降低额和成本降低率。

第三十九条 企业必须按国家有关规定，划清各项业务成本、专项工程支出、营业外支出的界限；划清成本核算对象和成本项目之间的界限；划清已完工程与未完工程成本的界限。

第四十条 企业必须按期计算工程和其他业务的实际成本，不得以估计成本、预算成本或计划成本代替实际成本。企业的材料采用计划成本核算的，必须及时调整价格差异。

第四十一条 成本计算必须根据合法的凭证和真实的原始记录进行。凡能确定成本核算对象的费用，应直接按对象列入成本，不能直接列入的，应按规定的分配方法分配计入有关成本。

第四十二条 成本计算单位以人民币元为单位，元以下列角、分。

第二节 成本核算对象

第四十三条 航务、航道、公路工程成本核算对象的确定，要根据企业管理和施工现场条件，并与施工预算口径一致。成本核算对象一经确定，不得任意变更。成本核算对象确定后，各种成本核算的凭证和原始记录，都必须按照确定的成本核算对象的工程项目编号、名称填写清楚，各项费用支出，都必须按照用途和核算对象切实划分，使会计核算与业务核算和统计核算的口径取得一致。

第四十四条 成本核算对象的划分原则，一般应以每一个独立编制施工预算的单位工程为成本核算对象，在下列情况下，可以合并或分列成本核算对象。

一、一个单位工程由几个单位共同施工时，都应以同一单位工程为成本核算对象，各自核算其自行施工的部分。如总、分包是同一施工企业的，上级单位汇总工程成本时，应按其单位工程予以归并。

二、规模较大，工期较长，可以将一个单位工程分段或分部、分项作为成本核算对象。

三、同一建设项目，同一施工地点，同一结构类型，工况条件基本相同，开竣工时间相接近的若干个单位工程，可以合并成为一个核算对象。

四、改建、扩建的零星工程，可将开、竣工时间相接近的各个单位工程，合并为一个成本核算对象。

五、临时工程可按同一结构类型作为一个成本核算对象。

六、疏浚工程属于经常性的航道维护疏浚，可以航道段作为成本核算对象。

七、航道、航务、公路工程根据管理上的需要，还应计算单位成本。

八、附属企业的成本核算对象

企业所属的工业性生产、机械化施工作业和材料物资供应等单位，要根据生产特点和成本管理的要求，确定成本核算对象。

附属工业性生产成本核算对象，一般可按以下方法确定：

（一）生产一种或几种产品，以产品品种为成本核算对象；

（二）分批、单件生产的产品，以每批或每件产品作为成本核算对象；

（三）分步骤连续加工的产品，以每种产品或各生产步骤为成本核算对象；

（四）产品规格繁多的，可将产品结构、耗用原材料和工艺相同的各种产品适当合并，作为一个成本核算对象。

机械化施工作业成本对象按以下方法确定：

（一）企业内部独立核算的机械化施工单位，一般应以独立编制施工预算的单位工程作为成本核算对象，也可将同一建设项目，同一施工地点，开竣工时间相接近的若干单位工程合并作为一个成本核算对象。

（二）机械化运输作业单位，应根据运输工具，内部经济责任制和成本管理的要求，确定成本核算对象。一般应按单车作为成本核算对象，也可以同类型运输机械作为成本核算对象。

九、其他业务核算对象

施工企业在主营业务的基础上，根据附营业务的性质和费用发生的特点，按照有利于加强管理、控制成本费用的原则，区别业务类别，确定成本核算对象。

第三节　成本费用项目

航务、公路建筑安装工程及航道疏浚工程的成本，由直接成本和间接成本两大项组成，其具体内容规定如下：

第四十五条　航务、公路建筑安装工程成本项目

一、直接成本、即直接用于建筑安装工程的施工费用。分为人工费，材料费，船舶机械使用费，其他直接费四个成本项目。

（一）人工费：即在施工过程中从事施工的工人的工资、职工福利费和劳动保护费。

1. 工资包括计时工资、计件工资、工资性津贴（包括流动施工津贴等）、物价补贴（包括副食品价格补贴）、加班加点工资、应计入成本的奖金和特殊情况下支付的工资，包括开会和执行必要的社会义务时间和工资，职工学习、培训期间的工资，调动工作期间的工资和探亲假期的工资，因气候影响停工的工资，女工哺乳时间

的工资，由施工生产直接支付的病（六个月以内）、产、婚、丧假期的工资，徒工服装补助费等（下同）。

2. 职工福利费指按工资总额和规定标准提取的费用。

3. 劳动保护费指按国家有关部门规定标准发放的劳动保护用品的购置费、修理费和保健费，防暑降温费和不构成固定资产的技术安全设施的摊销和维修费，技术安全措施及事故处理费，以及在工地洗澡、饮水的燃料费等。

下列人员的工资、职工福利费和劳动保护费包括在本项目内：

1. 直接从事施工作业的工人；

2. 在施工现场制作构件、模型板、脚手架、支搭和拆除的工人；

3. 在施工现场从事布置设备、传递工具和清理道路的工人；

4. 在施工现场为机械送料、配料、供水和搬运施工机械的辅助工人。

下列人员的工资、职工福利费和劳动保护费不包括在本项目内，应按其不同情况处理。

1. 政治、经济、技术、试验、公安、警卫、消防、勤杂、炊事人员；

2. 材料采购管理和保管人员；

3. 施工船舶船员和机上人员；

4. 材料运到工地仓库以前的搬运装卸工人；

5. 从事专项工程的人员；

6. 6个月以上病假人员；

7. 出国施工人员和在营业外开支工资的人员。

8. 医务、福利人员和脱产工会人员。

（二）材料费：即在施工过程中直接从事建筑安装工程所消耗的，构成工程实体或有助于工程形成的各种材料、结构件的实际成本，以及周转材料（如模板、拱架、脚手架及跳板等）的摊销及租赁费用。材料实际成本由下列费用组成（材料采购的核算方法按会计制度的规定办理）。

1. 外购材料的实际成本由下列各项组成：

(1)买价:即供应单位的发票价格(包括供销部门的手续费及运输途中定额范围内的耗损);

(2)运杂费:即由供应单位运达工地仓库前所发生的运输费用和其他费用(包括包装、搬运、装卸、仓储、整理、验收等费用,但不包括包装物押金);进口材料还包括国外运费、保险费、进口关税、增值税等。

(3)采购保管费:企业的物资管理部门和仓库在组织材料采购、供应和保管过程中所发生的各项费用。一般包括:工资,职工福利费,办公费,差旅交通费固定资产使用费,工具用具使用费,劳动保护费,检验试验费(减检验试验收入),材料整理及零星运输费,材料盘亏及毁损(减盘盈)和积压物资削价处理的损失,其他费用等。实行内部独立核算的材料供应单位,还应包括支付的银行借款利息。

2. 委托加工材料的实际成本:包括加工耗用的各种材料的实际成本及加工过程中支付的加工费和往返运杂费。

3. 自制和自采材料的实际成本,包括在制造和采掘过程中消耗的材料、工资、机械运输费用和其他费用。

下列各项材料费不应计入本项目内,应按不同情况处理:

1. 按规定应由间接费用、管理费用列支的非工程用料;

2. 施工船机经常修理及运转过程中消耗的燃润料和其他材料;

3. 在运输过程中由运输工具消耗的燃润料和其他材料。

(三)船机使用费:指为建筑安装工程在施工过程中因使用船舶机械而发生的费用,以及施工船舶机械的租赁费。

船机使用费的组成应按照预算定额所规定的成本内容归集,一般分为以下各项:

1. 第一类费用

(1)折旧费:系根据船舶机械的使用期限逐渐恢复其原始价值的费用;

(2)大修理费用:系船舶机械使用达到规定时间必须进行的

机械大修理和船舶检验所需费用；

(3)维修费：系指使船舶机械正常运转保证施工所必需的机械的经常性修理、航修以及各级定期保养的费用；

(4)工属具及材料费：系指船舶机械正常运转所必需的附属消耗品及工属具的摊销费用以及船舶机械日常保养所必需的润滑油脂及擦拭用布、棉纱的费用；

(5)安装拆卸及辅助设施费：系指机械在工地安装拆卸所需的辅助设施费，包括基础底座及固定锚桩等项费用；

(6)船机管理费：系指船舶机械管理部门(单位)的管理费。如发生海损、机损事故，可增设"其中：事故损失"。

2. 第二类费用

(1)船、机人工费：系指船员和随机操作人员的工资、职工福利费和劳动保护费；

(2)燃料及动力费：系指船舶机械消耗的动力，固体和液体燃料以及水、电的费用等。

(3)其他费用：如养路费、牌照税、航养费等费用。

(四)其他直接费：即在生产施工过程中直接发生但未包括在人工费、材料费、船机使用费项目中的其他费用：包括：

1. 冬季、雨季夜间施工增加费：指工程在冬季、雨季及夜间施工时采取防寒、保温、防雨防潮、排水、照明等措施发生的费用。(注：预算成本按四三三比例分人工、料、机项目内)

2. 材料二次搬运费：指在施工现场发生的材料、成品及半成品的二次倒运费。

3. 施工辅助费：包括以下三项内容：

(1)生产工具用具使用费：指施工生产所需不属于固定资产的生产用具及检验、试验用具等的购置、摊销和维修费，以及支付给工人自备工具的补贴费。

(2)检验试验费：指对建筑材料、构件和建筑安装物进行一般鉴定、检验所发生的费用(包括自设实验室进行试验所耗用的材料和化学药品费用等)以及技术革新和研究试验费。不包括新构件、新材料的试验费和建设单位要求对具有出厂合格证明的材料进行检验,对构件破坏性试验及其他特殊要求检验试验的费用。

(3)工程定位复测、工程点交、场地清理费。

4. 施工队伍进退场费:指施工队伍承担工程施工时所使用的船舶及施工机械进入和退出施工现场的费用及派出部分施工力量所发生的往返调遣费用。内容包括:调遣期间职工工资、差旅交通费、施工船舶、机械、工具、器具、周转材料和生产及管理用具的调遣和运杂费,以及船舶、机械在调遣时需要开舱、封舱、改装、复原、拆卸、安装的费用。

5. 临时设施摊销费:指为完成施工任务而在施工现场搭建的临时设施所发生的费用在施工期内进行摊销而进入成本的费用。

6. 外海工程拖船费:指大型工程船舶在外海施工时,由于风浪水流等原因不能连续驻船作业,必须拖回临时停泊地而发生的船舶拖运费。航务工程的外海工程拖船费并入船机使用费核算。

7. 高原地区增加费:指在海拔高度在200米以上地区施工,由于受气象、气压影响,致使人工、机械效率降低所增加的费用。

8. 行车干扰工程增加费:指由于边施工边维持通车,受行车干扰的影响,致使人工、机械效率降低而增加的费用。

(注:7项和8项预算成本按4:3:3比例分别列入工、料、机项目内)

二、间接成本:成本项目为间接费用,即企业各内部施工单位为组织和管理工程施工所发生的全部支出,主要包括:

1. 人工费:指施工单位管理人员工资及按规定提取的职工福利费和劳动保护费。

2. 固定资产使用费:指施工单位行政管理用固定资产的折旧费、修理费和租赁费。

3. 工具用具使用费:指施工单位行政管理用低值易耗品摊销及不属低值易耗品的工具、器具等的购置和维护费。

4. 办公费:指施工单位行政管理部门发生的办公用品购置费、邮电费、报刊杂志费、水电费、烧水和取暖(包括现场临时宿舍取暖)用煤等费用。

5. 差旅交通费:指施工单位管理人员职工因出差、调动工作的差旅费,住勤补助费,市内交通和误餐补助费,上下班交通费补贴费,探亲路费,劳动力招募费,职工离退休、退职一次性路费,工伤人员就医路费以及现场管理使用的交通工具的油料、燃料、养路费、牌照费等。

6. 保险费:指施工管理用财产、车辆等的保险费用。

7. 工程保修费:指工程交付使用后在规定保修期内的修理费用。

8. 工程排污费:指施工现场按规定交纳的排污费用。

9. 外单位管理费:指支付给分包工程项目提供劳务单位的管理费。

10. 其他费用:指施工现场的检验试验费、一般照明费、临时工管理费以及为组织和管理工程施工发生的其他费用。

第四十六条 航道疏浚工程成本项目

一、直接成本:即在航道疏浚工程施工过程中发生的直接人工费、材料费和船机使用费等。由下列四个成本项目组成:

(一)人工费:指航道工程(如炸礁、陆域钻探等)施工过程中发生的施工人员工资、职工福利费和劳动保护费。

(二)材料费:指航道工程在施工过程中耗用的构成工程实体或有助于工程实体形成的各种材料的实际成本、周转材料的摊销及租赁费用。如炸礁用的炸药、雷管、导火索、钻头等。但不包括施工船舶、排泥设施所耗用的工属具及材料费用,以及排泥管架(包括木架及架头、钢木架、竹架)的购置摊销和安拆费。

(三)船机使用费:指航道工程在施工过程中使用自有施工船舶、排泥设施和其他施工机械所发生的费用,以及租用外单位施工船舶和机械的租赁费。

船机使用费设置以下6个明细项目:

1. 船机人工费:指船舶、泵站、管线、测量队等机上人员的工资、奖金、工资性津贴、船员伙食津贴、提取的福利费、劳动保护费

(包括防暑降温费)。

船舶、泵站、管线、测量队等机上人员停工期间的人工费不包括在本项目内核算。

2. 燃料及动力费:指船舶、泵站及其他机械在施工过程中所耗用的轻重柴油、汽油、渣油、煤和电等。

3. 工属具及材料费:指维持船舶、泵站及其他机械在施工期间的正常运转所必须耗用的材料费用(如润滑油、液压油、淡水擦拭材料等),以及工属具的摊销(如缆绳、锚链、大型消防救生器材等)。包括排泥设施所耗用的构成工属具及材料费用、排泥管架(包括架口架头、钢木架、竹架)的购置摊销和安拆费,以及排泥管的摊销和租赁费。

4. 折旧及修理费:指航道工程施工期间使用的船舶、泵站等固定资产按规定提取的折旧以及各种修理费用的实际支出和摊销。

施工中租用外单位船舶、机械所发生的租赁费以及使用租入船机等设备所发生的其他费用开支也在本项目内核算(不包括固定资产的改良支出)。

5. 停工期费用:指船舶等机械因卧冬期、修理期和待命期等不能施工,应由当期工程成本分担的停工期费用。包括停工期船员等机上人员的人工费、船舶等机械折旧费和消耗的燃料等费用。

6. 其他船机费用:指船舶等机械在施工期间发生的未包括在上述项目中的其他各种船机费用。如码头、浮筒停靠费,船员生活设施更新费,船机事故损失和船舶保险费等。

(四)其他直接费:指施工过程中的外埠调迁费、过闸费、临时设施摊销、生产工具用具使用费、检验试验费、工程定位复测费、工程点交费、场地清理费和工程保险费等。

二、间接成本:成本项目为间接费用,指航道施工企业作业层直接为组织和管理航道疏浚工程施工所发生的各项费用支出。包括船队、泵站、管线队、测量队和船舶基地的费用。间接成本的具体内容同航务公路工程的间接成本内容。

第四节　航务、公路建筑安装工程成本的核算

甲.航务、公路工程的工程价款和预算成本的确定

第四十七条　航务、公路工程的工程价款组成

公路、航务工程的价款组成项目基本相同,其中所不同的是:航务工程在其他直接费中增加外海工程拖船费,公路工程在同项目内增加高原地区施工增加费和行车干扰工程施工增加费。(具体项目详见附表一)

在预算总价以外,公路、航务工程根据实际情况,增加项目有临时工程费和技术装备费,组成公路、航务工程价款总收入。

第四十八条　航务、公路工程预算成本的确定。

一、公路、航务工程预算成本的确定原则。

施工企业承包的单位工程,应根据施工图和企业施工定额并参照相应的概预算编制规定中费用项目及其费率和企业历史成本水平编制施工预算;据以划分预算成本,作为企业考核成本的依据。当承包价低于施工预算时,其差额按以下顺序调整预算:

1. 计划利润;

2. 企业管理费;

3. 现场管理费;

二、施工预算以外单独计列的大型临时工程,单独编制施工预算(扣除回收金额);收取的技术装备费及施工专用设备购置费直接列入企业资本公积金。

第四十九条　航务、公路工程施工预算中列入"其他直接费"、"现场经费"的下列费用,应将预算成本按定额或比例分列有关成本项目:冬季、雨季及夜间施工增加费,按工料机费用的4:3:3比例分别列入人工、材料、船机使用费成本项目;航务工程的外海工程拖船费、施工队伍进退场费按预算直接费全部转入船机使用费成本项目;临时设施费按预算直接费全部列入"其他直接费"成本项目;公路工程的高原地区施工增加费、行车干扰施工增加费,按4:3:3比例分列人工、材料、船机使用费预算成本项目中核算。

公路工程施工预算中的施工队伍调迁费列入预算成本的“其他直接费”成本项目。

第五十条 预算成本的确定方法

为了便于施工中把工程实际成本与工程预算成本进行口径一致的比较,据以考核成本的节超。需要对施工预算进行分解和归并,形成工程预算成本,一般可采用以下二种方法:

一、实算法:指根据已完分部分项工程量,按各项工程项目的预算单价,进行分析计算分解归并成各成本项目费用,然后把当期所完成的工程成本项目费用逐项累加,从而形成当期已完工程预算成本。

二、固定比例法:按核算期已完成的分部分项工作总量,分别乘以根据单位工程施工预算中各成本费用项目与施工预算总造价的百分比比例,计算出当期已完工程预算成本各成本项目的工作量,以此作为当期已完工程的预算成本。这种方法,对某一单位工程而言,各成本项目费用所占比例一经确定,固定不变。并按上述百分比计算当期已完工程预算成本。

第五十一条 承包工程中标价外追加费用及索赔收入在预算成本中的处理

1. 由于超出原设计范围有改变设计增加工程量形成的收入,应据各工程项目变更的情况相应调整预算成本。

2. 由于物价超出承包合同规定的标准,据实向建设单位追加收取的物价上涨差异收入,应根据施工预算按比例调整。

乙. 航务、公路建筑安装工程成本的计算

一、人工费成本计算

第五十二条 企业应按照规定的工资制度,正确计算应付的职工工资,财务会计部门应按有关原始凭证及其所发生的属于工资性质的在“应付工资”账户核算。月终按规定的方法和程序进行工资分配。其明细分类核算按照会计制度规定办理。

企业职工是指在施工企业及其附属机构工作,并由其支付工资的各类人员,按其使用期限分为长期职工和临时职工,长期职工指用工期限在一年以上(含一年)的职工,包括原固定职工,合同制职工,长期临时工以及各单位使用的城镇集体经济单位的人员和其他使用期限在一年以上的原计划外用工,临时职工指使用期限不超过一年的职工,包括各单位根据国家有关规定招用的,签订一年以内的劳动合同或使用期不超过一年的临时性、季节性用工。

在计算职工人数时应注意:

1. 不论是编制内的还是编制外的人员;

2. 不论是出勤的还是因故未出勤的人员;

3. 不论是在国内工作的还是在国外工作的人员;

4. 不论是正式的还是试用期间人员;

5. 不论是在本单位工作的,还是临时借到外单位工作的人员,只要由本单位支付工资均应统计为职工。

第五十三条 实行工资与产值、利润挂钩办法的单位,要依据上级核定的产值、利润工资含量系数,按完成的建筑安装工作量、利润和其他技术经济考核指标,计提工资总额,采用"按月预提,按年结算"的办法,实际发生的工资和奖金,均通过"应付工资"账户核算。当年工资含量节余额,可以从利润中提取跨年度使用,以丰补歉。未实行工资含量包干的单位,应在不超过规定的工资总额控制范围内,按当月实际发生的工资及奖金,进行分配计入"人工费"成本。

工资含量计算范围,按照国家统计局关于工资总额组成的规定及交通部制定的工资与产值、利润挂钩办法的有关规定执行。

第五十四条 人工费成本的计算,应分别使用下列原始凭证:

1. 工程任务单;

2. 用工记录(可与工程任务单合并,印于工程任务单背后),组长日报;

3. 加班加点证;

4. 停工证;

5. 工资结算单(表);

6. 工资增(减)结算单。

第五十五条　工程任务单,应根据作业计划和劳动定额、材料消耗定额以及施工图纸的要求,于施工前由施工员(工长)签发,并签定工资结算的方式(计件工资或计时工资)通过工程任务单,将工程任务、技术要求、需要完成的工程数量、工期、劳动定额和质量要求等具体内容,贯彻落实到生产班(组),工程任务单是工人执行工程的重要原始记录,施工单位必须切实做好工程任务单的原始凭证工作。

1. 按照签定的工资结算方式结算基本工资:

"计件工资"应根据工程任务单所列实际完成工程数量乘以签定计件工资单价计算;

"计时工资",应根据工程任务所列各级工的实际工日数乘以各级工资率计算。

无论"计件工资"或"计时工资"的发放,一般都应通过编制"工资结算单"进行。

2. 为测定先进的产量定额和工日定额,制订计件单价和日工资率,应分别按以下资料计算。

(1)产量定额:应以实际产量和工日记录所列实际工日数与劳动定额工日分析计算。

(2)工日定额:应以工日记录所列实际工日数与劳动定额分析计算。

第五十六条　实行计时工资的工人,在施工过程中由于任务紧迫或必须连续作业等原因,必须加班时,应填制加班单并报经工地负责人按审批权批准后执行。加班终了由施工员(工长)将实际加班时间填入并送给考勤员据以考勤记录。

加班工资应按国家现行工资制度的规定严格控制。加班单不得事后补办。实行计件工资及定额包干的不得计发加班工资。

第五十七条　在施工过程中由于施工条件变更,而原施工定额不符合实际情况,需要增加(减少)工日数以致需要增加(减少)工资时,由施工员(工长)会同定额员确定,根据确定的应增(减)额填制工资增(减)结算单,报送施工单位负责人批准,作为工程任务单的附件。

在施工过程中,由于工程质量不合标准或其他原因发生返工时,应由生产班(组)提出返工报告,经施工单位主管施工技术负责人批准后由施工员(工长)另行填发工程任务单重新施工。

上项返工如由于施工班(组)责任造成工程质量不合标准,实行计件工资或定额包干结算方式的只计发符合质量标准的已完工工程数量部分,返工部分不发给工资。非施工生产班(组)责任造成的返工部分应照发工资,列入有关成本项目。

第五十八条 第一工程任务完成后,经施工员(工长)验收合格并在工程任务单上签证后由劳动工资部门审核、计算工资,并由财务部门据以结算工资。

第五十九条 为了正确核算当月所发生的人工费成本,所有当月签发的工程任务单,必须在当月终了时,全部办理结束手续,但在月终时对尚未完成规定任务的工程任务单,应就其已完施工部分测量验收,以便将其应付工人的工资记入当月份"人工费"成本。对其未完的工程任务部分,应另签发工程任务单,继续施工。

第六十条 在施工过程中非因工作过失造成的停工(窝工)和因气候(如风、雨、洪水、潮水等)影响停工时,由生产班(组)及时填写停工证,经施工员(工长)签证后,作为本班(组)停工记录凭证,工人进入现场未接受任务以前的停工(即窝工)应由考勤员填写停工证,并经施工单位主管人员签证。以上停工证经签证后交考勤人员保管,作为支付工人停工工资的依据。

第六十一条 由于建设单位(或是发包人、业主,下同)设计变更,图纸供应不及时等原因造成的停工,其工资应由建设单位负担,施工单位应及时填写停工报告,经建设单位驻工地代表或监理工程师签证,作为向建设单位结算窝工费(停工工资)的依据。

第六十二条 为反映工人逐日出勤情况,考核劳动生产率完成程度,劳动时间的利用情况,以便计算工资,应按照考勤制度,分别班(组)对每一工人设立工时记录,按月签发,由考勤员负责进行考勤记录(考勤记录由各企业自订)。

第六十三条 月份终了考勤员应将工时记录予以整理结算，连同工程任务单，加班证，停工证，工资增(减)结算单及其他有关工资核算资料送劳动工资部门审核签证，并由劳动工资部门编制工资结算单及工日利用月报，一并送财务会计部门，据以发放和分配工资。

第六十四条 财务会计部门根据劳动工资部门送来的上述各种单据凭证经审核无误并计算各种扣款后，据以发放工资。根据工资结算单编制工资结算汇总表及工资分配汇总表，以便分别计入施工工程及其他受益对象的"人工费"成本。

第六十五条 人工费的分配应区别以下情况进行处理

1. 工资的分配

(1)实行计件工资的，可根据工程任务单和工资结算凭证直接计入各受益对象。

(2)实行计时工资的，可按实际耗用工日数求出每工日的平均工资(即工资分配率)，然后再按照受益对象的实际工日数进行分配。计算公式如下：

$$日平均工资=\frac{标准工资+加班工资+其他工资+工资性津贴(补贴)+奖金}{出勤工日数+停工工日数+公假工日数+享有工资的缺勤工日数}$$

(或)

$$日平均工资=\frac{标准工资+加班工资+其他工资+工资性津贴(补贴)+奖金}{日历日数-公休日数-旷工日数-不发工资的事假日数}$$

(注：其他工资指附加工资、水上津贴、港口津贴等)

某受益对象应分配的工资=该受益的实际用工日数×日平均工资

(或)某受益对象应分配的工资=预算成本×预算工资率×实际工日数。预算工资率与实际工资率的差异按季调整工程成本。

(3)作业层管理及服务等部门人员的工资，根据实际发生数按照会计制度规定可分别进入"工程施工——间接费用"，"应付福利费"等有关科目。

2. 职工福利费和工会经费的计提，应根据工资结算汇总表和工资分配表等有关资料,按照工资总额的提取比例,在月末编制“职工福利费和工会经费计算表”,按照工资分配的标准和步骤,根据会计制度的规定,分别计入各成本核算对象和期间费用。

3. 劳动保护费的分配,作业层实际发生的劳动保护费,能够直接计入各受益成本对象的应直接计入,不能直接计入的,应首先根据生产工人,材料采购保管人员,船机作业人员、作业层管理工作人员等不同人员的性质,按实际发放数和一定的分配标准,在“工程施工——人工费”,“采购保管费”、“机械作业”、“工程施工——间接费用”等科目之间进行分配,然后根据各受益对象的实耗工日数分配计入各项目成本。

二、材料成本的计算

第六十六条 材料费成本的核算。应以实际成本计算为原则。企业根据管理需要,对于发出材料单价的确定,采用实际成本核算的可选用先进先出法、加权平均法、移动平均法,个别计价法和后进先出法等方法中的一种,材料的计价方法一经确定,不得随意变更。为简便核算,在收发材料时,可采用预算(计划)价格进行核算,月份终了时应将材料预算(计划)价格与实际价格的差异,按其耗用预算(计划)价格的比例分别按各工程(产品)调整为实际价格。施工单位受业主(建设单位)委托采购材料的,其实际采购价格与合同材料价格的差异,直接调整材料成本差异。

第六十七条 材料的领用、退回或回收、残次材料交库,分别使用下列原始凭证(凭证份数由各单位自定)。

1. 限额领料单;
2. 领料单;
3. 退料单;
4. 残次料交库单;
5. 其他领料凭证;

凡领用(或退回)经常耗用的材料,均应按耗用定额的规定限额使用“限额领料单”(退料用红字)。领用(或退回)非经常耗用材料时(指未具有限额规定者)使用“领料单”或“退料单”。残次料交库使用“残次料交库单”。

第六十八条 限额领料与限额领料单的使用方法：

1. 限额领料单由施工员（工长）根据工程任务单下达的工程数量及材料消耗定额扣除计划节约指标签发一式两份，经材料员会签后，一份随同工程任务单发给生产班（组）凭以向工地仓库领料；一份送工地仓库，据以发料。仓库发料时，领发料双方应分别在实发数量栏后签章。

为了监督在月份终了时能将限额领料单及时收回计算成本，限额领料单经材料员会签时进行编号，应设置备查簿进行登记。并将备查副本送财务会计部门存查。

2. 在施工过程中，如实际领用数超过限额时，应由生产班组填报限额领料单申请，经施工技术主管人员审批后交材料员在限额领料单上填制经批准的追加数，并将批准的申请单附在原限额领料单上，作为追加领料的依据。

原签发的限额领料单，如因设计变更等原因而不能适用时，应依据原来签发的程序，重新签发限额领料单。

3. 限额领料单一律不得跨月使用，月份终了而工程任务尚未全部完成时，应就其已完成部分，清算结束原签发的限额领料单。并根据规定程序，按照未完成工程数量和材料消耗定额另填发新的限额领料单。

月份终了，本工程尚未完成，限额领料单已领出而未用的剩余材料，应办理“假退料”手续，剩余料在原限额领料单上以红字填写，并按规定程序与手续，在签发下月限额领料单上以蓝字填写剩余材料数量，以表示下月领用的材料。

4. 工程任务全部完成时，应及时办理剩余材料退库手续，退回的剩余材料，在原来签发的限额领料单上用红字填写以表示冲减原领数量。

第六十九条 领料单、退料单的使用方法：

（一）领用非限额材料时，应填写领料单；经施工员（工长）签证后据以核发材料，并由工地仓库填写实发数量，经领料人签认后，作为仓库发出材料入账凭证。

（二）领用非限额材料如有剩余，应及时填写退料单，将剩余材料退回仓库，经验收填写实收数量并分别由退料人及收料人签章后，作为仓库收料入账凭证和退料单位退回材料的凭证。

第七十条 凡在施工过程中所发生的残次料，应及时办理回收交库手续，填制残次料交库单，经交料人及收料人签证后，作为仓库收料和交料单冲减有关工程的材料费成本的凭证依据。

第七十一条 露天堆积的大宗材料（如砂石等）应根据施工组织设计的规定位置堆放，认真进行计量验收。

1. 在每一个工程项目开工前，仓库负责人应向施工员及生产班（组）指定领用大宗材料堆放位置，并交清数量，做好记录。未经许可，不得在指定堆放位置以外乱拉乱用或用于非指定的工程项目。

2. 月份终了或月份未到终了，但本工程任务已经完成，应由工地仓库会同施工员（工长）与生产班（组）进行实际丈量盘点，确定实际耗用数量，并由施工员（工长）编制大宗材料耗用计算表，交工地仓库核实据以作发出材料凭证。

大宗材料实际耗用数量的计算公式如下：

实际耗用数量 = 上月结存数 + 本月购入数 − 本月调出数 − 本月结存数

3. 如几个工程项目同时领用一个堆垛的大宗材料，其实际耗用量与已完工程数量的定额消耗量之间的差异，根据定额耗用量和差异分配率进行计算，分别调整各工程项目的材料费成本。

大宗材料差异分配的计算公式如下：

$$\text{大宗材料差异分配率}(\%)=\frac{\text{本期大宗材料定额耗用总量}-\text{本期大宗材料实际耗用总量}}{\text{本期大宗材料定额耗用总量}}\times 100\%$$

某工程大宗材料差异分配额 = 该工程大宗材料定额耗用量 × 差异分配率（%）

或按以下办法计算：在盘点时编制大宗材料盘点报告单，计算出实际盘存与按定额耗用计算应存之余额的差异同时编制大宗材料耗用计算表，按下式分配计列有关工程成本。

$$某单位本期耗用量=本期完成工程量\times材料消耗定额\times\left(1+\frac{盘存差额}{各单位工程本期定额耗用量}\right)$$

4. 对于大宗材料的盘点结果，应进行必要的分析，在超定额耗用部分中，凡属于施工超耗部分计入有关工程成本，属于过失原因造成的损失应报施工单位负责人追查过失人的责任或按规定由过失人赔偿。

第七十二条 施工单位组织力量自行采掘砂、石等大宗材料，在一般情况下，应将采掘数量先经采掘场负责人会同材料员验收并填制料单入账，领用时按大宗材料领用手续办理。如在施工地区就地取材，一面采掘，一面即将其直接使用在工程项目上，应于采掘和使用完毕时，根据实际完成工程数量乘以材料消耗定额所计算的定额耗用数填制收料和领料凭证，正确计算材料成本。

第七十三条 施工企业固定预制场内除机械设备以外的全部生产性固定资产（如出运码头、滑道、护岸、车间、场地，台座、散装水泥罐等）维护修理费用、出运码头前沿维护挖泥等费用，对于一次发生数额较大的，可采用待摊或预提的办法处理。采用预提办法的，预提标准原则上以定额取费标准和实际使用的预制构件数量列入各该项目成本，实际发生数与定额取费标准差异较大的，可按实际调整预提标准。

第七十四条 周转材料的制作、领用、摊销和租赁。周转材料包括：模板、脚手架、跳板等，也包括按固定资产管理的钢模、万能杆件、贝雷架、钻头、钢板桩等。

1. 由原材料等经过加工改制而成型的周转材料，应依照有关规定程序及材料消耗定额签发限额领料单办理领料手续，对加工好的周转材料按原材料加工运杂费等计价后，办理进库入账手续，并报财务部门做账。

2. 周转材料在周转使用过程中，由于耗用必须添补而领用材料，应依照规定的工程耗用材料定额计算其需要添补数量，其手续与一般材料手续相同。

3. 周转材料当月实际使用数量，应由物资管理部门按月提供每一工程使用周转材料的品名、规格、数量、使用次数、使用天数等资料，签证后送财务会计部门，据以计算当月摊销费用并计入工程施工的材料费成本项目。

周转材料摊销费的计算，应根据施工具体情况，采用不同的摊销方法，但每一种周转材料确定摊销方法后，不要任意变动。

1. 模板使用次数的摊销公式如下：

$$本期模板摊销额=\frac{模型板数量\times(1-预计残值回收率)}{预计使用次数}\times本期使用次数$$

2. 脚手架、跳板等周转材料摊销公式如下：

$$周转材料每期摊销额=\frac{周转材料原值\times(1-残值占原值的\%)}{预计使用期限(月数)}$$

周转材料也可采用定额摊销法，根据实际的实物工程量和预算规定的周转材料消耗定额，计算本期的摊销额。

3. 列作固定资产的钢模等金属结构架设工具，应以固定资产折旧率计算折旧费，直接计入工程施工“材料费”成本项目。

未列作固定资产处理的小型金属结构架设工具，可以其使用期限确定摊销率，计算摊销费用计入工程施工“材料费”成本项目。

4. 周转材料使用完毕，应及时清点办理退库手续，重新盘估价值，其估价与摊销余价值之间的差异调整工程成本。

5. 施工过程中搭、拆脚手架需用人工及其他材料（圆钉、铁口、麻绳等）应直接加入该工程的“人工费”和“材料费”成本项目中。

6. 租入的周转材料所付的周转材料租金，直接列入该工程项目的“材料费”成本中。

第七十五条 由于技术组织措施或其他原因需耗用代用材料时，在保证工程质量的原则下，应先经施工单位技术主管部门批准，征得建设单位工地代表或监理工程师的同意后，由施工员（工长）核减原限额领料单某种材料数量，并办理代用材料领料单手续,其领料单应附于原限额领料单之后,作为修正限额领料单及分析材料成本的依据。

第七十六条 月份终了应根据材料实际价格与预算(计划)价格的差异,计算材料成本差异率。材料成本差异率的计算公式如下:

$$本月材料成本差异率=\frac{月初结存材料的成本差异+本月收入材料的成本差异}{月初结存材料的计划成本+本月收入材料的计划成本}\times 100\%$$

根据本月材料成本差异率和当期耗用材料的计划成本计算差异额。材料成本差异率系属借差时,应以蓝字调整之,系属贷差时,应以红字调整之。

第七十七条 月份终了,财务会计部门根据材料部门提供的用料汇总表(附有领料凭证)以计算工程施工和其他业务应负担的材料费成本。

凡对于工程耗用的主要材料(如“三大”材料,大宗材料等)要求控制消耗定额时,应根据要求控制的主要材料品名及数量在“用料汇总表”内反映,以便与工程预算(计划)进行比较分析。

三、船舶机械使用费成本计算

第七十八条 施工船舶机械在使用过程中,所经常发生的一切费用,一般应按其实际发生数记入当月船机使用费成本内。其船机使用费成本按本办法第四十五条一(三)的成本费用项目划分内容进行核算。下列费用不包括在内:

1. 施工船舶机械进行加工对象(如捣制混凝土用的水泥、砂子、碎石、轧石机用的块石等)的使用费,应直接列入工程施工辅助生产的“材料费”成本项目。

2. 为施工船舶机械担任送料、配料、供水及搬运成品的工人的基本工资,应计入工程对象的“人工费”成本项目。

3. 施工船舶机械在工地试运、安装、拆卸、搬运以及安设机械的基础、底座、固定锚桩等费用,凡船机台班定额中列有“安拆及辅助设施费”者,在船舶机械使用费成本项目内核算,如一次发生费用较大时,可列入“待摊费用”账户核算,以后按使用期限摊销计入船机使用费成本内。其摊销计算公式如下：

$$本期摊销额=\frac{费用总额}{施工期内施工船机使用时间(月份)计划数}$$

其余如打桩机的安装费以及大型发电机的混凝土底座等，不在船机使用费成本核算，应列入临时工程项目。

第七十九条 大型施工船舶机械使用费，应分别船舶机械类型进行核算；小型施工机械的使用费，应按施工机械种类进行综合核算，小型船机的具体划分，按本部关于施工船机管理办法的规定办理。

第八十条 施工单位用自有的船舶机械进行施工时，所发生的船机使用费，按照规定的船机使用费项目通过“机械作业”账户核算，然后按月分配计入“工程施工”账户的船机使用费成本，如按船机艘（台）班定额分配成本，“机械作业”的差异应调整“工程施工”的工程成本。

第八十一条 施工单位用非自有的施工船舶机械进行施工时，应根据签订的合同内容，分别按照不同的计费方法进行核算。

1. 向工程局内部独立核算的船舶机械单位（船机公司、机械队、站）或其他单位租入的船舶机械进行施工时，应按照船舶机械艘（台）班（时）单价或租赁合同规定的租赁费结算支付。施工单位应根据提供船机单位的账单分别计入“工程施工”的船机使用费成本和受益对象的成本，提供船机的内部独立核算单位的盈亏不调整工程施工成本。

2. 委托施工企业内部独立核算或外部其他单位进行施工时，应视为分包关系，并按照分包方式结算工程价款和进行会计核算，不计入工程施工成本，由内部独立核算单位的船机配合施工的，应计入工程施工的“船机使用费”成本。

第八十二条 施工船舶机械在进行工作前，施工单位应根据船舶机械施工作业计划及施工定额由施工员（工长）签发船舶机械作业任务单，施工机械使用记录（运转日报），交给船长、机械驾驶人员进行施工。施工船舶机械的工程任务单及使用记录应按每一工程对象分别签发。

在施工过程中，船长、机械驾驶人员应逐日将施工船舶机械的运转情况及时登记，并交施工员（工长）逐日审核签认。月终或当月工程任务完成时，船长、机械驾驶人员会同施工员（工长）对所完成的工程任务进行验收签证，并将工程任务单及施工船机使用记录送交船机部门作为结算工资和考勤记录以及结算船机艘（台）班费用的依据。

船机管理部门根据各船长、机械驾驶人员交回的工程任务单和施工船机使用记录进行汇总并填制实际完成工程数量和施工船舶机械使用情况月报表，交财务会计部门，作为分配使用费、结算船机（艘）台班费用和分析船机使用费成本的原始凭证。

财务会计部门应按照船机类型（种类）和船机使用费项目分别设置船机使用费明细分类账，以登记所发生的施工船机使用的实际成本。月终根据船机使用费明细分类账及船机管理部门提供的施工船舶机械情况月报表编制船机使用费分配表，据以入账。

船机使用费的计算与分配，应按施工船舶机械工作艘（台）班（或以时、吨公里、实际工程量），将当月所发生的船机使用费分别计入受益对象成本。根据施工船舶机械大、小型的不同情况。采用不同的计算方式进行分配。

1. 大型施工船舶机械使用费的计算公式如下：

某受益对象本期应分配的某类型船机使用费

$$=\frac{\text{本期该类型船机使用费实际总成本}}{\text{本期该类型船机使用艘(台)班数或实际工程量总计}}$$

×该受益对象的本期该类型船机实用艘（台）班或实际工作量

或：=定额艘（台）班费×使用台班

定额艘（台）班费与实际艘（台）班费的差异按季调整工程成本。

或：$=\frac{\text{本期该类船机使用费实际总成本}}{\text{受益工程项目定额船机费用总和}}\times$该项工程项目定额船机费用

2. 小型施工机械使用费的计算公式如下：

某受益对象本期应分配的某种类型机械使用费

$$=\frac{\text{该种类机械使用费实际总成本}}{\text{该类各种机械实际使用台班}}$$

×该受益对象使用该类机械的定额费用×各该机械台班定额单价

四、其他直接费成本的计算

第八十三条 在航务公路工程施工中，发生的其他直接费，均要按实际发生数进入当月成本中。由本单位内部的辅助生产部门生产或提供的水、电、风、蒸气和现场材料二次搬运发生的费用，应先通过"辅助生产"账户归集，月末再按一定的分配方法结转"工程施工—其他直接费"账户。由外单位或其他内部独立核算单位供给的，按发票或账单的结算价格直接计入工程施工(或部门)的成本。工程用水如在预算定额中列为材料费时，应并入材料费核算，计入工程施工直接费的"材料费"成本。

公路施工企业施工队伍进退场费的核算可根据建设单位与施工单位签订承包工程合同中的规定条款来确定，分别采用一次性摊销法或造价比例摊销法。

第八十四条 临时设施因使用而转移的价值通过临时设施摊销摊入有关受益的工程成本之中，因报废等原因减少临时设施净值(报废清理回收的残值扣除清理费用)通过"固定资产清理—清理临时设施"核算后列营业外支出。临时设施的摊销应遵循配比原则，具体方法可采用直线摊销法、分期摊销法或一次摊销法。

1. 直线摊销法：即按预计使用年限将购置临时设施的原始成本平均摊入各期成本。该方法适用于周转多个工程使用的临时设施摊销。计算公式为：

$$\text{每年临时设施摊销费}=\frac{\text{临时设施原值}-\text{预计残值}+\text{预计清理费用}}{\text{预计使用年限}}$$

$$\text{施工期内每月应}=\frac{\text{每年临时设施摊销费}}{\text{摊销临时设施费当年施工期月数}}$$

2. 分期摊销法：就是将临时设施的营造成本在工程施工期内

分期全部摊入工程成本中的方法。该方法适用于一次性使用且随工程价款分次收取临时设施费的临时设施摊销。计算公式为:

$$临时设施摊销率 = \frac{该工程临时设施的原值}{该工程合同价款} \times 100\%$$

本期临时设施摊销额 = 本期工程价款结算收入 × 临时设施摊销率

3. 一次摊销法:是指临时设施营造成本较低,在营造完成后,一次摊入成本的做法。

第八十五条 企业发生的检验试验费,一般应按各工程项目的实际发生额,在当月直接计入各该项目成本。企业自设实验室等检验部门,发生的技术革新和研究试验费等不能直接确定成本核算对象的,可在“工程施工—其他直接费”科目中先行归集月末再根据各受益工程发生的定额直接费或其他标准,分配计入各该项目的成本。

工程定位复测、工程点交、场地清理费按实际发生数,在当月直接或分配计入各该项目成本。

第八十六条 低值易耗品分为“在库”和“在用”两部分,凡购置入库者为“在库”,各部门领用者及经过使用过后又退库者为“在用”。在库低值易耗品由工地仓库按照材料的管理办法负责保管,在用低值易耗品由领用部门指定料具经管人办理领用和保管,并按品名、规格进行登记。

在库低值易耗品的领用或退回都应填制领料单或退料单,其手续与一般材料领用、退回手续相同。

工地仓库应按领用部门建立在用低值易耗品领用登记簿,凡长期领用低值易耗品,应在发出或退回时在领用登记簿上进行登记。并同时在料具保管人经管的工具领用簿(卡)上进行登记。登记完后,双方在登记簿上相互盖章。料具保管人变更时,应向工地仓库办理交接手续。

临时使用的低值易耗品(即工人上班时领用,而下班时交回),应采用工具牌向工地仓库以工具牌领用,工具退库时工具牌退还领用人，以简化领用手续。

在用低值易耗品的摊销计算，应按下列情况办理：

1. 价值较低容易破损的低值易耗品，在领用时可采用一次摊销法，即在领用时一次列入成本。

2. 价值较高而耐用时间较长的低值易耗品，采用分期摊销法，即按其耐用期限分期摊销。

3. 低值易耗品的摊销，根据会计制度规定，也可采用其他摊销方法。

低值易耗品采用计划价格核算时，其实际价格与计划价格之间的差异，采用一次摊销法者，应在领用当月分配价格差异；采用五五摊销法者，在报废时分配价格差异。

财务会计部门月末应根据低值易耗品摊销分配表分别计入"工程施工"、"机械作业"、"采购保管费"、"管理费用"等有关账户的对应明细项目。

五、间接成本计算

第八十七条　间接费用应以当月实际发生额计入成本。

间接费用一般是不能直接计入工程成本核算对象的，月终必须按照各成本核算项目当月所完成的工作量或实耗工日数比例进行分摊，按现行会计制度规定分别进入"工程施工——间接费用"、"应付福利费"等有关项目。

第八十八条　间接费用应按照本办法第五章节第三节规定的费用项目设置明细分类账，核算实际发生额，并经常与计划进行比较分析，控制实际发生额，达到节约的目的。

凡应由本期负担但尚未支付的费用（如固定性经常维修费等）或有关账单尚未到达，可通过"预提费用"账户核算。

第八十九条　间接费用的分配，如在一个施工现场内，既有建筑工程，又有设备安装工程，则分配间接费用应分两个步骤进行。第一步先在各类工程之间进行分配。即以这些工程的人工费预算（实际）成本作分配标准；第二步再在各个成本核算对象之间进行分配。建筑安装工程的以直接费预算（实际）成本作为分配标准，间接费用分配的计算公式如下：

$$某类工程应分配的间接费用=\frac{实际发生的间接费用总额}{各类工程人工费预算(实际)成本总额}\times 该类工程人工费预算(实际)成本$$

$$建筑安装工程某个成本核算对象应分配的间接费用=\frac{建筑安装工程成本应分配的间接费用总额}{各建筑安装工程的预算(实际)直接费成本总额}\times 该成本核算对象预算(实际)直接成本$$

间接费用除上述分配方法外，也可采用系数分配法，直接分配于各工程受益对象，系数分配法的计算公式如下：

$$某受益对象应分配的间接费用=\frac{实际发生的间接费用总额}{\sum(各工程间接费用定额)}\times 该工程间接费用定额$$

第五节 航道疏浚工程成本的核算

甲. 航道疏浚工程价款组成和预算成本的确定

第九十条 航道疏浚工程价款组成。

一、疏浚工程价款收入的确定。疏浚工程的工程价款组成，按照附表二确定。其他航道工程的工程价款组成，可参照附表一确定。

二、疏浚工程价款收入由直接工程费、间接费、计划利润、税金和专项费用五部分组成。

其中疏浚工程预算成本由直接工程费、间接费和专项费用组成。疏浚工程价款收入与疏浚工程预算成本的关系如下表(见附表二《疏浚工程价款收入分解表》)

第九十一条 疏浚工程预算成本的确定

一、航道疏浚工程预算成本的确定原则。

施工企业承包的疏浚工程，应根据施工图和企业施工定额，并参照相应的概预算中的费用项目及其费率，以及企业历史成本水平等资料，据以划分预算成本，并作为企业考核成本的依据。当承包价(或中标价、议标价等)低于施工预算时，其差额按以下顺序调整预算：

1. 计划利润；

2．企业管理费；

3．现场管理费。

二、各成本项目的预算成本可采用以下方法计算：

1．人工费预算成本：按施工预算中编列的直接人工费计列。

2．材料费预算成本：按施工预算中编列的直接材料费计列。

3．船机使用费预算成本由下列项目组成：

(1)船机人工费：疏浚工程施工预算直接费中的挖泥、运泥、吹泥费，开工展布、收工集合费，施工队伍调迁费、疏浚测量费、浚前扫床费，排泥管线管架安拆费等项目中所含预算工资(含福利费和劳动保护费，下同)之和即本项目预算成本。

其计算方法如下：

①挖泥、运泥、吹泥费，开工展布、收工集合费，施工队伍调迁费等按下式计算：

$$\text{船机人工费预算成本}=\frac{\text{船(机)定员}\times 12\text{个月}\times\text{船(机)人员平均工资}}{\text{年定额使用艘(台)班数}}\times\text{船(机)艘(台)班总数}$$

即：艘(台)班工资×船机艘(台)班总数

其中：船机总艘(台)班根据施工定额或参照疏浚工程预算中的工程量、施工船机类型、工况、土质、泥土处理方式和疏浚工程预算定额确定的各类施工船机的艘(台)班数计算求得(包括按艘班乘系数换算的艘班数)。船(机)人工定员和船(机)人员平均工资(平均工资按定额中规定的方法计算)及年定额使用艘台班数根据《船舶艘班费用定额》的有关规定计列。

②疏浚测量费：按预算定额中规定的每万方收取的费用和施工图预算中的工程量计算出测量费用总额后，根据测量船定额艘班中工资占艘班费的比例计算船机人工费项目预算成本。

③浚前扫床费：按工程预算中的扫床面积和定额收费标准计算出浚前扫床费总额后，可根据测量船定额艘班费中工资占艘班费的比例计算船机人工费项目预算成本。

④排泥管线管架安拆费：按定额规定的安拆次数，每百米管线安拆人工费(包括接卡费、整套安装费、拆除费)和工程预算管线

长度计算的预算成本。排泥管架的人工费也在本项目计列。

(2)燃料及动力费:按照上述方法计算出艘台班总数,并根据《船舶艘班费用定额》规定的各类船机的轻重柴油、煤、电等消耗量(包括不同工况调整的消耗量)和规定的预算单价,再加上因市场涨价而高于预算单价的专项费用计算出每一艘(台)班燃料动力费,即为燃料及动力费的预算成本。其计算内容和计算方法可参照船机人工费预算成本计算的办法逐项确定。

(3)工属具及材料费:根据工程使用的各类船机艘(台)班总数(计算方法同前)和各类船机定额艘(台)班材料费,计算出工属具及材料费包括排泥管摊销费的预算成本。排泥管架设和拆除时,根据所需材料的额定数量和材料预算单价计算预算成本。其计算内容和计算方法,可参照船机人工费预算的计算方法逐项确定。

(4)折旧及修理费:根据工程预算确定的各类船机艘(台)班总数(计算方法同前)和定额艘(台)班折旧及修理费(包括第一类费用中的折旧费、检修费、小修费和保修费等四项),计算折旧费及修理费预算成本。其计算内容和计算方法可参照船机人工费预算成本的计算方法逐项确定。

疏浚工程中租入船机完成工作量,应按预算原规定的船机类型和作业方式确定预算成本。

(5)停工期费用:按疏浚工程预算定额中规定的停置艘班费(或停置艘班比例)、经与建设单协商同意支付的停置艘班费,烟台和黄河以北地区施工增加费,均列作停工期费用预算成本。

(6)其他费用:按船机的使用总艘(台)班数与各类船机定额艘(台)班中的其他费用项目算其他费用预算成本。

4. 其他直接费预算成本:施工浮标抛设及使用维护费按施工图预算所需的浮标的数量和每座天数收费标准计算的费用总额、按疏浚工程预算总额计算的临时设施费列入本项目预算成本。检验试验费、定位复测费、工程点交费和场地清理费的预算成本也列入本项目。

5. 间接费用预算成本:按疏浚工程预算定额计算的现场管理费列入本项目的预算成本。

以上各项预算成本均以施工预算为基础,若采用招投标方式承接的工程,应按规定予以调整后作为预算成本。

乙. 航道疏浚工程实际成本的计算

一、人工费成本计算

第九十二条 航道施工企业应按国家工资管理的有关规定,正确计算应付给企业职工的工资总额,财务会计部门应按有关原始凭证和规定的传递程序、计算方法,通过"应付工资"科目进行归集。月份终了,应根据考勤记录、工时记录、工程任务单及其他工资核算资料,编制工资结算单,根据工资结算单编制工资分配汇总表,按受益对象耗用工日数和日平均工资分配计入各成本费用项目。炸礁、钻探(包括陆域钻探)等从事施工现场生产的工人的工资,提取的职工福利费,劳动保护费,直接或按一定的标准分配计入各单位工程的人工费成本项目。有关核算内容和方法比照本章第四节的有关人工费成本计算的规定办理。

二、材料费成本核算

第九十三条 航道企业在施工过程中使用的主要材料、燃料、机械配件和其他材料,应根据物资部门提供的领、退料凭证,按使用单位和工程项目编制材料消耗汇总表,直接计入受益的成本核算对象。由几个成本核算对象共同使用的材料,应确定合理的分配标准,在受益的成本核算对象之间进行分配。对于水下炸礁、陆域钻探等工程,在生产过程中领用的材料,如炸礁用的炸药、雷管、导火索,钻探工程所消耗的钻头等,应根据工程实际消耗的数量,直接分配计入各该工程的材料费成本项目。航道工程在施工现场使用的周转材料应按规定的摊销方法一次或分期计入各受益对象的材料费成本。租用外单位周转材料的租赁费按规定列入本项目核算。采用计划成本进行材料日常核算的单位,季末应将耗用材料的计划成本调整为实际成本,按规定分摊材料成本差异。有关核算内容和核算方法比照本章第四节有关材料费成本计算的规定办理。

三、船机使用费成本计算

第九十四条 船机使用费是航道施工企业在施工过程中因使用船机设备而发生的各项费用。船机使用费应通过“机械作业”科目进行归集和分配,并按规定的六个明细项目,以实行内部核算的船队、测量队、泵站单船(机)或同类船舶(机械)设置明细账进行核算。

1. 船机使用费的归集

(1)“船机人工费”的归集:本项目归集船员、机上人员等施工作业期间按规定实际支付的各项人工费用。包括:

①船员、机上人员等的工资、工资性津贴和应计入成本的奖金等。按编制的工资分配表从“应付工资”科目转入“机械作业”的各该船机的船机人工费项目。

②船员、机上人员等按工资总额提取的职工福利费,计入各船(机)、管线队等的船机人工费项目。

③船员、机上人员等按规定发放的劳动保护用品及其修理费、保健费和防暑降温等劳动保护费,计入各船(机)、管线队等的船机人工费项目。

(2)“燃料及动力费”的归集:本项目归集船舶和其他机械在施工期间实际耗用的轻重柴油、汽油、渣油、煤、电等费用。

航道施工企业应当建立燃料消耗统计制度,即不管燃料是否通过本单位油库收发,均应通过物资部门核算统计,月末各单位船舶、机械应按实耗燃料吨数编制“燃料消耗计算表”,报经物资部门核实签认后送财务部门作为计算当期船机燃料费依据,并按消耗数计入各船(机)等的燃料及动力费项目。为避免以领代耗而引起的成本失实,期末船存燃料不得列入当期燃料成本。

企业机械设备等在施工生产中消耗的水、电、风、气等动力,按实际消耗量及费用计入当期船(机)的燃料及动力费项目。

(3)“工属具及材料费”的归集:本项目归集船舶和其他施工机械在施工生产中实际消耗的润滑、液压油料、淡水、擦拭材料等费用以及领用的随船随机的工属具摊销。月末,应根据物资部门提供的领、退料原始凭证按不同材料类别和各船舶、机械编制“材料消耗汇总表”和“低值易耗品摊销计算表”,直接或分配计入各船(机)的工属具及材料费项目。

工属具可一次性摊入成本,对其中价值较大的,也可分次或分期摊入成本。

工属具及材料的日常核算如采用计划价格的,月末应按规定分摊材料成本差异,即调整为实际成本。

排泥管按规定的摊销额和租赁费以及修理费支出,均按实际发生数列入本项目。

(4)“折旧及修理费”的归集:本项目归集船舶、机械等在施工作业期间,按规定提取的折旧以及应由当期成本负担的修理费。

企业应按有关规定编制“固定资产折旧计算表”,按船机设备的月初账面原值和规定的折旧率分别计算各船机设备当月应提取的折旧费用,计入各船机设备的折旧及修理费项目。企业船机设备发生的检、小修理费用和其他修理费用,按实际发生数直接计入各船、机械设备等的折旧及修理费项目。对其中修理费较大的,也可采用预提或待摊的办法,分期计入本项目。对列入递延资产的大修理费用,应按规定分期摊入本项目。

施工中租用外单位船舶机械所发生的租赁费及其相关费用(不包括固定资产改良支出),按实际发生数列入本项目。

(5)“停工期费用”的归集:本项目归集航道施工企业当期实际发生的停工期费用。停工期限的计算按下列规定确定:

①按规定小修以上并列入年度计划的,按实际修期计算;

②工程竣工退出施工现场并回基地(或在指定地点)待命的,按回基地后(或指定地点)实际待命期计算;

③长期待命的,按实际待命期计算。

为了均衡计算停工期费用,企业应在“机械作业”科目下增设“本年停工期费用”明细科目,当月实际发生的停工期船机人工费、折旧和修理费、材料费及工属具摊销、其他费用等,直接或按规定方法分配转入“本年停工期费用”明细科目。即借记“机械作业——本年停工期费用”科目,贷记“机械作业——××船(机)人工费”等科目。

停工期费用一般不分摊燃料费。

(6)“其他费用”的归集:本项目归集船舶、机械在施工期间发生的未包括在上述项目中的其他费用支出。根据发票、账单等原始凭证,按实际发生数直接或按一定标准分配计入其他费用项目。

2. 船机使用费的分配

(1)船机人工费、燃料及动力费、工属具及材料费、折旧及修理费和其他费用,如涉及单个成本对象的,直接计入该成本对象;如涉及两个或两个以上成本对象的,按各工程、作业对象实际施工天数或作业天数进行分配。

即

某工程(作业)实际船机人工费分配额=某工程(作业)实际施工天数×每一工作日船机人工费分配额每一工作日船机人工费

$$\text{分配额}=\frac{\text{当月实际施工(作业)船机人工费总额}}{\text{当月实际施工(作业)总天数}}$$

燃料及动力费、工属具及材料费、折旧及修理费、其他费用分配额计算比照船机人工费分配公式进行计算分配。其中燃料及动力费、工属具及材料费也可按船机运转小时数为基数进行计算分配。

(2)停工期费用在各船(机)间的分配采用固定比例法进行摊销。

固定比例每年年初计算一次,计算公式为:

$$\text{停工期费用摊销固定比例}=\frac{\text{全年预计(或上年实际)停工期费用总额}}{\text{全年计划(或上年实际)船机使用费总额(不包括停工期费用)}}$$

当月应摊销的停工期费用=当月实际发生的船机使用费(不包括当月实际发生的停工期费用)×停工期费用摊销固定比例每月应摊销的停工期费用分别计入各船舶机械等的停工期费用项目,即借记“机械作业——××船(机)—停工期费用”科目,贷记

"机械作业——本年停工期费用"科目。"机械作业—本年停工期费用"科目的差额,1～11月份分别在资产负债表的"预提费用"或"待摊费用"项目中反映。年末如有差额,应按实际发生的停工期费用调整成本,调整后该明细科目应无余额。

"机械作业——××船(机)——停工期费用"在工程成本对象间的分配比照船机人工费分配方式进行计算分配。

四、其他直接费实际成本的计算

第九十五条 其他直接费成本按实际发生的数直接计入各工程成本项目。

五、间接费的实际成本的计算

第九十六条 航道施工企业的疏浚工程项目经理部等现场管理机构发生的各项支出,应设置"间接费用"科目和规定的明细项目进行归集核算。月末将间接费用的实际发生数直接或按一些比例分配计入、各工程的成本项目。

如果属于管理费用开支的项目费用不应列本项目核算。

第六节 工程咨询监理成本的核算

第九十七条 工程咨询监理企业指从事交通工程施工、工程监理、提供咨询、可行性研究、勘测设计等业务的施工企业。工程咨询监理总公司为独立核算的施工企业,实行统一核算、自主经营、自负盈亏,工程咨询监理公司为总公司内部独立核算单位。总公司、公司组成企业的管理层;项目经理部、项目组等为内部基层核算单位,构成企业的作业层。工程咨询监理总公司的成本费用管理责任制应比照第二章第二节公路、航务、航道工程企业的成本费用管理责任制建立。

第九十八条 从事交通工程施工的单位,其成本核算对象的确定、成本项目的设置、预算成本与实际成本的核算内容和方法,参照航务、公路工程成本核算的规定,编列单位工程预算(如交通工程的护栏工程、隔离工程、标线工程等),建立单位工程成本费用明细账,组织成本核算。

第九十九条 从事工程监理、咨询、勘测设计项目的单位，按以下规定组织成本核算：

1. 成本核算对象的划分，一般以承接的单项合同项目作为成本核算对象。对于项目性质相同、作业地点较近、合同金额较小、开竣工时间接近的合同项目可以合并成为一个核算对象；对于规模较大、工期较长的合同项目，可以分段作为成本核算对象。

2. 成本项目的设置。

(1)直接成本项目：

①人工费：指直接从事咨询、监理、勘测、设计项目人员的工资、职工福利费、劳动保护费以及与项目直接有关的外聘专家咨询、劳务费。

②材料费：指项目直接消耗的材料、辅助材料、配件、计算机软盘、打字复印绘图用文具纸张、燃料、动力及低值易耗品摊销。

③差旅交通费：指项目工作人员赴外埠和市内出差及人员调遣所发生的交通、住宿等费用。

④折旧费：指项目专用的机械仪器设备等固定资产提取的折旧，由公司临时调用的固定资产设备按公司规定收取的使用费或向外单位租用固定资产而支付的租赁费用。

⑤修理费：指项目直接使用的机械用具仪器设备等固定资产日常维护、保养支付的修理费用。

⑥试验检验费：指项目按规定或因采用新技术、新材料、新方案必须经过试验、检测、鉴定而支付的试验检测鉴定费用。包括需邀请专家学者进行评审而支付的会议费用。

⑦其他直接费用：指上述直接费用以外而必须支付的其他直接费用。如临时设施推销。

(2)间接成本项目：间接费用，指现场管理费。

指项目组、监理工程师在现场工作必须支付的办公及通讯费用；工作人员办公及住宿用房租赁费，办公及住宿用具购置或摊销费；工作人员工作生活用水、暖、电等费用开支；因现场工作人员较多(10 人以上)或工作时间较长(3 个月以上)需办职工临时食堂而支付的炊事用具及炊事人员的工资劳保福利费用(应由职工自理的伙食费不包括在内)等。

3. 预算成本的确定,以向业主或委托单位按国家统一规定的收费标准收取的费用,或双方协议价格为基础,扣除营业税金及附加、计划利润和期间费用后作为预算成本,预算成本各明细项目按成本项目内容和历史成本水平或通过测定的内部定额进行计算划分,据以控制实际成本,分析考核成本节超。

4. 实际成本的核算程序和方法,参照航务、公路工程的有关规定办理。

第七节 分包工程管理与核算

第一〇〇条 施工单位应提高劳动生产率加速工程进度,合理安排好生产,力求多、快、好、省地完成国家基本建设任务。

施工单位由于施工能力、施工力量等因素影响,可酌情将一部分工程外包,但主体工程不能分包,且需加强外包工程的成本管理,以保质保量保工期地完成工程任务。

第一〇一条 施工单位在工程分包过程中,首先要注重队伍的选择,选择分包队伍时,要对外包队伍的资质、资信、信誉情况有充分的了解,对于较大的分包工程项目,应通过工程招投标方式选择施工队伍,通过多方分析比较,选择那些有承担同类工程项目经验、资信条件较好、报价合理、工期保证的施工队伍承接。在确定施工队伍及承包价时应建立严格的内控制度。

第一〇二条 合同的签订。施工单位在选好分包单位后,要签订工程承包合同,包括工程名称、工程内容、合同价款、款项支付、材料供应、质量要求、安全措施及工期要求等。特别是合同价款,能够确定的,要予以一次包死;不能够确定的,要明确结算原则。签订的工程承包合同,在有条件的情况下,要进行公证。

第一〇三条 分包工程价款支付。分包工程合同签订后,根据合同要求支付工程预付款和备料款,月度终了,根据分包单位提供的已完工程工作量表及工程价款结算表,由发包单位施工员、统计或预算员审核，经发包单位负责人核准，财务部门方可支付进度款；支付进度款时，要注意扣回供料款。在分包工程完成一定比例后，要注意按比例扣回工程预付款和备料款，确保分包工程款项不超付。

第一〇四条 分包工程材料管理。分包工程所需材料，在由发包单位供应的情况下，要根据工程计划和合同规定控制供料；工程设计变更，分包单位需要追加的材料品种、规格、数量，必须由发包单位工程、预算人员审核，发包单位负责人批准，材料部门方可供料。另外，对分包工程的材料供应范围，要严格执行国家和各地方建委的文件规定，超出甲方供应范围的材料，要严格按市场价格结算。

第一〇五条 分包工程竣工结算。分包工程完工后，要组织有关人员，进行全面验收，并评定工程质量等级，办理竣工结算。工程结算时要按一定比例扣留分包单位工程保留金，合同规定的保修期内工程出现质量问题，分包单位要负责维修，保修期满，如无质量等问题，则退还分包单位工程保留金。

第一〇六条 财务会计部门在核算分包工程时，视不同情况分别核算。

对于在产值统计上作为企业非自行完成部分的分包工程，根据分包单位当月完成的工程预算价款，借记“工程结算成本——×××单位分包完成工程名称”科目，贷记“应付账款”科目；同时由总包单位按规定向建设单位办理工程结算，应结算价款，借记“应收账款”科目，贷记“工程结算收入”科目。

对于在产值统计上作为自行完成部分的分包工程，为了简化核算，每月根据分包工程完成的工程量应计算的应付价款，借记“工程施工”科目及有关成本明细项目，贷记“应付账款”科目。

第八节 待摊、递延及预提费用的核算

第一〇七条 施工企业对于应由本月工程（或产品）成本负担的费用应在发生当月计入成本，不得任意提前或者拖后。对于

一次性支付,分期摊入成本的费用,应在费用支出时列作待摊或递延费用,按受益期限确定分摊额,分期摊入成本。待摊费用分摊期限一般在十二个月以内。递延资产核算企业发生的不能全部计入当年损益,应在以后年度内分期摊销的各项费用。

对于应由当期成本负担而尚未支付的费用可以预提。预提期短,年底应当结清的,年终决算不留余额。如果确需跨年使用的,必须在年底决算报表中说明,并由主管部门审查批准。

施工企业应加强对待摊、递延及预提费用的管理,按照规定的摊销标准,准确计算待摊、递延及预提费用,不得任意变更摊提内容,摊提期限和摊提标准,更不得以待摊费用、递延费用及预提费用的手段任意调节成本。坚持成本的真实性,防止虚盈实亏、盈亏不实。

第一〇八条 待摊、递延及预提费用的内容包括下列各项:

一、企业采用"一次摊销法"和"分期摊销法"的低值易耗品,在一次大量领用时,可将摊销数在核算期内摊入有关成本;

二、冬季取暖补贴:如一次发放,应按照取暖期分期预提或待摊;

三、一次发生数额较大的大型施工机械安装、拆卸、辅助设施和进出场费;

四、按照规定应分期计入工程成本的技术转让费,包括许可证费、专利费、设计费以及为掌握引进技术发生的有关费用;

五、在施工生产经营中支付数额较大的契约、合同公证费、科学技术和经营管理咨询费;

六、预提收尾工程费:指工程已经完成,具备了使用和投产条件,并经建设单位同意已办理竣工结算,由于特殊情况影响收尾工程的进行而预提计入成本的预提数额,不得超过收尾工程的预算成本。

七、一次支付数额较大的劳动力招募费、职工探亲路费和探亲期间的工资;船舶和大型施工机械等固定资产,按修理对象(或类别)和修理间隔期预提大修理费用,实际发生的修理费用冲减预提费用，预提费用与实际修理费用的差额调整成本。预提标准按项目预计修理费用和修理间隔期计算确定。

八、船舶停工期费用；

九、新办企业的开办费；

十、租入固定资产的改良支出和固定资产修理支出（修理间隔期一年以上）；

十一、预提资金借款利息支出；

十二、以经营性租赁方式租入固定资产的大修理费，一般应由出租方支付。如果合同规定大修理费由承租方负担，应根据合同规定的租赁期限和企业大修理计划，比照企业的同类固定资产按月预提大修理费用，实际支出的大修理费用大于预提数的差额，应当在租赁期满后调整成本。

十三、工程保修费：指工程竣工验收后，建设单位扣留的工程保修金。一年内如工程没有质量问题，则工程保修期满后，保修费如数退回，若工程有质量问题，则施工单位负责保修。根据会计核算稳健性的原则，按合同规定的比例，预提保修金，发生保修费用，则冲减保修金，一年后，如果预提工程保修金有溢余或不足，则冲减或追加间接费用支出；

十四、其他需要进行分期摊销的待摊费用、递延费用和预提费用。

企业的预提费用预提数与实际数的差额，无论余缺，应以实际发生数为依据调整有关项目的成本，不得保留余额。

待摊、递延及预提费用均应按照费用项目进行分类核算，对于摊提标准应按规定计算，编制“待摊、递延、预提费用分配表”，按照不同计算对象分别计入有关成本。

第九节　工业生产、机械作业和辅助生产成本的核算

第一〇九条　施工企业内部独立核算的附属工业企业，如船机修造厂、修配厂、站、预制构件厂和机械作业的机械站、运输队等，其生产产品和提供作业、劳务的成本核算，可按其性质分别比

照工业、运输企业的成本计算方法和本办法关于船舶机械使用费成本计算的规定进行成本计算。

一、附属工业企业对承包金属结构制作及安装工程,应按本办法的规定计算工程成本,办理工程价款结算;对施工企业内部修造机具按照批准的价格结算。

二、附属船机施工单位,如承包工程施工,也应按本办法的规定计算工程成本,办理工程价款结算;对施工企业内部提供船机作业,配合内部独立核算单位施工,可按预算包干或按艘(台)班费收费。

第一一〇条 有条件的附属工业企业,要实行厂部、车间两级成本核算,车间核算直接发生的材料、工资、费用,并核算产品的车间成本。厂部核算产品全部成本。

成本核算对象及成本项目内容规定如下:

一、成本核算对象

1. 修造船、机及设备按单个产品核算。

2. 零配件、工具制作、加工按品种核算。

3. 试制新产品和为本企业基建、专项工程加工设备按项目核算。

二、成本项目

1. 人工费:指直接从事产品生产的生产工人的工资、职工福利费和劳动保护费。

2. 材料费:指构成产品实体的主要材料和有助于产品形成的其他材料成本以及周转材料的摊销数。回收的残料估计价值应从本项目扣除。

3. 机械使用费:指机械设备所耗用的燃料和动力费以及按照规定对机械设备计提的折旧以及发生的大、中修和经常性的维护及修理费用。

4. 其他直接费:指直接用于产品生产的其他直接费用,包括专用工具,专用设备,设计费、吊运费、委托外部协作费,调试检验费等。在生产过程中发生的不可修复的废品损失和可修复的废品修复费用及停工损失等也在本项目核算。

5. 间接费用:指生产单位直接为组织和管理生产而发生的所有支出。包括的项目与工程间接费用基本相同。

三、成本计算方法

附属工业企业可根据产品特点,采取分批法(定单法)、定额比例法、定额法等成本核算方法进行成本计算。

生产费用的归集与分配,可比照工业企业成本核算办法办理。

第一一一条 施工企业及其内部独立核算单位所属非独立核算的辅助生产部门(车间、单位),其生产费用的计算以简化为宜,费用项目应视其生产性质而定。

一、开采、预制成本项目可分为下列各项:

1. 人工费;
2. 材料费;
3. 机械使用费;
4. 其他直接费;
5. 间接费用;

二、修理车间的成本项目可分为下列各项:

1. 人工费;
2. 配件;
3. 燃料及动力;
4. 辅助材料费;
5. 折旧及修理费;
6. 其他直接费;
7. 间接费用;

三、运输成本项目可分为下列各项:

1. 人工费;
2. 材料费;
3. 燃料及动力费;
4. 折旧及修理费;

5. 其他直接费；

6. 间接费用；

其他辅助生产亦可比照上述成本项目自行拟定。

第一一二条 为简化辅助生产产品和劳务的成本计算，凡进行单一产品的辅助生产部门而工艺过程又与产品的形成无关时，其产品的单位成本计算，可以本期出产产品的数量除各项生产费用的总额求得。

凡制造数种产品或一种产品多种规格的辅助生产部门（如开采、预制等）其所生产产品的费用，月终按各种产品计划成本的比例分摊求得各种产品的实际成本，再用各自产品的数量除之求得单位成本。

第一一三条 施工企业内部独立核算的附属工业企业、船机施工单位、非独立核算的辅助生产部门所发生的生产费用，除间接费用应先通过“工业生产——间接费用”账户核算外，均分别以“工业生产”、“机械作业”和“辅助生产”一级账户进行核算。并根据需要，按照生产车间和产品或劳务、船机作业的种类或单机、单船、单车、或产品的批别进行明细核算。

第一一四条 辅助生产部门为本单位相互提供材料、结构件和劳务，应按实际成本或参照内部结算价格计算，对外单位，本企业基建部门和其他内部独立核算单位、专项工程、福利事业单位等提供材料和劳务，应按内部结算价格或市场价格进行结算。

第一一五条 财务会计部门对辅助生产实际发生的费用，应当按照费用项目进行明细分类核算，月终根据辅助生产部门月报提供的资料编制“辅助生产费用分配表”，将本期发生的各项费用计入工程施工成本和有关受益对象。劳务费用按下列计算公式分配：

$$\text{某工程本期应负担的劳务费用}=\frac{\text{该项劳务当期发生费用总额}}{\text{该项劳务当期供应劳务总数量}}\times\text{某工程耗用劳务数量}$$

由外单位提供的劳务，应根据劳务账单计入受益对象成本。

第十节　工程成本的综合核算

第一一六条　工程公司(处)财务会计部门应根据施工合同(协议)和开工通知单,按照成本核算对象,设置"工程施工"账户和"建筑安装工程成本明细类账",以分别计算从开工到竣工、交工验收所发生的实际成本。

第一一七条　月终财务会计部门根据工资分配表、用料汇总表、大堆材料耗用计算表、模板摊销计算表、周转材料摊销表、未完施工盘点表、船机使用分配表、间接费用分配表和有关其他材料,填制记账凭证,据以登记建筑安装工程制造成本明细类账。

第一一八条　凡与施工有关的费用,以及可以直接计入相应工程施工对象的建筑场地的整理、布置、砍伐树木、平整土地和工地排水等工作费用,应在其发生时直接计入工程对象的成本。

一个施工单位在同一施工工地担负两个以上单位工程时,上述费用可采取适当比例进行分配。

第一一九条　为了正确计算已完工程的实际成本,施工生产技术部门应于月终对未完施工进行盘点,并编制未完施工盘点表送财务会计部门(按月进行未完施工盘点,如有困难者可按季办理)。财务会计部门根据未完施工盘点表计算本月已完工程实际成本。计算公式如下:

本期已完工程(点交工程)实际成本 = 本期施工工程实际成本 + 期初未完施工成本 - 期末未完施工成本(即期末未完施工盘点表预算价值)

第一二〇条　由于建设单位的责任造成的返工,施工单位应将实际耗用的材料、人工费和其他费用分别计入有关成本项目,单独向建设单位办理结算。

非施工单位责任而停止和废止的建筑安装工程费亦按上述工程价款结算的办法,向建设单位进行结算。

第一二一条　企业财务会计部门对每一工程成本核算对象的实际成本,在核算时必须强调与预算(计划)成本费用项目的内容取得一致。根据计划统计部门提供的已完工程预算成本资料进行比较,分析差异,从而了解单位工程降低成本任务完成情况及其效果。

第一二二条 施工企业财务会计部门应于每一单位工程竣工结算后,编制单位工程竣工成本表,用以反映主要工程项目在本报告期间已竣工工程的工程量、工程价款收入、实际制造成本及成本降低额、降低率,为企业内部管理、对外投标积累核算资料。

第六章 期间费用

第一二三条 期间费用是指管理层(包括工程局、航道局、工程公司、疏浚公司、工程咨询监理总公司、工程咨询监理公司)发生的管理费用、财务费用和销售费用,以及作业层不能并入间接费用的上述费用。

第一二四条 管理费用是指企业行政管理部门为管理和组织经营活动而发生的各项费用。

工程局、航道局、工程公司、疏浚公司收取管理费均在上级管理费项目核算,实际支出管理费用按财务制度所规定的内容项目按月归集。年终超节调整管理费用,不留余额。

第一二五条 管理费用的核算项目和内容

1. 工作人员工资:指施工企业管理层的政治、行政、工会、经济、技术、试验、公安、警卫、消防、炊事和勤杂人员以及行政管理部门汽车司机等的工资。不包括由材料采购及保管费、职工福利费、专项工程、营业外开支的人员的工资。

2. 工作人员福利费:指根据会计制度规定,按照工作人员以及福利部门的工资总额和国家规定比例提取的职工福利费。

3. 劳动保护费指管理人员按规定发放的劳动保护费。

4. 办公费:指行政管理办公用的文具、纸张、账表、印刷、邮电、书报、会议、水电、烧水和取暖用煤等费用。

5. 差旅交通费:指职工因工出差、调动工作(包括随行家属)

的差旅费，住勤补助费，市内交通和误餐补助费，上下班交通补贴费，职工探亲路费，劳动力招募费，职工退休、离休、退职一次性路费，工伤人员就医路费，以及行政管理部门使用的交通工具的油料、燃料、养路费、过桥费、牌照费等。

6. 固定资产使用费：指行政管理部门和试验部门和非独立核算的附属单位使用的属于固定资产的房屋、建筑物、设备（附属生产单位的生产设备除外）仪器等折旧费，修理费和租赁费等。

7. 行政工具用具使用费：指行政管理使用的，不属于固定资产的工具、器具、家具、交通工具和试验、检验、测绘、消防用具的购置、摊销和维修费等。

8. 排污费：指企业排污按规定交纳的费用。

9. 绿化费：指企业对本厂区进行绿化而发生的零星绿化费用。

10. 财产保险费：指按照规定交纳的企业财产保险费。

11. 工会经费：指根据会计制度规定，按照企业工资总额和国家规定的提取标准提取的工会经费。

12. 职工教育经费：指根据财政部有关规定按工资总额百分之一点五的标准提取的在职职工教育经费。

13. 劳动保险费：是指企业支付退休职工的退休金（包括企业参加离退休统筹按规定提取的离退休统筹基金）、各种价格补贴、医药费（包括企业支付离退休人员参加医疗保险的费用）；退职职工的退职金；6 个月以上病假人员工资；职工死亡丧葬补助费、抚恤费；按规定支付给离退休干部的各项经费。

14. 待业保险金：指按照规定交纳的职工待业保险金。

15. 税金：是指企业按照规定交纳的房产税、车船使用税、土地使用税、印花税等。

16. 合同公证鉴证费：指将工程承包合同、材料、产品购销合同等向有关部门公证、鉴证支付的费用。

17. 董事会费：指企业最高权力机构（如董事会）及其成员为执行职能而发生的各项费用，如差旅费、会议费等。

18. 咨询费:指企业向有关咨询机构进行科学、技术、经营管理咨询而支付的费用,包括聘请经济技术顾问、法律顾问等支付的费用。

19. 诉讼费:指企业起诉或应诉而发生的各项费用。

20. 审计费:指企业聘请中国注册会计师进行查账、验资、资产评估等发生的各项费用。

21. 土地使用费:指企业在生产经营过程中使用土地而支付的费用。如临时租用土地、场所支付的租赁费等。

22. 土地损失补偿费:指企业在生产经营过程中破坏国家不征用的土地所支付的土地损失补偿费。

23. 技术转让费:指企业按照非专利技术转让合同的约定,使用非专利技术而支付给非专利技术所有人的费用。

24. 技术开发费:是指企业研究开发新产品、新技术、新工艺所发生的新产品设计费、工艺规程制定费、设备调试费、原材料及半成品试验费、技术图书资料费、未纳入国家计划的中间试验费、研究人员的工资、研究设备的折旧,与机关报产品试制、技术研究有关的其他经费,委托其他单位进行的科研试制费用,以及试制失败发生的损失。

25. 无形资产摊销:是指专利权、商标权、著作权、土地使用权、房产使用权、非专利技术等无形资产的摊销。

26. 开办费摊销:是指企业生产经营期间分摊的筹建期间发生的开办费用。

27. 业务招待费:是指企业为业务经营的合理需要而支付的招待费用。

28. 坏账损失:是指企业按规定标准提取的坏账准备金,实行坏账准备金制度的企业发生的坏账损失据实列支。

29. 存货盘亏、毁损和报废损失:是指企业施工、生产单位在施工、生产过程中由于管理不善等原因所造成的存货盘亏、毁损和报废损失在扣除过失人或者保险公司赔款和残料价值后净损失。发生存货盘盈,冲减该项费用。

30. 上级管理费:内部独立核算单位按照规定上交给企业的管理费和企业按照规定上交给总公司的管理费。

31. 其他费用:指上列各项费用以外的其他费用支出。

其中:1 ~ 10 项费用作业层应在间接成本中核算。

第一二六条 销售费用

销售费用是指企业在销售产品或者提供劳务等过程中发生的各项费用,以及专设销售机构的各项费用。包括应由企业负担的运输费、装卸费、保险费、维修费、展览费、差旅费、广告费、代销手续费、销售服务费,以及专设销售机构的服务人员工资、奖金、福利费、折旧费、修理费、物料消耗以及其他经费。

销售费用发生较少的单位,可以在管理费用中反映。

第一二七条 财务费用

财务费用是企业为筹集资金而发生的各项费用,包括企业经营期间发生的利息净支出(利息支出减利息收入)、汇兑净损失、调剂外汇手续费、金融机构手续费,以及企业筹资发生的其他财务费用。

企业以融资租赁方式租入固定资产发生的手续费及其投入使用后利息支出,股票发行手续费不包括在财务费用之内。

施工企业根据当年生产规模,编制资金需求量计划在所属单位中,根据实际所承担的任务、设备购买量进行内部综合平衡,计算出总的资金计划支出量,按规定利率计算出年度计划利息支出,据以分解所属单位,作为年度筹资成本计划下达控制。实际支出的利息等在本项目归集,存款利息收入则冲减财务费用。

第七章 成本费用控制

第一二八条 成本费用控制的原则

坚持统一领导和分级归口管理相结合的原则,企业应制定切合实际的成本费用目标,将其分解到各部门、各基层单位和各岗位并按照经济责任制的要求实施全过程的控制。做到成本费用在哪里发生,就由哪里负责。

第一二九条　成本费用控制体系

成本控制体系应以工程局(航道局)为指导,并与工程公司(疏浚公司)、工程处(船队)、班组等基层成本指标的日常管理相结合;以财务会计部门为中心,并与船机、物资、劳资、施工技术等部门的成本指标相结合。

期间费用控制体系要求按照费用的发生地点(归属层次)和归口管理部门,通过建立严格的预算制度、费用审批制度、明确工程局(航道局)与工程公司(疏浚公司)的权责范围,同时,以财务部门为中心并划清与其他职能部门在费用管理控制上的关系。

第一三〇条　成本费用控制的基本条件

成本费用控制要求具备的内部条件,包括:

1. 有较好的核算基础工作;
2. 建立和完善成本责任制;
3. 有一套完整的企业施工定额;
4. 建立一套成本升降的考核方法。

成本费用控制要求创造的外部条件,包括:

1. 以工程中标价为依据,建立合理的成本核算指标;
2. 落实工程项目承包方式,以确定成本管理的方法;
3. 弄清直接成本和间接成本的价格组成,以利做好全过程成本的内控工作;
4. 了解熟悉成本管理的有关法规。

第一三一条　成本费用控制的依据

施工企业分解下达的成本计划指标是控制成本的基本依据,企业内部编制的施工定额和其他内部管理制度是控制成本的辅助依据。施工企业应按分级管理的要求将成本计划指标纵向分解到基层。企业各职能部门,应将本部门归口管理的指标,按所属单位提出分解指标(包括技术经济指标和费用指标,如质量、工期、安全、燃材料消耗、管理费用等),经综合平衡后统一下达。分解指标必须保证成本计划总指标的实现,且必须是各单位的可控指标。

成本计划指标的控制必须与企业内部经济责任制紧密配合，实行有额生产，奖罚兑现。

第一三二条 成本费用控制的内容。主要包括：

1. 人工费成本的控制；
2. 材料费成本的控制；
3. 船机使用费成本的控制；
4. 其他直接费用成本控制；
5. 间接费成本的控制；
6. 期间费用的控制；
7. 其他业务成本的控制。

第一三三条 成本费用控制的程序和方法

施工企业的成本费用控制首先要确定成本目标，制定成本费用计划，规定消耗定额和成本限额，建立健全原始记录、计量手段和经济责任制，实行成本分级归口管理；在成本计划执行过程中，要及时审查各种消耗支出，控制费用和成本限额，通过成本报告制度，及时发现实际成本与计划成本产生的偏差（差异），分析形成偏差的原因和责任，立即采取措施予以纠正，保证实现成本目标；企业要定期公布成本目标的执行情况，总结成本控制的经验教训，对责任者进行奖罚，利用成本信息反馈，修正完善成本控制制度及控制标准（如施工定额等）。在施工企业实行了多层次、多形式的内部承包经营责任制的情况下，仍要坚持上述程序和方法来保证工程成本费用能够得到总量上的控制，防止以包代管。

实施成本控制应抓好以下环节：

一、成本目标的可操作性。成本计划指标的分解应由粗到细，工程局对工程公司可以相对指标（如成本降低率）控制，工程公司对工程队可以绝对指标（如成本降低额）附以相对指标控制，工程队对班组、个人应以施工定额分项确定具体成本指标附以综合费用指标进行控制。分解到职工个人的成本、费用指标必须明确具体且有办法控制和调节或具有可操作性。

二、纠正成本偏差的及时性。施工企业实际成本与计划成本产生的偏差，要及时发现，及时处理，使企业成本真正得到有效的控制。成本偏差一般表现为量差和价差，其计算公式如下：

量差＝计划价格×（实际数量－计划数量）

价差＝实际数量×（实际价格－计划价格）

成本偏差总额＝量差＋价差

企业要通过建立完善的成本报告制度及时反馈成本产生偏差的情况，对于在控制限度以内的偏差，要组织有关人员进行综合分析，找出问题的根本原因，制订相应的改进措施并立即实施，并将实施结果反馈，直到成本偏差得到纠正为止。

三、选择关键点实施成本控制。成本控制要在全企业、全过程、全员控制的基础上实行重点控制，对企业目标成本、目标利润有重大影响的重点单位、关键环节、重点工程项目、重大技术组织措施的落实、重大费用开支等实施重点控制，是全面完成成本计划的关键，必须下大力气抓好。

四、严格考核、奖罚兑现。要根据成本计划的要求，定期对成本计划的执行情况进行检查。根据日常成本控制的记录进行考核和评价，对完成和超额完成计划的单位和个人予以奖励，对未完成计划的给予处罚。考评完毕要使奖罚立即兑现。尤其对成本计划中规定的协作项目，协作指标，考评中给予足够的重视，重奖重罚。

第八章　成本费用分析

第一三四条　成本分析是成本管理的重要环节，是检查成本计划执行情况及时反馈成本信息的有效方法，也是企业经济活动分析的重要内容。通过成本分析，可以检查预算成本（计划成本）与实际成本的完成情况，分析节约和超支的原因进一步挖掘降低成本的潜力，提高企业经营管理水平和经济效益。

第一三五条　施工企业必须按照成本分级归口管理的原则，采取全面分析和专题分析相结合，定量分析和定性分析相结合，财会部门分析和其他职能部门分析相结合的办法，定期、逐级进行分析,并结合经济责任制考察成本责任的实效。

第一三六条 成本分析应着重分析降低成本的途径。也是核实预算成本有否漏项、错算、和少计工程量,可及时提供调整承包价的签证资料。以预算成本(计划成本)和各项消耗定额为依据。以人工、材料、船机节约为主要内容,检查技术组织措施的执行情况,运用“比、查、找”方法分析成本升降的主观和客观原因,量差和价差因素,节约和超支情况,提出进一步降低成本的措施。

第一三七条 成本分析可以通过以下几个方面进行:

一、工程成本的综合分析。工程成本是考核企业施工管理水平的一项综合性指标。通过综合分析初步考查成本计划完成情况和作出总的评价,以便为进行深入的分析或专题分析指出方向。

二、按单位工程成本项目分析。是在综合分析工程成本的基础上,透视单位工程项目是否选择经济合理、先进的施工方案,推广新技术、新工艺、新材料,以及其他新施工措施的成果。进一步分析各个单位工程成本项目的成本降低或超支的原因,并按照第一个成本项目进行分析。

1. 人工费的分析。分析人工费节约和超支的原因,主要以实际耗用工日与施工定额工日;每工日平均工资与预算定额规定的平均工资等级进行对比。检查定额用工和辅助用工数量的增减,工日利用水平,工效的高低等方面,深入分析主客观因素,劳动组合的合理性,查明由于劳动力使用和定额管理所造成的节约或超支,同时考核工资含量包干核算引起人工费的变化。

2. 材料费的分析。分析材料费节约和超支的原因,主要分析材料实际用量与施工图预算定额用量或中标书材料计划用量的差异(即量差)和实际价格与预算(计划)价格的差异(即价差),着重分析采取技术组织措施(包括就地取材,代用材料,修旧利废)而节约材料消耗的效果,以及材料的采购、运输、管理、使用等环节合理与否所造成的节约或超支。

3. 船机使用费的分析。分析船机使用费节约和超支的原因,应从施工方案的选择，机械化程度的变化，船机效率的高低，油料消耗定额及船机完好率和利用率的执行情况。具体分析台(艘)班产量定额的工效差、台(艘)班费用的成本差，着重分析提高船机作业效率措施和效果，以及管理调度原因而造成的节约和浪费。

4. 其他直接费的分析。分析其他直接费节约和超支的原因，着重分析生产工具用具使用费、检验试验费、材料二次搬运费、临时设施、施工调迁等费用的定额(计划)与实际消耗的节约和浪费。

5. 间接费用的分析。

分析间接费用节约或超支原因，应从施工生产任务和现场管理机构设置及人员配备情况，各项费用开支标准和费用计划的执行情况，工程质量合格证体系的完善程度等方面入手，分析实际费用支出与预算和上年同期对比节超的原因；并分析具体费用项目节超额及其比例，找出管理中存在的问题，提出改进措施。

三、技术组织措施计划完成情况的分析。降低成本计划一般是通过编制技术组织措施计划来体现，因此，企业应着重对技术组织措施计划的完成情况进行检查和分析。除对工程项目本身的技术组织措施计划执行情况检查外，还应与同行业同类工程的施工技术、工艺、方法、现场管理等方面进行比较，及时找出本企业在施工手段、技术及管理等方面的差距，并积极采取措施，力争赶上或超过同行业先进水平，以便考察各部门和专人负责的降低成本计划指标执行的效果。

四、成本分析除了以实际成本与预算成本计划成本进行分析对比外，还可以本期成本与前期成本，本企业历史最好水平，以及企业内部单位间进行分析比较，以观察降低成本的变化及其发展趋势。

五、竣工工程成本分析是全面、完整地考核已竣工的单位工程成本的手段。一个单位工程从开工至竣工往往需要经历若干个成本计算期，在各成本计算期内可能有时成本降低，有时成本超支。

只有对竣工的单位工程成本进行分析，才能最终评价该单位工程在施工与管理中的经济效果。在分析时，应根据竣工工程成本表以及有关人工、材料、机械使用台账，进行综合分析。其分析结果可作为竣工工程技术经济档案的一个组成部分，作为企业进行投标报价的主要参考依据。

第一三八条 期间费用的分析。分析期间费用节约和超支的原因，应从施工生产任务和组织机构定员指标的变化，非生产人员的增减，各项费用开支标准和费用计划的执行情况方面着手，主要分析各项实际支出与计划，和上年同期对比节约与超支的原因，分析筹资成本的高低和贯彻费用开支标准，执行财经制度的效果及费用开支管理上存在的问题。

要重点分析办公费、差旅交通费、行政工具用具使用费等对期间费用影响较大的可控费用，对技术开发费的使用情况和开发项目的经济效益情况要结合分析评价，及时调整开发计划。

第九章 成本费用监督、考核与评价

第一三九条 企业领导人、总工程师、总经济师、总会计师应按照本办法的规定，对本企业成本费用计划、各项技术经济指标的执行和各项成本费用开支进行经常性的监督检查，召开成本分析会议，针对存在的问题，责成有关部门采取改进措施等。企业的成本管理人员应定期对所属单位的成本进行普遍检查，发现问题及时提出改进措施，并报告企业领导。

第一四〇条 企业的内部审计机构，应根据内部审计的职能范围对企业的成本管理进行检查和监督。包括：

一、监督本办法的执行；

二、对违反本办法规定的责任单位、部门和个人的进行调查核实，并提出处理意见；

三、检查对违法行为处理决定的执行情况。

四、检查与成本有关的其他事项。

第一四一条 成本考核是经济责任制的一项主要内容。要求:

一、定期考核成本费用目标实现情况和成本费用计划指标的完成情况,全面评价成本费用管理工作的实绩。

二、定期考核各项影响成本费用降低的技术经济指标,包括:质量、工期、安全、物耗、工效、费用等。

三、对上级下达的成本费用指标,企业应按要求加以考核,同时还应建立一整套具有自我约束机制的成本费用指标体系并进行考核;对上级未下达成本指标的附营生产单位,应自行制定成本费用考核指标。

四、要求责任者对其所负责控制的成本费用承担责任,同时与奖惩制度挂钩,根据考核的结果确定奖惩,以调动职工降低成本费用的积极性。

第一四二条 成本评价可结合成本考核进行,具体评价指标体系可根据不同管理层次内部管理的需要由企业自行建立。

第一四三条 对于违反本办法的单位和个人应区分其行为按照国家有关规定(如《违反财政法规处罚的暂行规定》及实施细则等)进行处罚。

第十章　附　　则

第一四四条 本办法由财政部、交通部负责解释。

第一四五条 本办法引用的现行的计划统计、财务会计等制度的规定,今后如有修改、废止,施工企业应按新的规定办理。

第一四六条 本办法自 1995 年 1 月 1 日起实施。1991 年交通部(91)交财字 922 号文发布的《交通部施工企业成本管理办法》同时废止。

交通行业内部控制制度评审办法

（交通部　交审计发[1995]1140号　1995.11.29）

一、总　则

第一条　为了促进交通行业各单位加强内部管理，完善自我约束机制，提高经济效益，保证审计质量，根据《审计法》和审计署有关规定，结合交通行业实际情况，制定本办法。

第二条　交通行业内部控制制度是交通企事业单位为了贯彻经营方针和决策，实现经营目标，维护财产物资完整，保证财务收支合法、会计信息真实，以及提高经济效益而形成的一种自我协调、制约和检查的控制系统。

交通行业内部控制制度评审是指对交通企事业单位内部控制制度进行检查，确定内部控制制度是否严密，是否有效执行。并据以判断经济信息的可信赖程度。

第三条　本办法适用于交通行业各单位审计部门开展的内部控制制度评审。内部控制制度评审可在单位年度审计计划中单独立项安排，也可结合其他审计项目进行。评审结果，可作为确定其他专项审计内容、范围、程度等的重要依据。

二、评审原则

第四条　交通行业内部控制制度评审的基本原则：

1. 内部控制制度是否符合相互牵制原则，包括单位的上下之间、部门之间、不同工作岗位之间在经办各项经济业务中是否相互制约，账、钱、物是否实行分管制度，凭证处理、传递程序是否严格，稽核制度是否健全等。

2. 内部控制制度是否符合岗位责任原则,是否按照经济业务的性质,设立各个职能部门和部门中的各项具体工作岗位,是否赋予其相应的工作任务和职责权限,并按照职责范围建立岗位责任制,处理各项业务。

3. 内部控制制度是否符合相互协调的原则,在单位的各项经营管理活动中,各部门、各岗位、各环节是否相互协调一致,是否按规定的程序和手续,承上启下,环环扣紧,使各项业务工作保持连续性、秩序性和有效性。

4. 内部控制制度是否符合系统网络原则,单位内部的各项控制要素是否明确,控制点是否齐全,是否从业务起点至终结,做到点点相连、环环相扣、彼此沟通,构成一个健全完善的系统网络,对各项经济活动发挥自我制约作用。

三、评审内容

第五条 交通行业内部控制制度按范围分为内部会计控制制度和内部管理控制制度。

第六条 内部会计控制制度主要包括:会计凭证、会计账目和会计报表正确性、系统性的控制;财务收支合法性、合规性的控制;财产物资安全性、完整性的控制;会计业务处理程序标准化、规范化的控制等。

第七条 内部管理控制制度主要包括:计划管理工作的控制;生产管理工作的控制;劳动、人事管理工作的控制;物资管理工作的控制;设备管理工作的控制;质量管理工作的控制;基础管理工作的控制及其他经营管理工作的控制等。

第八条 交通行业内部控制制度评审重点:

1. 收入内部控制制度的评审,主要包括收入款项的存储、结算和解缴以及票据的印制、保管、领发、使用和销号控制;运输、装卸等收入的归集、确认、应收账款的结算和清收控制;规费征收的范围、标准和解缴的控制；工程价款的结算及概算调整的控制。

2．费用成本内部控制制度的评审，主要包括工资的计算、发放、分配和工资总额的控制；燃、材料和修理用备品配件消耗定额的制定，执行和成本计算的控制；折旧的计提、待摊费用的摊销、预提费用的提取与支付的控制；管理费用和财务费用预算的编制、审批、报销的控制。

3．财产物资内部控制制度的评审，主要包括固定资产交付使用、维护修理、租赁转让、盘点盈亏、报废清理的控制；材料采购计划、验收保管、发料退料的控制；在产品计价和产成品等完工入库、计价和销售控制。

4．资金管理内部控制制度的评审，主要包括资金筹集、拨付、投出、收回的授权、核准和现金、银行存款、有价证券的登记、清点、核对的控制。

5．基本建设内部控制制度的评审，主要包括建设项目的可行性研究报告、立项审批、初步设计、资金供应、工程支出、概算调整、价款结算和决算编审等控制。

四、评审程序

第九条 交通行业内部控制制度评审程序一般分为五个工作步骤

1．调查内部控制制度的基本情况，包括单位的组织机构设置、权责范围，有关制度规定，主要业务活动的处理程序和手续，以及在业务处理过程中设置的控制环节和相应的控制措施等。弄清单位内部控制制度运转的环境、控制点和控制措施，为判断单位内部控制制度是否健全完善提供依据。

2．研究被审计单位应具备的内部控制制度和制定制度的依据，确定评审其内部控制制度的标准。

3．评审被审计单位内部控制制度的健全程度。将内部控制制度标准与内部控制制度现状进行对比，分析现行内部控制制度是否健全及存在的问题。

4. 评审被审计单位内部控制制度的符合性,确定其可信赖程度,检验有关部门在实际业务活动中是否认真执行了控制制度,是否发挥了它的应有作用,并加以评价。

5. 经过评审,审计人员应写出综合评审报告,其内容主要包括被审单位内部控制制度的基本情况;评审的时间、范围、内容、主要工作过程及采用的评审方法;评价内部控制制度是否健全有效;评审结论和建议。

五、评 审 方 法

第十条 交通行业内部控制制度健全性测试可采用文字描述法、流程图法、调查表法。

1. 文字描述法是根据审计项目确定的审计目标和内容,通过审阅有关的制度、规章、办法和文件以及向有关人员询问等,检查了解存在的与审计目标相关的各个控制点及其具有的控制措施,用文字报告的形式表述其组成控制制度的内容;再衡量判断各控制点是否完整,以确定其健全性。

2. 流程图法是通过审阅单位的管理制度和有关文件,识别存在的控制点以后,依照实施审计的该系统的业务过程,按各个控制点在其中发挥控制作用的先后顺序及其相互关系,绘制成控制制度的流程图,再进行判断比较,以确定其健全性。

3. 调查表法是审计人员根据单位内部控制制度的主要控制特点及其主要问题,预先编制一套标准格式的调查表,由被审计单位有关人员回答填写并经审核,藉以检查某项控制措施是否存在,并以此作为评价被审计单位内部控制制度是否健全的依据。

第十一条 交通行业内部控制制度符合性测试可采用证据检查、重复检查以及实地观察等方法。

1. 证据检查是通过对会计凭证、通知单、报告、申请书、批准书及其他能反映控制措施的文件进行检查,以获得规定的控制措施是否得到有效执行的证据。

2. 重复检查是由审计人员部分或全部重复由被审计单位的业务人员所采用的同样的工作程序,以确认这一程序能否发挥作用,所有控制措施是否得到切实遵循。

3. 实地观察是审计人员到工作现场观察某些控制措施的执行情况,以检查有关内部控制措施是否得到执行。

第十二条 在健全性评价和符合性测试的基础上,审计人员必须对内部控制制度作出综合性评价,并就是否依靠以及在何种程度上依靠该制度作出判断,为科学地确定实质性测试的重点、范围和方法提供可靠的依据。

1. 汇集整理健全性评价和符合性测试的有关资料。通过汇集整理有关资料,使控制缺陷归集到与其相关的控制目标和控制点上,便于审计人员对控制缺陷所产生的影响进行分析,有利于提高综合评价的准确性和科学性。

2. 分析控制缺陷对各项业务系统内部控制制度的影响。主要分析各项具体控制措施方面存在的缺陷对相应的控制点的影响,以准确地确定在某种控制缺陷存在的条件下,控制点的控制功能发挥作用的情况;分析控制点方面存在的缺陷在业务处理系统内部控制制度中的影响,以确定某个控制点是否有效,相应的控制目标是否能够实现,进而判断该项业务内部控制制度能否发挥其应有的作用。

3. 评价内部控制制度的可靠性。主要评价内部控制制度可靠性的范围和可靠程度,并通过评价以确定在哪些方面、在何种程度上可以依靠内部控制制度。

六、附　　则

第十三条 本办法由审计署驻交通部审计局负责解释。

第十四条 交通行业各单位可根据本办法制定实施细则。

第十五条 本办法自颁布之日起施行。

贷款修路、收费还贷审计办法

（交通部　交审计发[1996]996号　1996.11.19）

第一章　总　　则

第一条　为加强对贷款修路、收费还贷的审计监督，根据《审计法》和《交通行业内部审计工作规定》，制定本办法。

第二条　本办法所称贷款修路、收费还贷审计是指利用贷款、集资修建高等级公路（即二级和二级以上的公路，含大型公路桥梁、隧道项目，下同），并经省级人民政府批准，通过收取通行费偿还贷款、集资的全过程审计。

第三条　贷款修路、收费还贷审计实行统一领导，分级管理。

（一）国道主干线项目和国家、部重点公路工程项目的审计，由交通部和各省、自治区、直辖市交通厅（局）负责实施；

（二）其他公路工程项目的审计，由各省、自治区、直辖市交通厅（局）和市县交通局负责实施；

（三）上级审计机构负责指导、监督和检查下级审计机构的工作，下级审计机构应接受上级审计机构的指导、监督和检查。

第四条　贷款修路、收费还贷的审计，依照国家和各省、自治区、直辖市的有关政策、法规进行。

第二章　建设前期审计

第五条　审查拟建项目是否符合国家产业政策，是否符合交通建设规划和地区经济发展需要。

第六条 审查拟建项目有无可行性研究报告，对预期车辆通行量、通行费收取标准、投资回报率和回收期是否进行科学的论证，有无还本付息能力。

第七条 审查项目建议书、初步设计方案和投资计划等，是否经规定的机关立项批准；收费站（点）建设是否符合国家的有关规定；是否经过开工前审计。

第八条 审查拟建项目资金来源的构成是否合规、合法。资金来源总额与项目投资总额是否吻合，有无资金缺口；贷款或集资是否经规定的机关批准，是否符合国家规定的金融政策。

第三章 建设期审计

第九条 对执行基本建设程序的有关情况进行审计，主要内容：

（一）该公路项目是否符合国家规定的审批程序和手续，是否列入公路建设计划。

（二）贷款合同（协议）是否真实、有效，合同（协议）条款是否合理，贷款利率是否符合国家规定，建设资金是否落实到位。

（三）概预算的编制是否合规，设计内容是否完整、准确。

第十条 对建设资金使用情况进行审计，主要内容：

（一）建设资金的使用是否合规合法，有无借占、转移、挪用建设资金现象。

（二）各项支出是否真实，合规，有无挤占、虚列工程成本现象。

（三）工程价款结算是否符合工程进度和招投标协议，有无虚报投资完成额现象。

第十一条 对概预算的执行情况进行审计，主要内容：

（一）是否按照批准的概预算安排工程建设，有无擅自扩大建设规模和建设标准，以及搞计划外工程现象。

（二）收费站（点）建设是否符合设计要求，有无增设不符合国家规定的收费站（点）。

第十二条 对竣工决算进行审计，主要内容：

（一）竣工项目工程支出是否符合批准的投资计划及概、预算，分析投资节、超原因。

（二）交付使用财产是否真实、完整，移交手续是否齐全。

（三）会计决算是否按期报出，会计处理是否合规、合法。

（四）结余资金及材料、物资的处理是否合规。

第四章 通行费征收审计

第十三条 对通行费政策、规定的执行情况进行审计，主要内容：

（一）收费项目是否符合国家有关规定，是否报经省级人民政府批准。

（二）收费标准是否由当地省级物价、财政部门制订，收费标准、收费期限等是否符合还贷需要。

（三）收费期满已还清贷款、集资的公路项目，是否停止收费。（国家另有规定者除外）

（四）收费期满未还清贷款、集资且须继续收费的，是否报请原批准机关批准。

第十四条 对通行费征收、管理单位的内部控制制度进行评审，主要内容：

（一）是否建立完善的职责分工制度，开票、收款与记账三者是否实行职务分离，各有关部门在业务上是否互相制约。

（二）是否建立完善的财务管理制度、会计核算制度和票证管理制度。各项管理措施是否积极、有效，会计账册、报表、凭证等资料是否齐全、真实。

（三）是否建立完善的收费稽查制度。

（四）是否建立完善的内部审计监督制度。

第十五条 对收取通行费的票据进行审计，主要内容：

（一）票据是否经省级财政部门监制，是否使用全省统一票据，票据上是否标有“偿还贷款”字样，有无使用假票、废票等不合规票据收费现象。

（二）票据是否由专人、专库保管，其保管、领发制度是否健全，手续是否完善，日常保管是否安全、有效。

（三）票据是否按顺序连号使用，核销是否及时，是否符合规定手续，核销的票据票面收入与账面收入是否一致。

（四）票据是否及时盘点，票据账实、账卡、账表是否一致。

第十六条 对通行费征收管理情况进行审计，主要内容：

（一）收费工作是否由省级公路管理部门统一管理。

（二）有无乱收费、乱罚款现象，是否认真执行规定的收费范围、收费标准。

（三）通行费收入是否按规定设立专户存储，通行费收入（含利息收入）是否及时入账，是否按时、足额解缴，有无截留、隐瞒、转移收入现象。

（四）是否编制征收计划，实行收支两条线原则，有无坐支现象。

第五章 通行费使用审计

第十七条 审查通行费使用范围是否符合国家有关规定。

第十八条 审查通行费使用是否实行计划管理。还贷计划和经费计划的比例是否合规、合理，并报经上级主管部门批准；有无超计划支出或计划外项目支出的情况。

第十九条 审查通行费的开支标准是否符合规定，有无擅自提高开支标准、铺张浪费和滥发钱物的行为。

第二十条 审查有无挪用、挤占和虚列通行费支出等违纪行为。

第六章 审计程序

第二十一条 审计工作计划。各省、自治区、直辖市交通主管部门应根据审计机关和上级主管部门的审计工作计划,结合实际,编制本单位工作计划。

第二十二条 审计组。审计组成员应适应审计任务的需要,并在组长领导下分工负责。

第二十三条 审计实施方案。审计实施方案的内容包括:审计的依据、方式、内容及重点,审计的步骤、方法、进度安排和人员分工等。

第二十四条 审计通知书。实施审计前,应向被审计单位发送审计通知书。审计通知书的内容包括:审计的依据、内容、时间、范围和方式,要求被审计单位提供的资料和工作条件、审计组长及审计组成员名单等。

第二十五条 实施审计。

(一)向被审计单位阐明审计的目的和要求,听取汇报,了解和掌握被审计单位的有关情况。

(二)搜集被审计单位的有关管理制度和计划、财会等文件资料。

(三)查阅有关制度、文件和资料,并按照分工对会计凭证、会计账簿、会计报表及有关业务报表进行审查、核对,对财产物资和货币资金进行清查、盘点。对审计事项,认真做好审计工作记录,对查出的问题应调查取证。审计工作记录和取证材料应由被审计单位或有关责任人签字确认。

(四)审计组对审计工作记录和取证材料进行分类整理,编制审计工作底稿,根据有关规定,对审计事项进行初步评价,对查出的问题提出定性及处理的意见,为撰写审计报告提供依据和参考。

第二十六条 审计报告。审计终结,审计组应提出审计报告。审计报告的内容主要有:

（一）审计的依据、内容、范围和时间；

（二）被审计单位的基本情况；

（三）审计事项的有关事实；

（四）处理意见及所依据的法律、法规和行政规章制度；

（五）评价和建议等。

审计组应将审计报告送被审计单位征求意见，并要求被审计单位在限期内提出书面意见；被审计单位的书面意见连同审计报告一并报送派出审计组的单位领导审批。

第二十七条 审计意见书和审计决定。派出审计组的单位对审计报告进行研究，审定审计报告，并对审计事项作出评价，出具审计意见书，送达被审计单位和有关单位。审计意见书主要包括下列内容：

（一）审计的内容、范围和时间；

（二）审计认定的事实；

（三）对审计事项的评价及依据；

（四）改进建议。

对被审单位违反财经法规和贷款修路、收费还贷政策规定，需要依法给予处理、处罚的，在规定的职权范围内，还应作出审计决定，送达被审计单位和有关单位。审计决定主要包括下列内容：

（一）依据审计意见书所列被审单位违反国家规定的事实；

（二）作出的审计决定及所依据的法律、法规及规章制度；

（三）审计决定执行的期限。

被审计单位必须执行审计决定。

第二十八条 被审计单位对审计意见书和审计决定如有异议，可以向出具审计意见书和作出审计决定的单位负责人提出，该负责人应当及时处理。

第二十九条 审计档案管理。每项审计事项终结后，应按审计档案管理制度要求，对审计资料进行档案管理。

第七章　附　则

第三十条　本办法由交通部负责解释。

第三十一条　本办法自 1997 年 1 月 1 日起施行。

交通部直属单位专业技术人员管理规定

（交通部　交人劳发[1997]595号　1997.10.06）

第一章　总　　则

第一条　为加强专业技术人员的管理，充分调动他们的积极性和创造性，促进交通事业的发展，根据党和国家的有关政策、法规，制定本规定。

第二条　本规定适用于交通部直属企事业单位，交通系统其他单位参照执行。

第三条　专业技术人员，系指取得专业技术职务任职资格的人员和在专业技术岗位上见习而未评聘专业技术职务的大中专毕业生（含研究生）。

第二章　管理组织及其职责

第四条　部人事劳动司是部专业技术人员管理的职能机构。部属各单位人事（干部）部门是本单位专业技术人员的管理机构。专业技术人员较多的部属单位应在人事（干部）部门内设置专业技术人员管理科室；专业技术人员较少的单位应在人事（干部）部门内配备专职人员负责管理。

第五条　部人事劳动司在专业技术人员管理工作中的主要职责是：在部党组的领导下，贯彻执行党和国家有关专业技术人员管理的方针、政策、法规，结合交通系统的实际情况，研究制定有关规定、标准和办法，并组织实施；负责部属单位的专业技术人员管理和知识分子工作，并指导交通系统专业技术队伍建设工作；组织指导部属单位专业技术职务评聘工作;负责部属单位享受政府特殊津贴人员和有突出贡献的优秀人才的选拔及管理工作。

第六条 部直属单位专业技术人员管理部门的主要职责是:在部人事劳动司的指导下,负责贯彻落实党、国家、部和所在地方政府有关专业技术人员管理的政策、法规,研究制定本单位专业技术人员管理的具体措施;负责本单位专业技术队伍建设工作,指导和监督所属基层单位的专业技术人员管理和知识分子工作,并定期向部人事劳动司和地方有关部门汇报专业技术人员管理和知识分子工作的情况。

第三章 专业技术职务管理

第七条 专业技术职务,是根据实际工作需要设置的有明确职责、任职条件和任期,并需要具备相应的业务知识和技术水平才能担负的专业技术工作岗位。

第八条 专业技术职务岗位的设置,按单位经费来源实行分类管理。

(一)企业有权根据实际工作需要,自主设置在本企业内有效的专业技术职务。

(二)实行企业化管理的事业单位,参照对企业的有关规定,由本单位自主设置在本单位内有效的专业技术职务和合理的结构比例,报部人事劳动司备案。

(三)财政差额拨款和其他自收自支的事业单位,在部确定的专业技术职务结构比例内,由单位自主设置专业技术职务岗位。

(四)财政全额拨款的事业单位,在部下达的专业技术职务数额内,设置专业技术职务岗位。

第九条 专业技术职务的聘任

(一)企事业单位专业技术职务实行评聘分开制度。各级专业技术职务,按照干部管理权限,由各单位根据岗位设置和考核情况,从具备相应专业技术职务任职资格的人员中择优聘任。

（二）对国家教委承认的正规全日制院校毕业生（不含“五大”毕业生）见习期满，经考核合格即可聘任相应的专业技术职务：中专毕业，见习1年期满，可聘任为“员”级职务；大学专科毕业，见习期满后从事本专业技术工作满2年，可聘任为“助师”级职务；大学本科毕业，见习1年期满，可聘任为“助师”级职务；硕士学位获得者，从事本专业技术工作满3年可聘任为中级职务；博士学位获得者，可聘任为中级职务。上述各类毕业生应由单位人事部门对其德、能、勤、绩进行全面考核，认为合格后方可聘任。

（三）专业技术职务的聘期一般不超过5年，如工作需要，考核合格可以续聘。

（四）专业技术人员兼任党政领导职务或党政领导兼任专业技术职务，其任职期间的工资待遇，在专业技术职务工资和行政职务工资中，按较高的职务工资标准执行。

第十条 对聘期内有下列情况之一者，应予以解聘或低聘：

（一）不履行岗位职责，不完成任务，经教育不改者；

（二）触犯刑律并追究刑事责任者或受行政记大过、党内严重警告及其以上处分者；

（三）考核不称职者（个人主观原因不参加考核者，按不合格对待）；

（四）以不正当手段获得任职资格者；

（五）未达到继续教育规定要求者。

对被解聘、低聘的人员，应按新岗位重新核定其工资等待遇。

第四章 考 核

第十一条 为了调动专业技术人员的积极性、主动性，形成人人忠于职守、奋发进取的良好风尚，提高专业技术人员的素质，各单位应制定专业技术职务的岗位职责，建议健全对受聘专业技术人员的考核制度。每年要结合职工年终考核对专业技术人员进行年度考核，任职届满要进行任期考核。

第十二条 考核工作的组织。对专业技术人员的考核，按照干部管理权限进行，由单位人事与业务部门共同负责，要注意听取各方面的意见，提高考核工作的透明度，考核结果应与本人见面。

第十三条 考核的内容、标准和要求。考核以专业技术人员履行岗位职责的工作业绩为主要内容。要根据不同专业的工作特点确定考核指标，制定考核标准，实行定量考核与定性考核相结合；重点考核专业技术人员的专业技术工作数量、质量、效果、实绩、成果及所反映的专业技术水平和能力。

第十四条 考核等次。专业技术人员的考核结果分为优秀、称职、不称职3个等次，其中“优秀”等次的比例一般为本单位专业技术人员总数的10%~15%。

第十五条 各单位应及时将专业技术人员的有关考核材料和考核结果整理归入本人档案，作为专业技术人员评审、晋升、奖惩的主要依据。

第五章 待 遇

第十六条 受聘担任各级各类专业技术职务的专业技术人员，享受国家和部规定的工资、福利等有关待遇。

第十七条 医疗。各单位要每1~2年对专业技术人员作一次全面身体健康检查。有条件的单位对担任高级专业技术职务的人员住院、门诊给予相应照顾。

第十八条 用车。有条件的单位对担任高级专业技术职务的人员因病、因公用车提供方便。

第十九条 住房。专业技术人员的住房，不仅是生活条件，实际上也是工作条件和学习条件。因此，要优先保证他们必要的住房条件，特别是高级专业技术人员的住房。

（一）住房标准

1．中国科学院和中国工程院院士，按照不低于正局级干部的住房标准对待；

2. 经国家批准的有突出贡献的中青年科学、技术、管理专家和“百千万人才工程”第一、二层次人选，按照不低于所在单位领导副职的标准对待；

3. 交通青年科技英才和享受政府特殊津贴的专业技术人员，按照不低于所在单位中层领导的标准对待。

(二)分房工龄计算问题

各单位在分配住房时，应将专业技术人员在研究生院、普通高等学校规定的学习时间作为分房工龄列入分房条件。中等专业学校的学龄，以高中毕业后进入中等专业学校作为计算分房工龄的起点。

第二十条 休假。各单位要采取措施，保证高、中级专业技术人员法定的休假时间。有条件的单位，可组织有突出贡献的专业技术人员异地休假。

第二十一条 根据国家和当地政府的有关规定，优先解决中级以上专业技术人员的夫妻两地分居问题。

第六章 继 续 教 育

第二十二条 对专业技术人员进行继续教育是各单位的重要职责。单位人事(干部)部门负责制定继续教育的计划和管理制度；教育部门负责继续教育计划的实施、考核登记、统计及质量评估，组织制定有关教学大纲、教材等。

第二十三条 继续教育可根据不同的培训对象和培训内容，采取不同形式，多层次、多渠道地进行。如脱产或半脱产参加国内外有关高校或培训基地的进修、培训和各种学术会议等，鼓励专业技术人员业余自学。

第二十四条 专业技术人员平均每年脱产接受继续教育的时间，高、中级专业技术人员累计不少于40学时(50分钟为一学时，每天6学时)；初级专业技术人员累计不少于32学时。继续教育的实施周期与专业技术职务聘任周期一致。一个周期内的学习时间可以集中使用,也可以分散使用。

第二十五条 继续教育的经费由国家、单位和个人多渠道解决。有条件的单位可以建立继续教育基金。

第二十六条 专业技术人员有接受继续教育的权利和义务。在规定的脱产学习期间的工资和福利享受在岗的同等待遇。各单位可根据需要同在国内连续脱产接受继续教育半年以上和派出国外留学、进修的专业技术人员签订书面协议。协议应当规定专业技术人员接受继续教育后回单位服务的最低年限和违反合同所应承担的责任。

第七章 流 动

第二十七条 专业技术人员的流动,应保证交通重点建设工程和重大科研项目及教育、航运生产需要,坚持合理的流向。

第二十八条 业余兼职。专业技术人员业余兼职必须符合国家和本单位的有关规定,履行相应的义务。专业技术人员有下列情况之一的,所在单位可以决定其暂不兼职:

(一)不认真做好本职工作或者不积极承担本单位分配的任务的;

(二)担负的工作涉及国家机密,从事兼职活动可能泄露国家机密的;

(三)承担国家科技攻关或本单位重要任务,在此期间兼职可能影响完成国家计划和本单位任务的;

(四)因与兼职单位存在利害关系或者其他可能影响公正办事的情形,应当回避在该单位兼职的。

第二十九条 辞职。辞职是专业技术人员的一项权利,由本人提出书面申请,按规定程序办理手续,不得擅自离职,否则按自动离职处理。有下列情况之一的专业技术人员,其辞职必须经过批准:

(一)国家和省、部重点工程、科研项目的负责人和业务骨干,其辞职后对工作可能造成损失的；

（二）在边远地区、少数民族地区工作的；

（三）从事特殊行业、特殊工种的；

（四）从事国家机密工作或曾从事国家机密工作，在规定的保密期以内的；

（五）经司法或行政机关决定或批准，在接受审查，尚未结案的；

（六）法律、法规、规章规定的其他情况的；

（七）与所在单位订有合同，而未能履行完合同规定的义务。

第三十条 辞退。辞退专业技术人员是单位的一项权利。

（一）单位对有下列情况之一，经教育无效的专业技术人员，可以辞退。

1. 连续两年岗位考核不能完成工作任务，又不服从组织另行安排或重新安排后在一年之内仍不能完成工作任务的；

2. 单位进行撤并或缩减编制需要减员，本人拒绝组织安排的；

3. 单位转移工作地点，本人无正当理由不愿随迁的；

4. 无正当理由连续旷工时间超过 15 天，或一年内累计旷工超过 30 天的；

5. 损害单位经济权益，造成严重后果以及严重违背职业道德，给单位造成极坏影响的；

6. 无理取闹、打架斗殴、恐吓威胁单位领导，严重影响工作秩序和社会秩序的；

7. 贪污、盗窃、赌博、营私舞弊，情节严重但不够刑事处分的；

8. 违犯工作规定或操作规程，发生责任事故，造成严重经济损失的；

9. 犯有其他严重错误的；

10. 符合开除条件的，按照《国务院关于国家行政机关工作人员的奖惩暂行规定》执行。

（二）专业技术人员在下列情况下，单位不得辞退：

1. 因公负伤、致残，丧失劳动能力的；

2. 妇女在孕期、产假及哺乳期内的；

3. 享受休假待遇的人员在休假期间的；

4. 患绝症、精神病及本专业职业病的；

5. 符合国家规定其他条件的。

（三）辞退专业技术人员，由单位有关行政领导提出书面意见，说明辞退理由和事实依据，经单位领导集体讨论决定后，按人事管理权限办理辞退手续、发给本人《辞退证明书》，并报当地政府人事部门和部人事劳动司备案。

第八章 退、离休管理

第三十一条 专业技术人员退休，是指工作到一定年限，达到规定年龄，按规定退出现职，由国家给予适当的生活保障金，并妥善安置和管理。

第三十二条 对达到退（离）休年龄的专业技术人员，单位人事部门应及时为其办理退（离）休手续，在其达到退（离）休年龄的前一个月，通知本人，并在其达到退（离）休年龄后的一个月内按规定办完有关手续，不再列为在编人员。

第三十三条 延长高级专家（系指担任正、副高级专业技术职务的专业技术人员，下同）退（离）休年龄应从严掌握。对少数高级专家，确因工作需要，身体能够坚持正常工作，征得本人同意，可以适当延长其退（离）休年龄，但副教授以及相当职务的高级专家最长不超过 65 周岁，教授以及相当职务的高级专家最长不超过 70 周岁。

第三十四条 女性高级专家，确因工作需要，身体能够坚持正常工作，本人自愿，可到 60 周岁退（离）休。

第三十五条 延长高级专家退（离）休年龄，按照干部管理权限审批。一次延长期限为 1～3 年，工作需要可继续延长。

第三十六条 确因工作需要，可返聘已退（离）休的专业技术人员从事专业技术工作,其政治、生活待遇由各单位自定。

第三十七条 高级专业技术人员退(离)休标准,按国家统一规定办理。符合下列情况之一者,退休费标准可以适当提高,但提高后的退休费,不得超过本人原工资标准。

(一)国家统一颁布的一、二等自然科学奖、国家发明奖、科技进步奖的获得者,或获以上集体奖的主要贡献者(系指等级额定的获奖人员,以证书为准,下同),退休费标准可提高15%。

(二)国家统一颁布的三、四等自然科学奖、国家发明奖、科技进步奖的获得者,或获以上集体奖的主要贡献者;省(部、委)颁发的一、二等科技进步奖的获得者,或获以上集体奖的主要贡献者,退休费标准可提高10%。

(三)省(部、委)颁发的三等科技进步奖的获得者,及其集体奖的主要贡献者,退休费标准可提高5%。

第三十八条 提高高级专业技术人员退休费标准,须由所在单位提出正式申请报告,填写《高级专业技术人员提高退休费标准审批表》(附后)一式2份,并附有关证明材料报部人事劳动司审批。提高退休费标准从本人退休当月起执行。

第三十九条 各单位应关心、照顾退(离)休专业技术人员,为他们解决实际困难,组织他们从事科技服务,充分发挥他们的才智,做到老有所养,老有所医,老有所乐,老有所为。

第九章 优秀专业技术人才管理

第四十条 优秀专业技术人才主要指经国家、部(省)级主管部门批准选拔的各类专业技术人才,包括中国科学院院士、中国工程院院士、有突出贡献的中青年科学、技术、管理专家、享受政府特殊津贴的专业技术人员、交通青年科技英才、部级学术和技术带头人等。

第四十一条 中国科学院院士和中国工程院院士由部人事劳动司统一管理,并检查、督促院士所在单位落实院士应享受的一切待遇。凡涉及院士的工作调动、奖惩、健康状况等重大变化的情况，院士所在单位应及时向部人事劳动司报告。

第四十二条 有突出贡献的中青年专家的管理。经国家人事部(国家科委)批准的有突出贡献的中青年科学、技术、管理专家，由部人事劳动司统一管理。专家所在单位负责对专家的日常管理，落实专家应享受的待遇，了解专家的工作、学习、生活等方面的情况，及时向部反映专家的意见和要求，帮助他们解决存在的具体问题和困难等。

第四十三条 交通青年科技英才的管理。经部批准的交通青年科技英才，按照现行干部管理权限进行管理。如要调离所在单位，需报部人事劳动司审核。交通青年科技英才的待遇按部《关于设立“交通部跨世纪优秀专业技术人才培养专项经费”的通知》(交人劳发[1995]669号)办理。

第四十四条 享受政府特殊津贴人员的管理。经国家批准享受政府特殊津贴的专业技术人员，按照现行干部管理权限进行管理。

(一)凡1995年以前被批准享受政府特殊津贴的专业技术人员，发放标准为每人每月100元，部转拨到本人所在单位代发给专家本人，享受政府特殊津贴的专业技术人员退休后可继续享受，数额不减。

(二)凡1995年以前被批准享受政府特殊津贴的专业技术人员工作调动，其政府特殊津贴随行政关系一并转移。享受政府特殊津贴的人员工作调动或死亡，需转移或停发政府特殊津贴的，单位人事部门应及时报部人事劳动司。

(三)凡有下列情况之一者，停发或取消政府特殊津贴：

1. 未经组织同意出国长期不归者，停发政府特殊津贴；

2. 因死亡或其他原因停发工资者，停发政府特殊津贴；

3. 弄虚作假，谎报成果而取得政府特殊津贴者，取消政府特殊津贴；

4. 丧失或违背享受政府特殊津贴所必须具备的政治思想基

本条件者,取消政府特殊津贴。

停止或取消政府特殊津贴,由本单位提出处理意见,报部人事劳动司审批。

第四十五条 学术和技术带头人。按照分级管理的原则,经部批准的部级学术和技术带头人由部负责统一管理,所在单位负责其日常管理。凡涉及学术和技术带头人的工作调动、奖惩和健康状况等重大变化情况,专家所在单位应及时向部人事劳动司报告。

第十章 留学人员管理

第四十六条 出国留学工作方针是:按需派遣,保证质量,学用一致,加强对出国留学人员的管理和教育,努力创造条件使留学人员回国能学以致用,在社会主义现代化建设中发挥积极作用。

第四十七条 公派出国留学人员主要指进修人员和访问学者。

(一)公派出国留学人员办理出国手续前,要与选派单位签订《出国留学协议书》,明确出国留学的目的和要求,以及选派单位和出国留学人员双方和权利、义务和责任,并须经公证机关公证。

(二)公派出国进修人员和访问学者,在批准出国留学的期限内,国内工资由原单位照发,国内计算工龄。公派出国研究生在国外期间,国内工资待遇和攻读博士学位期间工龄的计算,按国家的有关规定办理。

第四十八条 自费出国留学是指我国公民得到其定居国外及香港、澳门、台湾的亲友资助或使用本人、亲友在国内的外汇资金,或个人争取到国外院校、科研机构奖学金资助,未纳入公派计划的人员到国外高等学校、科研机构学习或进修。

(一)具有大学专科及其以上学历的专业技术人员均有为国家服务的义务,在完成规定的服务期限后方可申请自费出国留学(包括到语言补习学校学习)。

（二）在职人员获准自费出国留学的，从出境的下一个月起停发工资。

（三）在职人员自费出国留学回国后，出国前工龄可以保留，并与回国后的工作时间合并计算工龄。获得博士学位回国工作的，其在国外攻读博士学位的年限，国内计算工龄，工龄计算办法与公派留学人员相同。

第四十九条 回国留学人员工作安排。

（一）回国留学人员的工作安排，要在国家建设需要的前提下，贯彻学用一致、人尽其才的原则。要遵照"择业自由、合理流动、人才竞争、双向选择"的精神进行。

（二）出国前已明确工作单位的公派留学人员（包括进修期间攻读学位的人员）回国后，原则上由原选派单位接收。对于原派单位安排有困难的，可向部人事劳动司申请协助安排到对口单位。

（三）确属安排、使用不当的回国留学人员，可向部人事劳动司提出调整意见，经部人事劳动司审定后，用人单位不得阻挡。

第十一章 专业技术人员信息库

第五十条 建立专业技术人员信息库，是专业技术人员管理的一项基本建设。逐步建立部和部属单位二级专业技术人员信息管理系统，是专业技术人员统计、分析、预测、规划和各方面工作的需要。

第五十一条 部级优秀人才信息库，主要存贮部管优秀人才（中国科学院院士、中国工程院院士、有突出贡献的中青年科学、技术、管理专家、交通青年科技英才、部级学术和技术带头人、享受政府特殊津贴人员等）的基本信息；部属单位信息库，存贮本单位各级各类专业技术人员的基本信息。部属各单位要积极协助部更新部优秀人才信息库。

第五十二条 逐步采用计算机辅助管理专业技术人员库，由部人事劳动司提出总体方案、指标体系，并建立专业技术人员信息库及信息管理系统。专业技术人员信息库应建成以部级为中心，以部直属一级单位为结点的脱机磁介质信息传递网络,并为联网创造条件。

第十二章　附　　则

第五十三条　部属各单位可根据本规定,结合各自的实际情况制定实施细则。

第五十四条　本规定未尽事项,按国家和部的有关规定执行。过去部的有关规定与本规定不一致的,以本规定为准。今后国家若有新的规定,则按新规定执行。

第五十五条　本规定由部人事劳动司负责解释。

第五十六条　本规定自发布之日起施行。

附件

高级专业技术人员提高退休费标准审批表

<table>
<tr><td>姓名</td><td></td><td>性别</td><td></td><td>出生年月</td><td></td></tr>
<tr><td>单位</td><td colspan="3"></td><td>工作时间</td><td></td></tr>
<tr><td>专业</td><td colspan="2"></td><td colspan="2">专业技术职务</td><td></td></tr>
<tr><td>退休费发放比例(%)</td><td colspan="2"></td><td colspan="2">申请提高比例(%)</td><td></td></tr>
<tr><td>工作经历</td><td colspan="5"></td></tr>
<tr><td>获奖情况</td><td colspan="5"></td></tr>
<tr><td>呈报单位意见</td><td colspan="5">(盖章)
年　月　日</td></tr>
<tr><td>部人事劳动司审批意见</td><td colspan="5">(盖章)
年　月　日</td></tr>
</table>

注:获集体奖的应在“获奖情况”栏内注明具体排序情况。

交通部部属企事业单位会计基础工作规范化实施办法

（交通部　交财发[1998]348号　1998.06.12）

第一章　总　　则

第一条　为加强会计基础工作，建立规范的会计工作秩序，提高会计管理水平，发挥会计工作在强化经济管理，提高经济效益，维护社会主义市场经济秩序中的作用，特制定本办法。

第二条　本办法依据《中华人民共和国会计法》和财政部印发的《会计基础工作规范》、《会计基础工作规范化管理办法》等会计法规制度，并结合我部具体情况制定。

第三条　本办法适用于部属企业、事业、社会团体和其他经济组织（以下简称"单位"）。

第四条　本办法自1998年7月1日起执行。

第五条　本办法解释权属部财务会计司。

第二章　会计基础工作规范化基本规定

第一节　会计基础工作规范化总体要求

第六条　各单位应根据会计业务需要单独设置会计机构，配备会计人员，为单位搞好会计工作提供组织保证。暂无条件单独设置会计机构的单位，至少要在有关机构中配备会计、出纳各一人，不得由一人既当会计又兼出纳。无条件配备会计人员的单位应委托有代理记账资格的机构代理记账。

会计人员指专职从事财务会计工作的人员和由财会部门管理的基层单位专职核算员。会计人员必须按规定取得《会计证》。实施会计电算化的单位，电算会计岗位人员还应取得《会计电算化资格证》。

第七条 大中型企业应设置总会计师。总会计师的职权和责任按照《总会计师条例》执行。

第八条 会计机构内部应建立稽核制度，配备专职或兼职稽核人员。稽核人员负责审查本单位的财务成本计划和各项财务收支，复核会计凭证和账表。

第九条 单位行政领导人应领导会计机构、会计人员执行《会计法》，并依法进行会计核算，实行会计监督；要保障会计人员的职权不受侵犯；任何人不得对会计人员进行打击报复；对认真执行国家法律、法规，坚持原则，忠于职守，恪守职业道德，做出显著成绩的会计人员，要给予精神或物质奖励；要加强对会计人员的培训，不断提高会计人员的素质，会计人员业务学习每年不得少于12天；要按照干部管理权限的规定任免会计人员，会计机构负责人、会计主管人员的任免，必须征得上级主管单位同意，以保证会计人员素质和保持会计人员的相对稳定。

第十条 会计人员必须加强政治学习，不断提高政治思想水平，坚持四项基本原则，树立全局观念，遵纪守法，忠于职守，廉洁奉公，实事求是，全心全意地为社会主义现代化建设服务；必须认真贯彻执行国家的财经方针、政策、法律、制度，维护国家和其他投资者权益，严格会计核算和监督；必须努力钻研业务，不断丰富会计理论知识，提高业务能力；要积极参与管理，为单位提高经济效益当家理财。

第十一条 各单位应本着有利于加强会计管理，改进工作作风，提高工作效率，以及有利于分清职责，严明纪律，考核干部的要求，并结合本单位实际情况建立健全会计人员岗位责任制度。

会计人员工作岗位一般可分为：会计主管、主管会计、出纳（现金和银行出纳可分设）、财产物资核算、资金核算、工资核算、往来结算、成本(费用)核算、收入利润核算、总账报表、稽核、责任成本、内部银行、电算会计、会计档案管理、车间成本核算等。可以一人一岗,一人多岗,或一岗多人,但出纳人员不得兼管收入、费用、债权、债务账簿的登记,各项实物验收保管,以及稽核和会计档案保管工作;会计不得兼管出纳工作的现金收支、有价证券保管等职能。各岗位人员要有计划地进行轮换,以利于会计人员全面熟悉业务。

各单位财会部门要在单位行政领导人或总会计师的领导下,半年或一年进行一次岗位责任制执行情况的检查,及时总结经验,并加以修订和完善。

第十二条 下列事项,应当办理会计手续,进行会计核算:

1. 款项和有价证券的收付;
2. 财物的收支、增减和使用;
3. 债权债务的发生和结算;
4. 资本、基金的增减和经费的收支;
5. 收入、费用、成本的计算;
6. 财务成果的计算和处理;
7. 其他需要办理会计手续,进行会计核算的事项。

第十三条 会计核算的基本要求:

1. 单位的会计核算工作必须遵守国家的法律、法规的有关规定;
2. 单位的会计年度自公历1月1日起至12月31日止;
3. 单位的会计核算采用借贷记账法(会计制度规定可采用其他记账方法的除外);
4. 会计核算的金额以人民币“元”为单位,元以下计至分,单价和单位成本可计至元以下四位数,余数四舍五入。以外币计算的,应当折合人民币记账,同时注明外币的名称、金额和汇率。会计核算的数量,均采用国家标准计量单位;
5. 单位的会计凭证、会计账簿、会计报表等各种会计记录,都必须根据实际发生的经济业务进行登记,做到手续齐备,内容完整、反映真实、计算准确、信息反馈及时；

6. 企业及有成本核算的行政、事业单位应根据权责发生制的原则进行会计核算。凡是本期已经实现的收益和已发生的费用，不论款项是否收付，都应作为本期的收益与费用入账；凡是不属于本期的收益与费用，即使款项已在本期收付，都不应作为本期的收益和费用处理；其他单位应根据收付实现制的原则进行会计核算；

7. 单位的收益和费用的计算应遵行配比原则，一个时期内的各项收入与其相关的成本、费用，都必须在同一时期内登记入账，不应脱节，不应提前或延后；

8. 单位所采用的会计核算方法，前后期应一致，不得任意改变。如需要改变的，应报经主管财政部门审批，并在会计报表中加以说明；

9. 填制会计凭证、登记会计账簿和编制会计报表等会计资料字迹必须清晰、工整，不得潦草。具体要求如下：

(1)填制在会计凭证上的汉字和阿拉伯数字，其所占格宽一般应以不超过二分之一至三分之二为原则，不要写满格。凭证最后一行数字与合计之间的空行应从右向左下划斜线注销，以示期间不能加写数字。合计金额数字前面应写人民币符号“＄”；

(2)登记在账簿中的汉字和阿拉伯数字，其所占格宽以不超过格宽的二分之一至三分之二为原则；

(3)填写在会计报表上的阿拉伯数字，以元为单位的，一律填到角分，无角分的，角位和分位可写“00”，或“－”符号，有角无分的，分位应写“0”，不得用符号“－”代替；

(4)汉字大写金额数字，一律用正楷(如：壹、贰、叁、肆、伍、陆、柒、捌、玖、拾、亿、万、仟、佰、元、角、分、零)或行书书写，易于辨认、不易涂改。大写金额数字到元或角为止的，在元或角的后面要写整(或正)字，金额数字到分的，分字后面不必写整(或正)。有的凭证或其他会计资料内大写金额数字前未印有“人民币”字样的，应加写“人民币”字样，并接着写数字，中间不得留有空白。阿拉伯金额数字之间有“0”时，汉字大写金额要写“零”字；

10. 各单位的财产应定期盘存。库存现金按日盘点;银行存款按月核对,财产、物资每年至少要清查1至2次,做到账账相符,账实相符;

11. 单位加盖在账簿上的会计人员名章为长方形扁章,用红色印油;各种戳记,如“承前页”、“过次页”等会计科目章均用蓝色印油(如书写,则用蓝黑墨水);结账、改错划线均用红色墨水;

12. 实施会计电算化的单位,在正式利用计算机替代手工账之前,必须按规定报经上级主管单位批准,否则,单位计算机替代手工记账不予承认,提交的有关会计账表资料上级主管单位可拒绝接受。

第二节　会计科目

第十四条　各单位应按照国家统一会计制度和由部制定的财务会计制度及补充规定(以下简称《会计制度》)设置和使用会计科目,进行会计核算。

为便于编制会计凭证,登记会计账簿,查阅账目,各单位不得随意改变或打乱《会计制度》所规定的会计科目编号;单位有增加的科目,其编号可利用有关科目之间预留的空号。

第十五条　统一规定的会计科目,单位没有相应会计事项的,可以不设。根据业务需要,单位可在会计制度规定的范围内,增减或合并会计科目。

第十六条　明细科目的设置,除《会计制度》已有规定者外,单位可以根据需要自行规定。但不能将总账科目改为明细科目。

第十七条　单位在填制会计凭证时,可以同时填写会计科目全称和会计科目编号,也可以只填写会计科目全称,不填写会计科目编号;不得只填写会计科目编号,不填写会计科目全称。

第三节　会计凭证

第十八条　会计凭证包括原始凭证和记账凭证。

第十九条　原始凭证包括外来和自制的两种,是经济业务发生时取得的书面证明。会计人员对发生的每一项经济业务,都必须取得或填制合法的原始凭证。

原始凭证必须具备以下内容:

凭证的名称;填制凭证日期;填制凭证单位名称或填制人姓名,经办人员的签名或盖章;接受凭证单位名称和经济业务内容、数量、单价和金额。除国家允许用票单位自行确定式样印制的票据(如邮政、电讯、铁路、公路、航空等部门的票据)外,其余的外来原始凭证均应套印有县(市)以上税务机关发票监制章或财政机关票据监制章。自制对内使用的原始凭证,应注明同该项经济业务有关的生产计划、经济合同和预算项目等内容,并连续编号,号码印(或填写)在凭证的右上角;对外使用的原始凭证应按税务机关或财政机关的规定套印票据监制章。

第二十条 原始凭证的签发和填制方法:

1. 从外单位取得的原始凭证,必须盖有填制单位的公章;从个人取得的原始凭证,必须有填制人员的签名或盖章;自制原始凭证必须有经办单位负责人或其指定的人员签名或盖章;对外开出的原始凭证,必须加盖本单位公章。凡填有大写或小写金额的原始凭证,大写与小写金额必须相符;

2. 凡一式几联的原始凭证,应当注明各联的用途,只能有一联作为报销凭证,而且必须用双面复写纸套写,并连续编号。作废时应加盖"作废"戳记,连同存根一起保存,不得销毁;

3. 职工公出借款条必须附在记账凭证之后。公出报销后,凭其报销金额冲抵原借款。报销金额小于原借金额由报销人归还差额时,应另开收据或退还借据副本,不得退还原借据;

4. 单位的某项开支如需与其他单位共用一张原始凭证时,可将支付款项单位开出的"原始凭证分割单"作为外来原始凭证,凭以结算。"原始凭证分割单"亦应具备原始凭证的内容和相应的签发手续;

5. 外来或自制的原始凭证,属于由出纳收入或支付款项的,应由收款人或领款人签名,由出纳人员分别加盖"现金收讫""转账收讫”和“现金付讫”“转账付讫”戳记；属于购入实物的，应同时附有由验收入库人开出的“验收单”，不需入库而直接领用的，必须由经领人签注用途和姓名；需要注销或作废的，由会计人员（出纳除外）加盖“注销”和“作废”戳记。

单位发生销货退回业务时，除填制退货发票外，退款时，必须取得对方的收款收据或汇款银行的凭证，不得以退货发票代替收据。

6. 经过上级批准的经济业务，应将批准文件作为原始凭证附件。如果批准文件需要单独归档，应在凭证上注明批准机关名称、日期和文件字号。

第二十一条 记账凭证包括收款凭证、付款凭证、转账凭证三种。也包括记账凭证汇总表和科目汇总表。企业也可以使用通用记账凭证。

第二十二条 单位应统一使用复式记账凭证，其内容必须具备：填制凭证日期；凭证字号；经济业务内容摘要；会计科目；金额；过账；所附原始凭证张数；填制凭证人员、稽核人员、会计主管人员签名或盖章处。收、付款的记账凭证还应有出纳人员签名或盖章处。

单位如需用自制原始凭证代替记账凭证的，必须具备记账凭证应有的内容，凭证的左上角应印有供填写借贷科目名称和凭证字号的空格。

第二十三条 会计人员应根据审核无误的原始凭证填制记账凭证。

第二十四条 记账凭证（更正、结账和预提费用、待摊费用等记账凭证可以不附原始凭证的除外）所列金额必须与所附原始凭证的金额一致。如遇一张原始凭证发生的经济事项较多，涉及到两张以上记账凭证时，可在原始凭证上注明本记账凭证的金额和所涉及的其他记账凭证的字号及金额等；同时，应在未附原始凭证的其他记账凭证上将原始凭证附入的记账凭证编号注明，以便查找。

第二十五条 记账凭证所附原始凭证中有涉及外单位的支出，应开出“原始凭证分割单”一式两份，一份供对方结算，另一份同有关原始凭证一起附入记账凭证，用以证明相关原始凭证减少填制记账凭证的金额数及其原因，也便于同接受“分割单”单位对账。使用划账通知单的只填一联给对方。

第二十六条 记账凭证所附原始凭证较多，不便于装订的，可采用“特种原始凭证汇总表”，将其数量、金额、事由、付款或收款方式、原始凭证张数、装订保管方式等汇总填列一式二份，一份与原始凭证一同装订作封面，另一份附入有关记账凭证内；面积较小的（如火车票、汽车票等）应通过整理，整齐地粘贴在“附件粘贴单”上；面积超过记账凭证的，应折叠（略小于记账凭证）附入有关记账凭证。

第二十七条 记账凭证中附件张数的计算，一般应以所附原始凭证的自然张数为准。凡是与记账凭证中的经济业务记录有关的每一张证件，都应作为原始凭证的附件。如果记账凭证中附有原始凭证汇总表，应该把所附的原始凭证和原始凭证汇总表的张数一并计入附件张数之内；差旅费和交通费中零散车票，如贴在“附件粘贴单”上，则可作为一张附件计算。

第二十八条 记账凭证应按现金、银行、转账三类凭证逐月按顺序编号。凡一笔经济事项须填制两张以上记账凭证的，记账凭证的编号应加上分号，如 2 号凭证有三张，则应分别写为：$2\frac{1}{3}$；$2\frac{2}{3}$；$2\frac{3}{3}$。

为便于当月的凭证编号不重不漏，收支业务多的单位应使用“凭证销号单”，月终将“凭证销号单”与有关记账一并装订。

第二十九条 为保证会计科目对应关系清楚，填制记账凭证时，在一般情况下，一张记账凭证只能一个科目同一个或几个科目相对应，不得几个科目同时对应；更不得把涉及到不同性质、业务的多张凭证汇集在一起，几个科目与几个科目同时对应。

第三十条 记账凭证上的“制证”、“稽核”、“记账”、“会计主管”等处,有关人员在履行职责后签名或加盖名章,其中制证与稽核人员不应由一人担任。仅有会计、出纳各一人的单位,应相互稽核并签名或加盖名章。

第三十一条 已经登记入账的记账凭证,年内发现填写错误时,应用红字填写一张与原内容相同的记账凭证,在摘要栏注明“注销某月某日某号凭证”,同时再用蓝字重新填制一张正确的记账凭证,注明“订正某月某日某号凭证”。如果会计科目没有错误,只是金额错误,也可以将正确数字与错误数字之间的差额,另编一张调整的记账凭证。调增金额用蓝字,调减金额用红字。如发现以前年度的错误,应用蓝字填制一张更正的记账凭证调整账务,不使用红字更正法。

第三十二条 会计人员要严格审核会计凭证,对记载错误,不完整,不符合规定的凭证,应退回补填或更正。对伪造、涂改或经济业务不合法的凭证,应拒绝受理,并及时报告单位领导处理。

第三十三条 从外单位取得的原始凭证如有遗失、被盗等情况,应取得原签发单位证明,并注明原来凭证的号码、签发日期、金额和内容等,由经办单位负责人批准后,才能代作原始凭证。如果确实无法取得证明的,如火车、轮船、飞机票等凭证,应由当事人写出详细情况,出具证明,经单位领导或会计主管批准签字后,代作原始凭证。

第三十四条 各种记账凭证应及时传递,不得积压,登记完毕后,应按照分类和编号顺序保管,并按月装订成册,不得散乱丢失。

记账凭证的传递程序一般为:根据审核无误的原始凭证编制记账凭证,然后交稽核人员审核,再由会计主管审批,审批后,转账凭证交由记账人员记账;收付款凭证,应先交出纳人员办理收付款事宜,然后交记账人员记账,记账后送交有关人员装订保管。

第四节　会计账簿

第三十五条　会计账簿包括总分类账、日记账、明细分类账三种。还包括备查簿、卡片等辅助账。

总分类账为订本式、活页式两种。订本式为直型,活页式为横型。现金日记账和银行存款日记账为订本式,直型;明细分类账和备查簿均为活页式,横型。

第三十六条　账簿由封面、封底、启用表、目录和账页组成。订本式由印刷厂按封面、启用表、目录、账页、封底顺序装订成册;活页式账簿由使用单位按上述顺序装订成册。

会计账簿封面要有填写账簿名称、使用单位和使用年度的标志。启用表应具有填写使用单位名称、账簿名称、账簿编号、账簿页数、启用日期、经管人员、会计负责人、移交人、接交人、监交人、交接日期和粘贴印花税票等内容的栏目。目录应具有账户名称和账户页次两个内容,账页一般应具备如下内容:账簿名称、总页和分页编号、科目或明细户名称、年、月、日、记账凭证的字和号、摘要,以及借方、贷方金额余额栏和"借或贷"、对账符号"√"等内容;记载实物的明细账还应有反映数量增、减、结余情况的内容;专用账簿除应具备上述内容外,还应设置能记载专项业务内容栏目。备查簿和卡片的内容可由单位视具体业务需要而定。

第三十七条　独立核算的单位必须设置总分类账、现金日记账、银行存款日记账和按业务需要设置材料、产品(商品)、固定资产、低值易耗品、包装物等实物明细账和债权债务、费用、工资、在建工程、销售、利润、经费收支等明细账和有关备查簿、卡片。大中型企业的内部机构,实行内部经营承包责任制后,可比照独立核算单位设置会计账簿。

已经批准使用计算机代替手工记账的单位,用机器打印的账页,必须具备上述内容,并应编定页码,定期装订成册。

第三十八条　会计账簿启用时,应在封面上写明账簿名称和使用单位的全称、所属年度、填写启用表，并加盖财务公章，按账户设置情况填写目录。

启用的会计账簿，应从第一页开始顺序编定总页码；如一个账户用到两张以上账页的，还要依次编写分页页码。

第三十九条 单位可根据业务多少的情况，选用记账凭证、科目汇总表和汇总记账凭证记账程序三种程序中的一种。

第四十条 单位应根据审核无误的会计凭证登记账簿，其记账规则如下：

1. 登记账簿时，应将会计凭证日期、编号、业务内容摘要、金额和其他有关资料逐项记入账内。要做到数字准确，摘要清楚，登记及时，字体工整，整齐清洁。登记完毕，要在会计凭证上签名或盖名章。

2. 登记账簿要用蓝黑墨水书写，不得用圆珠笔或铅笔书写。但下列情况可以用红色墨水记账：

(1)按照红字冲账的记账凭证，冲销错误的记录；

(2)在不设借、贷栏的多栏式账页中，登记减少数；

(3)在三栏式账页的"余额"栏前，未印有"借或贷"栏的，在"余额"栏内登记负数余额；

(4)会计制度中规定用红字登记的其他记录。

3. 各种账簿应按页按行顺序连续登记，不得跳行、隔页。发生跳行时，在空行的金额栏内划线注销，并分别在摘要栏内注明"此行空白"字样，还应加盖经办人名章；

凡漏记的账目可以补记，补记时仍填写原记账凭证的日期、编号等，并应在摘要栏内注明"补登记"字样。

4. 有借、贷、余金额栏的账户，单位应按规定时间结出余额，并按余额的实际情况在"借或贷"栏内写明"借"或"贷"字样。如果该账户已结平，则应在"借或贷"栏内写"平"字。

5. 每一账页登记完毕，应将本月初起至本页最后一笔记录止借、贷方发生额之和及本页最后一笔余额情况（包括金额和"借"、"贷"方情况，下同），写在本账页的最后一行的相关栏内，并在摘要栏内注明“过次页”字样，以示结至下一账页连续记录；下一账页的第一行应将上页结转的数字和情况记入相关栏内，并在摘要栏内注明“承前页”字样，以便连续记录。

6. 账簿登记不清晰、不整洁的，不应重抄；登记错误的，不准涂改、挖补、刮擦或用药水清除字迹，应用如下方法更正：

(1)登记账簿时发生错误，应将错误的文字或数字用红笔划一单线注销，并加盖记账人员名章，然后在已注销的部分上方填写正确的文字或数字。

(2)由于记账凭证错误而使账簿记录发生错误的，应按照更正的记账凭证登记账簿，并调整账务。

7. 单位所发生的各项经济业务均应及时登记入账，并应在月终、季终、年终做好结账工作。

第四十一条　单位使用的账簿，除固定资产明细外，一般应在年度终了时更换新账。固定资产明细账继续使用一年后也必须更换。

第五节　会 计 报 表

第四十二条　各单位会计报表的具体格式和编报要求由部统一布置。各级主管单位在不影响部统一汇总的前提下可作补充规定。实行会计电算化单位在不违反现行会计制度的前提下，计算机打印的会计报表可作正式报表上报。

第四十三条　各单位所采用的会计报表大小规格应一致。需要增报说明生产经营等情况的补充报表，其规格不得超过使用的统一会计报表。

第四十四条　各单位应根据正确无误的总分类账和账账相符、账实相符的有关明细账编制会计报表，做到数字真实、计算准确、内容完整、说明清楚、报送及时。任何人不得篡改或授意他人篡改会计报表数字。

第四十五条　各单位编制的会计报表，表与表之间，表内各项目之间，凡有对应关系的数字均应相互一致，本期报表与上期报表的数字之间有勾稽关系的数字,应相互衔接。各个年度会计报表中各项目内容和核算方法如有变动,应在报送年度会计报表时注以文字说明。

第四十六条 会计报表中所规定的补充资料各项目,系会计报表或与会计报表相关的重要内容,各单位都应填列齐全,不得遗漏。

第四十七条 会计报表中需填列的计划数,凡经有审批权力机关正式批准的,应填列批准数;暂未经有批准权力机关批准的,可填列最后上报审批数。

第四十八条 各单位编制的会计报表应经单位负责人、总会计师、财务部门负责人和会计主管人员审阅签名(盖章)后加盖单位公章,才能报出。

单位编制的月、季、年度会计报表均应按表号顺序加具封面进行装订。装订的顺序是:(1)会计报表封面;(2)财务情况说明书及附列资料及编表说明;(3)会计报表;(4)封底。年度终了,应将各月、季的会计报表分别合并装订成册,加具封面。各期的报表均按编报时间先后顺序装订。

第四十九条 各单位已经编制完毕,但尚未报出的会计报表,经审核发现属政策性方面的错误,应按政策规定调整账务后,重新填制;属于技术方面的错误,应根据实际情况,通过调整账务或重新计算或重抄等方面改正后重新填报,待完全改正后报出。对于已经报出的会计报表,应根据错误的原因按前述方法修改,数字错误在两处以内的,除留用表修改外,还应书面通知报送单位修改;错误在两处以上的,应重新填报。年终决算经上报审批后应予改正的错误,应根据决算批复意见,并按照会计制度的规定,进行相应的账务处理后予以调整,调整结果应抄报原报送单位。单位不得随意调整已报出的会计报表。

第六节 会 计 档 案

第五十条 各单位的会计档案包括:会计凭证(含另行装订

的原始凭证）会计账簿、会计报表、财务收支计划或预算和重要的经济合同、移交清册、会计电算化软件开发的全部文档资料等会计资料。会计档案分为：会计凭证、会计账簿、会计报表和其他四大类。

第五十一条 会计凭证应按月整理加具封面、封底装订成册。凭证封面的内容要填写齐全，盖齐名章；装订的顺序是：封面、销号单、记账凭证汇总表、记账凭证（含随附的原始凭证）、抽出凭证登记表、封底。

第五十二条 会计账簿应按本办法第四节有关规定进行整理装订。订本式账簿未用完的空白账页不得取出，要保持原装页数完整无缺；活页式账簿中空白账页可以抽出，某些科目所属明细账页太少不便装订的，可以与同年同类账页的其他科目所属明细账页合并装订，但必须在账簿封面上注明各种明细账的名称、年度，并将各自的用户表、目录附在各自账页的第一页前面。

第五十三条 会计报表的整理方法应按照本办法第五节有关规定办理。

第五十四条 当年编制并经批准的财务收支计划或预算和年度内签订的重要经济合同未附入记账凭证的，以及除会计凭证、会计账簿、会计报表以外的其他需要立卷归档的会计资料，均应整理装订成册立卷归档。卷面或封面上必须注明单位名称、资料名称、所属年度，并编写顺序号；资料数量较多时还应编写目录。

第五十五条 会计档案形成以后，当年的会计档案可由财会部门再保管一年。如单位的经济往来频繁，也可适当延长时间，但最长不得超过二年。期满后，财会部门应造具“会计档案移交清册”，移交给单位的档案部门管理。单位未设档案管理机构的，会计档案由财会部门自行管理。

第五十六条 “会计档案移交清册”应具备的基本内容包括：档案所属年度、类别、名称、册数、编号、规定保管期限、需要说明的问题，以及监交人、移交人、造册人的签章处。

第五十七条 大中型企业应配备专职档案管理人员。暂时无条件配备专职档案管理人员的,应由财会部门指定专人或兼职人员管理会计档案。

第五十八条 大中型企业应建立会计档案库房,配置档案柜等设备。暂无条件建立档案库房的,要设置专用柜存放会计档案。

第五十九条 单位应根据《会计档案管理办法》和《会计人员工作规则》的规定,结合本单位具体情况,制定切实可行的会计档案管理制度,建立会计档案的保管、调阅、销毁登记簿或软件。

第六十条 会计档案的管理应做到制度化、条理化、科学化。做到妥善保管、存放有序、查找方便。

第六十一条 管理会计档案,要严格执行安全和保密制度,不得随意堆放,严防毁损,散失和泄密。

第六十二条 单位的会计档案应积极为本单位提供利用,也可以为外单位提供利用。调阅会计档案时,要严格办理手续。本单位人员调阅,要经会计主管人员同意;外单位人员调阅,要有调阅单位的介绍信,并注明调阅会计档案的内容,经单位领导人和会计主管人员批准后,办理调阅手续;在调阅过程中,只能调阅与介绍信规定内容有关的资料,不得调阅与规定内容无关的资料;档案原件原则上不得借出,也不得拆散卷册;外单位调阅会计档案,需抄录和复制的,由会计主管人员签署意见,报经单位领导批准。特殊情况涉及到较重要的会计资料或需抽调原始凭证的,由单位领导签署意见,报经上级主管单位批准后办理。所有调阅的会计档案,均应进行登记,并限期归还。

第六十三条 单位会计档案保管期满,需要销毁时,应由本单位档案管理部门提出销毁意见,会同财会部门共同鉴定,编造"会计档案销毁清册",经单位领导审查,报经上级主管单位批准后销毁。销毁时,应由档案部门和财会部门共同派员监销,并在销毁清册上签章。

"会计档案销毁清册"应一式三份,分别由单位的档案管理部门、财务部门和上级主管部门各执一份。

第六十四条 保管期满,经批准准备销毁的会计档案中属于未结清的债权债务原始凭证,应单独抽出,另行立卷,由档案部门保管至结清债权债务时为止。

第七节 会计工作交接

第六十五条 会计人员工作调动或因故离职,必须与接替人员办理交接手续,没有办清交接手续的,不得离职。

第六十六条 会计工作交接的内容包括:财会部门的公章、公物、现金和有价证券、支票簿、会计凭证、会计账簿、会计报表和财务会计有关文件、资料等。

财会部门负责人和会计主管调离时,应负责对公章、公物和财务会计文件,会计核算资料逐一进行移交。财会部门负责人和会计主管如兼有其他会计业务工作的,也应进行移交。

出纳人员调离本岗位时,要对库存现金、有价证券、各种发票、收据和银行存、取单据、汇款凭单、印鉴公章以及现金、银行账簿、银行对账单等进行逐项移交。

第六十七条 会计人员在离职前,应将自己所经管的会计工作资料全部整理清楚。未处理完的会计事项应及时落实处理,在离职前确实无法处理完的资料,应说明原因,并注明事项发生的前后情况,经领导批准,可留给下任会计处理。

第六十八条 会计人员在离职前应对所负责填制或保管的会计凭证进行认真整理,已发生应处理的会计事项,应填制记账凭证;负责管理的会计凭证,应按时间和号码顺序进行清理,防止遗漏与丢失。

第六十九条 会计账簿交接前,会计人员应将已发生经济事项的原始凭证填制记账凭证并登记入账;已登记完毕的账簿要结出余额,与总账核对一致并应在各账户的余额后面加盖名章。账簿应按顺序号、种类等进行整理装订,保证完整无缺,债权、债务账户所遗留的事项应附注清楚。

第七十条 会计报表应做到资料齐全,不漏不少。其他会计资料,包括文件、会计核算相关资料、各种空白单据、发票等,应按类整理。各种单据、发票应按编号一一清理，缺少、丢失的单据、发票要责成移交人追回。

第七十一条 财会部门所使用的公物应在移交前与财产登记簿核对清楚。财会部门所使用的公章、印鉴要与经管人和银行核对清楚。

第七十二条 造具移交清册，将应该移交的资料、实物，逐项列出品名、数量、存放地点、遗留问题处理意见等内容，以便接替人员核对。

移交清册还应注明：单位名称、交接日期、交接双方和监交人的职务、姓名及移交清册的页数、需要说明的问题和意见等。填写一式三份，以便交接双方存档留用。

第七十三条 会计人员移交时应做到：现金、有价证券与账面余额相符；会计凭证、账簿、报表和其他会计资料完整无缺；银行存款账户余额与银行对账单核对相符；财产物资的明细账户余额与总账有关账户余额、与实物相符；债权债务明细账户的余额与有关总账账户余额、与债权债务人的债权债务相符。

第七十四条 会计人员交接时分别由下列人员监交：一般会计人员交接，由财务部门负责人或会计主管人员监交；财务部门负责人或会计主管人员交接时，由单位行政领导监交；会计人员在移交过程中，如果有些问题涉及两个单位的，或涉及单位行政领导人的，或上级主管单位认为需要派人监交的，均应由上级主管单位派人会同监交。

第七十五条 本办法规定需要移交的会计工作内容和实际工作需要移交的工作应全部移交，并符合本规定的质量要求，交接双方人员和监交人员均在移交清册上签名或盖名章后，始为移交完毕。移交完毕，移交人员才能离开原工作岗位。

第七十六条 接替人员应认真接管移交的工作，继续办理移交的未了事项，并继续使用移交的账簿，应保持会计记录的完整性，不得自行另立新账。

第七十七条 移交后，如发现原经管的会计业务有违反财会制度和财经纪律等问题，仍由原移交人负责。

第七十八条 会计人员临时离职或因事因病不能到职工作的，财务部门负责人或单位领导必须指定人员接替或代理。

第七十九条 单位撤销时，必须留有必要的会计人员办理清理工作，编制决算。单位注销手续结束前，不得离职。接收单位和移交日期由上级主管部门确定。

第八十条 合并单位的会计交接手续，比照上述规定办理。

第八节 内部财务会计制度

第八十一条 各单位应根据《会计准则》、《财务通则》和由部制订的财务会计制度的要求，结合本单位的特点，制定内部财务会计制度。

第八十二条 各单位内部财务会计制度的内容包括：

1. 资金（基金）筹集管理和核算制度；
2. 货币资金及往来户结算管理和核算制度；
3. 存货管理和核算制度；
4. 固定资产管理和核算制度；
5. 在建工程的管理和核算制度；
6. 无形资产和递延资产及其他资产的管理和核算制度；
7. 对外投资的管理和核算制度；
8. 债务的管理和核算制度；
9. 所有者权益的管理和核算制度；
10. 成本（费用、支出）的管理和核算制度；
11. 营业收入（经费收入）的管理和核算制度；
12. 利润（结余）、税金的管理和核算制度；
13. 会计报表及财务评价制度。

上述内部财务会计制度的形式可以根据单位的规模、管理特点而定，既可以制定一个总的内部财务管理和会计核算制度，也可以按具体会计事项单独制定内部财务会计制度。

第三章　会计基础工作规范化的组织实施

第八十三条　各单位会计基础工作达到本办法规定的，可以向负责考核验收的单位（以下简称考核验收单位）申请考核，由部确认后，可以取得会计基础工作规范化资格；申请考核单位会计基础工作存在下列情形之一的，不得确认为会计基础工作规范化单位：

（一）法律规定应当建账而没有建账，或者虽建账但长期不记账、不对账，造成账目严重混乱的；

（二）会计凭证不真实、不合法、不准确、不完整，情节严重的；

（三）账外设账，情节严重的；

（四）财务报告严重虚假，与有关会计账簿记录不对应，给国家和社会公众利益造成损失的；

（五）申请考核前 2 年内经有关部门检查确认有重大违反财经纪律问题的。

第八十四条　会计基础工作规范化的实施程序为：

（一）自查。各单位应当根据本办法的规定进行自查，找出本单位会计工作中存在的问题和差距，并采取整顿措施整改后才能正式申报。

（二）申报。单位通过自查整改以后，认为达到了规范化标准的，可以向上级主管单位申报，并提交《交通部部属企事业单位会计基础工作规范化考核申报表》（见附件一）和自查总结报告。

自查总结报告的主要内容包括：单位的基本情况、开展会计基础工作规范化工作的主要组织措施、实施步骤、整改效果；

（三）考核。考核工作由具有相应权限的主管单位或由主管单位委托的社会中介机构组织实施。考核单位应当成立考核小组，考核小组成员应当挑选坚持原则、作风正派、业务素质和政策水平较高的人员组成，并明确分工，实行质量责任制。由考核小组对申请考核单位申报的材料进行初审，对具备考核条件的单位组织考核验收。考核验收程序应当符合下列要求：

1. 制定考核计划，明确考核重点。考核小组要认真阅读申请单位提供的资料，全面了解申请单位的会计基础工作情况。在此基础上，深入现场作实地考核，并按《交通部部属企事业单位基础工作规范考核评分表》（见附件二）的规定逐项评分。对实行二级核算或者三级核算的单位进行考核确认时，对其二级核算单位的抽查考核面应达到50%，对三级核算单位的抽查考核面应达到20%；

2. 考核小组应根据考核情况，提出书面考核意见并如实填写《交通部部属企事业单位会计基础工作规范化考核申报表》中有关内容。考核意见的内容包括：申请单位会计基础工作的基本情况；考核中发现的主要问题及改进意见；考核结论；考核小组负责人签章等；

3. 考核小组的考核意见应当书面通知申请单位；

4. 申请单位对考核小组提出的改进意见，应当在限期内整改完毕，并经考核小组复核。

被考核单位在考核前应搜集整理下列材料，将其归类、编定目录页次：

1. 会计人员基本情况表；

2. 会计人员岗位责任制度；

3. 预算或定额管理制度；

4. 内部计划价格制度；

5. 财产物资管理及财产清查制度；

6. 内部财务会计制度；

7. 会计档案管理制度；

8. 当年或上年的财务物价税收大检查纪录或注册会计师审计报告；

9. 会计电算化有关资料；

10. 反映会计基础工作的其他材料。

（四）确认。经考核符合会计基础工作规范化条件的单位，由部财务会计司验发会计基础工作规范化证书。

第八十五条 会计基础工作规范化合格证书由部财务会计司统一印制。

第八十六条 部财务会计司负责部属各单位会计基础工作规范化的组织实施,并成立会计基础工作规范化办公室,负责日常管理和协调工作。各单位要相应成立会计基础工作规范化领导小组和办公室,负责组织本单位会计基础工作规范化的实施。

第八十七条 部属各单位会计基础工作规范化在2000年年底前全部完成,凡是在2000年年底前没有取得会计基础工作规范化证书的单位,以后年度不得参与先进会计工作集体和先进会计工作者评选,不得颁发其会计人员荣誉证书,不得参加高级会计师任职资格评审。

第八十八条 经考核,已经取得会计基础工作规范化证书的单位,由考核验收单位每2年进行一次复查。对会计基础工作明显削弱、达不到本办法规定要求的单位,由考核验收单位责令其在3至6个月内进行整改;在规定期限内整改仍未取得明显成效的,由考核验收单位报部批准,取消其会计基础工作规范化资格,收回会计基础工作规范化证书。

第八十九条 考核验收单位在考核、验收和复查中发现申请考核单位或被检查单位存在本办法第八十三条规定的情形之一者,经为期三至六个月的整改仍未取得明显成效的,对负有直接责任的会计人员,作出或建议调离其岗位,并取消其参加高级会计师任职评审资格。

第九十条 对取得会计基础工作规范化证书、成效显著的单位,由负责组织考核验收的单位给予精神和物质的奖励,表彰奖励成绩突出的有关人员。

第九十一条 考核验收单位应当建立会计基础工作规范化考核业务档案,记载考核验收、验发证书、复查等情况。考核业务档案视同会计档案,并做长期保管。

第四章 附 则

第九十二条 部属各单位可依据本办法制定具体实施方案，并报部备案。

交通行业行政事业单位定期审计规定

(交通部　交审计发[1998]667号　1998.11.03)

第一章　总　则

第一条　为了加强对交通行业行政事业单位(以下简称行政事业单位)经济活动的审计监督,促进各单位加强财务管理,合理使用资金,根据《交通行业内部审计工作规定》和有关法规,制定本规定。

第二条　本规定所称行政事业单位是指:

(一)国家财政核拨事业费的单位;

(二)上级部门核拨经费和补助经费的单位;

(三)经费自给的事业单位。

第三条　定期审计是指行政事业单位的审计部门(或专职审计人员,下同)对本单位及附属单位(以下统称为被审计单位)各项经济活动的真实、合法、效益性等进行的审计。定期审计一般分为季度审计和年度审计。

第四条　部审计办在各单位进行定期审计的基础上,对部属一级行政事业单位进行定期审计或组织联审。

未设立审计部门的行政事业单位每年必须委托具有对中央单位审计查证资格的社会审计机构进行定期审计。

第二章　审计内容

第五条　审计内容包括:行政事业单位的内部控制制度、预算、各项收入和支出、各专项基金的收支、资产、负债和净资产等。

公安经费中的特费可不进行审计。

第六条 内部控制制度

（一）是否制定了有关货币资金管理、固定资产管理、对外投资管理、票据管理等方面的内部控制制度；

（二）各项规章制度是否符合国家的有关规定，是否得到认真贯彻执行。

第七条 预算及决算报表

（一）是否编制年度预算，预算的编制及调整，是否按规定的程序报批；

（二）决算报表的编报是否真实、准确、完整、合规、合法，账表是否相符。

第八条 收入

（一）事业性收费的项目、标准和范围是否合规、合法，有无擅自扩大收费范围和提高收费标准等问题；

（二）财政和上级补助收入及取得的事业收入、经营收入等各项收入是否及时全额入账，有无隐瞒、设置账外账和"小金库"现象及虚增收入等问题；

（三）应上交财政或主管部门的收入是否及时、足额上交，有无拖欠、截留等问题。

第九条 支出

（一）各项支出是否严格执行有关财务规章制度规定的开支范围及开支标准，有无擅自扩大开支范围、提高开支标准及虚列支出等问题。

（二）在使用财政补助时，是否按计划控制用款，是否随意改变资金用途。

（三）是否严格执行国家税收政策，正确计提和足额、及时上交各种税费。

第十条 事业结余和经营结余的分配是否符合有关规定。

第十一条 货币资金及有价证券

（一）是否按照国家规定在银行开立账户，有无公款私存和出租、出借或转让银行账户等问题；现金的管理、使用是否符合现金管理的有关规定；

（二）有价证券的购买及其资金来源是否合法，账务处理是否正确，保管是否妥善、安全。

第十二条 往来款项

（一）往来款项是否真实、合法，有无利用往来账隐瞒收入和支出，或直接列收列支等问题；

（二）往来款项是否及时清理，有无长期挂账，尤其是长期被其他单位和个人占用款物等问题；

（三）有无利用往来账，违反规定对外投资，或私自借贷资金及滥发钱物、套取现金等问题。

第十三条 固定资产和库存材料

（一）固定资产和库存材料的管理是否严格执行验收、保管、登记、领用制度，是否进行定期或不定期的清查盘点；

（二）固定资产的分类及增减的审批手续、账务处理是否合规，有无账实不符等问题。

第十四条 对外投资

（一）对外投资是否按规定报经主管部门、国有资产管理部门和财政部门批准或者备案；以实物、无形资产对外投资，是否按国家有关规定进行了资产评估；

（二）对外投资取得的收益和接受的捐赠是否按规定纳入决算，有无隐匿、转移、截留或直接用于福利开支和发放现金等。

第十五条 国有资产有无被外单位或个人无偿占用和流失等问题。

第十六条 专用基金的管理是否先提后用、专款专用；各项专用基金的收支是否合规、合法，账务处理是否正确。

第三章 审计程序

第十七条 各单位审计部门应将定期审计项目列入本单位年

度审计工作计划，报经主管领导批准后实施。

第十八条 审计实施完成后，要写出审计报告，并征求被审计单位的书面意见。审计报告要针对审计查出的问题，根据有关规章制度，提出处理意见和改进建议。

审计部门对审计中查出的属于贪污、行贿受贿和因渎职造成严重损失浪费等问题，报请本单位主管领导，按有关规定处理。

第十九条 根据审计报告和被审计单位的书面意见，拟出审计意见书和审计决定，报本单位主管领导批准后，下达给被审计单位执行。

第二十条 本规定未涉及上述审计程序的其他内容，按《交通行业内部审计工作规定》中的有关规定办理。

第二十一条 审计报告、审计意见书和审计决定应同时抄报交通部审计办。

第四章 附 则

第二十二条 各行政事业单位可结合本单位实际情况，制定具体实施办法。

第二十三条 交通企业所属的事业单位，可以参照本规定办理。

第二十四条 本规定由交通部负责解释。

第二十五条 本规定自发布之日起执行。1987 年交通部下发的《交通部关于对部属事业单位实行定期审计制度的通知》（[87]交审字 350 号）同时废止。

交通部科技、教育、人才专项补助经费财务管理办法

（交通部　交财发[1999]11号　1999.01.08）

第一条　为加强交通部科技、教育、人才专项补助经费（以下简称“专项补助经费”）的财务管理，提高资金的使用效益，促进科教兴交战略的顺利实施，根据国家有关财务制度的规定，特制定本办法。

第二条　专项补助经费是指为支持交通科技、教育事业发展，加快培养、造就年青一代学术和技术带头人而设立的专项补助经费。

第三条　本办法适用于用专项补助经费安排的单位。

第四条　专项补助经费的资金来源：

（一）部自有资金。

（二）国、内外单位和个人捐款。

第五条　专项补助经费使用范围如下：

（一）科技专项补助经费主要用于软科学研究、科技成果的推广应用、科技进步奖励、国内外科技交流合作、行业标准化、企业技术进步、科技人才培养、科技扶贫、少量重点研究开发项目的支出。

（二）教育专项补助经费主要用于部直属高校师资培养、科学研究、重点学科建设、重点教材建设、211工程补助、部直属普通高校引进优秀人才的支出。

（三）人才专项补助经费主要用于资助优秀青年专业技术人员从事的科研活动和科技英才奖励支出。

（四）经部领导批准的其他支出。

第六条　专项补助经费的管理。部科教司负责部直属高校师资培养、科学研究等科教项目的管理；部人劳司负责跨世纪人才培

养项目的管理;部财务司负责项目的财务管理工作。

项目承担单位的财务部门归口管理专项补助经费,并负责财务监督。项目具体承担部门应在规定的范围内使用项目补助经费,不得随意扩大开支范围和提高开支标准,并对专项补助经费的使用效益负责。

第七条 专项补助经费的开支范围包括:

(一)人工费:指直接从事专项补助经费项目的工作人员的人工费。

(二)设备费:指开展项目工作必须购置专用仪器、设备的费用。

(三)试验研究费:指开展项目工作进行的试验研究费用。

(四)资料费:指开展项目工作需购买有关资料及复印等费用。

(五)差旅费:指开展项目工作发生的差旅费。

(六)会议费:指为项目工作召开有关会议所发生的会议支出。

(七)其他费用:指以上支出未包括,但项目本身必须要发生的支出。

第八条 项目承担单位应按各类专项补助经费项目管理的具体要求,在申报项目的同时编报项目支出预算(预算的内容应包括人工费、设备费、实验研究费、资料费、差旅费、会议费、其他费用等费用项目)。由项目主管司审核后商部财务司提出专项补助经费的项目计划,经部领导批准后下达。财务司据此办理拨款手续。

第九条 为促进科研成果尽快转化为现实生产力,提高资金的使用效益,对属于应用性的科研项目(包括教育科研项目),其补助经费应逐步采取有偿使用的办法,具体办法由部另行制定。

第十条 对专项补助经费,要按单位不同性质分项目单独进行核算,具体核算要求如下:

科研单位:通过"拨入专款"、"专款支出"科目进行明细核算。

高等学校:通过"上级补助收入"、"教育事业支出"科目进行明细核算。

其他事业单位:通过“拨入专款”、“专款支出”科目进行明细核算。

企业单位:通过“专项应付款”、“专项拨款”、“专项应付款专项拨款支出”科目进行明细核算。

第十一条 项目完成后,各单位要按要求报送经费支出情况,并对项目的主要作用、技术经济效果和社会效益进行分析。对形成的固定资产、无形资产和其他资产,经部批准后,事业单位相应增加“固定基金”和“事业基金? 一般基金”;企业单位相应增加资本公积;对核销部分冲销专项补助经费拨款。项目的结余资金,企业单位作为国家投资,在资本公积中反映;事业单位在事业基金中反映。

第十二条 项目单位要切实加强专项补助经费的管理,做好经费的日常财务管理与会计核算工作,年度终了后 20 日内应按规定向部编报专项补助经费决算(报表格式详见附件),并对专项补助经费的使用情况和经济效益情况写出文字分析材料。

第十三条 对于一个项目有几项资金来源的,在编制财务报表时,可根据该项目本年实际支出数和各项资金来源所占的比例,填报由部专项补助经费负担的部分。

第十四条 因特殊原因需要中途撤消或更改的项目,在项目主管司作出撤消或更改项目的决定后 20 日内,项目承担单位必须编报项目决算,连同固定资产购置情况一并报送项目主管司和部财务司,剩余的项目经费应全额上缴部(财务司),由项目主管司继续用于安排其他项目。

第十五条 专项补助经费必须专款专用,不得截留或挪用,对违反规定的一经查出除追缴截留或挪用的专项补助经费外,还要追究有关人员的责任。

第十六条 专项补助经费的使用和管理应接受国家财政、审计部门的监督。

第十七条 本办法由交通部财务司负责解释。

第十八条 本办法自 1999 年 1 月 1 日起执行。

交通建设项目审计实施办法

（交通部　交审计发[2000]64号　2000.02.12）

第一章　总　则

第一条　为了规范对交通行业基本建设项目和技术改造项目（以下称建设项目）审计监督，保障建设资金合理、合法使用，促进管理，提高投资效益，根据《中华人民共和国审计法》和《交通行业内部审计工作规定》等有关法规，结合交通系统的实际情况，制定本实施办法。

第二条　本实施办法所称建设项目是指列入交通主管部门和交通企事业单位基本建设计划的拨款、贷款、自筹和融资新建、改扩建、迁建、技术改造的工程项目。

第三条　交通行业凡有基本建设活动的单位，以及利用各种资金建设的建设项目，必须依照本实施办法接受审计监督。

第四条　交通审计部门或审计机构（以下简称审计部门）依据国家有关法规，对审计范围内的建设项目及其经济活动的真实性、合法性、效益性进行审计监督。

第五条　建设项目审计实行建设前期、建设期间、竣工决算审计制度。

建设项目未经审计，不得付清工程尾款，不得办理竣工验收手续，不得报批竣工决算。

第六条　实施建设项目审计时，建设单位应向审计部门提供必要的文件、报表、合同等资料，并对所提供资料的真实、合法和完整性负责。

第二章　建设前期审计

第七条　建设前期审计是指对建设项目开工前的立项、招投标及经济合同等内容进行的审计。

第八条　建设前期审计的主要内容包括：

（一）建设项目的立项、初步设计、概算、规划、土地征用和环保等文件是否经有权部门审查批准；

（二）建设项目是否列入年度基本建设计划，资金来源是否合规、合法、落实；

（三）建设项目的招投标是否按规定程序进行，确定的标底是否真实、合理；

（四）施工设计是否超越初步设计的标准；工程预算是否按规定的定额编制，工程计价是否合规、合法、准确；

（五）建设项目的设计、勘察、施工、监理等事项是否按规定签订合同，有关单位的资格是否合法，资质是否符合项目建设要求；

（六）建设项目（建设单位）的内部控制制度是否建立健全，是否得到有效执行；

（七）前期费用的收支是否合规，有无违反国家财经纪律等情况；

（八）其他需要审计的事项。

第三章　建设期间审计

第九条　建设期间审计是指从项目开工建设至项目竣工决算编报之前，审计部门对建设项目有关的经济活动和财务收支的真实、合法进行的审计。

第十条　建设期间审计的主要内容包括：

（一）概算调整、设计变更、建设内容变更等事项，是否按照规定程序报有权机关审查批准；

（二）建设资金使用是否合规，有无转移、侵占、挪用建设资金和损失浪费等问题；

（三）工程价款结算和有关统计报表是否真实、合法，是否严格按合同规定付款；

（四）施工单位有无违规转包行为；

（五）设备、材料等物资是否按设计要求和合同规定进行采购，物资的验收、保管、使用与维护是否合规、有效；

（六）建设项目的进度是否按计划完成，项目投资完成额是否真实、准确，有无虚报和将应结转本年完成的工程量挂账的现象；

（七）建设项目成本是否严格按照概算口径及有关制度正确归集，基建收入来源是否真实、合法，往来款项是否真实，税、费是否按照国家规定及时、足额计提和缴纳，财务年度报表是否真实、准确，表内、表间勾稽关系是否正确；

（八）建设项目施工、设计各环节是否执行国家有关环境保护的法律法规和政策，环境治理项目是否与项目建设同步进行；

（九）其他需要审计的事项。

第四章　竣工决算审计

第十一条　竣工决算审计是指建设项目正式竣工验收前，审计部门对竣工决算的真实性、合规性、效益性进行的审计。

第十二条　建设项目竣工决算审计的主要内容包括：

（一）概（预）算执行情况。有无计划外建设、自行扩大投资规模和提高建设标准的情况。

（二）资金来源、支出及结余等财务情况。各项费用支出是否合法，基建拨款数额和结余资金是否真实、准确，投资包干结余分配是否合规。

（三）工程合同执行情况和合同质量等级控制情况。

（四）交付使用资产情况。交付的固定资产是否真实，是否办理验收手续；移交的流动资产、无形资产及递延资产是否真实、合法。

(五)收尾工程的未完工程量及所需要的投资情况。

(六)竣工工程概况表、竣工财务决算表及说明书、交付使用资产总表及明细表。

第十三条 审计部门应对收尾工程的收支情况进行审计。

第十四条 审计部门应对建设项目投资效益进行评审,评审的主要内容包括:

(一)建设工期对投资效益的影响;

(二)分析工程造价;

(三)测算投资回收期(动态、静态)、净现值、内部收益率等技术经济指标;

(四)分析贷款偿还能力,评价建设项目的经济效益、社会效益、环境效益。

第五章 审计分工及程序

第十五条 建设项目审计按照谁投资、谁审计、分级负责的原则组织实施,具体分工如下:

(一)有交通部投资的建设项目,部审计办可实施审计。

(二)有地方交通主管部门投资的建设项目,地方交通主管部门的审计机构可实施审计。

(三)有交通企事业单位投资的建设项目,企事业单位的内部审计机构可实施审计。

(四)上级审计机构根据工作安排,可组织下级审计机构进行行业审计,下级审计机构应对上级审计机构负责并报告审计结果。

(五)上级审计机构有权对下级审计机构分工范围内的建设项目实施审计。

(六)上、下级审计机构安排建设项目审计计划时,应相互协商,避免重复审计。

第十六条 经主管审计工作的单位领导批准,建设项目审计可以由经审计部门认定的、具有相应资质的社会审计组织实施。

第十七条 建设项目审计按照《交通行业内部审计工作规定》第二十一条规定的程序组织实施。

第六章 附 则

第十八条 建设项目审计中查出的各类违纪违规问题，按照审计署等六部委印发的《建设项目审计处理暂行规定》(审投发[1996]105 号)等有关法规处理。

第十九条 本实施办法由交通部负责解释。

第二十条 本实施办法自发布之日起执行。

交通基本建设项目竣工决算报告编制办法

(交通部　交财发[2000]207号　2000.04.21)

第一条　为严格执行基本建设项目竣工验收制度,正确核定新增资产价值,全面反映投资者的权益,根据国家有关规定,结合交通部门的实际情况,制定本办法。

第二条　交通基本建设项目是指列入国家和地方交通基本建设投资计划的公路、水运及其他基本建设项目。

第三条　竣工决算报告是考核交通基本建设项目投资效益、反映建设成果的文件,是确定交付使用财产价值、办理交付使用手续的依据。

建设单位要有专人负责有关资料的收集、整理、分析、保管工作。项目完建后,要组织工程技术、计划、财务、物资、统计等有关部门的人员共同编制项目竣工决算报告。设计、施工、监理等单位应积极配合建设单位做好竣工决算报告的编制工作。

第四条　交通基本建设项目竣工后,应按照国家有关规定及本办法编制竣工决算报告。

没有编制竣工决算报告的项目不得进行竣工验收。

第五条　竣工决算报告应当依据以下文件、资料编制:

(一)经批准的可行性研究报告、初步设计、概算或调整概算、变更设计以及开工报告等文件;

(二)历年的年度基本建设投资计划;

(三)经审核批复的历年年度基本建设财务决算;

(四)编制的施工图预算、承包合同、工程结算等有关资料;

(五)历年有关财产物资、统计、财务会计核算、劳动工资、审计及环境保护等有关资料；

（六）工程质量鉴定、检验等有关文件，工程监理有关资料；

（七）施工企业交工报告等有关技术经济资料；

（八）有关建设项目附产品、简易投产、试运营（生产）、重载负荷试车等产生基本建设收入的财务资料；

（九）有关征地拆迁资料（协议）和土地使用权确权证明；

（十）其他有关的重要文件。

第六条 竣工决算报告由以下四部分组成：

（一）竣工决算报告的封面、目录；

（二）竣工工程平面示意图；

（三）竣工决算报告说明书；

（四）竣工决算表格。

第七条 竣工决算报告说明书是竣工决算报告的重要组成部分，主要内容包括：工程项目概况及组织管理情况；工程建设过程和工程管理工作中的重大事件、经验教训；工程投资支出和财务管理工作的基本情况（包括主要会计事项处理原则，财产物资清理及债权债务清偿情况；基建结余资金、基建收入等的上交分配情况；主要技术经济指标的分析、计算情况等）；工程遗留问题等。

第八条 竣工决算报告表式分为决算审批表、工程概况专用表和财务通用表。

（一）竣工决算审批表（交建竣 1 表）

（二）工程概况专用表

1. 公路建设项目工程概况表（交建竣 2-1 表）；

2. 桥梁隧道建设项目工程概况表（交建竣 2-2 表）；

3. 内河航运建设项目工程概况表（交建竣 2-3 表）；

4. 港口（码头）建设项目工程概况表（交建竣 2-4 表）；

5. 其他建设项目工程概况表（交建竣 2-5 表）。

（三）财务通用表

1. 建设项目竣工财务决算总表（交建竣 3-1 表）；

2. 资金来源情况表(交建竣 3-2 表);

3. 待核销基建支出及转出投资明细表(交建竣 3-3 表);

4. 工程造价和概算执行情况表(交建竣 4 表);

5. 外资使用情况表(交建竣 5 表);

6. 基本建设项目交付使用资产总表(交建竣 6-1 表);

7. 基本建设项目交付使用资产明细表(交建竣 6-2 表)。

第九条 竣工决算报告按照建设项目类型分公路建设项目、桥梁隧道建设项目、内河航运建设项目、港口(码头)建设项目和不能归入上述四类的其他建设项目等分别编报。编制竣工决算报告时,必须填制本类项目工程概况专用表和全套财务通用表。

第十条 建设项目完建时的收尾工程,建设单位可根据概算所列的投资额或收尾工程的实际情况测算投资支出列入竣工决算报告。但收尾工程投资额不得超过工程总投资的5%。

第十一条 对列入竣工决算报告的基本建设收入、基建结余资金等财务问题,建设单位应按国家规定进行相应处理。

第十二条 建设项目完建时,建设单位要认真做好各项账务、物资、财产、债权债务、投资资金到位情况和报废工程的清理工作,做到工完料清,账实相符。各种材料、物资、设备、施工机具等要逐项清点核实,妥善保管,按照国家规定处理,不准任意侵占。

第十三条 建设单位编制的竣工决算报告在审计部门提出审计意见后,方可组织竣工验收。未经竣工验收委员会认定的竣工决算报告不得上报。

第十四条 中央级大中型基本建设项目,其项目竣工决算报告经省级交通主管部门或部属一级单位签署意见后报部备案(一式四份)。

竣工决算报告在竣工验收委员会审查同意后 3 个月内报出。

第十五条 竣工验收合格的基本建设项目其正式交付使用时间由竣工验收委员会确定。

第十六条 对编报竣工决算报告工作认真负责,上报及时的,上级交通主管部门可以给予表彰。对不按本办法编制和报送竣工决算报告的，上级交通主管部门可以通报批评；情节严重的，可暂停拨付建设资金、停批新建项目，并按有关规定对单位负责人及直接责任人给予行政处分和行政处罚。

第十七条 本办法由交通部负责解释。

第十八条 本办法自发布之日起施行。

交通基本建设项目竣工决算报告编表说明

一、交通基本建设项目竣工决算报告封面。

1.“主管部门”指建设单位的主管部门。

2.“建设项目名称”填写批准的项目初步设计文件中注明的项目名称。

3.“建设项目类别”是指“大中型”或“小型”。

4.“建设性质”是指建设项目属于续建、新建、改建、迁建和恢复建设等内容。

5.“级别”是指中央级或地方级的建设项目。

二、竣工决算审批表(交建竣1表)。

中央级大中型基本建设项目，其项目竣工决算报告经省级交通主管部门或部属一级单位签署意见后报部备案(一式四份)。

三、建设项目概况表(交建竣2-1、2-2、2-3、2-4、2-5表)。

1.建设时间开工和竣工日期按照实际开工和办理竣工验收的日期填列。如实际开工日期与批准的开工日期不符应作出说明。

2.表中初步设计、调整概算的批准机关、日期、文号应按历次审批文件填列。

3.表中有关项目的设计、概算、决算等指标，根据批准的设计文件和概算、决算等确定的数字填写。

4.表中“总投资”按批准的概算和调整概算数及累计实际投资数填列。

5.表中“基建支出合计”是指建设项目从开工起至竣工止发

生的全部基本建设支出，根据财政部门或主管部门历年批准的“基建投资表”中有关数字填列。

6. 表中所列工程主要特征、完成主要工程量、主要材料消耗量、主要技术经济指标等，根据主管部门批准的概算、建设单位统计资料和施工企业提供的有关成本核算资料等分别填列。

7.“主要收尾工程”填写工程内容和名称、预计投资额及完成时间等。如果收尾工程内容较多，可增设“收尾工程项目明细表”。这部分工程的实际成本，可根据具体情况进行估算，并作说明，完工以后不再调整竣工决算，但应将收尾工程执行结果按规定程序补报有关资料。

8.“工程质量评定”填列经工程质量监督部门检测评定的单项工程质量评定及工程综合评价结果。

四、财务决算总表、资金来源情况表、待核销基建支出及转出投资明细表，反映竣工工程从开始建设起至竣工时为止全部资金来源和运用情况。

（一）基本建设项目竣工财务决算总表（交建竣 3-1 表）。

1. 表中有关“交付使用资产”、“基建拨款”、“项目资本”、“基建借款”等项目，填列自开工建设至竣工止的累计数，上述指标根据历年批复的年度基本建设财务决算和竣工年度的基本建设财务决算中资金平衡表相应项目的数字进行汇总填列（包括收尾工程的估列数）。

2. 表中其余各项目反映办理竣工验收时的结余数，根据竣工年度财务决算中资金平衡表的有关项目期末数填表。

3. 资金占用总额应等于资金来源总额。

4. 补充资料的“基建投资借款期末余额”反映竣工时尚未偿还的基建投资借款数，应根据竣工年度资金平衡表内的“基建投资借款”项目期末数填列；“应收生产单位投资借款期末数”，应根据竣工年度资金平衡表内的“应收生产单位投资借款”项目的期末数填列；“基建结余资金”反映竣工时的结余资金，应根据竣工财务决算总表中有关项目计算填列。

5. 基建结余资金的计算。基建结余资金 = 基建拨款 + 项目资本 + 项目资本公积 + 基建投资借款 + 企业债券资金 + 待冲基建支出 - 基本建设支出 - 应收生产单位投资借款。

(二)资金来源情况表(交建竣3-2表)。

本表反映建设项目分年度的投资计划与资金拨付到位情况,表中有关基建拨款、项目资本、基建投资借款等资金来源内容,根据历年批复的年度基本建设财务决算和竣工年度的基本建设财务决算中资金平衡表相应项目的数字填列(包括收尾工程的估列数)。

(三)待核销基建支出及转出投资明细表(交建竣3-3表)。

1."待核销基建支出"反映非经营性项目发生的江河清障、航道清淤、补助群众造林、水土保持、取消项目的可行性研究费以及项目报废等不能形成资产部分的投资支出。

2."转出投资"反映非经营性项目为项目配套而建成的、产权不归属本单位的专用设施的实际成本,按照规定的内容分项逐笔填列。

五、工程造价和概算执行情况表(交建竣4表)。

1. 本表反映工程实际建设成本和总造价,以及概算投资节余和概算投资包干部分节余的情况,应按照概算项目或单项工程(费用项目)填列。

2. 待摊投资按照某一单项工程投资额占全部投资的比例分摊到单项工程上。不计入固定资产价值的支出不分摊待摊投资。

六、外资使用情况表(交建竣5表)。

本表反映建设项目外资使用情况,按照使用外资支出费用项目填列。应说明批准初步设计时的汇率、记账汇率、竣工时的汇率以及外资贷款的转贷金额和转贷单位等情况。各有关表格中,外币折合人民币时,应以项目竣工时的汇率为准。

七、交付使用资产总表和交付使用资产明细表。

1. 交付使用资产总表中各栏数字应根据交付使用资产明细表中相应项目的数字汇总填列。交付使用资产明细表作为建设单位管理项目资产使用，可不纳入上报的竣工决算报告，其具体格式各单位可根据情况进行修改。

2. 交付使用资产总表中固定资产、流动资产、无形资产和递延资产各栏的合计数，应分别与竣工财务决算表交付使用资产的相应数字相符。

交通行业内部审计工作规定

（交通部令2004年第12号　2004.11.19）

第一章　总　　则

第一条　为加强交通行业经济管理，确保资金安全有效使用，提高经济效益，推动交通行业廉政建设，促进交通事业健康发展，根据《中华人民共和国审计法》、《审计署关于内部审计工作的规定》，结合交通行业的实际情况，制定本规定。

第二条　交通行业内部审计，是交通经济监督工作的重要组成部分，是交通主管部门和企事业单位的内部审计机构依法独立监督和评价本单位及所属单位财政收支、财务收支、经济活动的真实、合法和效益，以及为加强内部控制和风险管理、实现经济目标提供保证和咨询服务的行为。

第三条　各级交通主管部门和企事业单位应当按照本规定，建立健全内部审计工作制度。

第四条　内部审计机构在交通主管部门和企事业单位主要负责人或权力机构的直接领导下，依法独立履行内部审计职责。

第五条　内部审计机构应坚持全面审计、突出重点的工作方针，坚持审计、帮助、促进相结合的原则，规范审计行为，防范审计风险。

内部审计人员办理审计事项，应当严格遵守内部审计职业道德规范和内部审计准则，忠于职守，依法审计，客观公正，廉洁自律，保守秘密。

第六条　交通主管部门和企事业单位主要负责人或权力机构应当支持、保护内部审计机构和审计人员依法履行内部审计职责，任何组织和个人不得干预内部审计工作，打击报复内部审计工作人员。

第二章　审计机构与人员

第七条　为切实履行国务院赋予的管理职能，交通部设立内部审计机构，负责交通内部审计工作。

第八条　地方人民政府交通主管部门应强化审计监督，加强审计机构和队伍建设。

第九条　法律、行政法规规定应当设立内部审计机构的交通企事业单位，必须设立独立的、与本单位其他职能部门同级的内部审计机构。

法律、行政法规没有明确规定设立内部审计机构的交通企事业单位，应按照审计职责落实、分管机构明确、审计人员适任的原则并结合本单位的实际工作需要，设置内部审计机构、配备内部审计人员。

第十条　设立内部审计机构的交通主管部门和企事业单位，可根据需要设立审计委员会，配备总审计师。

第十一条　内部审计机构应配备与其承担的审计任务相适应的内部审计人员。

内部审计机构负责人按照干部管理权限的规定任免。所属单位内部审计机构负责人任免前应征求上级主管单位内部审计机构的意见。

内部审计人员应保持相对稳定。

第十二条　内部审计人员应具备良好的政治素质，具有较高的审计、会计业务水平和必要的经济、法律、工程、信息技术等专业知识。

第十三条　内部审计人员实行岗位资格和后续教育制度，本单位应予以支持和保障。

交通主管部门和企事业单位应创造条件，鼓励内部审计人员参加后续教育。

第十四条 内部审计人员专业技术职务资格的取得和聘任，按照国家有关规定执行。

第十五条 内部审计机构履行职责所需的经费，应当列入财务预算，由本单位予以保证。

内部审计人员享受适当岗位补贴，具体标准按照财政部门或比照当地审计机关的有关规定执行。

第三章 审计职责

第十六条 交通部内部审计机构负责管理部属单位的内部审计工作，指导全国交通行业的内部审计工作。

省级及省级以下交通主管部门的内部审计机构负责管理其所属单位(含驻外机构和占控股地位或主导地位的所属单位，下同)的内部审计工作，指导本地区交通行业内部审计工作。

交通企事业单位的内部审计机构负责管理所属单位的内部审计工作。

第十七条 上级内部审计机构根据工作需要，可授权下级内部审计机构办理审计事项，并指导检查审计工作开展情况。下级内部审计机构应按要求及时办理，并接受指导、报告工作。

第十八条 内部审计机构按照本单位主要负责人或权力机构的要求以及财务隶属关系、国有资产监督管理关系，履行下列职责：

(一)对本单位及所属单位(含驻外机构，下同)的财政收支、财务收支、经济活动进行审计；

(二)对本单位及所属单位预算内、预算外资金的管理和使用情况进行审计；

(三)按照干部管理权限，对本单位内设机构及所属单位领导人员的任期经济责任进行审计；

(四)对本单位及所属单位固定资产投资项目进行审计；

（五）对本单位及所属单位经济管理和效益情况进行审计；

（六）对交通规费征收管理和建设资金管理使用情况进行审计或审计调查；

（七）对本单位及所属单位内部控制制度的健全性和有效性以及风险管理进行评审；

（八）对本单位有关经济合同签订、对外投资决策、产业结构调整、国有资产处置、设备更新和技术改造等重要经济活动进行监督；

（九）对本单位经济管理中的重要问题开展审计调查，对国家财经法规和本单位规章制度的执行情况进行检查；

（十）法律、法规规定和本单位主要负责人或权力机构要求办理的其他审计事项。

第十九条 内部审计机构管理所属单位、指导行业内部审计工作的主要职责是：

（一）研究制定内部审计工作发展规划和规章、制度、办法；

（二）检查、督促所属单位、指导本行业按照国家有关规定建立健全内部审计制度，开展内部审计工作；

（三）下达年度审计工作计划，明确工作重点，提出具体工作要求；

（四）组织开展行业性审计和审计调查；

（五）组织内部审计理论研究，培训内部审计人员；

（六）总结、交流内部审计工作经验，表彰、宣传内部审计工作先进单位（集体）和个人；

（七）配合有关部门对打击报复内部审计人员依法履行审计职责的行为进行调查。

第二十条 下级内部审计机构应当向上级内部审计机构报送下列资料：

（一）内部审计工作发展规划、年度审计工作计划及工作总结；

（二）交通审计统计报表；

（三）审计意见书、审计决定及重要的审计报告、审计调查报告；

（四）严重违法、严重损失浪费、贪污贿赂案件的专案审计报告；

（五）本单位内部审计工作制度；

（六）内部审计工作信息、经验材料；

（七）其他有关资料。

第二十一条 内部审计机构应按有关规定，积极开展审计信息化工作。

第二十二条 交通主管部门和企事业单位可以授权内部审计机构对本单位范围内委托社会审计组织审计的事项进行管理，并对其从业资质和审计质量进行检查监督。

第二十三条 内部审计机构应在年度末就审计计划执行情况向本单位主要负责人或权力机构提交总结报告。

第二十四条 内部审计机构应当不断提高内部审计业务质量和技术水平，并依法接受审计机关和上级内部审计机构对审计业务质量的检查和评估。

第四章 审计权限

第二十五条 交通主管部门和企事业单位应当制定相应规定，确保内部审计机构具有履行职责所必需的权限。

第二十六条 内部审计机构的主要权限是：

（一）要求本单位有关部门及所属单位及时报送生产、经营、财务收支计划、预算及其执行情况、决算、会计报表和其他有关文件、资料；

（二）参加本单位生产、经营、财务和经济管理等方面的有关会议，召开与审计事项有关的会议；

（三）参与研究和制定有关的规章制度，起草内部审计制度、办法，由本单位主要负责人或权力机构审定后公布实施；

（四）检查有关生产、经营、财务活动的资料、文件和现场勘察实物；

(五)检查有关的计算机系统及其电子数据和资料；

(六)对与审计事项有关的问题向有关单位和个人进行调查，并取得证明材料；

(七)对正在进行的严重违法和严重损失浪费的行为，作出临时制止决定；

(八)对可能转移、隐匿、篡改、毁弃的会计凭证、会计账簿、会计报表以及与经济活动有关的资料，经本单位主要负责人或权力机构批准，有权予以暂时封存；

(九)对阻挠、妨碍审计工作及拒绝提供有关资料的，经本单位主要负责人或权力机构批准，可以采取必要的临时措施，并提出追究有关人员责任的建议；

(十)提出纠正、处理违法违规行为的意见以及改进管理、提高效益的建议；

(十一)对违法和造成损失浪费的单位和个人，给予通报批评或提出追究责任的建议；

(十二)对本单位有关部门及所属单位严格遵守财经法规、经济效益显著、贡献突出的集体和个人，可以向本单位主要负责人或权力机构提出表扬和奖励的建议；

(十三)对审计工作中的重大事项，可直接向上级内部审计机构反映。

第二十七条　交通主管部门和企事业单位的主要负责人或权力机构在管理权限范围内，授予内部审计机构必要的处理、处罚权。

第五章　审计程序

第二十八条　内部审计工作的一般程序是：

(一)根据上级部署和本单位的具体情况，拟定年度审计工作计划，报经本单位主要负责人或权力机构批准后实施。

（二）实施审计前，应拟定审计方案，确定审计范围、内容、方式和时间，并提前3天向被审计单位送达审计通知书。

（三）对审计事项，应取得证明材料，记入审计工作记录，写出审计工作底稿；审计工作记录应由相关人员签章认证。

（四）审计终结，提出审计报告，征求被审计单位或有关人员的意见。被审计单位或有关人员应在收到审计报告之日起10个工作日内提交书面意见。在规定时间内未提交书面意见的，视同无异议，但审计组应作出说明。

（五）将审计报告、审计工作底稿、审计工作记录以及被审计单位的书面意见，送审计机构负责人或其授权人员进行复核。复核完毕，拟出审计意见书和审计决定，连同审计报告和被审计单位的书面意见，一并报送本单位主要负责人或权力机构审批。

（六）将经批准的审计意见书和审计决定（或审计报告）送达被审计单位或有关人员；被审计单位必须执行审计决定（或经批准的审计报告），并在规定的期限内以书面形式报告执行结果。

（七）被审计单位或有关人员对审计意见书和审计决定（或经批准的审计报告）如有异议，可向内部审计机构所在单位主要负责人或权力机构提出，该负责人或权力机构应当及时处理；在未作出新的决定之前，原审计意见书和审计决定（或经批准的审计报告）仍然有效。

（八）对采纳审计意见和执行审计决定（或经批准的审计报告）的情况，应进行后续审计。

第二十九条 内部审计机构对办理的审计事项，应建立审计档案，并按档案管理的有关规定办理。

第三十条 交通主管部门和企事业单位的组织（人事）、财务、纪检监察等部门应充分利用内部审计的工作成果。

第六章 奖 惩

第三十一条 对审计工作成绩显著的内部审计机构和忠于职

守、坚持原则、有突出贡献的内部审计人员，以及揭发检举违法行为、保护国有财产的有功人员，所在单位和上级主管部门应给予精神或物质奖励。

对滥用职权、徇私舞弊、玩忽职守、泄露秘密的内部审计人员，由所在单位依照有关规定予以处理；构成犯罪的，移交司法机关追究刑事责任。

第三十二条 被审计单位不配合内部审计工作、拒绝审计或提供资料、提供虚假资料、拒不执行审计结论或报复陷害内部审计人员的，单位主要负责人或权力机构应当及时予以处理；构成犯罪的，移交司法机关追究刑事责任。

第七章 附 则

第三十三条 本规定由交通部负责解释。

第三十四条 本规定自2005年1月1日起施行。1996年3月6日发布的《交通行业内部审计工作规定》(交通部令1996年第1号)同时废止。

交通建设项目委托审计管理办法

（交通部令2007年第4号　2007.04.11）

第一条　为了规范交通建设项目委托审计管理工作，提高委托审计质量，防范审计风险，根据《中华人民共和国审计法》、《中华人民共和国招标投标法》，制定本办法。

第二条　列入各级交通主管部门、企事业单位固定资产投资计划的建设项目办理委托审计事项，适用本办法。

本办法所称建设项目委托审计，是指各级交通主管部门、企事业单位根据审计工作需要，将建设项目审计业务委托给包括会计师事务所、工程造价咨询企业等在内的社会审计组织实施的行为。

第三条　建设项目委托审计的业务范围包括建设项目前期审计、期间审计、竣工决算审计以及全过程跟踪审计。

第四条　建设项目委托审计管理工作由各级交通主管部门、企事业单位的审计部门或其他办理委托审计事项的部门归口管理（以下统称“委托审计归口管理部门”）。

第五条　建设项目委托审计管理工作主要包括提出委托审计项目建议、审核受托人资质、审核审计费用、监督委托过程、检查审计质量、协调处理有关问题等。

各级交通主管部门、企事业单位可结合实际情况，确定委托审计管理工作职责的具体内容。

第六条　交通部的委托审计归口管理部门负责监督管理部属单位的建设项目委托审计工作，指导全国交通行业的建设项目委托审计管理工作。

省级及其以下交通主管部门的委托审计归口管理部门负责监督管理本级及所属单位的建设项目委托审计工作，指导本辖区内交通行业的建设项目委托审计管理工作。

交通企事业单位的委托审计归口管理部门负责本单位及其所属单位的建设项目委托审计管理工作。

第七条 上级委托审计归口管理部门可检查下级的建设项目委托审计工作,并对检查发现的问题要求有关部门和单位进行整改。

第八条 委托审计归口管理部门及其工作人员办理委托审计管理工作,应严格遵守有关法律、法规和审计纪律,遵循公开、公平、公正原则。

第九条 委托人可以采取指定委托、竞争性谈判委托、招投标委托等方式选择受托人。

指定委托是指委托人指定一家符合本办法第十一条、第十二条、第十三条规定的社会审计组织为受托人的方式。指定委托适用于涉及国家安全或具有行业特殊规定的委托审计业务。

竞争性谈判委托是指委托人选择三家以上符合本办法第十一条、第十二条、第十三条规定的社会审计组织,通过谈判确定受托人的方式。竞争性谈判委托适用于指定委托和招投标委托范围以外的委托审计业务。

招投标委托是指委托人根据《中华人民共和国招标投标法》的要求确定符合本办法第十一条、第十二条、第十三条规定的受托人的方式。招投标委托适用于概算投资额在5000万元以上或根据国家收费标准估算审计基本费用在20万元以上以及其他依法需要实行招投标委托的建设项目的委托审计业务。

第十条 采取招投标委托方式确定受托人的,委托审计招投标活动应严格遵守《中华人民共和国招标投标法》、《中华人民共和国合同法》等法律和法规。

第十一条 委托人选择受托人应遵循审计质量高、信誉好、服务优、价格低的原则,且选择的受托人应符合以下要求:

(一)具有中华人民共和国法人资格;

(二)具有良好的职业道德记录和信誉;

（三）注册资本不低于50万元，上年度或最近两年年平均业务收入不少于100万元；

（四）有10名以上注册会计师；

（五）建设项目审计规定的其他条件。

委托人采取招投标方式选择的受托人，除满足本条第一款第（一）、（二）、（五）项条件外，其注册资本不得低于100万元，上年度或最近两年年平均业务收入不少于400万元，且有20名以上注册会计师。

第十二条 建设项目委托审计业务涉及工程造价审计（审核）的，委托人选择的受托人还应符合以下要求：

（一）从事一级以上公路项目（含独立特大桥梁、特长隧道）、国家高等级航道、500吨级以上通航建筑物、千吨及5万标箱以上内河港口项目以及概算投资额在5000万元以上的其他交通建设项目工程造价审计（审核）的，应具有建设行政主管部门颁发的工程造价咨询企业甲级资质或交通主管部门颁发的相应等级证书，且有5名以上从事过交通建设项目审计业务的注册造价师；

（二）从事上述第（一）项以外的交通建设项目工程造价审计（审核）的，应具有建设行政主管部门颁发的工程造价咨询企业乙级以上资质或交通主管部门颁发的相应等级证书，且有3名以上从事过交通建设项目审计业务的注册造价师。

第十三条 具有以下情形之一的社会审计组织，委托人不得委托其实施审计：

（一）不具备相应资质和能力的；

（二）受到审计、财政、监察、税务、工商、证券监管、银行监管等有关部门查处且尚未解除从业限制的；

（三）依据本办法第二十四条规定受到从业限制的。

第十四条 委托审计费用在国家规定的收费标准范围内，由委托人与受托人协商确定。委托审计费用按照国家有关规定列支。

第十五条 拟实行委托审计的建设项目，应由委托审计归口管理部门填写《交通建设项目委托审计管理审批表》，提出建设项目委托审计建议，经单位领导批准同意后，方可办理委托审计的相关事宜。

《交通建设项目委托审计管理审批表》中涉及的相关资料由委托人或有关业务管理部门提供。

第十六条 确定受托人后，委托人应填写《社会审计组织资质备案表》，与受托人协商签订《审计业务约定书》。

第十七条 委托人应当向受托人及时提供真实、完整的相关资料。

第十八条 委托人应在《审计业务约定书》中要求受托人在出具审计（审核）报告时，对审计（审核）的会计报表是否符合国家有关基本建设财务管理规定和会计制度作出明确表述。

第十九条 委托人应将审计（审核）报告报其上级主管部门的委托审计归口管理部门备案。

第二十条 委托审计归口管理部门应及时审核并合理使用审计（审核）报告。必要时可组织力量对受托人的审计情况进行质量检查或复审。

第二十一条 建设项目委托审计工作完成后，委托人应建立建设项目委托审计档案。档案主要包括《交通建设项目委托审计管理审批表》、委托审计招投标资料、《社会审计组织资质备案表》、《审计业务约定书》、审计（审核）报告及相关资料等。

第二十二条 受托人未按《审计业务约定书》实施审计或提供审计（审核）报告时，委托人应要求其补充相关资料或者重新审计。

第二十三条 受托人提供的审计（审核）报告严重失实、审计结论意见不准确，且拒绝进行重新审计或纠正的，委托人应终止委托审计业务，停止支付审计费用。

第二十四条 对存在以下问题的社会审计组织，交通主管部门、企事业单位应按以下要求进行处理，并在系统内部予以通报：

（一）未按《审计业务约定书》的要求实施审计或提供审计（审

核）报告、审计工作不规范、审计结论避重就轻，且拒绝纠正的，一年内不得委托其从事审计业务；

（二）提供的审计（审核）报告存在严重失实、结论意见不准确，且拒绝进行重新审计或纠正的，两年内不得委托其从事审计业务；

（三）存在未披露应当披露的重大财务事项等重大错漏的，三年内不得委托其从事审计业务；

（四）有关部门在事后检查中发现审计（审核）报告未真实、客观反映情况或揭露问题，给委托人或交通行业造成损失和不良影响的，五年内不得委托其从事审计业务；

（五）有弄虚作假、串通作弊、泄露秘密等重大违法行为，以及通过不正当手段取得委托审计业务的，不得再次委托其从事审计业务。

第二十五条 委托人不按本办法规定实施委托审计的，上级委托审计归口管理部门应责令其改正，并责成重新实施审计。

第二十六条 参与交通建设项目委托审计管理工作的人员滥用职权、徇私舞弊、玩忽职守或泄露国家秘密、商业秘密的，依法给予处分；构成犯罪的，依法追究刑事责任。

第二十七条 本办法自 2007 年 6 月 1 日起施行。

交通法制

交通行政执法监督规定

（交通部令1995年第1号　1995.03.20）

第一章　总　则

第一条　为加强交通行政执法和行政执法监督，保障法律、法规、和规范性文件的正确实施，制定本规定。

第二条　各级交通行政管理部门和行政执法人员均应当遵守本规定。

第三条　交通行政执法是指交通行政管理部门依据法律、法规、规章和规范性文件作出具体行政行为的活动。交通行政执法监督是指交通行政管理部门对下级交通行政管理部门的行政行为进行监督和检查的活动。

第四条　交通行政执法和行政执法监督工作遵循有法必依、执法必严、违法必究的原则。

第五条　各级交通行政管理部门的法制工作机构或者法制工作归口部门负责组织、协调执法监督工作。

第二章　行政执法

第六条　法律、法规、规章和规范性文件发布后，负责实施的交通行政管理部门应当及时制订具体实施方案，做好宣传、培训工作。

第七条　交通行政管理部门作出具体行政行为应当符合下列规定：

（一）符合法定的职责权限；

（二）认定事实清楚，证据和规范性文件正确；

（三）适用法律、法规、规章和规范性文件正确；

（四）符合法定程序；

（五）行政执法文书规范；

（六）处理适当。

第八条 交通行政执法人员应当做到：

（一）熟悉有关法律知识和行政执法业务；

（二）忠于职守，秉公执法；

（三）执法时应当佩戴统一的执法标志，仪容整洁，举止文明；

（四）自觉接受监督。

第九条 交通行政执法人员需经专业知识和法律知识的培训，经考核获得交通行政执法资格。交通行政执法资格证书由交通部统一制定样式，各省、自治区、直辖市交通厅（局、委、办）或者交通部直属行政管理部门核发并且负责年度审核工作。

第十条 交通行政执法工作应当做到执法制度公开，执法结果公开，接受执法监督。

第十一条 交通行政执法监督的内容：

（一）法律、法规、规章和规范性文件的实施情况；

（二）规范性文件是否合法；

（三）行政执法主体是否合法；

（四）行政执法程序是否合法；

（五）行政执法文书是否规范；

（六）行政执法中认定事实是否准确；

（七）行政执法中适用法律、法规、规章和规范性文件是否正确；

（八）行政复议工作的开展情况；

（九）其他需要监督检查的事项。

第三章 行政执法监督

第十二条 交通行政执法监督按下列方式进行：

（一）实行法律、法规、规章和规范性文件实施情况报告制度。

法律、法规、规章和规范性文件施行一年后,交通行政管理部门应当向上一级交通行政管理部门报告该项法律、法规、规章和规范性文件的实施情况,包括配套规定的制定、实施效果、存在问题及建议。

(二)实行规范性文件备案审查制度。交通行政管理部门对下一级交通行政管理部门按规定备案的规范性文件进行审查。

(三)实行规范执法工作情况报告制度。交通行政管理部门应当将年度执法工作情况向上一级交通行政管理部门报告。

(四)实行行政执法检查制度。交通行政管理部门应当定期或者不定期地对下级交通行政管理部门执行法律、法规、规章和规范性文件的情况进行检查。

(五)实行行政复议制度。交通行政管理部门应当根据《行政复议条例》规定的职责,受理行政复议案件,纠正下级交通行政管理部门违法和不当的具体行政行为。

(六)实行重大行政处罚决定备案制度。交通行政管理部门作出吊销证照、责令停业整顿、2000 元以上罚款的重大行政处罚决定的,应当及时向上一级交通行政管理部门备案。

(七)实行行政赔偿案件备案制度。交通行政管理部门作出行政赔偿的案件和人民法院判决其作出行政赔偿的案件应当及时向上一级交通行政管理部门备案。

(八)实行错案追究制度。交通行政管理部门应当对下级交通行政管理部门作出的、造成管理相对人严重损害的不当或者违法的具体行政行为进行追究。

(九)交通行政管理部门在职权范围内需要采取的其他方式。

第十三条 交通行政管理部门对执法监督工作中发现的问题按下列规定处理:

(一)对与法律、法规、规章相抵触的规范性文件,责令发布单位撤销或者修改;

(二)对执法行政管理部门之间发生的行政执法争议,由争议双方共同的上级交通行政管理部门协调;

（三）对执法过程中的、法规、规章和规范性文件冲突，属于交通行政管理部门职权范围内的，应当负责审查和处理，无权处理的应当及时向上级交通行政管理部门或者有权处理的行政机关报告；

（四）对下级交通行政管理部门不履行或者不严格履行法定职责的，责令履行或者限期改正；

（五）对下级交通行政管理部门作出的违法和不当的具体行政行为，决定纠正或者责令改正；但公民、法人或者其他组织提起行政复议的，按《行政复议条例》处理；

（六）行政执法主体不合法的，责令予以纠正。

第十四条 各级交通行政管理部门和行政执法人员有义务接受监督检查。

第十五条 任何单位和个人都有权检举、控告交通行政管理部门和行政执法人员的违法行为。受理控告、检举的交通行政管理部门应当及时查处违法行为，并为检举、控告人保密。严禁对检举、控告人打击报复。

第十六条 交通行政管理部门违反本规定，有下列情形之一的，由其上级交通行政管理部门出具书面意见责令其限期改正。拒不改正的，对于有直接隶属关系的，由上级交通行政管理部门给予其主要负责人和直接责任者批评或者行政处分：

（一）不履行或者不全面履行法律、法规、规章和规范性文件规定的行政管理职责；

（二）不按规定将重大行政处罚决定备案的；

（三）不按期报告法律、法规、规章和规范性文件实施情况的；

（四）不按规定将重大行政处罚决定备案的；

（五）不按规定将行政赔偿案件备案的；

（六）不按规定进行错案追究的；

（七）违反规定乱设站卡、乱收费、乱罚款的；

（八）无故拖延执行行政执法监督决定的；

（九）妨碍行政执法监督检查工作的其他行为。

第十七条 交通行政执法人员违反本规定,有下列情形之一的,上级交通行政管理部门和行政执法监督人员应当纠正其违法行为,可以暂扣其交通行政执法资格证书;情节严重的,可建议其所属部门给予其行政处分或者调离行政法岗位:

(一)执法过程中有违法或者不当行为的;

(二)不履行法定职责,玩忽职守的;

(三)违反职业道德规范的,不文明执法的;

(四)拒不接受执法监督的。

第十八条 各级交通行政管理部门应当加强对现场执法监督工作的领导。各省、自治区、直辖市交通厅(局、委、办)和交通部直属行政管理部门应当在法制(纠风)工作机构的基础上,建立专(兼)职人员组成的执法监督队伍。交通行政执法监督人员从事现场检查时,应当出示交通行政执法监督证件。交通行政执法监督证件由交通部统一制定样式,省级交通主管部门或者交通部直属行政管理部门核发。

第十九条 交通行政管理部门部门或者行政执法人员作出的具体行政行为侵犯公民、法人或者其他组织的合法权益造成损害的,由该交通行政管理部门或者该行政执法人没所在的交通行政管理部门依据有关法律、法规规定进行赔偿。交通行政管理部门赔偿损失后,应当责令有故意或者重大过失的行政执法人员承担部分或者全部赔偿费用。

第四章 附 则

第二十条 各省、自治区、直辖市交通厅(局、委、办)依据本规定制定实施办法。

第二十一条 本规定由交通部负责解释。

第二十二条 本规定自 1995 年 7 月 1 日起施行。

交通行政处罚程序规定

（交通部令1996年第7号 1996.09.25）

第一章 总 则

第一条 为规范交通行政处罚程序，根据《中华人民共和国行政处罚法》（以下简称行政处罚法）的规定，结合交通实际，制定本规定。

第二条 公民、法人或者其他组织违反交通行政管理秩序，应当给予行政处罚的，由交通管理部门依照行政处罚法和有关法律、法规及本规定的程序实施。

第三条 本规定中交通管理部门是指具有行政处罚权的下列部门或者机构：

（一）县级以上人民政府的交通主管部门；

（二）法律、法规授权的交通管理机构；

（三）县级以上人民政府的交通主管部门依法委托的交通管理机构。

第四条 县级以上人民政府的交通主管部门可以委托依法设置的符合行政处罚法第十九条规定的运输、航道、港口、公路、规费、通信等交通管理机构实施行政处罚。

第二章 行政处罚的管辖

第五条 各级交通管理部门依法可以作出警告、罚款、没收违法所得、没收非法财物、暂扣证照的行政处罚。

县级以上人民政府交通主管部门、交通部直接设置的管理机构、省级人民政府交通主管部门直接设置的管理机构依法可以作出吊销证照、责令停产停业的行政处罚。

省级人民政府交通主管部门直接设置的管理机构的下设机构，根据省级人民政府交通主管部门的决定，依法可以作出吊销证照、责令停产的行政处罚。

港务(航)监督机构行政处罚案件的管辖另行规定。

对涉外、涉台、涉港澳当事人作出行政处罚的权限，法律、法规、规章另有规定的，从其规定。

第六条 对违法行为需给予的行政处罚超出本级交通管理部门的权限时，应将案件及时报送有处罚权的上级交通管理部门调查处理。

第七条 上级交通管理部门可以办理下一级交通管理部门管辖的行政处罚案件；下级交通管理部门对其管辖的交通行政处罚案件，认为需要由上级交通管理部门办理时，可以报请上一级交通管理部门决定。

第三章 行政处罚决定

第八条 交通行政执法人员在实施行政处罚时，应当主动向当事人和案件其他有关人员出示执法身份证件。

第九条 交通行政处罚程序分为简易程序和一般程序。

第一节 简易程序

第十条 违法事实确凿并有法定依据，对公民处以50元以下、对法人或者其他组织处以1000元以下罚款或者警告的行政处罚的，可以当场作出行政处罚决定。

第十一条 执法人员当场作出行政处罚决定前，应当将认定的违法事实、处罚的理由和依据告知当事人。

当事人有权进行陈述和申辩。

执法人员必须充分听取当事人的意见，对当事人提出的事实、理由和证据应当进行复核;当事人提出的事实、理由和证据成立的,应当采纳。

第十二条　执法人员作出当场处罚决定,必须填写统一编号的《交通行政(当场)处罚决定书》(附件一),当场交付当事人,并应当告知当事人不服行政处罚决定可以依法申请行政复议或者提起行政诉讼。

第十三条　执法人员作出当场处罚决定之日起5日内,应当将《交通行政(当场)处罚决定书》副本向所属交通管理部门备案。

第二节　一般程序

第十四条　实施交通行政处罚,除适用简易程序的外,应当适用一般程序。

第十五条　交通管理部门必须对案件情况进行全面、客观、公正地调查,收取证据;必要时,依照法律、法规的规定,可以进行检查。

证据包括书证、物证、视听材料、证人证言、当事人陈述、鉴定结论、勘验笔录和现场笔录。

第十六条　案件调查人员调查、收集证据,应当遵守下列规定:

(一)不得少于两人;

(二)询问证人和当事人,应当个别进行并告知其做伪证的法律责任;制作《询问笔录》(附件二)须经被询问人阅核后,由询问人和被询问人签名或者盖章,被询问人拒绝签名或者盖章,由询问人在询问笔录上注明情况;

(三)对与案件有关的物品或者现场进行勘验检查的,应当通知当事人到场,制作《勘验检查笔录》(附件三),当事人拒不到场的,可请在场的其他人员见证;

(四)对需要采取抽样调查的,应当制作《抽样取证凭证》(附件四),需要妥善保管的应当妥善保管,需要退回的应当退回。

(五)对涉及专门性问题的,应当指派或者聘请有专业知识和技术能力的部门和人员进行鉴定,并制作《鉴定意见书》(附件五）；

（六）证据可能灭失或者以后难以取得的情况下，经交通管理部门负责人批准，可以先行登记保存，制作《证据登记保存清单》（附件六），并应当在7日内作出处理决定。

第十七条 案件调查人员有下列情况之一的，应当回避，当事人也有权向交通管理部门申请要求回避；

（一）是本案的当事人或者其近亲属；

（二）本人或者其近亲属与本案有利害关系；

（三）与本案当事人有其他关系，可能影响案件的公正处理的。

第十八条 案件调查人员的回避，由交通管理部门负责人决定。

回避决定作出之前，案件调查人员不得擅自停止对案件的调查处理。

第十九条 案件调查人员在初步调查结束后，认为案件事实基本清楚，主要证据齐全，应当制作《交通违法行为调查报告》（附件七），提出处理意见，报送交通管理部门负责人审查。

第二十条 交通管理部门负责人对《交通违法行为调查报告》审核后，认为应当给予行政处罚的，交通管理部门应当制作《交通违法行为通知书》（附件八），送达当事人，告知拟给予的处罚及事实、理由和依据，并告知当事人可以在收到该通知书之日起三日内进行陈述和申辩，符合听证条件的可以要求组织听证。

当事人逾期未提出陈述、申辩或要求组织听证的，视为放弃上述权利。

第二十一条 当事人进行陈述和申辩的，交通管理部门应当审核当事人的意见并应当将当事人提出的事实、理由或者证据制成笔录。上述事实、理由或者证据成立的，交通管理部门应当采纳。

当事人要求组织听证的，交通管理部门应按本章第三节组织听证。

第二十二条 案件调查完毕后，交通管理部门负责人应当及时审查有关案件调查材料、当事人陈述和申辩材料、听证会笔录和听证会报告书，根据不同情况分别作出如下处理决定：

（一）违法事实清楚，证据确凿充分，依照本规定不需要经过听证程序的案件，根据情节轻重，作出处罚决定；

（二）应当经过听证程序处理的案件，适用本章第三节听证程序后作出处理决定；

（三）案件还需要做进一步调查处理的，责令案件调查人员补充调查；

（四）违法行为轻微，依法可以不予行政处罚的，不予行政处罚；

（五）违法事实不能成立的，不得给予行政处罚；

（六）违法行为已构成犯罪的，应当将案件有关材料移送有管辖权的司法机关处理。

案情复杂或者有重大违法行为需要给予较重行政处罚的，应当集体讨论。

第二十三条 交通管理部门作出行政处罚决定必须制作《交通行政处罚决定书》（附件九）。

第二十四条 《交通行政处罚决定书》应当在宣告后当场交付当事人；当事人不在场的，交通管理部门应当在七日内送达当事人，由受送达人在《交通行政处罚文书送达回证》（附件十）上注明收到日期、签名或者盖章，受送达人在《交通行政处罚文书送达回证》上的签收日期为送达日期。

（一）当事人不在场的，交其同住的成年家属签收，并且在备注栏内写明与当事人的关系；

（二）受送达人已指定代收人，交代收人签收；

（三）受送达人拒绝接收的，送达人应当邀请有关基层组织的代表或者其他人员到场，说明情况，在《交通行政处罚文书送达回证》上写明拒收事由和日期，由送达人、见证人签名或者盖章，把

交通行政处罚文书留在受送达人的住处,即视为送达;

(四)直接送达交通行政处罚文书困难的,可以委托其他交通管理部门代为送达,或者以邮寄、公告的方式送达。

邮寄送达,挂号回执上注明的收件日期为送达日期;公告送达,自发出公告之日起经过60天,即视为送达。

第三节　听证程序

第二十五条　交通管理部门在作出责令停产停业、吊销证照、较大数额罚款的行政处罚之前,当事人要求听证的,案件调查人员应当记录在案。交通管理部门应当组织听证。

本条第一款所指的较大数额,地方交通管理部门按省级人大常委会或者人民政府规定或其授权部门规定的标准执行;交通部直属的交通管理机构按5000元以上执行;港务(航)监督机构按1万元以上执行。

第二十六条　交通管理部门应当在举行听证会的七日前向当事人送达《听证会通知书》(附件十一),告知当事人组织听证的时间、地点、听证会主持人名单及是否申请其回避和可以委托代理人的权利。

第二十七条　除涉及国家秘密、商业秘密或者个人隐私外,听证会公开举行。

第二十八条　听证会由主持人、案件调查人员、当事人或者其委托代理人、证人、书记员参加。

听证会主持人由交通管理部门负责人指定的法制机构工作人员或者其他相应人员担任。

委托代理人出席听证会的,应当提交当事人的委托书。

第二十九条　听证会按以下程序进行:

(一)听证会主持人宣布听证会开始,宣布案由和听证会纪律,宣布和核对听证参加人员名单;

(二)案件调查人员介绍案件的违法事实和调查过程,宣读或者出示案件的证据,说明拟作出的行政处罚的内容及依据;

（三）当事人或者其委托代理人对案件的事实、证据、适用的法律依据及拟作出的行政处罚内容进行质证的申辩；

（四）听证会主持人就案件的有关问题向当事人、案件调查人员、证人询问；

（五）当事人或者其委托代理人做最后陈述；

（六）当事人或者其委托代理人阅读、修改《交通行政处罚案件听证会笔录》（附件十二），并签字或者盖章。

第三十条 当事人或者其委托代理人无正当理由不按时出席听证会或者中途擅自退出听证会的，视为当事人放弃要求听证的权利。

第三十一条 听证主持人应在听证会结束后将听证情况和处理意见制作成《交通行政处罚案件听证会报告书》（附件十三）。

第四章 行政处罚的执行

第三十二条 交通行政处罚决定依法作出后，当事人对行政处罚决定不服申请行政复议或者提起行政诉讼的，除法律另有规定外，行政处罚不停止执行。

第三十三条 作出罚款决定的交通管理部门应当与收缴罚款的机构分离。

除依照本规定第三十四条、第三十五条的规定当场收缴的罚款外，作出行政处罚的交通管理部门及其执法人员不得自行收缴罚款。

第三十四条 依照本规定第十条的规定当场作出行政处罚决定，有下列情形之一的，执法人员可以当场收缴罚款：

（一）依法给予20元以下的罚款；

（二）不当场收缴事后难以执行的。

第三十五条 在边远、水上、交通不便地区，交通管理部门及其执法人员依照本规定第十条、第二十二条的规定作出罚款决定后，当事人向指定的银行缴纳罚款确有困难，经当事人书面提出，交通管理部门及其执法人员可以当场收缴罚款。

第三十六条 交通管理部门及其执法人员当场收缴罚款的，必须向当事人出具省级财政部门统一制发的罚款收据。

行政执法人员当场收缴的罚款，应当自收缴罚款之日起2日内，交至执法人员所属交通管理部门；在水上当场收缴的罚款，应当自抵岸之日起2日内交至所属交通管理部门；交通管理部门应当在2日内将罚款缴付指定的银行。

罚款决定与罚款收缴分离制度的执行，按照国务院制定的具体办法实施。

第三十七条 对需继续行驶的船舶、车辆实施暂扣或者吊销证照的行政处罚，交通管理部门在实施行政处罚的同时，应当发给当事人相应的证明，允许船舶、车辆驶往预定或指定的地点。

第三十八条 对已经生效的处罚决定，当事人拒不履行的，由作出处罚决定的交通管理部门依法强制执行或者申请人民法院强制执行。

第三十九条 下列适用一般程序的交通行政处罚案件结案后，案件调查人员应当填写《交通行政处罚结案报告》（附件十四）；

（一）当事人在规定的期限内履行交通管理部门处理决定完毕的；

（二）申请人民法院或者由交通管理部门依法强制执行的案件，已经执行完毕的；

（三）对违法行为依法不予处罚的。

第五章　附　　则

第四十条 本规定颁布之前交通部制定的规章与本规定不一致的，按本规定执行。

第四十一条 交通管理部门和执法人员违反本规定的，按照行政处罚法和交通行政执法监督规定的有关规定依法追究法律责任。

第四十二条 交通行政处罚文书由省级交通主管部门和交通部设置的管理机构组织印制；港务（航）监督机构使用的文书，中华人民共和国港务监督局可以参照本规定所附文书样式另行制定。

第四十三条 本规定自1996年10月1日起施行。

交通行政执法证件管理规定

（交通部令1997年第16号　1997.11.26）

第一条　为加强交通行政执法证件管理，规范交通行政执法人员的执法资格，促进交通行政执法队伍建设，制定本规定。

第二条　交通行政执法证件实行全国统一制式、统一管理的制度。交通行政执法证件的制式由交通部制定。

第三条　交通行政执法证件是交通行政执法人员依法从事公路路政、道路运政、交通规费征稽、水路运政、航道行政、船舶检验、港口行政、水上安全监督、交通卫生监督、交通通信等行政执法工作的资质和身份证明。

交通行政执法证件包括《交通行政执法证》和《水上安全监督行政执法证》。

第四条　省级交通行政主管部门是本地区交通行政执法证件的发证机关。

交通部直属及双重领导行政管理机构是本部门交通行政执法证件的发证机关。

第五条　发证机关对符合下列条件的人员颁发交通行政执行证件：

（一）在县级以上交通行政主管部门或其依法委托的交通管理机构、法律法规授权的交通管理机构直接从事具体的交通行政执法工作；

（二）经交通行政执法岗位培训并取得合格证书；

（三）符合《交通行政执法岗位规范》的资质条件。

第六条　县级或地市级交通行政主管部门应当将本地区符合条件的人员登记造册，经逐级审核后，报省级交通行政主管部门审批、颁发《交通行政执法证》;省级交通行政主管部门设立业务管理机构的,由业务管理机构对上述有关人员提出初步审核意见。

省级交通行政主管部门设立的业务管理机构应当对其直属的符合条件的人员登记造册并审核后,报省级交通行政主管部门审批、颁发《交通行政执法证》。

第七条 省级交通行政主管部门应当将本地区符合条件从事水上安全监督行政执法工作的人员登记造册,经中华人民共和国港务监督局审核后,由省级交通行政主管部门颁发《水上安全监督行政执法证》。

第八条 交通部直属海(水)上安全监督局、直属港航监督局应当将本部门符合条件的人员登记造册,经中华人民共和国港务监督局审核后,由交通部直属海(水)上安全监督局、直属港航监督局颁发《水上安全监督行政执法证》。

第九条 长江航务管理局、珠江航务管理局、黑龙江航运管理局所属的管理机构应当将本单位符合条件的人员(水上安全监督人员除外)登记造册,分别报长江航务管理局、珠江航务管理局、黑龙江航运管理局审批、颁发《交通行政执法证》。

第十条 交通部直属及双重领导的港务局对符合条件的人员登记造册,负责审批、颁发本单位的《交通行政执法证》。

第十一条 发证机关的法制工作部门具体负责证件的颁发和管理工作。

对经批准取得交通行政执法资格的人员,发证机关应当将其有关信息输入“交通行政执法证件管理数据库”,及时打印、颁发交通行政执法证件和《交通行政执法证件管理卡片》。

《交通行政执法证件管理卡片》由执法人员所在单位保管,随时做好有关记录。

第十二条 交通行政执法人员在执行公务时,应当随身携(佩)戴交通行政执法证件。

第十三条 持证人应当按照其所持交通行政执法证中注明的执法门类在法定职责和辖区范围内从事行政执法工作。

第十四条 持证人应当妥善保管证件，不得损毁、涂改或者转借他人。

第十五条 持证人遗失证件的，应当立即向所在单位报告，由该单位按证件颁发渠道逐级报请发证机关注销。发证机关审核属实，予以注销，同时登报声明作废，并按程序办理补发证件手续。

第十六条 持证人调离交通行政执法岗位的，其所在单位应当收回证件并报发证机关注销。

第十七条 对不按规定使用证件的，由其所在单位给予批评教育；对利用证件牟取私利、从事违法活动的，由发证机关吊销其证件。

第十八条 交通行政执法证件实行年度审验制度。发证机关应当于每年第一季度对持证人上年度以下情况进行审验：

（一）持证人执法工作考核或人事考核结果；

（二）持证人参加岗位培训的情况；

（三）持证人执法违纪或重大执法过失的情况；

（四）持证人受奖励和处分的情况；

（五）发证机关规定的其他情况。

第十九条 发证机关根据年度审验情况分别作出以下处理决定：

（一）对符合年度审验要求的，由发证机关在证件的年度审验栏和《交通行政执法证件管理卡片》上贴示当年的年度审验专用标志，允许持证人继续从事交通行政执法工作；

（二）对没有达到年度审验要求的，不予通过年度审验。没有通过年度审验的，不得从事交通行政执法工作；

（三）对玩忽职守、滥用职权、徇私舞弊造成严重后果的，取消交通行政执法资格，并按有关法律、法规规定办理。

发证机关应当将年度审验的有关信息输入“交通行政执法证件管理数据库”备查。

第二十条 未经发证机关年度审验的交通行政执法证件自行失效。

第二十一条　发证机关负责本地区或本部门“交通行政执法证件管理数据库”的使用和维护，定期向交通部传输或报送交通行政执法证件管理的有关数据、信息。

第二十二条　中华人民共和国港务监督局可根据本规定统一制定全国《水上安全监督行政执法证》的样式、编号和具体管理办法。

第二十三条　本规定由交通部负责解释。

第二十四条　本办法自1998年1月1日起生效。

第二十五条　本办法发布之前各级交通行政主管部门及其所属的管理机构颁发的各种名称的交通行政执法证件一律停止使用。

交通行政复议规定

（交通部令2000年第5号　2000.06.27）

第一条　为防止和纠正违法或者不当的具体行政行为，保护公民、法人和其他组织的合法权益，保障和监督交通行政机关依法行使职权，根据《中华人民共和国行政复议法》（以下简称《行政复议法》），制定本规定。

第二条　公民、法人或者其他组织认为具体行政行为侵犯其合法权益，向交通行政机关申请交通行政复议，交通行政机关受理交通行政复议申请、作出交通行政复议决定，适用《行政复议法》和本规定。

第三条　依照《行政复议法》和本规定履行交通行政复议职责的交通行政机关是交通行政复议机关，交通行政复议机关设置的法制工作机构，具体办理交通行政复议事项，履行《行政复议法》第三条规定的职责。

第四条　对县级以上地方人民政府交通主管部门的具体行政行为不服的，可以向本级人民政府申请行政复议，也可以向其上一级人民政府交通主管部门申请行政复议。

第五条　对县级以上地方人民政府交通主管部门依法设立的交通管理派出机构依照法律、法规或者规章规定，以自己的名义作出的具体行政行为不服的，向设立该派出机构的交通主管部门或者该交通主管部门的本级地方人民政府申请行政复议。

第六条　对县级以上地方人民政府交通主管部门依法设立的交通管理机构，依照法律、法规授权，以自己的名义作出的具体行政行为不服的，向设立该管理机构的交通主管部门申请行政复议。

第七条　对下列具体行政行为不服的，可以向交通部申请行政复议：

（一）省级人民政府交通主管部门的具体行政行为；

（二）交通部直属海事管理机构的具体行政行为；

（三）长江航务管理局、珠江航务管理局的具体行政行为；

（四）交通部的具体行政行为。

第八条 公民、法人或者其他组织向交通行政复议机关申请交通行政复议，应当自知道该具体行政行为之日起60日内提出行政复议申请，但是法律规定的申请期限超过60日的除外。

因不可抗力或者其他正当理由耽误法定申请期限的，申请人应当在交通行政复议申请书中注明，或者向交通行政复议机关说明，并由交通行政复议机关记录在《交通行政复议申请笔录》中，经交通行政复议机关依法确认的，申请期限自障碍消除之日起继续计算。

第九条 申请人申请交通行政复议，可以书面申请，也可以口头申请。

申请人口头申请的，交通行政复议机关应当当场记录申请人、被申请人的基本情况，行政复议请求，主要事实、理由和时间；申请人应当在行政复议申请笔录上签名或者署印。

第十条 公民、法人或者其他组织向人民法院提起行政诉讼或者向本级人民政府申请行政复议，人民法院或者人民政府已经受理的，不得再向交通行政复议机关申请行政复议。

第十一条 交通行政复议机关收到交通行政复议申请后，应当在五日内进行审查。对符合《行政复议法》规定的行政复议申请，应当决定予以受理，并制作《交通行政复议申请受理通知书》送达申请人、被申请人；对不符合《行政复议法》规定的行政复议申请，决定不予受理，并制作《交通行政复议申请不予受理决定书》送达申请人；对符合《行政复议法》规定，但是不属于本机关受理的行政复议申请，应当告知申请人向有关行政复议机关提出。

除前款规定外，交通行政复议申请自交通行政复议机关设置的法制工作机构收到之日起即为受理。

第十二条 公民、法人或者其他组织依法提出交通行政复议申请，交通行政复议机关无正当理由不予受理的，上级交通行政机关应当制作《责令受理通知书》责令其受理；必要时，上级交通行政机关可以直接受理。

第十三条 交通行政复议原则上采取书面审查的办法，但是申请人提出要求或者交通行政复议机关设置的法制工作机构认为有必要时，可以向有关组织和个人调查情况，听取申请人、被申请人和第三人的意见。

复议人员调查情况、听取意见，应当制作《交通行政复议调查笔录》。

第十四条 交通行政复议机关设置的法制工作机构应当自行政复议申请受理之日起 7 日内，将交通行政复议申请书副本或者《交通行政复议申请笔录》复印件及《交通行政复议申请受理通知书》送达被申请人。

被申请人应当自收到前款通知之日起10 日内向交通行政复议机关提交《交通行政复议答复意见书》，并提交作出具体行政行为的证据、依据和其他有关材料。

第十五条 交通行政复议决定作出前，申请人要求撤回行政复议申请的，经说明理由并由复议机关记录在案，可以撤回。申请人撤回行政复议申请，应当提交撤回交通行政复议的书面申请书或者在《撤回交通行政复议申请笔录》上签名或者署印。

撤回行政复议申请的，交通行政复议终止，交通行政复议机关应当制作《交通行政复议终止通知书》送达申请人、被申请人、第三人。

第十六条 申请人在申请交通行政复议时，对《行政复议法》第七条所列有关规定提出审查申请的，交通行政复议机关对该规定有权处理的，应当在 30 日内依法处理；无权处理的，应当在 7 日内制作《规范性文件转送处理函》，按照法定程序转送有权处理的行政机关依法处理。

交通行政复议机关对有关规定进行处理或者转送处理期间，

中止对具体行政行为的审查。中止对具体行政行为审查的,应当制作《交通行政复议中止审查通知书》及时送达申请人、被申请人、第三人。

第十七条 交通行政复议机关在对被申请人作出的具体行政行为审查时,认为其依据不合法,本机关有权处理的,应当在30日内依法处理;无权处理的,应当在7日内按照法定程序转送有权处理的国家机关依法处理。处理期间,中止对具体行政行为的审查。

交通行政复议机关中止对具体行政行为审查的,应当制作《交通行政复议中止审查通知书》送达申请人、被申请人、第三人。

第十八条 交通行政复议机关设置的法制工作机构应当对被申请人作出的具体行政行为进行审查,提出意见,经交通行政复议机关的负责人同意或者集体讨论通过后,按照下列规定作出交通行政复议决定:

(一)具体行政行为认定事实清楚,证据确凿,适用依据正确,程序合法,内容适当的,决定维持;

(二)被申请人不履行法定职责的,责令其在一定期限内履行;

(三)具体行政行为有下列情形之一的,决定撤销、变更或者确认该具体行政行为违法;决定撤销或者确认该具体行政行为违法的,可以责令被申请人在一定期限内重新作出具体行政行为:

1. 主要事实不清、证据不足的;

2. 适用依据错误的;

3. 违反法定程序的;

4. 超越或者滥用职权的;

5. 具体行政行为明显不当的。

(四)被申请人不按照《行政复议法》第二十三条的规定提出书面答复、提交当初作出具体行政行为的证据、依据和其他有关材料的,视为该具体行政行为没有证据、依据,决定撤销该具体行政行为。

交通行政复议机关责令被申请人重新作出具体行政行为的，被申请人不得以同一的事实和理由作出与原具体行政行为相同或者基本相同的具体行政行为。

第十九条 交通行政复议机关作出交通行政复议决定，应当制作《交通行政复议决定书》，加盖交通行政复议机关印章，分别送达申请人、被申请人和第三人；交通行政复议决定书一经送达即发生法律效力。

交通行政复议机关向当事人送达《交通行政复议决定书》及其他交通行政复议文书（除邮寄、公告送达外）应当使用《送达回证》，受送达人应当在送达回证上注明收到日期，并签名或者署印。

第二十条 交通行政复议机关应当自受理交通行政复议申请之日起 60 日内作出交通行政复议决定；但是法律规定的行政复议期限少于 60 日的除外。情况复杂，不能在规定期限内作出交通行政复议决定的，经交通行政复议机关的负责人批准，可以适当延长，并告知申请人、被申请人、第三人，但是延长期限最多不超过 30 日。

交通行政复议机关延长复议期限的，应当制作《延长交通行政复议期限通知书》送达申请人、被申请人、第三人。

第二十一条 被申请人不履行或者无正当理由拖延履行交通行政复议决定的，交通行政复议机关或者有关上级交通行政机关应当责令其限期履行。

第二十二条 交通行政复议机关设置的法制工作机构发现有《行政复议法》第三十八条规定的违法行为的，应当制作《交通行政复议违法行为处理建议书》向有关行政机关提出建议，有关行政机关应当依照《行政复议法》和有关法律、行政法规的规定作出处理。

第二十三条 交通行政复议机关受理交通行政复议申请，不得向申请人收取任何费用。

交通行政复议活动所需经费应当在本机关的行政经费中单独

列支,不得挪作他用。

第二十四条 本规定由交通部负责解释。

第二十五条 本规定自发布之日起施行,1992 年交通部第 39 号令发布的《交通行政复议管理规定》同时废止。

交通行政许可实施程序规定

（交通部令2004年第10号　2004.11.22）

第一条　为保证交通行政许可依法实施，维护交通行政许可各方当事人的合法权益，保障和规范交通行政机关依法实施行政管理，根据《中华人民共和国行政许可法》（以下简称《行政许可法》），制定本规定。

第二条　实施交通行政许可，应当遵守《行政许可法》和有关法律、法规及本规定规定的程序。

本规定所称交通行政许可，是指依据法律、法规、国务院决定、省级地方人民政府规章的设定，由本规定第三条规定的实施机关实施的行政许可。

第三条　交通行政许可由下列机关实施：

（一）交通部、地方人民政府交通主管部门、地方人民政府港口行政管理部门依据法定职权实施交通行政许可；

（二）海事管理机构、航标管理机关、县级以上道路运输管理机构在法律、法规授权范围内实施交通行政许可；

（三）交通部、地方人民政府交通主管部门、地方人民政府港口行政管理部门在其法定职权范围内，可以依据本规定，委托其他行政机关实施行政许可。

第四条　实施交通行政许可，应当遵循公开、公平、公正、便民、高效的原则。

第五条　实施交通行政许可，实施机关应当按照《行政许可法》的有关规定，将下列内容予以公示：

（一）交通行政许可的事项；

（二）交通行政许可的依据；

（三）交通行政许可的实施主体；

（四）受委托行政机关和受委托实施行政许可的内容；

（五）交通行政许可统一受理的机构；

（六）交通行政许可的条件；

（七）交通行政许可的数量；

（八）交通行政许可的程序和实施期限；

（九）依法需要举行听证的交通行政许可事项；

（十）需要申请人提交材料的目录；

（十一）申请书文本式样；

（十二）作出的准予交通行政许可的决定；

（十三）实施交通行政许可依法应当收费的法定项目和收费标准；

（十四）交通行政许可的监督部门和投诉渠道；

（十五）依法需要公示的其他事项。

已实行电子政务的实施机关应当公布网站地址。

第六条 交通行政许可的公示，可以采取下列方式：

（一）在实施机关的办公场所设置公示栏、电子显示屏或者将公示信息资料集中在实施机关的专门场所供公众查阅；

（二）在联合办理、集中办理行政许可的场所公示；

（三）在实施机关的网站上公示；

（四）法律、法规和规章规定的其他方式。

第七条 公民、法人或者其他组织，依法申请交通行政许可的，应当依法向交通行政许可实施机关提出。

申请人申请交通行政许可，应当如实向实施机关提交有关材料和反映真实情况，并对其申请材料实质内容的真实性负责。

第八条 申请人以书面方式提出交通行政许可申请的，应当填写本规定所规定的《交通行政许可申请书》（见附件一）。但是，法律、法规、规章对申请书格式文本已有规定的，从其规定。

依法使用申请书格式文本的，交通行政机关应当免费提供。

申请人可以通过信函、电报、电传、传真、电子数据交换和电子邮件等方式提交交通行政许可申请。

申请人以书面方式提出交通行政许可申请确有困难的,可以口头方式提出申请,交通行政机关应当记录申请人申请事项,并经申请人确认。

第九条 申请人可以委托代理人代为提出交通行政许可申请,但依法应当由申请人到实施机关办公场所提出行政许可申请的除外。

代理人代为提出申请的,应当出具载明委托事项和代理人权限的授权委托书,并出示能证明其身份的证件。

第十条 实施机关收到交通行政许可申请材料后,应当根据下列情况分别作出处理:

(一)申请事项依法不需要取得交通行政许可的,应当即时告知申请人不受理;

(二)申请事项依法不属于本实施机关职权范围的,应当即时作出不予受理的决定,并向申请人出具《交通行政许可申请不予受理决定书》(见附件二),同时告知申请人应当向有关行政机关提出申请;

(三)申请材料可以当场补全或者更正错误的,应当允许申请人当场补全或者更正错误;

(四)申请材料不齐全或者不符合法定形式,申请人当场不能补全或者更正的,应当当场或者在5日内向申请人出具《交通行政许可申请补正通知书》(见附件三),一次性告知申请人需要补正的全部内容;逾期不告知的,自收到申请材料之日起即为受理;

(五)申请事项属于本实施机关职权范围,申请材料齐全,符合法定形式,或者申请人已提交全部补正申请材料的,应当在收到完备的申请材料后受理交通行政许可申请,除当场作出交通行政许可决定的外,应当出具《交通行政许可申请受理通知书》(见附件四)。

《交通行政许可申请不予受理决定书》、《交通行政许可申请补正通知书》、《交通行政许可申请受理通知书》,应当加盖实施机关行政许可专用印章，注明日期。

第十一条 交通行政许可需要实施机关内设的多个机构办理的，该实施机关应当确定一个机构统一受理行政许可申请，并统一送达交通行政许可决定。

实施机关未确定统一受理内设机构的，由最先受理的内设机构作为统一受理内设机构。

第十二条 实施交通行政许可，应当实行责任制度。实施机关应当明确每一项交通行政许可申请的直接负责的主管人员和其他直接责任人员。

第十三条 实施机关受理交通行政许可申请后，应当对申请人提交的申请材料进行审查。

申请人提交的申请材料齐全、符合法定形式，实施机关能够当场作出决定的，应当当场作出交通行政许可决定，并向申请人出具《交通行政许可(当场)决定书》(见附件五)。

依照法律、法规和规章的规定，需要对申请材料的实质内容进行核实的，应当审查申请材料反映的情况是否与法定的行政许可条件相一致。

实施实质审查，应当指派两名以上工作人员进行。可以采用以下方式：

(一)当面询问申请人及申请材料内容有关的相关人员；

(二)根据申请人提交的材料之间的内容相互进行印证；

(三)根据行政机关掌握的有关信息与申请材料进行印证；

(四)请求其他行政机关协助审查申请材料的真实性；

(五)调取查阅有关材料，核实申请材料的真实性；

(六)对有关设备、设施、工具、场地进行实地核查；

(七)依法进行检验、勘验、监测；

(八)听取利害关系人意见；

(九)举行听证；

(十)召开专家评审会议审查申请材料的真实性。

依照法律、行政法规规定，实施交通行政许可应当通过招标、拍卖等公平竞争的方式作出决定的,从其规定。

第十四条 实施机关对交通行政许可申请进行审查时,发现行政许可事项直接关系他人重大利益的,应当告知利害关系人,向该利害关系人送达《交通行政许可征求意见通知书》(见附件六)及相关材料(不包括涉及申请人商业秘密的材料)。

利害关系人有权在接到上述通知之日起5日内提出意见,逾期未提出意见的视为放弃上述权利。

实施机关应当将利害关系人的意见及时反馈给申请人,申请人有权进行陈述和申辩。

实施机关作出行政许可决定应当听取申请人、利害关系人的意见。

第十五条 除当场作出交通行政许可决定外,实施机关应当自受理申请之日起20日内作出交通行政许可决定。20日内不能作出决定的,经实施机关负责人批准,可以延长10日,并应当向申请人送达《延长交通行政许可期限通知书》(见附件七),将延长期限的理由告知申请人。但是,法律、法规另有规定的,从其规定。

实施机关作出行政许可决定,依照法律、法规和规章的规定需要听证、招标、拍卖、检验、检测、检疫、鉴定和专家评审的,所需时间不计算在本条规定的期限内。实施机关应当向申请人送达《交通行政许可期限法定除外时间通知书》(见附件八),将所需时间书面告知申请人。

第十六条 申请人的申请符合法定条件、标准的,实施机关应当依法作出准予行政许可的决定,并出具《交通行政许可决定书》(见附件九)。

依照法律、法规规定实施交通行政许可,应当根据考试成绩、考核结果、检验、检测、检疫结果作出行政许可决定的,从其规定。

第十七条 实施机关依法作出不予行政许可的决定的,应当出具《不予交通行政许可决定书》(见附件十),说明理由,并告知申请人享有依法申请行政复议或者提起行政诉讼的权利。

第十八条 实施机关在作出准予或者不予许可决定后,应当在10日内向申请人送达《交通行政许可决定书》或者《不予交通行政许可决定书》。

《交通行政许可(当场)决定书》、《交通行政许可决定书》、《不予交通行政许可决定书》,应当加盖实施机关印章,注明日期。

第十九条 实施机关作出准予交通行政许可决定的,应当在作出决定之日起10日内,向申请人颁发加盖实施机关印章的下列行政许可证件:

(一)交通行政许可批准文件或者证明文件;

(二)许可证、执照或者其他许可证书;

(三)资格证、资质证或者其他合格证书;

(四)法律、法规、规章规定的其他行政许可证件。

第二十条 法律、法规、规章规定实施交通行政许可应当听证的事项,或者交通行政许可实施机关认为需要听证的其他涉及公共利益的行政许可事项,实施机关应当在作出交通行政许可决定之前,向社会发布《交通行政许可听证公告》(见附件十一),公告期限不少于10日。

第二十一条 交通行政许可直接涉及申请人与他人之间重大利益冲突的,实施机关在作出交通行政许可决定前,应当告知申请人、利害关系人享有要求听证的权利,并出具《交通行政许可告知听证权利书》(见附件十二)。

申请人、利害关系人在被告知听证权利之日起5日内提出听证申请的,实施机关应当在20日内组织听证。

第二十二条 听证按照《行政许可法》第四十八条规定的程序进行。

听证应当制作听证笔录。听证笔录应当包括下列事项:

(一)事由;

(二)举行听证的时间、地点和方式;

(三)听证主持人、记录人等;

(四)申请人姓名或者名称、法定代理人及其委托代理人;

(五)利害关系人姓名或者名称、法定代理人及其委托代理人；

（六）审查该行政许可申请的工作人员；

（七）审查该行政许可申请的工作人员的审查意见及证据、依据、理由；

（八）申请人、利害关系人的陈述、申辩、质证的内容及提出的证据；

（九）其他需要载明的事项。

听证笔录应当由听证参加人确认无误后签字或者盖章。

第二十三条 交通行政许可实施机关及其工作人员违反本规定的，按照《行政许可法》和《交通行政许可监督检查及责任追究规定》查处。

第二十四条 实施机关应当建立健全交通行政许可档案制度，及时归档、妥善保管交通行政许可档案材料。

第二十五条 实施交通行政许可对交通行政许可文书格式有特殊要求的，其文书格式由交通部另行规定。

第二十六条 本规定自2005年1月1日起施行。

附件一

交通行政许可申请书

申请人（及法定代表人）名称		申请人住址及邮政编码	
申请人联系方式			
委托代理人的姓名及联系方式			
申请的交通行政许可事项及内容			
申请材料目录			
申请日期	年　　月　　日	申请人签字或盖章	

注：1. 本申请书由交通行政许可的实施机关负责免费提供。

2. 申请人应当如实向实施机关提交有关材料和反映情况，并对申请材料实质内容的真实性负责。

附件二

交通行政许可申请不予受理决定书

编号：

________：

你于______年______月______日提出________________申请。

经审查，该申请事项不属于本行政机关职权范围，建议向______________________________提出申请。

根据《行政许可法》第三十二条规定，决定对你提出的申请不予受理。

申请人如对本决定不服，可以在收到本决定书之日起 60 日内向______________________________申请复议，也可以在收到本决定书之日起 3 个月内直接向人民法院提起行政诉讼。

特此通知。

（印章）

年　　月　　日

附件三

交通行政许可申请补正通知书

编号：

_______________：

你于______年______月______日提出________________申请。

根据《行政许可法》第三十二条第一款第四项的规定，请你对申请材料作如下补正：____。

特此通知。

（印章）

年 月 日

附件四

交通行政许可申请受理通知书

编号：

__________________：

你于______年______月______日提出__________________申请。

经审查，该申请事项属于本机构职责范围，申请材料符合法定的要求和形式，根据《行政许可法》第三十二条的规定，决定予以受理。

（印章）

年　　月　　日

附件五

交通行政许可(当场)决定书

编号:

________________:

你于______年______月______日提出________________申请。

经审查,你提交的申请材料齐全,符合______________规定的形式,根据《行政许可法》第三十四条第二款的规定,决定准予交通行政许可,准予你依法从事下列活动:____

本机关将在作出本决定之日起10日内向你颁发、送达______________________________证件。

(印章)

年　月　日

附件六

交通行政许可征求意见通知书

编号：

________________：

申请人______于______年______月______日提出____的申请。经审查，该申请事项可能与你（单位）有直接重大利益关系。根据《中华人民共和国行政许可法》第三十六条的规定，现将该申请事项告知你（单位）。请于接到该通知书之日起3日内提出意见。逾期未提出意见的，视为无意见。

本机关地址：______________________________。

联系人及联系方式：________________________。

特此告知。

附：申请书及必要的相关申请材料（复印件）

（印章）

年　　月　　日

附件七

延长交通行政许可期限通知书

编号：

________________：

你于______年______月______日提出________________申请,已于______年______月______日受理。由于____原因,20日内不能作出行政许可的决定。根据《中华人民共和国行政许可法》第四十二条的规定,经本行政机关负责人批准,审查期限延长10日,将于______年______月______日前作出决定。

特此通知。

（印章）

年　　月　　日

附件八

交通行政许可期限法定除外时间通知书

编号：

________________：

你于_____年_____月_____日提出__________________________________申请,已于_____年_____月_____日受理。根据______________________________________的规定,需要：

(　　)1. 听证,所需时间为______________________。

(　　)2. 招标,所需时间为______________________。

(　　)3. 拍卖,所需时间为______________________。

(　　)4. 检验,所需时间为______________________。

(　　)5. 检测,所需时间为______________________。

(　　)6. 检疫,所需时间为______________________。

(　　)7. 鉴定,所需时间为______________________。

(　　)8. 专家评审,所需时间为__________________。

根据《中华人民共和国行政许可法》第四十五条的规定,上述所需时间不计算在规定的期限内。

特此通知。

（印章）

年　　月　　日

注：根据上述 8 种不同情况,在符合的情形前的括号内划"√"。

附件九

交通行政许可决定书

编号：

________________：

你于______年______月______日提出________________申请。

经审查，你提交的申请材料齐全，符合____________________________________规定的条件、标准，根据《行政许可法》第三十四条第一款、第三十八条第一款的规定，决定准予交通行政许可，准予你依法从事下列活动：____。

本机关将在作出本决定之日起10日内向你颁发、送达______________________________________证件。

（印章）

年　月　日

附件十

不予交通行政许可决定书

编号：

____________：

你于____年____月____日提出____________申请。

经审查，你的申请存在____________________________问题，不符合____________________的规定，根据《行政许可法》第三十八条第二款的规定，决定不予交通行政许可。

申请人如对本决定不服，可以在收到本决定书之日起60日内向____________申请复议，也可以在收到本决定书之日起3个月内直接向人民法院提起行政诉讼。

（印章）

年　　月　　日

附件十一

交通行政许可听证公告

编号：

______________________________于_____年_____月_____日提出________________________的申请。

经审查，该申请事项属于：

（　　）1. 根据法律、法规、规章规定应当听证的事项；

（　　）2. 本机关认为该申请事项涉及公共利益，需要听证。

根据《中华人民共和国行政许可法》第四十六条的规定，拟举行听证，请要求听证的单位或者个人于_____年_____月_____日前向本机关登记，并提供联系电话、通讯地址、邮政编 码。逾期无人提出听证申请的，本机关将依法作出交通行政许可决定。

本机关地址：_________________________。

联系人及联系方式：_________________________。

特此公告。

（印章）

年　　月　　日

注：根据上述两种不同情况，在符合的情形前的括号内划"√"。

附件十二

交通行政许可告知听证权利书

编号：

________________：

申请人________________于______年______月______日提出________________________的申请。经审查，该申请事项可能与你(单位)有重大利益关系。根据《中华人民共和国行政许可法》第四十七条的规定，现将该申请事项告知你(单位)，你(单位)可以要求对此申请举行听证。接到该通知书之日起5日内如未提出听证申请的，视为放弃此权利。

本机关地址：________________。

联系人：________________________。

联系方式：________________________。

特此告知。

附：申请书及必要的相关申请材料(复印件)

(印章)

年　月　日

交通行政许可监督检查及责任追究规定

（交通部令2004年第11号　2004.11.22）

第一条　为加强交通行政许可实施工作的监督检查，及时纠正和查处交通行政许可实施过程中的违法、违纪行为，保证交通行政机关正确履行行政许可的法定职责，根据《中华人民共和国行政许可法》（以下简称《行政许可法》），制定本规定。

第二条　交通行政许可监督检查及其责任追究，应当遵守《行政许可法》和有关法律、法规及本规定。

第三条　实施交通行政许可监督检查及责任追究，应当遵守合法、公正、公平、及时的原则，坚持有错必纠、违法必究，保障有关法律、法规和规章的正确实施。

第四条　县级以上交通主管部门应当建立健全行政许可监督检查制度和责任追究制度，加强对交通行政许可的监督。

上级交通主管部门应当加强对下级交通主管部门实施行政许可的监督检查，及时纠正交通行政许可实施中的违法违纪行为。

第五条　交通主管部门应当加强对法律、法规授权的交通行政许可实施组织实施交通行政许可的监督检查，督促其及时纠正交通行政许可实施中的违法违纪行为。

第六条　交通主管部门委托其他行政机关实施交通行政许可的，委托机关应当加强对受委托的行政机关实施交通行政许可的行为的监督检查，并对受委托的行政机关实施交通行政许可的后果承担法律责任。

第七条　交通行政许可实施机关应当建立健全内部监督制度，加强对本机关实施行政许可工作人员的内部监督。

第八条　交通主管部门、交通行政许可实施机关的法制工作机构、监察机关按照职责分工具体负责行政许可监督检查责任追究工作。

第九条 交通行政许可实施机关实施行政许可，应当自觉接受社会和公民的监督。

任何单位和个人都有权对交通行政许可实施机关及其工作人员不严格执行有关行政许可的法律、法规、规章以及在实施交通行政许可中的违法违纪行为进行检举、控告。

第十条 交通行政许可实施机关应当建立交通行政许可举报制度，公开举报电话号码、通信地址或者电子邮件信箱。

交通行政许可实施机关收到举报后，应当依据职责及时查处。

第十一条 实施交通行政许可监督检查的主要内容包括：

（一）交通行政许可申请的受理情况；

（二）交通行政许可申请的审查和决定的情况；

（三）交通行政许可实施机关依法履行对被许可人的监督检查职责的情况；

（四）实施交通行政许可过程中的其他相关行为。

第十二条 有下列情形之一的，作出交通行政许可决定的交通行政许可实施机关或者其上级交通主管部门，根据利害关系人的请求或者依据职权，可以撤销交通行政许可：

（一）交通行政机关工作人员滥用职权、玩忽职守作出准予交通行政许可决定的；

（二）超越法定职权作出准予交通行政许可决定的；

（三）违反法定程序作出准予交通行政许可决定的；

（四）对不具备申请资格或者不符合法定条件的申请人准予交通行政许可的；

（五）依法可以撤销交通行政许可的其他情形。

第十三条 交通行政许可实施机关及其工作人员违反《行政许可法》的规定，有下列情形之一的，由交通行政许可实施机关或者其上级交通主管部门或者监察部门责令改正；情节严重的，对直接负责的主管人员和其他直接责任人员依法给予行政处分：

（一）对符合法定条件的交通行政许可申请不予受理的；

（二）不依法公示应当公示的材料的；

（三）在受理、审查、决定交通行政许可过程中，未向申请人、利害关系人履行法定告知义务的；

（四）申请人提交的申请材料不齐全、不符合法定形式，不一次告知申请人必须补正的全部内容的；

（五）未依法说明不受理交通行政许可申请或者不予交通行政许可的理由的；

（六）依法应当举行听证而不举行听证的。

第十四条 交通行政许可实施机关实施交通行政许可，有下列情形之一的，由其上级交通主管部门或者监察部门责令改正，对直接负责的主管人员和其他直接责任人员依法给予行政处分；构成犯罪的，依法追究刑事责任：

（一）对不符合法定条件的申请人准予行政许可或者超越法定职权作出准予交通行政许可决定的；

（二）对符合法定条件的申请人不予交通行政许可或者不在法定期限内作出准予交通行政许可决定的；

（三）依法应当根据招标、拍卖结果或者考试成绩择优作出准予交通行政许可决定，未经招标、拍卖或者考试，或者不根据招标、拍卖结果或者考试成绩择优作出准予交通行政许可决定的。

第十五条 交通行政许可实施机关在实施行政许可的过程中，擅自收费或者超出法定收费项目和收费标准收费的，由其上级交通主管部门或者监察部门责令退还非法收取的费用，对直接负责的主管人员和其他直接责任人员给予行政处分。

第十六条 交通行政许可实施机关及其工作人员，在实施行政许可的过程中，截留、挪用、私分或者变相私分依法收取的费用的，由其上级交通主管部门或者监察部门予以追缴，并对直接负责的主管人员和其他直接责任人员给予行政处分；构成犯罪的应当移交司法机关，依法追究刑事责任。

第十七条 交通行政许可实施机关工作人员办理行政许可、

实施监督检查，索取或者收受他人钱物、谋取不正当利益的，应当直接负责的主管人员和其他直接责任人员给予行政处分；构成犯罪的应当移交司法机关，依法追究刑事责任。

第十八条 交通主管部门不依法履行对被许可人的监督职责或者监督不力，造成严重后果的，由其上级交通主管部门或者监察部门责令改正，对直接负责的主管人员和其他直接责任人员依法给予行政处分；构成犯罪的，依法追究刑事责任。

第十九条 交通行政许可的实施机关及其工作人员违法实施行政许可，给当事人的合法权益造成损害的，应当按照《国家赔偿法》的有关规定给予赔偿，并责令有故意或者重大过失的直接负责的主管人员和其他直接责任人员承担相应的赔偿费用。

第二十条 交通主管部门、交通行政许可实施机关的法制工作机构具体负责对本机关负责实施行政许可的内设机构，下级交通主管部门，法律、法规授权的交通行政许可实施组织，受委托实施交通行政许可的行政机关实施行政许可进行执法监督。

法制工作机构发现交通行政许可实施机关实施交通行政许可违法，应当向法制工作机构所在机关提出意见，经机关负责人同意后，按下列规定作出决定：

(一)依法应当撤销行政许可的，决定撤销；

(二)依法应当责令改正的，决定责令改正。

收到责令改正决定的机关应当在10日内以书面形式向作出责令改正决定的机关报告纠正情况。

第二十一条 监察机关依照有关法律、行政法规规定对交通行政许可实施机关及其工作人员实施监察，作出处理决定。

第二十二条 交通行政许可实施机关及其工作人员拒不接受交通行政许可监督检查，或者拒不执行交通行政许可监督检查决定，由其上级交通主管部门或者监察部门对直接负责的主管人员和其他直接责任人员依法给予行政处分。

第二十三条 本规定自2005年1月1日起施行。

交通法规制定程序规定

（交通部令2006年第11号　2006.11.24）

第一章　总　　则

第一条　为规范交通法规制定程序和交通立法行为，保证交通立法质量，根据《中华人民共和国立法法》、《行政法规制定程序条例》和《规章制定程序条例》，制定本规定。

第二条　交通法规的立项、起草、修订、审核、审议、公布、备案、解释和废止，适用本规定。

第三条　本规定所称交通法规，是指交通部起草上报和制定的调整公路、水路交通事项的下列规范性文件：

（一）交通部起草上报国务院审查后提交全国人民代表大会或其常务委员会审议的法律送审稿；

（二）交通部起草上报国务院审议的行政法规送审稿；

（三）交通部及交通部与国务院其他部门联合制定的规章。

第四条　制定交通法规应当遵循下列原则：

（一）交通法规应当贯彻党和国家的路线、方针和政策；

（二）法律送审稿不得与宪法相违背；行政法规送审稿不得与宪法、法律相违背；规章不得同宪法、法律、行政法规、国务院的决定、命令相违背；

（三）交通法规应当促进和保障交通行业健康、可持续发展，体现和维护交通从业者和人民群众的根本利益。

第五条　交通法规的名称应当准确、规范，符合下列规定：

（一）法律称“法”；

（二）行政法规称“条例”、“规定”、“办法”；

（三）规章称“规定”、“办法”、“规则”、“实施细则”、“实施办法”。

第六条 交通法规应当备而不繁，逻辑严密，结构严谨，条文明确、具体，用语准确、简洁，具有可操作性。

第七条 交通法规根据内容需要，可以分为章、节、条、款、项、目。章、节、条的序号用中文数字依次表述，款不编号，项的序号用中文数字加括号依次表述，目的序号用阿拉伯数字依次表述。

除内容复杂的外，规章一般不分章、节。

第八条 交通法规制定工作由交通部法制工作部门（以下简称法制工作部门）归口管理，具体工作主要包括：

（一）编制和组织实施交通立法规划和年度立法计划；

（二）协调交通法规的起草工作；

（三）负责交通法规送审稿的审核修改和报送工作；

（四）负责配合立法机关开展法律、行政法规草案的审核修改工作；

（五）组织规章的解释、清理、废止工作；

（六）负责交通规章的公布工作；

（七）负责交通规章的备案工作。

交通立法工作经费应当列入财政预算。

第二章 立 项

第九条 法制工作部门应当按照突出重点、统筹兼顾、符合需要、切实可行的原则，于每年年初编制本年度的立法计划。

第十条 交通部各部门根据职责和管理工作的实际情况，认为需要制定、修订交通法规的，应当于计划年度前一年的 10 月份向法制工作部门提出立项建议。

其他单位、社会团体和个人也可以向交通部法制工作部门提出立法建议。

第十一条 立项建议涉及部内多个部门职责的，可以由有关部联合提出立项建议;对于立项建议有分歧的,由法制工作部门协调提出建议,仍不能达成一致意见的,报部领导决定。

第十二条 下列事项不属于交通法规立项范围:

(一)交通行政机关及所属单位的内部管理事项、工作制度等;

(二)对具体事项的通知、答复、批复等;

(三)技术标准、技术规范等;

(四)有关工资、津贴标准的规定;

(五)需要保密的事项;

(六)依照立法法规定不属于交通法规规定的其他事项。

第十三条 立项建议应当包括以下内容:

(一)交通法规的名称;

(二)拟立项目是新制定还是修订;

(三)立法目的、必要性和所要解决的主要问题;

(四)立法项目的调整对象和调整范围;

(五)拟确立的主要制度;

(六)立法进度安排;

(七)立法项目起草部门和责任人;

(八)发布机关。

立项建议应当由建议部门主要负责人签署。

第十四条 法制工作部门应当根据立法计划的编制原则,从以下方面对立项建议进行汇总研究,拟定交通部年度立法计划:

(一)是否符合交通部近期和年度中心工作要求;

(二)交通法律和行政法规的立项建议是否符合交通法规体系框架的要求;

(三)立法事项是否属于应当通过立法予以规范的范畴;

(四)法规之间是否相互衔接,内容有无重复交叉;

(五)立法时机是否成熟;

(六)立法计划的总体安排是否切实可行。

第十五条 立法计划分为一类立法项目和二类立法项目。

一类立法项目,是指应当在年内完成的立法项目,即法律送审稿、行政法规送审稿在年内上报国务院,规章在年内公布。

二类立法项目,是指年内研究起草,适时报审的立法项目。

第十六条 立法计划应当包括以下内容:

(一)立法项目名称;

(二)立法项目起草部门和责任人;

(三)报部法制工作部门审核时间;

(四)报部务会议审议时间或者上报国务院时间;

(五)其他需要写明的内容。

第十七条 交通部年度立法计划经主管部领导审核后,报交通部部务会议(以下简称部务会议)审议,以交通部文件印发执行。

交通部年度立法计划是开展交通年度立法工作的依据,应当严格执行。各部门应当按照立法计划规定的时间完成起草、修改和审核工作。法制工作部门应当对年度立法计划执行情况进行检查、督促,并定期予以通报。

立法计划在执行过程中需要增加或者减少立法项目的,部内有关部门应当提出变更立法计划的建议并会商法制工作部门,报主管法制工作的部领导和分管其业务的部领导批准后,由法制工作部门对立法计划作出调整。

第三章 起 草

第十八条 交通法规由立法计划规定的起草部门负责组织起草。需与有关部委联合起草的,应当同有关部委协调组织起草工作。

起草交通法规,可以邀请有关组织、专家参加,也可以委托有关组织、专家起草。

第十九条 起草交通法规,应当遵循立法法确定的立法原则,并符合宪法和法律的规定,同时还应当符合下列要求:

（一）体现改革精神，科学规范行政行为，促进政府职能向经济调节、市场监管、社会管理、公共服务转变；

（二）符合精简、统一、效能的原则，简化行政管理手续；

（三）切实保障公民、法人和其他组织的合法权益，在规定其应当履行的义务的同时，应当规定其相应的权利和保障权利实现的途径；

（四）体现行政机关的职权和责任相统一的原则，在赋予行政机关必要职权的同时，应当规定其行使职权的条件、程序和应承担的责任；

（五）体现交通事业发展和交通行业管理工作的客观规律；

（六）规章所规定的事项不得超过交通部的法定职能；

（七）符合立法技术的要求。

第二十条 起草部门应当落实责任人员或者根据需要成立起草小组，制定起草工作方案，并及时向法制工作部门通报起草过程中的有关情况。

第二十一条 法制工作部门可以提早介入交通法规起草工作，及时了解交通法规的起草情况，协助起草部门协调解决起草过程中的问题。

第二十二条 起草交通法规，应当深入调查研究，总结实践经验，广泛征求有关机关、组织和公民的意见。征求意见可以采取书面征求意见、座谈会、论证会、听证会等多种形式。

起草交通法规应当书面征求省级交通主管部门的意见。

第二十三条 需要举行听证会的，应当按照下列程序组织：

（一）听证会应当公开举行，起草部门应当在举行听证会的30日前公布听证会的时间、地点和内容；

（二）通过社会公开报名、邀请等形式确定参加听证会的有关机关、组织和公民；

（三）参加听证会的有关机关、组织和公民对起草的交通法规，有权提问和发表意见；

（四）听证会应当制作笔录，如实记录发言人的主要观点和

理由;

（五）起草部门应当认真研究听证会反映的各种意见，并在起草说明中对意见的处理情况和理由予以说明。

第二十四条 起草的交通法规直接涉及公民、法人或者其他组织切身利益，有关机关、组织或者公民对其有重大意见分歧的，起草部门应当向社会公布，征求社会各界的意见，也可以举行听证会。

起草部门应当认真研究社会各界和听证会反映的意见，并在起草说明中对意见的处理情况和理由予以说明。

第二十五条 交通法规涉及重大技术管理问题的，起草部门应当向交通部总工程师征求意见，并在起草说明中对有关意见的处理情况和理由作出说明。

第二十六条 交通法规内容涉及多个部门职责或与其他部门关系紧密的，起草部门应当征求相关部门意见。经充分协商仍不能取得一致意见的，起草部门应当在起草说明中说明情况。

第二十七条 起草部门应当编写起草说明。起草说明应当包括以下内容：

（一）立法目的和必要性；

（二）立法依据；

（三）起草过程；

（四）征求意见的情况、主要意见及处理、协调情况；

（五）对设立和规定行政许可事项的说明；

（六）对确立的主要制度和主要条款的说明；

（七）其他需要说明的内容。

第二十八条 起草部门应当按照立法计划确定的进度安排完成起草工作，形成送审稿，并按时送法制工作部门审核。

送审稿应当由起草部门的主要负责人签署；涉及部内其他部门职责的，应当在送审前送有关部门会签；由几个部门共同起草的送审稿，应当由几个部门主要负责人共同签署。

第二十九条 起草部门将送审稿送法制工作部门审核时，应当一并报送起草说明和其他有关材料。

其他有关材料主要包括汇总的意见、调研报告、听证会笔录、国内外立法资料等。

第四章 审 核

第三十条 送审稿由法制工作部门统一负责审核、修改。

第三十一条 法制工作部门主要从以下方面对送审稿进行审核:

(一)提交的材料是否齐备,是否符合本规定的要求;

(二)是否符合本规定第四条、第十九条的规定;

(三)是否与有关法规衔接、协调;

(四)是否征求了有关方面的意见,并对主要意见提出了处理意见,有关处理意见是否正确、合理;

(五)有关分歧意见是否经过充分协调并提出处理意见,有关处理意见是否正确、合理;

(六)是否符合立法技术的要求;

(七)是否符合实际,具备可操作性;

(八)是否符合本规定的其他有关要求。

第三十二条 送审稿有下列情形之一的,法制工作部门可以退回起草部门:

(一)报送材料不齐备或者不符合规定的;

(二)立法依据不足或者与上位法抵触、矛盾的;

(三)起草部门对存在较大争议的问题未与有关部门协商或者有关部门对规定的主要制度存在较大争议的;

(四)主要内容严重脱离实际或者缺乏可操作性的;

(五)在立法技术上存在较大缺陷,需要作全面调整和修改的;

(六)送审稿不符合本规定第四条、第十九条、第二十八条规定的。

被退回的送审稿经起草部门按照要求完善后，应当按照规定程序重新报送法制工作部门审核。

第三十三条 法制工作部门可以就送审稿涉及的主要问题征求相关部门的意见；涉及国务院其他部委职责或者与之有密切关系的，可以向有关部委征求意见；涉及重大、疑难问题的，应当召开由有关单位、专家参加的座谈会、论证会，听取意见，研究论证。

第三十四条 法制工作部门可以就送审稿涉及的主要问题，深入基层进行实地调查研究，听取基层有关机关、组织和公民的意见。

第三十五条 送审稿直接涉及公民、法人或者其他组织切身利益，有关机关、组织或者公民对其有重大意见分歧，起草部门在起草过程中未向社会公开征求意见，也未举行听证会的，法制工作部门可以将送审稿向社会公开征求意见，也可以举行听证会。

需要举行听证会的，按照本规定第二十三条规定的程序进行。

第三十六条 法制工作部门应当就送审稿中的有关重要法律问题向交通部法律专家咨询委员会征求意见。

法制工作部门应当对专家咨询意见进行全面客观的整理，并提出对专家意见的处理建议。

第三十七条 各相关部门对送审稿中关于管理体制、职责分工、主要管理制度等内容有不同意见的，法制工作部门应当组织相关部门进行协调，力求达成一致意见；不能达成一致意见的，应当将争议的主要问题、各方意见和处理建议报主管部领导决定。

第三十八条 法制工作部门应当认真研究各方意见，在与起草部门协商后，对送审稿进行修改，形成交通法规送审修改稿，并编写审核报告。

第三十九条 交通法规送审修改稿和审核报告由法制工作部门主要负责人签署，并按有关规定送起草部门和相关部门会签，报有关部领导审核。

交通法规送审修改稿经部领导审核同意后，提请部务会议审议。

第五章　审议与公布

第四十条　交通法规送审修改稿由部务会议审议。

部务会议审议送审修改稿时，由法制工作部门主要负责人对送审修改稿作说明。

第四十一条　部务会议审议通过的规章送审修改稿，由部长签署并以交通部令形式公布。

部务会议审议通过的由交通部主办的与国务院其他部委联合制定的规章，由交通部部长与国务院其他部委的领导共同签署，以联合部令形式公布，使用交通部令的序号。

部务会议审议通过的法律、行政法规送审修改稿，由部长签署以交通部文件形式报国务院审查。在全国人大、国务院审核、修改过程中，由法制工作部门会同相关部门做好协调、配合工作。

第四十二条　经部务会议审议未通过的交通法规送审修改稿，由法制工作部门按照部务会议要求，会同有关部门进行修改、完善后，报部领导决定是否再次提交部务会议审定。

第四十三条　公布规章的命令应当载明规章的制定机关、序号、规章名称、通过日期、施行日期、公布日期和签署人等内容。

第四十四条　规章公布后，应当及时在《国务院公报》、《中国交通报》、交通部政府网站上刊登。

在《国务院公报》上刊登的规章文本为标准文本。

第四十五条　规章应当在公布之日起30日后施行，但是涉及国家安全以及公布后不立即施行将有碍规章施行的，可以自公布之日起施行。

第六章　备案、修订、解释和废止

第四十六条　规章应当在公布后30日内，由法制工作部门按照有关规定报送国务院备案。

第四十七条　具有下列情形之一的,交通法规应当予以修订:

(一)与上位法矛盾或者抵触的;

(二)与同位法存在矛盾的;

(三)立法背景发生重大情势变迁,交通法规内容已不适应形势需要的;

(四)其他应当修订的情形。

修订交通法规适用交通法规的制定程序。

第四十八条　规章的解释权属于交通部。规章的解释同规章具有同等效力。

规章有下列情形之一的,应当予以解释:

(一)规章条文本身需要进一步明确具体含义的;

(二)规章制定后出现新的情况,需要明确适用依据的。

第四十九条　规章的解释由原起草部门负责起草,由法制工作部门按照规章审核程序进行审核、修改;或者由法制工作部门起草,征求有关部门的意见。规章的解释报请部务会审议或者经部领导批准后以交通部文件公布。

第五十条　规章有下列情况之一的,应予废止:

(一)规定的事项已执行完毕,或者因情势变迁,无继续施行必要的;

(二)因有关法律、行政法规的废止或者修改,失去立法依据的;

(三)与新颁布的法律、行政法规相违背的;

(四)同一事项已被新公布施行的规章所代替,规章失去存在意义的;

(五)规章规定的施行期限届满的;

(六)应当予以废止的其他情形。

第五十一条　规章的废止由法制工作部门归口管理。

规章的废止可以由部内有关部门、省级交通主管部门向法制工作部门提出,也可以由法制工作部门直接提出。

第五十二条　除第五十条第(五)项规定的情形外,废止规章应当经部务会议审议决定，以部令形式予以公布。

第七章　附　则

第五十三条　规章的清理工作由法制工作部门统一组织实施。

第五十四条　负责起草、制定地方交通法规、政府规章的交通主管部门应当在起草过程中征求交通部的意见。

地方交通法规、政府规章应当自公布之日起30日内，由公布机关同级人民政府交通主管部门法制工作机构向交通部报送十份。

第五十五条　本规定自2007年1月1日起施行。《交通法规制定程序规定》（交通部令1992年第38号）同时废止。

综　　合

交通卫生防疫工作条例

（交通部 (86)交劳字756号 1986.10.21）

第一章 总 则

第一条 为了贯彻“预防为主”的方针，明确交通系统卫生防疫站的性质、任务，加强卫生防疫站的建设，开展防病灭病工作，提高职工、旅客的健康水平，保护劳动力，保障运输生产任务的完成，特制定本条例。

第二条 交通卫生防疫站是交通系统的卫生事业单位。是应用现代预防医学理论、技术进行卫生防疫监测、监督、科研、培训的专业机构，也是卫生的职能机构和卫生防疫业务技术指导中心。

第二章 任 务

第三条 开展卫生防疫监测、监督工作

一、流行病学：要及时掌握流行病的动态，要经常地系统地收集、整理、分析发病因素，掌握流行规律，进行预报预测，制定综合性的防治措施，组织、指导防治工作。依据国家《急性传染病管理条例》的规定，参照当地制定的实施细则对传染病进行管理。监督医疗机构对疫情报告和传染病管理、隔离、消毒制度的执行情况。当发现甲类传染病发生、或乙类传染病流行时，及时组织、指导对疫情的调查处理，防止急性传染病借交通运输途径传播蔓延。

针对交通运输系统的特点，对常见病、多发病进行调查并提出防治措施。

组织、指导各项预防接种及预防投药工作，负责生物制品的使

用计划、分配和免疫效果的观察及接种后疫(菌)苗反应的调查处理,掌握人群免疫水平。

对病媒昆虫、动物制定防制措施,做好消毒、杀虫、灭鼠工作的技术指导。采取专业与群众相结合的方法,进行消毒、杀虫、灭鼠工作。

根据国家规定和上级主管部门的指令,组织实施对车、船、港的卫生检疫工作。

二、劳动卫生:对交通运输生产,车、船、港、站、厂和基建工程劳动环境的各种有害因素及其对人体健康的影响进行监测。预防职业病、职业中毒和多发病。对各种职业危害的防护措施进行卫生学鉴定,配合有关部门督促、指导劳动条件的改善。

组织接触有害作业的职工进行健康检查,收集、整理、分析有关厂、矿企业职业中毒和职业病报告资料,掌握职工的健康状况及负责劳动能力的鉴定。

三、放射卫生:调查环境放射性污染(水、空气、土壤、食物和有关生物、日用品、居住环境等)。

对放射性同位素应用进行管理。

组织对从事放射性工作的职工进行体检和防护工作。

四、环境卫生:对交通部门车、船、港、站、厂的环境卫生,生活饮用水卫生,旅客的旅行卫生状况及其工作人员的健康进行监督、监测、检查、管理,提出改善措施。

对粪便、垃圾、污水无害处理和给水卫生管理进行技术指导,并对三废处理的技术设施进行卫生学鉴定。开展环境污染影响人体健康的调查研究工作。对公共卫生设施、状况进行监督、监测。

根据国家法令、条例、标准对辖区内各交通单位的公共卫生设施进行经常性卫生监督。对新建、扩建、改建的港、厂、站、院、校、船舶及住宅区等公共卫生设施的设计、规划进行预防性卫生监督。

五、食品卫生:依据《中华人民共和国食品卫生法》对食品装卸、贮运条件和食品加工、销售过程的操作环节、食品的卫生质量、餐茶具、容器进行卫生监督和监测,提出改进意见。

对饮食从业人员进行健康管理，对食物中毒和食物运输污染事故进行调查处理。

对职工的营养状况进行监测、调查，提出改进膳食的建议。

六、学校卫生：对本系统所辖的学校、托幼机构的环境卫生、卫生设施、学生健康状况进行监测、监督、调查、管理。培训保健教师，改进学校卫生状况，保护学生的视力，指导疾病的预防工作。

第四条 积极宣传国家的卫生工作方针、政策，普及提高群众卫生防病除害知识。在爱国卫生运动中，当好参谋和负责技术指导，对群众创造的除害灭病成果进行卫生学鉴定。

第五条 结合交通运输生产和除害灭病任务的需要，开展预防医学的研究、实验和业务培训工作。

第三章　机构编制和职责范围

第六条 根据卫生部(80)卫防字第46号、国家编委(80)国编字第39号文颁发《各级卫生防疫站组织编制规定》的要求，结合交通系统的实际需要，交通卫生防疫站机构设置为：各港务局、海运局、内河航务管理局、远洋公司、轮船公司设立卫生防疫站；各省、自治区、直辖市交通厅(局)，各公路工程局、航道局、航务工程局、救捞局及交通系统其他有关单位，都应设立相应的卫生防疫机构(站、组)或人员；长江航务管理局、长江轮船总公司以及其他5万人以上的企业，可设立中心防疫站。防疫站的级别应与同级医院相等。

第七条 交通卫生防疫站根据条件和需要可设置：流行病(防疫)、港、船卫生(消、杀、灭、环境卫生)，食品卫生，劳动卫生，检验办公室(卫生宣传)等科(或组)室。如有条件可设学校卫生和放射卫生组。

第八条 交通卫生防疫站受企、事业单位的直接领导，业务上受本单位卫生行政部门、本系统和地方上一级卫生防疫站的领导。

第九条 交通卫生防疫站的人员编制，大中型企业按本企业卫生人员总数的7%配备,或根据任务按20~60人编制配备。小型企业职工500人以上设防疫员,1500人以上设卫生防疫组3~5人。各卫生防疫站科室人员编制方案自行制定,但行政管理人员不得超过16%。

第四章 队伍建设

第十条 卫生防疫站要配备得力的领导干部,实行站长负责制。站长要由具有卫生防疫专业知识,热爱熟悉卫生防疫工作,并有一定组织能力和开拓精神的人员担任。要有职有权。其他领导干部也要配备具有组织能力,熟悉业务工作的人员担任。积极配合站长工作。

第十一条 卫生防疫站各科室负责人,要由组织能力较强,业务水平较高的医师以上的专业人员担任。要把主要时间用在业务技术管理上,并亲自参加专业工作。

第十二条 卫生防疫站的业务技术人员的结构为:主任医师、副主任医师、主管(治)医师、医师、医士(含相应职务)。

第十三条 各卫生防疫站要有计划有步骤地进行卫生防疫人员的培训。对高级卫生防疫人员可专业定向培养,以发挥其专业特长。对政治思想好,在工作中有显著成绩的卫生防疫人员可重点培养。根据国家有关规定,对卫生防疫人员进行定期考核晋升。卫生防疫人员要经过专业培训,才能从事卫生防疫工作。严禁非卫生技术人员从事卫生防疫工作。

第十四条 行政后勤人员要树立为业务工作和全站工作人员服务的思想,为顺利开展业务工作创造条件。卫生防疫人员之间以及和行政后勤人员之间要加强协作,互相尊重,搞好团结。

第五章 工作用房、设备及其他

第十五条 卫生防疫站必须具有与业务开展相适应的工作用

房。如检验室、实验室、消毒室、精密仪器室、图书资料室、办公室、会议室、药品器材仓库等。根据实际需要和现实情况一般为：

中心防疫站800～1200平方米(使用面积)；

卫生防疫站600～800平方米(使用面积)。

第十六条　交通卫生防疫站应备有防疫、监测、消毒专用机动车辆和必须的监测设备器材。

卫生防疫经费属营业外开支，一般可按医疗经费的10%～20%提取，或按职工人数每人每年8元计算日常经费。

第十七条　在工作中接触有毒有害物质或传染病人、病源、病媒昆虫及疫区的卫生防疫人员，应按国家有关规定标准发放保健津贴，根据工作需要发放劳保用品和个人防护用品。

第六章　工作方法

第十八条　卫生防疫站的各项卫生防疫工作必须有计划性、系统性、连续性。必须有长远规划和近期安排。积极探索工作规律，注意总结经验。逐步建立工作程序，健全各种业务工作档案。经常分析卫生防疫工作的数量和质量指标，不断提高卫生防疫工作水平。

第十九条　卫生防疫站各级人员必须面向生产、面向基层、面向群众。总结推广典型经验，加强请示报告，运用科学方法和先进技术设备，进行调查研究和监督监测，提出防治对策，推动卫生防疫工作的全面开展。

第二十条　卫生防疫站在执行卫生监督任务时，应严格按照国家颁发的卫生法令和监督条例进行。

第二十一条　卫生防疫站必须结合工作实际有目的地开展科研工作。改进卫生管理，提高防病效果。要积极参加本系统和当地的学术活动，掌握科技情报，办好资料汇编。

第二十二条　各卫生防疫站要建立健全规章制度，制定各科(或组)室职责范围、工作人员岗位责任制和技术操作规程。

第二十三条 卫生防疫站在进行工作时，要与有关部门加强联系，密切配合，共同做好卫生防疫工作。

第二十四条 卫生防疫站要贯彻执行党的知识分子政策，对知识分子要做到政治上充分信任，思想上严格要求，工作上大胆使用，业务上不断培养，生活上热情关怀。有突出才能的卫生防疫人员，要在工作上重点保证，配备必要的助手。卫生防疫人员要保持相对稳定，不要轻易调动去做其他非业务性工作。

第二十五条 根据国家有关规定和关于医药卫生技术人员职务晋升条件，对卫生防疫人员进行考核晋升。

第二十六条 本条例自发布之日起实施。

交通部工业产品质量监督抽查试行办法

（交通部 （88）交企字77号 1988.01.30）

总 则

一、为了加强对交通工业产品的质量监督，促使企业贯彻执行产品标准，提高产品质量，防止劣质产品危害国家和消费者利益，根据国务院发布的《工业产品质量监督试行办法》与《工业产品质量责任条例》，特制订本办法。

二、本办法的抽查范围仅限于交通系统企业生产的工业产品。

三、建立交通部工业产品质量监督抽查制度，由交通部组织有关单位对产品质量进行抽查，并发布交通部监督抽查公报。

四、抽查的依据是产品的国家标准，部颁（专业）标准，地方标准或企业内控标准，以及国家有关规定中的重要性能和安全指标。对被抽查产品要进行综合评定，标准和有关规定中缺乏综合评定要求的，由产品质量检验测试中心提出意见报部确定。

五、抽查不得事先通知被查企业，由承检单位直接到销售部门、用户仓库或生产企业的近期产品中按规定（即承检单位公布的抽样规定）提取样品。

被抽取的样品，由生产企业无偿提供，在厂外抽取的样品由生产企业如数无偿补给，样品检验后，退还生产企业。

六、年度抽查产品计划由各省（自治区、直辖市、计划单列市）交通厅（局）（以下简称省（市）厅（局））选定向部提出，由部汇总下达执行，其抽查产品目录，定期公布实施（抽查产品目录将与交通部工业产品生产许可证、产品评优等日常监督工作统一商定）。

承检单位的职责和任务。

七、承检单位应具备同检测任务相适应的仪器设备和管理制度等条件，并由熟悉产品标准、抽样方法、懂得生产工艺、熟练掌握检测仪器、设备的人员进行工作。

八、承检单位对抽样和检测要有详细记录，检测数据和产品综合评定要准确无误，检测原始数据要妥善保存备查。

九、承检单位在检测结束后，15 天内将检测结果，综合评定意见和抽检工作总结报交通部，抄送被检单位所在的交通厅(局)并将检测结果通知有关受检企业。

十、承检单位在检验结束后，将监督抽查检测费用决算表报部。

问题处理

十一、对抽查不合格产品的生产企业，分别由各省(市)交通厅(局)组织有关单位查明情况，落实整改措施，并将整改情况报部。产品不合格企业经整改后，向省(市)交通厅(局)提出复查验收申请，对产品的复检由省(市)厅(局)负责组织，省(市)厅(局)检测有困难的可请原承检单位复检，检测费用一律由申请复检企业支付。

十二、对复查验收合格的企业，由部通过适当场合或通过新闻单位予以说明或报导。

对复查验收仍不合格的生产企业的处理可根据产品不合格程度，结合该企业质量保证体系和日常质量管理情况进行。处罚措施包括：

(1)限期对该产品的生产进行整改(一般为半年)，在整改期间停发厂长和直接责任者的奖金。

(2)对一贯不重视质量管理，而又不认真整改的厂长除给予本条(1)项处罚外，企业主管部门要按国家有关规定给予行政处分，直至撤销其职务。

(3)获得部优质称号的产品抽查不合格时，暂停使用优质称号，收回证书，予以通报。

(4)对不具备生产条件或产品质量问题严重，经限期整顿无效者，责令企业停止该产品的生产，对颁有生产许可证的，建议由发证部门收回生产许可证。

(5)限期整顿无效，产品仍达不到质量标准的企业不能升级。

十三、产品抽查不合格的企业，在接到检测结果通知后，厂长要向全厂职工通报情况，检查存在问题，查清有关人员质量责任，对不合格的产品要进行清理，不准出厂，对已出厂的应由生产企业负责对用户实行包修、包换、包退。

工作纪律

十四、参与抽查的单位和人员对抽查厂家名单和有关检测数据要严守秘密，不徇私情，杜绝一切行贿受贿行为，如有违犯，主管部门要追究有关人员的责任，作出严肃处理。

十五、生产企业和经销单位要积极配合抽查工作，不能以任何理由和形式设置障碍。对影响抽查工作正常进行的单位和个人，要追究责任。生产企业抗拒抽样的，按不合格论处，并予通报批评。

十六、生产企业和经销单位不得以抽查结果作为商品广告的依据，用户不得以抽查结果取消订货合同。

附　则

十七、本办法由交通部负责解释。

交通运输公共场所卫生管理办法

（交通部 （89）交人劳字484号 1989.08.26）

第一章 总 则

第一条 为加强交通运输公共场所的卫生监督管理。保障广大旅客及交通运输工作人员的身体健康，根据《公共场所卫生管理条例》（以下简称条例）和《公共场所卫生管理条例实施细则》（以下简称实施细则）的规定，制定本办法。

第二条 本办法适用于公路水路交通运输的候车（船）室，公路水路公共交通工具以及服务于交通运输的各公共场所。

第三条 交通系统各级行政部门是交通运输公共场所卫生管理的主管部门。交通系统各级卫生防疫站为交通运输公共场所卫生监督机构。未设立卫生防疫站的，交通运输行政部门应委托地方卫生防疫机构负责交通运输公共场所的卫生监督。

第四条 港口客运站、长途汽车站、客船的设计、经营应符合国家规定的公共场所卫生标准。

第二章 卫 生 管 理

第五条 交通运输公共场所的经营者负责对从业人员进行卫生知识培训，由所在地交通卫生监督机构负责考核。

交通卫生监督机构，应根据国家“公共场所从业人员卫生知识培训教学大纲”编写教材。下达培训任务和要求。公共场所从业人员未经培训或培训后成绩不合格不准上岗。

第六条 凡在主要对旅客和职工服务的公共场所从事直接服

务的人员，每年必须进行一次健康检查，新从事此项工作的须先进行健康检查，取得健康合格证后，方准上岗。

交通运输公共场所经营者应于每年 4 月 30 日前向交通卫生监督机构申报应检人员名单。健康检查工作由交通卫生监督机构或其指定的医疗部门承担。检查工作应于每年 6 月 30 日前完成。交通运输公共场所经营者应在检查工作结束后一周内，将检查结果上报交通卫生主管部门。对检查合格者，交通卫生监督机构核发健康合格证。

第七条 乘客定额 100 人以上的客船，建筑面积 200 平方米以上的长途汽车站候车室、港口客运站候船室及其他服务于交通运输的公共场所经营者，必须持有交通卫生监督机构签发的交通卫生许可证，方准办理营业手续。申请交通卫生许可证，须向所在地的交通卫生监督机构提出。交通卫生监督机构接到申请后应对营业场所进行审查、监测，符合《条例》要求的，发给卫生许可证。

新建、改建、扩建交通运输公共场所或变更营业项目，按上述程序重新申领卫生许可证。

卫生许可证每两年复核一次，未按《条例》及实施细则的规定如期复核的原卫生许可证即自行失效。

第八条 公路水路交通运输的候车(船)室，水路、公路公共交通工具以及服务于交通运输的各公共场所因不符合卫生标准和要求，造成下列危害健康事故的，经营单位除进行妥善处理外，应及时报告交通卫生监督机构。造成严重危害公民健康事故或中毒事故的应向受害人赔偿损失：

(一)因微小气候不符合卫生标准造成虚脱休克的；

(二)因空气质量恶化造成呼吸道传染病的；

(三)因强烈眩光刺激造成短暂视力损害的；

(四)因强烈噪声造成短暂听力损害的；

(五)因饮用水不卫生造成介水传染病流行和中毒的；

(六)因公共用具和卫生设施不卫生造成肠道传染病、病毒性肝炎、皮肤病、性病等传染性疾病的；

（七）因意外事故造成一氧化碳、氨气、氯气、消毒杀虫剂中毒的。

以上各项必须用标准方法检测，经交通卫生监督机构确认。

第三章 卫生监督

第九条 各级交通卫生监督机构负责管辖范围内的公共场所的卫生监督工作，并在业务上接受当地卫生防疫机构的业务指导。交通运输公共场所的卫生监督工作实行分级管理的制度。中心卫生监督机构负责所属地区交通运输公共场所的卫生监督、监测，并对所属的卫生监督机构进行业务指导。

第十条 各级交通卫生监督机构对所辖范围内的交通运输公共场所的新建、扩建、改建工程的选址和设计，进行卫生审查，参加竣工验收，对经营活动进行预防性和日常的卫生监督管理。

第十一条 交通卫生监督机构可根据需要设置公共场所卫生监督员。执行条例及其实施细则规定的任务。卫生监督员应选择政治思想好，遵纪守法、工作认真，作风正派，秉公办事，具有医士以上（含医士）的技术职称、熟悉有关监督监测业务和规章的人员担任，并经卫生监督机构的上级卫生主管部门考核批准。

设置卫生监督员后，应向交通部卫生主管部门和当地卫生行政部门备案。

第十二条 年发送旅客在50万人次以下的长途汽车站候车室、港口客运站候船室，可设卫生监督员1人。超过50万人次，每增加30万人次，增设卫生监督员1人。客船每15艘设卫生监督员1人。

第十三条 交通运输公共场所卫生监督员执行公务，必须着装整洁，佩戴“中国卫生监督”证章，出示卫生监督员证书。

交通部直属单位卫生监督机构设置的卫生监督员，由交通部卫生主管部门发给证书和证章。各双重领导港务局卫生监督机构设置的卫生监督员可由交通部卫生主管部门发给证书和证章。各省、市、自治区、计划单列市交通主管部门所属卫生监督机构设置的卫生监督员由当地卫生行政部门发给证书和证章。

第四章　罚　　则

第十四条　对违反本《办法》的交通运输公共场所经营者，交通卫生监督机构应依照《条例》及实施细则的规定给予警告、罚款、停业整顿、吊销卫生许可证的处罚。

第十五条　对依法行使职责的卫生监督人员谩骂、殴打，阻挠卫生监督人员依法行使职责者，由公安部门按照《中华人民共和国治安管理处罚条例》进行处罚。对触犯刑律的，由司法机关依法追究刑事责任。

第十六条　交通系统各级卫生主管部门的人员、交通卫生监督机构的人员以及所设置的卫生监督员玩忽职守、滥用职权，收取贿赂、徇私舞弊的，由其主管部门给予行政或经济处罚；构成犯罪的由司法机关依法追究刑事责任。

第五章　附　　则

第十七条　本办法由交通部负责解释。

第十八条　本办法自 1989 年 10 月 1 日起施行。

交通行业能源利用监测管理暂行规定

（交通部　(90)交体字391号　1990.07.18）

第一章　总　　则

第一条　为加强节能管理，促进节能降耗，提高经济效益，根据国务院《节约能源管理暂行条例》、国家计委《节约能源监测管理暂行规定》和交通部《交通行业节能管理实施条例》，制定本规定。

第二条　本规定适用于交通行业各级企业、事业单位。

第二章　机构与职责

第三条　交通部设“交通部水运行业能源利用监测中心”和“交通部汽车运输行业能源利用监测中心”（下称监测中心），分别负责管理水运系统、汽车运输系统直属单位的能源监测工作、负责监测站的建站管理，指导本行业的能源利用监测工作，接受“全国节能监测管理中心”的技术和业务指导。

第四条　各省、自治区、直辖市交通厅（局）可根据具体情况批准组建本地区水运系统和汽车运输系统的能源利用监测站（下称地方监测站）。

第五条　直属、双重领导企业经上级主管部门批准可设立能源监测站（下称企业监测站）。企业监测站对其所属基层单位的能源利用进行监测。

第六条　监测中心的主要职责是；

（一）组织制定本行业能源利用监测技术规范、标准；

（二）负责直属、双重领导企业的能源利用监测；

（三）负责地方监测站、企业监测站的建站审查、认定工作；

（四）指导地方监测站、企业监测站开展能源利用监测工作。如有必要，也可对地方企业实施节能监测；

（五）开展本行业能源利用监测技术研究、情报交流、技术培训和咨询工作；

（六）对地方监测站、企业监测站监测人员进行考核、审定、认证和技术指导；

（七）向交通部能源主管部门及“全国节能监测管理中心”汇报监测工作，并提出有关建议。

第七条 地方监测站的主要职责是：

（一）协助本地区节能主管部门制订本行业的能源利用监测计划；

（二）对本地区所属企业实施能源利用监测；

（三）负责搜集、整理、储存本地区本行业能源利用监测数据和资料；

（四）对地方企业中的能源利用自检工作进行技术指导和监督；

（五）定期向本地区节能主管部门和监测中心报告能源利用监测工作并提出有关建议。

第三章 监测内容及程序

第八条 能源利用监测的主要内容是：

（一）检测、评价合理用油状况；

（二）检测、评价合理用电状况；

（三）检测、评价合理用热状况；

（四）对企业或企业的主要用能设备进行能量平衡的监测和评价；

（五）对节能技术、节能装置（产品）的节能效果进行鉴定认证；

（六）协助技术监督部门对供能质量进行监督、检测；

（七）接受企业委托对企业申报节能管理升（定）级技术数据

进行测查；

（八）监督企业对国家已公布淘汰的高耗能机电产品进行技术更新和技术改造。

第九条 能源利用监测机构进行监测时，必须严格执行监测技术规程和有关技术标准。

第十条 能源利用监测分定期监测和不定期监测。定期监测须按计划进行，并提前1至3个月通知被监测单位。能源利用监测中心（站）对用能单位的能源利用情况，也可随时进行监测。

第十一条 被监测单位应向监测中心（站）提供与监测有关的技术文件和资料，并根据监测中心（站）的具体要求做好准备，提供必要的工作条件。

第十二条 监测中心（站）在监测工作结束后，应向被监测单位及其主管部门提出监测报告和处理意见，并抄报同级节能主管部门。

第十三条 对初次监测不合格者，监测中心（站）要及时通知被监测单位，并限期整改，整改后进行复测。如复测仍不合格者，可再次限期整改并复测；第二次复测不合格者，不能参加当年度节能企业升（定）级评选，已获得的节能等级应降级或取消称号。

第十四条 被监测单位对监测处理意见有异议时，在接到处理通知书后15天内可向上级节能主管部门申诉。上级节能主管部门应组织复测、复审，并在一个月内做出处理结论。

第四章 监测机构的管理

第十五条 监测中心须由国家技术监督局认证审定合格后，由交通部批准发给证书，才能施行其职能。

第十六条 地方监测站、企业监测站须经监测中心进行技术审查认可合格发给"监测许可证"后，方可实施监测。

第十七条 各监测站的监测专业人员须经监测中心考核，合格后发给"节能监测员证书"。监测人员凭证工作，无证工作提供的监测数据无效。

第十八条 监测人员在执行任务时应严格遵守纪律和操作规程,保证监测的准确性。

第十九条 优秀的能源利用监测技术规范、标准、方法和报告,可参与科研成果评比。能源利用监测资料和文件,涉及机密的,应严格按照有关保密制度处理。

第二十条 能源利用监测机构从事监测时,可按收费标准收取测试仪器设备折旧、材料、劳务等费用。收费标准须经监测中心(站)的上级节能主管部门会同物价部门批准实行。

第二十一条 本规定由交通部负责解释。

第二十二条 本规定自 1990 年 9 月 1 日起实行。

汽车、船舶节能产品公布规则

（交通部　交体发[1992]191号　1992.03.20）

第一条　为提高车、船能源利用率，应用、推广确有节能效果的车、船用节能产品（下称节能产品），防止和制止假冒伪劣节能产品，根据国务院《节约能源管理暂行规定》，国家计委《节约能源监测管理暂行规定》和交通部《交通行业能源利用监测管理暂行规定》，制定本规则。

第二条　本规则适用于：

（一）在用汽车、船舶节能产品的质量控制、检测和公布；

（二）节能船型、节能车型的认定、监测和公布。

第三条　交通部能源管理办公室（下称交通部能源办）负责组织实施本规则。

第四条　"交通部汽车运输行业能源利用监测中心"、"交通部水运行业能源利用监测中心"及其"武汉工作站"和交通部指定的其他监测机构（下称监测机构）是节能产品检验、试验、监测的实施单位。

第五条　监测机构依照有关国家标准、行业标准、技术标准、技术要求及《在用汽车节能产品试验评定方法》、《船舶用节能产品评定方法》，对节能产品的质量、节能效果进行检测，对节能产品生产企业的技术文件、管理水平、质量保证体系进行审查评定。

第六条　生产企业要求公布节能产品，应向交通部能源办提出申请，并附下列文件：

（一）产品证书、检测试验报告；

1.产品（技术）鉴定证书；

2. 监测机构对被检产品所做的节能《检测报告》；

3. 节能产品装车、装船、装机（装卸机械）的可靠性（生产性）试验报告；

4. 其他应提供的检验、试验报告。

（二）技术文件：

1. 产品的技术文件和图样；

2. 企业生产工艺和全面质量管理文件；

3. 产品标准；

4. 标准化审查报告；

5. 生产工艺文件资料；

6. 试制总结报告；

7. 产品使用说明书。

第七条 交通部能源办受理申请后，应组织专家小组对产品技术文件及检测、试验和监测结果进行评审。

第八条 对评审合格的节能产品，交通部能源办应自企业申请之日起60日内向申请企业颁发该产品的“公布证书”，并分批向社会公布。

第九条 对经评审不合格的节能产品，交通部能源办应自企业申请之日起六十日内书面通知申请企业，不予公布。

第十条 申请方提出保密要求的，有关单位应予保密。

第十一条 取得证书的节能产品可以应用于在用汽车、船舶，并作为交通部节能优选推广项目的候选产品。

第十二条 取得证书的产品若改变设计、标准、工艺、技术参数、牌号、型号应重新办理申请公布手续。

第十三条 取得证书的产品转由其他企业生产、转入企业需另行办理申请公布手续。

第十四条 取得证书的产品须按GB 2828—87《逐批检查计数抽样程序及程序表》进行抽样检测。检测结果纳入产品的“公布”档案，检测不合格的产品限期进行整顿，再行抽样检测，检测仍不合格者将撤消其证书，并予以公布。

第十五条 对伪造、涂改、转借、转让证书或检测报告的，将依法追究当事人的责任。

第十六条 申请公布应按规定交纳手续费。

第十七条 本规则由交通部负责解释。

第十八条 本规则自 1992 年 6 月 1 日起施行。

交通部专业计量检定站管理办法(试行)

(交通部　交体发[1993]49号　1993.01.27)

第一条　为了加强交通部专用计量器具的管理、健全部系统专用计量器具监督管理体系,保证量值传递的准确,根据《中华人民共和国计量法》第七、九条、《中华人民共和国计量法实施细则》第九、十二条的有关规定及部门对本系统的专用计量器具需依法实施计量监督管理的要求,制定本办法。

第二条　交通部专业计量检定站是承担交通部系统内的专用计量器具检定、测试任务的计量检定机构(以下简称检定站)。

第三条　交通部计量主管部门根据需要,按照统筹规划、经济合理、就地就近、利于管理、择优选定的原则,建立检定站。

第四条　检定站的建立、监督管理及开展计量检定、测试任务、必须遵守本办法。

第五条　检定站应当具备下列条件:

(一)能独立公开地开展工作,在专业项目上有相应的技术水平和计量管理能力。

(二)有与开展的专业项目相适应的计量标准、检测装置和配套设备。检定站建立的最高计量标准,需由有关政府计量行政部门主持考核发证。

(三)有与其工作任务相适应的计量检定人员和计量管理人员。检定人员需经交通部计量主管部门考核合格,取得相应的计量检定证书。

(四)有能保证专业计量检定、测试工作正常进行的工作环境和场所设施。

(五)有完善的管理制度和工作制度。

第六条 建立检定站，应当由申请承担计量检定、测试任务单位的主管部门向交通部计量主管部门提交申请建站报告，并报送有关技术文件和资料。

经初审同意筹备建站的单位，在自查具体条件后应向交通部计量主管部门提交考核评审申请书及其他规定文件；由交通部计量主管部门按本办法第五条规定的条件组织考核评审。经考评，合格的由交通部计量主管部门予以批准公布并颁发证书和印章；不合格的发给考核评审结果通知书。

第七条 检定站的职责：

（一）负责建立、保存、维护和使用本专业项目的计量标准。

（二）承担交通部系统专用计量器具的检定、测试任务；如经政府计量行政部门授权，可承担授权范围内的量值传递。

（三）提出发展规划、制定年度工作计划。

（四）开展本专业项目计量检测手段和检定方法的研究。参加有关计量技术法规的研究制定和修改。

（五）负责交通部系统专业项目的计量管理。建立专用计量器具检定档案，根据需要向交通部计量主管部门和行政主管部门提供资料。

（六）承担交通部计量主管部门交办的其他任务。

第八条 检定站业务上接受交通部计量主管部门的领导。行政上隶属于申请承担任务单位的主管部门。检定站站长由行政主管部门任免，并报交通部计量主管部门备案。

第九条 检定站应接受有关政府计量行政部门的监督。

第十条 检定站必须在经考核合格的项目范围内开展工作，未经交通部计量主管部门和其行政主管部门同意不得擅自中止工作。新增加的专业计量检定、测试项目、应当按本办法有关规定办理批准手续。

第十一条 交通部计量主管部门负责对检定站的监督检查。对不符合原考核条件的，会同检定站的行政主管部门责其限期改正；改正期内不得从事承担的检定、测试工作。经改进仍达不到原考核条件的,由交通部计量主管部门吊销其证书和印章。

第十二条 检定站的计量管理人员和计量检定人员,必须执行有关计量法律,法规和规章;违法失职的,由主管部门给予行政处分;情节严重的要追究法律责任。

第十三条 计量检定的收费标准按国家技术监督局技监局法发(1991)323号文的有关规定执行。

凡新增计量器具检定的收费标准,比照同类计量器具检定收费标准制定临时收费标准,报当地物价部门批准,并报部计量主管部门备案。

第十四条 检定站考核评审申请书;考核评审表、考核评审结果通知书及合格证书、印章式样由交通部统一制定。

第十五条 本办法由交通部计量主管部门负责解释。

第十六条 本办法自发布之日起试行。

交通女职工劳动保护实施办法

（交通部　交人劳发[1995]419 号　1995.05.12）

第一条　为了切实搞好女职工劳动保护，根据国务院颁布的《女职工劳动保护规定》，结合交通系统实际情况，制定本办法。

第二条　本办法适用于交通系统各企业、行政、事业单位的女职工。

第三条　各单位必须严格执行国家有关女职工劳动保护的法规和交通部的有关规定，并确定负责女职工劳动保护的工作机构或专兼职人员，加强管理和监督。

第四条　凡适合妇女从事劳动（国家规定的不适合妇女的工种或者岗位除外）的单位，不得以性别为由拒绝录用女职工，或者提高录用标准。

第五条　在女职工怀孕期、产期、哺乳期工资按国家规定发放，不得影响工资调整及有关福利待遇，不得因此停薪或提前解除劳动合同（如合同期已满，必须延续到孕期、产假和哺乳期满），不得以女职工上述生理特点为由，将其转为待聘、编余人员或辞退。

第六条　禁止安排女职工从事国家规定的第四级体力劳动强度的劳动以及其他女职工禁忌从事的劳动。

第七条　月经期保健

（一）宣传普及月经卫生知识。

（二）在同一工作场所、女职工在 100 人以上有条件的单位，应逐步建立女职工卫生室，健全相应的制度。女职工在 100 人以下的有条件的单位，应逐步设置简易的温水箱、消毒箱及冲洗器。暂时不具备条件的单位，要积极创造条件，建立女职工卫生室或采取相应的措施。对流动、分散、野外工作的女职工应发放单人自用冲洗器。

(三)从事下列劳动的女职工,在月经期内暂时调整工作或给予1至2天的休假,并按出勤计算;

1. 国家规定的第三级体力劳动强度的劳动;

2.《高处作业级》标准中第二级(含二级)以上的作业;

3. 食品冷冻库及冷水、低温(低于5℃)等作业;

4. 野外流动作业、长久站立、行走、蹲位作业。

(四)患有重度痛经及月经量过多者经合同医院或妇幼保健机构确诊证明,月经期间可适当给予1至2天的休假。

(五)女职工月经卫生费每月不低于4元钱。

第八条 孕期保健:

(一)对已孕女职工建立孕产妇系统保健卡,建卡率要求达95%以上,怀孕3个月开始填写保健卡,按卫生部门的要求定期进行产前检查,检查率要求达90%以上。对高危孕妇,所在单位应配合医院严密观察和监护,使高危孕妇管理率达到100%。

(二)对妊娠的女职工,所在单位不得安排其从事国家规定的第三级体力劳动强度的劳动和孕妇禁忌从事的劳动,不得在正常劳动日以外延长劳动时间;对不能适应原劳动的,应根据合同医院证明,予以减轻劳动量或安排其他劳动。从事野外勘测工作及施工作业、公路养护、高等级公路收费、汽车司乘、港口装卸作业、轮船餐服、施工班组工作的女职工怀孕满5个月,应安排其他适当工作。

(三)女职工较多的单位应建立孕妇休息室。对妊娠满7个月以上(含7个月)的女职工,应在劳动时间内安排1至2小时工间休息或适当减轻工作,并不得安排从事夜班劳动。

(四)怀孕的女职工,在劳动时间内进行产前检查,应当算做劳动时间。对生产一线的女职工,要相应地减少生产定额,以保证产前检查时间。

(五)孕妇孕期及分娩时在合同医院发生的检查费、接生费、手术费、住院费、药费由原医疗经费渠道开支或按《企业职工生育保险试行办法》执行。

第九条　产期保健

（一）女职工产假（怀孕7个月以上）为90天，其中产前15天，难产增加15天。符合计划生育政策的多胞胎生育，每多生育一个婴儿，增加产假15天，当地政府有规定并优于本办法的，也可执行当地政府的规定。教师正值寒、暑假期间生育的，可按地方政府计划生育有关规定执行。女职工在产假期间，不影响其原有福利待遇。

（二）女职工怀孕不满4个月流产的，应根据医院证明，给予产假15天至30天；怀孕4个月以上7个月以下流产时，给予产假42天，怀孕7个月以上的按正常产休假，以上产假期间工资照发。对有过两次以上自然流产史，现又无子女的女职工，应调离有可能直接或间接导致流产的作业岗位。

第十条　哺乳期保健

（一）有不满1周岁婴儿的女职工，需亲自哺乳的，其所在单位应当在每班劳动时间内给予其两次哺乳（含人工喂养）时间，每次30分钟。女职工每班劳动时间内的两次哺乳时间，可以合并使用。哺乳时间和在本单位内哺乳往返途中的时间，算做劳动时间。

哺乳期满时，正值炎热季节(7至8月份)，可根据当地气候条件延长1至2个月。对双胞胎或婴儿虽满周岁，因疾病、体弱经医务部门证明，哺乳时间可以适当延长，但最多不超过6个月。

（二）女职工在哺乳期内，所在单位不得安排其从事国家规定的第三级体力劳动强度的劳动和哺乳期禁忌从事的劳动，不得延长其劳动时间及从事夜班劳动。有条件的单位，应建立哺乳室。室内有洗手设施，乳母不得穿工作服进入哺乳室。

第十一条　产后保健

（一）女职工产假期满，恢复工作时，允许有1至2周时间逐渐恢复原定额工作量。

（二）女职工产假期满后是否办理离岗休假，根据工作情况和本人自愿的原则，依照当地计划生育政策，由有关部门批准执行。

在批准休假期间内，工资不得低于75%，工龄连续计算。

女职工较多的单位，应按国家有关规定，以自办或联办的形式，逐步建立有专人管理的托儿所、幼儿园。

第十二条 对女职工较多的单位在新建、改建、扩建工程中，要按照《工业企业设计的卫生标准》的规定，将孕妇的休息室、婴儿哺乳室、女工卫生室（冲洗室）等女职工劳动保护设施列入基建规划，做到同时设计、同时施工、同时投入生产和使用。

要重视一线女职工的厕所建设，应为蹲式；女职工浴室要符合卫生条件，采取淋浴式。

第十三条 对女职工每一至两年进行一次妇科疾病及乳腺疾病的普查，建立健康档案，对患者积极给予治疗。经合同医院证明，患更年期综合症的女职工，不适合现岗位工作的，可以照顾安排适当工作。

第十四条 女职工劳动保护的权益受到侵害时，有权向所在单位的主管部门或者当地劳动部门提出申诉，受理申诉的部门应当自收到申诉书之日起30日内作出处理决定。属于劳动争议的，依照《劳动法》规定办理。女职工对处理决定不服的，可以在收到处理决定书之日起，15日内向人民法院起诉。

第十五条 对违反本办法侵害女职工劳动保护权益的单位负责人及其直接责任人员，其所在单位的主管部门，应当根据情节轻重，进行批评教育或给予行政处分，并责令该单位给予被侵害女职工合理的经济补偿；构成犯罪的，由司法机关依法追究刑事责任。

第十六条 各单位对本办法的执行情况，由劳动人事部门检查落实，工会、卫生、劳动保护部门对本办法的执行情况进行监督。

第十七条 女职工违反国家有关计划生育规定的，其劳动保护应按照国家有关计划生育规定办理，不适用本办法。

第十八条 本办法由交通部负责解释。

第十九条 本办法自1995年7月1日起实施。

全国在用车船节能产品(技术)推广应用管理办法

(交通部　交体法发[1995]753号　1995.08.14)

第一条　为贯彻落实国务院《节约能源管理暂行条例》,根据《汽车、船舶节能产品公布规则》,进一步做好在用车、船节能产品(技术)的归口管理和推广应用工作,促进交通运输全行业节能降耗,特制定本办法。

第二条　在用车、船节能产品(技术)是指以降低行驶车、船能源消耗为直接目的的应用产品(技术)。

第三条　交通部能源管理办公室是全国在用车、船节能产品(技术)检测鉴定、监测监督、公布认证、推广应用的归口管理部门,负责组织本办法的实施。

第四条　各省、自治区、直辖市交通厅(局)节能主管部门为该地区在用车、船节能产品(技术)推广应用归口管理部门。

第五条　交通部认证授权的汽车运输行业能源利用监测中心、水运行业能源利用监测中心及其监测站为节能产品(技术)的质量检测部门。

第六条　符合下列条件之一的,可在全国范围内推广使用:

(1)国家计委、国家经贸委、交通部联合推广的在用车、船节能产品(技术)。

(2)获得国家《汽车、船舶节能产品公布规则》公布认证的节能产品。

(3)国务院各部委鉴定公布的,经交通部汽车运输、水运行业能源利用监测中心检测鉴定认可的车、船节能产品(技术)。

第七条　符合下列条件之一的,可在地区范围内推广使用:

(1)本地区计委、经贸委和交通厅(局)联合推广的在用车、船节能产品(技术)。

(2)符合本办法第六条规定的节能产品(技术)。

(3)本地区有关厅局鉴定公布的,须经交通部汽车运输、水运行业能源利用监测中心或能源利用监测站检测鉴定确有效果的车、船节能产品(技术)。

第八条 交通部负责指导全国在用车、船节能技术进步工作。不定期公布获得“汽车、船舶节能产品公布证”的节能产品(技术)。

第九条 交通部不定期会同国家计委、国家经贸委等有关部门联合开展全国重点在用车、船节能产品(技术)的评审,公布和技术交流活动。

第十条 各级政府和行业节能主管部门应支持和帮助节能产品(技术)生产企业提高产品质量,降低生产成本,督促在用车、船应用节能技术,进行技术改造。

第十一条 汽车运输、水运行业能源利用监测中心应依照《汽车、船舶节能产品公布规则》对已公布的在用车、船节能技术(产品)实行质量抽查、监控,对不合格的产品、信誉不端的生产企业及时上报。交通部对复测节能效果不符合标准的,又坚持不改进、不纠正的企业,撤销和不核发公布证书,并向社会通报。

第十二条 各省、自治区、直辖市交通行业管理部门依照《汽车、船舶节能产品公布规则》可对本地区推广应用的在用车、船节能产品(技术)实施产品质量监控。

第十三条 改型、增容、技术转移的在用车、船节能产品,应按公布程序的要求,重新申请认证公布。对于转产、停产的在用车、船节能产品,应及时报交通部。

第十四条 对伪造、涂改、转借、转让“公布证书”和“检测报告”的,将依法追究单位或当事人的责任,并向社会通报。

第十五条 积极支持和鼓励在有条件的地区建立节能产品(技术)推广应用基金。

第十六条 交通部负责全国车船节能产品质量监测体系的建

设，并会同国家计委、国家经贸委等有关部门不定期进行在用车、船节能产品（技术）推广应用和经验交流，对推广应用节能产品（技术）成绩显著的单位、生产厂家和用户将予以表彰奖励。

第十七条 港口、交通工程机械和工程船舶节能产品（技术）的推广应用可参照本办法执行。

第十八条 本办法由交通部负责解释。

第十九条 本办法自1995年10月15日起施行。

交通食品卫生监督管理办法

（交通部　交人劳发[1996]801 号　1996.09.13）

第一章　总　　则

第一条　为保证交通食品卫生，防止食品污染和有害因素对人体的危害，保障旅客及职工、家属身体健康和交通运输安全，根据《中华人民共和国食品卫生法》（以下简称《食品卫生法》）和卫生部、交通部《关于规定交通食品卫生监督职责和管辖范围的通知》（卫监发[1996]第 30 号），制定本办法。

第二条　本办法适用于交通卫生监督机构管辖范围内的食品生产经营活动。

第三条　交通部卫生行政部门主管管辖范围内部属和双重领导单位食品卫生监督管理工作。

第二章　交通食品生产经营与运输的卫生要求

第四条　交通食品生产经营与运输单位应严格执行《食品卫生法》的有关规定，符合下列要求：

（一）保持室内外环境整洁，采取消除苍蝇、鼠、蟑螂和其他有害昆虫及其孳生条件的措施，与有毒、有害场所保持规定的距离。

（二）应有相应的通风、保温、防腐、防尘、防蝇、防鼠、洗消、污水排放、存入垃圾和地脚、废弃物的设施。

（三）运输、装卸和贮存的工艺流程应当合理，防止食品污染、变质，食品不得接触有毒、有害物和不洁物。

（四）运输、装卸和贮存食品的设备、容器包装和工具、属具必须安全卫生、无毒、无害，保持清洁，符合交通运输要求，防止食品污染。

（五）从事食品生产经营的现场作业人员应当保持个人卫生，必须按照工艺流程和规定的卫生要求穿戴清洁的工作服、帽、手套和鞋（靴）。

（六）食品专用的库场、仓储设备、设施和工具、属具，应当做到专管专用。

（七）食品运输、装卸、贮存的卫生与安全标准、管理办法和检验规程，必须符合有关规定。

（八）为旅客提供食宿服务的客船应配备符合规定、有足够容量的冷藏设施，以加强食品的防腐保鲜。

（九）内河客船生活饮用水应符合交通部《内河船舶生活饮用水卫生标准》；海上客轮应定期对生活饮用水水舱清洗消毒，保证饮用水卫生。

第三章　食品卫生管理

第五条　各交通食品生产经营单位应配备专职或兼职食品卫生管理人员，切实加强食品卫生管理工作，建立健全各项规章制度和操作规程，并对执行《食品卫生法》和本办法情况进行检查。

第六条　各上级单位应当鼓励和支持改进生产经营条件，促进提高食品卫生质量。

第七条　交通食品生产经营的设施、场所的新建、扩建、改建的选址和设计应当符合国家食品的卫生要求，其设计审查和工程验收必须有交通卫生监督机构参加。

第八条　专门从事交通食品生产经营的人员每年必须进行健康检查；新参加工作和临时参加工作的人员必须进行健康检查，取得健康证明后方可上岗工作。

第四章　卫生许可证管理

第九条　从事交通食品生产经营,必须取得交通部卫生监督机构发放的卫生许可证。未取得卫生许可证的,不得从事交通食品生产经营活动。

卫生许可证的发放由各交通卫生监督机构具体承办。

第十条　食品生产经营者申请取得卫生许可证时,应向交通卫生监督机构办理申请手续,填写《卫生许可证申请书》,并分别提供下列资料:

(一)法定代表人或者生产经营负责人资格证明;

(二)生产经营场地平面图、生产工艺流程及卫生防护设施;

(三)产品原料、配方及包装材料、标签、说明书、产品安全性、稳定性评价资料和产品卫生质量标准,试生产检验结果;

(四)食品从业人员健康检查和培训资料证明;

(五)新建、扩建、改建工程的预防性卫生审核材料;

(六)法律、法规、规章规定或卫生行政部门要求提供的其他材料。

第十一条　交通卫生监督机构应当在收到申请材料之日起7日内做出受理、不受理或限期补充有关材料的决定。

第十二条　受理申请后,交通卫生监督机构按照《食品卫生法》及有关规定对提供的材料进行审查,需要现场审查的,应当制作现场审查记录,并由承办人和申请人(经办人)签名。

第十三条　交通卫生监督机构应当自受理之日起,30日内做出同意,限期改正或不予批准的审查决定。经审查同意的,在10天内交通卫生监督机构发给卫生许可证。

第十四条　卫生许可证的有效期为4年,每年复核一次。卫生许可证悬挂在生产经营场所的明显处,亮证经营。

第十五条　卫生许可证年度复核由交通卫生监督机构指派两名以上食品卫生监督员进行复核,并制作现场卫生监督笔录,主要内容有：

（一）食品生产经营场所的环境卫生，车间布局，加工、贮存、工艺流程及卫生设施是否符合卫生要求；

（二）本单位卫生制度的执行情况；

（三）从业人员的健康证明，患病人员的调离情况；

（四）食品卫生质量检测情况；

（五）食品包装、标签、说明书是否符合法律、法规及规章的要求；

（六）食品生产经营者对交通卫生监督机构提出的要求或意见的执行情况。

第十六条 交通卫生监督机构对符合年度复核规定条件的，在卫生许可证上贴年度复核标志。

对年度复核不符合卫生要求的，通知当事人限期改正。

第十七条 已取得卫生许可证的食品生产者，对季节性和节令性生产加工的食品，在每年生产前必须申报原发证机构审查，符合标准后，才能投入批量生产。

第十八条 食品生产经营者在卫生许可证有效期内变更单位名称、法定代表人或负责人、许可项目，应向原发证机构提出申请。交通卫生监督机构收到申请之日起 10 日内，指派两名以上食品卫生监督员进行现场审查，并制作现场笔录。经审查符合规定条件的，应批准换发新证（编号及发证日期不变）。

食品生产经营者迁移地址，按本办法规定的程序重新申请办理卫生许可证。原卫生许可证自行失效。

第十九条 卫生许可证因故遗失、毁损的，应在遗失、毁损之日起 5 日内，向原发证机构申请补发。卫生监督机构收到补发卫生许可证的申请后，在 10 日内审批，发证。补发卫生许可证重新编号和填写日期，原卫生许可证同时作废。

第二十条 卫生许可证的有效期满后，依照本办法规定重新申请办理卫生许可证。

第二十一条 对被注销或被依法吊销卫生许可证的，交通卫生监督机构应及时收缴许可证和做好登记，并应予以公告。

被注销或被吊销卫生许可证的,3 个月内不得重新申请食品卫生许可证。

第二十二条 对部属和双重领导单位的交通招待所、港航海员公寓、工厂院校内和界定后的职工家属生活区的食品生产经营者发放卫生许可证,可参照当地卫生许可证发放条件。

第五章 食品卫生监督

第二十三条 交通部设立的卫生监督机构在管辖范围内行使《食品卫生法》规定的食品卫生监督职责。

第二十四条 交通食品卫生监督职责是:

(一)进行食品卫生监测、检验、查验和技术指导;

(二)协助培训食品生产经营人员,监督食品生产人员的健康检查;

(三)宣传食品卫生、营养知识,进行食品卫生评价,公布食品卫生情况;

(四)对于交通食品生产经营的设施、场所的新建、扩建、改建工程的选址和设计进行卫生审查,并参加工程验收;

(五)对食物中毒和食品污染事故进行调查,并采取控制措施;

(六)对《食品卫生法》和本办法的执行情况进行巡回监督检查;

(七)对违反《食品卫生法》和本办法的行为追查责任,依法进行行政处罚;

(八)负责其他食品卫生监督事项。

第二十五条 各交通卫生监督机构设食品卫生监督员,食品卫生监督员必须符合卫生监督员任职条件,由交通部审批发证。

第二十六条 食品卫生监督员按照《食品卫生法》第三十五条的规定,执行交通卫生监督机构交付的任务。

第二十七条 各交通卫生监督机构在其管辖范围内对已造成食物中毒事故或有证据证明可能导致食物中毒事故的食品,可以依照《食品卫生法》第三十七条规定采取临时控制措施。

第六章 法律责任

第二十八条 各交通卫生监督机构可以依照《食品卫生法》,在其管辖范围内,对违反《食品卫生法》行为的,作出卫生行政处罚的决定。

第二十九条 有下列情况之一的,交通卫生监督机构应吊销卫生许可证:

(一)卫生许可证有效期满后,未重新申请取得卫生许可证的;

(二)自行歇业连续6个月不生产经营食品的;

(三)食品生产经营者被吊销《企业法人营业执照》(营业执照)或被兼并、破产的;

(四)违反卫生许可证许可项目的。

(五)《食品卫生法》规定的其他违法行为。

第三十条 对被注销或吊销卫生许可证后仍继续从事食品生产经营活动的,依据《食品卫生法》第四十条规定予以处罚。

第三十一条 对年度复核不合格经限期改正仍不符合卫生要求的,责令停止生产经营。

第三十二条 当事人对行政处罚决定不服的,可依照行政复议和行政诉讼的有关法律、法规规定申请复议或提起诉讼。

第七章 附　　则

第三十三条 本办法规定使用的卫生监督文书和执行文书及卫生许可证,按卫生部的规定执行,卫生许可证套印交通部卫生监督处印章。

第三十四条 本办法由交通部负责解释。

第三十五条 本办法自发布之日起实施。

交通部防静电个人防护用品使用管理规定

（交通部　交人劳发[1997]517号　1997.08.25）

第一条　为贯彻“安全第一，预防为主”的方针，加强港航企业防静电个人劳动防护用品的管理，预防因人体静电危害引起的燃烧爆炸事故和人身伤亡事故，根据国家、交通部有关规定和标准，结合港航企业生产实际，制定本规定。

第二条　本规定适用于交通港航企业各类易燃易爆作业场所的现场人员防静电安全管理。

各类易燃易爆作业场所包括：

（一）油船（化工品船、液化气船）的舱甲板（舱口、量油口、观察孔、透气口）、输油管和货油舱、货油泵舱、污油水舱、压载舱等。

（二）油码头（化工品码头、液化气码头）的生产区域，包括码头前沿、输送管道、泵站、汽车（火车）装卸站、油罐车和储罐区等。

（三）散粮筒仓。

（四）危险品（化工品）库、场、站、燃料供应船和加油站。

（五）其他需防静电危害的作业场所。

第三条　进入规定易燃易爆作业场所的人员（包括现场作业、管理人员、安全检查人员和临时参观的人员等），必须穿着防静电个人防护用品。包括防静电工作服、鞋、帽、手套等系列用品。

第四条　各单位配备的防静电个人防护用品，必须符合JT 2017—90、GB 12014—89、GB 4385—84的有关技术要求。

第五条　防静电工作服的使用要求：

（一）穿用前，应对防静电服的外观进行检查，在确认无破损和无影响防静电性能的情况后，方可使用。

（二）穿用防静电工作服必须上、下装同时穿着，必须与防静电工作鞋配套使用。

（三）禁止在易燃易爆场所穿脱。

（四）禁止在防静电工作服上附加或佩戴任何金属物件。

（五）严禁在高电压和强磁场区域使用。

（六）洗涤时应使用中性或弱碱性洗涤剂，禁止使用硬板刷洗刷。

第六条 防静电工作鞋的使用要求：

（一）穿用防静电胶底鞋时，所处地面的电阻应不大于 $1.0\times108\Omega$。

（二）在穿用过程中，鞋的底部不得沾有绝缘性的杂质。

（三）在穿用过程中，应避免同时穿着绝缘性强或毛制的厚袜子以及绝缘性鞋垫等。

（四）对于维护动力设备或处理高压电气设备、有触电危险的工作人员，禁止穿用防静电工作鞋。

第七条 在油舱检尺和油舱、油罐维修等危险性较高的作业过程中，作业人员手工作业必须戴防静电手套。

第八条 企业必须实行防静电个人防护用品的配套使用管理，按生产现场色彩管理要求，为作业人员配发安全色（橙色）防静电服，并根据生产实际，推广使用连体防静电工作服。

第九条 各单位对防静电个人防护用品实行特种劳动防护用品监督管理。劳动保护部门应对防静电面料的选择、服装用品的质量严格把关。必须选购由省级以上劳动部门颁发生产许可证厂家的产品，购买时要查验和确认产品检验报告，产品必需标明生产日期。

第十条 各单位应按产品质量要求，选择防静电性能、耐用性和服用性好的产品，严禁选用纯化纤、涤纶或纯棉工作服替代防静电工作服。

第十一条 防静电个人防护用品的发放和保管：

（一）防静电服使用期限一般不超过两年，具体发放标准由各企业根据本单位生产实际情况自行制定。

（二）根据不同地区，可以春秋装或夏装相互交替发放。

（三）正常发放应以旧换新，超过规定期限的，禁止使用。

（四）发放时应查看服装的强度和外观质量。

（五）用品库房保管应处于在空气干燥、常温条件下。保管期两年以上的，应在抽检合格后再予发放。

（六）库房管理人员应定期检查用品外观质量及保管条件变化情况。

第十二条 各单位，尤其是防静电个人防护用品使用量大的企业，必须加强用品的跟踪管理，建章立制，做好用品质量的抽样检测工作，发现异常情况，及时整改。

第十三条 各单位使用的防静电工作服应配有交通部规定的防静电标志（见附件）。

第十四条 各单位劳动保护部门要认真履行职责，加强对防静电个人劳动防护用品的管理，有关部门要积极配合，切实做好工作。

第十五条 对违反规定而导致生产和人身伤亡事故的，必须按“三不放过”原则和国家有关规定严肃查处。

第十六条 各单位可根据本规定，结合本单位生产的实际情况，制定实施细则。

第十七条 本规定由交通部人事劳动司负责解释。

第十八条 本规定自发布之日起施行。

交通部《关于在公共交通工具及其等候室禁止吸烟的规定》实施细则

（交通部　交人劳发[1997]838 号　1997.12.22）

第一条　根据全国爱卫会、卫生部、铁道部、交通部、建设部、民航总局发布的《关于在公共交通工具及其等候室禁止吸烟的规定》(全爱卫发〔1997〕第 1 号)，结合交通系统实际情况，制订本实施细则。

第二条　交通部是本系统公共交通工具及其等候室禁止吸烟工作的主管部门，各级交通行政主管部门或交通部直属、双重领导港口、航运企业所在地交通卫生管理机构负责实施禁止吸烟的监督管理工作。

第三条　除特别指定的区域外，在下列公共交通工具及其等候场所禁止吸烟：

（一）营业性客运汽车的车厢内；各类客船的各等级舱室、会议室、阅览室、小卖部、医务室、理发室、各种娱乐场所和内走道；

（二）港口客运站和汽车客运站的等候室、售票厅、联检厅、会议室、阅览室、大堂、室内通道，旅客购物、娱乐、休闲场所，安装中央空调的客运站其他场所，进驻单位的旅客接待站。

第四条　客轮和港口、汽车客运站的旅客等候室可以指定吸烟区域或装有有效的通风装置的吸烟室；长途客车，可允许定时车外吸烟。

第五条　禁止吸烟场所的经营或管理单位应履行下列职责：

（一）在禁烟场所必须设立明显的禁止吸烟的标志；

（二）在禁烟场所不得设置烟草广告标志，不得放置吸烟用具；

（三）在旅客等候室可以指定吸烟场所的区域或设置有通风

装置的吸烟室，并设有准许吸烟的明显标志；

（四）必须对禁烟工作严格管理，可根据需要聘任若干名专（兼）职卫生检查员，负责监督、管理本场所的禁烟工作和劝阻旅客吸烟；

（五）应采用各种形式向旅客开展吸烟有害健康的宣传教育工作。

第六条 交通部门的工作人员在禁止吸烟的场所严禁吸烟，并有责任劝阻他人吸烟。

第七条 卫生检查员聘任条件：热爱本职工作、责任心强、经过卫生知识培训、遵章守纪的客运工作人员。

卫生检查员证件使用交通部规范性执法证件。

第八条 卫生检查员在执行检查工作时应在胸前配戴卫生检查员证章，劝阻吸烟时要礼貌待人，秉公办事；实施处罚时，应出具本人执法证件，按照规定的程序进行，并使用财政部门统一监制的卫生罚款专用票据。

第九条 在禁止吸烟场所，旅客有权要求该场所内的吸烟者停止吸烟和有权要求该场所的工作人员、卫生检查员劝阻吸烟。

第十条 对违反本细则第五条的单位，由上级交通行政主管部门或部属、双重领导港口、航运企业所在地的交通卫生管理机构责令其改正，通报批评、取消卫生荣誉称号，并根据情节轻重可以给予警告、罚款500~1000元的行政处罚。

第十一条 对违反本细则第三条、第五条的个人卫生检查员应对其进行教育，责令其停止吸烟，可处以10元的罚款；对经教育、劝阻仍不执行本规定者，可处以20~50元的罚款。

第十二条 卫生及客运管理部门对禁止吸烟场所做出行政处罚时，应出具法定的行政处罚决定书，必须使用所在省级财政部门统一监制的卫生罚款专用票据。票据应指定专人申领，并负责保管、登记、发放各执罚单位。

第十三条 拒绝、阻碍卫生检查员依法执行公务的，由公安部门按照《中华人民共和国治安管理处罚条例》处理；对使用暴力和用暴力威胁构成犯罪的,依法追究其刑事责任及经济赔偿责任。

第十四条 当事人对处罚不服的,可根据《行政复议条例》和《中华人民共和国行政诉讼法》的规定,向交通行政主管部门申请复议或向所在地人民法院提起行政诉讼。

第十五条 各级交通主管部门应定期对有关管理人员、卫生检查员遵守法纪、秉公执法情况进行监督和考核。对徇私舞弊、索贿受贿、玩忽职守的给予行政处分;构成犯罪的,依法追究其刑事责任。

第十六条 本实施细则由交通部负责解释。

第十七条 本实施细则自发布之日起实施。

交通行业实施节约能源法细则

（交通部　交体法发[2000]306号　2000.06.16）

第一章　总　则

第一条　为推进交通行业节约能源，提高能源利用率和经济效益，保护环境，保障交通持续发展，根据《中华人民共和国节约能源法》（以下简称《节能法》），结合交通行业实际，制定本细则。

第二条　本细则适用于中华人民共和国境内公路、水路交通行业用能及节能监督管理。

本细则所称能源，是指煤炭、原油、成品油、液化石油气、天然气、电力、焦炭、煤气、热力、生物质能和其他直接或者通过加工、转换而取得有用能的各种资源。

本细则所称节能，是指加强用能管理，采取技术上可行、经济上合理以及环境和社会可以承受的措施，减少从能源生产到消费各个环节中的损失和浪费，更加有效、合理地利用能源。

第三条　各级交通主管部门应当强化节能管理，合理调整公路、水路交通运输结构、装备结构和能源消费结构，推进节能技术进步，降低单位产品能耗和产值能耗，提高能源利用率，促进交通行业向节能型方向发展。

第四条　交通行业用能应当遵循合理、节约、高效的原则，遵守有关节能的法律、行政法规、规章、技术标准及本细则。

第五条　任何单位和个人都有节约能源的义务，有权对浪费能源的行为进行举报。

第六条　交通部在自己的职责范围内，依法负责全国交通行业节能监督管理工作。

县级以上地方人民政府交通主管部门在自己的职责范围内，依法负责本行政区域交通节能监督管理工作。

第二章 节能管理

第七条 县级以上交通主管部门应加强节能工作领导，建立能源管理机制，每年部署、协调、监督、检查节能工作。

第八条 交通部根据国家产业政策和节能技术政策，制定交通行业节能技术政策、措施和标准，保障交通行业合理利用能源。

第九条 县级以上交通主管部门应采取有效措施，鼓励、支持交通节能科学技术的研究、开发和推广。

第十条 交通行业固定资产投资和技术改造项目工程的可行性研究报告，应当包括合理用能的专题论证。

年能耗量在2000吨标准煤以上的工程项目为交通重点能耗工程项目，应当经交通行业能源利用监测机构进行节能评估，取得其出具的“交通工程可行性研究节能评估报告”后，方可按有关规定报批。未达到交通部规定的交通行业固定资产投资和技术改造项目工程节能要求的，交通行业能源利用监测机构不得出具“交通工程可行性研究节能评估报告”，审批机关不得批准。

第十一条 交通行业固定资产投资和技术改造项目工程的设计、施工应当采用合理用能的先进工艺和设备，其耗能应当符合用能标准和节能规范。达不到合理用能标准和节能技术规范要求的项目，不得批准建设，不得验收。

第十二条 交通部会同有关部门对用于交通行业的节能产品实行行业监督。用于交通行业的节能产品应经交通行业能源利用监测机构进行检测，取得其出具的“交通行业节能产品检测报告”，并按有关规定取得交通部能源机构颁发的“汽车船舶节能产品（技术）公布证书”后，方可在交通行业推广使用。

第十三条 交通部和省级交通主管部门对交通重点用能单位实行分级监督管理，对重点用能单位的单位产品能耗实行限额核定和考核制度。

交通重点用能单位是指年综合能源消费量在5000吨标准煤以上(含5000吨)的用能单位。

超过核定的单位产品能耗限额使用能源,情节严重的,依法责令限期治理。

第十四条 交通部会同有关部门定期公布交通重点用能单位名单,并发布交通重点用能单位能源利用状况公报。

第十五条 交通用能单位应当接受县级以上交通主管部门对其能源利用状况进行监督检查,如实提供有关情况和资料。

第十六条 建立以交通行业能源利用监测机构和交通行业有关协会为依托的节能监测、技术服务体系。

交通行业能源利用监测机构应当具备国家规定的资质条件,并经考核取得"交通行业能源利用监测许可证"后,方可实施交通行业的能源利用监测。交通行业能源利用监测、评估必须客观、公正。

交通行业有关协会在交通主管部门的指导下,协助政府有关部门做好行业节能技术政策、标准的研究和制订;为企业提供用能设备的节能技术咨询等服务工作。

第三章 合理使用能源

第十七条 交通用能单位应当加强能源管理,建立和完善节能考核制度,根据生产过程中运量、运力、施工作业等多种因素变化情况及时调整生产计划,保持生产的高效、节能。

第十八条 交通用能单位应当加强生产调度指挥,建立和完善岗位责任制和能源消耗定额管理制度,提高车辆实载率和船舶载重量利用率以及港口机械、施工机械的使用效率。

第十九条 交通用能单位应当按照国家有关计量的法律、法规和有关规定,加强能源计量管理,配备准确可靠的能源计量器具,对耗能设备实行严格的计量管理。

第二十条 交通重点用能单位应当建立能源消耗成本管理制度和能源利用状况报告制度，在每年1月底前向交通部、省级交通主管部门报送上一年度的能源利用状况报告。

交通能源利用状况应当包括以下内容：

（一）能源购入和消耗量；

（二）节能量；

（三）单位产品能耗或产值能耗；

（四）用能效率和节能效益分析；

（五）节能措施；

（六）法律、法规、规章规定的其他需要报告的情况。

第二十一条 禁止购置、使用国家公布淘汰的用能产品和设备，不得将淘汰的用能产品、设备转让或租借给他人使用。

第二十二条 交通重点用能单位应当定期对用能设备进行技术评定，对于技术落后的老旧及高耗能设备，提出报废、改造计划。

第二十三条 交通用能单位应当组织能源管理人员、设备操作人员以及其他有关人员参加节能培训，未经培训的人员不得在能源管理岗位和耗能设备操作岗位上工作。

交通行业节能培训工作，由交通部认可的有关机构负责具体实施。

第二十四条 交通用能单位应当建立能源使用责任制，对节能工作取得成绩的集体、个人给予奖励。奖金从用能单位综合奖中按节能价值量合理比例提取。

第二十五条 交通重点用能单位和其他交通用能单位应当建立和完善节能管理体制，设立能源管理岗位，明确岗位的任务和职责。

能源管理人员应具有节能专业知识和3年以上实践经验，并具有工程师以上技术职称。

第二十六条 交通重点用能单位聘任能源管理人员应及时向县级以上交通主管部门和有关部门备案。

第二十七条　交通用能单位应当建立能源消耗统计和能源利用状况分析制度，并按规定向县级以上交通主管部门和有关部门报送有关统计数据和资料。

第四章　节能技术进步措施

第二十八条　县级以上交通主管部门鼓励、支持开发先进节能技术，会同有关部门确定交通行业开发先进节能技术的重点和方向，建立和完善交通节能技术服务体系。

第二十九条　交通部和省级交通主管部门负责实施重大节能科研项目、节能示范工程，提出节能推广项目，引导交通行业采用先进的节能技术、工艺、设备和材料。

第三十条　交通重点用能单位应当在更新改造等项资金中提取适当比例的资金，用于节能技术项目和节能示范推广项目及可再生能源利用项目。

第三十一条　县级以上交通主管部门鼓励以下节能技术的研究、开发和推广应用：

（一）道路运输方面的节能技术：

1. 调整车辆构成，增加柴油车、大吨位车辆的运输比重，大力发展集装箱半挂、分体（甩挂）运输，提高车辆运输效率。加速淘汰能耗高的老旧车辆。

2. 研究公路条件改善与汽车节约能源的关系，为公路规划建设提供节约能源的依据。

3. 研究制定运输车辆油耗法规和装载限额，对空驶和装载低于限额的车辆予以限制。

4. 加强公路客、货运站布局体系的研究，重点是大、中、小公路客、货运站的分布与配套；研究全国性汽车运输信息计算机管理系统，提高运输车辆实载率。

5. 开展天然气、液化石油气及醇类等汽车代用燃料的实用化进程研究和使用技术研究。

6. 进行车辆行驶的减阻、减磨技术研究与开发。

(二)水运方面的节能技术:

1. 淘汰高耗能的老旧船和水泥船、港口设备、水运工程施工机械,提高装备的整体技术水平。

2. 加强船型优化,利用综合节能技术推广先进的运输方法,发展大吨位海洋运输船,提高船舶的平均吨位,在内河等主要航线发展节能型船舶和分节驳顶推船队为主力的水上高效运输,提高综合运输效益。

3. 发展海峡、海湾和陆岛之间客货混装运输及商品车辆集装单元化运输。

4. 推广行之有效的船舶主机与增压器优化调整技术、最佳纵倾技术和船体防污、除污等技术。

(三)港口、航道、救捞、航务工程、公路工程等方面的节能技术:

1. 加速对耗能高的老旧设备的更新,改造落后的生产工艺,合理配备装卸机械、施工机械和工属具,使工艺流程合理化。

2. 高航道技术等级,改善航行条件,规范行驶路线,加速船舶周转,提高能源使用效率。

3. 积极采用"四新"节能技术(新技术、新工艺、新设备、新材料),实施集中供热和绿色照明工程。

第五章　法律责任

第三十二条　使用国家明令淘汰用能设备的,将淘汰的用能设备转让他人使用的,或者有其他节能违法行为的,按《节能法》的有关规定处理。

第三十三条　虚报、假报、迟报、拒报或不按规定报送能源统计数据的,视情节轻重,按《中华人民共和国统计法》处理。

第三十四条　节能工作管理人员滥用职权、玩忽职守、徇私舞弊的,依法给予行政处分,构成犯罪的,依法追究刑事责任。

第六章　附　　则

第三十五条　本细则由交通部负责解释。

第三十六条　本细则自发布之日起施行。1986 年 8 月 20 日交通部发布的《交通行业节能管理实施条例》同时废止。

交通建设项目环境保护管理办法

（交通部令2003年第5号　2003.05.13）

第一章　总　　则

第一条　为加强交通建设项目环境保护管理，预防交通建设项目对环境造成不良影响，促进交通事业可持续发展，根据《中华人民共和国环境影响评价法》、《建设项目环境保护管理条例》，结合交通建设实际，制定本办法。

第二条　本办法所称"交通建设项目"，是指在中华人民共和国境内建设的对环境有影响的公路、水运工程建设项目。

第三条　交通部依照有关法律、行政法规和本办法对交通建设项目环境保护实施管理。交通部设置的交通环境保护机构具体负责全国交通建设项目环境保护的管理工作。

县级以上地方人民政府交通主管部门依照有关法律、行政法规和本办法对本行政区域内交通建设项目环境保护实施管理。省、自治区、直辖市人民政府交通主管部门可设置交通环境保护机构具体负责本行政区域内交通建设项目环境保护管理工作。

第四条　县级以上人民政府交通主管部门应当将交通建设项目环境保护工作纳入本部门的工作计划，采取有利于交通建设项目环境保护的经济、技术政策和措施，使交通建设项目环境保护工作同交通建设相协调。

第五条　交通建设项目环境影响评价应当避免与交通建设规划的环境影响评价相重复，已经进行了环境影响评价的交通建设规划所包含的具体交通建设项目，其环境影响评价内容可以简化。

第六条 对交通建设项目环境保护工作成绩显著的单位和个人，县级以上人民政府交通主管部门或者其交通环境保护机构予以表彰和奖励。

第二章 环境影响评价程序

第七条 县级以上人民政府交通主管部门应当按照国家规定的环境影响评价制度和建设项目环境保护分类管理名录，对交通建设项目的环境保护实行分类管理。

未按照国家规定进行环境影响评价的交通建设项目，县级以上人民政府交通主管部门不予审批工程可行性研究报告和初步设计。

第八条 建设单位应当在交通建设项目可行性研究阶段报批建设项目环境影响报告书、环境影响报告表或者环境影响登记表。经交通环境保护机构审核，并经有审批权的环境保护行政主管部门同意，可在初步设计完成前报批建设项目环境影响报告书或者环境影响报告表。

按照国家有关规定，不需要进行可行性研究的交通建设项目，建设单位应当在交通建设项目开工前报批建设项目环境影响报告书、环境影响报告表或者环境影响登记表。

第九条 交通建设项目环境影响报告书、环境影响报告表或者环境影响登记表的内容和格式，应当符合国家有关规定及技术规范的要求。

涉及水土保持的交通建设项目，环境影响报告书或者环境影响报告表必须有水土保持方案。

第十条 根据《中华人民共和国环境影响评价法》第二十二条第一款和《建设项目环境保护管理条例》第十条的规定，需报环境保护行政主管部门审批的交通建设项目，其环境影响报告书、环境影响报告表或者环境影响登记表，必须事先经同级交通主管部门预审。

第十一条 交通主管部门应当自收到建设项目环境影响报告书之日起 30 日内、环境影响报告表 15 日内、环境影响登记表 10 日内，提出同意或者不同意的预审意见，按有关规定报有审批权的环境保护行政主管部门审批。

第十二条 交通建设项目环境影响报告书、环境影响报告表或者环境影响登记表经批准后，建设项目的性质、规模、地点、采用的施工工艺发生重大变动或者超过 5 年后开工建设的，应当重新办理报批手续。

第十三条 建设单位向县级以上人民政府交通主管部门申请交通建设项目环境影响评价预审，应当按规定提交有明确的建设项目环境影响评价结论的建设项目环境影响报告书、环境影响报告表或者环境影响登记表；按规定应当提交环境影响报告书的，还应当附具有关单位、专家和公众的意见及对有关意见采纳或者不采纳的说明。

第十四条 交通建设项目环境影响评价工作，由建设单位自主选择熟悉交通建设项目施工工艺、污染排放和生态损害及其防治对策，具备交通建设项目工程分析能力，依法取得相应的资格证书，并向交通主管部门办理备案手续的机构承担。

县级以上人民政府交通主管部门不得为建设单位指定任何机构进行交通建设项目环境影响评价。

第十五条 交通建设项目环境影响评价机构应当按照国家有关规定和资格证书确定的等级、评价范围，从事交通建设项目环境影响评价服务，并对评价结论负责。

第三章　环境保护设施

第十六条 交通建设项目需要配套建设的环境保护工程，必须与主体工程同时设计、同时施工、同时投入使用。

第十七条 交通建设项目的初步设计，应当按照交通行业环境保护设计规范及其他有关技术规范的要求,编制环境保护篇章,并依据经批准的建设项目环境影响报告书或者环境影响报告表,在环境保护篇章中落实防治环境污染和生态破坏的措施以及环境工程投资概算。

第十八条 省级以上人民政府交通主管部门按规定组织交通建设项目的初步设计审查,应当有交通环境保护机构参加。

交通建设项目初步设计的环境保护篇章不符合规定要求的,不得通过初步设计审查。

第十九条 交通建设项目的主体工程完工后,需要进行试运营的,其配套建设的环境保护设施必须与主体工程同时投入试运营。

第二十条 交通建设项目竣工后,建设单位应当向审批该建设项目环境影响报告书、环境影响报告表或者环境影响登记表的环境行政主管部门申请环境保护设施竣工验收,同时报县级以上人民政府交通主管部门。

省级以上人民政府交通主管部门按规定组织交通建设项目的竣工验收,应当有交通环境保护机构参加。

第二十一条 交通建设项目需要配套建设的环境保护设施经验收合格后,该建设项目方可正式投入生产或者使用。

第二十二条 交通建设项目的后评估文件应当有环境保护篇章。重大交通建设项目应当进行专项环境后评估,评估费用在建设项目工作经费中列支。

第四章 罚 则

第二十三条 违反本办法有关规定,交通环境保护机构可以建议环境保护行政主管部门依法给予行政处罚。

第二十四条 县级以上人民政府交通主管部门及其交通环境保护机构的工作人员违反本办法及其他国家有关规定,滥用职权、玩忽职守、徇私舞弊,依法给予行政处分。

第五章　附　　则

第二十五条　本办法由交通部负责解释。

第二十六条　本办法自2003年6月1日起施行。交通部1990年6月16日发布的《交通建设项目环境保护管理办法》同时废止。

突发公共卫生事件交通应急规定

（卫生部、交通部令2004年第2号　2004.03.04）

第一章　总　则

第一条　为了有效预防、及时控制和消除突发公共卫生事件的危害，防止重大传染病疫情通过车辆、船舶及其乘运人员、货物传播流行，保障旅客身体健康与生命安全，保证突发公共卫生事件应急物资及时运输，维护正常的社会秩序，根据《中华人民共和国传染病防治法》、《中华人民共和国传染病防治法实施办法》、《突发公共卫生事件应急条例》、《国内交通卫生检疫条例》的有关规定，制定本规定。

第二条　本规定所称突发公共卫生事件（以下简称突发事件），是指突然发生，造成或者可能造成社会公众健康严重损害的重大传染病疫情、群体性不明原因疾病、重大食物和职业中毒以及其他严重影响公众健康的事件。本规定所称重大传染病疫情，是指根据《突发公共卫生事件应急条例》有关规定确定的传染病疫情。

本规定所称交通卫生检疫，是指根据《国内交通卫生检疫条例》对车船、港站、乘运人员和货物等实施的卫生检验、紧急卫生处理、紧急控制、临时隔离、医学检查和留验以及其他应急卫生防范、控制、处置措施。

本规定所称检疫传染病病人、疑似检疫传染病病人，是指国务院确定并公布的检疫传染病的病人、疑似传染病病人。

本规定所称车船，是指从事道路运输、水路运输活动的客车、货车、客船（包括客渡船）和货船。

本规定所称港站，是指提供停靠车船、上下旅客、装卸货物的场所，包括汽车客运站、货运站、港口客运站、货运码头、港口堆场和仓库等。

本规定所称乘运人员，是指车船上的所有人员，包括车辆驾驶人员和乘务人员、船员、旅客等。

第三条 突发事件交通应急工作，应当遵循预防为主、常备不懈的方针，贯彻统一领导、分级负责、反应及时、措施果断、依靠科学、加强合作的原则，在确保控制重大传染病病源传播和蔓延的前提下，做到交通不中断、客流不中断、货流不中断。

第四条 交通部根据职责，依法负责全国突发事件交通应急工作。

县级以上地方人民政府交通行政主管部门在本部门的职责范围内，依法负责本行政区域内的突发事件交通应急工作。

突发事件发生后，县级以上地方人民政府交通行政主管部门设立突发事件应急处理指挥部，负责对突发事件交通应急处理工作的领导和指挥。

县级以上人民政府交通行政主管部门履行突发事件交通应急职责，应当与同级人民政府卫生行政主管部门密切配合，协调行动。

第五条 县级以上人民政府交通行政主管部门应当建立和完善突发事件交通防范和应急责任制，保证突发事件交通应急工作的顺利进行。

第六条 任何单位和个人有权对县级以上人民政府交通行政主管部门不履行突发事件交通应急处理职责，或者不按照规定履行职责的行为向其上级人民政府交通行政主管部门举报。

对报告在车船、港站发生的突发事件或者举报突发事件交通应急渎职行为有功的单位和个人，县级以上人民政府交通行政主管部门应当予以奖励。

第二章 预防和应急准备

第七条 县级以上人民政府交通行政主管部门应当结合本行

政区域或者管辖范围的交通实际情况，制定突发事件交通应急预案。道路运输经营者、水路运输经营者应当按照有关规定，建立卫生责任制度，制定各自的突发事件应急预案。

第八条 制定突发事件交通应急预案，应当以突发事件的类别和快速反应的要求为依据，并征求同级人民政府卫生行政主管部门的意见。

为防范和处理重大传染病疫情突发事件制定的突发事件交通应急预案，应当包括以下主要内容：

（一）突发事件交通应急处理指挥部的组成和相关机构的职责；

（二）突发事件有关车船、港站重大传染病病人、疑似重大传染病病人和可能感染重大传染病病人的应急处理方案；

（三）突发事件有关污染车船、港站和污染物的应急处理方案；

（四）突发事件有关人员群体、防疫人员和救护人员的运输方案；

（五）突发事件有关药品、医疗救护设备器械等紧急物资的运输方案；

（六）突发事件有关车船、港站、道路、航道、船闸的应急维护和应急管理方案；

（七）突发事件有关交通应急信息的收集、分析、报告、通报、宣传方案；

（八）突发事件有关应急物资、运力储备与调度方案；

（九）突发事件交通应急处理执行机构及其任务；

（十）突发事件交通应急处理人员的组织和培训方案；

（十一）突发事件交通应急处理工作的检查监督方案；

（十二）突发事件交通应急处理其他有关工作方案。

为防范和处理其他突发事件制定的突发事件交通应急预案，应当包括本条前款除第（二）项、第（三）项和第（八）项规定以外的内容，并包括突发事件交通应急设施、设备以及其他有关物资的储备与调度方案。

突发事件交通应急预案应当根据突发事件的变化和实施中出现的问题及时进行修订、补充。

第九条 县级以上人民政府交通行政主管部门应当根据突发事件交通应急工作预案的要求，保证突发事件交通应急运力和有关物资储备。

第十条 道路运输经营者、水路运输经营者应当按照国家有关规定，使客车、客船、客运站保持良好的卫生状况，消除车船、港站的病媒昆虫和鼠类以及其他染疫动物的危害。

第十一条 县级以上人民政府交通行政主管部门应当开展突发事件交通应急知识的宣传教育，增强道路、水路运输从业人员和旅客对突发事件的防范意识和应对能力。

第十二条 在车船、港站发生突发事件，县级以上人民政府交通行政主管部门应当协助同级人民政府卫生行政主管部门组织专家对突发事件进行综合评估，初步判断突发事件的类型，按照有关规定向省级以上人民政府提出是否启动突发事件应急预案的建议。

第十三条 国务院或者省级人民政府决定突发事件应急预案启动后，突发事件发生地的县级以上人民政府交通行政主管部门应当根据突发事件的类别，立即启动相应的突发事件交通应急预案，并向社会公布有关突发事件交通应急预案。

第三章　应急信息报告

第十四条 县级以上人民政府交通行政主管部门应当建立突发事件交通应急值班制度、应急报告制度和应急举报制度，公布统一的突发事件报告、举报电话，保证突发事件交通应急信息畅通。

第十五条 县级以上人民政府交通行政主管部门应当按有关规定向上级人民政府交通行政主管部门报告下列有关突发事件的情况：

（一）突发事件的实际发生情况；

（二）预防、控制和处理突发事件的情况；

（三）运输突发事件紧急物资的情况；

（四）保障交通畅通的情况；

（五）突发事件应急的其他有关情况。

道路运输经营者、水路运输经营者应当按有关规定向所在地县级人民政府交通行政主管部门和卫生行政主管部门报告有关突发事件的预防、控制、处理和紧急物资运输的有关情况。

第十六条 县级以上人民政府交通行政主管部门接到有关突发事件的报告后，应当在接到报告后1小时内向上级人民政府交通行政主管部门和同级人民政府卫生行政主管部门报告，根据卫生行政主管部门的要求，立即采取有关预防和控制措施，并协助同级人民政府卫生行政主管部门组织有关人员对报告事项调查核实、确证，采取必要的控制措施。

突发事件发生地的县级以上人民政府交通行政主管部门应当在首次初步调查结束后2小时内，向上一级人民政府交通行政主管部门报告突发事件的有关调查情况。

上级人民政府交通行政主管部门接到下级人民政府交通行政主管部门有关突发事件的报告后1小时内，向本交通行政主管部门的上一级人民政府交通行政主管部门报告。

突发事件发生地的县级以上地方人民政府交通行政主管部门，应当及时向毗邻和其他有关县级以上人民政府交通行政主管部门通报突发事件的有关情况。

第十七条 任何单位和个人不得隐瞒、缓报、谎报或者授意他人隐瞒、缓报、谎报有关突发事件和突发事件交通应急情况。

第四章 疫情应急处理

第十八条 重大传染病疫情发生后，县级以上人民政府交通行政主管部门应当按照省级人民政府依法确定的检疫传染病疫区以及对出入检疫传染病疫区的交通工具及其乘运人员、物资实施交通应急处理的决定，和同级人民政府卫生行政主管部门在客运站、客运渡口、路口等设立交通卫生检疫站或者留验站，依法实施交通卫生检疫。

第十九条 重大传染病疫情发生后，县级以上人民政府交通行政主管部门应当及时将县级以上人民政府卫生行政主管部门通报的有关疫情通知有关道路运输经营者、水路运输经营者。县级以上人民政府交通行政主管部门应当及时会同同级人民政府卫生行政主管部门对道路运输经营者、水路运输经营者以及乘运人员进行相应的卫生防疫基本知识的宣传教育。

第二十条 重大传染病疫情发生后，道路运输经营者、水路运输经营者对车船、港站、货物应当按规定进行消毒或者进行其他必要的卫生处理，并经县级以上地方人民政府卫生行政主管部门疾病预防控制机构检疫合格，领取《交通卫生检疫合格证》后，方可投入营运或者进行运输。

《交通卫生检疫合格证》的印制、发放和使用，按照交通部与卫生部等国务院有关行政主管部门联合发布的《国内交通卫生检疫条例实施方案》的有关规定执行。

第二十一条 重大传染病疫情发生后，道路旅客运输经营者、水路旅客运输经营者应当组织对驾驶人员、乘务人员和船员进行健康检查，发现有检疫症状的，不得安排上车、上船。

第二十二条 重大传染病疫情发生后，道路运输经营者、水路运输经营者应当在车船、港站以及其他经营场所的显著位置张贴有关传染病预防和控制的宣传材料，并提醒旅客不得乘坐未取得《交通卫生检疫合格证》和道路旅客运输经营资格或者水路旅客运输经营资格的车辆、船舶，不得携带或者托运染疫行李和货物。

重大传染病疫情发生后，客车、客船应当在依法批准并符合突发事件交通应急预案要求的客运站、客运渡口上下旅客。

第二十三条 重大传染病疫情发生后，旅客购买车票、船票，应当事先填写交通部会同有关部门统一制定的《旅客健康申报卡》。旅客填写确有困难的，由港站工作人员帮助填写。

客运站出售客票时，应当对《旅客健康申报卡》所有事项进行核实。没有按规定填写《旅客健康申报卡》的旅客，客运站不得售票。

途中需要上下旅客的，客车、客船应当进入中转客运站，从始发客运站乘坐车船的旅客，不得再次被要求填写《旅客健康申报卡》。

第二十四条 重大传染病疫情发生后，旅客乘坐车船，应当接受交通卫生检疫，如被初验为检疫传染病病人或者疑似检疫传染病病人、可能感染检疫传染病病人以及国务院卫生行政主管部门规定需要采取应急控制措施的传染病病人、疑似传染病病人及其密切接触者，还应当接受留验站或者卫生行政主管部门疾病预防控制机构对其实施临时隔离、医学检查或者其他应急医学措施。

客运站应当认真查验《旅客健康申报卡》和客票。对不填报《旅客健康申报卡》的旅客，应当拒绝其乘坐客车、客船，并说明理由。

第二十五条 重大传染病疫情发生后，客运站应按车次或者航班将《旅客健康申报卡》交给旅客所乘坐车船的驾驶员或者船长、乘务员。

到达终点客运站后，驾驶员、船长或者乘务员应当将《旅客健康申报卡》交终点客运站，由终点客运站保存。

在中转客运站下车船的旅客，由该车船的驾驶员、船长或者乘务员将下车船旅客的《旅客健康申报卡》交中转客运站保存。

第二十六条 车船上发现检疫传染病病人或者疑似检疫传染病病人、可能感染检疫传染病病人以及国务院卫生行政主管部门规定需要采取应急控制措施的传染病病人、疑似传染病病人及其密切接触者时，驾驶员或者船长应当组织有关人员依法采取下列临时措施：

（一）以最快的方式通知前方停靠点，并向车船的所有人或者经营人和始发客运站报告；

（二）对检疫传染病病人、疑似检疫传染病病人、可能感染检疫传染病病人以及国务院卫生行政主管部门确定的其他重大传染病病人、疑似重大传染病病人、可能感染重大传染病病人及与其密切接触者实施紧急卫生处理和临时隔离；

（三）封闭已被污染或者可能被污染的区域，禁止向外排放污物；

（四）将车船迅速驶向指定的停靠点，并将《旅客健康申报卡》、乘运人员名单移交当地县级以上地方人民政府交通行政主管部门；

（五）对承运过检疫传染病病人、疑似检疫传染病病人、可能感染检疫传染病病人以及国务院卫生行政主管部门确定的其他重大传染病病人、疑似重大传染病病人、可能感染重大传染病病人及与其密切接触者的车船和可能被污染的停靠场所实施卫生处理。

车船的前方停靠点、车船的所有人或者经营人以及始发客运站接到有关报告后，应当立即向当地县级以上地方人民政府交通行政主管部门、卫生行政主管部门报告。

县级以上地方人民政府交通行政主管部门接到报告后，应当立即和同级人民政府卫生行政主管部门组织有关人员到达现场，采取相应的交通卫生检疫措施。

第二十七条 县级以上人民政府交通行政主管部门发现正在行驶的车船载有检疫传染病病人或者疑似检疫传染病病人、可能感染检疫传染病病人以及国务院卫生行政主管部门规定需要采取应急控制措施的传染病病人、疑似传染病病人及其密切接触者，应当立即通知该客车、客船的所有人或者经营人，并通报该车船行驶路线相关的县级人民政府交通行政主管部门。

第二十八条 对拒绝交通卫生检疫可能传播检疫传染病的车船、港站和其他停靠场所、乘运人员、运输货物，县级以上地方人民政府交通行政主管部门协助卫生行政主管部门，依法采取强制消毒或者其他必要的交通卫生检疫措施。

第二十九条 重大传染病疫情发生后，县级以上人民政府交通行政主管部门发现车船近期曾经载运过检疫传染病病人或者疑似检疫传染病病人、可能感染检疫传染病病人以及国务院卫生行政主管部门规定需要采取应急控制措施的传染病病人、疑似传染病病人及其密切接触者，应当立即将有关《旅客健康申报卡》送交卫生行政主管部门或者其指定的疾病预防控制机构。

第三十条 参加重大传染病疫情交通应急处理的工作人员，应当按照有关突发事件交通应急预案的要求，采取卫生防护措施，并在专业卫生人员的指导下进行工作。

第五章　交通应急保障

第三十一条　突发事件交通应急预案启动后，县级以上人民政府交通行政主管部门应当加强对车船、港站、道路、航道、船闸、渡口的维护、检修，保证其经常处于良好的技术状态。

除因阻断检疫传染病传播途径需要或者其他法定事由并依照法定程序可以中断交通外，任何单位和个人不得以任何方式中断交通。

县级以上人民政府交通行政主管部门发现交通中断或者紧急运输受阻，应当迅速报告上一级人民政府交通行政主管部门和当地人民政府，并采取措施恢复交通。如难以迅速恢复交通，应当提请当地人民政府予以解决，或者提请上一级人民政府交通行政主管部门协助解决。

第三十二条　在非检疫传染病疫区运行的车辆上发现检疫传染病病人、疑似检疫传染病病人、可能感染检疫传染病病人以及国务院卫生行政主管部门规定需要采取应急控制措施的传染病病人、疑似传染病病人及其密切接触者，由县级以上人民政府交通行政主管部门协助同级人民政府卫生行政主管部门依法决定对该车辆及其乘运人员、货物实施交通卫生检疫。

在非检疫传染病疫区运行船舶上发现检疫传染病病人、疑似检疫传染病病人、可能感染检疫传染病病人以及国务院卫生行政主管部门规定需要采取应急控制措施的传染病病人、疑似传染病病人及其密切接触者，由海事管理机构协助同级人民政府卫生行政主管部门依法对该船舶及其乘运人员、货物实施交通卫生检疫。

在非传染病疫区跨省、自治区、直辖市运行的船舶上发现检疫传染病病人、疑似检疫传染病病人、可能感染检疫传染病病人以及国务院卫生行政主管部门规定需要采取应急控制措施的传染病病人、疑似传染病病人及其密切接触者，交通部会同卫生部依法决定对该船舶实施交通卫生检疫，命令该船舶不得停靠或者通过港站。但是，因实施卫生检疫导致中断干线交通，报国务院决定。

第六章　紧急运输

第三十三条　突发事件发生后，县级以上地方人民政府交通行政主管部门应当采取措施保证突发事件应急处理所需运输的人员群体、防疫人员、医护人员以及突发事件应急处理所需的救治消毒药品、医疗救护设备器械等紧急物资及时运输。

第三十四条　依法负责处理突发事件的防疫人员、医护人员凭县级以上人民政府卫生行政主管部门出具的有关证明以及本人有效身份证件，可以优先购买客票；道路运输经营者、水路运输经营者应当保证其购得最近一次通往目的地的客票。

第三十五条　根据县级以上人民政府突发事件应急处理指挥部的命令，县级以上人民政府交通行政主管部门应当协助紧急调用有关人员、车船以及相关设施、设备。

被调用的单位和个人必须确保完成有关人员和紧急物资运输任务，不得延误和拒绝。

第三十六条　承担突发事件应急处理所需紧急运输的车船，应当使用《紧急运输通行证》。其中，跨省运送紧急物资的，应当使用交通部统一印制的《紧急运输通行证》；省内运送紧急物资的，可以使用省级交通行政主管部门统一印制的《紧急运输通行证》。使用《紧急运输通行证》的车船，按国家有关规定免交车辆通行费、船舶过闸费，并优先通行。

《紧急运输通行证》应当按照交通部的有关规定印制、发放和使用。

第三十七条　承担重大传染病疫情应急处理紧急运输任务的道路运输经营者、水路运输经营者应当遵守下列规定：

（一）车船在装卸货物前后根据需要进行清洗、消毒或者进行其他卫生处理；

（二）有关运输人员事前应当接受健康检查和有关防护知识培训，配备相应的安全防护用具；

（三）保证驾驶员休息充足，不得疲劳驾驶；

（四）进入疫区前，应当采取严格的防护措施；驶离疫区后，应当立即对车船和随行人员进行消毒或者采取其他必要卫生处理措施；

（五）紧急运输任务完成后，交回《紧急运输通行证》，对运输人员应当进行健康检查，并安排休息观察。

第三十八条　重大传染病疫情发生后，引航人员、理货人员上船引航、理货，应当事先体检，采取相应的有效防护措施，上船时应当主动出示健康合格证。

第七章　检查监督

第三十九条　县级以上人民政府交通行政主管部门应当加强对本行政区域内突发事件交通应急工作的指导和督察；上级人民政府交通行政主管部门对突发事件交通应急处理工作进行指导和督察，下级人民政府交通行政主管部门应当予以配合。

第四十条　县级以上地方人民政府交通行政主管部门的工作人员依法协助或者实施交通卫生检疫，应当携带证件，佩戴标志，热情服务，秉公执法，任何单位和个人应当予以配合，不得阻挠。

第四十一条　县级以上人民政府交通行政主管部门应当加强对《交通卫生检疫合格证》、《旅客健康申报卡》使用情况的监督检查；对已按规定使用《交通卫生检疫合格证》、《旅客健康申报卡》的车船，应当立即放行。

任何单位和个人不得擅自印制、伪造、变造、租借、转让《交通卫生检疫合格证》、《紧急运输通行证》。

任何单位和个人不得使用擅自印制、伪造、变造、租借、转让的《交通卫生检疫合格证》、《紧急运输通行证》。

第八章　法律责任

第四十二条　县级以上地方人民政府交通行政主管部门违反

本规定，有下列行为之一的，对其主要负责人依法给予行政处分：

（一）未依照本规定履行报告职责，对突发事件隐瞒、缓报、谎报或者授意他人隐瞒、缓报、谎报的；

（二）未依照本规定，组织完成突发事件应急处理所需要的紧急物资的运输的；

（三）对上级人民政府交通行政主管部门进行有关调查不予配合，或者采取其他方式阻碍、干涉调查的。

县级以上人民政府交通行政主管部门违反有关规定，造成传染病传播、流行或者对社会公众健康造成其他严重危害后果的，对主要负责人、负有责任的主管人员和其他责任人员依法给予开除的行政处分；构成犯罪的，依法追究刑事责任。

第四十三条 县级以上人民政府交通行政主管部门违反本规定，有下列行为之一，由上级人民政府交通行政主管部门责令改正、通报批评、给予警告；对主要负责人、负有责任的主管人员和其他责任人员依法给予降级、撤职的行政处分：

（一）在突发事件调查、控制工作中玩忽职守、失职、渎职的；

（二）拒不履行突发事件交通应急处理职责的。

第四十四条 道路运输经营者、水路运输经营者违反本规定，对在车船上发现的检疫传染病病人、疑似检疫传染病病人，未按有关规定采取相应措施的，由县级以上地方人民政府卫生行政主管部门责令改正，给予警告，并处 1000 元以上 5000 元以下的罚款。

第四十五条 检疫传染病病人、疑似检疫传染病病人以及与其密切接触者隐瞒真实情况、逃避交通卫生检疫的，由县级以上地方人民政府卫生行政主管部门责令限期改正，给予警告，可以并处 1000 元以下的罚款；拒绝接受交通卫生检疫和必要的卫生处理的，给予警告，并处 1000 元以上 5000 元以下的罚款。

第四十六条 突发事件发生后，未取得相应的运输经营资格，擅自从事道路运输、水路运输；或者有其他违反有关道路运输、水路运输管理规定行为的，依照有关道路运输、水路运输管理法规、规章的规定从重给予行政处罚。

第九章　附　　则

第四十七条　群体性不明原因疾病交通应急方案，参照重大传染病交通应急方案执行。

第四十八条　本规定自 2004 年 5 月 1 日起施行。

附　　则

关于废止47件交通规章的决定

（交通部令2007年第9号　2007.11.14）

现决定废止下列47件交通规章：

序号	发布机关	规章名称	发布文号	发布日期	联合发文部委的意见
1	交通部	关于海区测绘工作的若干规定	（83）交水监字712号	1983年4月11日	
2	交通部	港口油区安全生产管理规则	（83）交水监字860号	1983年4月12日	
3	交通部财政部	对外开放港口港务监督人员服装供应办法、着装年限规定	（83）交水监字2465号	1983年12月27日	财政部同意废止
4	交通部国家经贸委	企业专用码头建设和管理试行办法	（84）交海字17号	1984年1月9日	国家发展和改革委员会同意废止
5	交通部	中华人民共和国磁罗经校正师（员）考核发证办法（试行）	（84）交水监字1900号	1984年10月11日	
6	交通部	海洋运输危险货物包装检查暂行规定	（84）交海字2518号	1984年12月22日	

续上表

序号	发布机关	规章名称	发布文号	发布日期	联合发文部委的意见
7	交通部	交通部部属高等学校水上运输类专业毕业生分配办法	(86)交政字923号	1986年12月1日	
8	交通部	交通部港口散粮筒仓防火防爆安全管理规程(试行)	(87)交函海字7号	1987年1月7日	
9	交通部	交通部关于乡镇运输船舶设计、修造和检验的暂行规定	(87)交船检字709号	1987年10月2日	
10	交通部	交通运输企业燃油节约奖实施办法	(87)交企字805号	1987年11月5日	
11	交通部 财政部 国家物价局	贷款修建高等级公路和大型公路桥梁、隧道收取车辆通行费规定	(88)交公路字28号	1988年1月5日	国家发展和改革委员会、财政部同意废止
12	交通部	全国水运行业能源利用监测实施办法(试行)	(88)交企字620号	1988年10月18日	
13	交通部	长江干线在航船舶安全检查暂行规定	(89)交安监字361号	1989年6月30日	

续上表

序号	发布机关	规章名称	发布文号	发布日期	联合发文部委的意见
14	交通部	海上安全监督局航标测量财务管理、会计核算暂行规定	(89)交财字648号	1989年11月13日	
15	交通部	运输船舶机务管理指标(体系)考核办法(试行)	(89)交运字700号	1989年12月13日	
16	交通部	出租汽车旅游汽车客运管理规定	(89)交运字709号	1989年12月18日	
17	交通部	港口建筑设备维修设计管理办法	(90)交工字49号	1990年2月2日	
18	交通部	内河航运工程合资项目建设管理办法(试行)	(90)交工字379号	1990年7月9日	
19	交通部	油船作业安全技术要求	(90)交运字517号	1990年9月21日	
20	交通部	汽车运输业车辆综合性能检测站管理办法	交通部令1991年第29号	1991年4月23日	
21	交通部国家物价局	中华人民共和国交通部国内航线海上救助打捞收费办法	(91)交财字859号	1991年12月14日	国家发展和改革委员会同意废止

续上表

序号	发布机关	规章名称	发布文号	发布日期	联合发文部委的意见
22	交通部国家物价局	中华人民共和国交通部国际航线海上救助打捞收费办法	(91)交财字859号	1991年12月14日	国家发展和改革委员会同意废止
23	交通部	交通档案管理办法	交办发[1992]89号	1992年1月9日	
24	交通部	交通部监察工作规定	交监察发[1992]23号	1992年1月16日	
25	交通部	公路运输企业责任行车事故统计报告办法	交安监发[1992]64号	1992年1月25日	
26	交通部	中华人民共和国验船师考试、考核任职规则	交船检发[1992]986号	1992年11月2日	
27	交通部国家经济体制改革委员会国务院经济贸易办公室	全民所有制交通企业转换经营机制实施办法	交体发[1993]18号	1993年1月8日	国家发展和改革委员会、商务部同意废止
28	交通部	道路运输服务业户开业技术经济条件(试行)	交运发[1993]1384号	1993年12月26日	
29	交通部	道路运输货物装卸业户开业技术经济条件(试行)	交运发[1993]1384号	1993年12月26日	

续上表

序号	发布机关	规章名称	发布文号	发布日期	联合发文部委的意见
30	交通部	交通部高等院校实习船财务管理办法	交财发[1995]583 号	1995 年 7 月 11 日	
31	交通部	交通部先进工程质量监督站和优秀工程质量监督人员评选办法（试行）	交基发[1995]1145 号	1995 年 11 月 30 日	
32	交通部	集装箱汽车运输规则	交公路发[1995]1283 号	1995 年 12 月 29 日	
33	交通部	道路货物运输服务业管理办法	交公路发[1996]109 号	1996 年 1 月 26 日	
34	交通部	海（水）上安全监督局（港务监督部分）财务管理和会计核算试行办法	交财发[1996]723 号	1996 年 8 月 13 日	
35	交通部	交通部救捞单位成本费用核算办法	交财发[1996]819 号	1996 年 9 月 20 日	
36	交通部	水运工程建设市场管理办法	交通部令 1997 年第 1 号	1997 年 2 月 21 日	
37	交通部	渤海湾海上客运市场管理规定	交水发[1997]352 号	1997 年 6 月 16 日	
38	交通部	公路工程施工招标资格预审办法	交公路发[1997]451 号	1997 年 8 月 1 日	

续上表

序号	发布机关	规章名称	发布文号	发布日期	联合发文部委的意见
39	交通部	交通部公路工程优秀勘察奖、优秀设计奖和优质工程奖评审办法	交公路发[1997]501 号	1997 年 8 月 18 日	
40	交通部	交通汽车运输企业安全生产管理办法	交公路发[1997]540 号	1997 年 9 月 2 日	
41	交通部	公路工程节能管理规定(试行)	交体法发[1997]840 号	1997 年 12 月 24 日	
42	交通部	关于降低中国籍船舶在国外滞留率的若干规定	交安监发[1998]68 号	1998 年 2 月 12 日	
43	交通部国家计委	汽车租赁业管理暂行规定	交通部、国家计划委员会令 1998 年第 4 号	1998 年 2 月 26 日	国家发展和改革委员会同意废止
44	交通部	道路运输行政处罚规定	交通部令 1998 年第 3 号发布,经交通部令 2001 年第 5 号修正	1998 年 3 月 9 日	
45	交通部	关于制发统计报表和发布统计资料的暂行规定	交规划发[1999]23 号	1999 年 1 月 14 日	
46	交通部	沿海港口建设工程概算预算编制规定	交水发[1999]133 号	1999 年 3 月 24 日	
47	交通部	因公临时随船人员申办海员证管理规定	交海发[1999]704 号	1999 年 12 月 21 日	